KB205675

요한복음 묵상

이강택 지음

요한복음 묵상

지음 이강택
편집 김덕원, 김요셉, 박이삭, 이상원, 이찬혁
색인 이상원

발행처 감은사
발행인 이영욱
전화 070-8614-2206
팩스 050-7091-2206
주소 서울시 강동구 암사동 아리수로 66, 401호
이메일 editor@gameun.co.kr

—————종이책—————
초판발행 2022.07.30.
ISBN 9791190389594
정가 36,000원

—————전자책—————
초판발행 2022.07.30.
ISBN 9791190389617
정가 24,800원

Decoding the Gospel of John

Kangtaek Peter Lee

| 목차 |

| 일러두기 |

1. 성경은 개역개정판을 사용했지만, 표현의 일관성을 위해 수정하여 사용한 부분들이 있습니다. 예, 메시야 > 메시아.
2. 고딕체로 된 성경 구절은 해당 구절을 모두 기록하지 않고, 해설에 중심적인 부분만을 기록했습니다.
3. 본서의 독자층을 고려하여 헬라어는 병기하지 않고 한국어로 **음역만**을 기록했습니다.
4. 본서에서 음역된 외국어는 (언어가 특정되지 않은 이상) 모두, 요한복음이 기록된 언어, 곧 **헬라어(= 그리스어)**입니다.
4. 본서의 장르(형식은 주석이지만 내용은 묵상 또는 설교)를 고려하여 각주 및 참고 문헌은 담지 않았습니다.

서문

미국 웨스트민스터 신학교에서 성경신학과 조직신학을 가르쳤던 리차드 게핀(Richard Gaffin Jr.) 교수는 "주석을 하지 않는 사람은 설교하지 말라"고 말했다. 참으로 공감되는 이야기다. 한국에서 신학교 선생을 하던 시절, 목사가 되고 나서 처음으로, 여러 교회를 자유롭게 방문할 기회를 가질 수 있었다. 한국에서 비교적 알려져 있는 교회들을 아무런 눈치 보지 않고 방문할 수 있었다. 그런데 그 방문을 통해서 발견한 것이 하나 있다. 끝까지 듣기 힘든 설교들이 적지 않았다는 것이다. 본문을 읽어 놓고 설교 내내 본문과 관계없는 이야기를 늘어놓는 설교자들이 적지 않았다. 게핀 교수의 말대로라면 이들은 설교를 하지 말아야 할 사람들이다. 일단 이런 일이 발생하면 혼자 이런 생각을 되뇌게 된다. '그런 이야기를 하려면 성경 본문은 도대체 왜 읽은 것인가?' 성경해석학과 성경신학을 전공한 필자는 설교자가 본문에 대한 주해 없이 본문과 관계없는 이야기를 하면 귀가 자동적으로 닫힌다.

조국 교회에서 필자가 방문하거나 미디어를 통해서 접한 설교들 중 적어도 주해가 충실한 설교라고 말할 수 있는 경우는 상대적으로 많지 않았다. 이 말은 주석이 결여된 설교가 한국 교회의 강단에 현실적으로 적지 않다는 것을 의미한다. 필자의 제한된 경험에 따르면 적어도 설교라고 명명할 수 있는 설교가 상대적으로 소수였기는 하지만 나름대로 치밀하게 주석을 참조하고 묵상한 흔적이 있는 충실한 설교들도 있었다. 일단 이러한 설교를 하고 있는 설교자들을 만나면 정말로 반갑다. 그들이 달변이 아니더라도 별다른 문제가 되지는 않는다. 세련된 커뮤니케이션의 방법까지 장착한다면 금상첨화겠지만 비록 그렇지 않다 하더라도 그 설교자의 묵상을 통해서 성령께서 분명하게 성도들에게 말씀하고 계심을 느낄 수 있기 때문이다. 필자는 이런 설교자들을 만나는 것이 정말로 감사하다. 결국 교회의 쇄신과 갱신은 인간 설교자의 능력이 아니라 궁극적으로 하나님의 능력임을 믿기 때문이다. 그리고 그 능력은 하나님의 말씀으로부터 기인한다고 믿기 때문이다.

이 책은 바로 이러한 조국 교회의 상황을 염두에 둔 하나의 작은 몸부림이다. 주석을 충실하게 담아내려고 노력하는 설교자들을 도우려는 작은 노력의 일환이다. 이 책이 목표로 하는 것은 분명하다. 본문이 말하려는 바를 주해 작업을 통해서 밝히는 것이다. 그리고 그것을 묵상을 통해 설교 강단으로 옮기는 것이다. 그런데 이 지점에서도 망각하지 말아야 할 중요한 것이 있다. 주해를 한다는 것을 오해하는 목회자들과 신학생들이 종종 있다. 주해를 한다는 것을 단어에 대한 뜻풀이 정도로 생각하는 이들이 있다. 물론 주해는 단어에 대한 설명을 포함하기는 하지만 분명히 그 이상이다. 각 단어가 속해 있는 구절들과 단락들을 살펴야 한다. 그리고 단락이 속해 있는 전체 문맥을 살펴야 한다. 비유적으로 말하자면 좋은 주해란 나무와 숲을 동시에 관찰하는 일련의 과정이라 말할 수 있을 것 같다. 일단 나뭇가지와 잎사귀를 잘 관찰해야 하고 나무에 피는 꽃도 잘 들여다보아야 한다. 나무의 몸통도 꼼꼼히 관찰해야 한다. 이런 정밀한 관찰을 통해 서로가 어떻게 연관되어 있고 서로 다르지만 어떻게 하나의 나무를 구성하고 있는지를 면밀하게 살펴야 한다. 그리고 그 개별 나무가 위치해 있는 전체 숲까지 조망해야 한다. 나무도 정밀하게 관찰해야 하지만 그 나무가 속해 있는 숲까지 조망할 수 있어야 좋은 주해라고 말할 수 있기 때문이다.

이 책이 특별히 목표로 하는 지점은 바로 여기에 있다. 개별 단어나 단어가 위치해 있는 문맥 정도를 넘어서서 요한복음이 말하려고 하는 큰 그림을 그리는 것이다. 그것을 요한신학 좀 더 넓게는 성경신학이라고 말해도 좋을 것 같다. 필자는 성경신학이 있는 요한복음 주해를 하고 싶었고 성경신학이 있는 설교를 하고 싶었다. 요한복음이 그리려는 전체 큰 그림에서 세부 내용들이 어떤 의미를 가지고 있는지를 밝혀서 보여 주고 싶었다. 그리고 그러한 큰 그림에 따른 묵상들을 통해서 고대 문서인 요한복음이 어떻게 21세기에도 여전히 유의미한 메시지가 될 수 있는지를 보여 주고 싶었다. 말하자면 충실한 주해와 묵상을 통해서 요한복음의 지평과 오늘날 우리 삶의 지평의 융합을 시도해 보고 싶었다. 머리카락을 세분하는 것 같은 지나치게 전문적인 주석과 주해의 과정을 과감하게 생략했다. 본문을 이해하는 데 필요한 최소한의 부분만을 다루었을 뿐이다. 설교자들뿐만 아니라 일반성도들까지도 독자의 범위에 넣고 싶었기 때문이다. 전문적인 주해와 주석의 과정에 대한 목마름이 있는 사람들은 현재 시중에 나와 있는 전문적인 요한복음 주석들(예를 들면, 레이몬드 브라운[Raymond Brown]의 요한복음 주석과 같은 주석들)을 참조한다면 이 책에 결여되어 있는 논의들을 보충할 수 있으리라 생각한다.

막상 글을 다 써 놓고 보니 주해와 묵상 양자에서 어정쩡하게 서 있는 필자 자신을 발견한다. 충실한 주해라는 면에서도 여전히 아쉽고 충실한 묵상이라는 점에서도 어쩔 수 없이 한계를 보여 주기 때문이다. 아마도 이 아쉬움과 한계는 필자가 주님 앞에 서는 순간까지도 지속적으로 해결할 수 없을 것이다. 이렇게 애매하게라도 대강 핑계를 해 놓아야 이 책을 세상에 내놓을 수 있을 것 같다. 그렇지 않으면 이 책은 영원히 빛을 보게 될 수 없으리라 생각하기 때문이다.

책을 써놓고 감사한 사람들이 머릿속에 떠오른다. 미국 웨스트민스터 신학교에서 치밀하게 '주님의 말씀'(The Word of the Lord)을 읽는 법과 '말씀의 주'(The Lord of the Word)를 사랑하는 방법을 학문뿐만 아니라 삶으로 가르쳐 주신 여러 교수님들에게 감사를 표하고 싶다. 댄 매카트니(Dan McCartney), 번 포이트레스(Vern Poythress), 스티브 테일러(Steve Taylor), 고(故) 앨런 그로브스(Alan Groves), 덕 그린(Doug Green), 핏 엔즈(Pete Enns) 등이 그들이다. 목사로 사는 것이 그리 녹록하지 않음을 깨닫게 해줌으로써 더욱 주님을 의지하게 해주고, 동시에 요한복음이 밝히 말하고 있는 '그 영생의 삶'을 함께 살아가며 부족한 목사에게 많은 격려가 되어준 뉴잉글랜드은혜장로교회의 성도들에게 감사를 표한다. 세상 그 무엇보다 신앙이라는 값진 보석과 같은 유산을 물려주신 부모님께도 진정으로 감사드린다. 마지막으로 이 모든 삶의 여정 속에서 늘 함께 동행해 주고 있는 아내와 세 아이들(Austin, April and Angelina) 모두에게 감사를 표한다.

이 책을 읽고 묵상하게 될 독자 모두가 요한이 만나고 깨닫게 된 주님을 진정으로 만나고 깨닫게 되길 소망한다. 요한이 그 주님에 대한 복음으로 인해서 꿈꾸게 된 세상을 독자들과 함께 꿈꿀 수만 있다면 이 책의 목적은 충분히 이루어진 셈이다. 주님이 정말 빨리 오셨으면 좋겠다.

봄기운이 화창한

하트포드 커네티컷에서

이강택

제1부
표적의 책
(1-12장)

요한복음 1:1-5
새 창세기

문맥과 요약

요한복음 1:1-18은 요한복음 전체의 서론과 같은 부분이다. 앞으로 요한이 이야기할 예수님 이야기의 큰 그림을 보여 주는 부분인 것이다. 요한은 말씀('로고스')이신 예수님이 옛 창조의 세상뿐만 아니라 새로운 창조의 세상에 관여하셨다고 말한다. 그 생명의 빛이 어두움 가운데 비추어서 승리하신 이야기를 서론에서 언급하고 있다.

해설

1-2절 《태초에 말씀이 계시니라 이 말씀이 하나님과 함께 계셨으니 이 말씀은 곧 하나님이시니라 …》 1절을 읽는 기독교인이라면 당연히 창세기 1:1이 떠오를 것이다. 창세기 1장이 천지를 창조하신 하나님의 창조 행위와 그 구체적인 내용을 다루고 있다면, 요한복음 1:1은 창세기의 내용과는 달리 그 창조의 시점에 함께 있었던 한 분을 소개하는 데 강조점을 둔다. 그분은 말씀이시다. 한글 번역본들은 "말씀"이라고 번역했지만 실제로 요한이 사용한 단어는 '로고스'다. 요한은 왜 예수님 대신에 '로고스'라는 표현

을 썼을까? '로고스'는 헬라 철학에서 매우 중요한 단어로서, "이치에 맞는 합리적인 사고 그리고 그것을 표현한 말"을 뜻했다. 헬라 사람들은 로고스가 우주에 편만한 이치이며 그 씨가 인간 안에 있다고 생각했다. 이 씨가 인간 안에 있기 때문에 인간이 우주와 인간에 관련된 지식을 터득할 수 있다고 생각했다. 그리고 이러한 지식을 터득하는 것을 구원이라고 이해했다. 그러므로 로고스는 그 구원 얻는 지식을 주는 수단이 된다. 이러한 사고에 익숙한 사람들에게 요한은 지금 "너희들이 생각하는 '로고스'가 바로 예수님이다"라고 말하고 있는 것이다. 달리 표현하면 "이 예수님이야말로 바로 구원의 길이며 구원의 수단이다"라고 말하고 있는 것이다.

3-4절 《만물이 그로 말미암아 지은 바 되었으니》 그러나 요한에게 있어서 '로고스'는 단순히 헬라적인 개념만은 아니었다. 물론 예수님 당시 유대 사회가 수백 년에 걸쳐서 매우 헬라화되어 있었던 것은 사실이지만 유대인들의 사고와 세계관을 형성했던 중추는 말할 것도 없이 유대적인 성경의 세계관이다. **성경은 하나님이 말씀으로 세계를 창조하시고 자신을 계시하셨다고 주장한다. 유대인들은 그 말씀이 구체화된 것이 율법이요 또한 지혜라고 생각했다.** 구약성경이 율법과 지혜를 강조하는 이유가 바로 여기에 있다.

이런 생각을 하고 있던 사람들에게 지금 요한이 예수님이 바로 그 "말씀"('로고스')이라고 이야기하고 있다. 지금 그 로고스가 하나님과 함께 하셔서 창조의 행위에 동참했다고 주장한다. 동참한 정도가 아니라, 만물이 그를 통하여 지으심을 받았는데 심지어 그가 없이 지어진 것이 하나도 없다고 주장한다. 4절을 보면 그 말씀 안에 생명이 있었고 이 생명은 사람들을 위한 빛 혹은 사람들을 비추는 빛이었다고 이야기한다.

5절 《빛이 어둠에 비치되 어둠이 깨닫지 못하더라》 여기서 "깨닫다"로 번역된 '카타람바노'라는 단어는 요한복음에서 총 4회 사용되는데 모두 다

"깨닫다"라기보다는 "이기다", "제압하다"라는 의미로 사용된다(참조, 12:35). 따라서 "그 생명의 빛이 지금 어두움 가운데 비취고 있는데 그 어두움이 그 빛을 이기지 못했다" 정도로 번역할 수 있다. 사실 이러한 번역이 더 적절한 이유는 요한복음은 빛이신 주님이 어두움을 비추어 마침내 십자가로 승리하셨고 부활을 통해서 새로운 창조의 세상을 여셨다는 것을 이야기하는 책이기 때문이다. 빛이 어두움을 비추었고 어둠은 그 빛을 이길 수 없었다. 즉, 빛이 어두움을 비추어 승리하고 만든 것이 새로운 창조인 것이다. 요한이 이야기하는 복음은 예수님이 승리하심으로 새롭게 만들어내신 새 창조의 세상에서 새 창조의 피조물로서 살아가는 이야기다. 요한복음은 이제 그 이야기를 하나하나 풀어나갈 것이다.

묵상

새 창조의 피조물로서 살아간다는 것은 구체적으로 무엇일까? 우리 주님이 생명의 빛으로 어두움을 밝혀내셨던 것처럼 그를 믿는 우리도 빛으로 어두움을 비추는 사역에 동참하는 것이다. 마태복음 5:14-16은 그것을 이렇게 이야기한다. 곧, 예수님 자신만이 어두움을 밝히는 빛이 아니라 주님은 주님을 통해서 새롭게 창조된 우리도 빛이라고 한다. 그 빛을 비추는 행위를 주님은 16절에서 착한 행실이라고 말하고 있다. 그러니 우리 새 창조의 피조물이 세상을 비추는 방식은 누가 뭐라 해도 착한 행실이어야 한다. 그것이 새 창조의 피조물로서 우리가 세상 가운데 보여 주어야 하는 모습이다. 우리는 물론 이 거룩한 부르심에 합당한 사람들이 아니었지만 전혀 이해할 수 없는 하나님의 은혜로 그 부르심을 받은 형제 자매가 됐다. 그러니 우리는 이 부르심에 감사함과 겸손함으로 반응해야 한다. 새 창조의 피조물이 존재하기 때문에 세상의 어두움 가운데 빛이 비춰져야 한다. 우리로 인해서 우리가 함께 살아가는 세상이 더 밝아져야 한다.

기도

우리로 인해서 더 밝아질 세상을 기대하며 기도하게 하소서. 오늘도 주님께서 이루신 새 창조의 복음을 세상에 전하고 주님의 새 창조의 행위에 동참하기 위해서 살아가는 하루가 되게 하소서.

요한복음 1:6-13
가족

문맥과 요약

요한은 빛이신 주님이 태초에 계셨고 첫 번째 창조의 세상에서 역사하신 하나님이셨다고 주장했다. 그뿐만 아니라 그 빛을 여전히 비추고 계시다고 말함으로써 새로운 창조의 이야기를 지속적으로 진행하고 계심을 드러내주고 있다. 본문 6-8절은 부분적으로 괄호를 친 것처럼 세례 요한에 대한 이야기를 하고 있다. 핵심은 세례 요한은 빛이 아니라는 것이다. 빛은 오직 '로고스'이신 우리 주님뿐이시며 세례 요한은 그 빛이신 주님에 대해서 증언하기 위해 하나님이 보내신 사람이라는 말이다. 세례 요한은 빛이신 예수님의 사역 초기에서부터 자신이 그리스도가 아님을, 빛이 아님을 드러내 놓고 명시적으로 이야기하고 있었다. 그는 단지 그 빛이신 주님에 대해서 증언하고 사람들로 하여금 믿게 하기 위해서 하나님이 보내신 사람이다. 빛이신 주님이 이 땅에 오셨으나 사람들은 그를 거부했다. 그러나 그를 받아들이는 자들에게는 하나님의 자녀가 되는 권세를 주셨다. 하나님의 가족이 되는 특권이 주어졌다.

해설

7-8절 《그가 증언하러 왔으니 곧 빛에 대하여 증언하고 모든 사람이 자기로 말미암아 믿게 하려 함이라》 세례 요한은 자신이 그리스도가 아니라는 사실을 명확하게 알고 선포했다. 사도 요한은 왜 갑작스럽게 세례 요한이 빛이 아니라는 사실을 강조해서 이야기하는 것일까? 아마도 예수님 당시에도 세례 요한의 정체에 대해서 필요 이상으로 생각하는 사람들이 있었던 모양이다(참조, 1:20). 실제로 누가에 따르면 당시 유대인들은 세례 요한이 메시아일지도 모른다고 생각했다(눅 3:15). 이 이야기는 사도 요한이 목회하던 당시 교회의 청중들 중에 세례 요한에 대해서 필요 이상으로, 과하게 생각하는 사람들이 있었음을 나타내는 것 같다.

9-11절 《자기 땅에 오매 자기 백성이 영접하지 아니하였으나》 세례 요한에 대한 짤막한 설명을 마치고 요한은 다시 빛이신 주님의 이야기로 돌아온다. 9-11절에서 그는 참 빛이신 로고스에 대한 세상의 거부라는 주제를 다룬다. 예수님은 세상에 빛을 비추시는 분이시다. 그런데 사람들은 생명의 빛이신 예수님을 거부한다. 그에 의해서 창조된 세상도 그의 소유인 백성도 그를 알지 못했고 그를 영접하지 않았다고 이야기한다. 그와 교제함이 새로운 창조이고 영생임에도 불구하고 세상은 그를 거부한다. 9-11절에 등장하는 거부라는 주제가 이제 '표적의 책'이라는 별명을 가진 요한복음 1-12장에 걸쳐서 매우 구체적으로 등장하는데 독자들은 빛이신 주님이 어떻게 사람들로부터 배척을 당하시는지를 보게 될 것이다.

12-13절 《이는 혈통으로나 육정으로나 사람의 뜻으로 나지 아니하고》 그런데 요한은 빛이신 주님을 거부하는 사람들도 있지만 그와는 반대로 그에 대해서 긍정적인 반응을 보일 사람들에 대해서도 이야기한다. 요한은 예수님이 로고스이시며 새 창조의 빛으로 오신 분이라는 사실을 인정하고 그를 영접하는 자들이 있을 것임을 이야기한다. 그리고 그들에게는 하나

님의 자녀가 되는 권세가 주어진다고 말한다. 하나님이 예수님을 죄인인 우리를 대신해 십자가에 달려 죽게 하셔서 우리의 죄를 대속하시고 부활하게 하심으로써 새로운 창조의 세계를 여셨다는 사실을 믿고 인정함으로 우리는 새로운 창조의 피조물이 되는 것이다. 그런데 요한은 우리가 새로운 창조의 피조물이 된다는 개념을 12절에서 **하나님의 자녀가 되는 것**으로 설명한다. 에베소서에서 바울도 새 창조의 피조물로 지어진 우리가 누리는 구원을 하나님의 자녀로 입양되는 것이라고 표현한 바 있다. 바울이나 요한은 우리가 예수님을 통해서 새롭게 지어지는 새 창조, 즉 구원이라는 것을 **가족 개념**으로 설명하고 있는 것이다. 바로 이것이 기독교가 이야기하는 진정한 축복 개념이다. 기독교가 이야기하는 진정한 축복이란 재물을 많이 얻는 것도 이 세상에서 이름을 날리고 장수하는 것도 아니다. 하나님의 가족이 되는 것이 진정한 축복이다. 기독교의 구원은 하나님을 아버지로 모시고 창조주의 가족이 되는 것이다. 13절을 보면 요한은 하나님의 자녀가 되는 특권을 누릴 수 없는 세 가지를 말한다. 먼저, 혈통이다. 곧, 유대인이라는 혈통을 말하는 것이다. 둘째, 육정이라는 것은 성관계를 통한 자연적 출생을 뜻한다. 마지막으로, 사람의 뜻이라는 것은 문자적으로는 아버지의 의지를 의미한다. 유대인이라는 혈통, 자연적 출생, 또는 부모의 뜻으로 하나님의 자녀가 되는 것이 아니라는 말이다. 바로 이런 것들은 우리가 사는 세상에서 특권을 누리는 계층을 제한하려는 모습을 반영한다. 자녀가 되는 특권, 즉 하나님의 가족이 되는 특권은 특정한 계층을 위해서만 존재하는 특권이 아니다. 요한은 이 특권이 **믿음**이라는 방법을 통해서 주어진다고 이야기한다. 예수님을 믿음으로 영접하는 자들 모두에게 하나님의 가족이 되는 특권이 열려있다.

묵상

요한복음은 그리스도 예수에 대한 믿음에서 벗어난 사람은 아무리 좋은 혈통을 가지고 태어났다고 해도, 소위 금수저를 물고 태어났다 해도 하나님의 자녀가 될 수 없다고 말한다. 오로지 우리 주님에 대한 진정한 믿음만이 우리를 하나님의 자녀가 되게 하는 유일한 수단이 된다. 그래서 우리는 이것을 차별이 없는 은혜라고 부른다. 이 은혜로 우리는 하나님의 가족이 된다. 성경은 우리가 누리는 구원의 개념을 하나님의 가족이 되는 것으로 설명한다. 요한도 그렇고 바울도 그렇다. 참 든든하고 따뜻해서 좋다. 가족이란 세상 어느 곳에 있든 참 든든하고 따뜻한 개념이기 때문이다. 우리가 하나님을 아버지로 모시고 산다는 사실을 기억하라. 어렵고 힘든 일이 있는가? 모든 것을 다 알고 계시며 세상을 창조하시고 여전히 다스리시는 아버지 앞에서 모두 다 이야기해 보라. 아버지가 우리의 신음소리도 듣고 응답해주실 것이다. 우리는 그렇게 주님과 교제하기 위해서 새롭게 만들어진 사람들이다. 그것이 복음이다. 이런 차별 없는 복음을 주신 주님을 증언하는 가족으로 세워져 가자.

기도

우리가 하나님의 가족인 것에 감사합니다. 생명을 주시는 주님을 드러내고 자랑하는 가족이 되게 하소서. 오늘도 우리를 만나는 사람에게 생명이신 주님을 자랑하는 우리가 되게 하시고 그렇게 하나님의 가족이 확장되게 하소서.

요한복음 1:14-18
하나님의 집 짓기

문맥과 요약

요한은 우리가 새 창조의 피조물이 되어서 누리는 구원을 가족이라는 개념으로 설명한다. 이와 같은 일이 어떻게 가능하게 됐는가? 요한은 '로고스'이신 하나님이 친히 육신을 입고 인간을 찾아오셔서 완벽한 성전을 지으심으로 이러한 일이 가능해졌다고 이야기한다. 바로 그것이 예수님의 성육신이 의미하는 바다. 예수님이 육신을 입으시고 우리 가운데 거하신 사건은 무너뜨릴 수 없는 성전을 지으시고 우리와 더불어 교제하시기 위한 하나님의 사역이다.

해설

14a절 《말씀이 육신이 되어 우리 가운데 거하시매》 요한은 창조주 하나님을 아버지로 모시고 그의 가족이 되는 사건이 가능해지기 위해 하나님이 무엇을 행하셨는가를 우리에게 이야기해준다. 원문은, "하나님께서 육신이 되셔서 우리들 가운데 성막(장막)을 치셨다"라고 번역될 수 있다. 인간이 만든 성막과 성전은 우리가 아는 대로 인간의 죄성과 연약함 때문에

지속될 수 없었다. 그래서 '로고스'이신 하나님이 친히 육신을 입고 인간에게 찾아오셔서 이제 다시는 어느 누구도 무너뜨리거나 파괴할 수 없는 완벽한 성전을 지으셨다. 이것이 바로 예수님의 성육신이 의미하는 바다.

14b절 《우리가 그의 영광을 보니 아버지의 독생자의 영광이요 …》 그러한 해석은 자의적인 해석이 아니다. 다음에 등장하는 어구(14b절)를 통해서 더욱 분명해진다. 구약에서 하나님의 성막이 쳐지거나 성전이 지어졌을 때 나타나는 공통적인 현상이 하나 있었다. 곧, 여호와의 영광이 그곳에 가득했다(참조, 출 40:34-35; 왕상 8:10-11). 요한은 우리와 함께 교제하기 위해서 '로고스'이신 예수님이 육신이 되신 사건을 우리 가운데 성막을 치신 사건으로 이해했다. 그래서 인간들 가운데 성막을 치신 그 주님을 자신이 보았고 그 가운데 임하신 하나님의 영광을 보았다고 이야기하고 있다.

16절 《우리가 다 그의 충만한 데서 받으니 은혜 위에 은혜러라》 요한은 성막이신 주님 안에서 하나님과 교제하는 것을 주님으로부터 은혜를 받는 것으로 이야기한다. 그런데 흥미로운 것은 '은혜 위에 은혜다'라는 표현이다. 실제로 몇몇 영어 번역본도 이것을 "grace upon grace"라는 어구로 번역했다. 마치 은혜 위에 은혜가 부어져서 은혜가 마구 넘쳐나는 것으로 이해하기 쉽다. 그런데 요한이 사용한 전치사는 "무엇을 대신하는"이라는 의미를 가진 '안티'이다. 그러니까 요한의 의도를 살려서 번역하면 "은혜 위에 더 부어진 은혜"라는 말이라기보다는 "은혜를 대신하는 은혜"라고 번역할 수 있다.

17절 《율법은 모세로 말미암아 주어진 것이요 은혜와 진리는 예수 그리스도로 말미암아 온 것이라》 그럼 '은혜를 대신하는 은혜'라는 표현은 무슨 뜻인가? 17절이 그것을 설명한다. 하나님이 모세를 통해서 첫 번째 언약 백성들에게 율법을 주시지 않았는가? 즉, 하나님이 첫 번째 창조 세계에서 하나님의 첫 번째 언약 백성에게 율법을 주신 것, 그것을 구약성경은 은혜라고 이해한다. 그런데 요한은 바로 그 은혜를 대신하는 또 다른 은혜를 지금 이야기하고 있는 것이다. 그 은혜를 대신하는 은혜가 누구로 말미암아 온다고 이야기하고 있는가? 예수 그리스도로 말미암아 온다고 한다. 보다 정확하게 말하자면, 첫 번째 창조의 세계에서 옛 은혜를 완성하는 새 창조의 은혜가 이제 우리 가운데 성막을 치신 주님에게서 발견된다는 것이다. 따라서 16-17절을 연결 지으면 다음과 같이 설명할 수 있다. "예수님의 성육신 사건, 즉 우리 가운데 '로고스'가 성막을 치신 사건을 보았더니, 그 사건은 어떤 사건이라는 말인가? 구약에서 하나님이 첫 번째 언약 백성에게 베푸셨던 은혜를 성취하고 완성하는 완벽한 은혜의 사건이었다는 말이다. 다시 말해, '로고스'가 육신을 입으신 사건은 첫 번째 창조의 언약 백성들이 실제로 고대하고 바라보았던 그 완벽한 은혜가 임한 사건이다. 그림자가 지나가고 실체가 왔다."

18절《본래 하나님을 본 사람이 없으되 아버지 품 속에 있는 독생하신 하나님이 나타내셨느니라》 율법도 하나님의 은혜다. 그럼에도 율법은 그림자이지 실체가 아니다. 그런데 이제 그 아버지가 어떤 분이신지 우리에게 드러내 줄 수 있는 분이 오셨다. 이제 예수님을 보면 하나님이 어떤 분이신지 더욱더 선명하고 분명하게 알 수 있게 됐다는 말이다. 첫 번째 창조의 세계에서는 하나님이 어떤 분이신지 알려면 율법을 보아야 했다. 율법이라는 그림자를 보고 하나님의 성품을 알고 하나님과 교제해야 했다. 그런데 이제 '로고스'이신 예수님을 보면 하나님이 어떤 분이신지 잘 알 수 있다. 새 창조의 세상에서 우리는 이제 예수님을 통해서 하나님과 친밀한 교제를 나눌 수 있게 된 것이다.

묵상

우리 모두는 진정으로 인간다운 삶을 살고 싶어 한다. 가장 인간다운 삶이 가장 행복한 삶이기 때문이다. 인간다운 행복한 삶이란 성전이신 주님과 나누는 교제를 날마다 가지고 있는 사람에게서만 찾을 수 있는 것이다. 그것을 상실한 사람들에게서 온전한 인간됨과 행복을 찾아보는 것은 불가능한 일이다. 그런데 사탄은 거짓의 영이라 우리에게 거짓으로 속삭인다. '진정으로 행복해지려면 세상에서 힘을 가져라. 돈을 가져라. 지위를 가져라. 쾌락을 탐닉해라.' 그런 것들로 우리 마음속의 빈 공간들을 채우라고 속삭인다. 그러나 인간은 새로운 성전이신 예수님과의 참된 사귐을 통해서만 참으로 인간다운 삶을 살 수 있다. 우리는 예수님을 통해서만 하나님과 축복된 교제를 할 수 있다. 그것이 인간이 가장 행복하게 살 수 있는 하나님의 방법이다. 이것이 우리가 매일 하나님의 말씀을 묵상해야 하는 이유다. 그러한 말씀을 통한 참된 교제를 하다 보면 어느새 질식할 것 같은 이 세상에서 우리 영혼이 소생하는 것을 느낄 것이다.

기도

주님, 우리와 교제하기 위해서 완전한 새 성전으로 우리 가운데 임하여 주시니 감사합니다. 말씀을 통해 오늘도 주님과 교제하며 하나님의 풍성한 생명 가운데 거하게 하소서.

요한복음 1:19-28
정체성

문맥과 요약

요한복음은 이제 본격적으로 예수님에 대한 이야기를 시작한다. 그리고 요한은 이 본격적인 이야기를 세례 요한에 관한 이야기로 연다. 특히 예수님에 대한 세례 요한의 증언을 3일 동안의 에피소드로 다룬다. 이 본문(요 1:19-28)은 첫 번째 날의 에피소드를 다루고 있는데 세례 요한은 자신의 사역을 메시아의 길을 예비하는 것으로 이해하고 있다.

해설

19-21절 《네가 누구냐 … 나는 그리스도가 아니라 … 네가 엘리야냐 … 네가 그 선지자냐》 유대인들이 예루살렘으로부터 제사장들과 레위인들을 요한에게 파송했다. 그러고는 요한의 정체성에 대해 질문했다. "네가 누구냐?" 예수님 당시 대다수의 유대인들은 메시아를 기대하고 있었다(참조, 삼하 7장). 또한 메시아 시대에 앞서 하나님이 엘리야 선지자를 먼저 보내실 것이라고 기대하고 있었다(참조, 말 3:1, 4:5). 말라기 선지자는 엘리야가 자녀들의 마음을 아버지에게 돌이키고 아비의 마음을 그 자녀들에게 돌이키

는 사역을 감당하게 될 것이라고 이야기했다. 말라기서 문맥 속에 암시되어 있는 것은 이스라엘의 전방위적인 회개다. 또한 신명기 18:15-18에 근거해서 유대인들은 하나님이 모세와 같은 선지자 하나를 일으키실 것이라고 기대했다.

바로 이런 유대적인 배경 속에서 세례 요한이 요단강 근처에서 사역하고 있었던 것이다. 그의 사역을 주의 깊게 살펴본 유대 종교 지도자들은 유대 배경 속에서 그의 정체성에 대해 질문을 가지지 않을 수가 없었다. 마태복음 3:4-6은 세례 요한의 사역 규모가 대단히 컸고 그 파급 효과도 상당했던 것으로 묘사한다. 이러한 광경을 보고 사람들이 어떻게 반응했을까? 어떤 사람들은 세례 요한이 메시아가 아닐지 생각했던 것 같다(눅 3:15). 또한 유대인들은 세례 요한이 엘리야 혹은 모세와 같은 선지자일 가능성이 있다고 생각했던 것 같다. 이런 상황에서 세례 요한은 자신이 메시아가 아님을 분명하게 밝힌다. "그러면 네가 엘리야냐?" 세례 요한은 그에 대해서도 아니라고 이야기한다. "그럼 네가 그 선지자냐?" 세례 요한은 이러한 모든 질문에 자신은 메시아도 엘리야도 그 선지자도 아니라고 대답한다.

22-23절《나는 선지자 이사야의 말과 같이 주의 길을 곧게 하라고 광야에서 외치는 자의 소리로라》 파견단은 세례 요한이 그러한 범주 가운데 하나에는 해당할 것이라고 생각했겠지만, 답변은 의외였다. 그러자 파견단은 "그럼 도대체 너는 누구냐?"라고 질문을 던지지 않을 수 없었다. 이에 대한 대답이 23절에 등장한다. 세례 요한이 인용하고 있는 성경은 이사야 40:3 말씀인데, 이는 이스라엘이 바벨론 포로였다가 시온의 땅으로 돌아오려고 하는데 바로 그 광야에 길을 내는 사자에 대해서 언급하고 있는 본문이다. 이사야의 본문에서 사자의 역할은 바벨론 포로였던 자들이 팔레스틴으로 돌아오는 길에 있는 산을 깎고 골짜기를 메우고 굽은 길을 곧

게 피는 것이었다. 그래서 포로로 끌려갔던 시온의 백성들이 다시 팔레스틴으로 돌아오는 길을 평탄하게 하는 것이었다. 세례 요한은 바로 이 이사야 40:3의 관점에서 자신의 사역을 재해석했다. 과거 바벨론 포로기에 시온의 백성들을 시온으로 돌이키기 위해서 사자가 사역을 했다면 이제 자신은 말라기 4장처럼 하나님의 백성을 아버지에게 돌이키게 하기 위해서 왔다는 것이다. 하나님과 그의 백성이 함께 교제하게 하는 말씀('로고스')의 사역을 준비하는 사자로 온 것이다. 세례 요한은 자신의 사역에 대한 명확한 이해를 가지고 있었고, 이는 이사야 본문을 통해서 조명되고 있다.

25-27절 《네가 만일 그리스도도 아니요 엘리야도 아니요 그 선지자도 아닐진대 어찌하여 세례를 베푸느냐》 앞서 언급한 관점을 토대로, 파견단은 세례 요한이 그리스도, 엘리야, 그 선지자도 아닌데 어째서 세례를 베푸는지에 대해 질문한다. "네가 이도 저도 아니면 왜 세례를 베푸느냐?" 다소 동문서답같이 들리지만 파견단의 질문에도 세례 요한은 오로지 자신이 전해야 하는 주님에게만 집중한다. 자신 뒤에 오시는 이에 대해서만 이야기할 뿐 파견단의 질문에 직접적으로 대답하지 않는다. 물론 직접적으로 대답하지는 않았지만 실상 세례 요한은 이미 파견단의 질문에 대답한 것이나 다름없다. 왜냐하면 자신이 세례를 베푸는 이유는 메시아의 길을 준비하는 것이기 때문이다.

묵상

말씀('로고스')이신 예수님이 핵심이라면 세례 요한은 자신을 주님의 길을 예비하고 주님을 사람들에게 소개해주는 소리에 불과하다고 이해한다. 세례 요한의 이 같은 대답 속에서 그의 영성의 깊이를 보게 된다. 지금 사람들이 자신의 사역에 열광적으로 환호하고 있는 상황이 아닌가? 사역의 규모를 상상해보라. 예루살렘과 온 유대와 요단강 사방, 즉 하나님의 백성들이 전방위적으로 그의 사역에 열광적인 반응을 보인다. 세례 요한의 대답 속에는 요즘 연예인 같은 목사들에게서 찾아볼 수 있는 연예인병이 보이지 않는다. 사람들이 자신을 좀 알아준다 해서 들떠 있는 분위기도 감지되지 않는다. 그저 자신에게 주어진 일을 묵묵하게 수행하며 그 좁은 길을 걸어가는 하나님의 신실한 종의 영성이 보인다. 세례 요한은 '로고스'이신 주님을 주인공으로 이해하면서, 자신은 그 주인공을 소개하고 없어지는 광야의 소리로 표현하고 있다. 말만 그렇게 하는 것이 아니다. 그는 자신이 표현한 대로 광야에서 우리 주님을 소개하고 자신은 사명을 다한 뒤 흔적도 없이 사라졌다. 오직 예수님만이 오롯이 남게 했다.

기도

주님, 세례 요한의 영성으로 무장하게 하소서. 오직 진리이고 생명이신 주님만을 묵상하고 생명수이신 주님만을 오롯이 증거하는 삶을 살게 하소서.

요한복음 1:29-34
승리하신 어린양

문맥과 요약

자신의 사역을 메시아의 길을 예비하는 것으로 이해했던 세례 요한의 두 번째 날 에피소드가 등장한다. 세례 요한은 예수님을 세상 죄를 없애 버리는 하나님의 어린양으로 이해하고, 또한 자신의 사역을 이 어린양을 이스라엘에게 소개하기 위한 것으로 이해한다. 게다가 이제 그 주님이 성령으로 세례를 주시는 시대가 도래할 것이라고 증언한다.

해설

29-31절《이튿날 요한이 예수께서 자기에게 나아오심을 보고 이르되 보라 세상 죄를 지고 가는 하나님의 어린양이로다》 요한은 주님이 누구이신지를 보다 분명한 언어로 우리에게 알려준다. 예수님이 다음 날 세례 요한에게 나아오시자 요한은 예수님을 바라보고 "세상 죄를 지고 가는 하나님의 어린양이로다"라고 말한다. 개역개정판은 "세상 죄를 지고 가는"이라고 번역했지만 사실 사도 요한이 말하려는 취지는 그러한 그림과는 다르다. 여기서 "지고 가는"이라고 했을 때, 요한이 사용한 단어는 '아이로'다. 이는

문자적으로 "들어 올리다"는 의미인데, "치워버리다", "제거하다"라는 의미로도 번역할 수 있다. 실제로 요한복음에서 예수님의 처형 장면에서 예수님의 시체를 치워달라고 요청할 때 이 단어가 여러 차례 사용됐다. 요한이 의도한 것은 "세상 죄를 없애버리는, 치워버리는 혹은 제거하는 하나님의 어린양"이다.

그렇다면 요한이 '어린양'이라고 표현했을 때 그는 어떤 의미를 나타내려고 한 것일까? 세 가지 정도를 생각해 볼 수 있다. 먼저 이사야 53장에 등장하는 고난당하는 종을 생각해 볼 필요가 있다. 기독교 전통은 이사야 53장의 고난당하는 종의 모습에서 예수님을 보았다. 그리고 이 본문에서 고난당하는 종은 도살장에 끌려가는 어린양과 털 깎는 자 앞에 잠잠한 양 같았다고 표현된다. 이런 전통 속에서 세례 요한이 예수님을 하나님의 어린양이라고 했을 때 그는 고난당하는 어린양을 머릿속에 그렸을 수 있다.

또한 어린양이라고 했을 때 유대 배경 속에서 빼놓을 수 없는 것이 유월절 양이다. 요한은 유월절 양을 떠올리면서 예수님을 비유적으로 어린양이라고 표현했을 수 있다. 이스라엘은 출애굽을 할 때 어린양의 피를 문설주에 발랐다. 그것처럼 이제 예수님이 십자가에서 어린양으로서 피를 흘리심으로써 우리에게 출애굽과 같은 사건이 새롭게 일어난 것이다. 사도 요한은 예수님을 유월절 어린양이라고 생각했음이 분명하다. 요한복음 안에 있는 두 가지 사실이 이를 입증한다. 먼저 요한복음 19:14에서 예수님은 유월절 어린양을 잡는 날, 즉 유월절 예비일에 돌아가신 것으로 묘사된다. 이뿐만이 아니다. 예수님의 십자가 장면을 묘사하는 19장을 보면 십자가에서 예수님이 돌아가신 후 병사들이 십자가에 있던 사람들의 다리를 꺾었다. 그런데 예수님에게 가서는 이미 돌아가신 것을 보고는 다리를 꺾지 않았다고 묘사한다. 흥미로운 것은 36절인데 이렇게 된 것은

"그 뼈가 꺾이지 않으리라는 성경 말씀이 성취된 것"이라고 말한다. 이곳에서 언급된 성경은 출애굽기 12:46을 가리키며 거기서는 유월절 규례를 이야기한다. 출애굽기 12장 앞부분에는 유월절 양을 잡아서 먹는 규례에 대해서 이야기하고 46절에서는 그 양의 뼈를 꺾지 말라고 말하고 있다. 그런데 요한복음 19:36은 예수님의 다리가 꺾이지 아니한 것이 바로 이 유월절 양의 뼈가 꺾이지 않으리라는 말씀의 성취라고 이해하고 있는 것이다. 정리하면 요한복음은 예수님을 유월절 양이라고 이해하고 있다.

그런데 어린양과 관련해서 우리가 빠뜨리지 말고 반드시 살펴보아야 할 중요한 구절들이 요한의 문서에 또 있다. 계시록 5:6-14과 17:14인데, 이 각각의 본문이 이야기하는 핵심은 "승리하신 어린양"이다. 사실 계시록 이외에도 에녹1서와 같은 몇몇 유대 문헌들 가운데 계시록과 마찬가지로 승리하신 어린양에 대한 이야기가 등장한다. 사도 요한은 고난당하는 어린양, 유월절 어린양, 승리하신 어린양 등의 이미지를 복합적으로 예수님에게 투영해서 이해한 것으로 볼 수 있다. 사도 요한은 고난당하는 어린양 같은 종으로서 그리고 유월절 어린양으로서 예수님의 십자가의 고난과 죽음이 세상 죄를 제거해 버리는 사건이라고 이해하고 있는 것이다. 그런데 계시록 5장과 17장에 따르면 사도 요한은 바로 그와 같은 예수님의 고난과 죽음이 어린양의 패배가 아닌 승리라고 말한다. 이것이 바로 기독교가 이야기하는 세상에 대한 승리다. 예수님의 십자가 죽음은 세상이 바라보는 것처럼 실패와 패배가 아니다. 예수님의 죽음은 우리를 살려내시기 위한 대속의 죽음이며 이 죽음은 결국은 새로운 창조를 만들어내고야 마는 승리의 죽음이다. 세례 요한은 자신의 사역이 그런 어린양 예수님을 이스라엘 사람들에게 나타내기 위함이라고 이야기한다.

32-34절《나를 보내어 물로 세례를 베풀라 하신 그이가 나에게 말씀하시되 성령이 내려서 누구 위에든지 머무는 것을 보거든 그가 곧 성령으로 세례를 베

푸는 이인 줄 알라》 세례 요한은 계속해서 주님에 대해서 증언하면서 그분을 성령으로 세례를 베푸시는 이라고 설명한다. 여기서 성령으로 세례를 베푼다는 것은 무슨 뜻일까? 어린양이신 주님이 성령으로 세례를 베풂으로 우리는 어린양의 승리에 동참하게 된다. 하나님은 어린양이신 주님이 십자가의 죽음을 통해서 죄에 대해서 승리하셨다는 사실을 믿는 우리에게 지금도 성령으로 세례를 베풀어주신다. 요한복음 3:16은 그것을 영원한 생명이라고 이야기한다. 이 승리하신 어린양을 믿는 믿음을 통해서 성도들은 그분의 승리에 동참하게 되고 승리하신 어린양이 주시는 영생에 동참하게 되는 것이다. 이것이 기독교가 이야기하는 복음이다.

묵상

기독교가 이야기하는 복음은 세상에 대해서 승리하신 주님의 승리의 복음이다. 그러나 이러한 표현은 잘못하면 기독교가 말하는 승리의 복음을 오해하도록 만들 가능성과 위험성이 있다. 실제로 기독교 역사 가운데는 그러한 기독교 복음의 승리를 잘못 이해했던 적이 있었다. 기독교 승리주의가 그것인데, 대표적인 예들 중 하나로 중세의 십자군 운동을 꼽을 수 있다. 절에 난입해서 찬양을 부르고 사찰에 불을 지른 끔찍한 기독교인들의 이야기도 듣는다. 이런 것들은 기독교가 말하는 진정한 승리가 무엇인지를 모르는 데서 생기는 안타까운 일들이다. 사도 요한은 어린양이신 주님이 세상에 대해 승리하신 방식이 고난과 죽음, 즉 십자가를 통해서였다는 사실을 이제 복음서에서 서술해 갈 것이다. 주님은 당신이 십자가 고난과 죽음을 통해 세상에 대해서 승리하셨을 뿐만 아니라 당신의 제자들도 그 십자가 승리의 길로 초청하고 계신다. 그래서 누구든지 그분을 따라가려거든 자기를 부인하고 날마다 자신의 십자가를 지고 당신을 좇아올 것을 요구하고 있는 것이다. 오늘날 기독교회는 승리하신 어린양은 좋아하지만 그 승리하신 어린양이 세상을 이기신 구체적인 방식이 십자가였다는 것은 종종 쉽게 망각한다.

기도

어린양의 승리를 믿는 자에게 하나님은 오늘도 성령으로 세례를 베푸셔서 이 승리에 함께 동참하게 하십니다. 믿음의 순종을 통해서 이 거룩한 승리에 함께 동참하는 성도들이 되게 하소서.

요한복음 1:35-42
주님의 약속

문맥과 요약

요한복음은 새 창조에 관한 복음이며 그 새 창조의 복음이란 '로고스' 이신 주님이 우리 가운데 성전(장막)을 치신 사건이라고 요한은 이야기한다. 앞선 단락에서 세례 요한은 예수님이 누구이신지를 매우 분명하고 선명하게 증언해 주었다. 세례 요한은 예수님을 "세상 죄를 없애버리는 어린양"이라고 소개해 주었다. 요한에게 이 어린양은 고난당하는 어린양, 유월절 어린양, 그리고 승리하신 어린양으로 이해된다. 그렇다면 우리는 어떻게 어린양의 새 창조의 승리에 함께 동참할 수 있는가? 어린양이신 예수님께서 성령으로 세례를 베푸심으로 우리도 어린양의 승리에 동참하게 된다. 승리하신 어린양을 믿는 믿음을 통해서 우리도 그분의 승리에 동참하게 되고 승리하신 어린양이 주시는 영생에 동참하게 되는 것이다. 바로 이러한 이유 때문에 믿음은 기독교에서 매우 중요한 요소가 된다. 제자들과 함께 서 있던 세례 요한은 다시 주님을 발견하고는 "하나님의 어린양"이라고 선포한다. 그 선포를 듣고 그의 제자였던 안드레는 주님과 교제하게 된다. 이 교제를 통해 안드레는 예수님을 메시아로 이해하게 되고 형제 베드로를 주님께 인도한다. 베드로를 보고 주님은 그가 게바라 불리게 될 것이라 선포하신다.

해설

35-37절《두 제자가 그의 말을 듣고 예수를 따르거늘》 세례 요한은 제자 두 명과 함께 서 있다가 예수님을 발견한다. 그는 예수님을 발견하고는 어제 자신이 말했던 대로 예수님을 "하나님의 어린양"이라고 다시 증언한다. 이 증언을 듣고 제자 둘은 예수님을 즉각적으로 따르게 된다. 여기서 참 한결같은 세례 요한의 모습을 목격하게 되는데, 자신에게 쏠려 있는 세상의 시선과 관심을 극구 부인하고 어린양이신 예수님만을 바라보게 하는 그의 모습에서 진정한 인간 리더십의 표준을 보게 된다. 이 당시 사람들은 세례 요한이 메시아일지도 모른다고 생각했다(참조. 눅 3:15). 그런 상황에서 그는 자신이 누구이며 무엇을 해야 하는지를 정확하게 알고 있었고 또한 그대로 행했다. 세례 요한의 이야기를 듣고 제자 둘은 예수님을 따르게 됐다. 37절에서 예수님을 "따랐다"고 했을 때 사용된 단어가 "아콜루떼오"인데, 신약성경에서 '제자도'라는 주제를 언급할 때마다 빠지지 않는 매우 중요한 단어다. 그들은 어제까지 세례 요한의 제자였다. 그런데 세례 요한의 증언을 통해 이제 예수님을 따르는 제자가 된 것이다.

38-39절《예수께서 돌이켜 그 따르는 것을 보시고 물어 이르시되 무엇을 구하느냐》 자신을 따르는 자들을 향해 보시며 예수님은 "무엇을 구하느냐"라고 질문하신다. 이 질문에 제자들은 "어디에 거하십니까?"라고 도리어 질문을 던진다. 예수님은 그들에게 "와 보라"라는 유명한 말을 하신다. 그래서 그들은 십시(로마식 시간으로 오전 10시)부터 시작해서 예수님과 함께 그날 하루를 온전히 보냈다고 요한은 기록한다. 보다 정확하게 이야기해

서 이 두 제자가 얼마 동안 주님과 교제했는지는 본문 속에서 분명하지 않다. 또 사도 요한은 그 교제 기간 동안 구체적으로 어떠한 일들이 있었는지도 상세히 알려주지 않는다. 다만 그들이 자신들이 따르는 예수님과 교제하게 됐다는 사실만을 추론할 수 있을 뿐이다. 그런데 사실 사도 요한이 말하려는 중요한 핵심은 바로 그 다음 이야기다.

40-41절《그가 먼저 자기의 형제 시몬을 찾아 말하되 우리가 메시아를 만났다 하고》 안드레가 자신의 형제 베드로를 찾아가 자신이 메시아를 만났음을 고백한다. 안드레는 주님과의 교제를 통해서 예수님이 구약에서 말씀하셨던 바로 그 메시아인 것을 깨닫게 됐다. 세례 요한의 증언을 통해서 주님을 만나게 된 안드레는 주님과의 참된 교제를 통해서 예수님이 구약에서 예언했던 바로 그 메시아라는 사실을 깨닫게 된 것이다.

42절《네가 요한의 아들 시몬이니 장차 게바라 하리라 하시니라(게바는 번역하면 베드로라)》 안드레는 형제 베드로를 데리고 주님 앞으로 인도한다. 세례 요한의 증언을 통해 그의 제자들은 예수님 앞으로 나아오게 되고 주님과의 교제를 통해 진리 가운데 거하게 된다. 진리 가운데 거하며 예수님이 메시아이심을 깨달은 안드레는 형제 베드로를 예수님 앞으로 인도하게 된다. 바로 이것이 이 땅에 예수님의 왕국이 증거되는 방식이다. 베드로를 만나신 예수님은 베드로에게 "네가 요한의 아들 시몬이니 장차 게바라 하리라"고 말씀하신다. 이 구절에는 초대교회 당시 베드로가 가지고 있었던 이름 세 개가 등장한다. 베드로의 히브리식 이름은 '시몬'이고 아람어식 이름은 '게바'이며 헬라식 이름이 '베드로'다. 본문을 통해 생각해 볼 때 예수님을 처음 만났을 때 베드로가 일반적으로 불렸던 이름은 '시몬'(요한의 아들 시몬)이었던 것 같다. 그런데 아람어를 쓰셨던 예수님이 "너는 요한의 아들 시몬인데, 이제 앞으로는 '게바'라고 불리게 될 것이다"라고 선포하신 것이다. 사도 요한은 이 게바라는 아람어의 의미가 헬라말로

'베드로', 즉 "반석"이라고 번역해 주었다. 따라서 예수님이 지금 "시몬아, 너는 후에 '반석'이라고 불리게 될 것이다"라고 말씀하고 계신 것이다. 이것은 어떤 의미에서 약속이며 또한 선포의 의미를 가진다. 지금의 시몬이 반석이라는 이름에 합당하지 않을지라도, 이는 주님이 세우실 성전 공동체에서 그를 반석으로 만들어 가실 것이라는 약속이자 선포라고 볼 수 있다.

묵상

(1) 본문에는 주님의 왕국이 확장되는 표준적인 방식이 나타난다. 세례 요한은 모든 사람들이 자신을 주목하는 상황 속에서도 오롯이 예수님만을 증언하는 데 최선을 다했다. 오늘날 말씀의 사역자인 목사들은 세례 요한의 태도를 깊이 묵상할 필요가 있다. 목사는 성도들을 말씀이신 주님과 온전히 교제하게 하기 위해 필요한 지식으로 무장시키며, 한 사람의 성도로서 복음의 진리를 살아내기 위해 최선을 다해야 한다. 그러면 성도들은 진리의 말씀 안에서 주님을 만나고 그 진리이신 주님과의 교제 가운데 복음이 주는 진정함 자유함을 누리게 된다. 그리고 그 복음의 진리를 형제들과 이웃들에게 증거할 수 있게 된다. 이러한 사역을 통해 하나님은 우리를, 그리고 우리의 이웃들을 예수님의 성전 공동체로 아름답게 빚어 가신다.

(2) 예수님을 처음 만났을 당시 베드로는 "반석"이라는 이름으로 불릴 만한 사람이 아니었다. 그런데 주님은 그런 현재의 시몬을 바라보시며 지금 성전 공동체에서 시몬이 감당할 미래를 앞당겨 그려 주셨다. 그를 주님이 세우실 성전 공동체의 반석으로 만드실 것이라고 약속하며 선포하신 것이다. 주님의 약속과 선포대로 베드로는 실제로 초대교회의 반석과 같은 사람이 된다. 그는 복음을 위해서 자신의 일생을 드리며 생명까지도

드리는 사도로서의 직분을 감당하게 된다. 그런데 생각해보면 베드로나 우리나 크게 다르지 않다. 베드로가 성전 공동체의 반석이 될 자격이 없는 사람이었던 것처럼 우리 모두도 성전 공동체인 주님의 백성이 될 수 없는 무자격자들이었던 것 아닌가? 그런데 아버지 하나님의 은혜로 예수님 안에서 성령의 사역을 통해 성전으로 함께 지어져 가는 영광을 누리게 됐다. 현재 우리의 모습 속에 하나님의 백성 됨의 모습이 있고 예수님의 제자 됨의 모습이 있어서가 아니다. 비록 지금은 그렇지 못해도 그렇게 주님 안에서 우리를 성전 공동체의 백성으로 주님의 제자로 만들어 가신다는 것이 복음이 우리에게 주는 약속이다. 지독히도 자기중심적인 우리이지만 그리스도 안에서 우리를 함께 거룩한 성전으로 만들어 가실 것이라는 것이 요한복음이 우리에게 주는 가장 빛나는 약속 가운데 하나다.

기도

세례 요한처럼 주님만을 증거하고 바라보는 말씀의 사역자들이 많이 일어나게 하소서. 또한 매 순간 우리를 주님과 함께 성전으로 빚어가실 주님에게만 소망을 두는 백성들이 일어나게 하소서.

요한복음 1:43-51
약속의 성취

문맥과 요약

예수님이 두 번째 제자 그룹, 즉 빌립과 나다나엘을 만나신다. 빌립의 전도를 통해 주님을 만나게 된 나다나엘은 주님으로부터 두 개의 놀라운 이야기를 듣는다. 자신의 속마음을 꿰뚫어 보시는 주님 앞에서 나다나엘은 신앙고백을 한다. 신앙고백 후 주님은 야곱에게 주신 약속이 자신이 성전을 짓는 행위를 통해서 성취될 것이라는 비밀을 계시해 주신다.

해설

43-45절 《모세가 율법에 기록하였고 여러 선지자가 기록한 그이를 우리가 만났으니 요셉의 아들 나사렛 예수니라》 예수님이 갈릴리로 나아가시다가 빌립을 만나서 자신을 따르라고 말씀하신다. '따른다'라는 표현은 예수님의 제자가 된다는 의미다. 요한은 예수님의 이러한 명령 후에 빌립과 예수님 사이에 어떠한 일이 일어났는지에 대해서는 아무런 이야기도 해주지 않는다. 도리어 요한의 관심은 그 만남을 통해서 빌립에게 어떠한 인식의 변화가 일어났으며 이로 인해 빌립이 어떠한 행동을 하게 됐는가를

설명해 줄 뿐이다. 빌립은 예수님과의 만남을 통해서 예수님에 대한 놀라운 사실을 깨닫게 됐다. 예수님이 율법에서 모세가, 그리고 여러 선지자들이 기록했던 바로 그분, 즉 메시아라는 사실을 깨닫게 됐다. 이전 단락에 등장하는 안드레 이야기와 흡사하다. 안드레와 빌립은 주님을 만나 교제했고 그것이 그들로 하여금 예수님이 구약이 예언했던 메시아라고 확신하게 만들었다. 빌립은 예수님에 대해서 매우 구체적인 내용까지 속속들이 알지는 못했겠지만 그분이 "메시아"라는 것에 대해서는 확신에 차 있었다. 확신에 차 있는 사람에게 나타나는 증거, 곧 자신 주변에 있는 형제와 친구들에게 메시아이신 예수님을 증거함이 그에게서 나타났기 때문이다. 예수님이 구약이 예언했던 메시아라는 사실을 깨닫게 된 빌립은 안드레가 그랬던 것처럼 자신의 친구였던 나다나엘을 찾아가서 그에게 자신이 메시아를 만났다고 이야기한다.

46절 《나사렛에서 무슨 선한 것이 날 수 있느냐》 빌립으로부터 예수님을 소개받은 나다나엘은 매우 냉소적인 반응을 보인다. 이 말은 단순히 나사렛을 무시하는 말이라기보다는 메시아의 출생지와 관련해서 나사렛이 후보가 될 수 없다는 유대인들 사이의 인식을 대변하는 말로 이해할 수 있다. 구약에 정통한 유대인들은 베들레헴에서 메시아가 날 것이라고 생각하고 있었다. 구약을 잘 알고 있었던 나다나엘이 친구 빌립의 말을 듣고 냉소적인 반응을 보인 것은 나름 이해할 만하다. 메시아는 베들레헴에서 출생할 텐데 지금 나사렛 출신 예수님이 메시아라고 하니 쉽게 납득하지 못한 것이다. 나다나엘의 대답이 허무맹랑하지 않다는 것을 빌립도 잘 알고 있다. 그래서 "와 보라"라고 대답한 것이다. 논리적으로는 나다나엘의 말을 이해할 수 있는데, '네가 와서 본다면 내가 예수님을 왜 메시아라고 이야기하는지 알게 될 것'이라는 말이다. 비록 빌립은 예수님에 대해서 매우 구체적이고 충분한 지식을 가지고 있지는 않았지만 그가 메시아라는 사실만큼은 확실히 알고 있었다. 논리로 친구를 설득할 수는 없었지만 자신이 경험하고 있는 새로운 세상을 친구에게 알려주고 싶었다.

47-49절 《빌립이 너를 부르기 전에 네가 무화과나무 아래에 있을 때에 보았노라》 예수님은 나다나엘을 보시고는 "보라 이는 참이스라엘 사람이라 그 속에 간사한 것이 없도다"라고 말씀해 주셨다. 예수님의 말씀을 들은 나다나엘은 어안이 벙벙해서 "어떻게 저를 아십니까"라고 되묻는다. 이때 예수님은 "빌립이 너를 부르기 전에 네가 무화과나무 아래에 있을 때 보았다"라고 말씀하신다. 참 수수께끼같이 들릴 수 있는 말이다. 이 말은 도대체 무슨 뜻일까? 유대인들에게 있어서 "무화과나무 아래에 있다"라는 표현은 매우 중요한 상징적 의미를 가지고 있었다. 이 말을 이해하려면 스가랴 3:10과 미가서 4:1-4을 이해할 필요가 있다. 미가서 4장의 문맥은 하나님이 역사의 마지막에 왕으로서 이 세상을 평화로 통치하시는 모습을 그려준다. 성전을 회복하고 이스라엘을 회복하고 '샬롬'(평화)을 회복하는 모습을 그려준다. 그래서 모든 전쟁 무기를 폐기하고 전쟁이 그치며 모든 사람들이 포도나무 아래와 무화과나무 아래에 앉는다고 묘사한다. 이 말씀에 근거해서 "무화과나무 아래에 앉는다"는 표현은 하나님의 종말론적 회복, 즉 '샬롬'을 성취하는 표현으로 이해됐다. 그리고 이에 더해 랍비 문헌을 보면 랍비들은 하나님이 이루실 '샬롬'을 염원하며 무화과나무 아래에 앉아서 율법을 연구하곤 했다. 이런 유대인들의 맥락에서 나다나엘이 무화과나무 아래에 앉아 있을 때 보았다는 주님의 말씀은 나다나엘이 하나님이 이루실 '샬롬'을 소망하며 하나님의 말씀에 대해 묵상하고 있을 때, 주님이 보셨다는 말이다. 아마 나다나엘은 깜짝 놀랐을 것이다. 자신이 빌립을 만나기 전 무화과나무 아래서 율법을 속으로 묵상하고 하나님이 이루실 종말론적 '샬롬'을 소망하고 있었는데 예수님이 자신의 속마음을 정확하게 꿰뚫어 보셨기 때문이다. 자신의 묵상을 꿰뚫어 보신 주

님의 말씀을 듣자마자 나다나엘은 "당신은 하나님의 아들이시요 이스라엘의 임금이십니다"라고 고백하게 된다. 빌립이 이야기한 것이 허언이 아니었음을 깨닫게 된 것이다.

50-51절 《내가 너를 무화과나무 아래에서 보았다 하므로 믿느냐 이보다 더 큰 일을 보리라 … 진실로 진실로 너희에게 이르노니 하늘이 열리고 하나님의 사자들이 인자 위에 오르락내리락 하는 것을 보리라》 그런데 주님은 여기서 그치지 않고 더 놀라운 말씀을 주신다. 여기서 "이보다 더 큰 일"이란 과연 무엇을 뜻하는 것일까? 51절이 그것을 설명한다. 하늘이 열리고 하나님의 사자가 오르락내리락 한다는 표현은 유대인들에게는 창세기 28장을 생각나게 하는 유명한 표현이다. 야곱이 형 에서를 피해서 하란으로 도망하는 중이었다. 그는 벧엘에 이르러 잠이 드는데 환상 가운데 사닥다리가 땅위에 서있고 그 끝이 하늘에 닿아 있었다. 그리고 하나님의 사자들이 그 위로 오르락내리락 하는 모습을 보게 되는데, 하나님은 그가 누운 땅을 그와 자손에게 주며 자손들이 땅의 티끌처럼 많아질 것이라는 약속을 주신다. 잠에서 깬 야곱은 자신이 누웠던 곳을 벧엘, 즉 '하나님의 집'이라고 명명하고 자신이 기름 부어 세운 돌이 하나님의 집(성전)이 될 것이라고 이야기한다. 이 본문은 바로 창세기 28장이 생각나게 하는 방식으로 예수님이 나다나엘에게 "하늘이 열리고 하나님의 사자들이 인자 위에 오르락내리락하는 것을 보리라"고 말씀하신다. 그런데 창세기와 비교했을 때 눈에 띄는 차이가 하나 보인다. 창세기에서는 결국 **성전 위에** 하나님의 사자들이 오르락내리락하는데 요한복음에서는 하나님의 사자들이 **성전이신 인자 위에** 오르락내리락 하는 것이다. 요한은 지금 성전 신학을 이야기하고 있다. 하나님은 야곱에게 보여 주셨던 벧엘의 약속, 즉 그와 그의 자손들을 축복하고 그들과 늘 함께 하시겠다는 약속을 이제 예수님 안에서 완전한 성전을 지으심으로 이루실 것이다. 즉, 과거 야곱에게 주셨던 이 언

약이 성전이신 예수님에게서 완벽히 이루어질 것을 지금 나다나엘에게 미리 알려 주신 셈이다. 나다나엘은 메시아를 만났을 뿐만 아니라 그와의 교제를 통해서 야곱에게 주셨던 약속이 인자이신 예수님을 통해 성취될 것이라는 놀라운 약속을 들은 것이다.

묵상

(1) 신앙이라는 것은 무턱대고 믿는 맹신이 아니다. 그러한 비신앙적 행태가 조국 교회를 병들게 만들고 피폐하게 만들고 있다. 성경에 대한 진지한 질문과 연구와 성찰 없이 무조건 믿으라고 요구하는 행위가 성도들을 진리에 대해서 아둔하게 만들고 진리에 관심 없는 사람으로 만들지 않았나 싶다. 질문하는 성도를 마치 믿음이 없는 성도로 몰아붙이니 상식적이고 합리적인 질문을 하는 성도들은 기독교와 교회에 대해서 회의를 가지게 된다. 질문한다는 것은 관심이 있다는 말이다. 비록 그 질문에 답을 다 해줄 수 없다 하더라도 질문 던지는 성도는 정말로 고맙고 진정으로 반가운 존재다.

(2) 빌립의 논리는 분명히 나다나엘을 설득하기에 충분하지 않았다. 비록 논리로 설득되지 않았지만 나다나엘은 친구 빌립의 진정성 있는 어투와 메시아를 만났다고 이야기하는 진지한 모습을 통해 그의 인격을 믿고 따라나서게 되었다. 주님을 전한다는 것은 꼭 우리가 주님에 대해서 학자들과 같이 박식하고 능통하게 설명할 수 있을 때에야 비로소 가능한 것이 아니다. 도리어 우리가 메시아이신 주님을 만나고 예수님과 진정한 교제를 하고 있기만 한다면 우리도 얼마든지 생명이신 주님을 전할 수 있는 것이다. 우리가 경험하고 아는 만큼만 진정성 있게 그리고 진솔하게 이야기하면 충분하다. 나머지는 주님이 역사하실 영역으로 남겨 놓으면 된다.

(3) 나다나엘은 주님을 만나 놀라운 이야기를 듣는다. 이는 야곱에게 말씀하셨던 하나님의 말씀이 성취될 것이라는 이야기였다. 나다나엘은 하나님의 약속이 성취될 것이라는 놀라운 이야기를 들었지만 우리는 그 놀라운 약속이 실현된 현실을 살고 있다. 예수님이 이미 자신의 육체로 성전을 지으셨다. 이 사실을 믿음으로 인정한 우리들은 성전이신 주님 안에서 우리의 허다한 죄를 모두 용서 받는다. 그리고 아버지 하나님과 새로운 관계가 되어 말씀을 통해 마음껏 아버지와 교제하며 하나님의 백성으로 온전하게 새로운 삶을 살 수 있게 됐다. 온전히 인간다운 삶, 진정으로 행복한 삶을 살게 된 것이다. 이것이 요한이 말하려는 영생의 삶이다. 영생은 죽은 다음에만 누리게 되는 생명이 아니라 이미 성전이신 예수님 안에서 새롭게 누리는 영원한 생명이다. 누구에게 이러한 권세를 주셨는가? 영접하는 자 곧 예수님의 이름을 믿는 자에게 이렇게 기막힌 권세와 특권을 주셨다. 요한복음은 이렇게 성전이신 주님 안에서 우리가 하나님의 자녀가 되어 하나님과 교제하며 하나님의 성전으로 함께 지어져가는 이야기를 하고 있는 놀라운 책이다.

기도

우리가 성전이신 주님 안에서 아버지와 함께 교제하는 새로운 창조의 피조물임을 기억하게 하소서. 그래서 마땅히 거룩을 추구하고 세상과는 다른 삶을 살아가게 하소서.

요한복음 2:1-12
가나의 표적

문맥과 요약

나다나엘을 만나신 주님은 그에게 아주 놀라운 비밀을 계시해 주셨다. 그것은 창세기 28장에서 하나님이 야곱에게 주셨던 약속이 성취될 것이라는 이야기였다. 야곱에게 보여 주셨던 벧엘의 약속, 즉 야곱과 그의 자손들을 축복하고 그들과 늘 함께 하시겠다는 약속을 이제 예수님 안에서 완전한 성전을 지으심으로 이루실 것이다. 나다나엘은 메시아를 만났을 뿐 아니라 그와의 교제를 통해서 야곱에게 주셨던 약속이 인자이신 예수님으로 말미암아 성취될 것이라는 놀라운 약속을 들었다. 요한복음 2장의 가나 혼인 잔치 이야기를 비롯해서 2-4장에 등장하는 모든 이야기들은 성취의 관점, 즉 "구약의 약속들이 예수님을 통해서 성취된다"라는 관점에서 조명되고 이해되어야 한다. 본문은 주님께서 가나의 혼인 잔치에 초대받으셨을 때 발생한 사건을 다루고 있다. 그 혼인 잔치에서 포도주가 떨어졌는데 주님께서 기적적인 방법으로 물을 포도주로 바꾸셨다. 이 표적은 메시아의 새로운 시대가 도래했음을 상징적으로 보여준다.

해설

요한복음에는 2장에서 12장까지는 총 7개의 표적이 등장한다. 이 7개의 표적들은 예수님이 단순히 이적을 행하시는 분이라는 것을 말하려는 것이 아니라 "그분이 궁극적으로 누구이신가? 또한 그가 행하시는 일들은 무엇을 의미하는가?" 하는 것들을 설명하는 실제적인 도구다.

1-4절 《내 때가 아직 이르지 아니했나이다》 갈릴리 가나에 혼인 잔치가 있었고 예수님의 어머니 마리아와 예수님 그리고 그의 제자들도 그 혼례에 청함을 받았다. 결혼 잔치에 하객으로 초대를 받은 것인데 초대교회의 전승에 따르면 마리아가 신랑과 친척 관계로 나타난다. 그런데 하필 이 혼인 잔치에 포도주가 떨어지는 사건이 발생했다. 그러자 어머니 마리아가 예수님께 포도주가 떨어졌다는 사실을 알렸다. 이에 대해서 예수님은 "여자여, 나와 무슨 상관이 있습니까? 내 때가 아직 이르지 아니했나이다"라고 반응하신다(19장의 십자가 처형 장면에서도 예수님은 어머니를 '여자여'라고 호칭하셨다). 요한복음에서 "내 때"란 주님이 궁극적으로 영광 받으시는 시점을 가리킨다. 즉, 십자가에서 모든 것을 이루시는 시점 말이다. 예수님은 자신이 영광 받으셔야 하는 궁극적인 시점이 이르지 않았음을 이야기하신 것이다. 다소 동문서답같이 들리기는 하지만 주님은 이 혼인 잔치와 그 잔치에 포도주가 떨어졌다는 구체적인 상황에 착안하셔서 뭔가 영적인 교훈을 주시기로 작정하신 것으로 보인다.

5-7절 《유대인의 정결 예식을 따라 두세 통 드는 돌항아리 여섯이 놓였는지라》 예수님의 다소 적극적이지 않은 반응에도 불구하고 마리아는 하인들에게 "너희에게 무슨 말씀을 하시든지 그대로 하라"고 명한다. 그리고 요한은 예수님이 무슨 명령을 하셨는지를 7절에서 언급한다. 그럼 그 사이에는 무슨 내용이 등장하는가? 6절에서 요한은 사실 이야기의 흐름상 별로 직접적인 관련성이 없어 보이는 부가적인 정보를 제공하고 있다. 바

로 이런 부가적인 정보가 요한이 말하려고 하는 핵심과 연결되어 있다. 거기에는 유대인들의 정결 예식을 따라 두세 통 드는 돌항아리 여섯이 놓여있었다. 예수님은 그 하인들에게 항아리에 물을 채우라고 명령하셨다. 한 항아리에 대략 25갤런(95리터) 정도의 물이 들어가니 6개의 항아리를 다 채우려면 약 150갤런(570리터) 정도의 물이 필요했다. 상당한 양의 물이다. 그러고는 그 물을 떠서 연회장에게 가져다주라고 명령하신다. 그런데 유대교의 정결 예식을 위해서 존재했던 물이 연회장에게 가져다주었을 때는 포도주로 변화됐다.

10절 《그대는 지금까지 좋은 포도주를 두었도다》 이 포도주를 맛보고 난 후 연회장의 반응이 10절에 기록되어 있다. 전후 사정을 모르는 연회장은 포도주를 맛보고 난 후 신랑이 최상품 포도주를 마지막에 내어 놓았다고 감탄한다. 자칫 혼인 잔치의 흥이 깨질 수도 있는 상황이었는데 예수님 때문에 혼인 잔치의 흥이 깨지지 않고 절정으로 나아갈 수 있게 된 것이다. 그럼 예수님은 본문에 사용된 구체적인 상징들을 활용하셔서 어떤 영적인 가르침을 제공하려 하신 것일까? 그것은 본문 안에 등장하는 혼인 잔치와 포도주라는 주제와 밀접하게 연관되어 있는 것으로 보인다. 먼저 혼인 잔치는 구약에서, 특별히 이사야서에서 메시아가 통치하시는 날을 표현하는 은유였다. 마태복음 22장에서의 예수님께서도 이런 관점에서 혼인 잔치를 예로 들면서 하나님의 나라를 설명하셨다. 혼인 잔치는 하나님의 나라를 설명하는 중요한 모티프였던 것이다. 더욱 중요한 것은 요한도 분명히 메시아 시대를 혼인 잔치로 묘사하고 있다는 점이다. 계시록 19:9을 보면 요한은 "어린양의 혼인 잔치에 청함을 받은 자들이 복이 있다"고 말한다. 어린양이 다스리시는 하나님의 통치의 시대를 요한은 혼인 잔치라고 묘사하고 있다. 이뿐만이 아니다. 포도주 역시 구약과 유대 문헌에서 메시아가 통치하시는 시대의 풍성함을 나타내는 은유였다. 그

중 아모스 9:13-14은 하나님이 통치하시는 시대를 포도주 은유를 통해서 다음과 같이 묘사하고 있다. "여호와 하나님께서 포로 된 이스라엘을 돌이키셔서 그들로 하여금 포도원을 심게 하시고 그들이 포도주를 마실 것이다." 하나님이 베푸실 메시아 시대의 구원을 포도주를 마시는 것으로 설명하고 있는 것이다. 그렇다면 이 표적을 통해서 예수님이 말씀하시고자 하는 것은 무엇일까? 유대인들에게 유명했던 은유, 즉 혼인 잔치와 포도주를 통해서 예수님은 바로 그 메시아의 시대가 자신을 통해 도래했다는 진리를 가르치고 싶으셨던 것이다. 이것이 예수님의 첫 번째 표적이 의미하는 바다. 유대교의 규례를 따라 정결 의식을 위해서 사용됐던 물이 예수님을 통해서 포도주로 변화됐다는 것은 메시아이신 예수님을 통해 만물을 변화시키시는 새로운 창조의 시대가 도래했다는 것을 상징적으로 보여준다. 바로 이것이 가나 혼인 잔치의 물이 포도주로 변화되는 표적을 통해 예수님께서 제자들에게 가르치시고자 하는 영적인 가르침이다. 창세기 28장의 약속이 예수님을 통해 예수님 안에서 성취될 것이라는 나다나엘에게 주셨던 가르침과 정확하게 같은 맥락이다. 예수님을 통해서 새로운 창조의 시대가 시작됐으며 이를 믿는 자들에게 메시아 시대의 풍성함을 누리는 영적인 축복이 주어졌다는 사실을 가나 혼인 잔치의 표적은 우리에게 가르쳐 주고 있다. 이것이 요한복음이 우리에게 가르치는 진리다.

묵상

(1) 예수를 믿는다는 것은 참으로 가슴 벅찬 일이다. 예수님 안에서 새로운 창조의 세상이 열린다는 진리가 얼마나 웅장한 것인가? 사람들이 피폐한 인생을 살고 있는 이유가 무엇인가? 이 진리를 알지 못하기 때문이 아닌가? 예수님 안에 있는 이 풍성함을 깨닫지 못하고, 그 진리를 삶

속에서 충분히 누리고 있지 못함 때문이 아닌가? 이 진리를 깨닫고 맛보며 또한 하나님의 사람들이 잘 이해할 수 있는 말로 가르치고 하나님의 온전한 백성으로 세워 그들로 하여금 온전히 인간다운 삶을 살게 만든다면 그보다 더 값지고 의미 있는 일이 있을까? 요한복음은 하나님이 창세 때에 계획하셨던 그 인간다운 온전한 행복을 누릴 수 있는 유일한 방법이 무엇인지 이야기하는 책이다. 종말론적 혼인 잔치를 즐기게 하시고 진정한 최상품 포도주를 맛보게 되는 것이 주님 때문에 가능하게 됐다는 진리를 가르치는 책이다.

(2) 어떤 의미에서 인생이란 흥이 다해버린 혼인 잔치가 아닌가 생각하게 된다. 사람들은 나름대로 행복하기를 갈망하며 재미있고 멋지게 살고 싶어 한다. 그러나 인생이라는 혼인 잔치는 우리가 늘 예상하지 못한 타이밍에 수많은 결핍을 만들어내고야 만다. 관계, 건강, 재정의 결핍, 그 결핍들을 경험하고서야 우리는 우리의 인생이 얼마나 한계를 가지고 있는 것인지 자각하게 된다. 그것이 예수님이 빠진 인생의 실상이다. 아무리 돈이 많아도, 세상 사람들이 부러워하는 것을 다 가지고 있는 인생이라 할지라도 그곳에 참생명이신 예수님이 없으면 우리는 생각지 못한 시점에 포도주가 떨어져버린 혼인 잔치 같은 인생이 되고 만다. 가나 혼인 잔치 이야기는 이 세상 속에서 늘 사실 같은 거짓말에 속고 사는 수많은 사람들에게 진정으로 의미 있고 행복한 인생을 살려면 우리 삶에 예수님을 초대해야 한다는 진리를 말해준다. 그 새 창조의 피조물로 살아야만 우리는 진정한 행복을 누릴 수 있게 된다. 예수님을 당신의 삶에 초대하라. 그 분으로 하여금 당신의 삶의 모든 영역을 다스리시게 하라. 그러면 당신의 삶에서 진정한 혼인 잔치의 기쁨이 회복되고 오래 묵힌 최상품 포도주의 향이 넘쳐나게 될 것이다.

기도

오직 예수님을 통해서만 사람들이 온전한 사람됨을 누리며 참된 행복을 누릴 수 있다는 요한복음의 진리를 전하는 사람으로 생명 다하는 날까지 살아가게 하소서. 이 진리에 완전히 설득되는 은혜가 있게 하소서.

요한복음 2:13-22
새 포도주는 새 부대에

문맥과 요약

가나의 혼인 잔치에서 포도주가 떨어졌는데 주님은 기적적인 방법으로 물을 포도주로 바꾸셨다. 유대인들에게 유명했던 혼인 잔치와 포도주 은유를 통해서 예수님은 유대인들이 기대했던 메시아의 시대가 자신을 통해서 도래했다는 진리를 가르치시고 싶으셨던 것이다. 유대교의 규례를 따라 정결 의식을 위해 사용됐던 물이 예수님을 통해서 포도주로 변화됐다는 것은 이제 메시아이신 예수님을 통해서 만물을 변화시키시는 새로운 창조의 시대가 도래했다는 것을 상징적으로 나타내 준다. 바로 이것이 가나 혼인 잔치의 물이 포도주로 변화되는 표적을 통해서 예수님이 가르치고자 하셨던 영적인 가르침이다. 예수님을 통해 새로운 창조의 시대가 시작됐으며 이를 믿는 자들에게 메시아 시대의 풍성함을 누리는 영적 축복이 주어졌다는 사실을 가나 혼인 잔치의 표적은 우리에게 가르쳐 주고 있다.

이번 본문에 등장하는 이야기는 이른바 성전 청결 사건이다. 문맥이 보여 주듯이 이 이야기도 예수님을 통해서 새로운 창조의 시대가 열렸다는 가르침 속에서 이해해야 한다. 즉, 성전과 관련된 이 사건은 새로운 포도주로 상징되는 완전히 새로운 시대가 열렸다는 관점 아래서 이해되어야 한다. 그래서 본문을 성전 청결 사건이라고 명명하는 것은 충분치 않다. 도리어 옛 성전 무효화 사건으로 불러야 한다. 지금 예수님이 보여 주시는 상징적 행위는 단순히 성전 청결이 아니라 새로운 성전 건축을 위한 상징적 행위로 이해해야 한다. 제자들은 예수님의 진정한 의도를 부활 후에야 깨닫게 된다.

해설

13-14절 《성전 안에서 소와 양과 비둘기 파는 사람들과 돈 바꾸는 사람들이 앉아 있는 것을 보시고》 유월절이 가까이 오자 예수님은 제자들과 함께 예루살렘에 올라가신다. 이것은 신명기 16:16의 규정에 따른 것인데, 유대인들은 유월절, 칠칠절, 초막절을 지키기 위해서 예루살렘에 올라가야 했다. 예수님은 예루살렘 성전에 들어가셔서 소와 양과 비둘기 파는 사람들과 돈 바꾸는 사람들을 보셨다. 지금 이 상황은 당시의 문화적인 맥락 속에서 이해해야 한다. 이스라엘 전역 및 지중해 연안에 살던 디아스포라 유대인들은 유월절을 지키기 위해서 예루살렘에 올라온 것이다. 유월절 명절의 핵심은 성전에서 행해지는 어마어마한 규모의 제사다. 제사에서 빼놓을 수 없는 부분이 바로 제물인데, 대부분의 유대인들은 멀리서 예루살렘까지 순례해야 했기 때문에 제물을 직접 가지고 오는 일은 매우 번거로운 일이었다. 오는 도중에 제물에 탈이 날 수도 있었기 때문에 유대인들은 예루살렘 주변에서 제물 구입하기를 선호했다. 수요가 생기니 자연스레 공급이 따라왔다. 실제로 이 일은 상당한 비즈니스 거리가 됐다. 그래서 산헤드린이 관장하는 시장이 예루살렘의 감람산 주변에 생기게 된다. 그런데 본문을 보면 감람산이 아니라 급기야 성전 안에 있었던 이방

인의 뜰에서도 매매가 이루어졌던 것 같다. 이것은 대제사장 가야바가 직접 관장하던 시장이었다. 요세푸스의 문헌에 따르면 유월절 행사에 사용된 양이 무려 26만 마리 정도였다고 한다. 그러니 이는 엄청난 돈벌이가 되는 비즈니스였던 셈이다. 이렇게 시장판이 되어버린 성전에는 돈 바꾸는 사람들도 있었다. 이들은 이른바 환전상들로서 로마 제국 안에서 통용되던 화폐를 성전세를 낼 수 있는 화폐로 환전해 주는 사람들이었다. 유대인 성인들은 1년에 성전세로 1세겔을 납부해야 했다. 당시 로마의 화폐에는 시저(가이사 또는 카이사르)의 얼굴이 새겨져 있었기 때문에 유대인들은 로마의 화폐를 두로의 은화로 환전해서 성전세로 납부했다. 그렇게 환전하는 과정에서 적지 않은 양의 이윤이 발생했다. 물론 상황에 의해서 장사하는 일 자체는 문화적으로 또 역사적으로 필요한 일이 되기는 했지만 문제는 하나님에게 제사 드리는 일을 돈벌이 정도로 생각하는 사람들이 생겨나게 됐다는 것이다. 그래서 이방인들이 기도하는 뜰이 장사판이 됐고, 이방인들 가운데 하나님을 찾아와 기도하려는 자들은 장사판이 되어버린 성전에서 마음 놓고 기도할 수 없는 상황이 되어버렸다. 먼 길을 와서 하나님에게 기도하려는 이방인들은 온갖 종류의 짐승들이 울어대고 그 와중에 그 짐승들을 판매하려는 자들 가운데서 하나님을 만나는 은혜의 자리를 탈취 당하게 된 것이다. 바로 이것이 지금 성전을 둘러싼 상황이다.

15-16절《양이나 소를 다 성전에서 내쫓으시고 돈 바꾸는 사람들의 돈을 쏟으시며》 예수님은 채찍을 만드셔서 양이나 소를 다 성전에서 내어 쫓으시고 비둘기 파는 자들에게 그것들을 가져가라고 명하신다. 다른 복음서와 비교해 볼 때 요한복음에는 흥미로운 부분이 등장한다. 마태복음 21:12을 보면 예수님이 내쫓으시는 대상이 매매하는 상인들로 기록되어 있다. 강조점이 **상인**에 있다. 그런데 요한복음은 상인들이 아니라 양이나 소를 비

롯한 **짐승을 내어 쫓으신 것**에 강조점을 두어 기록한다. 예수님은 단순히 상거래 행위만을 중지시키신 것이 아니다. 새로운 시대에 성전의 기능이 종료되고 완성되어서 더 이상 제물이 필요 없음을 상징적으로 보여 주셨다. 친히 유월절 양이 되신 자신을 통해서 완전히 새로운 제사가 드려질 것임을 암시적으로 보여 주신 것이다. 이런 관점에서 이해하면 예수님의 행위는 단순히 성전을 깨끗게 해서 정결하게 하신 것이 아니다. 도리어 옛 성전을 무효화시킨 후에 완전히 새로운 성전을 지으실 것을 제물을 내어 쫓는 행위를 통해서 상징적으로 보여 주셨다.

19-20절 《이 성전을 헐라 내가 사흘 동안에 일으키리라》 이러한 해석은 본문 19절 이하에 기록된 내용을 통해서 더욱 분명해진다. 예수님의 파격적이고 매우 과격한 행위에 놀란 유대인들은 무슨 권위로 이와 같은 행위를 하는지 예수님에게 질문한다. 이에 대해 예수님은 이 성전을 헐면 자신이 사흘 동안에 일으킬 것이라 대답하신다. 여기서 주님이 사용하신 표현 가운데 "일으키다"('에게이로')라는 단어가 무척 흥미롭다. 이 단어는 보통 신약성경에서 두 가지 의미로 사용되는데, 예수님은 이 단어를 중의적인 의미로 사용하신 것으로 보인다. 이 단어는 먼저 "건축물을 짓다" 혹은 "세우다"라는 의미로 번역이 가능하다. 이 문맥에서 예수님에게 질문한 사람들은 그런 의미로 이해한 것이 분명하다. 지금 예수님이 말씀하신 건축물인 성전은 헤롯 대왕이 주전 19년에 시작해서 예수님 당시에도 약 46년 동안이나 짓고 있었다. 완공은 주후 63년에 됐으니 80년을 넘게 지은 셈이다. 유대인들은 지금 성전을 46년 동안이나 짓고 있는데 당신이 성전을 헐고 사흘 만에 짓겠다는 것이 말이 되냐고 물은 것이다. 사실 그들은 예수님이 진짜 의도하신 바를 제대로 이해하지 못했다.

21-22절 《예수는 성전 된 자기 육체를 가리켜 말씀하신 것이라》 그럼 예수님은 무엇을 의도하신 걸까? 그것이 이 단어, "일으키다"('에게이로')의 두

번째 뜻과 연관되어 있다. 이 단어는 신약성경에서 예수님이 하나님에 의해서 일으키심을 받는 부활을 표현하는 전문 술어다. 요한은 예수께서 말씀하셨던 말의 영적인 의미를 풀어서 설명한다. 예수님의 의도 속에서 성전은 다름 아닌 **자신의 육체**를 말씀하신 것이다. 예수님은 지금 땅 위에 있는 물리적 건축물로서 성전을 다시 세우겠다고 말씀하신 것이 아니라 도리어 성전 되신 자신의 육체가 삼 일 만에 부활하심으로 새롭게 영적인 성전을 세우실('에게이로') 것을 말씀하고 계신 것이다. 요한은 제자들이 그와 같은 영적인 진리를 깨달은 시점을 부활의 사건을 경험하고 난 이후라고 언급한다. 그때서야 주님이 말씀하신 것이 물리적 성전을 세우겠다는 뜻이 아니라 부활을 통해서 주님의 몸으로 친히 세우시는 영적인 성전인 것을 깨닫게 된 것이다.

묵상

(1) 가나 혼인 잔치에서 물이 포도주로 변화됐던 사건은 새로운 포도주로 상징되는 메시아의 새 창조의 시대가 도래했다는 의미라고 했다. 그런데 그 새로운 시대는 더 이상 옛 성전으로는 담아낼 수 없다. 그래서 주님은 이 새 포도주가 상징적으로 보여 주는 새 창조의 시대에 전혀 새로운 영적인 성전을 통해서 백성들이 아버지 하나님과 교제할 것을 말씀하셨다. 새 포도주는 새 부대에 담겨야 한다는 주님의 말씀을 생각나게 하는 가르침이다.

(2) 새로운 창조의 세상이 와서 새롭게 만들어진 하나님의 백성에게는 눈에 보이는 물리적 성전이 중요한 것이 아니다. 진짜 중요한 것은 주님 안에서 영적인 성전으로 함께 세워지는 것이다. 이 진리가 이렇게 선명하고 분명한데도 오늘날 하나님의 백성들은 이 진리로부터 멀어져 있는 것 같다. 예수님 당시에도 그랬고 오늘날에도 사람들은 웅장한 건물을 세우

는 것에 혈안이 되어 있다. 예수님 당시 유대인들뿐만 아니라 제자들도 도합 80년이 넘게 걸려 세워진 성전에 압도되어 있었다. 그러나 옛 성전은 새 성전이신 예수님 안에서 아무런 의미를 가지지 못한다. 그럼에도 사람들은 외적인 것에 압도된다. 우리는 오늘날 적지 않은 목회자들과 성도들이 예배당을 크고 화려하게 짓는 것에 정신이 팔려 있는 모습을 심심치 않게 목격하곤 한다. 그리고 저들은 그러한 것들을 통해서 주님의 영광이 드러난다고 착각하고 있는 것 같다. 예수님 당시의 사람들이 성전 불패 신화에 붙들려 있었던 것처럼 오늘날의 성도들도 그와 비슷한 신화에 붙들려 있는 것 같아 안타깝지 그지없다. 예수님만이 참 성전이시다. 그 무형의 성전에 하나님의 참 임재가 나타난다. 성전이신 주님 안에서만 우리는 하나님을 온전히 예배할 수 있다. 예배당 건물을 세상 사람들의 입이 딱 벌어질 정도로 화려하게 지어야 하나님의 영광이 나타나는 것이 아니다. 비록 작은 예배당이라 할지라도 우리의 참 성전이신 예수님을 믿고 그분만을 온전히 신뢰하고 드리는 예배에 하나님의 진짜 영광이 나타난다.

기도

주님께서 눈에 보이지 않는 무형의 성전이라는 진리를 깨닫게 하소서. 주님께서 자신을 기초로 해서 당신을 믿는 자들의 성전이 아름답게 지어지고 꾸며지기를 기대하심을 기억하게 하소서. 진정한 성전은 성전이신 주님과 연합한 성도 한 사람 한 사람이어야 함을 함께 기억하게 하소서.

요한복음 2:23-3:8
위로부터 남(거듭남)

문맥과 요약

가나 혼인 잔치에서 물이 포도주로 변화됐던 사건은 새로운 포도주로 상징되는 메시아의 새 창조의 시대가 도래했다는 것을 보여 주는 사건이라 했다. 그 메시아의 새로운 시대는 더 이상 옛 성전으로는 담아낼 수 없기 때문에 주님은 옛 성전이 아니라 자신의 몸으로 새롭게 성전을 지으실 것을 말씀하신다. 요한은 주님이 부활하신 후에 바로 그와 같은 사실을 깨닫게 된 것이다. 이런 이유로 요한은 공관복음서에서는 공생애 마지막에 행해진 것으로 보도된 이른바 성전 무효화 사건을 요한복음의 초반에 배치해 놓았다. 이어지는 본문은 '새로운 성전에서 하나님과 함께 교제하게 될 백성은 누구인가?'라는 주제로 연결된다. 예수님은 니고데모에게 위로부터 출생한 사람, 즉 물과 성령으로 출생하지 아니하면, 메시아의 시대, 즉 하나님 나라를 경험할 수 없다고 가르치신다.

해설

23-25절 《예수는 그의 몸을 그들에게 의탁하지 아니하셨으니》 예수님은

유월절에 예루살렘에 머무시며 본문에 기록된 것 이외에도 여러 다른 표적을 행하신 것 같다. 요한의 기록에 따르면 사람들은 예수가 행하신 표적을 보고 믿었다고 한다. 그렇지만 이 믿음이라는 것이 온전하지 못한 믿음일 가능성이 높다. 24절에 등장하는 예수님의 반응이 이를 설명해준다. 여기서 "의탁하지 아니하셨으니"라고 번역된 단어는 23절에서 사람들이 주님을 '믿었다'라고 했을 때 사용된 단어와 똑같다. 따라서 본문에서 요한이 말한 바를 다시 번역한다면 '사람들은 표적을 보고 주님을 믿었지만 주님은 사람들을 믿지 않으셨다' 정도가 될 수 있다. 23절에 언급된 사람들의 믿음이 참 믿음이 아님을 암시하는 것이다. 예수님은 사람들의 마음을 꿰뚫고 계셨다. 25절에 기록된 대로 주님은 사람들의 마음속에 있는 것들을 다 알고 계셨다. 그것이 믿을 수 없으셨던 이유다.

1-2절《랍비여 우리가 당신은 하나님께로부터 오신 선생인 줄 아나이다》 이러한 문맥에서 외형적으로는 주님에 대해서 호감을 가지고 있기는 하지만 여전히 믿을 수 없는 한 사람이 등장하는데, 그의 이름은 니고데모였다. 유대인의 지도자였다고 소개된 것으로 볼 때 그는 산헤드린의 공회원이었던 것으로 보인다. 그런데 그가 밤에 예수님을 찾아왔다. 물론 그가 다른 사람들의 시선이 부담스러워 문자적으로 밤에 찾아온 것으로 이해할 수 있다. 하지만 그밖에도 요한은 문학적으로 상징적인 표현을 즐겨 사용한다. 예컨대, 13장에서 요한은 가룟 유다가 예수님을 팔아넘기기 위해서 나갔다고 표현했을 때도 그때가 밤이었다고 이야기한다. 이것은 상징적으로 무슨 의미가 있을까? 이는 유다가 빛이신 주님과 대비되어서 어두움의 영역에 속한 사람이라는 것을 상징적으로 표현해준다. 니고데모는 예수님을 찾아올 만큼 간절히 진리를 추구하는 사람이었다. 그렇지만 아직 자신의 삶을 온전히 그분에게 위탁할 만큼 예수님에 대한 충분한 신뢰를 가지고 있는 것 같지는 않다. 니고데모가 보기에 예수님은 선생이

셨다. 그러나 예수님을 선생 정도로 인식하는 것은 그분에 대한 충분한 인식이 아니다. 요한은 예수님을 어떤 분으로 인식하느냐는 문제를 매우 중요하게 다루어 간다(참조, 요 4장에 가면 사마리아 여인이 예수님의 정체에 대해서 새롭게 인식하는 이야기가 나온다).

3-4절 《사람이 거듭나지 아니하면 하나님의 나라를 볼 수 없느니라》 아직 예수님에 대해서 제대로 잘 모르는 니고데모에게 주님은 놀라운 진리를 알려 주신다. 개역개정은 "거듭"이라는 표현으로 번역했지만 요한이 사용한 단어 '아노뗀'은 "위로부터"라는 표현으로 번역되는 것이 보다 적절하다. 3:31에 "위로부터 오시는 이"라고 할 때 "위로부터"라는 표현이 바로 '아노뗀'이기 때문이다. 말하자면 주님은 "위로부터 나지 않으면 하나님 나라를 볼 수 없다"라고 말씀하신 것이다. 그러면 주님은 니고데모에게 왜 이와 같은 말씀을 하신 것일까? 이는 니고데모를 비롯해서 그와 유사한 생각을 가진 사람들의 사고를 교정해 주시려는 의도로 읽힌다. 당시 니고데모를 비롯한 경건한 바리새인들은 하나님의 나라가 도래하면 당연히 경건한 바리새인들과 같은 사람들이 가장 먼저 알아보고 하나님의 백성으로 인정될 것이라고 기대했다. 세리, 죄인들, 창기들이 하나님 나라의 백성이 된다는 것은 구약성경을 근거로 생각했을 때 상상할 수도 없었다. 그런 니고데모에게 예수님은 하나님의 나라를 보려면(경험하려면) "위로부터 출생해야 한다"고 가르쳐 주신 것이다. 주님은 메시아 시대, 즉 하나님의 나라를 경험하려면 위로부터 출생해야 한다고 가르쳐 주시는데 니고데모는 이를 오해했다. 그래서 "사람이 늙으면 어떻게 날 수 있습니까? 두 번째 모태에 들어갔다가 날 수 있습니까?"라고 되묻는다. 위로부터 난다는 주님의 말씀을 오해한 것이다.

5-8절 《사람이 물과 성령으로 나지 아니하면 하나님의 나라에 들어갈 수 없느니라》 주님은 '위로부터 출생한다'는 말의 의미가 무엇인지 설명하신다.

예수님은 '위로부터 난다'는 어구의 의미를 **물과 성령으로 나는 것**이라 설명하신다. 그러면 물과 성령으로 난다는 말은 무슨 뜻일까? 이 말을 이해하려면 에스겔 36:25-27을 이해할 필요가 있다. 이곳에서 에스겔은 물과 성령으로 새롭게 되는 이스라엘의 모습을 예언하고 있는데, 예수님이 지금 그 에스겔의 표현을 생각나게끔 하는 방식으로 말씀하고 계신다. 이 에스겔의 예언은 예수님 안에서 성취될 것이다. 예수님은 성령의 역사를 통해 **새롭게 태어나는 이스라엘**을 창조하실 것이다. 이것이 1장 서론부에서 이야기한 내용이다. 성령의 역사에 의해 위로부터 출생하는 사람만이 새로운 성전에서 하나님의 새로운 백성이 되어 하나님과 교제하는 축복된 삶을 살게 된다. 그것이 요한복음에서 '위로부터 난다'는 말의 의미고, 그것이 '물과 성령으로 난다'는 말의 의미다. 이는 아브라함의 자손이라는 혈통으로 태어나야 누릴 수 있는 축복이 아니라 위로부터, 즉 성령으로부터 새롭게 태어나야만 누릴 수 있는 축복이다.

묵상

(1) 예수님을 믿는 사람은 주님이 새롭게 여시는 새 창조의 축복을 새 성전이신 주님 안에서 누리는 복된 사람들이다. 요한은 위로부터 출생함으로 그 축복을 누리게 된다고 말한다. 성령으로 출생하는 것을 통해서 누리게 된다는 말이다. 세상에서 부를 축적해서, 세상에서 남들이 부러워하는 지위와 힘을 가져서 누리게 되는 축복이 아니다. 예수를 믿고 성령으로 출생하는 것을 통해서만 누릴 수 있는 축복이 요한이 이야기하는 진정한 축복이다.

(2) 주님을 통해서 누리는 이 귀한 축복은 사람의 결단이나 의지로 되지 않는다. 성령이 사람의 마음을 바꾸시고 새롭게 하셔야 누릴 수 있는 축복이다. 혈통으로도 되지 않고 육정으로도 되지 않는다. 오로지 성령이

역사하셔야 한다. 이 대목에서 기도의 힘을 의지하지 않을 수 없다. 이는 사람의 혈통이나 의지나 결단으로 되는 것이 아니고 성령에 의해 위로부터 출생해야 하는 신비의 영역이기에 기도하지 않을 수 없다.

기도

성령을 통해 위로부터 출생해서 하나님을 예배하는 백성이 되게 하시니 감사합니다. 성령으로 출생하는 것은 사람의 힘과 능력으로 되는 것이 아님을 깨달았으니, 주님께서 그 일이 우리가 사랑하는 사람들의 삶 가운데 일어나게 하옵소서.

요한복음 3:9-21
영생의 비밀

문맥과 요약

요한은 메시아의 새 창조의 시대가 도래했다는 것을 가나 혼인 잔치에서 물이 포도주로 변화되는 상징적 사건을 통해서 보여 주었다. 이 메시아의 새로운 시대는 옛 성전이 아니라 자신의 몸으로 새롭게 성전을 지으시는 것을 통해서 이루어질 것이다. 3장의 니고데모와 주님이 나누는 대화는 그러한 새 시대에 "메시아가 친히 지으시는 새로운 성전에서 하나님과 함께 교제하게 될 백성은 도대체 누구인가?"라는 주제를 담고 있다. 주님은 니고데모와의 대화를 통해서 메시아의 새로운 창조의 시대를 경험하려면 위로부터 출생해야 한다고 가르쳐 주신다. 위로부터 출생하는 것은 성령을 통해서 출생하는 것을 의미한다. 메시아가 여시는 새로운 시대는 당시 많은 유대인들이 착각하고 있었던 것과는 달리 단순히 아브라함의 자손이라는 혈통으로 태어나야 누릴 수 있는 축복이 아니다. 이는 위로부터, 즉 성령으로부터 새롭게 태어나야만 누릴 수 있는 축복이다.

이 본문에서 예수님은 그것이 가능하기 위해서 모세가 광야에서 뱀을 든 것 같이 인자가 들려야 한다고 말씀하신다. 그 독생자의 십자가를 믿는 것이 영생의 길이며 그것을 믿지 않는 행위는 그 자체로 이미 심판을 받은 것이다.

해설

9-12절 《이스라엘의 선생으로서 이러한 것들을 알지 못하느냐》 이 본문에는 앞 단락에서 등장했던 성령으로 출생한다는 주제가 계속해서 이어진다. 니고데모는 유대인의 관원이고 이스라엘의 랍비인데도 예수님이 말씀하시는 것을 도무지 이해하지 못한다. 주님은 이 진리가 땅과 관련된 일이 아니라 하늘의 일이라고 말씀하신다. 이 말씀 속에는 하늘에 속한 사람이 되어야만 이 진리를 이해할 수 있다는 것이 암시되어 있다.

14-15절 《모세가 광야에서 뱀을 든 것 같이 인자도 들려야 하리니》 주님의 말씀을 이해하지 못하는 니고데모를 향해 예수님은 하늘에 속한 비밀을 가르쳐 주신다. 그것은 위로부터 출생하는 것, 즉 성령으로 출생하는 것과 관련된 중요한 비밀이다. 즉, 위로부터 출생하는 것이 어떻게 가능한지에 대해 가르쳐 주신 것이다. 예수님은 위로부터의 출생이 가능하기 위해서 인자가 들려야만 한다고 말씀하신다. 요한복음에서 인자가 들려야 한다는 말은 두 가지를 동시에 의미한다. 먼저 주님이 영광 받으심을 일컫는 말이고, 두 번째로는 십자가를 일컫는 말이다. 즉, 예수님은 인자가 십자가에 달려야만 위로부터 출생하는 것이 가능하다고 설명하고 계신다. 그런데 흥미롭게도 주님은 인자가 들려야만 한다는 사실을 니고데모가 잘 알고 있었을 구약의 이야기에 빗대어 설명하셨다. 그것은 민수기 21장에 등장하는 모세와 이스라엘 백성의 이야기다. 출애굽 당시 광야 이스라엘 백성들은 오랜 광야 생활에서 지쳐갔다. 물과 음식이 풍족하지 않았기 때문에 모세에게 원망을 퍼부었다. 표면적인 원망의 대상은 모세였지만 실제로는 하나님을 원망했다. 만나를 주시고 메추라기를 주시며 광야의 반

석에서 물을 공급하신 하나님, 불 기둥과 구름 기둥으로 광야 길을 섬세하게 인도하신 하나님을 망각한 것이다. 하나님이 그들을 선하게 인도하셨음에도 불구하고 그분의 인도하심을 망각하고 불평하고 있는 패역한 이스라엘에게 하나님은 불뱀을 보내셨다. 뱀에 물린 패역한 이스라엘은 죽임을 당했다. 이러한 처참한 상황을 당하고 나서야 비로소 백성들은 자신들의 패역함을 깨닫고 모세에게 기도해 달라고 요청한다. 중보자 모세는 이스라엘 백성들을 위해서 간절히 중보했다. 모세의 간절한 기도를 들으신 하나님은 모세에게 놋뱀을 만들어 장대에 달라고 명령하셨다. 패역한 이스라엘이 광야에서 망하여 죽지 않을 수 있는 구체적인 방법을 하나님이 스스로 제공해 주신 것이다. 그리고 그것을 본 사람들은 살 수 있도록 은혜를 베풀어 주셨다. 과거 모세가 하나님의 구체적인 방법대로 놋뱀을 장대에 매달았을 때 그것을 믿음으로 쳐다본 모든 이스라엘 백성들이 죽임을 당하지 않고 소생했다. 이와 마찬가지로 이제 십자가에 들려지실 주님을 믿음으로 바라보는 모든 사람들이 새 창조의 생명, 즉 영생을 가지게 될 것이다.

16-18절 《하나님이 세상을 이처럼 사랑하사 독생자를 주셨으니 이는 그를 믿는 자마다 멸망하지 않고 영생을 얻게 하려 하심이라》 이 진리를 예수님은 다시 한번 분명하게 강조하신다. 앞 문맥과 연관해서 이처럼 사랑하셨다는 말씀은 무슨 뜻일까? 아버지와 나누는 이런 참된 교제가 가능하기 위해서 유일한 아들을 십자가에 매다실 만큼 사랑하셨다는 말이다. 요한은 하나님이 사랑하시는 아들을 세상에 보내신 것이 세상을 심판하기 위함이 아니라 주님을 통해서 세상을 구원하시기 위함이라고 설명한다. 여기서 요한은 심판이라는 주제를 도입한다. 예수님을 믿는 자는 그 믿음을 통해서 새로운 백성으로 만들어지는 영생의 축복을 누리게 되지만 그 아들을 믿지 아니하는 자는 그 자체로 이미 심판을 받은 것이라는 말이다.

주님은 창세전부터 아버지와 늘 함께 하시며 누리셨던 풍성하고 친밀한 교제로부터 철저하게 단절되고 버려지는 고통을 당하시면서도 십자가의 길을 가셨다. 자신이 들려지는 그 십자가의 길만이 우리를 구원해낼 수 있는 아버지의 유일하신 방법인 것을 아셨기 때문이다. 그러나 그 유일한 길을 계속해서 거부하는 것은 그 자체로 자신을 심판 아래 두는 어리석은 행위임을 요한은 지적하고 있다.

묵상

(1) 본문에 등장하는 모세의 예를 통해서 중요한 영적인 원리를 묵상하지 않을 수 없다. 예나 지금이나 패역한 백성들의 모습은 별반 다르지 않은 것 같다. 패역한 백성들의 입에는 감사가 없고 불평만 가득하다. 이런 의미에서 영성을 점검하는 중요한 표지 중 하나가 감사다. 입에서 감사가 사라지고 불평이 가득해진다면 영혼이 건강하지 않은 표식으로 이해해야 한다. 하나님은 사람들에게 셀 수 없는 은혜를 베푸신다. 그러나 패역한 사람들은 하나님이 셀 수 없는 은혜를 베풀어 주셨는데도 그 은혜를 망각한다. 망각하면 그 은혜가 보이지 않는다. 은혜가 보이지 않으니 불평할 거리를 찾아내어 불평하게 된다. 그러나 신실한 백성들은 비록 어려움을 당한다 하더라도 그 속에서도 하나님 아버지께서 베풀어주신 은혜를 기억해낸다. 그 은혜를 기억해내고 묵상하니 우리의 삶 속에 함께 하시는 하나님의 은혜가 보이기 시작한다. 그 은혜가 보이니 감사하며 하나님을 더욱 의지하게 된다. 우리의 입속에 불평이 가득한지 아니면 감사가 가득한지 우리의 영성을 스스로 점검해 보아야 할 것이다.

(2) 하나님은 불뱀에 물려서 죽어가는 백성들을 그냥 살려주시지 않았다. 모세가 기도해서 백성들이 그냥 낫게 하지 않으셨다는 말이다. 민수기 21:8-9을 보면 뱀에 물린 사람 모두가 나은 것이 아니라 장대 위에 달려

있는 놋뱀을 쳐다 본 사람들만 나았다. 자동적으로 다 나은 것이 아니라 하나님의 구체적인 방법을 신뢰하고 믿음으로 반응한 사람들만 나은 것이다. 모세가 놋뱀을 장대 위에 매달은 것처럼 하나님은 예수님을 십자가 위에 매달으셨다. 그 하나님이 친히 고안해 내신 방법을 믿음으로 바라보고 반응한 사람들은 분명히 나을 것이다. 이것이 성경의 약속이고 그것을 믿는 사람은 영생이라는 새 창조의 축복을 누리게 된다.

기도

주님, 주님이 십자가에 달리신 것을 믿고 자신의 연약함을 고백하는 자는 멸망하지 않고 영생을 얻게 된다는 주님의 약속을 믿습니다. 이 진리를 기뻐하고 증거하는 인생들이 되게 하옵소서.

요한복음 3:22-30
영생의 본보기

문맥과 요약

요한은 메시아이신 예수님을 통해서 새로운 창조의 시대가 열렸다는 사실을 말하고자 했다. 3장에 등장하는 니고데모 이야기는 바로 그러한 새로운 창조의 시대를 경험하기 위해서 위로부터 출생해야 한다고 가르쳐 준다. 위로부터 출생한다는 것은 성령으로 출생하는 것을 말한다. 성령으로 출생이 가능하기 위해서 주님은 인자가 들려야만 한다고 말씀해 주셨다. 과거 모세가 놋뱀을 장대에 매달았을 때 그것을 믿음으로 쳐다본 모든 이스라엘 백성들이 죽임을 당하지 않고 소생했던 것처럼 이제 십자가에 들려지실 주님을 믿음으로 바라보는 모든 사람들이 새 창조의 생명, 즉 영생을 가지게 될 것이라고 가르쳐 주셨다. 모든 사람들에게 열려 있는 초청이기는 하지만 모든 사람들이 다 누리게 될 축복은 아니다. 이는 오직 믿음으로 주님의 십자가를 쳐다보는 자들만이 누리게 된다. 믿음으로 주님의 십자가를 쳐다보는 자들만이 누리게 될 영생의 축복을 경험하고 있는 한 예로 세례 요한의 이야기가 나온다. 세례를 베푸는 것과 관련해서 세례 요한의 제자들이 질투심을 느끼고 있는 순간에도 그는 생명으로 충만한 삶을 살고 있었다. 사람들이 주님에게로 몰려가는 것이 그에게는 진정한 기쁨이었기 때문이다.

해설

22-24절 《예수께서 제자들과 유대 땅으로 가서 거기 함께 유하시며 세례를 베푸시더라》 본문에 등장하는 세례 요한의 이야기는 앞서 진행되어 왔던 이야기와 주제 면에서 동떨어져 요한복음 안에 삽입되어 있는 것처럼 보인다. 세례 요한 이야기가 지금까지 진행됐던 이야기와 무슨 연관이 있는 것일까? 요한은 21절에서 진리를 따르는 자가 빛으로 나아온다고 말했다. 예수 그리스도의 십자가의 진리를 진정으로 믿는 자들은 빛으로 나아온다. 다른 말로 하자면, 예수님의 십자가 진리를 믿는 자들은 자신들이 믿는 진리를 말로만 드러내는 것이 아니라 반드시 자신들의 삶을 통해서 살아내고야 만다는 뜻이다. 그 진리의 빛, 영생의 빛 앞으로 뚜벅뚜벅 걸어 나가는 삶을 통해 자신이 진리이신 주님에게 속해 있으며 그를 따르는 삶을 살고 있다는 사실을 증명해 내고야 마는 것이다. 이런 관점에서 세례 요한의 이야기는 예수 그리스도의 십자가의 진리를 알고 그로 말미암아 이미 이 땅에서 영생을 살아가고 있는 사람의 삶은 도대체 어떤 것인지를 이야기해주고 있다고 볼 수 있다. 본문에 등장하는 세례 요한의 이야기는 이 땅에서 이미 영생을 누리는 사람의 한 본보기를 보여 주는 것이라고 말할 수 있다. 예수님은 제자들과 유대 땅으로 가셔서 함께 거하시며 세례를 베푸셨다. 보다 정확하게 이야기하면 주님이 직접 세례를 베푸신 것은 아니었던 것 같다. 예수님이 아니라 제자들이 세례를 베풀었다. 23절에 따르면 세례 요한도 세례를 베풀고 있었다. 즉, 예수님도 제자들과 함께 세례를 베풀고 있었고 세례 요한도 세례를 베풀고 있었다.

**25-26절 《랍비여 선생님과 함께 요단 강 저편에 있던 이 곧 선생님이 증언

하시던 이가 세례를 베풀매 사람이 다 그에게로 가더이다》 이러한 상황에서 한 가지 문제가 발생한다. 한 유대인이 세례 요한의 제자들에게 찾아와 정결 예식에 대해 토론했다. 아마도 '진정한 정결 예식이 누구의 것이냐' 고 논쟁한 것으로 보인다. 유대인들의 전통적인 정결 예식인지, 아니면 자신들의 선생님인 세례 요한이 베풀고 있는 세례인지, 아니면 예수님과 제자들이 베풀고 있는 세례인지에 관한 논쟁이 아니었을까 추측할 수 있다. 바로 이때 세례 요한의 제자들이 자신들의 선생인 세례 요한과 예수님의 사역을 비교하면서 질투심을 느꼈다. 그들은 이러한 미묘한 상황에서 예수님을 자신들의 사역의 경쟁자로 생각했던 것이다. 사실 따지고 보면 자신들의 선생인 세례 요한이 먼저 세례를 베풀었는데 일종의 후발 주자인 예수님에게 더 많은 사람들이 몰리니 샘이 났던 것 같다.

27-28절 《만일 하늘에서 주신 바 아니면 사람이 아무것도 받을 수 없느니라》 세례 요한은 제자들의 불평에 대응한다. 풀어서 쓰면 이런 말이다. "얘들아, 지금 예수님에게 사람들이 모이는 것은 너무 당연한 것이다. 왜냐하면 지금 그 일들은 하늘에서 하나님이 친히 주관하시는 것이기 때문이다. 그분이 허락하시지 않으면 사람들이 예수님에게 갈 수 없다." 그리고 세례 요한은 자신의 제자들에게 자신이 이미 과거에 가르쳤던 가르침의 내용을 상기시켜준다. 그 가르침이란 사람들이 흔히 오해하는 것과는 달리 자신은 그리스도가 아니라는 것이다. 자신은 메시아 앞에서 보내심을 받은 자인데 그 내용을 친히 증언해야 하는 것이 바로 자신의 제자들의 사명이라는 것이다. 정말 놀라운 고백이다. 자신을 향하던 사람들의 불같은 관심이 예수님에게로 돌려지고 있고 자신은 주변인으로 내몰리고 있는 상황이 아닌가? 이런 상황에서 모든 제자들은 시기심에 불타고 있는데 그는 어떤 상황에서도 자신이 누구이며 그리고 자신이 무엇을 위해서 존재하는지에 대해 한 치의 흐트러짐도 없다. 바로 이런 사람이 이미

하나님 나라의 생명, 즉 영생을 이 땅에서도 경험하고 있는 사람이다. 세례 요한은 영생을 이미 이 땅에서도 살아가고 있는 사람인 것이다.

29-30절 《나는 이러한 기쁨으로 충만하였노라》 주변의 모든 제자들이 불타는 시기심에 붙들려 있는데 세례 요한은 어떻게 해서 불같은 시기심과 질투심으로부터 자유할 수 있었을까? 그는 어떻게 이러한 영생의 삶을 이 땅에서도 누리며 살 수 있는 걸까? 29-30절에서 요한이 이 질문에 대한 대답을 들려준다. 본문에 보면 세례 요한은 기쁨으로 충만해 있다. 29절을 보면 '기뻐한다'는 말이 한글 번역으로는 2번 나오는 것 같다. 그러나 요한복음 원문에는 '기뻐한다'는 말이 3번 나온다. 29절의 '크게 기뻐한다'는 말을 직역하면 "기뻐하고 기뻐한다"는 말이다. 세례 요한은 자신의 좁아진 입지 때문에 주눅들거나 비참해지지 않았다. 왜냐하면 하늘의 기쁨으로 충만했기 때문이다. 참된 생명이신 주님에게로 사람들이 몰려가는 것이 그의 진정한 기쁨이었기 때문이다. 세례 요한은 자신의 기쁨을 혼인집 풍경으로 설명한다. 신랑 되신 참생명의 예수님에게 거룩한 신부인 하나님의 백성들이 몰려가는 것이 너무나 신명나고 즐거운 일이었다. 이는 진리이시고 생명이신 예수님에게 나아가는 자는 자신처럼 하늘이 허락하신 기쁨으로 충만해진다는 사실을 깨달았기 때문에 가능한 고백이다.

묵상

(1) 세례 요한만 하나님 나라의 기쁨으로 충만했던 것이 아니다. 빌립보서 1:14-18을 보면 바울 주변에는 선한 뜻으로 그리스도를 전파하는 사람들도 있었고 투기와 분쟁으로 그리스도를 전파하는 사람들도 있었던 모양이다. 순수하지 못한 동기로 하고 있는 자신들의 복음 사역이 잘 되면 그것이 바울에게 괴로움을 더하게 할 것이라고 생각한 사람들이 있었

던 것 같다. 그런데 정작 그들의 그러한 어리석음마저도 바울에게는 큰 기쁨이었다. 왜 그럴까? 설사 그들이 순전하지 못한 동기로 복음을 전한다 하더라도 궁극적으로 전파되는 것은 그리스도이기 때문이다. 하나님 나라의 생명에 충만한 영생을 누리는 사람들은 늘 이와 같다. 자신이 주인공이 아니라 주님이 주인공이시기 때문이다. 주님이 높아지신다면 자신은 어떠한 역할이어도 상관없다. 설사 우리 옆의 형제가 우리보다 더 근사해 보이는 역할을 감당해도 상관없다. 어차피 그도 진정한 주인공은 아니기 때문이다. 우리의 진정한 주인공이신 주님만이 높임을 받으시면 되기 때문이다. 바로 이러한 모습이 하나님 나라의 생명, 즉 영생을 누리는 사람의 모습이 아닐까?

(2) 왜 사람들은 세상이 주는 가짜 기쁨을 추구하며 사는 걸까? 진짜가 무엇인지 모르기 때문이다. 설사 좀 안다 하더라도 그 진짜 기쁨으로 충만하지 않기 때문이다. 진짜 기쁨으로 충만한 사람은 절대로 가짜 기쁨을 추구하지 않는다. 진정한 원두 커피의 향과 맛을 아는 사람은 인스턴트 커피를 마실 수 없다. 진짜 기쁨이 없으니 그 허한 마음을 가짜로 채우게 되어 있는 것이 세상 이치다. 세례 요한은 그 진리로 말미암는 진짜 기쁨으로 충만했다. 그러니 "그는 흥하여야 하고 나는 쇠하여만 하리라"고 외칠 수 있었다. 주님이 흥하시고 자신이 쇠하여지는 것이 그의 참된 기쁨이었다. 이 진짜 기쁨으로 충만한 세례 요한의 모습이 바로 영생을 이 땅에서도 살아가는 자의 모습이다.

기도

"주님만 흥하시면 됩니다. 우리는 쇠하여도 괜찮습니다." 이 땅의 모슨 성도들이 이러한 하늘의 기쁨에 붙들려 있게 하소서. 이 하늘의 기쁨, 즉 영생 때문에 진정으로 행복한 성도와 교회가 많아지게 하소서. 가짜 기쁨을 찾느라 혈안이 되어 있는 세상에서 참 영생의 진리 되신 주님을 증거하는 우리가 될 수 있게 하소서.

요한복음 3:31-36
기쁨의 이유

문맥과 요약

영생의 삶을 누리는 한 예로서 요한은 세례 요한의 모습을 그려준다. 요한복음에서 영생을 누리며 산다는 것은 무엇을 의미할까? 영생이란 죽은 후에만 비로소 누리는 생명이 아니다. 그것은 이 땅에 살면서 그리스도 예수를 믿으며 이미 누리고 살아가게 되는 풍성한 삶이다. 그 풍성한 삶을 세례 요한은 누리며 살고 있었다. 모든 사람들이 세례 요한을 주목했는데 어느 순간엔가 모든 관심이 썰물처럼 빠져나가 예수님에게로 쏠리게 됐다. 세례 요한의 제자들은 이러한 상황에서 시기와 질투심을 느꼈다. 그러나 세례 요한은 도리어 기쁨이 충만했다. 세례 요한의 기쁨이 충만한 이유는 그가 예수님에 대해서 분명하게 알고 있었기 때문이다. 예수님은 하늘로부터 오셔서 보고 들은 것을 증거하시는 분이시다. 예수님은 진리의 영이신 성령을 통해서 하나님과 함께하며 하나님의 진리를 세상에 증거하신다. 이런 이유로 아들을 믿는 자는 영생을 가지게 되는 것이다. 그러나 순종치 않는 자는 하나님의 진노 아래 머문다.

해설

31-32절《그가 친히 보고 들은 것을 증언하되 그의 증언을 받는 자가 없도다》왜 세례 요한이 그토록 기쁨으로 충만한지에 대해서 이야기해 주고 있다. 세례 요한은 예수님이 하늘로부터 오시는 분이라는 사실을 알았다. 이는 곧 예수님이 하늘에 속하신 분이라는 말이다. 그가 하늘에 속한 분이라는 말은 예수님의 기원에 대한 이야기다. 세상의 사람들은 다 땅에 속한 사람들이지만 예수님은 하늘에 속한 분이시다. 예수님이 하늘에 속한 분이시기 때문에 그가 하늘에서 직접 보고 들으신 것을 증언하신다. "그가 친히 보고 들은 것을 증언한다"는 말이 무슨 말일까? 예수님은 하늘에 속한 것들을 알려주실 수 있는 최적격자라는 말이다. 32절의 언급은 구약성경 선지서를 배경으로 하고 있다. 구약의 선지자들을 생각해 보라. 구약성경을 보면 그들도 하늘에 속한 것을 알려줄 수 있었다. 그러나 거기에는 반드시 한 가지 전제가 따른다. 선지자가 먼저 하늘에 속한 것을 보거나 하나님으로부터 하늘에 속한 것에 대해서 들어야 하는 일이 선행됐다. 이러한 이유 때문에 구약의 선지자들은 활동하기 전에 하늘에 속한 것을 환상으로 보거나 하늘에 속한 것에 관한 이야기를 먼저 하나님으로부터 들어야만 했다. 이러한 경험이 없는 선지자들은 가짜였다. 그 경험이 있어야만 그들은 진짜 선지자로서 활동할 수 있었다. 이런 의미에서 선지자들도 하늘에 속한 것들을 보고 이야기할 수 있었다. 그러나 선지자들의 경험은 어디까지나 부분적인 것이었다. 그러나 우리 주님은 다르시다. 그는 하늘에 속한 것을 부분적으로 아시는 분이 아니다. 요한복음에 따르면 그분은 모든 것들을 처음부터 하나님과 함께 창조하신 분이시다. 하나님과 매 순간을 함께 교제하며 나누셨던 분이시다. 그래서 그는 하나님과 함께 교제하며 나눈 하늘에 속한 모든 것을 이야기해 줄 수 있는 유일하신 분이시다. 하늘에 속한 분이 그 하늘에 속한 것을 말씀하여 주시는데

사람들이 그분의 증언을 받아들이지 않았다고 세례 요한은 이야기한다.

33절 《그의 증언을 받는 자는 하나님이 참되시다는 것을 인쳤느니라》 그런데 하늘에 속한 예수님의 증언을 받아들이는 자들도 있다. 여기서 '인쳤다'는 말은 '확증하다' 정도로 번역할 수 있다. 즉, 예수님의 증언을 받아들이는 사람들은 하나님이 참되시다는 것을 확증하게 된다는 말이다. 사람들이 대체로 예수님의 증언을 받아들이지 않지만, 받아들이는 자들도 있다. 그리고 그들은 예수님의 증언을 받아들이고 난 후에 하나님이 참 진리라는 사실을 확증하고 깨닫게 된다. 정말 그렇다. 우리가 성경 말씀을 통해서 우리 주님의 말씀을 받아들이고 주님을 구주로 영접하고 나면 우리는 주님과의 교제를 통해서 주님의 말씀이 진리이며 하나님께서 참으로 진리라는 사실을 경험적으로도 깨닫게 된다. 기독교는 추상적인 이야기를 하는 종교가 아니다. 성도들의 삶을 통해서도 하나님이 살아계시며 그분의 말씀이 진리라는 것을 깨닫게 된다.

34절 《하나님이 보내신 이는 하나님의 말씀을 하나니》 세례 요한은 예수님이 하나님에 의해서 보내심을 받았기 때문에 그분이 하나님의 말씀을 전달하신다고 말한다. 예수님은 자의적으로 말씀하지 않으셨다. 그분은 오직 하나님과의 교제를 통해서 하나님이 들려주신 이야기만을 사람들에게 말씀하셨다. 이 이야기를 요한복음 12:49-50은 이렇게 이야기한다. "내가 내 자의로 말한 것이 아니요 나를 보내신 아버지께서 내가 말할 것과 이를 것을 친히 명령하여 주셨으니 나는 그의 명령이 영생인 줄 아노라 그러므로 내가 이르는 것은 내 아버지께서 내게 말씀하신 그대로니라." 예수님은 자의로 말씀하시지 않고 하나님이 말할 것과 이를 것을 말씀해주셨다고 이야기한다. 그런 의미에서 예수님이 말씀하시는 것은 곧 하나님 자신의 말씀이 된다. 이런 이유 때문에 예수님의 말씀을 듣고 그를 받아들이는 사람은 진리이신 하나님을 받아들이고 그분과 교제하게 된다. 이런 일이 가능해진 이유는 하나님이 성령을 아낌없이 주셨기 때문이다. 여기서 성령의 역할이 무엇인가? 성령을 통해서 예수님은 아버지의 말씀을 하신다. 다른 말로 하면 성령을 통해서 주님은 진리에 대해서 이야기하신다. 자신이 하고 싶은 이야기를 임의로 하는 것이 아니라 하나님 아버지의 말씀만을 사람들에게 증거하시는 것이다. 그렇기 때문에 거기에 생명이 있다. 그렇기 때문에 우리는 주님과의 교제를 통해서 하나님 아버지와 더불어 교제할 수 있다. 주님은 임의로 말씀하시지 않고 오직 아버지가 말씀하여 주신 것만을 우리에게 증언하여 주시기 때문이다.

35-36절 《아들을 믿는 자에게는 영생이 있고 아들에게 순종하지 아니하는 자는 영생을 보지 못하고 …》 아버지의 진리의 말씀을 전하시는 예수님을 믿는 자에게 영생이 있다는 것을 세례 요한은 알고 있었다. 이 진리를 분명히 알고 있었기 때문에 세례 요한은 자신에게 몰려든 모든 사람들이 썰물처럼 주님에게 몰려가고 있는데도 정말 기뻐했다. 누구든지 아들을 믿는 자에게 영생이 있다는 사실을 알고 있었기 때문이다. 이 영생을 누릴 수 있는 유일한 길은 아들을 믿는 것이기 때문이다. 그래서 세례 요한은 모든 사람들이 예수님에게 몰려드는 것을 보고도 전혀 서운해 하지 않았다. 36절에서 우리가 주의 깊게 보아야 할 표현이 있다. "아들을 믿는 자에게는 영생이 있고 아들을 믿지 않는 자는 영생을 보지 못한다"라고 해야 정확한 평행을 이루는데 세례 요한은 '아들에게 순종하지 아니하는 자'라고 바꾸어서 표현했다. 이것이 무슨 의미일까? 즉, 세례 요한에게는 아들을 믿는 것과 아들을 순종하는 것이 같은 개념이다. 이는 사실 매우 당연한 이야기다. 아들을 믿는 것과 순종하는 것이 어떻게 구분될 수 있겠는가? 하나님이 보내신 예수님을 믿지 않고 그 말씀에 순종하지 아니하는 자들은 영생을 보지 못하고 하나님의 진노 아래 있다. 그러나 하나님이 보내신 예수님을 믿고 그의 말씀에 순종하는 자들은 이미 이 땅에서

부터 영생을 경험하게 된다.

묵상

(1) 성경의 진리를 분명하게 알고 있었기 때문에 세례 요한은 자신의 사라짐, 자신의 물러남이 억울하지도 서글프지도 않았고, 도리어 기쁨이었다. 그 물러남과 사라짐을 통해서 사람들이 하늘의 생명을 주시는 주님과 온전히 사귐을 가지게 되고 주님이 알려주시는 진리로 인해 풍성한 영생의 삶을 누리게 되기 때문이다. 그래서 그는 아름답게 퇴장하는 것이 진정으로 기뻤던 것이다. 사람들이 주님이 들려주시는 진리를 듣고 믿음으로 반응할 때 그들도 자신처럼 온전한 새 창조의 생명으로 살아나게 된다는 사실을 알았고 믿었기 때문이다. 지금 세례 요한이 들려주는 말이 진리라는 것을 필자는 목회 현장에서 적잖이 목격했다. 정말 변할 것 같지 않던 성도들이 진리의 말씀 앞에서 변화되어 가는 것을 목격했다. 어떻게 그런 일이 일어나는가? 목사 때문이 아니다. 주님의 진리의 말씀에 능력이 있기 때문이다. 세상의 관점에서는 미련해 보일지 모르지만 그 진리의 말씀을 믿으면 영적인 새 생명이 진정으로 태어나고 그 생명이 자라나는 것을 보게 된다.

(2) 말씀의 이 같은 특징 때문에 교회의 강단은 세상적 강연과는 분명하게 달라야 한다. 늘 주님의 진리의 말씀이 선명하게 선포되어야 한다. 세상의 철학과 세상의 가치관이 교묘하게 혼합된 가짜 복음이 아니라 성경이 가르쳐 주는 날것 그대로의 진짜 복음이 선포되어야 한다. 그렇게 하면 복음의 생명력이 사람을 살려내는 것을 경험하게 된다.

기도

세례 요한이 참 진리를 알고 있었던 것처럼 교회의 모든 성도들이 복음의 진리에 분명하게 붙들리게 하소서. 또한 그 진리 앞에 순종하는 성도들이 되어 참 만족과 기쁨을 얻게 하소서. 그런 부흥의 날을 다시 한번 허락하소서.

요한복음 4:1-18
목마름

문맥과 요약

3장에서 핵심적인 인물은 유대인의 관원이었던 니고데모였다. 주님은 니고데모에게 거듭남의 비밀에 대해서 가르쳐 주셨다. 하나님 나라의 생명(영생)을 경험하려면 위로부터, 즉 성령으로 출생해야 한다는 것이다. 요한은 세례 요한의 이야기를 통해서 영생을 이 땅에서 이미 경험하고 사는 한 사람의 예를 소개해 준다. 이제 4장에서는 영생이라는 주제가 생수라는 주제로 설명된다. 갈릴리로 향하시는 길에 주님은 일부러 사마리아를 통과하신다. 우물 곁에서 주님은 사마리아 여인을 만나신다. 물을 소재로 주님은 여인과 대화를 이어가시며 자신이 생수를 주실 수 있는 분이심을 밝히신다. 대화가 진행됨에 따라 우리는 이 여인이 영적인 목마름을 가진 사람임을 알게 된다. 목마른 사람이 생수를 주시는 분을 만난 것이다.

해설

1-3절 《유대를 떠나사 다시 갈릴리로 가실새》 예수님이 제자를 삼고 세례를 베푸시는 것이 요한보다 많다고 하는 이야기를 바리새인들이 들었다.

여기에 앞서 3장에서 등장했던 세례 요한의 이야기와의 연결점이 보인다. 세례 요한에게 몰려들었던 모든 유대 사람들이 이제는 예수님에게로 몰려들기 시작했다. 그런데 이렇게 사역이 상종가를 치고 있는 시점에 예수님은 그 땅을 떠나신다. 그리고 갈릴리로 향해 가신다. 지금 주님은 자신에게 환호를 보내는 사람들이 있는 유대 땅을 떠나서 당시 유대인들이 별로 알아주지 않는 갈릴리로 발걸음을 옮기셨다. 주님은 사람들의 시선과 환호에는 아랑곳하지 않으셨고 별로 마음을 두지도 않으셨던 것이다. 물론 주님의 이 같은 행보에는 바리새인들과의 불필요한 마찰을 피하려는 의도도 분명히 보인다.

4절 《사마리아를 통과하여야 하겠는지라》 사실 이 번역은 조금은 약하게 되어 있다. 원문을 직역하면 "사마리아를 통과하셔야만 했다" 내지는 "사마리아를 통과하셔야 할 필요를 느끼셨다" 정도가 될 수 있다. 주님은 무슨 이유에선가 갈릴리로 가는 여정에서 반드시 사마리아를 통과하셔야만 했다는 말이다. 아마도 이 말씀은 유대 땅에서 갈릴리로 가는 지름길이 사마리아를 통과하는 것이기 때문에 그 길을 선택하셨다는 뜻은 아닐 것이다. 실제로 예수님 당시 거의 모든 유대인들은 유대 땅에서 갈릴리로 가는 지름길이 사마리아를 통과하는 길이라는 것을 잘 알았지만 거기를 통과하지는 않았다. 도리어 여리고에서 요단강을 건너 요단 동편에서 북쪽으로 이동한 후 다시 요단을 건너 갈릴리 지역으로 이동했다. 그것이 유대인들이 유대 땅에서 갈릴리로 향해가는 일반적인 경로였다.

이러한 행위의 배경에는 유대인들이 사마리아 사람들과는 상종하고 싶어 하지 않았던 아픈 역사가 있다. 주전 721년 북 왕국 이스라엘이 멸망하고 난 후 이스라엘은 앗수르 사람들과 함께 살면서 자연스레 이방인들과 섞이게 됐다. 인종적으로 섞였을 뿐만 아니라 문화적·종교적으로 혼합족속이 되어 버렸다. 정통 유대인들의 시각에 이러한 모습이 좋게 보일

리 만무하다. 이에 더해 주전 400년, 알렉산더 대왕 때 사마리아 사람들은 그리심 산에 성전을 세웠다. 주전 128년 하스모니안 왕조 때 요한 힐카누스라의 지휘 아래 유대인들은 그리심 산에 세워져 있던 성전을 무참하게 짓밟고 파괴해 버렸다. 이 사건을 계기로 유대인들과 사마리아 사람들의 관계는 극도로 악화하게 된다. 주님이 왜 사마리아를 통과하셔야만 했는지 그 이유는 뒷이야기에서 설명된다.

6절 《때가 여섯 시쯤 되었더라》 주님이 길을 가시다가 피곤하셔서 우물가에 앉으셨다. 그때가 6시쯤 됐다고 기술하고 있다. 많은 사람들이 이 시각을 유대 시간으로 읽어서 정오쯤 됐을 것이라고 생각한다. 그래서 그 여인이, 일반적으로 여인들이 물 길러 나오는 아침과 저녁 시간을 피해 일부러 사람들이 없는 한낮을 택한 것이라고 해석하는 경향이 있다. 그러나 이러한 해석은 설득력이 떨어진다. 왜냐하면 요한복음은 성경에서 일반적으로 등장하는 유대 시각이 아니라 로마식 시간 표기를 따르는 것처럼 보이기 때문이다. 요한복음 19:13-14을 보면 예수님께서 심문을 받으시는 이야기가 기록되어 있는데 그때가 6시다. 요한복음의 6시가 만일 유대식 표기였다면 이것은 12시, 즉 정오를 의미하는 것이 된다. 그런데 이렇게 되면 타 복음서에 나와 있는 예수님의 십자가 처형에 관한 기록과 심각한 모순을 일으키게 된다. 예수님은 전날 자정이 넘은 시간에 산헤드린의 불법적 심문을 받으시고 새벽 일찍이 빌라도에게 넘겨져 심문을 받으신 후 오전 9시경에 십자가에 달리셨고 12시부터 대략 3시간 정도 십자가 현장에 어두움이 임했으며 오후 3시경에 돌아가셨기 때문이다. 따라서 19장이 이야기하는 6시가 정오라면 말이 안 된다. 6시는 정오가 아니라, 로마 시각으로 오전 6시 또는 오후 6시를 의미하는 것으로 읽어야 한다. 전후 문맥상 본문에 기록된 6시는 오후 6시다. 말하자면 여인은 다른 사람들처럼 저녁 즈음에 물 길으러 나왔다가 우물가에서 주님을 만났다.

9-10절 《이는 유대인이 사마리아인과 상종하지 아니함이러라》 우물가에서 만난 사마리아 여인에게 물을 좀 달라고 요구하신 예수님의 행위는 당시 사회적 관습을 깨는 행위였다. 하스모니안 왕조 당시 유대인들이 그리심 산에 있는 성전을 불태워 버린 후 유대인들과 사마리아 사람들은 서로 적대적인 관계에 있었고 상종하지 않았기 때문이다. 그런데 유대인이신 예수님이 사마리아 여자에게 물을 좀 달라고 요구하신 것이다. 여자는 예기치 못한 유대인 남자의 요청으로 인해서 당혹스러웠을 것이다. 여자의 당혹스러운 반응에 예수님은 "하나님의 선물과 또 네게 물 좀 달라 하는 사람이 누구인지 알았다면 도리어 네가 생수를 구했을 것이오 그가 생수를 네게 주었으리라"라고 말씀하신다. 주님이 말씀하신 생수란 성령이 허락하시는 영생을 뜻한다. 주님은 그 영생의 선물이 자신을 통해서 주어진다는 진리를 여자에게 말씀해 주신 것이다.

11-14절 《당신이 야곱보다 더 크니이까 … 이 물을 마시는 자마다 다시 목마르려니와 내가 주는 물을 마시는 자는 영원히 목마르지 아니하리니 …》 여인은 예수님이 말씀하시는 영적인 의미를 알아차리지 못한다. 여인의 대답은 그녀가 주님의 말씀을 단순히 물리적인 차원의 물로 이해했음을 보여준다. 이것은 요한복음의 매우 특징적인 묘사다. 주님은 영적인 것을 말씀하시고 사람들은 그것을 오해한다. 예컨대, "당신이 야곱보다 더 큰 사람입니까?" 당시 어법에서 이러한 질문은 당연히 그렇지 못하다는 것이 전제된 질문이다. 이 여인은 주님이 야곱보다 더 크지 못한 자라고 전제하고 질문한 것이다. 아직 주님이 누구신지 잘 모르는 여인에게 주님은 자신을 계시하여 주신다. 주님은 영생하도록 솟아나는 샘물을 주실 수 있는 분이라는 것이다.

15-18절 《주여 그런 물을 내게 주사 목마르지도 않고 또 여기 물 길으러 오지도 않게 하옵소서》 이 말을 듣자마자 여인은 자신에게 그런 물을 주셔서

목마르지도 않게 하시고 또 이곳에 물 길으러 오지도 않게 해 달라고 요청한다. 우리는 이 대목에서 여인이 영적인 목마름을 가지고 있다는 사실에 대한 힌트를 얻게 된다. 여인은 어쩔 수 없이 우물에 물 길으러 오기는 했지만 그러한 일은 정말 피하고 싶은 고통스러운 일이었던 것이다. 이 여자는 과거에 남편이 다섯 명 있었다. 그리고 지금 살고 있는 사람도 이 여자의 남편이 아니다. 이 짧은 정보만으로도 우리는 이 여인이 대략 어떤 여인이었으며 당시 팔레스틴의 가부장적 문화권에서 어떤 대접을 받으며 살았을지 짐작할 수 있다.

묵상

(1) 얼핏 보면 문맥과 주제와 전혀 연관된 것 같지도 않은데 왜 주님은 생수 이야기를 하시다가 뜬금없이 여인에게 남편을 데려오라고 말씀하셨을까? 더욱이 이 여자에게 이것이 얼마나 아픈 문제인지를 뻔히 다 알고 계셨음에도 왜 굳이 남편 이야기를 하신 것일까? 그것은 여자가 온전히 생명수이신 주님을 만나고 그 생명수로 영원히 목마르지 않기 위해서 반드시 짚고 넘어가야 할 주제였기 때문이다.

요한복음 3장에서 주님은 우리 죄인들이 영생을 누리기 위해서 위로부터 출생해야 한다고 말씀하셨다. 성령으로부터 출생해야 한다는 말이다. 이런 일은 주님을 믿고 주님을 인격적으로 만나야만 가능하다. 그 주님을 인격적으로 만나서 그분을 구주로 모셔야만 이러한 영적인 출생이 가능하다. 그런데 그와 같은 일에 있어서 가장 큰 방해물이 무엇인가? 바로 그 주님을 인격적으로 만나야 하는 자기 자신이다. 그 주님을 인격적으로 만나기 위해서는 자기 자신이 구제 불능 인간이라는 사실을 인정하는 것이 선행되어야 한다. 의사이신 주님만이 죽음에 이르는 나의 병을 치유하실 수 있다는 사실을 인정해야만 한다. 그래야 그 죽음에 이르는 병에서 치유를 받아 주님 안에서 영원한 생명을 누릴 수 있게 되는 것이다. 우리가 병에 걸렸을 때 가장 먼저 필요한 것이 무엇인가? 내가 아픈 사람이고 의사의 도움이 필요하다는 것을 인정하는 것이다. 그것을 인정하지 않으면 의사는 도와줄 수 없다. 그 사실을 인정하고 도움을 청해야만 비로소 치료가 가능해지는 것과 같은 이치이다.

(2) 경험상 자신이 구제 불능이라는 사실을 깨닫는 것이 참 쉽지 않다. 물론 주님을 잘 모르는 사람들은 말할 것도 없다. 교회 안에서도 그런 사람들을 종종 목격하게 된다. 교회 다니는 자신들은 꽤 괜찮은 사람들이라고 착각하며 사는 사람들을 종종 보게 된다. 그렇게 착각하며 사는 사람은 진정한 의사이신 주님의 치료를 받을 수 있는 기회 자체가 원천적으로 봉쇄된다. 자기 자신이 병자며 의사이신 주님이 필요하다고 겸손하게 인정하는 사람만이 주님의 치료를 경험할 수 있기 때문이다. 이런 이유 때문에 주님은 그 여자의 목마름을 해결해 주시기 위해서 그녀의 목마름을 먼저 직시할 수 있는 기회를 주신 것이다. “가서 네 남편을 불러 오라”는 주님의 말씀은 문자적으로 남편을 불러오라는 말이 아니다. 네가 어떠한 사람인지, 얼마나 소망 없는 사람인지 얼마나 목마른 사람인지 직시하라는 주님의 따뜻한 부르심이다. 목마른 여자의 영혼을 영생수로 적셔주시려는 주님의 사랑의 부르심이다. 사망의 그늘에서 목말라하며 신음하며 사는 여자를 살리시려는 주님의 치료의 부르심이다.

기도

“남편을 불러오라”는 주님의 말씀 앞에서 겸손하게 자신을 돌아보게 하소서. 나의 연약함과 부족함을, 나의 목마름을 겸손하게 인정할 때에야 비로소 우리는 치료자 주님을 삶의 전 영역에서 인격적으로 경험하게 됨을 깨닫게 하소서.

요한복음 4:19-26
참된 예배

문맥과 요약

주님은 사마리아 여자에게 영생이라는 선물을 주시기 위해서 사람들이 외면하는 그 길을 일부러 찾아 나섰다. 사마리아 여자와의 대화에서 주님은 그 여인에게 남편을 데려오라고 말씀하셨다. 주님을 인격적으로 만나고 주님을 구주로 모셔야만 영적인 생수를 마실 수 있는데 이 일에 있어서 가장 큰 방해물이 자기 자신이기 때문이다. 자신의 과거에 대해서 알고 있는 예수님에게서 사마리아 여자는 비범함을 느꼈다. 그러나 여자는 예배에 대한 주제로 화제를 전환한다. 주님은 예배라는 주제를 통해서도 여전히 생수에 대한 이야기의 초점을 놓지 않으신다. 자신의 연약함을 직면하고 영과 진리 안에서 예배하는 자만이 참된 예배자이고 바로 그가 생수를 마시는 자가 된다고 여자에게 가르쳐 주신 것이다.

해설

19절《주여 내가 보니 선지자로소이다》 남편을 데려오라는 낯선 유대 남자의 말에 여자는 가슴이 덜컹했을 것이다. "나를 잘 아는 동네 사람들이면 몰라도 처음 보는 유대 남자가 나를 어떻게 안다고 남편을 데려오라고 이야기하고 있는가?" 여자는 속으로 이렇게 생각했을 것이다. 그리고 남편이 없다고 대답해 버렸다. 남편이라는 주제는 여인에게 말하고 싶지 않고 피하고 싶은 주제였기 때문이다. 그런데 남편이 없다는 여자의 말을 듣고 주님은 "남편이 없다 하는 말이 옳도다 너에게 남편 다섯이 있었고 지금 있는 자도 네 남편이 아니니 네 말이 참되도다"라고 말씀하셨다. 이 말을 듣고 여자는 정말 깜짝 놀랐다. 그래서 여자는 주님이 예사 분이 아니라는 사실을 직감했다. 자신의 모든 과거를 꿰뚫고 계시는 이 유대 남성이 예사 분은 아니고 선지자 정도는 되는 분이라고 생각했던 것이다.

20절《우리 조상들은 이 산에서 예배하였는데 당신들의 말은 예배할 곳이 예루살렘에 있다 하더이다》 이 여자는 주님이 원하시는 대로 자신의 연약한 모습을 제대로 직면하고 있을까? 20절을 보면 아닌 것 같다. 여인은 남편 이야기를 하다 말고는 갑자기 유대인들과 사마리아인들 사이에 있었던 해묵은 주제인 예배 장소에 대한 문제로 화제를 바꾼다. 일종의 화제의 전환인 것이다. 여자는 주님이 예사 분이 아니라는 것을 느끼기는 했지만 그 주제를 더 이상 이야기하고 싶지는 않았던 것 같다. 그래서 유대인과 사마리아인이 오랫동안 논쟁하고 있었던 예배 장소에 대한 문제로 화제를 전환한 것이다. 예배 장소 문제는 예수님 당시에도 여전히 논쟁거리였다. 유대인들은 예루살렘이 신명기에 나오는 성전에 관한 이야기를 성취하는 곳이라고 이해했다. 그래서 솔로몬 성전이 무너진 후에 스룹바벨 성전도 예루살렘에 건축했다. 그러나 사마리아 사람들은 생각이 좀 달랐다. 그들은 아브라함이 약속의 땅에 들어간 후 제단을 쌓았던 세겜이 위치한 그리심 산을 성전을 세울 장소라고 생각했다. 실제로 요세푸스의 글을 보면 주전 128년 존 힐카누스에 의해서 그리심 산에 세워진 성전이 불탄 후에도 사마리아 사람들은 종말론적 소망을 품고 그리심 산에 모여 성전을 회복하려는 시도를 했던 것으로 보인다.

21절 《이 산에서도 말고 예루살렘에서도 말고 너희가 아버지께 예배할 때가 이르리라》 여자는 화제를 전환하기 위해서 예배 장소에 대한 문제 제기를 했는데 주님은 이 같은 상황에서도 여전히 자신이 말씀하시려는 주제, 즉 생수에 대한 주제를 놓치지 않으신다. 다만 여자가 지금 주제를 예배 장소에 대한 문제로 바꿔 놓았기 때문에 주님은 예배라는 관점을 통해서 여전히 생수라는 주제를 말씀하시고 계신 것이다. 이 말이 성립하려면 논리적으로 예배라는 주제의 핵심과 생수라는 주제의 핵심이 연결되어 있어야 한다. 4:10을 보면 생수라는 주제의 핵심이 생수를 주시는 주님인 것을 알 수 있다. 요한복음을 묵상하면 말씀이시고 새 성전이신 주님을 영접하고 그와 교제하는 자가 바로 생수를 마실 수 있게 되는 것을 알게 되기 때문이다.

23-26절 《하나님은 영이시니 예배하는 자가 영과 진리로 예배할지니라》 주님이 예배라는 주제에서도 정확하게 같은 맥락에서 말씀하고 계신다. 예전 개역성경에서는 "하나님은 영이시니 예배하는 자가 신령과 진정으로 예배할찌니라"라고 번역됐다. 그래서 적잖은 성도들이 '하나님이 찾으시는 예배는 온 마음과 정성을 다해서 드리는 진실한 예배다'라고 본문의 의미를 이해했었다. 그래서 개역개정은 이런 오해를 막기 위해서 '신령과 진정'이라는 번역 대신 '영과 진리'로 바꾸어 번역했다. 아버지를 참되게 예배할 때가 온다는 것이다. 개역개정은 '영과 진리로'라고 수단의 의미로 번역했지만 직역하면 '영과 진리 안에서'라고 이해할 수 있다. 그때 예배자들은 '영과 진리 안에서' 예배한다는 말이다.

그렇다면 영 안에서, 진리 안에서 예배한다는 말은 무슨 말일까? 일단 요한복음에서 '영'은 성령을 의미한다. 그럼 진리는 무엇을 지칭하는 것일까? 14:6에 따르면 진리란 예수님을 가리킨다. 그러므로 결국 영 안에서, 진리 안에서 드리는 예배란 성령과 예수님 안에서 드리는 예배를 말한다. 때가 이를 텐데 그때가 되면 그리심 산도 아니고 예루살렘도 아니고, 아버지를 참되게 예배할 때가 온다는 것이다. 아버지께 참되게 예배하는 것은 다름 아닌 진리의 영이신 성령과 예수님 안에서 드려지는 예배라는 것이다.

이런 관점에서 이해하면 생수의 핵심도 생수를 주시는 주님이시고 예배의 핵심도 참된 예배를 가능케 하는 주님이시다. 결론적으로 주님은 성령과 예수님 안에서 드려지는 예배에 참여하는 사람만이 주님이 주시는 생수를 마시며 영원히 목마르지 않게 된다고 가르쳐 주신 것이다. 누가 영생수를 마실 수 있는가? 자신이 하나님 앞에서 전적으로 구제 불능이며 진리를 행하기에 완전히 무익한 자라는 사실을 인정하는 사람이다. 그래서 온전히 아버지께 항복하며 진리이신 성령과 예수님 안에서 드려지는 참된 예배에 참여해서 영이신 하나님께 온전히 예배하는 자만이 영원히 목마르지 않는 생수를 마시게 된다. 그리고 주님은 자신이 바로 그러한 생수를 주실 수 있는 메시아이심을 여인에게 명백하게 가르쳐 주신다.

묵상

예수님이 말씀하시는 예배라는 것은 단순히 교회당에서 드리는 예배만을 의미하는 것이 아니다. 성령님과 진리이신 예수님 안에서 아버지께 드려지는 우리 삶의 모든 것들이 다 예배다. 직장에서 일하는 것도 하나님께 드려지는 신실한 예배여야 한다. 가정에서 식구들을 만나고 그들과 나누는 대화도 영이신 하나님께 드려지는 예배여야 한다. 학생들이 공부하는 것도 하나님께 드려지는 예배여야 한다. 우리가 드리는 공적인 예배는 말할 것도 없다. 그렇게 예배당과 삶의 예배 처소 곳곳에서 무익한 우리를 하나님 나라의 백성으로 불러주신 하나님 아버지의 은혜를 기억하고 주님과 성령님 안에서 온전히 예배하기 시작할 때 우리는 우리의 영적인 목마름을 생명수로 채울 수 있게 되는 것이다. 자기 잘난 맛에 살던 인생들이 변화되어 자신의 전적인 무능함을 깨닫고 하나님께 항복하고 온전히 예배자로 세워지는 가슴 벅찬 일들을 위해 당신은 얼마나 간절히 기도하고 있는가?

기도

아버지의 은혜를 기억하고 생명수이신 주님에게로 달려 나가게 하소서. 성령님과 주님 안에서 온전히 예배하게 하소서. 나의 삶의 모든 순간들이, 행위뿐만 아니라 생각마저도 예배가 되게 하소서.

요한복음 4:27-30, 39-42
변화와 증언

문맥과 요약

주님은 사마리아 여자와의 대화를 통해서 성령님과 예수님 안에서 드려지는 새 창조의 예배에 참여하는 사람만이 영원토록 솟아나는 생수를 마시며 영원히 목마르지 않게 된다는 것을 가르쳐 주셨다. 그 목마른 영혼에게 영원히 목마르지 않는 생수를 마실 수 있는 비결을 가르쳐 주신 것이다. 자신이 하나님 앞에서 전적으로 구제 불능이며 진리를 행하기에 완전히 무익한 자라는 사실을 인정하고 진리이신 성령님과 예수님 안에서 드려지는 참된 예배에 참여해서 하나님께 온전히 예배하는 자만이 영원히 목마르지 않는 생수를 마시게 된다. 역으로 그러한 생수를 주님을 통해서 온전히 공급받는 자만이 하나님을 참되게 예배할 수 있다. 주님은 자신이 바로 그러한 생수를 주실 수 있는 메시아이심을 여인에게 명백하게 가르쳐 주셨다.

본문은 이러한 가르침 이후에 여인과 사마리아에 어떠한 변화가 일어났는지를 중점적으로 이야기해주고 있다. 주님과의 대화를 통해서 여인은 예수님의 정체에 대해 보다 더 잘 알게 된다. 그러나 그녀는 예수님이 메시아이심을 완전히 확신하게 된 것 같지는 않다. 비록 흔들리지 않는 확신은 아니지만 주님을 정직하게 증거한다. 그녀의 증언을 통해서 사마리아 사람들은 주님과 교제하게 된다. 이 교제를 통해서 그들은 예수님이 세상의 구주이신 줄 믿게 된다.

해설

27-28절《여자가 물동이를 버려 두고》 주님과 여자가 대화하고 있었을 때 제자들이 돌아왔다. 그들은 주님께서 여자와 말씀하시는 것을 이상히 여겼으나 왜 그러시는지는 묻지 않았다. 여자는 자신의 과거 행적과 또 생수에 관한 진리를 말씀해주시고 주님이 생수를 주시는 메시아이심을 밝히 알려주시자 물동이를 버려두고 동네로 들어갔다. 이 같은 여인의 행위는 여인에게서 큰 변화가 일어났음을 직감하게 한다. 육신의 필요를 따라 물을 길으러 왔던 여인이 지금 그 물동이를 버려두고 마을 사람들을 향해서 나아간 것이다. 더욱이 그 마을 사람들은 여자 입장에서는 만나기를 꺼려하는 사람들이지 않았겠는가? 그런데 그런 사람들을 향해서 여자가 능동적으로 나아갔다고 하는 사실은 여자 안에서 큰 변화가 일어났고 또 일어나고 있음을 의미한다.

29-30절《보라 이는 그리스도가 아니냐》 이 여인이 마을 사람들을 만나서 한 이야기가 기록되어져 있다. 여인은 자신이 행한 모든 일을 자신에게 말한 사람을 와서 보라고 이야기하고 있다. 여기서 '여인이 행한 모든 일'이란 사람들에게 알려주어도 아무런 문제가 없는 아름다운 일이나 선행이 아니다. 낯 뜨거워서 다른 사람에게 드러내 놓고 이야기하기도 어려웠던 일이지 않은가? 당장 자기 자신도 주님이 남편 이야기를 꺼냈을 때 피하려고 시도했던 주제가 아니었던가? 그런데 이 여인이 그 이야기를 잘 알고 있었을 마을 사람들에게 거침없이 자기 입으로 말하기 시작한 것

이다. 틀림없이 큰 변화가 일어난 것이다.

그러나 이 여자의 변화와 관련해서 한 가지 좀 조심스럽게 접근해야 할 부분이 있다. 여자가 메시아를 만나고 주님이 메시아라는 사실을 확신하고는 마을로 뛰어들어가 자신이 만난 주님을 전하지 않고는 견딜 수 없는 기쁨과 환희에 휩싸인 것처럼 본문을 읽기 쉽다. 물론 여인에게서 큰 변화가 일어났다는 사실 자체를 부인할 수는 없다. 그러나 이 같은 읽기는 다소 성급한 면이 있다. 그 이유는 29절에서 여인이 한 말 때문에 그렇다. "보라 이는 그리스도가 아니냐?" 개역개정으로 읽으면 마치 여자가 예수님이 그리스도이심을 마음에 확신하고는 희열에 찬 음성으로 외치고 있는 것으로 오해하기 쉽다. 그러나 본문에 사용된 단어 '메티'라는 표현은 통상 신약성경 복음서와 사도행전에서 부정적인 답변을 기대할 때 사용되는 단어다. 한 예가 요한복음 18:35에 등장한다. 빌라도가 주님을 심문하는 장면인데 자신이 유대인이 아님을 표현할 때 이 단어가 사용된다. "내가 유대인이 아니지 않는가?" 이에 대해서 기대되는 대답은 "아니다"이다. 빌라도는 자신이 유대인이 아니기에 '아니다'라는 부정을 기대하고 질문한 것이다. 이런 맥락에서 여인이 하는 말은 예수님이 그리스도라는 확신에 차 있는 것이 아니다. 물론 문맥상 주님이 메시아이심을 완전 부정하는 표현으로 보이지는 않는다. 그러나 다소 의심쩍은 뉘앙스를 풍기면서 이 여인은 "이 사람이 그리스도가 아닐까요?"라고 질문한 것이다.

흔히 생각하는 것과는 달리 자기 동네 사람들에게 주님을 전할 때 사마리아 여자는 예수님의 메시아적 정체성에 대해서 흔들리지 않는 확고한 확신을 가지고 한 것 같지는 않다. 그럼에도 그녀의 증언은 긍정적으로 작용했다. 그래서 사람들은 동네를 떠나 주님을 만나기 위해서 나아왔다. 그녀는 주님이 자신에게 어떤 일을 행하시고 어떠한 말씀을 하셨는지를 증언했다. 비록 주님의 정체성에 대한 흔들리지 않는 강한 확신은 아니었지만 그녀는 적어도 솔직하고 정직하게 주님의 말씀을 사람들에게 증언했고 그런 주님을 와서 보라고 도전했던 것이다.

40-41절 《거기서 이틀을 유하시매》 그녀의 증언은 사마리아 사람들이 생수이신 주님을 만나고 또한 믿는 데 결정적인 역할을 했다. 흥미로운 것은 40절에서 요한이 사용한 단어다. 사마리아 사람들은 여인이 전하여 준대로 주님을 찾아 나섰고 주님께 함께 유하시기를 요청했다. 그들의 요청대로 주님은 거기서 이틀을 유하셨다. 여기서 "유하시다"는 단어는 '메노'라는 단어의 번역인데, 이는 요한복음에서 매우 중요한 단어다. 하나님이 예수님 안에 "거하고"('메노'), 내 말이 너희 안에 "거하고"('메노')의 경우처럼 요한복음에서 수도 없이 등장하는 단어다. 이 단어는 하나님과 예수님이, 그리고 주님과 우리 제자들이 나누는 친밀한 교제를 묘사한다. 그런데 지금 사마리아 사람들이 여인의 증언으로 인해서 주님을 만나고 주님과 더불어 교제('메노')하게 됐다는 것이다. 즉, 주님과 더불어 친밀한 교제를 나누게 됐다는 말이다.

42절 《이제 우리가 믿는 것은 네 말로 인함이 아니니》 사마리아 사람들이 여인의 증언을 통해서 주님과 교제를 나누게 됐고 그 결과가 무엇인지가 기록되어 있다. 사마리아 사람들은 주님이 세상의 구주신 줄 알게 됐다. 그러나 그들이 믿는 것이 여자의 증언 때문만은 아니었다. 그들은 주님과 교제하면서 친히 말씀을 들었고 그가 참으로 세상의 구주신 줄 알게 됐다. 여기서 사마리아 사람들이 이야기하는 것은 여인의 증언이 필요 없었다는 것을 말하려는 것이 아니다. 도리어 그녀의 증언이 매개가 되어 주님을 알게 되고 그분과 교제를 나누었더니 그가 정말로 세상의 구주이신 것을 알게 됐다는 놀라운 믿음의 고백인 것이다.

묵상

(1) 사마리아 여자는 메시아를 만났다는 확신에 찬 어조로 기쁨과 희열 가운데 주님을 증거했던 것은 아니다. 주님과의 짧은 만남에서 그녀가 주님에 대해 알게 됐다고 한들 그것이 얼마나 온전한 지식이었겠는가? 이러한 이유 때문에 우리는 본문에서 사마리아 여인의 전도의 열심을 찾기에 앞서서 그러한 여인의 부족한 믿음마저도 사용하시는 주님과 그분의 섭리에 도리어 주목할 필요가 있다. 비록 온전하지 못한 믿음과 충성일지라도 하나님이 그것을 사용하셔서 그분의 뜻을 이루어 가신다는 것을 묵상하게 된다. 주님을 증거하기 위해서 주님에 대한 뭔가 심오한 진리를 깨달아야만 되는 것은 아니다. 내가 알고 느끼는 대로 진솔하게 담대하게 얼마든지 주님에 대해 이웃에게 증거할 수 있다. 본문에서 주님이 사마리아 사람들을 만나서 교제해 주셨던 것처럼 주님이 우리의 이웃과도 만나서 교제해 주실 것이다. 그러면 그들도 생명의 주님을 만나게 될 것이다. 그러니 심오한 것은 심오한 것대로 열심히 배우는 한편, 그와 동시에 우리가 주님에 대해 이미 알고 경험한 것들은 솔직하고 담대하게 우리의 이웃들과 나눌 수 있게 되기를 기도하자.

(2) 연약하고 허물 많은 한 여인의 변화를 통해서 그가 속한 공동체를 변화시키시는 주님의 모습을 묵상한다. 주님은 사마리아 여인에게 복음을 전하시고 그녀의 변화를 이끌어 내셨다. 그녀의 변화는 그녀가 속한 사마리아 공동체의 변화로 연결되고 있음을 본다. 그 변화의 중심에 생수이신 주님과의 교제가 있었다. 생수이신 주님을 만나니 사마리아 여인에게 변화가 일어났다. 비록 연약할지라도 변화된 여인의 증언을 통해 사마리아 사람들도 주님을 만나게 됐다. 그리고 주님과 인격적인 교제를 가지게 됐다. 그런 주님과의 인격적인 교제가 그들로 하여금 예수님을 세상의 구주라고 고백하게 하는 놀라운 변화를 만들어 냈다.

사마리아 여자와 사마리아 사람들의 변화의 중심에 무엇이 있는가? 생수이신 주님과의 교제가 있다. 이것이 핵심이다. 우리가 친한 친구를 만나 교제해도 그 친구로 인해서 나의 말투와 행동이 변화되는 것을 느낄 때가 있다. 하물며 주님을 만나 주님과 인격적으로 교제하는 사람에게 어떻게 변화가 일어나지 않을 수가 있겠는가? 핵심은 주님과 인격적으로 나누는 교제다.

기도

주님, 생수이신 주님과 친밀히 교제하는 우리 모두가 되게 하옵소서. 그 친밀한 교제를 통해서 목마름 없는 풍성한 삶을 살게 하시고 주님을 힘써 증거하는 우리가 되게 하소서.

요한복음 4:31-38
하늘 양식

문맥과 요약

주님은 목마른 사마리아 여자와의 대화를 통해서 생수에 대한 진리를 가르쳐 주셨다. 목마른 영혼에게 영원히 목마르지 않는 생수를 마실 수 있는 비결을 가르쳐 주신 것이다. 주님을 만나 교제하고 영과 진리 안에서 하나님을 예배하는 자만이 영원히 목마르지 않게 된다. 비록 주님에 대한 온전한 인식은 아니었지만 그 여인은 사마리아 사람들에게 생수이신 주님을 소개해 주었다. 여인의 소개로 주님을 만나게 된 사마리아 사람들은 주님과 더불어 이틀 동안 교제하게 된다. 이 교제의 시간은 사마리아 사람들이 주님을 인격적으로 경험하고 세상의 구주시라는 사실을 인식하기에 충분한 시간이었다. 그들은 자신들의 입으로 예수님이 세상의 구주시라는 것을 고백하고 생수를 마시는 사람들로 거듭나게 됐다.

본문에서는 이 같은 역사 사이에 주님과 제자들이 나눈 대화를 소개해준다. 사마리아 여자와 주님과의 대화 그리고 사마리아 사람들의 변화 사건 사이에 제자들의 이야기가 꼭 필요한 것 같지는 않다. 이 이야기가 없더라도 이야기 흐름에 아무런 문제가 없기 때문이다. 그런데도 요한은 두 사건 사이에 제자들과 주님 사이에 어떤 대화가 있었는지를 비교적 상세하게 이야기해주고 있다. 제자들은 주님의 행동에 불편함을 느끼고 있었을 것이다. 주님은 이 기회를 사용하여 하늘 양식에 대한 영적 가르침을 주신다. 주님은 사마리아 사람들도 하나님의 새 창조의 백성으로 만들고자 하셨으나 이 일에 제자들이 가장 큰 걸림돌이 되고 있었다.

해설

31절 《랍비여 잡수소서》 제자들이 이 말을 했을 때의 분위기를 상상해 볼 필요가 있다. 27절을 보면 저자 요한을 비롯해서 제자들은 주님께서 사마리아 여자와 말씀하시는 것을 이상하게 여겼다. 그러나 제자들은 주님께서 무엇을 구하시는지 왜 사마리아 여자와 이야기하시는지 묻지 않았다.

이 말의 의미가 무엇일까? 제자들의 태도는 암묵적인 항의를 의미한다고 이해할 수 있다. 제자들은 마음이 불편했을 것이다. 사실 주님께서 갈릴리로 가기 위하여 사마리아를 통과해서 가자고 하실 때부터 제자들은 불편했을 것이다. 보통은 사마리아를 통과하지 않고 우회해서 갈릴리로 가는 것이 당시 유대인들의 보편적인 통행 방법이었는데 주님은 모든 유대인들이 꺼려하는 그 길을 굳이 가자고 하셨다. 일단 이것이 불편했을 것이다. 행로 중 사마리아 수가성에 도착했을 때 주님은 피곤하시다고 했고 또 저녁 식사도 해야 했기에 제자들은 마을에 가서 먹을 것을 구해서 돌아왔다. 그런데 돌아온 그들은 주님을 보고는 깜짝 놀라지 않을 수가 없었다. 주님이 우물가에서 사마리아 여자와 이야기를 하고 계셨기 때문이다. 제자들은 예수님이 하나님의 말씀을 가르치시는 랍비라고 생각했는데, 사마리아 사람들과 상종하지 않는 유대인들의 민족주의적인 정서를 무시하시는 것을 보고 불편했을 것이다. 그 불편한 마음이 지금 침묵으로 고스란히 표현되고 있는 셈이다. 그 행간을 읽어야 주님이 제자들과 나누는 대화가 제대로 이해될 수 있고 그것을 나중에 기록한 요한의 의도를 이해할 수 있다. 그 불편한 마음을 감춘 채 제자들은 주님께 자신들이 구해온 저녁 식사거리를 내어놓았다. "선생님, 식사하십시오." 이 말을 건네고 있는 제자들의 불편한 마음과 시선을 주님은 아셨다.

32-33절 《내게는 너희가 알지 못하는 먹을 양식이 있느니라》 요한복음의 유명한 주제인 사람들의 오해가 연이어 등장한다. 거듭남의 진리를 이야기하실 때 니고데모가 주님을 오해했다. 그리고 생수에 대한 진리를 이야기하실 때 수가성 여인이 오해했다. 게다가 제자들도 주님이 영적인 진리를 말씀하실 때 양식에 대한 말씀으로 오해한다. 너희가 알지 못하는 먹을 양식이 있다는 말씀에 제자들은 누가 먹을 것을 가져다 드렸는지 의아해 한다. 그래서 주님은 '물'이라는 소재를 가지고 생수에 대해서 가르침을 주셨던 것처럼 이제 '양식'이라는 소재를 가지고 참된 하늘 양식에 대해서 제자들에게 가르침을 주시고자 하셨다. 이는 제자들이 놓치고 있었지만 꼭 깨달아야 할 중요한 진리였다.

34절 《나의 양식은 나를 보내신 이의 뜻을 행하며 그의 일을 온전히 이루는 이것이니라》 그렇다면 제자들이 깨달아야 하는 중요한 영적인 가르침은 무엇일까? 주님은 당신의 양식이 무엇인지 말씀해 주신다. 그의 양식은 그를 보내신 이의 뜻을 행하며 그분의 일을 온전히 이루는 것이다. 그럼 하나님의 뜻은 무엇이고 하나님의 일이란 무엇을 말하는 것일까? 6:39-40은 그것이 무엇인지 명확히 밝혀준다. "나를 보내신 이의 뜻은 내게 주신 자 중에 내가 하나도 잃어버리지 아니하고 마지막 날에 다시 살리는 이것이니라 내 아버지의 뜻은 아들을 보고 믿는 자마다 영생을 얻는 이것이니 마지막 날에 내가 이를 다시 살리리라."

요한복음을 기록할 시점에 사도 요한은 참된 양식을 이야기하시는 주님의 의도를 깨달아 알고 있었다. 그 하나님의 뜻이란 아들을 보고 믿는 자마다 영생을 얻는 것이다. 그렇다면 요한은 언제 이 참된 양식에 대한 깨달음을 얻게 됐을까? 그는 이 사마리아 여인과 관련된 사건을 경험하면서 깨달았을 것이다.

주님은 자신과 교제하는 것을 통해서 목마른 사람들이 영원한 생수를 마시게 하기 위해, 하나님을 온전히 예배하는 사람들로 새롭게 창조하시기 위해 오셨다. 그리고 그 일을 제자들과 함께 이루어 가기를 원하신다. 거기에 주님은 사마리아 사람들도 하나님의 새 창조의 피조물로 세우기를 기대하고 계신 것이다. 그런데 정작 제자들은 이 일에 관심이 없다. 관심이 없는 정도가 아니라 가장 큰 방해물이 되고 있다. 제자들은 700여 년 동안 진행되어 왔던 민족주의적 정서로 인해 사마리아 사람들과 교제도 하지 않고 살았다. 물론 유대인들의 이 같은 행위에 이유가 없었던 것은 아니다. 하나님의 백성으로서의 정체성을 잃어버리지 말라고 신명기가 말씀해주고 있는데 그들이 보기에 사마리아 사람들은 하나님의 말씀을 저버린 사람들이었기 때문이다. 그러니 그들과 교제하지 않겠다는 유대인들의 사고가 허무맹랑한 것은 아니다. 그런 역사적 관점에서 볼 때 사마리아 사람들을 새 창조의 피조물로 지어 가시려는 주님의 사역에 가장 큰 걸림돌은 다름 아닌 제자들이었다. 그래서 주님은 일부러 제자들과 함께 사마리아 전도에 친히 나서신 것이다. 목마른 사마리아 여인과 사마리아 사람들을 향한 아버지의 계획을 알리고 제자들을 새 창조의 사역에 참여시키고자 사마리아 현장 교육에 나서셨다.

35-38절 《내가 너희로 노력하지 아니한 것을 거두러 보내었노니》 연이어 등장하는 추수와 연관된 말씀은 문맥 속에서 이해해야 마땅하다. 추수가 당장 눈 앞에 임박해 있다는 주님의 말씀은 분명 사마리아 여인의 전도를 통해서 추수하게 될 사마리아 사람들을 염두에 둔 말씀이다. 주님의 말씀

대로 제자들은 이제 놀라운 추수의 사역을 눈으로 목격하게 될 것이다. 사마리아 여인을 통해서 주님을 만나게 되고 주님과 교제하게 된 사마리아 사람들이 하나님을 참되게 예배하는 새 창조의 피조물로 지어지는 놀라운 사역의 현장을 제자들은 주님과 함께 눈으로 목격하게 된다. 이 경험을 통해 주님은 제자들이 영적인 양식에 눈을 뜨기를 기대하셨다.

묵상

요한은 지금 자신과 다른 제자들이 겪었던 어찌 보면 부끄러운 과거 이야기를 기록하고 있다. 게다가 어떻게 보면 이야기의 큰 흐름 속에 꼭 필요하지 않은 이야기를 기록했다. 왜 그랬을까? 부끄러운 과거이기는 하지만 후대 제자들이 꼭 깨달아야 할 진리를 우리가 깨닫도록 기록으로 남겨준 것이다. 사마리아 사건을 지나가며 또 주님의 십자가의 죽음과 부활 사건을 경험하며 진짜 중요한 영적인 양식이 무엇인지 요한은 진정으로 깨닫게 됐다. 그래서 자신을 포함한 제자들의 과거 부끄러운 이야기를 기록했다.

요한은 우리 주님을 보내신 아버지의 뜻을 이루는 것이 하나님 백성의 진정한 양식이라는 사실을 이야기해주고 싶었다. 주님을 보내신 아버지의 뜻은 한 영혼도 잃어버리지 않고 아들을 보고 믿는 자마다 영생을 얻게 하는 것이다. 하나님만을 예배하는 새 창조의 피조물이 되어 주님과 함께 영생을 누리는 일이 하나님 백성의 진정한 하늘 양식이 되어야 한다. 이 사실을 주님의 제자들이 깨달아야 하는데 과거 자신들이 그랬던 것처럼 후대 제자들이 다양한 이유로 이 하늘 양식을 놓치는 우를 범할까봐 요한은 부끄러운 과거임에도 불구하고 기록해 놓았다. 바쁜 일상 속에서도 우리가 영생의 삶을 누리기를 원하시고, 그 썩지 않는 하늘 양식에 우리의 삶의 목표가 고정되기를 원하시는 아버지의 마음을 기억하자.

기도

생수이신 주님과 친밀히 교제하는 우리가 되게 하소서. 그 영생의 삶을 누리는 것이 우리의 진정한 하늘 양식이 되게 하소서. 이 하늘 양식으로 말미암아 진정으로 배부른 이 땅의 교회가 되게 하소서.

요한복음 4:43-54
믿음의 훈련

문맥과 요약

사마리아 전도와 제자훈련을 마치고 나서 주님은 원래 계획하셨던 갈릴리로 떠나신다. 그리고 갈릴리 가나에 도착하셨다. 요한복음 2장 이야기는 물을 포도주로 만드신 가나의 표적으로 시작했는데, 4장 마지막 이야기 역시 왕의 신하의 아들을 고치시는 가나의 표적으로 마무리 되고 있다. 즉, 2-4장의 이야기 단락은 가나의 표적으로 시작해서 가나의 표적으로 마무리된다. 이 시점에서 2-4장의 내용을 간략하게 둘러보는 것이 도움이 된다.

2장 가나혼인 잔치에서 물을 포도주로 만드신 표적은 이제 메시아가 만들어 내시는 새로운 창조의 시대가 열릴 것이라는 것을 보여 주신 표적이었다. 연이어 등장하는 이른바 성전 무효화 사건을 통해서 주님은, 이제 메시아가 여시는 새로운 창조의 시대는 더 이상 예전의 물리적 성전이 아니라 메시아 자신의 몸으로 세우는 성전을 통해서 유지될 것이라는 점을 분명하게 하셨다.

3장에서는 '누가 이러한 새 성전에서 아버지를 예배하는 자가 될 수 있을까'라는 주제를 다루었다. 니고데모와의 대화를 통해서 주님은 위로부터 난 자, 즉 성령을 통해서 출생한 사람만이 하나님을 예배하고 영생을 누리게 된다는 사실을 가르쳐 주셨다. 연이어 등장하는 짤막한 세례 요한 이야기는 이미 이 땅에서 이러한 영생의 삶을 누리고 사는 자의 여유와 풍요로움을 웅변적으로 이야기해준다.

4장에서 주님은 목마른 사마리아 여자에게 생수를 제공해 주신다. 이를 통해 하나님을 온전히 예배하는 자가 영원히 목마르지 않게 된다는 영적인 진리를 가르쳐 주신다. 이 여자의 전도를 통해서 사마리아 사람들은 예수님과의 이틀 간의 교제를 누린다. 이 교제를 통해 그들은 예수님이 세상의 구주시라는 사실을 자신들의 입으로 고백할 수 있었다. 주님은 목마른 사마리아 여자와 그 여자의 전도를 통하여 사마리아에 생수를 마시는 새 창조의 피조물을 창조해 내셨다. 성령으로 말미암아 출생한 사람들, 영과 진리 안에서 아버지께 예배하는 사람들을 만들어 내셨다. 그 과정에서 주님은 제자들에게 참다운 영적인 양식이 무엇인지에 대해서도 가르쳐 주신다.

4장 마지막 에피소드에는 또 다른 목마른 사람이 등장한다. 그는 수가성 여인과는 달리 겉으로는 전혀 목마르지 않을 것 같은 사람이다. 하지만 그에게는 병으로 죽어가는 아들이 있었다. 주님은 신하의 아들을 말씀으로 치료해주시는 과정을 통해 아들의 병만 치료해 주신 것이 아니라 신하에게 믿음도 허락하신다. 그도 생수를 마시는 사람이 된다.

해설

45-46절 《왕의 신하가 있어 그의 아들이 가버나움에서 병들었더니》 요한은 다시 갈릴리 가나로 돌아오신 주님 이야기를 다룬다. 본문에 보면 왕의 신하라는 직책을 가진 사람이 등장한다. 아마도 여기서 언급된 왕은

갈릴리를 통치하고 있었던 헤롯 대왕의 아들 헤롯 안티파스를 언급하는 것 같다. 그런 그의 신하는 갈릴리에서는 유지였을 것이고 또 상당한 영향력을 행사하고 있었던 인물이 아닐까 추측할 수 있다. 요한복음 4장의 첫 번째 등장인물이었던 수가성 여인은 누가 봐도 목마른 사람이었다. 이에 반해 4장 마지막에 등장하는 헤롯 안티파스의 신하는 겉으로 보기에는 여러 가지를 갖춘, 그다지 목말라 보이지 않는 사람이었다. 사회적 지위도 가지고 있었고 상당한 부도 가지고 있었을 것이다. 그러나 내면을 살펴보면 그도 역시 목마른 인생이었다. 이 신하에게는 병들어 죽어가는 아들이 하나 있었다. 왕의 신하라는 직책이 있는 것으로 봐서 아마 유명한 의사, 온갖 좋은 약들은 다 사용해 보았을 것이다. 그러나 소용이 없었다. 그러다 그는 예수님에 대한 소식을 들었다. 45절이 말하는 것처럼 갈릴리 사람들도 명절에 예루살렘에 갔다가 주님이 하신 모든 일들을 보았다. 그런데 마침 그 예수님이 유대에서 갈릴리로 오셨다는 소식을 들은 것이다. 그래서 이 신하는 예수님을 찾아왔다. 요한복음의 관점에서 보면 목마른 인생이었던 왕의 신하도 드디어 생수가 되시는 주님과 교제하게 된 것이다.

47-48절 《청하되 내려오셔서 내 아들의 병을 고쳐 주소서 하니 그가 거의 죽게 되었음이라》 "청하다"라는 단어의 시제는 미완료로서 이 청함이 일회적인 청함이 아니라 반복적인 행위였음을 시사한다. 이는 그의 간절함이 묻어나오는 대목이며 충분히 이해 가능한 일이다. 사랑하는 아들이 죽어가고 있는데 아비의 심정이 어떠했겠는가? '제발 제가 있는 가버나움으로 내려오셔서 아들을 고쳐주십시오.' 이에 대해 주님은 '너희는 표적과 기사를 보지 못하면 도무지 믿지 아니한다'라고 말씀하신다. 사람의 내면을 꿰뚫어 보시는 주님은 지금 이 신하의 요청이 주님에 대한 인격적인 반응이 아니라고 말씀하신 것이다. 그저 표적과 기사를 보고 그것에 대해

반응했다는 말이다. 흥미로운 것은 주님은 지금 왕의 신하만을 말씀하시는 것이 아니라 그를 비롯해서 갈릴리 사람들이 주님의 표적과 기사를 보고 그것에 대해서 반응하는 태도를 꼬집고 계신다는 점이다. 이는 주님이 '너'라는 2인칭 단수가 아니라 '너희'라는 2인칭 복수를 사용하고 계심을 통해 알 수 있다. 지금 갈릴리 사람들을 비롯해서 왕의 신하의 믿음이라는 것은 주님에 대한 온전한 인격적 신뢰라기보다는 마치 물에 빠진 사람이 지푸라기라도 잡겠다는 심정이다. 아직 영생을 누릴 만큼의 믿음은 아니다.

49절 《신하가 이르되 주여 내 아이가 죽기 전에 내려오소서》 예수께서는 왕의 신하의 믿음이 영생을 누릴 수 있는 믿음으로 성장해 가도록 인도해 주신다. 본문 47절과 49절을 보면 왕의 신하의 요구와 요청은 빨리 가버나움으로 내려와 달라는 것이었다. 아들이 죽기 전에 내려와 달라는 말이다. 이 신하의 요구를 통해 우리는 이 신하가 자신의 문제에 대한 답을 이미 가지고 있었음을 깨닫게 된다. 왕의 신하는 주님이 내려오셔야 한다고 생각했다. 그것이 답이라고 생각했다. 그런데 주님의 생각은 조금 달랐다. 주님은 주님에 대한 온전한 믿음과 신뢰를 가진다는 것이 무엇인지 왕의 신하에게 가르쳐 주시고 싶으셨던 것 같다. 그래서 직접 가버나움에 내려가셔서 고쳐주실 수도 있으셨겠지만 그렇게 하지 않는 쪽을 선택하셨다.

50절 《네 아들이 살아 있다 하시니 …》 주님은 가버나움까지 왕의 신하와 동행해서 그 아들을 고쳐주는 대신 단순하게 '그의 아들이 살아있다'고 말씀만 해주셨다. 그의 아들이 죽지 않고 살아나게 될 것이라는 사실을 말씀으로 가르쳐 주셨다. 주님의 말씀을 듣고 그것이 실현되는 것을 확인하는 것 사이에 긴장이 발생한다. 이 긴장이 오늘 본문을 읽어내는 핵심이다. 가나에서 가버나움까지는 대략 25마일(40킬로미터) 정도 되는 거리다. 52절을 보면 이 신하는 주님의 말씀을 받고 자신의 아들이 주님의 말씀대로 고침을 받았다는 사실을 알기까지 대략 하루의 시간을 보낸 것으로 보인다. 주님의 말씀을 듣고 그 말씀이 실현되기까지의 하루 정도 시간 동안 이 신하는 주님의 말씀을 붙들고 믿음으로 걸어갈 수밖에 없었다. 아직 온전한 믿음이 없는 왕의 신하에게 이 하루는 긴장의 하루이고 이 하루는 불확실성의 하루였다. 왜 이렇게 하셨을까? 그 긴장의 시간과 불확실한 미래를 주님의 말씀을 믿고 걸어갈 때 진정한 믿음의 근육이 자라기 때문이다. 시련이라는 바다를 말씀을 의지해서 항해해 봐야 주님과 주님의 말씀이 얼마나 소중한지를 깨닫게 되기 때문이다. 왕의 신하는 주님의 말씀을 믿고 내려간다.

51-53절《그 낫기 시작한 때를 물은즉》 왕의 신하는 주님의 말씀을 신뢰하고 내려가다가 자신의 종들을 만나게 된다. 그들을 통해서 아이가 살아 있다는 기쁜 소식을 듣는다. 그런데 신하의 반응이 흥미롭다. 그는 아이가 낫기 시작한 때를 물었고 종들은 어제 7시부터 열기가 떨어졌다고 답한다. 왕의 신하는 바로 그때가, 주님이 아이가 나을 것이라고 말씀해주신 때였음을 깨닫게 된다. 신하는 처음으로 주님의 말씀의 능력을 인격적으로 경험하게 됐다. 불확실성의 시간과 긴장의 하루를 지나가면서 그는 갈릴리의 다른 사람들처럼 단순히 표적과 기사를 행하는 주님을 믿는 정도가 아니라 그분과의 인격적인 말씀의 교제를 통해서 그분의 말씀을 신뢰하는 신앙인으로 새롭게 태어나게 된 것이다. 그렇게 그와 온 집안은 마침내 주님을 믿고 영생에 참여하게 됐다. 그와 그의 가족도 새 시대에 새 창조의 피조물로 지어져 하나님만을 예배하는 새로운 인류가 됐다. 2장 가나에서 시작된 이야기, 즉 하나님이 새 시대에 새로운 창조의 백성을 만들어 가시는 이야기가 4장 마지막에 가나에서 아름다운 결실을 보고 있다.

묵상

주님은 우리와 교제하실 때 왕의 신하와 마찬가지로 때때로 우리를 불확실성의 미래에 던져 놓으신다. 그저 주님과 그분의 말씀을 신뢰하고 걸어가는 것 이외에 다른 대안을 주시지 않을 때가 있다. 빠른 것을 좋아하는 우리를 매우 답답하게 하신다. 인내이 시간이 속히 지나가게 해 달라고 기도하는 미련한 우리를 불편하게 하신다. 우리가 생각하는 것과는 달리 우리의 기도에 대한 주님의 응답은 더딜 때가 더 많다. 필자가 경험한 하나님은 LTE 하나님이 아니시다. 5G의 하나님이 아니다. 그분은 거북이 하나님이시다. 그의 백성이 눈물, 콧물에다가 진까지 다 빼내고 나서야 비로소 느릿느릿 응답해주시는 하나님이시다. 그렇다고 완전히 버려두시지도 않는다. '나를 잊어 버리셨나'라고 생각할 때쯤 나타나신다. 거북이 하나님을 경험하고 있는가? 절대로 이상한 일이 아니다. 그 과정을 지나가며 당신은 주님을 더욱더 알아가게 될 것이다. 더욱더 그분의 말씀을 신뢰하는 사람으로 변화되어 갈 것이다. 오직 그분을 신뢰하고 걷는 것 이외에 할 수 있는 것이 없기 때문이다. 그러니 인생 여정의 굽이굽이마다 주님과 주님의 말씀의 능력을 온전히 의지하라. 사망의 음침한 골짜기를 지나가는 것 같은 날에도 주님은 여전히 함께 하신다.

기도

주님, 느리게 걸으시는 주님과 친숙해지게 하소서. 우리의 기대와는 다른 행보를 보이시는 주님 앞에서도 여전히 인내하며 당신의 말씀을 따라 걷는 우리가 되게 하소서. 그래서 그 말씀을 따라 사는 삶이 곧 그 영생의 삶이라는 것을 깨닫는 우리 모두가 되게 하소서.

요한복음 5:1-9
신화 vs 복음

문맥과 요약

주님은 목마른 사마리아 여자에게 생수를 제공해 주시고 하나님을 온전히 예배하는 자가 영원히 목마르지 않게 된다는 영적인 진리를 가르쳐 주셨다. 이 여자의 전도를 통해서 사마리아 사람들은 예수님과 교제를 누리고 예수님이 세상의 구주시라는 사실을 자신들의 입으로 고백할 수 있었다. 주님은 목마른 사마리아 여자와 그 여자의 전도를 통해서 사마리아 땅에 생수를 마시는 새 창조의 피조물을 지으셨다. 성령으로 말미암아 출생한 사람들, 영과 진리 안에서 아버지께 예배하는 사람들을 만들어 내셨다. 주님은 갈릴리 왕의 신하도 아버지께 예배하는 새 창조의 사람으로 만들어 내신다.

이 본문은 모두가 기뻐해야 할 명절에 주류 유대교에서는 소외된 사람들의 에피소드를 다룬다. 그들은 질병에 시달리며 베데스다 연못의 행각에 모여 살았다. 사람들의 소원은 물이 동할 때 가장 먼저 물에 내려가는 것이다. 그러면 자신의 질병이 나을 것이라 믿었기 때문이다. 허망한 신화에 붙들려 있는 인생을 찾아오셔서 주님은 참 복음을 전해 주신다.

주님은 그도 새 창조의 사람으로 만드신다.

해설

1절《유대인의 명절이 되어》 유대인의 명절이 되어서 예수님이 예루살렘에 올라가셨다. 그때, 예수님이 안식일에 38년 된 중증 장애인을 치유해 주신 사건이 발생했다. 이 유대인의 명절이 구체적으로 어떤 절기인지는 본문이 말해주지 않기 때문에 구체적으로 알 수는 없다. 다만 유대인들이 3대 절기, 즉 유월절, 오순절, 초막절에 예루살렘으로 올라갔던 것을 생각해 보았을 때 3가지 명절 가운데 하나였던 것으로 보인다. 사도 요한이 그것을 분명하게 밝혀주지 않는 것으로 볼 때 이는 본문을 이해하는데 그렇게 중요한 핵심은 아니었던 것 같다. 유대인들이 예루살렘으로 순례했던 3대 명절 모두는 각각 유대인들에게 매우 중요한 역사적인 의미를 가졌다. 아울러 이 시기는 하나님과 언약 백성인 유대인들이 크게 즐거워하는 축제의 자리였던 것만은 분명하다.

2-3절《그 안에 많은 병자, 맹인, 다리 저는 사람, 혈기 마른 사람들이 누워 …》 모든 백성들이 여호와 하나님이 친히 제정해 주신 축제의 자리를 즐거워하고 또한 안식일의 쉼과 은혜를 누리고 있을 때 요한은 우리에게 전혀 뜻밖의 장면을 보여준다. 이 축제의 기간, 안식일 날 요한이 우리에게 보여 주고자 했던 곳은 축제가 한참 무르익었을 중앙 무대인 예루살렘 성전이 아니다. 도리어 변방이라 할 수 있는 예루살렘 북쪽 양문 옆에 있던 베데스다라는 연못이었다.

아마도 이 연못은 양을 제물로 바치기 전에 깨끗하게 씻겼던 곳으로 추측된다. 그 연못 주변으로 기둥을 세우고 긴 복도가 위치해 있었던 것으로 보인다. 바로 그 행각 안에 많은 병자들, 맹인들, 다리 저는 사람들, 혈기 마른 사람들이 누워 있었다.

요한은 본문에서 이 유대인들의 축제 자리를 즐거워하고 안식을 누리고 있었던 다수의 사람들에 대해서 이야기하지 않았다. 도리어 그 축제의 자리에서 함께 온전히 즐거워할 수 없었던 사람들, 안식일에 참으로 안식할 수 없었던 사람들에게 독자의 관심을 집중시킨다. 그들은 어떤 의미에서 주류 유대교에서 이류 혹은 삼류 시민으로 취급받았던 사람들이다. 왜냐하면 예수님 당시 유대인들은 사람들의 질병이 그들의 죄에 대한 하나님의 징벌이라고 이해했기 때문이다. 이와 같은 이해는 요한복음 9장에서도 목격할 수 있다. 사람이 맹인으로 태어난 것에 대해서 유대인들은 그것이 맹인으로 태어난 사람의 죄 때문인지 아니면 그 부모의 죄 때문인지를 토론했다. 그것이 누구의 죄 때문이든 간에 맹인으로 태어난 것은 틀림없이 죄와 연관된 것이라고 생각했던 것이다. 바로 그런 사람들이 지금 베데스다라 불리는 연못 주변에 있는 행각 안에 모여 있었다.

4절《먼저 들어가는 자는 어떤 병에 걸렸든지 낫게 됨이러라》 이어 베데스다 연못의 행각에 이 같은 이들이 함께 모여 살고 있었던 이유가 설명된다. 그들은 연못의 물이 움직이기를 기다리고 있었다. 왜 연못의 물이 동하기를 기다렸을까? 그들은 천사가 가끔 내려와 연못의 물이 동한다고 이해했다. 그리고 바로 이렇게 물이 동할 때 가장 먼저 연못에 들어가는 첫 번째 사람은 그가 어떤 병에 걸렸든지 낫게 된다고 믿었다. 우리는 요한이 이야기하고 있는 4절의 보도 내용이 진짜인지 아니면 가짜인지 알 길이 없다. 다만 이 이야기가 연못 주변에 상주하고 있었던 사람들이 생산해 낸 가짜일 확률이 더 높아 보인다. 이런 관점에서 이해하면 4절의 내용은 연못 주변에 상주하고 있었던 사람들의 소망과 기대를 표현하는 것으로 이해할 수 있다. 만일 이것이 가짜라면 말할 것도 없이 행각에 있었던 많은 사람들에게 희망 고문이 됐을 것이다. 4절이 이야기하고 있는 내용이 정말로 일어났다 하더라도 그들이 기대하고 있었던 물이 동하는 기적적인 사건은 그 연못 주변에 있었던 수많은 사람들에게는 분명 매우 잔인한 일이었다. 물이 동할 때 연못에 들어가는 사람 모두가 치유를 받을 수 있다면 몰라도, 가장 먼저 물에 들어가는 단 한 사람만이 치유의 혜택을 받을 수 있는 것은 너무 잔인하다.

동병상련의 고통을 겪고 있었던 많은 사람들이 연못 주변에 있지 않은가? 그들은 평상시에는 자신들이 함께 겪고 있는 육체의 고통으로 인해서 또 이류, 삼류 시민이라는 동료 유대인들의 차별적인 시선으로 인해서 서로 위로하고 격려하고 보듬으며 살지 않았겠는가? 연못가 풍경을 상상해 보라. 만일 정말로 물이 동했다면 누군가 그 연못 물이 동하는 것을 보고 첫 번째 사람이 아무 말 없이 조용히 연못으로 들어갔을 것이다. 그 사람이 들어가는 것을 보고 다른 사람들이 물이 동한다고 소리치고, 연못가는 아수라장이 됐을 것이다. 이런 의미에서 이 연못의 이름이 베데스다, 즉 자비의 집이라고 불렸다고 하는 것은 참으로 역설적인 것이 아닐 수 없다. 그 소외된 사람들의 가엾은 기대와 소망을 따라 자비의 집이라는 거창한 이름으로 불리기는 했지만, 그곳의 실상은 자비의 집이 아니라 자비라는 것은 눈 씻고 찾아볼 수 없는 무자비한 집이었기 때문이다.

6-7절 《나를 못에 넣어 주는 사람이 없어 내가 가는 동안에 다른 사람이 먼저 내려가나이다》 행각 안에서 고단한 삶을 살고 있었던 사람들은 주류 유대교에서는 소외된 채 명절임에도 불구하고 동료 유대인들과 함께 그 축제를 온전히 즐길 수도 없었던 이류, 삼류 시민들이었다. 그날이 안식일이기는 했지만 온전히 안식할 수도 없었던 불쌍한 사람들이었다. 물만 동하면 가장 먼저 들어가는 사람이 치료받을 수 있다는 신화적인 이야기에 모든 것을 걸고 그 연못만 바라보며 살고 있었던, 그 신화적인 희망 고문에 모든 것을 걸고 하루하루를 살아갈 수밖에 없었던 이들이었다.

이런 신화가 난무하는 곳에 임한 진짜 복음을 요한이 들려준다. 물이 동할 때 자신이 그 연못에 가장 먼저 들어가는 것이 복음이라고 철석같이 믿고 있는 병자 이야기를 통해서 요한은 그 신화 같은 이야기가 아니라 주님이 그를 찾아와 주신 사실이 복음이라고 독자들에게 이야기한다. 38년이라는 긴 시간을 자기 몸 하나 제대로 가눌 수 없는 상태로 살았던 그 중증 장애인에게 주님이 찾아와 주셨고 그가 누운 것을 보시고는 병이 오래 된 것을 아셨으며 그에게 낫고자 하냐고 다정하게 말을 걸어주셨다는 것 자체가 복음이다. 주님이 가져다주실 복된 소식이 자신의 삶 앞에 임했는데도, 병자는 자신이 붙들려 있는 그 신화에서 헤어 나오지 못하고 있다. 여전히 자신이 욕망하는 것을 자신이 원하는 방식대로 이루려고 한다.

8-9절《일어나 네 자리를 들고 걸어가라》 예수님은 병자의 요구를 자신의 방식으로 응답해 주셨다. 움직이는 연못 물에 그를 넣는 대신 말씀으로 치유하여 주신 것이다. 38년 된 병자는 그가 그렇게 소원하는 대로 병 고침을 받았다. 그가 병 고침을 받는 것이 주님의 뜻이었기 때문이다. 그러나 방식은 그가 원하던 방식이 아니었다. 그는 물이 동할 때 가장 먼저 들어가는 방식을 원했지만 주님의 방식은 말씀의 능력으로 그가 고침을 받게 되는 것이었다.

묵상

예수님 당시 유대교라는 체계 아래서 헛된 신화적 이야기에 붙들려 신음하고 있었던 불쌍한 사람들에 대한 요한의 이야기를 듣는데 왜 자꾸만 우리 시대 세상과 교회가 만들어 낸 수많은 신화적인 이야기에 목을 매고 있는 사람들이 생각날까? 묵상해보면 사람들이 공연히 신화를 만들어 내는 것은 아니라는 생각이 든다.

왜 사람들이 신화적인 이야기를 만들어내고 그 신화에 붙들리게 될까? 이는 자신들이 원하는 헛된 야망과 욕망들을 이루기 위해서다. 사람들은 그 욕망하는 것을 이루기 위해서 신화적인 이야기들을 만들어 낸다. 그리고 그럴듯하게 만들어진 이야기에 목매고 살아간다. 저 고지에만 올라가면, 저것만 소유할 수 있으면 인생이 정말 행복해질 것이라고 세상은 우리에게 속삭인다. 그런데 실상 그 높은 곳에 올라가면 기대했던 것이 없을 때가 태반이다. 거짓에 속는 것이다. 더 위험하고 안타까운 것은 자신들의 욕망을 이루기 위해서 기독교도 가짜 복음을 수도 없이 양산해낸다는 사실이다. "예수 믿으면 복 받는다. 자녀들이 일류 대학에 간다. 주님의 교회에 죽을 힘을 다해 헌금하고 봉사하면 하나님이 그 헌신에 감동해서 우리의 소원을 이루어 주신다." 그렇게 헌신하고 봉사했기 때문에 하나님이 죽어가던 사업체도 기적적으로 다시 일으켜 주시고 일이 술술 풀렸다는 그 신화와 같은 이야기를 정말 얼마나 신물 나게 많이 들어왔는가?

이천 년 전 주님이 중증 장애인을 찾아오셨듯이 우리를 찾아와 주시고 우리의 모든 상황을 보시고 아셨다는 것이 복음이다. 물에 가장 먼저 들어가는 사람이 낫는다는 그런 신화 같은 이야기를 믿는 것이 아니라, 복음이라는 미명하에 수도 없이 만들어진 가짜 복음을 믿는 것이 아니라, 38년 된 중증 장애인을 아무런 예고 없이 찾아오셨듯이 오늘도 우리의 인생에 예고 없이 찾아오셨다는 것이 복음이다. 그분이 여전히 우리의 마음 문 밖에서 간절하게 문을 두드리시고 있다는 사실이 복음이다. 그 주님께 우리 마음의 보좌를 열어 드리고 그분이 마음껏 우리의 인생을 통치하실 수 있도록 우리 인생의 보좌를 내어드리는 우리가 될 수 있기를 소망한다.

기도

주님, 교회 안에서조차 거짓 복음이 유행하는 이때 주님의 이름으로 모이는 모든 지상의 교회가 참된 복음에 붙들리게 하소서. 내 욕망이 주님이 원하시는 것으로 재조정되는 일이 일어나게 하시고 그분의 방식대로 그 일이 이루어지게 하소서.

요한복음 5:10-18
안식

문맥과 요약

요한은 자신의 복음서를 통해 주님이 만드시는 새로운 창조의 세상이 어떤 것인지를 보여 주고 싶었다. 그 새 세상을 살려면 위로부터 출생해야 한다. 그것은 주님을 믿을 때에야 가능하다. 5장 전반부에서, 요한은 거짓 신화가 난무하는 세상에서 38년 된 병자를 치유하심으로 주님이 만드시는 새로운 세상을 그려낸다.

38년 된 병자를 안식일에 치유하신 행위는 안식일 법 논쟁으로 확산된다. 안식일 법 위반은 예수님 당시 심각하게 다루어졌다. 이 일로 예수님에 대한 핍박이 시작된다. 주님은 안식일에 병자를 치유하시는 행위를 통해서 새로운 창조의 세상에서 진정한 안식이 어떻게 임하는가 하는 주제를 암시적으로 다루신다.

해설

10절《안식일인데 네가 자리를 들고 가는 것이 옳지 아니하니라》 예수님이 예루살렘에 올라가셔서 38년 된 병자를 고쳐주신 사건이 발생했는데 그

날은 하필 안식일이었다. 안식일에 주님이 병자를 고치신 것을 보게 된 유대인들은 병자를 찾아가서 문제를 제기한다. 그런데 이 사건이 조금 색다르다. 다른 복음서에서는 예수님이 안식일에 병자를 고쳐 준 사건이 발생했을 때의 논점이 안식일에 주님이 치유 행위를 행하신 것에 집중되어 있다. 그런데 이번 본문에서 제기된 문제는 병자가 치유함을 받은 후에 자신의 자리를 들고 걸어갔다는 것에 있다. 문제를 제기한 유대인들은 병자가 자신의 자리를 들고 걸어간 것이 안식일에 물건을 다른 곳으로 이동하는 것에 관한 규례를 위반한 것이라고 이해한 것 같다. 이 규칙은 구약성경에 나와 있는 규례라기보다는 구약성경을 기반으로 해서 유대인들이 만든, '미쉬나'라는 문서에 등장하는, 안식일 관련 시행 세칙과 연관된 문제다. 사실 예수님 당시 안식일 법을 위반한다는 것은 우리가 오늘날 생각할 수 있는 것과는 직접적으로 비교할 수 없는 성격의 것이다. 유대인들의 경우 안식일 법을 고의적으로 어긴 것이 드러날 경우 돌에 맞아 죽을 수도 있는 매우 심각한 결과가 초래될 수 있었다.

11-13절 《나를 낫게 한 그가 자리를 들고 걸어가라 하더라 하니》 이 사실을 잘 알고 있었을 병자는 책임 전가성 발언을 한다. 이는 자신에게 책임이 있지 않다는 취지의 발언이다. 38년 만에 병을 치유 받았는데 안식일 법 위반 혐의를 받게 된다면 심각한 결과가 발생할 수도 있지 않았겠는가? 병자의 이야기를 들은 유대인들은 자리를 들고 걸어가라 명한 사람에 대한 정체를 물었다. 그런데 놀랍게도 이 병자는 자신을 고쳐주신 분이 누구신지 알지 못했다. 왜냐하면 주님께서는 병자를 고쳐주신 직후 이미 사람들을 피해 자리를 떠나셨기 때문이었다.

14-15절 《보라 네가 나았으니 더 심한 것이 생기지 않게 다시는 죄를 범하지 말라》 그러나 주님은 이내 병자에게 다시 돌아오셔서 못다 한 이야기를 이어 가신다. 주님의 말씀은 죄와 병의 연관성에 대해 언급하는 것처럼

보인다. 물론 모든 병이 죄로 말미암은 것은 아니다. 9장은 그와 같은 연관성을 거부한다. 그러나 본문에서 인간의 내면을 꿰뚫어 보시는 주님이 이 경우에는 병자의 질병과 죄 사이에 연관성이 있다고 말씀하신다. 주님께 치유함을 받은 사람은 유대인들에게 가서 자신을 고치신 분이 예수라는 사실을 알렸다. 이 사람의 행위를 어떻게 이해할 수 있을까? 이를 유대인들을 향한 복음 선포로 이해하는 견해도 있는 반면, 일종의 배신의 행위라고 이해하는 견해도 있다. 은혜 받은 자로서 부적절한 행동이라는 것이다. 단순하고 순진한 행위일 가능성이 많지 않을까 싶다. 그런데 중요한 것은 요한이 이 사람의 행위가 어떻게 이해되어야 하는가에 큰 관심을 두고 있지 않는 것 같다는 점이다. 요한의 더 큰 관심은 도리어 이 사건을 통해서 '주님이 안식일에 관해서 무엇을 말씀하시는가'에 집중되어 있다.

16-18절《안식일에 이러한 일을 행하신다 하여 유대인들이 예수를 박해하게 된지라》 본문을 묵상하면 안식일에 대해서 유대인들이 보여 주고 있는 반응이 좀 과한 것이 아닌가라고 생각할 수 있을 것 같다. '지금 38년 된 병자가 치유를 받았는데 고작 그 자리를 들고 간 것에 대해서 시비를 건다는 말인가? 이런 일로 예수님을 박해한다는 것은 너무 심한 것이 아닌가?' 그런데 이것이 그리 간단한 문제는 아닌 것 같다. 적어도 이 당시 유대인들의 역사와 그 속에서 율법이 무엇을 의미했는지를 이해한다면 그렇게 이야기하기 쉽지 않다.

유대인들은 바벨론 포로기라는 시기를 보냈다. 이 과정에서 신학적인 반성이 이루어졌다. 자신들이 왜 그런 포로기를 지나야 했는지에 대한 질문을 던졌다. 그들은 그 이유를 하나님과의 언약 속에서 이스라엘이 율법에 불순종함으로 언약을 파기했다는 데서 찾았다. 이 시기를 지나가면서 유대인들은 언약 백성으로서 공동체적으로 반성했다. 민족적으로는 큰 회개와 각성의 운동이 일어났다. 이 회개의 과정은 필연적으로 율법과 연관되어 있다. 말하자면 이 과정에서 율법에 대한 각성이 일어난 것이다. 그래서 예수님 당시 유대인들은 자신들과 이방인들을 구분하는 안식일 법, 정결 규례, 할례와 같은 율법을 철저하게 지키는 전통을 가지게 됐다.

예수님 당시 유대인들의 문서들을 보면 그들이 특별히 안식일 법에 대해 매우 철저했음을 알 수 있다. 안식일의 핵심이 노동의 중지이기 때문에 그들은 안식일에 일하지 않으려고 노력했다. 그러다 보니 노동, 즉 일이 무엇인가에 대해 집중하지 않을 수 없었다. 그래서 그들은 일의 범주를 39개의 항목으로 나누었다. 그리고 각각의 항목에 6개의 세부 조항들을 두어서 총 234개가 되는 예시 조항들을 만들었다.

오늘 본문에 등장하는 이야기는 바로 그 234개 조항 가운데 물건을 날라서는 안 된다는 조항에 저촉됐다. 이런 관점에서 이해하자면, 예수님의 행동은 안식일을 깨는 것처럼 비춰질 수 있다. 그렇다면 우리는 안식일에 병자를 고치시는 것을 비롯하여 전통적인 유대 규범을 넘어서서 행동하시는 주님을 어떻게 이해해야 할까?

우리 주님을 통해서 참다운 안식을 누릴 수 있는 새 창조의 시대가 도래했다는 관점에서 율법에 대한 주님의 행동을 이해해야 한다. 구약에서 안식일 법은 하나님을 향한 귀한 믿음을 담아내는 좋은 법이었다. 그러나 죄의 문제가 온전히 해결되지 않는 한 인간에게 참다운 안식이란 없다. 그래서 그 죄와 사망의 문제를 해결하기 위해 주님이 오셨고, 그를 통해서 진정한 안식이 주어지게 되었다. 요한은 그것을 말하고 싶은 것이다. 창조 때에 하나님이 기대하셨던 안식의 기쁨과 즐거움이 이제 우리 주님을 통해서 새 창조의 시대에 이루어지게 됐다. 죄와 사망에서 건져주신 주님의 구속 사역이야말로 거짓 신화가 난무하는 세상에서 참 안식을 주시는 하나님의 방법이다. 주님 안에 거하는 것이 참 안식을 누릴 수 있는 유일한 하나님의 방법이다. 바로 이 같은 진리를 가르쳐 주시기 위해서 주님은 안식일에 일부러 병자를 고쳐주셨다. 이런 이유로 안식일에 행하지 말아야 할 일을 행한다는 유대인들의 비판에 대해서 주님은 "내 아버지께서 이제까지 일하시니 나도 일한다"라고 반박하신다. 즉, 자신이 안식일에 병자를 고치신 일은 예수님이 스스로 결정해서 행하신 일이 아니라 인간들에게 참다운 안식을 주기 원하시는 하나님의 일이고 그래서 자신이 그 일을 하신 것이라는 말씀이다. 주님의 말씀은 예수님 안에서 참다운 안식을 누릴 수 있는 새로운 창조의 시대가 도래하고 있다는 관점으로 이해해야 잘 이해할 수 있다.

묵상

(1) 구약에서 안식일의 의미가 무엇인가? 일을 중지하는 것이다. 그 말이 틀린 것은 아니다. 그럼 하나님은 왜 안식일을 지정해서 일을 중지시키신 것일까? 단순히 쉬기만 하는 것이 아니다. 하나님은 인간들이 안식일을 지키며 인간들 스스로 자신의 생명을 유지할 수 없다는 사실을 깨닫기 원하셨다. 우리 스스로 우리를 구원할 수 없으며 탐욕과 죄와 죽음으로 가득한 세상에서 하나님의 도우심과 인도하심과 공급하심이 없으면 살 수 없다는 사실을 깨닫기 원하셨던 것이다.

안식일에 일할 수 있는데 일을 하지 않는다는 것의 의미를 생각해 보라. 경쟁 사회에서 남보다 한 시간이라도 일을 더 해야 다른 사람을 제치고 밀치고 살아남아 성공할 수 있다는 신화가 가득한 곳이 바로 우리가 살아가는 세상이다. 그런데 안식일을 지키라는 명령은 그런 숨 막히고 질식할 것 같은 세상에서 질주를 그치라는 명령이다. 한 시간 정도가 아니라 하루를 온전히 안식하며 하나님을 예배하라는 것이다. '이 명령은 이러한 문맥 속에서 무엇을 의미하는 것일까?' 우리가 섬기는 하나님으로 인해서, 우리를 사랑하시는 그 하나님 때문에, 그가 우리를 사랑하시고 인도하시고 보호하시기 때문에, 이 치열한 경쟁 속에서도 그 믿음으로 말미암아 살아갈 수 있다는 급진적인 믿음을 말이 아니라 매우 과격한 행동으로 선포하라는 것이다. 그것이 안식일을 지킨다는 말의 의미일 테다. 따라서 안식일 명령은 온갖 성공 신화가 난무하는 시대의 정신을 정면으로 거스르고 역행하는 혁명적인 명령이다.

(2) 이런 의미에서 안식이라는 것이 단순히 일의 중지만을 이야기하는 시대는 지나갔다. 도리어 단순히 일을 중지하는 것만이 아니라 새 창조의 안식을 적극적으로 끌어안는다는 관점에서 이해해야 한다. '어떻게 우리도 주님과 더불어 창조적인 일을 수행함으로 안식할 수 있는가'하는 관점으로 이해해야 한다. 이런 이유로 주님은 안식일에 일을 멈추는 것이 아니라 새로운 창조의 일을 하심으로 죄와 사망의 세력 아래 있는 자에게 치유의 은혜를 통한 진정한 안식이 주어지고 있음을 보여 주셨다. 참다운 안식이 무엇인지 알려주셨다. 단순히 일을 중지하고 쉬는 삶을 넘어서 주님의 안식을 주변 사람들에게 확대하고 재생산해내는 일에 최선을 다해야 한다. 찜질방을 찾아가고 휴양지를 찾아가고 사람들이 없는 곳을 찾아가 휴식을 취해야만 진정한 안식을 누리는 것이 아니다. 내가 있는 곳 그곳이 어디이든지 참된 안식이신 주님을 믿고 그분에게 나의 모든 삶을 아뢰며 그와 동행하는 삶 속에 진정한 안식이 임한다는 것을 믿어야 한다.

기도

주님 안에서 누리는 참된 안식을 약속하는 복음을 위해 세상이 약속하는 얄팍한 자유를 기꺼이 포기하고 거절하는 사람이 되게 하소서. 이 복음의 급진성을 회복하는 교회가 되게 하소서. 이렇게 사는 것이 영생의 삶이라는 것을 깨닫는 우리 모두가 되게 하소서.

요한복음 5:19-29
새로운 계시

문맥과 요약

안식일에 38년 된 중증 장애인을 치유하신 예수님의 행위 때문에 이른바 안식일 논쟁이 벌어졌다. 이 기회를 이용해서 예수님은 새 창조의 시대에 안식이 어떤 것인지 새롭게 가르쳐 주셨다. 일의 중지를 넘어서서 도리어 죄와 사망의 세력하에 있는 자에게 자신을 통해서 진정한 안식이 주어지고 있음을 주님은 보여 주신다. 안식일에 일을 멈추는 것이 아니라 새로운 일을 하심으로 안식이 무엇인지 보여 주셨다. 새 창조의 안식 개념은 단순히 일의 중지가 아니라 주님과 함께 주님과 더불어 주님이 주시는 안식을 누리며 주변에 안식의 삶을 재생산해 내는 데 있다. 이러한 안식일에 대한 주님의 가르침은 당대 주류 유대교에서는 찾아볼 수 없는 급진적인 가르침이었다. 이 같은 이유로 예수님은 유대 당국자들에 의해서 안식일을 범할 뿐만 아니라 자신을 하나님과 동등하게 간주한다는 고소를 받았다. 그래서 주님은 자신의 급진적 행위와 가르침에 대한 변론의 필요성을 느끼셨다. 주님은 자신이 하고 있는 말과 행동이 자신의 것이 아니라고 하셨다. 다만 아버지가 보여 주신 대로 행하고 있다고 자신의 행위에 대해서 설명하셨다.

해설

19-20절《그보다 더 큰 일을 보이사 너희로 놀랍게 여기게 하시리라》 안식일에 대한 주님의 가르침은 당대 주류 유대교에서는 유례를 찾아볼 수 없는 급진적인 가르침이었다. 뿐만 아니라 자신을 하나님의 아들이라 칭함으로써 하나님과 동등으로 삼았다는 신성모독 혐의까지 받게 되셨다. 이런 유대인들의 도전에 직면해서 주님은 뒤로 물러서시지 않고 도리어 이 상황을, 진리를 가르쳐 주시는 기회로 사용하신다. 주님은 자신이 행하고 말하는 것은 어느 하나도 자신이 임의로 하는 것이 아니라 아버지께서 보여 주신 대로 하는 것이라고 말씀하셨다. 그리고 놀라운 말씀을 이어가신다. 그들이 안식일에 목격하고 있는 것도 감당하기 힘든 일이고 받아들이기 어려운 가르침인데 이보다 더 큰일을 하나님이 보이셔서 저희를 놀랍게 하실 것이라 말씀하신다.

21-23절《아버지께서 아무도 심판하지 아니하시고 심판을 다 아들에게 맡기셨으니》 그럼 하나님이 보이실 더 큰일이란 도대체 무엇을 의미하는 것일까? 원래 구약성경이 유대인들에게 가르친 유대종말론의 핵심은 다음과 같다. 구약성경은 현재의 악한 시대가 메시아의 출현을 통해 하나님의 나라가 임함으로써 종결될 것이라고 예언했다. 이것이 성경이 말하는 마지막 때인데, 이때 하나님의 행위가 두 가지 모습으로 나타난다고 이야기했다. 하나님의 말씀에 순종한 자들을 구원하시고, 하나님의 말씀을 거역하고 불순종한 사람들을 심판하실 것이라는 메시지였다. 즉 하나님의 종말론적 행위는 순종한 자를 구원하는 것과 불순종한 자를 심판하는 것이다. 그 하나님의 구원 행위의 최고점이 바로 부활이었다. 그런데 본문을 보면 구원과 심판의 권한이 하나님 아버지에게서 우리 주님에게 위임됐

다고 말한다. 마태복음 25장의 양과 염소의 비유가 말하려는 것과 정확하게 같은 이야기이다. 마지막 심판의 자리에서 구원과 심판의 행위를 하는 분이 하나님이 아니라 아들이라고 이야기하신다. 유대인들의 관점에서 이 이야기는 놀라운 일이 아닐 수 없다. 사람을 구원하고 심판하는 행위는 오로지 하나님이 하시는 일이라 생각했는데 그 행위가 이제 예수님에게로 위임됐다는 말이기 때문이다. 이렇게 하시는 이유는 아버지를 공경함 같이 아들을 공경하게 하기 위해서라고 말씀하신다.

24-25절《내 말을 듣고 또 나 보내신 이를 믿는 자는 영생을 얻었고》 주님의 놀라운 계시의 말씀이 이어진다. 주님은 '하나님이 아들에게 위탁하신 구원과 심판의 행위가 새 창조의 시대에 어떻게 구체적으로 이루어지는가?'에 대해서 설명해 주신다. 주님은 자신의 말씀을 듣고 주님을 보내신 이를 믿는 자는 영생을 소유하고 있고 심판에 이르지 않는다고 이야기하신다. 주님의 말씀을 듣고 주님을 보내신 아버지를 믿는 자는 사망에서 생명으로 옮겨졌다고 말씀하신다. 주님의 말씀에 따르면 하나님 아버지를 믿기 전에는 우리의 영적인 상태가 죽음의 상태였다는 말이 된다. 에베소서 2:1에서 바울도 정확히 같은 말을 하고 있다. 바울은 '허물과 죄로 죽었던 너희들'이라고 표현하고 있다. 주님은 그런 우리를 사망에서 생명으로 옮겼다고 이야기하신다. 여기서 '옮겼다'라는 단어의 시제는 완료시제인데, 사망에서 생명으로 옮기는 일이 이미 발생했고 그것이 여전히 효력을 가지고 있다는 것을 의미한다. 25절은 24절의 이야기를 다시 한번 풀어서 설명한다. 이미 영적으로 죽은 자들이 하나님의 아들의 음성을 들을 때가 오는데, 그 음성을 듣는 자는 살아나게 된다. 하나님이 그리스도 안에서 새롭게 창조하시는 시대의 새 생명은 하나님 아버지를 믿고 그 아들의 말씀을 듣는 자에게 주어지는 것임을 가르쳐 주신다.

28-29절《무덤 속에 있는 자가 다 그의 음성을 들을 때가 오나니 선한 일을

행한 자는 생명의 부활로 악한 일을 행한 자는 심판의 부활로 나오리라》 그렇다면 하나님의 아버지를 믿고 그 아들의 말씀을 듣는다는 것은 문맥 속에서 무엇을 의미하는 것일까? 28-29절이 그 이야기를 다루고 있다. 29절에 따르면 생명의 부활은 누구에게 주어지는가? 선한 일을 행한 사람에게 주어진다. 그럼 심판의 부활은 누구에게 주어지는가? 악한 일을 행한 자에게 주어진다. 영생과 심판이라는 것이 각각 선한 일을 행한 사람과 악한 일을 행한 사람에게 주어진다면 이것은 앞서 24-25절에서 언급한 것과 연관해서 어떻게 설명해야 할까? 앞서 24절에서 하나님을 믿고 주님의 말씀을 듣는 자가 영생을 얻고 심판에 이르지 않는다고 했는데, 29절에서는 각각 선을 행하는 자가 영생을 얻고 악을 행하는 자가 심판에 이른다고 이야기한다. 사실 24절은 29절과 전혀 모순을 일으키지 않는다. 24절에서 언급한 하나님을 믿고 주님의 말씀을 제대로 듣는 자는 어떠한 행위를 하게 되는지에 관해 29절이 설명해주고 있기 때문이다. 하나님을 믿고 주님의 말씀을 제대로 듣는 자는 주님이 기대하시는 선한 행실로 그 열매를 드러내게 되어 있다. 이런 의미에서 하나님의 마지막 심판 때에 우리를 영생과 죽음으로 갈라놓는 것은 단순히 입술의 고백이 아니다. 그 기준은 참으로 분명하다. 우리의 선한 행실이 우리 주님에 대한 믿음에 기인했는지 그리고 우리의 행함이 우리의 입술의 고백과 일치했는지에 달려 있다. 주님에 대한 참된 믿음에 근거한 선한 행위 없이 그리스도에 대한 지적인 동의와 입술의 고백만으로는 구원 받을 수 없음을 깨달아야 한다. 산상수훈에서 '나더러 주여 주여 하는 자마다 하나님 나라에 들어가는 것이 아니요 하나님 아버지의 뜻대로 행하는 자라야 들어가리라'는 주님의 말씀과 정확하게 같은 맥락인 것이다.

묵상

(1) 주님은 세상을 구원하고 심판할 권한을 아버지께서 아들에게 주셨다고 말씀하신다. 그리고 영생과 죽음에 이르는 기준을 말씀하신다. 그것은 하나님을 믿고 주님의 말씀을 듣는 것이다. 그렇게 하는 자는 선한 일을 하게 되어 있고 그래서 생명의 부활로 나아오게 된다. 주님이 가르쳐 주신 진리는 마태복음 25장의 양과 염소의 비유에서도 확인할 수 있다. 양과 염소의 비유에서 오른편의 자들이 하나님의 나라를 상속하고 또한 왼편의 자들이 저주를 받게 되는 이유는 예수를 믿느냐 믿지 않느냐에 의해서 나누어지는 것이 아니라 그들이 이 땅을 살 때 지극히 작은 자로 불리는 사람들에 대해서 어떻게 행동했느냐에 의해서 결정된다. 그래서 표면적으로만 보면 예수님은 마치 행위로 말미암는 구원을 가르치는 것으로 오해될 수 있다. 그러나 사실은 그렇지 않다. 마태복음에서 양들은 자신들이 믿는 주님의 마음을 닮아 있다. 주님께서 이 세상에 계실 때 소외된 자들과 함께 하셨던 것처럼 양들은 이 세상에서 자신의 주인이신 예수께서 행하신 것과 동일한 마음으로 그 소외된 사람들을 돌보는 선한 행실로 살아간다. 즉 그들의 믿음이 그들의 선한 행실로 증명된 것이다. 그로 인해 예수께서 다시 오실 때 그들의 입술의 고백만이 아니라 그들의 삶이 진정한 제자의 모습에 합당한 선한 삶이라고 주님으로부터 인정받은 것이다.

(2) 주님이 가르쳐 주신 말씀의 빛 아래서 교회들을 바라볼 때 목회자로서 때때로 안타까운 마음을 가질 때가 있다. 예수를 믿는다는 입술의 고백이 마치 구원파적인 이단의 고백과 유사하다고 느낄 때가 있다. 입술의 고백은 있는데 그에 해당하는 삶의 열매는 없다. 이런 의미에서 주님을 따르는 제자도가 상실된 기독교의 복음은 진짜 복음이 아니다. 주님은 우리가 죄악 된 이 땅에 살면서 세속적이고 탐욕적인 가치를 마음껏 추구

하다가 죽을 때에야 비로소 하게 되는 그 입술의 고백이라는 것 때문에 우리를 피안의 천국으로 인도하시는 분이 아니다. 십자가의 보혈로 인해 주님은 우리를 이미 사망에서 건져내어서 새 창조의 새로운 삶을 살아갈 수 있도록 인도하셨다는 사실을 믿는 것이 진짜 복음이다. 우리는 이미 이 땅에서 하나님 나라의 가치를 추구하는 값진 삶을 살아갈 수 있도록 새롭게 지으심을 받은 사람들이다. 그렇기에 우리의 예배의 자리는 가슴 뜨거워지는 새 삶을 살도록 하기 위해 주님이 우리에게 무엇을 하셨는지를 기억하는 자리여야 하고 이제 우리는 어떤 선한 일을 구체적으로 행할 수 있는지 결단하는 자리여야 한다.

기도

주님 당신 안에 생명이 있음을 분명히 믿게 하시고 당신의 말씀을 듣는 것에 진정한 생명이 있음을 믿게 하소서. 주님에 대한 확실한 믿음과 온전한 행함이 함께 있는 예수님의 진정한 제자가 되게 하소서.

요한복음 5:30-47
진짜 사랑

문맥과 요약

5장은 주님이 38년 된 중증 장애인을 안식일에 치유하신 이야기로 시작해서 안식일 논쟁으로 확대된다. 주님은 이 땅에 새로운 창조의 세상을 가져오시고 인간들에게 참다운 삶을 회복시키길 원하시는데 왜 유대인들은 주님에게 적대적인 모습이 되는 것일까? 왜 주님에 대한 여러 증인과 증언들에도 불구하고 예수님을 받아들일 수 없었을까? 그들이 하나님을 사랑하지 않았기 때문이다. 그들이 헛된 영광을 추구하기 때문이다. 이것은 본질을 꿰뚫는 통렬한 가르침이다.

해설

30-31절 《내가 만일 나를 위하여 증언하면 내 증언은 참되지 아니하되》 안식일에 38년 된 중증 장애인을 치유하신 예수님의 행위 때문에 이른바 안식일 논쟁이 벌어졌다. 이 기회를 이용해서 예수님은 새 창조의 시대에 안식이 어떤 것인지 새롭게 가르쳐 주셨다. 아울러 주님은 자신의 급진적 행위와 가르침에 대해서 변론을 하셔야 할 필요성을 느끼셨다. 주님은 자

신이 하고 있는 말과 행동이 자신의 것이 아니라 하셨다. 다만 아버지가 보여 주신 대로 행하고 있다고 자신의 행위에 대해서 설명하셨다. 주님은 자신의 증거가 틀림없이 옳은 것이기는 하지만 자신의 증거만으로는 한계가 있다는 사실을 말씀하신다. 31절의 말씀은 신명기 19:15의 말씀을 염두에 두신 것으로 보인다. 신명기 말씀은 어떤 사람의 증언이 법적인 효력을 가지려면 두세 사람의 증인으로 확증해야 한다고 이야기한다.

32-36절 《내가 하는 그 역사가 아버지께서 나를 보내신 것을 나를 위하여 증언하는 것이요》 신명기 말씀의 취지를 따라서 주님은 자신의 증거가 옳음을 입증하는 증인/증거 넷을 제시한다. 제일 먼저 등장하는 증인은 세례 요한이다. 33절에 따르면 세례 요한은 진리이신 예수님에 대해서 증언했다. 두 번째 증인(거)은 36절에 등장한다. 그것은 예수님 자신이 하나님으로부터 위임받아 행하고 계신 그 일 자체이다. 주님은 자신이 수행하시는 그 일이 세례 요한의 증거보다 더 크다고 말씀하신다. 자신이 행하는 일이야말로 자신이 하나님의 일을 행하고 있다는 것을 증언한다고 말씀하신다.

37-39절 《아버지께서 친히 나를 위하여 증언하셨느니라》 예수님이 행하시는 일이 옳다고 증언하시는 세 번째 증인은 하나님 자신이시다. 이 이야기를 어떻게 이해할 수 있을까? 예수님의 생애 가운데 여러 가지를 언급할 수 있겠지만 대표적으로 예수님이 세례 받으실 때와 변화산에서 들렸던 음성을 염두에 두신 표현이 아닌가 생각된다. 마태복음 17:5을 보면 변화산에서 음성이 들려 "이는 내 사랑하는 아들이요 내 기뻐하는 자니 너희는 그의 말을 들으라"라는 음성이 들렸다. 이 같은 말씀을 하신 하나님 자신이 예수님의 행위가 옳음을 증거하는 강력한 증인이시다. 예수님이 제시하는 네 번째 마지막 증거는 39절에 기록되어 있다. 주님이 말씀하시는 마지막 증거는 성경이다. 유대인들은 성경에서 영생을 얻는 줄로

알고 성경을 상고했다. 그런데 주님의 말씀에 따르면 그 성경이 주님 자신에 대해서 증언한다. 이러한 네 가지 증언을 통해서 주님은 자신이 행하시는 일이 옳은 일이며 하나님이 시키신 대로 행하고 있다고 자신의 정당성을 설명하신다.

40-42절 《하나님을 사랑하는 것이 너희 속에 없음을 알았노라》 선지자를 통해, 그분이 친히 하시는 일을 통해, 하나님 자신의 말씀을 통해, 그리고 마지막으로 성경을 통해 예수님의 행위와 가르침의 정당성을 증언해 주고 있다면 하나님의 백성 유대인들은 그분을 인정하고 그분의 가르침을 받아들여야 마땅하다. 이를 통해 영생을 얻기 때문이다. 그런데 유대인들은 주님을 인정하고 그분의 가르침을 받아들이지 않는다. 그들은 선지자도 알고 하나님도 알고 성경도 알고 있음에도 불구하고, 심지어 성경에 영생에 대한 가르침이 있다는 사실도 알았지만 정작 그 영생을 위해서 하나님이 보내신 주님을 받아들이지도 않았고 그분의 가르침을 인정하지도 않았다. 도대체 그 이유가 뭘까? 그 이유를 주님은 42절에서 설명하신다. 참 놀라운 말씀이고 본질을 꿰뚫는 말씀이 아닐 수 없다. 하나님을 사랑하는 것이 그들 가운데 없었기 때문이다. 그들은 하나님을 알고 있었다. 심지어 하나님의 말씀과 그 말씀에 영생이 있다는 사실도 알았다. 그런데도 그들은 하나님을 사랑하지 않았다. 하나님을 사랑하지 않았기 때문에 그들은 자신들이 원하는 것을 위해서 하나님을 이용한 것이다. 사랑하지 않으면 인간은 이용하려는 경향성을 가지고 있다. 사람들만 이용하는 것이 아니라 하나님마저도 이용하려고 드는 것이 인간의 죄성이다.

44절 《너희가 서로 영광을 취하고 유일하신 하나님께로부터 오는 영광은 구하지 아니하니 어찌 나를 믿을 수 있느냐》 하나님과 성경과 영생에 대해서도 알고 있으면서 정작 하나님을 사랑하지 않았다는 주님의 본질을 꿰뚫는 통찰은 44절에서 달리 표현된다. 이 말은 문맥 속에서 다음과 같이 이해될 수 있다. "하나님도 알고 하나님의 말씀도 아는 유대인들이 정작 하나님을 사랑하지 않았다. 사랑하지 않으니 하나님에게서 오는 영광을 구하지 않고 가짜 영광, 즉 사람에게서 오는 영광을 서로 구했다. 사람의 가짜 영광을 추구하니 그것이 그들의 눈을 가리워 주님을 믿을 수 없다"는 말이다. 본질을 꿰뚫는 말씀이다. 왜 유대인들은 하나님도 알고 성경도 알고 성경에서 영생을 얻는다는 진리도 알았는데, 정작 그 영생을 주시는 하나님의 방법을 알아차리지는 못했을까? 하나님을 진실되게 사랑하지 않았기 때문이다. 그들은 유대교라는 종교 체계를 유지함으로써 자신들이 얻을 수 있는 영광을 사랑했지 하나님을 사랑하지 않았다. 그들은 잿밥에만 관심이 있었지 정작 염불에는 아무런 관심이 없었던 것이다. 그러니 하나님이 인간들에게 영생을 주시기 위하여 예수님 안에서 행하시는 그 비밀스러운 일을 보지 못했다. 자신들의 탐욕이 그들의 눈을 가려 하나님의 크고 비밀스러운 일을 볼 수 없게 만든 것이다.

묵상

(1) 자신들이 얻고 싶은 것에 대한 탐욕을 충족하기 위해 하나님마저도 이용하려 드는 것이 인간의 죄성이다. 그 탐욕 때문에 진짜 봐야 하는 것을 볼 수 없는 것이 인간이다. 하나님을 사랑하지 않고 사람에게서 오는 영광을 추구하는 목사들과 교계의 리더들을 본다. 돈을 사랑하고 자신들이 누리고 싶은 명예를 위해서 하나님을 이용하고 있는 성도들도 심심치 않게 목격할 수 있다. 말은 하나님의 영광이라고 입버릇처럼 이야기하지만 사실은 자신들의 배를 부르게 하는 일에만 혈안이 되어 있는 목사들과 성도들이 적지 않은 것 같다. 본문에 예수님에게서 정죄를 당하고 있는 유대인들이 그랬던 것처럼 말이다. 본문을 통해서 어쩌면 우리의 모습이 그와 같지 않은지 돌아봐야 한다. 우리가 하나님을 진정으로 사랑하지

않는다면 하나님마저도 내가 추구하는 영광을 위해서 이용하려 들기 쉽다는 주님의 통렬한 가르침을 마음 깊이 새겨야 할 것이다.

(2) 여기서 우리가 던져야 하는 중요한 질문이 하나 있다. 요한은 5장을 38년 된 중증 장애인을 안식일에 치유하신 이야기로 시작해서 왜 이런 여러 증인들에도 불구하고 예수님을 받아들일 수 없었던 사람들에 대해 이야기하고 있을까? 왜 하나님을 사랑하지 않아서 정작 하나님이 하시는 일을 볼 수 없었던 유대인들에 대한 이야기를 하고 있는 걸까? 왜 사람들에게서 오는 헛된 영광을 구하는 이들에 대한 이야기를 하고 있는 걸까? 이러한 고발은 사실 요한복음을 저술하는 요한을 비롯한 제자들에게도 해당하는 이야기이기 때문이다. 요한은 예수님께 적나라하게 고발당하고 있는 유대인들의 모습에서 자신을 비롯한 제자들의 과거 모습을 보았을 것이다. 유대인들만 그랬던 것이 아니라 자신들도 과거에 주님을 이용하려 들지 않았던가? 제자들도 주님을 사랑한 것이 아니라 주님을 통해서 세상의 영광을 추구했었다. 주님이 예루살렘에 올라가셔서 왕이 되시면 자신들도 주님과 더불어 한 자리 차지해서 영화를 누리고 주님과 세상을 통치하게 될 것이라는 헛된 야망에 붙들려 있었다. 그래서 예루살렘 입성 직전에 직접 주님을 찾아가 자신들의 야망을 부끄러운지도 모르고 말했던 것이 바로 요한이었다. 요한은 과거 주님이 유대인들과 대화하셨던 것들을 기억하며 그 모습에서 자신들의 부끄러운 모습을 대면했던 것이다. 주님은 그런 자신들과 교제하시며 자신들의 부끄러운 모습을 보게 하셨다. 주님의 그 따뜻한 가르침과 대면하며 또한 주님의 십자가와 영광스러운 부활을 통과하고 묵상하며 요한은 자신이 헛된 영광을 추구하고 있다는 사실을 깨닫게 됐다. 주님의 십자가와 부활을 통해서 자신들을 새 창조의 피조물로 빚으신 하나님 아버지의 측량할 수 없는 은혜를 깨닫게 된 것이다. 그래서 요한은 후대에 예수님의 제자들도 하나님을 통해서 자신

들이 원하는 영광을 추구하는 것이 아니라, 독생자를 아낌없이 내어주는 아버지의 은혜를 깨닫고 그분을 진정으로 사랑하게 되기를 소망하며 요한복음을 쓰고 있다.

기도

주님과 누리는 생명의 교제보다 당신을 통해서 누리고자 했던 헛된 영광에 더 관심이 많았음을 직시합니다. 그런 우리들이지만 하나님의 은혜를 깨닫게 하시고 생명의 사람으로 안식의 사람으로 빚어 가심을 인해 감사드립니다. 이제는 사람들로부터 오는 헛된 영광이 아니라 주님이 주시는 참된 영광을 보고 기뻐하는 우리가 되게 하소서. 주님을 인격적으로 사랑하는 우리가 되게 하소서.

요한복음 6:1-15
팬(fan)인가 제자인가?

문맥과 요약

5장 마지막에는 분명한 여러 증거에도 불구하고 하나님을 사랑하지 않고 하나님을 이용하려 했던 유대인들이 주님을 알아차리지 못했다는 이야기가 등장한다. 그리고 6장 시작에는 오병이어의 이야기가 등장한다. 유월절 명절 시즌에 주님은 오병이어의 표적을 일으키신다. 500년 가량 외세의 통치 속에 있었던 유대인들은 열광한다. 그러나 주님은 무리들의 열광적인 반응을 뒤로하고 홀로 산으로 떠나신다. 그들이 원하는 왕이 되실 의도가 추호도 없으셨기 때문이다. 주님은 자신이 새롭게 세우실 왕국에만 집중하실 뿐이다. 요한의 이러한 배열은 우연이 아니다. 이 같은 사람들은 결국 진정한 하나님의 언약 백성이 아니다. 그들은 왕이신 주님이 여시는 새로운 창조 세계의 생명, 즉 영생을 누리는 자들이 아니다.

해설

2-4절 《유대인의 명절인 유월절이 가까운지라》 오병이어 사건은 많은 사람들에게 친숙한 이야기이다. 오병이어는 사복음서에 모두 기록된 몇 안

되는 사건이다. 그런데 요한복음의 오병이어 사건을 묵상하면 공관복음서와 대조하여 몇 가지 눈에 띄는 차이점이 있다. 4절은 오병이어 사건이 발생한 시간적인 배경이 유월절 즈음이라고 밝힌다. 다른 복음서들은 오병이어 사건을 유월절이라는 절기와 연관시켜 이해하지 않는데, 유독 요한은 오병이어의 사건이 발생한 시점이 유월절 즈음이라고 이야기한다. 유월절이 가까워지면 경건한 유대인들은 예루살렘으로 순례해야 했다. 그런데 유월절이 가까운 지금 유대인들이 갈릴리 디베랴 바닷가 건너편 예수님 주변에 몰려 있다. 예루살렘으로 순례했어야 할 사람들이 왜 이렇게 주님 주변에 많이 모여 있을까? 그들이 예수님에게서 표적을 보았기 때문이다. 이 말은 단순히 예수님이 기적을 많이 행하셨기 때문에 그들이 그분 주변에 있었다는 말이 아니다. 그가 행하시는 이적을 넘어서서 이 기사와 이적이 그분의 정체에 대해서 무엇인가를 분명하게 말하고 있다는 의미이다. 즉 백성들은 이 표적을 주님의 정체를 드러내 주는 표징으로 이해했다는 말이다. 그렇다면 유월절이 어떤 절기인가는 중요한 질문이다. 유월절은 유대인들을 애굽의 종살이로부터 구원해 낸 의미를 갖는 절기다. 새로운 하나님의 백성들이 애굽의 종살이로부터 벗어나 하나님만 섬기는 새로운 백성이 되는 것을 가능하게 했던 사건을 기념하는 절기였다. 즉 새로운 하나님의 백성의 시작을 알리는 기념비적 사건이 바로 유월절이다. 하나님이 그들의 하나님이 되시고 이스라엘은 그의 백성이 된다는 것을 분명하게 경험한 사건이 유월절이었다. 그런데 유대인들은 과거 500년 동안 외세의 통치 속에서 신음하고 있는 상황이었다.

5-9절 《여기 한 아이가 있어 보리떡 다섯 개와 물고기 두 마리를 가지고 있나이다》 이 상황에서 예수님은 자신에게 나아오는 큰 무리를 보시고 제자 중 빌립에게 어디서 떡을 사서 이 사람들을 먹이겠느냐고 질문하신다. 요한은 이 질문의 의도가 제자 빌립을 시험하고자 하심임을 밝힌다. 빌립은

이백 데나리온어치의 떡이라도 부족하다고 대답한다. 한 데나리온이 장정의 하루치 품삯에 해당하니 결코 적은 돈이 아니다. 이때 안드레가 한 아이가 보리떡 다섯 개와 물고기 두 마리를 가지고 있음을 알린다. 당시 보리떡과 물고기는 갈릴리 주변 사람들의 일반적인 식사거리였다.

10-13절 《수가 오천 명쯤 되더라》 예수께서는 이제 보리떡과 물고기를 가지고 축사하신 후에 모여 있는 무리들에게 나누어 주신다. 요한은 그 사람들의 숫자가 오천 명쯤 됐다고 이야기한다. 물론 이 숫자는 남자들만을 계수한 것이다. 그러니 실제 모였던 사람은 족히 만 명 이상은 됐을 것이다. 주님은 모든 사람들이 배불리 먹도록 나누어 주셨는데, 먹고 남은 것이 열두 바구니에 찰 정도였다.

14절 《이는 참으로 세상에 오실 그 선지자라 하더라》 자신들의 눈앞에서 주님이 오병이어의 놀라운 이적을 일으키시자 유대인들의 반응이 뒤따른다. 여기서 '그 선지자'라는 표현은 신명기 18:18을 염두에 둔 표현으로 보인다. 모세는 마지막 날에 하나님이 일으키실 선지자에 대해서 이야기했다. 오병이어의 기적을 목격한 유대인들은 예수님이 모세가 예언한 바로 그 선지자라고 생각한 것이다. 여기서 유대인들이 말한 바를 보다 더 잘 이해하기 위해서는 한 가지 살펴봐야 할 유대인들의 문서가 있다. 제2바룩 29장은 하나님이 통치하실 새로운 세상에 대한 묘사를 담고 있는데, 이런 대목이 나온다. "그 날이 오면 거룩한 산으로부터 만나가 내릴 것이다. 그 날이 오면 그들이 그 만나를 먹게 될 것이다." 유대인들은 새로운 세상, 즉 하나님이 다스리시는 새 창조의 세상이 오면 모세가 광야에서 이스라엘 백성들에게 만나를 먹게 했던 것처럼 그들이 메시아를 통해서 새로운 양식을 먹게 될 것이라고 생각하고 기대했다. 바로 이런 배경에서 예수님이 유월절이 가까운 때에 오병이어 기적을 일으키셨다. 바로 이런 맥락에서 그들은 예수님을 마지막 날에 오실 그 선지자, 즉 메시아로 이해했다.

15절《혼자 산으로 떠나 가시니라》 그런데 놀라운 것은 그런 유대인들에 대한 주님의 반응이다. 주님을 그 선지자라고 인식했던 유대인의 반응에 대한 주님의 태도는 뜻밖이다. 주님은 혼자 산으로 떠나가신다. 그들의 그 열광적인 반응, 즉 주님을 왕으로 삼겠다는 그들의 열렬한 반응을 뒤로 하고 마치 아무 일도 일어나지 않았다는 듯이 그들을 떠나 산으로 가신다. 왜 그러셨을까? 주님이 왕이 아닌데 백성들이 왕이라 착각해서 떠나신 것은 아니다. 주님은 틀림없이 그들이 인식하고 있는 대로 왕이셨다. 그러나 그들이 원하던 왕은 아니셨다. 그들이 원했던 왕은 자신들의 주린 배를 부르게 해주고 오백 년 넘게 지속된 외세의 침략으로부터 구원해 줄 정치적인 왕이었다. 힘없는 자신들을 대신해서 자신들이 원하는 바를 자신들이 원하는 방식대로 행해 줄 그런 왕을 원했다. 주님은 그들이 원하고 기대했던 왕 노릇을 해주고자 하는 의도가 추호도 없으셨다. 그래서 주님은 자신을 왕 삼겠다고 하는 이들의 열광적인 반응을 뒤로하고 산으로 홀로 떠나가셨다. 이런 군중들은 주님에게서 자신들이 기대했던 것을 얻을 수 없다는 사실을 알았을 때 언제 그랬냐는 듯 주님을 미련 없이 떠나게 될 것이다.

묵상

본문에서 주님을 왕 삼으려 했던 사람들은 예수님이 해주실 수 있는 것을 사랑한 열광적인 팬일지는 모르나 예수님을 자신들의 진정한 왕으로 섬기고 사랑한 그의 백성은 아니었다. 팬심과 제자도는 명백하게 구분된다. 팬은 자신들이 원하는 것을 얻지 못한다고 판단했을 때 언제든지 미련 없이 떠나지만 제자는 스승의 뒤를 끝까지 따른다. 오늘날 교회 안에도 주님의 열성적인 팬들은 많지만 주님의 제자가 많지 않을 수도 있다는 생각을 하게 된다. 주님을 왕이라 고백하고 찬양하는 것이 정말로 주님을 인격적으로 사랑해서인지 아니면 주님을 통해서 자신이 얻고 누리고 싶은 욕망을 추구하기 위한 것인지 스스로 질문해 보아야 할 것이다. 주님과의 참된 교제를 통해서 주님을 사랑하고 그 말씀에 순종하기보다, 주님을 통해 내가 원하는 것과 영광을 얻고 싶은 마음이 있지는 않은지 점검해 보아야 한다. 주님은 팬심에는 아무런 관심이 없으시다. 그분은 우리의 인격적인 사랑과 순종을 원하신다. 유월절 어린양 예수께서 우리를 새 창조의 피조물로 만드시고 빚어 가시는 이유는 왕이신 주님과 인격적인 관계를 누리며 그분과 교제하도록 하기 위해서다. 그 영광의 왕께 합당한 경배와 찬양과 순종을 돌려드리는 우리가 될 수 있기를 소망한다. 그것이 요한이 말하는 영생의 삶이고 참된 양식이기 때문이다.

기도

주님과 누리는 생명의 교제보다 당신을 통해서 누리고자 했던 헛된 영광이 있음을 직시합니다. 영광의 왕께 진정한 사랑과 순종과 합당한 예배를 삶의 모든 순간마다 돌려드리는 우리가 되게 하소서. 오늘 하루도 이 복음의 핵심을 붙드는 우리가 되게 하소서.

요한복음 6:16-21
제자훈련

문맥과 요약

메시아 왕이 오면 과거 출애굽 당시에 광야 속 이스라엘이 만나를 먹었던 것처럼 자신들에게 그와 같은 양식을 먹게 할 것이라고 기대하고 있던 유대인들 앞에서 주님이 오병이어 사건을 유월절 즈음에 일으키셨다. 그들은 당장 예수님을 왕으로 삼으려고 시도했다. 그러나 그들의 팬심에 관심이 없으신 주님은 그 자리를 피해서 산으로 올라가셨다. 요한은 이 사건 뒤에 발생한 또 다른 사건을 다룬다. 제자들은 바다에 내려가서 배를 타고 가버나움을 향해 가는데 큰 바람이 불어 파도가 발생했다. 이때 제자들은 바다를 걸어오시는 주님을 목격하게 된다. 이 이야기를 통해 제자들은 주님이 진정으로 누구이신가에 대한 깨달음을 얻는다.

해설

16-17절 《배를 타고 바다를 건너 가버나움으로 가는데》 본문은 오병이어 사건 이후에 발생한 일에 대해서 기록해 주고 있다. 동일한 사건을 다루는 마가복음의 본문을 보면 주님은 오병이어 사건이 발생하고 난 후에 제

자들이 배를 타고 이동하도록 재촉하시고 자신은 산으로 가신 것으로 되어 있다. 주님이 자신의 제자들을 무리로부터 떼어놓는 데 적극적이셨다는 인상을 받게 된다. 왜 그러셨을까? 제자들 입장에서 생각해 보면 이해가 잘 될 수 있을 것 같다. 무리들은 주님이 오병이어 기적을 일으키셨을 때 열광했다. 그 열광하는 사람들을 옆에서 지켜보면서 제자들은 과연 무슨 생각을 하고 있었을까? 제자들도 예외가 아니었을 것이다. 제자들도 갈릴리의 군중들과 똑같은 유대인들이었고 같은 세계관을 공유하며 살았던 동시대의 사람들이다. 제자들은 그들 나름대로의 모습으로 무리의 열광에 동참했을 것이라 추측할 수 있다. 다른 복음서들을 보면 제자들도 자신들 나름대로의 야망을 가지고 주님을 따랐던 것으로 보인다. 주님이 예루살렘에 올라가셔서 왕으로 등극하시고 로마의 세력을 몰아내시면, 자신들도 주님과 함께 영광스러운 모습으로 한자리를 차지하고 주님의 통치에 동참하게 되리라 기대하지 않았겠는가? 그런데 주님이 유월절 명절이 다가오는 때에 갈릴리의 청중들 앞에서 오병이어의 이적을 일으키신 것이다. 제자들의 눈에는 오병이어 기적을 직접 주관해 가시는 주님의 모습에서 오시리라 기대했던 메시아 왕의 모습이 오버랩 됐을 것이다. 제자들을 포함한 유대인들이 기대하던 바로 그 모습을 주님이 보여 주셨다. 얼마나 기대했던 순간이었을까? 아마도 제자들은 갈릴리의 청중들과 함께 시간을 보내며 주님이 이루실 왕국과 이스라엘의 독립에 관한 이야기꽃을 피우고 싶었을 테다. 그런데 이런 상황에서 주님이 제자들을 갈릴리의 군중들로부터 따로 떼어낸 후 그들만 배를 타고 이동하도록 명령하신다. 이후 주님이 행하신 첫 번째 조치가 17절에 기록되어 있다. 그것은 주님이 행하신 것이 아니라 행하지 않은 것이다. 주님은 아직 배 안에 있는 제자들에게 오시지 않았다. 일부러 늦게 가신 것이다.

18절 《큰 바람이 불어 파도가 일어나더라》 본문은 제자들이 놓인 상황을 서술한다. 제자들은 큰 바람으로 인해 파도에 시달리게 된다. 갈릴리 바다는 갑작스러운 돌풍과 파도로 유명한데 제자들이 지금 그 돌풍과 파도에 시달리는 상황에 놓이게 됐다. 제자들은 상황을 극복하기 위해서 열심히 노를 저었지만 그들은 파도와 바람을 이겨낼 수 없었다.

19절 《바다 위로 걸어 배에 가까이 오심을 보고 두려워하거늘》 그렇게 제자들이 위험에 처해 있을 때 주님의 두 번째 조치가 취해진다. 드디어 주님이 죽을 고생을 하고 있는 제자들에게 나타나신 것이다. 그런데 놀라운 것은 주님이 배를 타고 제자들에게 다가오신 것이 아니라 물 위를 친히 걸어서 제자들을 향해 나아오셨다는 점이다. 이미 해가 저물어 불빛 하나 없는 칠흑같이 어두운 밤에 주님이 갈릴리 바다 위를 걸어오고 계신다. 한밤에 불빛 하나 없는 밤바다를 걸어오신 주님의 행위를 어떻게 이해해야 할까? 주님의 행위의 핵심은 예수님의 정체성에 관한 것이라고 말할 수 있다. 이 시점에 제자들을 비롯한 군중들은 예수님을 또 다른 유월절을 가능하게 해 줄 메시아 왕이라고 기대하고 있었다. 그들을 로마의 압제로부터 구원해 줄 왕이라고 생각한 것이다. 이런 기대를 품은 제자들에게 주님이 밤바다의 파도를 밟고 걸어서 그들에게 다가오셨다. 주님의 행위를 이해하기 위해서는 욥기 9:8을 살펴볼 필요가 있다. 욥기는 하나님을 '하늘을 펴시고 바다의 파도를 밟고 걸어오시는 분'으로 묘사한다. 이런 유대인들의 맥락에서 주님은 지금 제자들에게 자신을 단순히 정치적 메시아 왕이 아니라 피조 세계를 다스리시는 창조주 하나님으로 알려주고 싶으신 것이다.

20절 《내니 두려워하지 말라》 이 같은 해석은 20절을 통해서도 확인된다. 주님은 두려워 떠는 제자들에게 "내니 두려워 말라"고 말씀하신다. 여기서 주님이 "내니"('에고 에이미')라고 하신 말씀이 참 중요하다. 이 말씀은 출애굽 당시 자신의 백성들에게 알려 주신 하나님의 이름('에고 에이미')이었다. 이것은 요한복음에서 예수님이 하나님 되심을 나타낼 때 사용되는 매우 중요한 표현이다. 지금 제자들은 갈릴리 군중처럼 예수님이 로마의 압제에서 자신들을 구원해 줄 정치적인 왕이 되기를 기대하고 있었을 것이다. 그런데 주님은 그들이 원했던 정치적인 왕이 되어주실 의도가 없으셨다. 그것은 주님의 진정한 정체성이 아니었기 때문이다. 주님은 제자들에게 자신이 진정으로 누구이신지를 분명하게 보여 주고 싶으셨다. 그래서 친히 파도를 밟으시며 피조 세계를 통치하시는 하나님으로서 고통 가운데 두려워하고 있는 제자들에게 다가오셨다.

묵상

(1) 이날의 경험은 훗날 제자들에게 매우 중요한 영적 자산이 됐을 것이다. 이 경험이 그들에게 말할 수 없는 위로와 격려가 됐을 것이라는 말이다. 제자들은 복음을 전하며 폭풍우가 치는 것 같은 절박한 상황들을 수없이 경험했다. 그런 위기 상황 속에서 그들은 바다를 밟으며 자신들을 찾아오신 주님을 떠올리게 됐을 것이다. 그렇게 고통당하고 있고 두려움 가운데 떨고 있는 제자들의 모습에서 우리의 모습이 오버랩 된다. 세상의 거친 파도에 맞서 싸우느라 고생하고 있는 자신의 백성을 향해 친히 그 파도를 다스리시며 걸어오시는 창조주 주님이 그래서 참 반갑고 또 고맙다. 힘든 인생살이의 파도를 맞으며 살아가고 있는 당신의 백성을 주님이 오늘도 찾아오신다고 믿기 때문이다. 또한 주님이 찾아오셔서 우리의 삶 속에 있는 다양한 파도도 다스려주실 것이라 믿기 때문이다. 주님이 다스리시지 못할 상황이 없다는 것을 믿는다. 그러니 어떤 상황 속에서도 파도를 다스려주시는 주님을 바라보라.

(2) 만일 이렇게 자신이 진정으로 누구이신지를 알려주는 제자훈련이

없었다고 한다면 제자들은 주님이 진정으로 누구이신지를 깨닫는 데 더 많은 어려움을 겪었을 테다. 주님은 유월절에 유대인들을 정치적으로 해방시켜주시는 정치적인 왕이 아니다. 주님은 죄악이라는 사슬에 매여 노예 생활하고 있는 그의 백성을 위해서 친히 유월절 양으로 찾아오신 하나님이셨다. 자신의 백성을 찾아오신 하나님이 친히 유월절 양이 되어 죽임을 당하셨기에 죄악의 영원한 노예로 살았어야 할 우리가 진정한 의미의 유월절을 경험하게 된 것이다. 그리고 이제 그의 백성으로 영생의 삶을 살아갈 수 있게 됐다. 이 같은 사실을 가르쳐 주시기 위해서 주님은 제자들로 하여금 파도가 치는 밤바다에서 악전고투 하게 하셨다. 제자훈련이 가능한 상황을 만드신 것이다. 이 과정을 통과하며 제자들은 예수님이 누구신지 다시 한번 분명하게 학습할 수 있는 기회를 얻게 되었다. 당신의 인생에 불고 있는 파도 역시 우연이 아닐 것이다. 그 파도 속에서 당신을 향해 바다를 밟으며 걸어오실 창조주 하나님을 만나라. 그 창조주 안에서 참된 영혼의 안식을 얻을 것이다.

기도

비바람 불고 파도치는 바다를 헤치고 걸어오시는 주님을 만나게 하소서. 내가 원하는 바를 이루어주실 왕을 열망하는 것이 아니라 주님의 뜻이 이루어지게 해 달라고 기도하는 예수님의 제자가 되게 하소서.

요한복음 6:22-40
썩을 양식 vs 영생하는 양식

문맥과 요약

오병이어 사건 바로 뒤에 파도를 밟으며 걸어오시는 주님의 이야기를 통해서 요한은 예수님이 그의 백성을 찾아오시는 창조주 하나님이시고 동시에 출애굽의 역사를 일으키신 구속의 하나님이시란 사실을 이야기하고 있다. 요한은 본문을 통해 썩을 양식과 영생하도록 있는 양식이 무엇인지를 이야기한다. 썩을 양식이란 주님을 보내신 하나님의 뜻과는 무관한 삶을 사는 것을 의미한다. 영생하는 양식이란 아버지가 보내신 예수님을 믿고 영원한 생명을 추구하는 삶이다. 그 생명의 떡을 추구하는 인생에 배고픔과 목마름은 없다.

해설

22-25절 《무리가 … 배들을 타고 예수를 찾으러 가버나움으로 가서》 본문은 바다에서 펼쳐진 주님의 제자훈련 다음에 어떤 일이 있었는지를 다루고 있다. 본문의 초점은 다시 한번 오병이어 사건을 경험한 갈릴리 무리들에게로 향한다. 지난밤 주님과 제자들 사이에 무슨 일이 있었는지를 알

길이 없는 무리들은 바다 이 편에 주님이 자신들과 함께 계신 줄로만 알았다. 그런데 아무리 찾아보아도 예수님이 보이지 않았다. 그래서 그들은 배를 타고 주님을 찾으러 가버나움으로 나아온 것이다. 그들은 가버나움에 이르러서 주님을 만나게 된다. 주님을 찾으려는 무리들의 노력에서 우리는 그들의 노력이 매우 적극적인 성격을 띠고 있다는 것을 짐작할 수 있다.

26-27절 《너희가 나를 찾는 것은 표적을 본 까닭이 아니요 떡을 먹고 배부른 까닭이로다》 이렇게 우여곡절 끝에 주님을 만났는데 주님이 이들에게 하시는 말씀이 선뜻 이해가 되지 않는다. 주님 말씀을 문자적으로 이해하면 그들이 오병이어의 기적을 경험한 후 또 단순히 떡을 먹고 싶어서 주님을 찾았다는 말로 이해될 가능성이 있다. 정말 그들이 떡 좀 더 먹고 싶어서 주님을 찾기 위해 주변을 샅샅이 뒤지고 또 배를 여러 대로 나눠 타고 가버나움까지 나섰다는 말로 이해해야 할까? 그건 올바른 이해가 아니다. 만일 문자적으로 표현된 떡이 진짜 목적이었다면 바다 건너편에도 떡은 얼마든지 있기 때문이다. 이런 이유로 지금 주님이 하시는 말씀이 단순히 문자적인 떡만을 이야기하는 것은 아닐 가능성이 높다. 단순히 떡 좀 더 먹겠다고 그들이 배를 나눠 타고 주님을 찾으러 나섰다는 것은 문맥 속에서 뭔가 석연치 않은 구석이 있기 때문이다. 27절이 해석의 실마리를 제공할 수 있다. "썩을 양식을 위하여 일하지 말고 영생하도록 있는 양식을 위하여 하라." 이 말씀 역시 문맥 속에서 이해해야 한다. 무리들이 왜 오병이어에 열광했는가? 주님이 하나님이 보내실 메시아 왕이라고 생각했기 때문이다. 그 선지자를 보고 열광했는데 그리고 그분을 왕으로 삼고 싶은데 그분이 지금 보이지 않았다. 그래서 그들은 주변을 다 수색하고 가버나움까지 배를 타고 주님을 쫓아왔다. 그런데 주님은 그들을 향해서 썩을 양식을 위해서 일하지 말라고 하신다.

그럼 이 문맥에서 주님이 말씀하시는 썩을 양식이란 구체적으로 무엇을 말하는 걸까? 그것은 갈릴리 군중들이 생각하고 있었을 이스라엘의 정치적인 독립이다. 주님을 왕으로 삼아서 그들이 기대했던 정치적인 독립을 이루어 내는 것이다. 문맥 속에서 주님은 그것을 썩을 양식이라고 표현하셨다. 그런데 가만히 생각해 보면 이스라엘이 독립을 한다는 것은 나쁜 것은 아니지 않은가? 이스라엘 사람들이 자신의 국가의 정치적인 독립을 염원한다는 것이 어떻게 나쁜 일일 수 있을까. 일제 치하에서 수많은 기독교인들이 우리 조국의 독립을 위해서 싸웠던 것이 나쁜 것이 아닌 것처럼 말이다. 이런 맥락에서 주님은 그 일이 악한 일이기 때문에 혹은 가치가 없는 일이기 때문에 썩을 양식이라고 표현하신 것이 아니다. 그럼 왜 주님은 자신을 왕으로 삼아서 이스라엘의 독립을 염원했던 무리들의 시도에 대해 썩을 양식이라고 표현하셨을까? 그것은 그 일이 아무리 고상한 일이라 할지라도 그 자체로 영생하는 양식은 아니기 때문이다.

28-29절《하나님께서 보내신 이를 믿는 것이 하나님의 일이니라》 그럼 이 문맥에서 주님이 말씀하시는 영생하는 양식이란 무엇일까? 그것은 하나님께서 지금 주님을 통해 행하고 계시는 일에 관심을 가지고 그것을 추구하는 삶을 일컫는 말이다. 아버지 하나님께서 보내신 예수님을 믿는 것이 하나님의 일이고 우리 주님 안에서 행하시는 일을 믿는 것이 영원한 양식이다. 반대로 그것과 관계없이 지금 무리들이 추구하고 있는 것이 썩을 양식이라는 말이다.

35-36절《나는 생명의 떡이니 내게 오는 자는 결코 주리지 아니할 터이요 나를 믿는 자는 영원히 목마르지 아니하리라》 주님은 무리와의 이어지는 대화를 통해서 이 같은 사실을 보다 분명하게 밝히신다. 주님이 영생에 이르는 생명의 떡이라고 말씀하신다. 그리고 그 생명의 떡을 먹기 위해서 주님에게 나아오는 자가 결코 주리지 않을 것이라 말씀해 주신다. 생명의

떡이신 주님을 믿는 자는 결코 주리거나 목마르지 않는다. 주님은 오병이어 사건을 통해서 진정한 생명의 떡이 무엇인지를 사람들에게 가르쳐 주신 것이다. 그러나 자신의 목적을 이루기 위해서 주님을 찾는 자는 주님을 보고도 믿지 못한다.

38-40절 《아들을 보고 믿는 자마다 영생을 얻는 이것이니》 주님은 자신이 오신 목적을 분명하게 밝히신다. 주님은 자신의 뜻을 행하러 오신 것이 아니다. 도리어 주님을 보내신 아버지의 뜻을 행하기 위해서 오셨고 아버지의 뜻은 주님에게 주신 자 중에 하나도 잃어버리지 아니하고 마지막 날에 다시 살리는 것이다. 40절은 그 아버지의 뜻을 다시 한번 명료하게 밝힌다. 그것은 아들을 보고 믿는 자마다 영생을 얻는 것, 그리고 그들을 마지막 날에 다시 살리는 것이다.

묵상

왜 우리의 인생에 주림이 있을까? 영원한 양식이요 생명의 떡이신 주님 앞에 나아오지 않기 때문이다. 그 주님을 추구하는 삶을 살지 않기 때문이다. 영원한 양식이 아닌 썩을 양식을 추구하고 있기 때문이다. 하나님을 통해서 자신이 이루고 싶은 것에 온통 마음을 빼앗겼기 때문이다. 그것이 바로 썩을 양식을 추구하는 삶이다. 그런 인생에는 늘 배고픔이 있기 마련이다. 이런 관점에서 생각해 보면 근본적으로 중요한 것은 내가 무엇을 하느냐가 아닌 것 같다. 내가 무엇을 위해서 혹은 무엇 때문에 그 일을 하느냐에 따라 그것이 썩을 양식이 될 수도 있고 영원한 양식이 될 수도 있다는 말이다. 성도들이 직장에서 일하는 것은 썩을 양식을 위해서 일하는 것이고 목사가 사역을 하는 것은 영원한 양식을 위해서 일하는 것이 아닐 수 있다는 말이다. 도리어 성도들이 직장에서 일하는 것도 그들이 주님을 사랑하고 주님 때문에 사람들을 섬기는 제자의 모습으로 살아간다면 얼마든지 영원한 양식을 위한 일이 될 수 있다. 역으로 목사가 교회에서 아무리 진리의 말씀을 전하는 근사한 사역을 하더라도 주님을 사랑하지 않고 주님과 관계없이 습관적으로 행한다면 그 일은 얼마든지 썩은 양식을 위한 일이 될 수 있다. 결국 영원한 양식을 추구하는 삶이란 주님을 믿는 것이다. 그것이 바로 하나님의 일이다. 요한복음에서 주님을 믿는다는 것은 단순히 지적인 동의와 고백만을 의미하지 않는다. 요한복음에서 영원한 양식, 즉 주님을 믿는다는 것은 그분과의 인격적인 관계를 추구하는 삶을 살아간다는 것을 의미한다. 하나님이 예수님 안에서 행하신 일을 믿고 주님을 사랑하는 삶을 살아가는 것을 의미한다. 그런 삶에는 참된 만족과 기쁨이 있다. 내가 설정해 놓은 인생의 목표를 이루기 위해서 하나님마저도 도구화할 수 있는 것이 인간이다. 그런 자세로 살아가는 것이 바로 썩을 양식을 위해서 살아가는 것이다. 그런 곳에는 늘 영적인 허기짐과 배고픔이 있다.

기도

주님과 관계없이 주님을 도구로 삼아 원하는 것을 이루고자 하는 썩을 양식을 위해 살지 말게 하소서. 주님을 사랑하고 형제들을 사랑함으로 주님을 믿는 것이 어떤 것인지 분명히 드러내는 삶을 살게 하소서. 오늘도 참된 양식을 위해 일하는 우리가 되게 하소서.

요한복음 6:41-59
살과 피

문맥과 요약

주님의 지속적인 가르침이 주어지고 있는데도 유대인들은 계속해서 주님의 말씀을 오해한다. 그럼에도 불구하고 하나님이 인도하시는 자는 주님 앞으로 나아온다. 주님께 나아온 자는 주님을 믿고 영생에 참여하게 된다. 그렇게 영생을 이 땅에서부터 살아가는 자를 주님은 마지막 날에 살리실 것이다. 주님은 영생의 비밀을 인자의 살을 먹고 피를 마시는 것으로 설명하신다. 또한 살을 먹고 피를 마시는 것을 주님 안에 거하는 것이라 가르쳐 주신다. 즉 살을 먹고 피를 마시는 것은 주님과 나누는 친밀한 교제를 일컫는 말이다. 주님과 친밀한 교제를 누리는 자만이 영생을 가졌다고 말씀하신다.

해설

41-42절 《자기가 하늘에서 내려온 떡이라 하시므로》 본문에는 오병이어 사건 이후에 자신을 생명의 떡으로 알려 주신 주님과 무리들 사이의 이야기가 계속해서 진행된다. 주님과 그들의 이야기가 진행되어 갈수록 무리

들은 주님이 말씀하시는 바를 제대로 알아차리지 못하고 오해하게 된다. 그들의 오해에도 불구하고 주님은 그들에게 영적인 진리를 가르쳐 주신다. 요한복음에서 자주 반복되어 왔던 현상이다. 거듭남의 진리를 오해했던 니고데모처럼, 생명수이신 주님의 말씀을 오해했던 수가성 여인처럼, 무리들은 주님의 말씀을 오해한다. 주님께서 자신이 하늘에서 내려온 떡이라고 말씀하시자 유대인들은 수군거리기 시작한다. 그들은 주님께서 하늘에서 내려오셨다고 말씀하시자 자신들이 주님의 육신의 부모를 아는데 어째서 하늘에서 내려왔다고 이야기하는지 의아해한다. 그들은 주님의 아버지 요셉도 알고 있었고 어머니 마리아도 알고 있었다. 그런데 주님이 자신이 하늘에서 왔다고 주장하시는 것이다. 그들은 주님이 말씀하시는 것을 이해할 수 없었다.

43-44절 《나를 보내신 아버지께서 이끌지 아니하시면 아무도 내게 올 수 없으니》 유대인들이 생명의 떡을 먹지 못하는 또 다른 이유가 설명된다. 하나님 아버지께서 이끌어 주시지 않으면 아무도 주님께 올 수 없다. 주님께 올 수 없다는 말은 주님에 대한 올바른 이해와 믿음을 가질 수 없다는 말이다. 올바른 이해와 믿음이 없으니 주님과 인격적인 교제를 가질 수 없다. 주님과의 인격적 교제가 없는 사람은 주님과 아무런 상관이 없는 사람이다. 그러나 주님 앞에 나아와 주님을 믿는 사람을 주님은 마지막 날(심판의 날)에 살려내실 것이다. 마지막 날이라는 표현은 유대종말론에서 하나님의 나라가 이 땅 가운데 임하는 날이다.

45-47절 《선지자의 글에 그들이 다 하나님의 가르치심을 받으리라 기록되었은즉》 예수님은 사람들이 자신에게 나아오는 것의 중요성을 말씀하시면서 이사야 54:13을 인용하신다. 이는 바벨론 포로에서 회복하실 때 유대인들에게 임할 복을 설명하는 구절이다. 예수님은 그 복을 자신에게 적용하고 계신다. 아버지에게 온 자신을 믿는 자는 하나님의 가르침을 받기

에 복된 자다. 왜냐하면 그 결과가 영생이기 때문이다. 이것이 자신을 생명의 떡이라 말씀하시는 이유이다.

48-51절 《나는 하늘에서 내려온 살아 있는 떡이니 사람이 이 떡을 먹으면 영생하리라》 앞서 언급된 주제가 반복된다. 자신이 하늘에서 내려오는 생명의 떡인데 사람들이 이 떡을 먹으면 영생할 것이라 말씀하여 주신다. 그리고 주님이 주실 떡은 곧 세상의 생명을 위한 당신의 살이라고 가르쳐 주신다. 이것은 예수님의 십자가를 상징적으로 표현한 것이다. 요한복음은 초지일관 세상을 위한 생명이 십자가의 죽음과 부활을 통해서 주어질 것임을 밝힌다. 물론 본문에 등장하는 유대인들은 하나님이 친히 인도하여 주신 사람들이 아니다. 따라서 주님의 말씀을 이해할 수도 없고 주님과 인격적 교제를 누릴 수도 없다. 영생과는 무관한 사람들인 것이다.

52절 《이 사람이 어찌 능히 자기 살을 우리에게 주어 먹게 하겠느냐》 예수님의 이 말씀은 무리들 사이에서 또 다른 오해를 야기시켰다. 무리들은 이 말씀을 듣고 나서 이것을 문자적으로 이해했다. 그래서 이 사람이 어찌 능히 자기 살을 우리에게 주어 먹게 하겠느냐고 그들 사이에서 논쟁이 일어난 것 같다. 거듭남의 영적인 진리를 가르쳐 주시니 니고데모가 그 말을 문자적으로 어머니의 뱃속에 들어갔다가 다시 나는 것으로 이해했던 대목이 떠오른다. 무리들은 영생의 떡이신 주님이 자신의 살을 주어 먹게 하겠다는 것을 문자적으로 이해했다. 그러니 그 말이 해괴하게 들릴 수밖에 없었을 것이다.

53-54절 《내 살을 먹고 내 피를 마시는 자》 그들의 오해를 알아차리신 주님의 반응이 이어진다. 주님은 인자의 살을 먹지 아니하고 인자의 피를 마시지 아니하면 그들 속에 생명이 없다고 말씀하신다. 내 살을 먹고 내 피를 마시는 자는 영생을 가졌고 마지막 날에 그를 다시 살리실 것이라 말씀하신다. 그렇다면 주님께서 말씀하시는 "인자의 살을 먹고 인자의 피

를 마신다"는 말은 도대체 무엇을 의미하는 걸까? 이 말은 무엇보다 요한복음의 문맥 안에서 예수님께서 당하실 십자가의 죽으심을 내다보는 말이다. 살이 찢기고 그 찢긴 살 사이로 흐르는 그 피 흘림을 예견하신 말씀이다. 그리고 더 나아가서 그 찢김과 피 흘리심을 통해서 이루어질 구속을 내다보고 하신 말씀이다. 흥미로운 것은 54절을 47절과 비교해 보는 것이다. 47절에서는 주님을 믿는 자가 영생을 가졌다고 말하고 있는데 54절에서는 내 살을 먹고 내 피를 마시는 자가 영생을 가졌다고 이야기한다. 그러니까 주님에게는 자신을 믿는 것과 자신의 살을 먹고 피를 마시는 것이 다른 개념이 아니다. 주님은 자신의 살을 먹고 피를 마신다는 것을 자신이 십자가에서 행하신 것을 믿는 것으로 이해하고 계신다.

56절《내 살을 먹고 내 피를 마시는 자는 내 안에 거하고 나도 그의 안에 거하나니》 주님은 자신의 살을 먹고 자신의 피를 마신다는 것을 자신 안에 거하는 것으로 표현하신다. 주님이 말씀하시는 "거한다"는 개념이 요한복음의 이해에서 참 중요한 개념이다. 가장 핵심적인 개념을 15:7-11에서 찾을 수 있다. 15장 전체의 핵심은 "주님 안에 거하기"라고 말해도 과언이 아니다. 열매를 맺으려면 주님 안에 거해야 한다. 그런데 주님은 이 주님 안에 거한다는 말을 10절에서 그의 사랑 안에 거하는 것이라고 말씀하신다. 그러므로 요한복음에서 주님의 살을 먹고 피를 마신다는 것은 주님을 믿음으로 주님 안에 거하는 것이다. 또한 주님 안에 거한다는 것은 주님의 사랑 안에 거하는 것, 즉 주님과 사랑의 교제를 나누는 것이다. 마치 우리 주님이 아버지 안에 거하시며 아버지와 사랑의 교제를 나누듯이 우리도 주님 안에 거하며 그분과 사랑의 교제를 나누는 것이 주님의 살을 먹고 피를 마신다는 비유적 표현이 의미하는 바이다. 이것을 이해해야 생명의 떡을 먹는다는 것이 무엇을 의미하는지, 진정한 신앙생활이 무엇을 의미하는지 이해할 수 있다.

묵상

(1) 요한은 예수님을 이해하지 못하여 받아들일 수 없었고 주님과 항상 엇박자가 났던 사람들에 대한 이야기를 길게 하고 있다. 본문의 말씀대로 하면 하나님이 그들을 주님께로 인도하지 않으셨기 때문이다. 이것이 하나님의 관점에 따른 설명이다. 그러나 우리는 인간적인 관점도 묵상할 수 있는데 사람들이 자신들의 욕망에 이끌려 인간적인 영광을 구하고 있기 때문이다. 이런 사람들의 눈에는 주님 안에서 일하시는 선명한 하나님의 역사가 보이지 않는다. 그들의 욕망이 자신들의 눈을 멀게 했다. 사실 이러한 고발은 요한복음을 저술하는 요한을 비롯한 제자들에게도 해당됐다. 유대인들만 그랬던 것이 아니라 제자들도 과거에 주님을 이용하려 들지 않았던가? 그런데도 주님은 그런 자신들과 교제하시며 자신들의 부끄러운 모습을 보게 하시고 회복의 은혜를 베푸셨다. 요한은 과거를 돌아보며 후대의 제자들인 우리가 그분을 진정으로 사랑하게 되기를 소망하며 요한복음을 쓰고 있다.

(2) 주님의 살을 먹고 피를 마신다는 것은 그분과 사랑의 교제를 나누는 것을 의미한다. 그것이 주님을 믿는다는 말의 진정한 의미이다. 이것이 바로 기독교가 이야기하는 진정한 신앙생활이다. 주님과 매 순간 나누는 참다운 사랑의 교제가 우리를 생명으로 인도하는 참다운 양식이다. 이 교제의 결과는 기쁨이다. 주님과 나누는 사랑의 교제를 통해서 주님과 교제하는 기쁨을 알게 되고 그 기쁨이 우리의 기쁨을 충만하게 하는 것이다. 친밀한 사랑의 교제를 통한 기쁨이 없는 신앙생활은 이야기할 수 없다. 기독교가 말하는 신앙생활의 핵심은 주님의 살을 먹고 주님의 피를 마시는 기쁨이다. 즉 주님과 나누는 사랑의 교제 때문에 생기는 기쁨이다. 요한복음에 따르면 그 기쁨은 차고 넘치는 기쁨이다. 충만한 기쁨이다. 그러

나 주님과 나누는 사랑의 교제로 인한 차고 넘치는 기쁨은 모든 것이 내가 원하는 대로 만사형통할 때 누리는 기쁨은 아니다. 비록 내가 바라는 대로 일이 진행되지 않는다 하더라도 누릴 수 있는 기쁨이다. 사업체가 어려움을 당하는 순간에도 누릴 수 있는 기쁨이다. 몸이 건강하지 못해서 병 가운데 약해져도 누릴 수 있는 기쁨이다. 우리가 삶의 어떠한 순간을 지나가든지 우리를 붙드시고 우리를 여전히 사랑하는 것을 포기하지 않으시는 그 주님의 사랑을 신뢰하며 걸어가는 기쁨이다.

기도

날마다 주님의 살을 먹으며 그 피를 마시는 사랑의 교제 안으로 깊이 들어가게 하소서. 그 교제 안에서 기쁨으로 충만하게 하사 삶의 어떤 골짜기를 지나든지 영생으로 충만한 삶을 살게 하소서.

요한복음 6:60-71
놀라운 주님의 은혜

문맥과 요약

예수께서 어려운 말씀을 이어가시자 많은 제자들이 주님의 곁을 떠나간다. 주님은 열두 제자에게도 떠날 것인지 질문하신다. 그러자 대표 격인 베드로가 떠나지 않겠다고 대답한다. 베드로의 대답 속에서 우리는 왜 열두 제자가 주님을 떠나지 않게 됐는지를 추측할 수 있다. 밤바다를 걸어오신 사건을 통해 주님이 누구이신지 그 분명한 정체성을 제자들에게 보여 주셨기 때문이다. 그들은 그날 밤 그 사건을 통해서 주님의 신적인 정체성을 어렴풋이나마 깨닫게 됐던 것이다.

해설

60-62절 《너희는 인자가 이전에 있던 곳으로 올라가는 것을 본다면 어떻게 하겠느냐》 앞 단락에서 예수께서 말씀하신 '인자의 살을 먹고 인자의 피를 마신다'는 말은 예수께서 당하실 십자가의 죽으심을 내다보는 말이다. 주님이 십자가에서 행하신 것을 믿고 그 근거 위에서 주님과 사랑의 교제를

나누는 것을 의미한다. 마치 우리 주님이 아버지 안에 거하시며 아버지와 사랑의 교제를 나누듯이 우리도 주님 안에 거하며 그분과 사랑의 교제를 나누는 것이 주님의 살을 먹고 피를 마신다는 비유적 표현이 의미하는 바다. 그러나 주님의 살을 먹고 피를 마신다는 말씀이 쉽게 이해될 리 만무하다. 당장 주님의 제자들도 이 말씀이 의미하는 바를 쉽게 깨달을 수 없었다. 그래서 그들 가운데 불평이 생겨났다. 이 사실을 아시고 주님은 이 말씀이 걸림이 되느냐고 물으신다. 그러고는 '인자가 전에 있던 곳으로 올라가는 것을 너희들이 목격한다면 어찌하겠느냐'라고 질문하신다. 여기서 '올라간다'는 말의 의미는 틀림없이 주님의 승천을 이야기하는 것이다. 그러나 요한복음에서 주님이 올라간다는 표현은 승천에 앞서서 주님이 십자가에서 높이 들리게 되는 사건도 동시에 염두에 둔 표현이다. 이런 관점에서 생각해보면 이 말씀의 의미는 제자들이 인자의 살과 피에 대한 주님의 말씀을 이해하지 못한다면 이 말씀의 성취로 인자가 높임을 받으시는 십자가 사건이 일어날 때 어떻게 그 사건을 이해하겠느냐는 질문이 되는 것이다. 즉 이 말씀의 의미도 이해하지 못하는데 정작 예수께서 십자가에 달리는 사건이 발생한다면 얼마나 더 오해하고 실족하겠느냐는 말씀이다.

63절 《살리는 것은 영이니 육은 무익하니라》 여기서 영은 성령을 의미하는 것으로 보인다. 또한 육이라는 것은 성령과 대비되는 개념임에 틀림없다. 주님의 십자가의 죽음이 영생을 위해서 필수적이긴 하지만 그것도 성령의 역사 없이는 불가능한 것임을 이렇게 표현하신 것 같다.

64-66절 《그 때부터 그의 제자 중에서 많은 사람이 떠나가고》 이미 제자들 가운데서 주님에 대해 회의적인 생각을 품은 자들이 등장한다. 요한이 말하는 제자는 확실히 열두 제자보다 넓은 개념임에 틀림없다. 보편적으로 제자로 불리는 자들과 열두 제자(67절)로 불리는 자들을 요한이 분명하

게 구분하고 있기 때문이다. 계속해서 알아들을 수 없는 주님의 말씀이 이어지자 드디어 제자들 가운데 많은 사람들이 주님을 떠나기 시작한다. 제자라는 이름으로 불리기는 했지만 그들은 진정한 의미에서 주님의 제자는 아니었던 것이다. 그리고 그 이후로 그들은 더 이상 주님과 함께 다니지 않았다. 주님을 따르는 삶을 포기한 것이다. 제자라 불리기는 했지만 그들은 사실 무리들과 별반 다르지 않았다. 자신들이 원하던 것을 주님으로부터 얻을 수 없다고 판단하자, 또 자신들이 알아들을 수 없는 이야기가 이어지자 그들은 모두 더 이상 주님을 따르지 않았다.

67절 《너희도 가려느냐?》 많은 제자들이 주님을 떠나자 주님의 관심은 다시 열두 명의 제자로 향한다. 이런 의미에서 6장 마지막의 핵심은 열두 명의 제자들에 대한 이야기이다. 사실 우리는 요한복음 전체를 읽고 또 성경의 다른 부분들도 알고 있으니 주님의 말씀을 이해할 수 있지만 주님의 첫 번째 제자들이 그분의 말씀을 온전히 이해하는 것은 여간 어려운 일이 아니었을 것이다. 이런 상황을 아셨던 주님이 열두 제자들에게 너희도 가려느냐고 물으셨다.

68절 《주여 영생의 말씀이 주께 있사오니 우리가 누구에게로 가오리이까》 예수께서는 열두 제자에게 질문하셨는데 베드로가 대답한다. 베드로가 열두 제자의 대표 격임이 암시되는 대목이다. 그런 의미에서 베드로가 대답하기는 했지만 이 의견은 베드로 개인의 의견이라기보다는 베드로가 제자들을 대표해서 대답한 것으로 이해하는 것이 적절할 것이다. 왜냐하면 베드로가 일인칭 단수로 말하지 않고 일인칭 복수로 말하고 있기 때문이다. 개인의 의견이 아니라 열두 제자의 의견이라는 말이다. 그런데 흥미로운 것은 열두 제자들은 명목상의 제자들과는 달리 주님을 떠나지 않겠다고 이야기한다.

69절《우리가 주는 하나님의 거룩하신 자이신 줄 믿고 알았사옵나이다》 참 흥미로운 대목이 아닐 수 없다. 군중들은 말할 것 없고 다수의 제자들마저 주님을 떠나는 상황에서 어떻게 열두 제자들은 이런 말을 할 수가 있었을까? 그 힌트를 69절에서 찾을 수 있다. 여기서 베드로가 주님을 '하나님의 거룩한 자'로 부르고 있는다는 사실을 주목해 볼 필요가 있다. 열두 제자들이 주님을 하나님의 거룩한 자로 알고 믿게 됐다고 고백하고 있다. 그럼 하나님의 거룩한 자라는 말은 무슨 의미일까? 마가복음 1:24을 보면 귀신들이 예수님을 보고 그분의 정체가 누구신지 알아차린다. 그들은 예수님이 신적인 존재라는 사실을 알아차리고 있었다. 바로 그 문맥에서 '하나님의 거룩한 자'라는 칭호를 사용하고 있다. 구약성경에는 하나님의 거룩한 자라는 칭호는 나오지 않지만 이와 유사한 '이스라엘의 거룩한 자'라는 칭호가 나온다. 구약의 욥기, 시편, 잠언, 이사야, 에스겔 등에서 이 칭호는 인간에게 한 번도 사용된 적이 없고 여호와 하나님을 칭하는 데만 사용됐다. 다른 제자들이 다 떠나고 있는 상황에 열두 제자들은 예수님을 떠나지 않았다. 베드로를 비롯한 최측근 제자들이 예수님의 신적인 정체성을 알았고 믿었기 때문이다.

그들은 언제 그리고 어떻게 주님이 신적 존재라는 사실을 깨닫게 됐을까? 오병이어 사건 후 바다를 걸어서 파도를 밟고 오셨던 제자훈련을 경험하면서 그들은 주님이 신적인 존재라는 사실을 깨닫게 된 것으로 보인다. 물론 제자들이 이 시점에 주님이 말씀하신 그분의 살을 먹고 피를 마신다는 말의 의미를 온전히 깨달은 것 같지는 않다. 이 시점에서 주님에 대한 그들의 이해가 성숙한 것 같지는 않다. 그럼에도 불구하고 다른 제자들은 주님을 떠나고 있는 상황에서 적어도 주님을 떠나지 않을 정도의 믿음은 가지게 된 것이다. 그날 밤 바다에서 악전고투를 하면서 새롭게 만났던 주님에 대한 생경한 이해 때문에 비록 연약하고 부족하기는 했지만 그들은 생명의 주님 옆에 붙어 있을 만큼의 믿음을 가질 수 있게 되었다. 이런 의미에서 주님의 제자훈련이 있었기 때문에 그들은 생명의 주님을 붙들 수 있었다. 주님의 붙들어 주심과 인도하심이 없었다고 한다면 열두 제자들도 나머지 제자들과 마찬가지로 주님을 떠날 수밖에 없었을 것이다. 그래서 신앙은 하나님의 절대적인 은혜 없이는 설명할 수가 없다.

묵상

이 본문을 묵상하며 당신은 무슨 생각을 하는가? 신앙에는 절대로 교만이 틈탈 수 있는 자리가 없음을 묵상하게 된다. 열두 제자들이 다른 제자들보다 비교적 더 훌륭해서 주님 곁에 남아 있을 수 있었던 것이 아니다. 갈릴리 바다의 폭풍우 속에서 자신의 신적인 정체성을 알려 주신 주님의 은혜가 없었다면 제자들은 주님 곁에 남아있을 수 없었을지 모른다. 밤바다 파도를 밟으며 걸어오셨던 주님의 은혜가 없었다면 그들도 다른 제자들처럼 다 떠날 수밖에 없었을 거라고 요한이 고백하고 있는 것 같지 않은가? 우리도 마찬가지가 아닐까? 지금 그나마 교회 안에 머물 수 있었던 것, 주님을 붙들고 살아갈 수 있는 이유를 어찌 설명하겠는가? 우리를 불러주시고 인도해 주시고 만들어 가시는 하나님의 은혜와 그분의 사랑이 아니었다면 우리의 알량한 믿음이나마 어떻게 가능했을까? 그러니 주님 앞에서 우리의 연약함을 인정하며 매 순간 겸손히 주님의 은혜를 구하는 우리가 될 수 있기를 소망한다. 그런 겸손하고 가난한 마음으로 오늘 하루도 겸비하자. 그런 마음에 주님의 은혜가 더욱 임하기 때문이다.

기도

주님, 우리는 우리가 어떤 사람인지를 잘 알고 있습니다. 겉으로 보면 멀쩡해 보이지만 때때로 속에는 온갖 시기와 미움과 질투와 불순종이 득

시글거리는 회칠한 무덤과 같은 자들입니다. 하나님의 긍휼과 은혜가 없다면 단 한 순간도 제대로 살아갈 수 없는 연약한 존재입니다. 하나님, 우리의 연약함을 고백하오니 오늘 하루도 우리를 당신의 은혜 가운데 온전히 붙들어주소서.

요한복음 7:1-9
유혹

문맥과 요약

6장의 배경이 됐던 유월절로부터 대략 6개월 정도가 흐른 초막절에 예수님의 형제들이 등장해서 주님에게 예루살렘으로 올라가시기를 종용한다. 이 명절에 수많은 유대인들이 예루살렘으로 순례를 해서 그곳에 매우 많은 사람들이 있었기 때문이다. 그들의 의도를 알아채신 예수님은 형제들의 제안을 거절하신다. 그리고 자신이 걸어가시고자 하는 그 길을 묵묵히 걸어가신다.

해설

1-2절 《초막절이 가까운지라》 요한복음 7장의 배경은 유대인의 명절 중에 하나인 초막절이다. 6장의 배경이 됐던 유월절로부터 대략 6개월 정도가 흐른 시점이다. 초막절은 과거 이스라엘이 출애굽 시 광야에서 초막을 짓고 살던 때 하나님이 그들을 인도하셨던 것을 기억하는 절기다. 또한 유대인들에게는 일종의 추수감사절이라 말할 수도 있다. 그래서 이 절기에 유대인들은 율법을 따라 예루살렘으로 순례를 하곤 했다.

3-4절 《스스로 나타나기를 구하면서 묻혀서 일하는 사람이 없나니》 초막절에 예수님의 형제들이 등장해서 주님께 충동질을 시작한다. 예수께서 행하시는 일을 제자들도 볼 수 있도록 여기를 떠나 유대로 가라는 것이다. 이 말을 하는 형제들의 의도를 어떻게 이해해야 할까? 형제들도 주님께서 유월절 즈음에 행하셨던 오병이어의 사건을 익히 잘 알고 있었을 것이다. 온 갈릴리 무리들이 자신의 형님을 왕으로 삼으려 했던 사건을 형제들이 몰랐을 리 없다. 형제들 입장에서는 주님이 행하시는 일들이 잘 이해가 되지 않았을 것이다. 온 무리가 열광해서 형님을 왕으로 삼으려 했는데 형님이 꿈적도 않으시는 것이다. 도리어 그들을 일부러 외면하고 있는 것처럼 보였을 거다. 세상을 바꿀 수 있는 절호의 기회라는 것이 쉽게 오는 것이 아니지 않는가? 형제들이 보기에 그 기회가 지금 찾아 왔는데 형님이 세월만 보내고 있는 것처럼 보였을 거다. 그렇게 시간이 6개월가량 흘러서 유대인의 큰 명절인 초막절이 찾아 왔다. 이때라고 판단한 형제들이 주님께 충동질을 시작한 것이다.

5절 《이는 그 형제들까지도 예수를 믿지 아니함이러라》 갈릴리의 무리들이나 주님의 형제들이나 별반 다를 게 없어 보인다. 이러한 형제들의 요구를 요한이 5절에서 뭐라고 평가하고 있는가? 그들이 예수를 믿지 않았기 때문이라고 평가한다. 그들은 주님을 믿지 않았다. 형제들의 이 같은 이야기는 믿음에 근거한 이야기가 아니라는 말이다. 이게 왜 믿음에 근거한 이야기가 아닐까? 형제들의 이 같은 충동질이 주님 입장에서는 굉장한 유혹이었을 것이라 생각할 수 있다. 일단 형제들이 원하는 것과 주님이 이루시려는 것이 외형적으로는 크게 다르지 않은 것처럼 보일 수 있었다. 형제들이 기대하는 것은 형님이 갈릴리 무리들이 열광했던 바로 그 왕이 되는 것이었고 그들은 그러한 능력이 형님에게 있다고 생각했다. 무리들이 열광할 수 있는 오병이어와 같은 일들을 예루살렘에서 형님이 행하기만 한다면 초막절 명절에 모인 수많은 사람들이 보일 반응이 너무나 선명했기 때문이다. 그런 생각을 하니 짜릿했던 것이다. 형제들은 주님이 무리들로부터 열광적인 지지를 얻고 중앙 무대인 예루살렘에서 멋지게 데뷔하기를 바랐다. 사실 주님이 하시려는 일도 하나님 나라를 세우고 그 나라의 왕으로 세우심을 받으려는 것 아닌가? 형제들이나 주님이나 외형적으로만 보면 그 목적이 유사해 보인다. 세상을 위한 왕이 되는 것이다.

6-8절 《너희는 명절에 올라가라 내 때가 아직 차지 못하였으니》 '내 때가 차지 않았다'는 주님의 말씀을 어떻게 이해할 수 있을까? 주님은 자신의 형제들이 원하는 것이 무엇인지를 잘 아셨다. 또한 자신이 이 세상의 왕이 되는 것의 방식에 대해서도 분명하게 인식하고 계셨다. 주님의 말씀은 형제들이 원하는 것에 대한 분명한 거부이다. 세상의 왕이 되는 것에서 형제들의 방식과 주님의 방식에는 현격한 차이가 존재한다. 그것이 유혹의 핵심이다. 형제들은 사람들의 마음을 사로잡을 수 있는 오병이어와 같은 능력의 행위를 통해서 주님이 세상의 왕으로 등극하는 것을 원했다. 사람들로 북적이는 초막절 명절에 예루살렘으로 올라가라 말한 이유가 그것 때문이다. 이 장면을 묵상하면 마태복음과 누가복음에서의 주님을 향한 마귀의 시험 장면이 떠오른다. 세상의 모든 영광을 보여주면서 자신에게 절하면 그 영광을 주겠다고 유혹했던 마귀의 달콤한 속삭임이 떠오른다.

지금 형제들을 통한 유혹도 주님 편에서는 마찬가지였을 것이다. '세상의 왕'으로 등극하는 목적을 바꾸라는 것이 아니다. 다만 그 방법을 하나님의 방법이 아닌 다른 방법을 통해서 이루라고 하는 것이 유혹의 핵심이다. 주님은 광야 시험 때도 그렇고 지금도 유혹의 핵심이 무엇인지 정확히 꿰뚫어 보고 계셨다. 6절에서 주님이 하신 말씀도 같은 맥락의 말씀임을 알 수 있다. "내 때는 아직 이르지 아니하였거니와 너희 때는 늘 준비되어 있느니라." 요한복음에서 '내 때'란 주님이 십자가를 통해서 영광을 얻으시는 때를 지칭하는 표현이다. 형제들은 세상의 영광을 취하고 왕이 되는 달콤한 현실적 방법을 이야기해 주었는데 그것은 늘상 준비되어 있다는 말이다. 주님은 그것을 거절하시고는 자신이 영광을 받으시는 정확한 방법을 말씀해 주고 계신다. 문맥 속에서 풀어서 쓰면 이렇게 이야기 할 수 있을 것 같다. "너희들이 이야기하는 영광을 얻고 왕이 된다는 방법이 참 달콤한 이야기다. 그리고 그 유혹은 늘상 너희 앞에 상존해 있다. 그러나 나는 내가 영광을 얻고 왕이 되는 방법을 정확하게 알고 있다. 그것은 아버지의 뜻을 따라 내 때를 기다려 십자가를 지는 것이다. 그것이 내가 영광을 얻고 세상의 진정한 왕으로 등극하는 방법이다." 주님이 지 금 이렇게 말씀하신 것이다.

묵상

사탄의 유혹은 참으로 달콤하다. 목적을 바꾸지 않는 것처럼 보이게 하면서 방법을 살짝 바꾸는 것이다. 그러면서 방법만 살짝 바꾼 것이지 목적은 여전히 동일하다고 속삭인다. 정말 그럴까? 주님이 만일 형제들이 말한 대로 행하셨다면 어떻게 됐을까? 주님은 아마 그들이 기대했던 대로 유대인들의 왕은 되실 수 있으셨을지 모른다. 그러나 하나님이 원하셨던 온 우주의 왕이 되시는 계획은 이루어질 수 없었을 것이다. 온 우주의 왕이 되셔서 새 창조의 세상에서 자신을 믿는 모든 자를 구속해 내시고 하나님과 인류가 누릴 참다운 샬롬을 허락하시는 진정한 왕이 되실 수는 없었을 것이다. 그러니 사탄의 유혹이 참으로 교묘하다. 이런 영적인 원리는 우리의 일상에서도 그대로 적용되어야 한다. "목적이 선하면 방법도 선해야 한다." 목적이 선하다고 그 모든 것이 정당화되는 것이 아니라는 말이다. 적어도 하나님 나라의 원리는 그렇다. 목적이 선하다면 그 일을 이루는 과정과 방법도 선하고 의로워야 한다. 주님이 영광을 얻기 위해서 고난의 십자가를 지셨다면 그분을 주님이라 부르는 교회도 주님의 영광에 동참하기 위해서 고난의 십자가를 지는 삶에 친숙해져야 한다. 그것이 그리스도인의 삶의 원리가 되어야 마땅하다. 우리가 이 점에서 속고 있을 때가 많다. 영광은 얻고 싶지만 그 방법은 편한 길, 넓은 길을 추구할 때가 적지 않다. 이 가짜의 유혹이 우리 앞에 있다는 사실을 기억하고 주님 기뻐하시는 명품의 길을 걷는 예수님의 제자가 되자.

기도

고난의 십자가를 지는 것 없이 진정한 의미의 영광을 누리는 길이 없음을 기억하게 하소서. 주님과 함께 고난의 십자가를 달게 지면 주님께서 말로 다할 수 없는 영광도 함께 누리게 하실 줄로 믿습니다. 이 십자가의 방법에 친숙해지는 하나님의 백성이 되게 하소서. 짝퉁의 길이 아닌 십자가의 명품의 길을 함께 걷는 예수님의 제자들이 되게 하소서.

요한복음 7:10-24
눈이 가려진 이유

문맥과 요약

초막절에 예루살렘에 올라가시지 않겠다던 주님은 은밀하게 예루살렘으로 올라가셨다. 명절의 중간 즈음에 주님은 성전에 올라가셔서 가르치기 시작하신다. 주님의 가르침으로 인해서 유대인들이 놀라움을 표한다. 주님은 자신에 대해서 부정적 태도를 보이는 유대인들에게 그들이 주님의 가르침을 적극적으로 수용하지 못하는 이유를 말씀하신다. 5장에 등장했던 안식일 사건을 예로 들어 그들의 눈이 가리어져 있음을 지적하신다.

해설

10절 《자기도 올라가시되 나타내지 않고 은밀히 가시니라》 초막절이 다가오자 예루살렘에 올라가서 사람들이 많이 모여 있는 곳에서 놀라운 능력을 행함으로 영광을 받으시라는 형제들의 솔깃한 제안을 주님은 단번에 뿌리치셨다. 그리고 자신이 영광을 받으시는 방법은 십자가를 지시는 것임을 분명하게 말씀하셨다. 그런데 본문을 보면 동생들의 제안을 일언지

하에 거절하신 주님께서 예루살렘에 올라가신다. 동생들에게는 가지 않겠다고 말씀하시더니 말씀하신 것과는 달리 예루살렘에 올라가셨다. 우리는 이러한 예수님의 행동을 어떻게 이해해야 할까? 그 답은 10절 하반절에 나온다. 주님은 공개적으로 올라가신 것이 아니라 은밀하게 올라가셨다. 주님의 동생들은 공개적으로 올라가서 능력을 행하고 유명세를 얻는 것을 요구했지만 주님은 그것을 분명하게 거절하시고는 조용히 은밀하게 예루살렘으로 올라가셨던 것이다.

14절《이미 명절의 중간이 되어 예수께서 성전에 올라가사 가르치시니》 그렇다면 주님이 예루살렘에 올라가신 목적은 무엇이었을까? 동생들의 바람대로 세상의 이목을 집중시킬 놀라운 이적을 행하기 위해서가 아니라 하나님의 백성의 한 사람으로서 규례대로 초막절을 지키기 위해서였다. 그리고 주님은 늘 행하셨던 대로 예루살렘 성전에 들어가셔서 백성들을 가르치기 시작하셨다. 늘 하시던 대로 백성들에게 하나님 나라의 복음을 가르치시기 위해서 예루살렘에 올라가셨던 것이다.

15절《이 사람은 배우지 아니하였거늘 어떻게 글을 아느냐》 예수님의 가르침을 들은 유대인들은 그 가르침을 놀랍게 여겼다. 그러고는 이러한 질문을 던졌다. 이 말은 단순히 예수님이 문맹률이 높은 사회에서 글을 읽고 쓸 줄 알았다는 정도를 의미하는 것이 아니다. 그들은 일단 예수님의 가르침의 내용에 놀랐다. 그가 가르치시는 내용이 당대 율법 학자들이나 랍비들과 많이 달랐던 것이다. 가르치는 내용만 달랐던 것이 아니라 그가 가르치시는 방법도 당대 랍비들과 많이 달랐다. 당대 랍비들은 주로 권위 있는 사람들을 인용해서 "랍비 엘리에셀은 이르기를 … 모세는 이르기를 …"이라는 도입구, 즉 권위 있는 다른 사람들이나 성경의 권위를 의지해서 가르쳤는데, 주님은 그런 사람들의 권위에 의존해서 가르치신 것이 아니라 자신의 권위에 근거해서 가르쳤다(나는 너희에게 이르노니…). 당시 유대교 내에서는 적어도 자기 자신의 권위에 근거해서 가르친 랍비는 없었다.

16-17절《사람이 하나님의 뜻을 행하려 하면》 자신의 권위에 근거해서 가르치시는 주님의 가르침의 방법과 내용이 유대인들에게 익숙하지 않고 불편했다는 사실을 주님은 아셨다. 그래서 주님은 "내 교훈은 내 것이 아니요 나를 보내신 이의 것이다"라고 말씀하신다. 주님이 그들의 불편함을 읽으신 것이다. 자신의 가르침의 내용과 방법에 대해서 놀랍게 여기는 유대인들에게 자신의 가르침의 실상이 자신의 가르침이 아니라 자신을 보내신 하나님 아버지의 가르침이라고 말한다. 문맥 속에서 청중들이 보여주는 놀라움이란 긍정적인 의미보다는 부정적인 의미가 좀 더 강한 것 같다. 그래서 주님은 자신의 가르침을 향해서 의심의 눈초리를 보내고 있는 청중들에게 "사람이 하나님의 뜻을 행하려 하면 이 교훈이 하나님께로부터 왔는지 내가 스스로 말함인지 알 것이다"라고 말씀하신다. 주님의 가르침에 대해서 다소 회의적인 눈길을 주고 있는 청중들에게 주님은 자신의 가르침이 하나님께로부터 왔는지 아니면 주님 스스로 만들어 낸 것인지를 알 수 있는 기준이 무엇이라고 말씀하시는가? "하나님의 뜻을 행하려고 한다면" 알 수 있다는 것이다.

이 말씀을 묵상하면 요한복음 5장이 떠오른다. 사실 지금 유대인들과 주님의 대화는 5장에 있었던 유대인들과 주님의 대화와 연결되어 있다. 5장에서 유대인들은 주님이 안식일을 범한다고 죽이려 했다. 자신을 죽이려 하는 유대인들에게 주님은 자신의 행위가 정당하다는 사실이 4가지 증거를 통해서 입증된다고 이야기하셨다. 세례 요한의 증거를 통해서, 자신이 하고 있는 사역을 통해서, 하나님 아버지의 증언을 통해서, 그리고 성경 말씀을 통해서 자신의 행위가 정당하다는 것이 입증된다고 말씀하셨다. 이런 사중 증거가 있는데도 유대인들은 주님을 받아들이지 않았다. 주님은 그들이 주님의 증언을 받아들이지 않는 이유를 5:42에서 "하나님을 사랑하는 것이 그들에게 없기 때문"이라고 말씀하셨다. 유대인들은 하나님의 말씀도 알았다. 그 말씀 안에 영생이 있다는 것도 알았다. 그러나 그 영생을 위해서 하나님이 친히 보내신 아들이 그들의 눈앞에 있는데도 불구하고 그들은 주님을 믿지 않았다. 그 이유가 무엇인가? 하나님을 사랑하지 않았기 때문이다. 증거가 없기 때문이 아니다. 다만 하나님을 사랑하지 않고 자신들의 탐욕과 자신들의 욕망에 붙들려 있으니 하나님이 하시는 일이 보이지 않는 것이다. 하나님은 당신을 사랑하는 사람들에게는 자신의 일을 보여 주시지만 하나님을 사랑하지 않는 자들에게는 당신이 하시는 일을 숨기신다. 보다 정확히 이야기하면 인간들의 탐심과 탐욕이 자신들의 눈을 가리어 하나님이 친히 아들 안에서 행하시는 일을 볼 수 없게 된다. 17절에서도 같은 맥락으로 주님이 말씀하고 계신다. 누가 주님의 가르침을 올바로 분별할 수 있는가? 하나님을 사랑해서 그분의 뜻을 행하려 하는 사람들이다. 단순히 말씀을 많이 공부한 사람이 아니다. 당대의 내로라하는 랍비들도 지금 주님의 말씀을 깨닫지 못하고 있다. 그러나 하나님을 사랑해서 그분의 말씀에 순종하려는 사람들은 예수님의 말씀을 깨닫게 되는 것이다.

21-23절 《내가 안식일에 사람의 전신을 건전하게 한 것으로 너희가 내게 노여워하느냐》 주님은 이 맥락에서 5장에서 있었던 안식일 논쟁을 다시금 소재로 삼으신다. 21절에서 주님이 말씀하시는 '한 가지 일'이란 5장에서 있었던 안식일 논쟁을 말하는 것이 분명하다. 주님은 안식일에 38년 된 중증 장애인을 치유하셨다. 유대인들은 그것이 안식일을 어기는 행위라며 주님을 비난하고 죽이려 했다. 주님은 눈이 가려있는 유대인들에게 깨우침을 주시려 노력하신다. 유대인들의 남자아이는 난 지 8일 만에 할례를 받았다. 그 아이가 안식일에 태어나면 율법을 따라 다음 주 안식일에 할례를 받아야 했다. 그런데 여기서 문제가 생긴다. 할례를 행하는 것이

일이 되어서 안식일 법과 상충되기 때문이다. 그래서 유대인들은 유권적 해석을 내릴 수밖에 없었다. 비록 할례를 행하는 것이 일이 되기는 하지만 그것은 하나님 앞에서 인간을 온전하게 하기 위해서 행하는 것이므로 안식일을 범하는 것이 아니라고 유대인들은 해석했다. 지금 주님은 그들의 논리를 그대로 사용하신다. 사람을 하나님 앞에 온전하게 하기 위해서 안식일에 생식기에 할례를 행하는 것도 율법을 깨는 것이 아니라면, 하물며 사람의 전신을 온전케 하기 위해서 안식일에 주님이 치료하신 행위가 어떻게 안식일을 범하는 것이냐고 논리적으로 따져 물으신 것이다. 주님은 외모로 판단치 말고 공의롭게 판단하라고 촉구하신다.

묵상

왜 유대인들은 주님의 분명한 가르침을 깨닫지 못했을까? 주님의 말씀에 따르면 그들이 하나님을 사랑하지 않았기 때문이다. 하나님을 사랑하지 않으니 하나님의 말씀을 진정으로 순종하려는 마음이 생길 리 만무하다. 그러니 주님이 행하시는 일과 주님이 가르치시는 것이 온전히 이해될 리 없다. 주님의 일과 주님의 가르침을 온전히 이해하는 핵심은 하나님을 사랑하는 것이고 그분의 뜻에 순종하려는 마음이다. 하나님을 사랑해서 그분의 뜻에 순종하려는 마음을 가지고 있으면 주님의 말씀도 선명하게 이해할 수 있다고 주님은 말씀하신다.

이런 이유 때문에 우리 신앙생활의 핵심은 하나님을 사랑하는 것이 되어야 한다. 주님의 말씀을 잘 이해하려면 무엇보다 하나님을 사랑해야 한다. 하나님의 말씀을 잘 배우고 연구하려는 태도가 절대적으로 필요하지만 그와 동시에 하나님을 사랑해야 한다. 이 원리는 신앙생활의 전반에 걸쳐서도 적용된다. 누가 하나님이 하시는 일들을 선명하게 보게 될까? 하나님을 사랑하는 사람이다. 마태복음 5:8에서 주님은 누가 하나님을 본다고 말씀하시는가? 마음이 청결한 자가 하나님을 본다고 말씀하시는데 이 말은 무슨 말일까? 문자적으로 보는 것이 아니라 경험한다는 말을 그렇게 한 것이다. 하나님을 보고 경험하는 사람은 하나님을 사랑하는 사람, 마음이 청결한 사람이다. 바꿔 말하면, 마음이 청결한 자는 하나님을 사랑하는 자들이다. 그들 눈에는 하나님이 하시는 일이 보이고 하나님이 사랑하는 백성들의 필요가 보인다. 온전히 사랑하지 않는 사람들의 눈에는 보이지 않는 것이 사랑하는 사람들의 눈에는 보인다. 이런 의미로 자식들의 필요를 가장 잘 볼 수 있는 사람이 누구인가? 그들을 사랑하는 엄마다. 엄마의 눈에는 자녀들의 세심한 필요가 잘 보이는 법이다. 신앙생활의 핵심은 하나님 사랑이다. 그리고 하나님을 진정으로 사랑하는 사람은 사람을 사랑하게 되어 있다.

기도

우리가 진정으로 하나님을 사랑해서 그 말씀에 순종하는 사람들이 되게 하소서. 그래서 하나님이 우리 주님 안에서 행하시는 일들을 명징하게 볼 수 있도록 인도하여 주소서. 아울러 우리 주님이 사랑하시는 사람을 우리도 사랑하게 하소서.

요한복음 7:25-36
나의 때

문맥과 요약

초막절에 예루살렘에 올라가신 예수님은 유대인들과 논쟁하신다. 예수께서 자신은 아버지에게서 났고 아버지에 의해서 보내심을 받았다고 하자 유대인들은 예수님을 잡고자 시도한다. 그러나 주님의 때가 이르지 않았기에 그들은 주님께 손을 대지 못한다. 요한은 이 모든 일의 주도권이 하나님과 예수님께 있음을 밝힌다.

해설

25-27절《이 사람을 참으로 그리스도인 줄 알았는가》 안식일과 관련해서 유대교 랍비들이 사용했던 수사학적 방식을 따라 말씀하신 주님의 말씀에 유대인들은 그 논리를 효과적으로 반박하지 못한다. 이 과정에서 예루살렘 사람 중에서 어떤 사람이 말하되 유대인들이 죽이려고 하는 그 사람이 예수님이 아니냐고 반문한다. 또한 주님이 자신의 가르침과 사역에 대해서 논리적으로 말씀하시는 것에 대해서 유대 당국자들이 아무 말도 하지 못하는 것은 그들이 주님을 그리스도로 인정하는 것이 아니냐고 이야

기하기 시작한다. 물론 이 사람들의 말을 그들이 주님을 그리스도로 인정하는 것으로 해석하기는 어렵다. 왜냐하면 27절에서 그들이 연이어 하는 말 때문이다. 즉 만일 그리스도가 오시면 어디서 오실지 몰라야 하는데 자신들은 예수께서 어디서 온지를 알고 있으니 그가 그리스도일 수 없다는 논리다. 그리스도가 오실 때 그가 어디에서 오시는 지 알 수 없다는 사상은 그 당시 유대인들 사이에 두루 퍼져 있었던 것으로 보인다.

28-30절 《나를 보내신 이는 참되시니 너희는 그를 알지 못하나 나는 아노니 이는 내가 그에게서 났고 그가 나를 보내셨음이라》 이곳에서도 요한복음에 흔히 등장하는 오해라는 주제가 다시 한번 부각된다. 그들은 예수님이 어디에서 오신 것을 알고 있다고 말하지만 예수께서는 실상 주님이 어디에서 오신 줄을 그들이 제대로 알지 못하고 있다고 말씀하신다. 자신은 임의로 오신 것이 아니라 보냄을 받았으며 그들이 자신을 보내신 아버지를 알지 못한다고 말씀하신다. 그러나 주님은 아버지를 알고 계시고 아버지에게서 났으며 아버지에 의해서 보내심을 받았다고 이야기하심으로 그들의 주장과는 다른 그들의 무지를 지적하신다. 예수님의 말씀에 사람들이 상당한 불쾌감을 느낀 것으로 보인다. 그들은 예수님을 잡으려고 생각하지만 행동으로 옮기지 못하는데 이는 아직 그의 때가 이르지 않기 때문이라고 요한은 말한다. 요한복음에서 때에 대한 언급이 앞서 등장하기는 했지만 그때가 무엇을 말하는지가 처음으로 암시적으로 밝혀진다. 여기서 언급된 예수님의 때란 주님께서 체포되어서 죽음으로 넘겨지시는 때임을 알 수 있다. 이때는 주님께서 십자가를 통해서 영광을 받으시는 때이기도 하다(12:23-24).

31-32절 《그리스도께서 오실지라도》 무리들 가운데 예수님을 믿게 된 사람들이 많이 등장했는데, 그 이유는 혹 그리스도가 오신다 할지라도 예수께서 행하신 표적보다 더 많이 행할 수는 없다고 생각했기 때문이다.

이러한 무리들의 반응은 대제사장과 바리새인들 편에서는 그다지 반가운 것이 아니었다. 그래서 그들은 예수님을 붙잡기 위해서 자신들의 수하를 보냈다.

33-36절 《나 있는 곳에 오지도 못하리라》 자신을 체포하기 위해서 수하들이 오자, 예수께서는 자신이 그들과 조금만 더 함께하시다가 아버지에게로 돌아가시겠다고 말씀하신다. 그때에는 그들이 주님을 찾지만 만나지 못할 것이며 주님이 있는 곳에 오지도 못하리라 말씀하신다. 주님의 말씀은 또 다른 오해를 야기시켰다. 그들은 주님의 말씀을 헬라인 중에 흩어진 디아스포라에게 가서 그들을 가르치겠다는 말로 오해한다.

묵상

유대인들이 예수님을 잡고자 했지만 잡을 수 없었고 이는 주님의 때가 아직 이르지 않았기 때문이라는 말씀은 요한복음이 그려주려는 중요한 영적인 원리를 묵상하게 한다. 얼핏 보면 세상은 더 큰 힘을 가지고 우리 주님을 폭력으로 잡으려고 시도하고 있다. 그리고 결국 주님은 그 세상의 폭력적인 힘에 의해서 희생당하신 것으로 보일 수 있다. 이런 관점에서 바라보면 주님의 십자가는 패배와 실패라는 관점에서 보인다. 그러나 요한복음은 주님이 십자가에서 폭력에 의해서 돌아가시는 것을 패배와 실패라는 전망으로 묘사하는 것을 허락하지 않는다. 그 십자가의 죽으심은 하나님이 예정하셨기 때문에 일어날 수 있다. 주도권이 세상에 있는 것이 아니라 하나님과 우리 주님에게 있음을 한 치의 양보도 없이 명징하게 서술한다. 십자가는 실패가 아니라 도리어 주님이 이 세상의 진정한 왕으로 등극하시는 놀라운 신비이며 방식이다. 요한복음은 지속적으로 그 십자가를 통해서 하나님이 구약에서 약속하셨던 새로운 창조의 세상이 열린다는 사실을 기술해 준다. 그러므로 우리가 정말 주님을 사랑하고 순종하며 걸어가고 있다면, 우리의 삶에 실패로 보이는 크고 작은 일들 속에서 좌절하거나 흔들리지 말라. 하나님께서 우리의 모든 일들도 그분의 섭리 속에 붙들고 계신다. 역사를 주관하시는 하나님이 당신의 삶도 주관하고 있음을 믿고 신뢰하라.

기도

주님이 찾아오셔서 우리의 삶 속에 있는 인생살이의 파도를 다스려 주옵소서. 비록 오늘은 우리가 그 속에서 눈물짓고 있으나 그 어떤 상황도 다스리시는 주님 안에서 참 안식을 얻게 하시고 주님만을 온전히 바라보게 하소서.

요한복음 7:37-44
초막절(생수)

문맥과 요약

주님은 초막절 마지막 날 에스겔 47장을 배경으로 하여 자신을 생수를 주시는 분으로 소개하신다. 요한은 주님을 믿는 자들이 성령을 받음으로 이 말씀이 성취될 것이라고 주석을 달아준다. 주님의 말씀에도 불구하고 사람들 사이에서는 논쟁이 발생한다. 결국 그들은 예수님을 그리스도로 인식하는 자들과 그렇지 않은 자들로 나뉘게 된다.

해설

37절《명절 끝날 곧 큰 날에 예수께서 서서 외쳐 이르시되 누구든지 목마르거든 내게로 와서 마시라》 요한복음 7장은 초막절을 배경으로 시작한다. 본문에 등장하는 이야기는 총 8일 동안 진행됐던 초막절의 마지막 날 주님이 선포하신 짤막한 말씀을 다루고 있다. 주님은 초막절의 마지막 날에 유대인들 가운데 서서 다음과 같이 외치셨다. "누구든지 목마르거든 내게로 와서 마시라." 지금 예수님이 외치시는 말씀의 의미를 이해하려면 우리는 초막절이 무엇이며 그 의미를 담아내기 위해서 유대인들이 어떤 행사를 진행했는지 생각해봐야 한다. 유대인들의 초막절 절기에서 빼놓을 수 없는 것이 바로 물이다. 초막절 절기가 되면 유대인들은 이 축제기간 동안 마지막 날을 제외하고 매일같이 한 가지 의식을 거행했다. 그것은 제사장을 비롯한 일단의 무리들이 성전에서 출발하여 수문을 통과해 실로암 못까지 행진을 하는 것이다. 이때 제사장은 금 주전자에 실로암 못의 물을 담는다. 행진하는 무리는 나팔 소리와 함께 예루살렘 성전으로 행진하면서 성전 제단 옆에 준비된 큰 대야에 물을 붓는 의식을 거행했다.

이러한 의식은 두 가지 상징적인 의미를 담고 있다. 첫 번째로 이 초막절에 거행된 의식은 이스라엘이 광야를 걸었던 것과 연관되어 있다. 광야에서 물이 중요하다는 것은 상식이다. 그 광야를 걸어가는 동안 하나님은 늘 기적적인 방식으로 자신의 백성이 마실 물을 공급하셨다. 족히 수백만이 되는 사람들의 식수를 날마다 공급한다는 것은 실로 어마어마한 일이었을 것이다. 하나님은 그 놀라운 일을 광야에서 기적적인 방식으로 수행하셨다. 이 의식을 통해서 광야에서 물을 주신 그 하나님을 기억하는 것이다. 두 번째로 초막절은 오늘날로 치면 추수감사절이다. 한 해의 모든 농사를 마친 후 가나안 땅에 비를 허락하셔서 무사히 농사를 짓고 추수할 수 있게 하신 하나님에 대한 감사의 의미를 담고 있다. 아울러 내년에도 적당한 비를 적당한 때에 내려주시기를 바라는 기원의 의미도 담고 있다. 실로암 못의 물을 긷는 의식을 통해서 그들은 물을 주신 하나님에 대한 감사와 또 내년에도 물을 주실 하나님을 기대하고 바라는 기도를 드렸던 것이다.

이런 축제의 마지막에 주님이 서서 "누구든지 목마르거든 내게로 와서 마시라"라고 말씀하셨다면 이것은 어떻게 이해되어야 할까? 이 문맥에서 주님은 당신이야말로 물로 상징되는 인생의 필요를 공급하시는 참다운 구주시라는 것을 나타낸다. 과거 하나님이 광야 이스라엘과 가나안 땅의 이스라엘에게 물을 공급해 주셨던 것처럼 이제 주님이야말로 이 광야 같은 세상에서 당신의 백성의 참다운 필요를 채우시는 분이라는 사실을 말씀하신다. 하나님은 과거 광야와 가나안 땅의 이스라엘의 필요만 채워주시는 분이 아니라 오늘날 당신의 백성들의 탄식과 기도를 들으시며 그들의 필요를 채우시는 분이라는 사실을 가르치신다.

38절 《나를 믿는 자는 성경에 이름과 같이 그 배에서 생수의 강이 흘러나오리라》 또한 본문을 묵상하면 주님이 의도하신 것이 그것 이상이었음을 38절을 통해 깨닫게 된다. 이 말씀은 예수님이 처음 하신 말씀이 아니라 이미 구약성경에 언급되어 있는 말씀이다. 아마도 스가랴 14장과 에스겔 47장을 생각해 볼 수 있을 것이다. 에스겔 47장을 보면 에스겔이 마지막 날에 일어날 일에 대한 환상을 보는 장면이 나온다. 에스겔이 환상 가운데 천사에게 이끌리어 성전 문까지 도달했을 때 성전 문지방 밑에서 물이 흘러나온다. 그 물이 발목까지 차고 무릎에 차고 또 허리까지 차오르더니 이내 강이 되어 버렸다. 이 환상이 무엇을 의미하는 것인지 6-9절은 설명해 준다. 성전 문지방에서 흘러나온 물이 강을 이루었다. 강을 이룬 좌우편에서 에스겔은 심히 많은 나무들을 보게 된다. 그 물이 아라바로 내려가서 바다에 이른다고 했는데 이 바다는 생명체가 살 수 없는 사해 바다를 말한다. 그런데 이 물이 흘러가니 사해 바닷물이 생명체가 살 수 있는 물로 살아나기 시작한다. 이 물이 흐르는 곳 마다 생물들이 살아나고 물고기가 많아지며 바닷물이 살아나고 이 강물이 흐르는 각처에 모든 생명체가 살아나는 역사가 일어나는 환상을 본다. 즉 에스겔이 본 환상은 성전에서 스며 나오는 물을 통해서 생명이 활성화 되고 죽음의 음침한 곳들이 생명이 풍성한 곳으로 변화되는 새 창조의 환상을 본 것이다.

에스겔 47장을 염두에 두고서 주님이 하시는 말씀을 풀어서 쓰면 이런 의미가 될 것이다. '목마른 자는 성전인 나에게 나아오라. 성전인 나를 믿고 나와 교제하는 자는 내가 주는 새로운 생명으로 풍성하게 될 것이다. 나의 생명수를 마시는 자는 사망이 드리운 음침한 골짜기라도 생명으로 이내 풍성하게 될 것이며 사해 바다처럼 생명의 소망이라고는 찾을 수 없었던 곳에 생명으로 충일해지는 역사가 일어날 것이다. 온갖 바닷물고기와 생명체들로 풍성해진 것처럼 그 사망의 바다가 생명의 바다로 풍성해 질 것이다.' 주님은 자신 안에서 일어날 생명의 사역을 사망에서 새로운 생명이 만들어지는 새로운 창조의 개념으로 설명하고 계신다.

39절 《이는 그를 믿는 자들이 받을 성령을 가리켜 말씀하신 것이라 (예수께서 아직 영광을 받지 않으셨으므로 성령이 아직 그들에게 계시지 아니하시더라)》 주님은 성령의 사역을 통해서 이러한 새로운 창조의 사역이 일어날 것이라고 말씀하신다. 즉 주님의 십자가의 죽으심과 성령의 사역을 통해서 그를 믿는 자들에게는 새로운 창조의 역사가 일어나게 될 것이라는 점을 말씀하신 것이다. 주님은 에스겔이 보았던 새 창조의 생명으로 온 땅이 충일해지는 사건이 자신의 십자가 사건과 성령의 사역을 통해서 이루어질 것이라고 가르쳐 주신다. 그 역사는 예수를 믿는 모든 사람들이 누리게 되는 역사다. 그를 온전히 만나 그와 날마다 교제하면 누리게 되는 생명의 역사다.

40절 《이 말씀을 들은 무리 중에서 어떤 사람은 이 사람이 참으로 그 선지자라 하며》 주님의 말씀을 들은 무리들은 주님의 정체성에 대해서 혼란에 빠진다. 어떤 이들은 신명기 18:15에서 모세가 언급한 말세의 '그 선지자'라고 주장했다. 초막절 기간 동안 이스라엘은 과거 광야 경험을 추억했다. 모세가 반석에서 물을 공급한 것을 기억하며 마지막 날에 하나님이 모세와 같은 선지자를 세우실 것이라 기대한 것이다. 초막절 마지막 날에 주님이 생수에 대한 말씀을 하시자 무리들 가운데 일부는 주님의 말씀을 신명기의 말씀과 연결지어 이해한 것으로 보인다.

41-42절《성경에 이르기를 그리스도는 다윗의 씨로 또 다윗이 살던 마을 베들레헴에서 나오리라 하지 아니하였느냐》 어떤 이들은 주님이 그리스도라 했다. 정확하게 어떤 부분을 보고 이들이 주님을 그리스도라 인식하게 된 것인지는 분명치 않다. 이에 대해서 반론을 제기하는 사람들도 등장한다. 그들은 사무엘하 7:12 이하에 따라 그리스도가 다윗의 자손으로 올 것이며 미가서 5:2을 따라 다윗의 도시였던 베들레헴에서 나오리라는 말씀을 근거로 예수님이 갈릴리 출신이기 때문에 메시아일 수 없다고 주장한다. 이러한 무리들의 이야기는 그들이 주님에 대해서 부정확한 정보를 가지고 있었음을 시사한다. 공관복음서를 보면 주님의 주된 사역의 무대는 틀림없이 갈릴리였음이 분명하다. 그러나 예수님은 미가서의 예언대로 베들레헴에서 출생하신 것이 맞다.

43-44절《그중에는 그를 잡고자 하는 자들도 있으나 손을 대는 자가 없었더라》 본문을 보면 무리들 중에는 예수님을 그리스도로 인식하기 시작한 사람들이 나온다. 그러나 무리 가운데는 주님을 잡고자 하는 자들도 나오기 시작한다. 물론 요한은 그들의 시도가 성공적이지 못했다고 서술한다. 요한복음이 말하고 있는 주님의 때가 아직 임하지 않았기 때문이다. 요한은 주님이 잡히시고 수난당하시고 십자가에 달리시는 때를 영광 받으심으로 서술하며 그 주도권이 철저하게 아버지와 주님께 있음을 이미 밝힌 바 있다. 예수님은 당신을 세상에 참된 생수를 공급하시는 그리스도로 묘사하지만 사람들의 반응은 제각각이다.

묵상

주님을 만나서 생수를 마시는 사람은 에스겔 47장이 바라보았던 새로운 창조의 사역이 우리의 인생 한가운데서 일어나고 있다는 사실을 진정으로 깨닫게 된다. 우리가 주님과 함께 새로운 창조의 피조물로 태어났고 지금도 주님과 함께 아름답게 교제하며 새 창조의 피조물로 지어지고 있다는 사실을 깨닫는다. 주님이 우리를 사랑하시어 지금도 은혜를 베푸시고 이끄신다는 사실을 깨닫는다. 성령께서 지금도 여기서 우리와 함께 그 사역을 이루어가고 계신다는 사실을 믿게 된다. 그 성령을 통해 이루시는 새 창조의 사역을 바라보고 소망하게 된다. 그 일에 가슴이 뛰기 시작한다. 전에는 어린 아이처럼 나만 생각하던 인생들이 내 주변의 약한 자들을 돌아보게 되고 어떻게 하면 사람들을 섬김으로써 주님이 주시는 그 생명이 그들에게도 풍성하게 넘칠까 고민하며 기도하게 된다. 이것이 바로 배에서 생수의 강이 넘친다는 말의 의미다. 이 진리를 맛보게 된 사람들은 하나같이 인생에서 더 이상 성공을 추구하지 않고 섬김을 추구하게 된다. 왜냐하면 주님께서 걸어가신 섬김의 삶에서 새 창조의 역사, 새 생명의 역사가 일어난다는 사실을 믿기 때문이다.

기도

주님, 진정한 생수의 강이신 주님을 삶 속에서 경험하는 우리가 되게 하소서. 그 생수를 통해 우리 인생의 진정한 목마름이 해결되게 하시고 생수의 강을 흘려보내는 우리가 되게 하소서.

요한복음 7:45-53
영적 소경

문맥과 요약

아랫사람들이 빈손으로 돌아오자 종교 지도자들은 그들을 추궁한다. 지도자들이 보기에 아랫사람들은 어리석게 미혹된 자들이다. 지도자들은 자신들이 미혹되고 있다고는 상상도 하지 못한다. 그들의 말은 시종일관 자신감으로 충만하다. 정작 자신들의 영적인 눈이 멀어있다는 사실을 깨닫지 못한다.

해설

45-46절 《그 사람이 말하는 것처럼 말한 사람은 이 때까지 없었나이다》 종교 지도자들에 의해서 보냄을 받았던 자들이 돌아온다. 그러나 그들은 주님을 잡아오지 않았다. 지도자들은 아랫사람들이 주님을 붙들어오지 않은 이유를 물었다. 아랫사람들은 주님의 말로부터 상당한 감화를 받은 것으로 보인다. 7:15에서도 볼 수 있듯이 그들은 예수님의 가르침의 내용에 놀랐다. 그가 가르치시는 내용은 당대 율법 학자들이나 랍비들과 많이 달랐다(참조, 마 7:29, 막 1:22, 눅 4:32). 가르치는 내용만이 아니라 그가 가르치시

는 방법도 당대 랍비들과 많이 달랐다. 당대 랍비들은 주로 권위 있는 사람들을 인용하거나(랍비 엘리에셀은 이르기를…) 성경의 권위를(모세는 이르기를…) 의지해서 가르쳤는데, 주님은 자신의 권위에 근거해서 가르쳤다(나는 너희에게 이르노니…). 가르침의 내용도 내용이지만 가르침의 방법 때문에 많이 놀란 것이다. 당시 유대교 내에서 적어도 자기 자신의 권위에 근거해서 가르친 사람은 없었기 때문이다. 아울러 예수님의 가르침이 종종 능력의 행위들을 동반한 경우가 많았기 때문에 놀랐을 것이다. 이런 점이 주님의 가르침을 다른 이들의 가르침과 구별되게 했다. 물론 이 가르침에는 앞 단락에 등장하는 생수에 대한 가르침도 포함한다.

47-49절 《당국자들이나 바리새인 중에 그를 믿는 자가 있느냐 율법을 알지 못하는 이 무리는 저주를 받은 자로다》 바리새인들은 아랫사람들의 반응을 질책하며 예수님을 미혹하는 자라고 규정한다. 그러면서 산헤드린에 속한 당국자들이나 바리새인들 가운데 예수님을 믿는 자가 없는 것으로 예수님이 미혹하는 자임을 증명한다. 그들이 예수님을 미혹하는 자라고 간주하고 있는 이유는 49절을 근거로 생각해보면 예수님이 율법에 대해서 보여 주신 다소 느슨한 태도 때문인 것으로 보인다. 종교 지도자들이 보기에 예수님이 이미 안식일에 대해서 보여 주신 태도는 그들의 율법 이해의 관점에서는 쉽게 용납되기 어려운 것이었다. 그들은 자신들이 율법에 대한 권위 있는 해석자들로서 율법을 잘 이해하고 있다고 생각하고 있었다. 그래서 율법에 대해서 느슨한 태도를 보이는 예수님은 미혹하는 자이고 자신이 보냈던 아랫사람들도 미혹하는 자에 의해서 현혹됐다고 질책하고 있다. 요한은 여기서 아이러니 기법을 사용한다. 이미 3장에서 유대인의 관원이었던 니고데모가 예수님을 찾아온 일이 있기 때문이다. 더욱이 12:42이 밝히 보여 주듯이 유대인의 관원 가운데도 예수님을 믿은 사람들이 적지 않았던 것 같다. 그들 가운데 이미 믿는 사람들이 있었는데

도 그들은 알지 못하고 있었다.

51-53절 《우리 율법은 사람의 말을 듣고 그 행한 것을 알기 전에 심판하느냐》 당국자들이나 바리새인들 가운데 예수님을 믿는 자가 없다는 이야기는 당장 니고데모의 이야기를 통해서 거부된다. 니고데모는 주님에 대해서 호감을 가지고 있었지만 그것을 대놓고 표현할 수 있는 입장은 아니었던 것 같다. 그래서 니고데모는 법적인 절차를 가지고 문제를 제기한다. 사람의 말을 듣고 행한 것을 알기 전에 심판하는 것이 율법에 따라 부당한 것임을 피력한다. 니고데모가 주님을 소극적이나마 변호하려고 한 것으로 이해할 수 있다. 종교 지도자들은 니고데모의 절차에 대한 지적에 불쾌감을 느낀 것 같다. 그러고는 갈릴리에서는 선지자가 나지 못한다고 주장한다. 이 말은 두 가지로 이해될 수 있다. 종교 지도자들이 성경에 정통하지 못했을 가능성이다. 실제로 구약에서 적지 않은 선지자들이 갈릴리 출신이었기 때문이다(요나, 호세아, 나훔 등). 혹은 갈릴리 출신을 무시하는 표현으로 이해하는 가능성이다. 예수님 당시 갈릴리가 천대를 받았던 이유는 그곳이 이방인들이 많이 거주했기 때문이다. 역설적으로 팔레스틴 땅에서 갈릴리 주변은 살기 좋은 곳에 속했다. 이방 통치자들이나 거주자들이 선호하는 곳이 갈릴리 주변이었다. 그래서 주님 당시 갈릴리는 유대 땅이었음에도 불구하고 이방의 갈릴리라는 별칭으로 불렸다(마 4:15). 당대 유대인들은 예수님을 갈릴리 출신이라 생각하고 있었다. 그렇게 업신여김을 받던 갈릴리에서 하나님의 선지자가 난다는 것은 유대인들 입장에서 쉽게 이해되지 않았다.

묵상

본문에 등장하는 종교 지도자들을 보면서 '왜 그들은 주님 안에서 활동하시는 하나님을 볼 수 없을까?'라는 질문을 던지게 된다. 마태복음 5:8

에서 주님은 누가 하나님을 본다고 말씀하시는가? 마음이 청결한 자가 하나님을 본다. 요한복음 5:42의 관점에서 주님 안에서 일하시는 하나님을 볼 수 있는 자는 하나님을 사랑하는 자이다. 고로 하나님을 사랑하는 자라는 개념은 마음이 청결한 자와 크게 다르지 않다. 그들의 눈에는 하나님이 하시는 일이 보인다. 주님은 하나님이 하시는 일을 스스로 지혜롭다고 생각하는 자들에게는 숨기시고 겸손하고 마음이 청결해서 하나님을 사랑하는 자들에게는 보여 주시는 것이다. 신앙생활의 핵심이 하나님 사랑이 되어야 하는 이유다. 주님의 말씀을 잘 이해하려면 우리는 하나님을 사랑해야 한다. 하나님을 사랑하는 자, 마음이 청결한 자는 하나님이 하시는 일을 보며 경험할 수 있는 축복을 누릴 수 있기 때문이다.

기도

주님, 스스로 지혜 있다고 생각하는 어리석은 자가 되지 말게 하옵소서. 늘 겸손으로 허리를 동이게 하시고 순전한 마음으로 주님을 사랑하게 하소서. 그래서 주님이 하시는 일들을 선명하게 볼 수 있는 영적인 눈을 열어 주소서.

요한복음 8:1-11
간음한 여인

문맥과 요약

에스겔 47장의 배경에서 초막절의 성취로 본문을 읽으면 의미가 더 잘 다가온다. 생명으로 풍성한 삶으로의 초대라는 것이 어떤 모습일지 한 여인의 삶을 통해 조명될 수 있기 때문이다. 서기관들과 바리새인들은 예수님을 함정에 빠뜨릴 계략을 세웠다. 간음한 현장에서 붙잡힌 여인을 주님 앞으로 데려온 것이다. 율법에는 돌로 치라 명했는데 어떻게 하실지를 살핀다. 주님을 매우 난처한 상황에 빠뜨린다. 난처한 질문에 주님은 기막힌 방식으로 대답하신다. 자신만 함정에서 나오신 것이 아니라 극심한 수치와 죽음의 공포에 떨었을 여인에게 생명으로 풍성한 새로운 삶을 살 수 있는 기회를 허락하신다.

해설

2-5절 《예수께 말하되 선생이여 이 여자가 간음하다가 현장에서 잡혔나이다 모세는 율법에 이러한 여자를 돌로 치라 명하였거니와 선생은 어떻게 말하겠나이까》 예수께서 성전에서 백성들을 가르치시고 계셨다. 그때 서기관들

과 바리새인들이 음행 중에 붙잡힌 여인을 끌고 와서는 예수님에게 문제를 제기한다. 율법에는 이러한 여자를 돌로 치라고 규정해 놓았는데 선생님은 어떻게 하시겠느냐는 것이다. 이것은 정교하게 고안된 매우 난처한 질문이다. 어느 쪽으로 대답하든 함정에 빠질 수 있는 질문이기 때문이다.

6절 《그들이 이렇게 말함은 고발할 조건을 얻고자 하여 예수를 시험함이러라》 요한은 고발자들의 의도를 밝힌다. 이 질문은 예수님을 함정에 빠지게 만들려는 시도였던 것이다. 고발자들은 두 가지 경우의 수를 상정해 놓았던 것 같다. 먼저 만일 주님께서 이 여자를 용서하라고 말씀하시는 경우이다. 이렇게 되면 주님은 율법을 중하게 여기는 유대인들의 지지를 상실하게 될 수 있다. 이 당시 예수님이 얻는 대중적 지지는 그의 이적과 탁월한 가르침에 기반하고 있었다. 그런데 그가 하나님의 율법을 폐한다는 이야기가 성전에 모여 있는 많은 백성들의 목전에서 퍼져나간다면 예수님에게 향했던 민심이 뒤돌아서는 확실한 계기가 될 수 있다. 고발자들에게는 예수님이 하나님의 율법에 충실하지 못하다는 것을 만천하에 알리는 절호의 기회가 될 수 있었다.

한편 만일 주님께서 '이 여자를 율법에 기록한 대로 돌로 쳐서 죽이라'라고 말씀하신다면 이것 역시도 심각한 문제를 일으킬 수 있다. 비록 율법은 간음하다 잡힌 자를 돌로 치라고 명하고 있기는 하지만 이 시기 로마의 통치하에서 유대인들은 자신들의 임의대로 사람을 죽이는 형벌을 시행할 수 없었기 때문이다. 종교 지도자들의 질문은 어느 쪽으로 대답하든지 간에 예수님을 곤란한 상황에 빠뜨릴 수 있었던 함정이었다. 돌로 치라 하면 로마법을 어긴 것으로 고발할 수 있는 증거를 얻게 될 것이고 돌로 치지 말라 하면 율법을 어긴 것으로 백성들의 지지를 상실할 것이기 때문이다. 이러한 노림수를 염두에 두고 종교 지도자들은 예수님을 함정에 빠뜨리는 질문을 던진 것이다.

7절 《너희 중에 죄 없는 자가 먼저 돌로 치라》 그들은 예수님을 올무에 빠뜨려놓고는 계속해서 대답을 종용한다. 완벽히 올무에 걸렸다고 생각했던 것이다. 그런데 예수님의 대답이 참으로 절묘하다. 주님은 율법이 정한 대로 돌로 치라고 말씀하셨다. 결코 죄를 그냥 눈감아 주시지 않았다. 여인의 죄는 율법이 정한 대로 돌에 맞아야 하는 죄가 틀림없기 때문이다. 그런데 주님은 돌로 치되 너희 가운데 죄 없는 자가 먼저 돌로 치라고 말씀하신다. 이 말씀은 원래 율법의 규정을 살짝 수정한 명령이다. 원래 율법은 그 사건의 현장을 직접 본 일차 증인이 먼저 돌로 치라고 규정하고 있다. 그런데 주님은 일차 증인이 아니라 죄 없는 자가 먼저 돌로 치라고 말씀하신다. 사실 사형 집행을 위해서는 집행하는 사람이 도덕적으로 흠결 없이 깨끗해야 한다는 규정은 율법 어디에도 없다. 그러면 왜 예수님은 율법을 넘어서는 요구를 하고 계신 걸까? 예수님의 요구는 실제로 간음한 현장에서 잡혀온 여인이나 그들을 고발하고 있는 자들이나 별반 크게 다를 것이 없는 죄인이라는 사실을 드러내시기 위함이다.

9절 《그들이 이 말씀을 듣고 양심에 가책을 느껴 어른으로 시작하여 젊은이까지 하나씩 하나씩 나가고 오직 예수와 그 가운데 섰는 여자만 남았더라》 이 여인을 고발했던 유대인들은 예수님을 올무에 빠뜨리기 위해서 율법을 들먹이기는 했지만 정작 율법을 신실하게 잘 지키진 않았던 것으로 보인다. 예수님의 권위 있는 말씀을 듣고 그들의 양심이 찔렸기 때문이다. 그들이 비록 간음죄를 범하지는 않았을지라도 사실은 여인과 다름없는 똑같은 죄인들이었다는 것을 주님은 드러내고자 했던 것 같다. 죄 없는 자가 먼저 돌로 치라는 주님의 말씀을 듣고 그들은 양심의 가책을 받는다. 그리고 어른부터 시작해서 젊은이까지 유대인들은 하나씩 뒤로 물러나고 현장에 예수님과 여인만 남는다. 요한의 묘사는 매우 적나라하면서 동시에 상징적이다. 실제적으로 이제 간음죄를 지은 여인을 정죄할 수 있는 유대인은 한 사람만 남았다. 신학적으로 그 여인을 정죄할 수 있는 유일한 단 한 사람은 예수님뿐이시다. 정죄할 수 없는 모든 사람은 떠나고 정말로 그녀를 정죄할 수 있는 예수님 딱 한 사람이 현장에 있었다. 이 장면은 그것을 적나라하면서 동시에 상징적인 방식으로 보여 주고 있다.

10-11절《예수께서 일어나사 여자 외에 아무도 없는 것을 보시고 이르시되 여자여 너를 고발하던 그들이 어디 있느냐 너를 정죄한 자가 없느냐 대답하되 주여 없나이다 예수께서 이르시되 나도 너를 정죄하지 아니하노니 가서 다시는 죄를 범하지 말라 하시니라》 간음한 현장에서 잡힌 여자의 입장에서 생각해 보면 이 상황은 매우 수치스럽고 동시에 두려운 상황이었을 것이다. 자신을 고발하려 했던 수많은 유대인들이 이제 예수님의 말씀 한마디면 모두 돌을 들어 자신을 향해 던지려고 하는 상황이기 때문이다. 그런데 주님이 '여자여 너를 고발하던 그들이 어디 있느냐? 너를 정죄하는 자가 없느냐?'라고 말씀하신다. 수치심과 죽음의 공포에 떨고 있었을 여자에게 주님은 눈을 들게 하여 바뀐 상황을 보여 주신다. 수치심과 두려움에 제대로 쳐다볼 수도 없었을 여자에게 그 여자를 죽이려던 자들이 하나도 남지 않았음을 알게 해 주신 것이다. 그러고는 '나도 너를 정죄하지 아니하노니 가서 다시는 죄를 범하지 말라'라고 말씀해 주신다. 그녀를 진정으로 정죄할 수 있는 분이 그녀에게 사죄의 은총을 베풀어 주신 것이다. 요한은 그 장면을 이렇게 놀라운 모습으로 그려주고 있다. 예수님은 죽음의 목전에 서 있던 여자에게 새로운 삶을 살 수 있는 기회를 허락해 주셨다. 율법에 따라 마땅히 돌에 맞아 죽임을 당해야 했던 여인을 살려 주셨다. 생명의 주인이신 예수께서 새로운 생명으로 풍성한 삶이라는 것이 어떠한 모습일 수 있는지를 직접 보여 주신 것이다.

묵상

본문의 이야기는 앞 단락에서 묵상했던 초막절 마지막 날에 주님이 선포하신 말씀의 관점에서 묵상할 때 더욱 풍성하게 이해할 수 있다. 주님은 에스겔 47장이 생각나는 방식으로 주님께 나아오는 자는 생명으로 충만하게 될 것이라고 말씀하셨다. 주님이 선포하신 그 말씀이 이 여인의 삶에서 성취되고 있음을 본다. 이 여인은 주님으로 말미암아 새로운 삶을 살아갈 수 있는 기회와 은혜를 얻게 됐던 것이다. 그러나 주님이 이 여인에게 베푸신 은혜와 새로운 삶의 기회는 거저 주어진 것이 아님을 기억해야 할 필요가 있다. 수치와 두려움으로 떨며 돌에 맞아 죽어야 했던 그 여자 대신 주님이 십자가에서 벌거벗겨지는 수치를 친히 담당하셨기에 이 여자의 새로운 삶이 가능했다.

십자가의 끔찍한 두려움과 죽음을 주님께서 몸소 겪으셨기에 이 여자가 새로운 삶을 살 수 있는 기회를 부여받은 것이다. 이 복음의 진리가 어찌 이 여인의 삶에만 적용되겠는가? 주님께 나아오는 자는 그 배에서 생수의 강이 흘러넘쳐 생명으로 충만하게 될 것이라는 말씀이 오늘 우리의 삶 속에서도 적용되고 있는 것이 아닌가? 주님이 십자가에 달려 우리의 저주를 대신 받아주셨기에 오늘 우리가 각자의 삶의 자리에서 하나님의 백성으로 새 생명을 누리고 하나님을 예배하는 자로 살아갈 수 있게 된 것이 아닌가? 우리를 용서하시기 위해 우리 대신 십자가의 참혹한 수치와 저주의 죽임을 당하신 그 주님을 간절한 마음으로 바라보는 은혜가 임하기를 축원한다.

기도

주님, 당신의 피 묻은 용서의 손을 간절히 붙들게 하시니 감사합니다. 당신의 용서가 거저 주어진 것이 아님을 깨닫습니다. 모든 성도들이 다 함께 이 복음의 은혜 앞에 다시 서는 은혜를 허락하소서.

요한복음 8:12-20
초막절(세상의 빛)

문맥과 요약

예수께서는 초막절에 또 하나의 소재였던 불(빛)을 가지고 당신의 정체성에 대해서 설명하신다. 바리새인들은 자신을 빛이라 주장하시는 주님의 증언에 대한 효력을 문제 삼는다. 주님은 두 가지를 통해서 자신의 증언이 참되다는 사실을 설명하신다. 바리새인들이 주님을 알지 못하는 진짜 이유는 그들이 하나님을 알지 못하기 때문이다.

해설

12절 《예수께서 또 말씀하여 이르시되 나는 세상의 빛이니 나를 따르는 자는 어둠에 다니지 아니하고 생명의 빛을 얻으리라》 본문에 등장하는 내용은 7장 마지막에 등장했던 초막절 절기와 밀접하게 연관되어 있다. 12절은 7:44과 직접적으로 연결되는 것으로 이해해야 한다. 7장에서 언급됐던 초막절에는 물 이외에 또 중요한 소재가 있는데 그것은 빛이다. 초막절 기간에는 마지막 날을 제외하고 매일 제사장의 행렬이 실로암 못에 가서 물을 떠다가 성전 마당에 세워진 항아리를 가득 채우는 의식을 행했다. 그런데 그 초막절 기간에 행해졌던 또 하나의 의식이 있었다. 이 축제 기간 동안 매일 저녁이 되면 제사장들은 여러 큰 불을 가져다가 성전 안에 있었던 여인의 뜰을 환하게 밝혔다. 그리고 그들은 이 불 앞에서 춤을 추며 여호와 하나님을 찬양했다. 이런 의식은 광야에서 이스라엘을 빛으로 보호하시고 인도하셨던 하나님을 기억하기 위한 예배 행위였다. 또한 이스라엘의 앞길을 인도해 주시기를 바라는 염원과 기도의 의미를 담고 있기도 하다.

그런데 그 초막절의 절기가 끝나가는 시점에 주님은 "나는 세상의 빛이니 나를 따르는 자는 어둠에 다니지 아니하고 생명의 빛을 얻으리라"라고 말씀하신다. 앞서 동일한 초막절 절기에 주님은 "누구든지 목마르거든 내게로 와서 마시라"라고 말씀하신 바 있다. 초막절의 중요한 소재였던 물과 불을 가지고 주님은 중요한 영적 진리를 가르치신다. 주님이 세상의 빛이시기에 주님을 따르는 자는 어둠으로 상징되는 사망에 거하지 아니하고 주님이 허락하시는 풍성한 생명을 얻게 된다는 말씀이다. 주님은 초막절 시즌에 물과 불(빛)이라는 두 개의 다른 상징을 사용하고 계시지만 사실상 정확하게 같은 개념을 말씀하시고 계신 것이다. 주님을 믿어 주님이 주시는 생명수를 마시면 사망의 음침한 곳에서 생명이 살아나는 역사가 일어난다. 주님을 믿어 주님이 비추어 주시는 빛을 받게 되면 그 사람은 더 이상 사망의 어둠 속에 거하지 아니하고 생명의 빛 가운데 거하게 된다. 주님은 초막절이 바라보았던 것을 궁극적으로 완성하신 분이 당신이라고 말씀하신 것이다. 요한복음이 말하는 영생이란 주님을 믿고 바라보는 자가 이미 이 땅에서 주님이 주시는 풍성한 생명을 누리게 되는 것을 말한다.

13-14절 《내가 나를 위하여 증언하여도 내 증언이 참되니 나는 내가 어디서 오며 어디로 가는 것을 알거니와 너희는 내가 어디서 오며 어디로 가는 것을 알

지 못하느니라》 예수님의 말씀을 들은 바리새인들은 자신에 대해서 증언하시는 주님의 증언은 율법에 따라 효력이 없다는 사실을 지적한다. 그러자 주님은 자신의 증언이 참되다는 것을 두 가지를 통해서 설명하신다. 먼저 자신의 기원을 통해서 당신의 증언이 참이라는 것을 증명하신다. 자신이 하나님으로부터 기원했다는 것이다. 하나님으로부터 보냄을 받은 주의 사자는 인간의 증명이나 확인을 필요로 하지 않는다.

16-18절 《너희 율법에도 두 사람의 증언이 참되다 기록되었으니 내가 나를 위하여 증언하는 자가 되고 나를 보내신 아버지도 나를 위하여 증언하시느니라》 예수께서는 자신의 증언이 참되다는 것을 율법을 통해서도 설명하신다. 신명기 19:15에 따라 적어도 두 명 이상의 증인이 확보되어야 하는데, 예수님과 하나님 아버지가 증인이시라고 주장하는 것이다. 이것은 이미 5장에서 유대인들과 논쟁할 때도 언급하셨던 내용이다. 이러한 논증을 통해서 당신이 빛이라 말씀하셨던 주님의 논지가 더욱 부각된다. 예수님은 세상의 어둠을 몰아내고 밝히시는 진정한 빛이 되신다. 인도자이신 주님을 따르는 자는 어두움 가운데 거하지 않는다. 요한복음 서론 1:4-5에서 언급된 대로 주님은 생명을 주시는 빛이시다. 그러나 그 빛이 어둠에 비취고 있지만 어두움에 속한 유대인들은 깨닫지 못하고 있다.

19-20절 《네 아버지가 어디 있느냐 예수께서 대답하시되 너희는 나를 알지 못하고 내 아버지도 알지 못하는도다 나를 알았더라면 내 아버지도 알았으리라》 예수께서 언급하신 것을 바리새인들은 깨닫지 못한다. 주님이 인간 아버지에게 호소하시는 것으로 오해하여 '네 아버지가 어디에 있느냐'고 질문한다. 주님은 그들이 주님을 알지 못하는 것을 아버지를 알지 못하는 것과 연관시키신다. 그들이 아들이신 주님을 알지 못했다는 사실은 그들이 하나님 아버지도 알지 못했다는 것에 대한 증명이라는 것이다. 요한복음에서 이미 유대인들과의 논쟁에서 수차례 등장했던 주제이다. 주님은

아버지의 계시 자체이시다. 주님의 말씀은 유대인들에게는 상당히 불편하게 들렸을 것이다. 그러나 주님을 잡는 사람이 없었다. 아직 그의 때가 이르지 않았기 때문이다. 그때는 사람들에게 달린 것이 아니다. 오직 아버지가 허락하셔야만 그들은 주님을 잡을 수 있다. 주도권은 전적으로 하나님께 달린 것이다. 요한복음은 이 사실을 시종일관 견지하고 있다.

묵상

'나는 세상의 빛이니 나를 따르는 자는 생명의 빛을 얻으리라'는 예수님의 말씀이 종종 오해되고 있는 것 같다. 예수를 믿기 때문에 아무런 걱정도 없는 평안하고 안락한 삶을 살고 자신이 원하는 것들이 다 이루어져 만사형통한 삶을 산다는 말로 이해되는 것 같다. 그러나 주님이 주시는 생명의 빛을 따라 사는 삶은 문맥 속에서 보았듯 아무런 걱정도 없이 안락하고 내가 원하는 것이 다 이루어진다는 말이 아니다. 예수 믿는 자들도 어려움에 휩싸이고 아무런 소망과 희망도 없는 것 같은 상황에 맞닥뜨리게 될 수 있다. 예수 잘 믿어도 병에 걸리고 암에 걸리고 아플 수 있다. 예수 잘 믿어도 사업에 어려움을 겪기도 하고 원하던 직장에 취직하지 못할 수도 있고 원하던 학교에 진학하지 못할 수도 있다. 그러나 그런 어려움들과 시련을 겪는다 할지라도 그 가운데에서 거꾸러트림을 당하지 아니하고 주님이 주시는 생명으로 새 힘을 얻고 다시 일어나게 된다는 말이다. 주님을 모르는 사람들 같으면 세상이 끝난 것처럼 좌절하고 실망한다. 좌절과 절망이 극에 달하면 안타깝지만 스스로 삶을 마감하기도 한다. 그러나 정말 주님을 믿어 생명의 빛과 교제하는 사람은 그러한 상황에서도 주님을 바라보며 다시 꿋꿋이 일어나 주님의 십자가의 길을 따르게 된다는 말이다.

기도

주님, 생명의 빛이신 주님이 보여 주신 생명의 길을 따라 걷는 우리가 되게 하소서. 세상의 헛된 영광을 기독교 복음이라는 미명하에 추구하지 않게 하시고 올곧이 주님 가신 십자가의 길을 함께 걷는 축복을 허락하소서.

요한복음 8:21-30
생명을 누리는 방법

문맥과 요약

주님은 초막절 참 빛으로 생명을 풍성하게 하는 구체적 방법을 설명하신다. 그것은 주님이 '가심'으로 혹은 '인자의 들림'으로 가능해진다. 십자가를 언급하신 것이다. 이 십자가 사건을 통해서 역설적으로 사람들은 예수님이 구원의 하나님(에고 에이미)이신 줄 알게 될 것이다. 예수님이 그 구원의 하나님이신 것을 믿지 아니하면 죄 가운데 죽는다고 말씀하신다.

해설

21-22절 《내가 가리니 너희가 나를 찾다가 너희 죄 가운데서 죽겠고 내가 가는 곳에는 너희가 오지 못하리라》 예수님은 자신에 대해서 의심을 품고 있는 유대인들과 다시 한번 길게 논쟁하신다. 이 논쟁에서 예수님은 우리가 풍성한 생명의 빛에 거할 수 있는 방법을 구체적으로 말씀해 주신다. 즉 우리가 그 풍성한 생명을 누리기 위해서 당신께서 무엇을 행하셔야 했는지를 구체적으로 알려 주신다. 예수님은 자신이 간다고 말씀하시고는 유대인들은 결코 주님이 가시는 길을 갈 수 없다고 말씀하신다. '간다'는 말은 요한복음에서 예수님의 죽임당하실 것에 대한 우회적 표현이다. 유대

인들은 예수님이 가신다는 말씀의 뜻을 제대로 알아차리지 못하고 '자살' 하려고 하는 것이냐고 이야기한다. 물론 이 말을 한 유대인들은 실제로 예수님이 자살을 하려고 한다고 생각했던 것 같지는 않다. 부정을 기대하는 '메티'라는 단어가 사용됐기 때문이다. 주님이 자살하려는 것은 아니지만 '간다'는 표현을 통해서 자신의 죽음을 표현하셨던 것은 분명하다.

23-24절 《너희는 아래에서 났고 나는 위에서 났으며 너희는 이 세상에 속하였고 나는 이 세상에 속하지 아니하였느니라 그러므로 내가 너희에게 말하기를 너희가 너희 죄 가운데서 죽으리라 하였노라 너희가 만일 내가 그인 줄 믿지 아니하면 너희 죄 가운데서 죽으리라》 예수님은 다시 한번 자신의 기원에 대해서 설명하신다. 유대인들은 아래에서 났고 세상에 속했으며 예수님은 위에서 났고 이 세상에 속하지 않으셨다. 여기서 요한복음에서 예수님의 정체성을 표현하는 것으로 유명한 '에고 에이미'라는 표현이 등장한다. 개역개정의 '내가 그인 줄'이라는 표현은 '에고 에이미'의 번역이다. 이는 매우 어색해 보이는 이 헬라어 구문으로, 히브리어 '아니 야훼' 혹은 '아니 후'를 칠십인경에서 헬라어로 번역한 것이다. 히브리어 표현은 이집트로부터 출애굽을 시행하신 전능하신 하나님을 나타내는 표현이었다(출 6:2, 6, 7, 8, 29; 7:5, 17; 8:22; 10:2; 12:12; 14:4, 18; 15:26; 16:12; 29:46; 31:13). 이사야는 그러한 하나님께서 다시 한번 이스라엘을 전능하신 손으로 건져주시길 기대하고 있다(사 41:4, 10, 13, 17; 42:6, 8; 43:15; 45:3, 5, 6, 7, 8, 18, 19, 21; 46:4; 48:12, 17; 49:23, 26; 52:6; 60:16, 22; 61:8). 이미 6장 갈릴리 바다를 걸어오신 주님께서 제자들을 향해 '내니'라고 말씀하셨을 때 이 표현이 사용된 바 있다. 이런 맥락에서 예수님은 자신이 이스라엘을 출애굽 시키신 전능하신 하나님 자신이심을 드러내신 것이다.

25-27절 《내가 너희에게 대하여 말하고 판단할 것이 많으나 나를 보내신 이가 참되시매 내가 그에게 들은 그것을 세상에 말하노라》 '네가 누구냐' 원문에

는 '네가'가 강조형으로 등장한다. 유대인들은 예수님께 도전적으로 질문한 것이다. 이미 유대인들의 무리 가운데는 예수님을 신명기에서 모세가 언급한 '그 선지자'로 인식한 사람도 있고 '그리스도'로 인식한 사람도 있었다. 그러나 본문에 등장하는 유대인들은 그러한 인식을 거부하고 있는 것이다. 예수님은 믿지 못하는 자에게 동일한 말씀을 하신다. 예수님은 처음부터 그들에게 말씀하셨던 분이시다. 그러나 예수님은 항상 자신을 보내신 하나님 아버지로부터 들은 말씀을 하신다. 자의적으로 말씀하시지 않는다. 요한복음에서 일관되게 예수님이 보이신 태도다. 그러나 본문에 등장하는 유대인들은 주님이 말씀하신 당신을 보내신 분이 하나님을 의미한다는 것을 깨닫지 못한다. 그들이 아래에서 났고 세상에 속했다는 증거다. 그들은 세상에 속했기 때문에 주님을 알지 못하고 아버지도 알지 못한다.

28절 《너희가 인자를 든 후에 내가 그인 줄을 알고 또 내가 스스로 아무 것도 하지 아니하고 오직 아버지께서 가르치신 대로 이런 것을 말하는 줄도 알리라》 21절에 등장했던 '간다'라는 표현이 구체적으로 무엇을 의미하는지 예수님은 28절에서 보다 더 분명하게 설명하신다. '너희가 인자를 든 후에 내가 그인 줄 알 것이다.' 여기서 '인자를 든 후'라는 표현은 요한복음에서 항상 예수님이 십자가를 지시는 것을 의미한다. 예수님이 십자가를 지시는 것을 통해서 사람들은 '내가 그인 줄'('에고 에이미') 알게 될 것이라는 말이다. 즉, 주님이 십자가를 지심을 통해서 사람들은 예수님의 참다운 정체를 알게 된다. 그는 출애굽 당시에 이스라엘을 인도하셨던 바로 그 전능한 구원의 하나님이시다. 참 역설이 아닐 수 없다. 주님이 십자가라는 처참한 처형 방법, 유대교의 율법이 정해 놓은 매우 구체적인 죽음, 즉 율법이 규정해 놓은 저주받은 자의 죽음을 당하시게 될 때 그것이 도리어 역설적으로 주님이 이스라엘을 구원해 내시는 '에고 에이미'의 하나님이라는 사실을 알게 될 것이라는 말이다. 역설도 이런 역설이 없다.

묵상

예수님을 누구로 인식하느냐가 우리에게 너무나 중요하다. 주님이 이스라엘을 구원하신 하나님, 즉 '에고 에이미'의 하나님인 줄 믿지 아니하면 너희 죄 가운데서 죽는다고 말씀하신다. 이 말을 역으로 뒤집으면 '내가 구원의 하나님(에고 에이미)인 줄 믿으면 너희가 죄 가운데서 죽지 아니하리라'는 말씀이 된다. 주님은 자신이 초막절의 참된 빛이심을 말씀하시면서 그 빛을 따르는 자는 죽음 가운데 거하지 않고 생명의 빛을 얻게 된다고 말씀하셨다. 그리고 우리가 생명의 빛을 얻고 누리게 하기 위해서 자신이 직접 우리를 대신해서 율법이 규정해 놓은 십자가의 저주를 몸소 담당하심으로 우리가 생명을 누릴 수 있는 길을 열어 놓으셨다. 또한 이 생명의 특권을 누릴 수 있는 구체적인 방법을 가르쳐 주신다. 그 구원의 길을 제공하시는 예수님이 바로 구원의 하나님(에고 에이미)이심을 믿는 자들에게 이 생명의 특권을 누릴 수 있는 길이 열리게 된다. 초막절의 또 다른 상징인 빛 가운데 거하며 하나님이 제공하시는 생명의 풍성한 삶을 살아갈 수 있는 길을 십자가를 통해서 열어 놓으신 것이다. 이 진리를 믿는 자는 빛을 따라 살며 풍성함을 누리게 된다. 그러나 이것을 믿지 않는 자에게는 분명한 죽음의 심판이 주어진다. 한없이 따뜻하면서 동시에 등골이 오싹해지는 말씀이다. 신앙에 회색지대는 없다. 살든지 죽든지 한 가지의 선택만이 있을 뿐이다.

기도

주님, 우리 교회의 모든 예배의 자리에서 구원의 하나님('에고 에이미')을 바라보는 일이 일어나게 하소서. 그 구원의 하나님을 바라봄으로써 일어나게 되는 생명력으로 충만해지게 하소서.

요한복음 8:31-36
자유

문맥과 요약

예수님은 초막절의 소재였던 물과 빛을 가지고 복음에 대해서 가르쳐 주셨다. 그 진리를 주님은 자유함이라는 주제로 설명해 주신다. 초막절의 주제가 자유함이라는 주제를 통해서 설명되고 있다. 사람들은 필연적으로 죄의 종으로 살아갈 수밖에 없다. 모두가 죄악 가운데 있기 때문이다. 주님께서 우리를 죄로부터 자유롭게 해주셔야 우리는 진정으로 자유를 누릴 수 있다.

해설

31-32절《너희가 내 말에 거하면 참으로 내 제자가 되고 진리를 알지니 진리가 너희를 자유롭게 하리라》 예수님은 자신을 믿게 된 사람들에게 자유라는 주제를 가지고 말씀을 시작하신다. 얼핏 보면 독립된 주제가 다루어지는 것 같지만, 사실은 초막절의 진정한 완성이신 주님의 복음을 자유라는 주제로 풀이하신 것으로 이해할 수 있다. 예수님은 자신을 믿은 사람들에게 말씀하시는데, 이는 일견하여 믿는 단계와 제자가 되는 단계가 각각 있는

것처럼 들릴 수 있다. 믿은 다음에 예수님의 말씀에 거해야 진짜 제자가 된다고 말씀하신 것처럼 들릴 수 있다는 말이다. 그러나 주님이 하신 말씀은 그런 의도가 아니다. '너희가 내 말에 거해야 진정으로 내 제자인 것이다'라고 말씀하셨다. 예수님을 믿는다는 것은 곧 주님의 말씀 안에 거하는 것이며, 그것이 제자가 되는 것이고 진짜로 믿는 것이라고 말씀하시는 것이다. 말씀에 거하게 될 때 진리를 알게 되고 그 진리가 우리를 자유롭게 한다.

33절 《우리가 아브라함의 자손이라 남의 종이 된 적이 없거늘 어찌하여 우리가 자유롭게 되리라 하느냐》 예수님의 이야기를 들은 유대인들은 주님의 말씀의 정확한 의미를 깨닫지 못하고 또 오해한다. 요한복음에 반복적으로 등장하는 주제다. 그들의 말대로 정말 유대인들은 남들의 종이 됐던 적이 없었을까? 요셉 이후에 430년간 이집트에서 종살이 했던 사람들은 누구였을까? 70여 년 동안 바벨론에서 포로생활했던 사람들은 누구였을까? 헬라제국 아래서 통치 받았던 사람은 누구였을까? 이집트와 시리아의 통치를 받았던 사람들은 누구였을까? 바벨론 포로 이후 유대인들은 600여 년이 넘는 시간 동안 마카비 왕조 100년을 제외하고는 지속적으로 외세의 통치를 받으며 살아왔다. 예수님 당시도 그들은 여전히 로마의 통치를 받으며 살고 있었다. 지속적으로 자유를 가지지 못한 채 살아왔고 살아가고 있었다. 그렇다면 이러한 문맥에서 자신들이 남의 종이 된 적이 없다는 말의 의미는 무엇일까? 비록 자신들이 외세의 통치 아래에 있기는 했지만 한 번도 그들의 종이라고 생각한 적이 없다는 선민으로의 자긍심을 얘기한 것으로 해석할 수 있다.

34-36절 《진실로 진실로 너희에게 이르노니 죄를 범하는 자마다 죄의 종이라 종은 영원히 집에 거하지 못하되 아들은 영원히 거하나니 그러므로 아들이 너희를 자유롭게 하면 너희가 참으로 자유로우리라》 예수님이 말씀하셨던 자

유는 로마로부터의 정치적인 자유가 아닌 죄로부터의 자유였다. 예수님은 자신의 이야기를 듣고 있던 유대인들에게 그들이 로마의 종이 아니라 죄의 종으로 살아오고 있음을 상기시키신 것이다. 이 말씀의 의미를 이해하려면 우리는 창세기 3장의 이야기를 생각해 볼 필요가 있다. 뱀은 하와에게 찾아와서 유혹한다. "하나님이 참으로 너희에게 동산 모든 나무의 열매를 먹지 말라 하시더냐?" 하와의 대답에서 빈틈을 찾은 뱀은 하와에게 이렇게 이야기한다. "너희가 결코 죽지 아니하리라. 너희가 그것을 먹는 날에는 너희 눈이 밝아져 하나님과 같이 되어 선악을 알 줄 하나님이 아심이니라"(창 3:4-5). 사탄의 말을 잘 묵상해 보면 죄의 핵심이 무엇인지 알게 된다. 죄의 핵심은 하나님이 정해 놓은 경계를 넘어가는 것이다. 피조물인 인간이 창조주 하나님처럼 되려고 하는 것, 달리 표현하면 우리가 우리 인생의 하나님 노릇하려는 것이다. 하나님이 우리 인생의 주인이시고 우리는 그 창조주 하나님을 섬기며 살 때 제일 인간다울 수 있고, 진정으로 행복하며, 참 자유를 누릴 수 있는데 사탄은 우리에게 하나님이 만들어 놓으신 그 경계를 무너뜨리고 하나님으로부터 독립하라고 이야기한다. 즉 인류가 범한 죄악의 핵심은 하나님으로부터의 독립이다. 곰곰이 묵상해 보면 모든 인류의 죄악은 창조주 하나님으로부터의 독립과 연관되어 있다는 것을 깨닫게 된다. 하나님으로부터 독립해서 주체적으로 살아가는 것이 참다운 자유이고 참으로 인간답게 사는 것이라고 사탄은 항상 동일하게 속삭인다. 매우 고전적인 사탄의 방법이다.

그런데 인생의 비극은 우리가 하나님으로부터 독립해서 주체적으로 살 수 있는 능력도 없고 그럴 실력도 없다는 데 있다. 그것이 인간의 실존이다. 당장 하나님의 말씀을 어긴 인간에게 발생한 인류 최초의 비극이 형이 동생을 죽인 살인 사건이다. 하나님으로부터 독립해서 '내 인생은 나의 것'을 외친 인생의 결과가 무엇인가? 형제 간의 살인이다. 이게 하나님을 떠난 인간의 실존이며 인간의 보잘것없는 실력이다. 그렇게 하나님으로부터 독립선언을 한 후 자유를 누리고 싶었지만 실상은 자유를 누릴 수 있는 능력이 없어서 비참한 죄의 종이 되어서 살다가 필연적으로 죽을 수밖에 없는 것이 인간의 운명이다. 이런 인간들에게 예수님은 복음으로 말미암는 새로운 삶을 말씀하시고 계신다. 생수가 터져 나오는 삶, 어둠 가운데 있던 영혼들에게 비추어주시는 참생명의 빛이 무엇인지를 말씀하신다. 그것을 자유라는 개념으로 설명하시며, 진정한 자유란 하나님으로부터 독립했을 때 얻게 되는 것이 아니라 예수님을 믿고 다시 하나님에게로 돌아갔을 때 누리게 되는 축복이라는 것을 가르쳐 주신다. 그것이 누가복음 15장의 소위 탕자의 비유/기다리시는 아버지의 비유가 말하려는 핵심이다. 둘째 아들은 아버지의 재산을 미리 상속받고 아버지로부터 독립해서 마음껏 자유를 누리고 싶었지만 결국은 비참한 인생을 살게 된다. 그에게 있어서 참다운 인간의 삶이란 아버지로부터의 독립이 아니라 다시 아버지에게로 돌아가는 것임이 분명하다. 다시 구원의 하나님('에고 에이미')에게로 돌아가 그분의 말씀대로 순종하며 사는 것이 사실은 인간이 누릴 수 있는 진정한 자유이며 생명으로 풍성한 삶임을 가르쳐 주신다. 아들(예수 그리스도)의 십자가 구속을 통해서 죄로부터 자유함을 얻어야만 진정으로 자유하게 될 것이라는 진리를 가르쳐 주신다.

묵상

우리는 고린도전서에서 주님이 말씀하시는 자유를 누리며 살았던 한 사람의 이야기를 접하게 된다. 이방 신전의 제사에 사용됐던 짐승의 고기를 먹어도 되는가 하는 문제가 고린도 교회 안에서 발생했다. 사도 바울은 자신이 가지고 있었던 말씀의 지식에 따르면 그런 고기를 먹는 것이 하등의 문제 될 것이 없음을 잘 알고 있었다. 어차피 우상이라는 것은 실상이 존재하는 것이 아니라 우리의 탐욕이 만들어 낸 허구이며 모든 음식은 우리를 위해서 주어진 것이므로 먹어도 아무런 문제가 되지 않았던 것이다. 바울은 얼마든지 그 고기를 먹을 수 있는 지식과 자유를 가지고 있었지만 더 연약한 형제들을 사랑하고 배려해서 그 고기를 먹지 않겠다고 이야기한다. 우리는 자유라고 하면 늘 내가 하고 싶은 것을 맘대로 할 수 있는 자유만 생각하는 경향이 있다. 그런데 바울이 주님 안에 있는 생명으로 인해서 누리고 있는 더 큰 자유를 생각해 보라. 얼마든지 먹을 수 있으나 형제를 사랑해서 자신이 누릴 수 있는 자유를 형제를 위해 기꺼이 양보할 수 있는 더 큰 자유를 이야기한다. 이는 하나님의 말씀을 따라 순종하는 자들만이 누릴 수 있는 통 큰 자유다. 주님 안에 존재하는 더 큰 자유를 누릴 수 있는 우리가 될 수 있기를 소망한다.

기도

주님, 구원의 하나님에게 돌아가서 그를 바라보는 사람, 그 진리의 말씀 앞에 순복하며 살아가는 자들만이 이 놀라운 자유를 누리게 됨을 깨닫게 하소서. 이 땅의 모든 성도들이 이 진리가 주는 자유로 충만해지게 하소서.

요한복음 8:37-47
착각

문맥과 요약

예수님은 자신들이 아브라함의 후손이라 착각하고 있는 유대인들에게 진리를 가르치신다. 예수님은 아브라함의 후손은 아브라함의 일을 할 것이라 말씀하신다. 그들의 착각과는 달리 그들의 진정한 아비는 마귀임을 분명히 하신다. 그들은 하나님의 말씀을 전하는 주님을 믿지 않으므로 그들이 하나님께 속하지 않았음을 스스로 증명한다.

해설

37-38절 《나도 너희가 아브라함의 자손인 줄 아노라 그러나 내 말이 너희 안에 있을 곳이 없으므로 나를 죽이려 하는도다 나는 내 아버지에게서 본 것을 말하고 너희는 너희 아비에게서 들은 것을 행하느니라》 예수님과의 대화 중 33절에서 유대인들은 자신들이 아브라함의 자손이라고 주장했다. 그 후 예수님과 유대인들의 대화는 '아브라함의 자손'이라는 주제를 중심으로 발전해 가고 있다. 따라서 본문에 등장하는 대화를 잘 이해하려면 아브라함의 자손이라는 말의 의미가 무엇인지 이해해야 할 필요가 있다. '아브

라함의 자손'이라는 표현은 틀림없이 아브라함의 육신적인 후손이라는 의미를 가지고 있다. 그러나 예수님 당시의 맥락에서 아브라함의 후손이라는 표현은 보다 더 확장된 의미를 가지게 된다. 그것은 구원받을 하나님의 백성이라는 의미다. 이렇게 의미가 확장된 예를 우리는 신약성경 두 곳에서 찾을 수 있다. 누가복음 19:9에서 예수님은 삭개오를 향해 "오늘 구원이 이 집에 이르렀으니 이 사람도 아브라함의 자손임이로다"라고 말씀하신다. 예수님은 아브라함의 자손 됨이라는 의미를 구원받을 하나님의 백성이라는 의미로 사용하셨다. 예수님만이 아니다. 바울도 이런 의미로 이 표현을 사용한다. 갈라디아서 3:7에서 바울은 "그런즉 믿음으로 말미암은 자들은 아브라함의 자손인 줄 알지어다"라고 이야기한다. 문맥 속에서 바울의 의도는 '믿음으로 말미암은 구원받는 예수님의 제자들은 구원함을 얻는 아브라함의 자손이다'라는 말이다. 즉 신약성경에서 '아브라함의 자손'이라는 표현은 '아브라함의 육신적 혈통'이라는 의미에서 확장된 의미로서 '구원받을 하나님의 백성'이라는 의미도 갖는다.

예수님이 이 주제를 건드리신다. "나도 너희가 아브라함의 자손인 줄 아노라." 예수님은 그들이 혈통적으로 아브라함의 자손이라는 말을 이해하신다. 그러나 예수님은 이어지는 대화에서 한 가지 사실에 동의하지 않으신다. 그것은 그들이 아브라함의 자손이기 때문에 확장된 의미 곧 하나님의 백성이 되는 것은 아니라는 말이다. "내 말이 너희 안에 있을 곳이 없으므로 나를 죽이려 한다. 나는 내 아버지에게서 본 것을 말하고 너희는 너희 아비에게서 들은 것을 행한다." 예수님은 유대인들이 자신을 죽이려고 하고 있다는 사실을 밝히신다. 하나님의 백성이 하나님이 보내신 아들을 죽이려 한다는 것은 있을 수 없는 일이다. 그런 그들을 향해서 예수님은 자신의 아버지와 그들의 아버지가 다르다는 사실을 처음으로 밝히신다.

39-40절《우리 아버지는 아브라함이라 하니 예수께서 이르시되 너희가 아브라함의 자손이면 아브라함이 행한 일들을 할 것이거늘 지금 하나님께 들은 진리를 너희에게 말한 사람인 나를 죽이려 하는도다 아브라함은 이렇게 하지 아니하였느니라》 예수님의 이야기를 들은 유대인들은 발끈해서 "우리 아버지는 아브라함이다"라고 항변한다. 예수님은 그들이 아브라함의 육적인 후손이라는 사실은 인정하시지만 진정한 의미의 아브라함의 자손, 즉 구원 얻는 하나님의 백성이라는 사실은 인정하지 않으신다. 그들은 진리를 말하는 예수님을 죽이려 하기에 진정한 아브라함의 자손은 아닌 것이다. 이렇게 혈통적인 아브라함의 자손과 구원을 얻는 하나님의 백성으로서의 아브라함의 자손은 같지 않을 수 있다는 사실을 가르쳐 주신다.

41절《너희는 너희 아비가 행한 일들을 하는도다 대답하되 우리가 음란한 데서 나지 아니하였고 아버지는 한 분뿐이시니 곧 하나님이시로다》 예수님은 유대인들의 아버지가 당신을 보내신 하나님 아버지와 다르다는 뉘앙스를 풍기신다. 이런 의미로 예수님은 유대인들에게 너희는 너희 아비가 행한 일들을 한다고 말씀하신다. 예수님의 이야기를 들은 유대인들은 정말로 발끈했다. "우리는 음란한 데서 나지 아니하였고 아버지는 한 분뿐이시니 곧 하나님이시로다." 지금 유대인들은 예수님에게 매우 모욕적인 말을 하고 있다. '음란한 데서 난다'는 표현은 혼인 외의 불법적인 출생을 언급하는 말이다. 그들은 예수님의 출생과 관련된 소문을 가지고 매우 무례한 발언을 하고 있다. 이는 정혼한 마리아가 아직 결혼을 하지 않았는데 아이를 가졌다는 사실을 염두에 둔 무례한 말이다. 당시 유대인들 사이에는 예수님이 불법적인 혼외의 자녀로 출생했다는 루머가 있었던 것으로 보인다. 예수님의 말씀을 듣다가 심기가 불편해진 유대인들은 이런 무례한 방식으로 예수님의 심기를 의도적으로 건드렸다. 혼외자로 출생했으면서 무슨 이야기를 하고 있느냐는 말이다.

42-45절《너희는 너희 아비 마귀에게서 났으니 너희 아비의 욕심대로 너희도 행하고자 하느니라 그는 처음부터 살인한 자요 진리가 그 속에 없으므로 진리에 서지 못하고 거짓을 말할 때마다 제 것으로 말하나니 이는 그가 거짓말쟁이요 거짓의 아비가 되었음이라》 유대인들의 비아냥과 조소에도 불구하고 예수님은 말씀을 이어가신다. 예수님은 자신을 하나님의 자녀, 즉 아브라함의 후손이라고 주장하는 유대인들에게 진정한 하나님의 자녀의 증거를 제시하신다. 그것은 예수님을 사랑하는 것이다. 예수님은 분명히 아버지로부터 보내심을 받으셨다. 하나님의 자녀는 아버지가 보내신 아들을 사랑하게 되어 있다는 것이다. 예수님은 연이어 유대인들의 아버지의 정체를 밝히신다. 유대인들의 아비는 마귀다. 마귀는 살인한 자요 거짓말쟁이다. 예수님은 유대인들이 자신을 사랑하지 않는 것 그리고 하나님이 보내신 이를 죽이려 하는 것이 그들이 하나님의 자녀가 아닌 이유라 말씀하신다. 자신들이 아브라함의 자손이라고 굳게 믿고 있는 사람들에게 이같이 말씀하신다. 아마 그들은 자신들이 하나님의 자녀가 아니라 마귀의 자녀라고 단 한 번도 상상해 보지 못했을 테지만, 사물을 꿰뚫어 보시고 진리만을 말씀하시는 예수님은 그들이 틀림없이 아비 마귀에게 속한 자녀라 말씀하신다. 진리를 말씀하시는 예수님을 믿지 아니하는 것이 그 증거다.

46-47절《하나님께 속한 자는 하나님의 말씀을 듣나니 너희가 듣지 아니함은 하나님께 속하지 아니하였음이로다》 예수님은 유대인들이 자신을 믿지 않는 이유를 보다 정확하게 말씀하여 주신다. 그들이 하나님의 말씀을 듣지 않기 때문이다. 그것은 유대인들이 하나님께 속한 사람들이 아님을 증명한다. 하나님을 아버지라 진정으로 생각하는 사람은 아버지의 말씀을 듣는다. 그 말씀을 듣는 자는 아버지와 늘 같은 말씀을 하시는 예수님을 보고 아버지가 예수님을 보내셨다는 사실을 알고 믿게 된다. 그리고 예수님을 사랑하지 않을 수 없게 된다. 이 명징한 진리를 유대인들에게 말씀

해 주신 것이다.

묵상

본문 말씀을 묵상하며 헛된 신화에 빠져 있는 유대인들의 모습에서 오늘날 교회의 모습이 비치는 것을 느낀다. 자신들이 아브라함의 자손이기 때문에 하나님의 자녀라 생각하는 그들의 착각이 얼마나 무서운 것인지 다시금 생각하게 된다. 또 이스라엘 백성의 성전불패 신화, 즉 주의 성전만 있으면 안전하다고 생각했던 그들의 영적인 안일함이 떠오른다. 주님을 믿기만 하면 된다고 이야기하는 거짓 복음에 붙들린 현대 교회의 가벼움이 스친다. 본문을 묵상하면서 무서운 게 무엇인지 아는가? 주님은 8:31에서 자신을 믿는 유대인들에게 무시무시한 말씀을 하셨다는 사실이다. 주님이 하시는 말씀이 불편해서 주님을 죽이려 했던 유대인들을 요한복음은 주님을 믿은 유대인들이라고 서술한다. 이 말은 그들이 주님을 진정으로 믿었던 것이 아니라 입술로만 믿었다는 말일 것이다. 그 새털보다 가벼운 그들의 알량한 믿는다는 고백으로는 충분하지 않다는 말이다. 이런 일이 오늘날에도 얼마든지 일어날 수 있다고 믿고 실제로도 일어나고 있다. 주님을 믿는다고 입술로 말은 하지만 진정으로 하나님께 속하지 않은 사람이 얼마든지 있을 수 있다는 말이다. 주님은 이렇게 말씀하신다. "하나님께 속한 자는 하나님의 말씀을 듣는다. 너희가 듣지 아니함은 하나님께 속하지 않음이다." 하나님의 말씀을 듣는 것에 관심이 없는 하나님의 백성이란 존재하지 않는다. 하나님의 백성은 하나님의 말씀을 듣게 되어 있다.

기도

주님, 당신의 말씀을 붙들고 그 말씀을 따라 살아보겠다고 몸부림치는 삶의 결단이 일어나게 하소서. 주님을 믿기만 하면 된다고 이야기하는 이 거짓된 신화가 난무하는 세상 속에서 주님을 사랑하고 하나님의 말씀을 들으며 주신 말씀에 순종하는 우리가 되게 하소서.

요한복음 8:48-59
참 믿음

문맥과 요약

유대인들과의 논쟁이 이어진다. 그들은 하나님의 말씀은 듣지 않으면서 자신들이 아브라함의 후손이라 생각한다. 자신들에게 진리를 말씀하시는 예수님께 사마리아 사람 혹은 귀신 들렸다고 빈정거린다. 예수님은 영생이 자신을 믿는 것과 그 말씀을 지키는 것에 달려 있음을 가르치신다. 유대인들은 예수님이 진리의 말씀을 가르치시지만 그 가르침을 문자적으로 간주하여 지속적으로 오해한다.

해설

48-50절 《유대인들이 대답하여 이르되 우리가 너를 사마리아 사람이라 또는 귀신이 들렸다 하는 말이 옳지 아니하냐》 앞 단락에서 등장했던 유대인들과의 논쟁이 계속해서 이어지고 있다. 예수님은 유대인들이 예수님을 믿지 않는 이유를 정확하게 말씀하여 주셨다. 그들이 하나님의 말씀을 듣지 않기 때문이다. 하나님을 아버지라 생각하는 사람은 아버지의 말씀을 듣는다. 그리고 그 말씀을 듣는 자는 아버지와 늘 같은 말씀을 하시는 예수

님을 보고 아버지가 예수님을 보내셨다는 사실을 알고 믿게 된다. 그런 예수님을 믿지 않는 자들은 하나님의 자녀가 아니다. 그들의 진정한 아비는 마귀다. 예수님의 이러한 말씀에 유대인들의 심기가 상당히 불편해졌다. 그래서 유대인들은 예수님에게 사마리아 사람 혹은 귀신 들린 자라는 공격을 이어간다. 예수님 당시 유대인들에게 사마리아 사람이라는 말은 혐오와 질시의 말이었다. 또한 그들은 예수님을 귀신 들린 자라고 몰아세운다. 유대인들의 모욕에 대해서 예수님은 자신을 변호하신다. 예수님의 자신에 대한 변호는 앞선 단락에서 등장하는 논리와 궤를 같이 한다. 당신은 하나님 아버지를 공경하는 일에 전념을 다했는데 유대인들이 그것을 쉽게 무시하고 있다고 말씀하신다. 또한 자신은 자신의 영광을 구하지 아니하고 도리어 이것을 구하고 판단하실 분은 아버지라 말씀하신다.

51절《진실로 진실로 너희에게 이르노니 사람이 내 말을 지키면 영원히 죽음을 보지 아니하리라》 예수님은 자신을 비난하고 모욕하는 유대인들에게 영생에 대해서 말씀하신다. '진실로 진실로'라는 어구는 예수님이 자신의 말씀의 진정성을 강조하실 때마다 요한복음에서 반복적으로 사용되고 있다. 그렇다면 '내 말을 지키면 영원히 죽음을 보지 않는다'는 말씀은 무슨 뜻일까? 일단 이 말씀은 예수님을 믿고 그 말을 지키는 자가 육신의 죽음을 경험하지 않는다는 말은 아닐 것이다. 예수님을 믿고 그 말을 지켜도 육신의 죽음은 모두가 다 경험하기 때문이다. 도리어 이것은 사람들이 예수님을 믿고 그 말을 지킴으로써 경험하게 되는 '영생이라는 축복이 육체적 죽음을 통해서 방해받지 않는다'는 의미로 이해해야 할 것이다. 또한 예수님이 단순히 '나를 믿으면 죽음을 보지 않는다'고 말씀하지 않으셨다는 것을 기억할 필요가 있다. 예수님에게 있어서 예수님을 믿는 것은 곧 그의 말씀을 지키는 것을 의미했기 때문이다. 적어도 예수님에게 그분을 믿으면서 그의 말씀을 지키지 않는 것은 논리적으로 불가능한 일임에 틀림없다.

52-53절 《유대인들이 이르되 지금 네가 귀신 들린 줄을 아노라 아브라함과 선지자들도 죽었거늘 네 말은 사람이 내 말을 지키면 영원히 죽음을 맛보지 아니하리라 하니》 유대인들은 예수님의 말씀을 오해한다. 요한복음에서 반복적으로 등장하는 주제다. 예수님이 진리를 말씀하시면 사람들과 제자들은 예수님이 말씀하시는 진리를 제대로 깨닫지 못한 채 오해한다. 유대인들은 예수님의 말씀이 육신적 죽음을 보지 않는다는 것을 의미하는 것으로 이해했다. 그래서 그들은 예수님의 말씀을 그가 귀신 들렸다는 증거로 사용한다. 아브라함과 선지자들도 모두 죽었는데 어떻게 그 말을 지키면 영원히 죽음을 보지 아니한다고 말할 수 있냐는 것이다. 그러면서 '너는 이미 죽은 우리 조상 아브라함보다 크냐'고 질문한다. 이 질문은 예수님의 참된 정체를 알지 못한 채 '당신이 야곱보다 더 크니이까'라고 말했던 사마리아 여자의 말을 생각나게 한다(4:12). 물론 이 말을 하고 있는 당사자들인 사마리아 여자와 유대인들 모두는 결코 그럴 수 없다는 전제를 가지고 말을 한 것이겠지만, 실상 예수님은 아브라함과 야곱보다 더 크신 분이시다.

54-56절 《너희 조상 아브라함은 나의 때 볼 것을 즐거워하다가 보고 기뻐하였느니라》 예수님이 다시 한번 당신의 입장을 변호하신다. 당신은 자신에게 영광을 돌리신 일이 없으시다는 것이다. 도리어 자신에게 영광을 돌리시는 이가 계시는데, 그분은 유대인들이 하나님이라 칭하는 분이라고 말씀하신다. 유대인들은 그 하나님을 안다고 주장하지만 실상은 알지 못한다. 예수님은 하나님을 아시는데, 만일 예수님이 하나님을 알지 못한다고 하신다면 역설적으로 거짓말쟁이가 되는 셈이기 때문이다. 그리고 예수님은 "너희 조상 아브라함은 나의 때 볼 것을 즐거워하다가 보고 기뻐하였느니라"고 말씀하신다. 무엇보다 유대인들 사이에는 하나님께서 아브

라함에게 메시아가 오실 때를 계시하셨다는 사상이 있었다(창세기 랍바 44:22). 이에 관해 유대 전통에는 메시아에 대한 말씀을 이해하는 두 가지 전통이 있었는데, 먼저 아브라함이 살아있는 동안 이 기대를 가졌다는 것이다. 이 메시아 기대를 창세기 17:17과 연관시켜서 이해한다. 창세기 17장에서 하나님이 아브라함과 사라에게 아이를 가지게 될 것이라 계시하시자 아브라함이 웃으며 반응한다. 물론 그곳에서 아브라함의 웃음은 다소 냉소적인 웃음이었다. 그러나 하나님은 아브라함의 냉소적 웃음을 실제로 웃음을 뜻하는 아이 이삭을 주심으로 진정한 기쁨의 웃음으로 바꾸셨다. 이런 관점에서 아들에 대한 약속을 단지 이삭에게만 적용하지 않고 장차 오실 메시아에게 적용함으로써 아브라함이 기쁨으로 메시아의 날을 기다렸다는 것이다(희년서 15:17, 16:15-20). 또한 아브라함이 죽은 후 하늘에서 메시아의 날을 보고 기뻐했다는 전통도 있다. 아브라함이 종말론적 제사장으로 메시아가 등장하여 하나님의 구원을 이루실 것을 기대하고 기뻐했다는 전통이다(레위 유언서 18:14). 아마도 아브라함은 그 메시아가 예수님이라는 것을 알지는 못했을 것이다. 다만 하나님께서 자신의 백성들을 위한 종말론적 구원을 이루실 것에 대한 기대를 아브라함이 가지고 있었다는 말로 이해하는 것이 적절해 보인다. 그 종말론적 구원이 예수님에게서 이루어지고 있으니 예수님은 아브라함이 자신의 때를 보고 기뻐했다고 스스로에게 적용하시며 말씀하신 것이다.

57-59절 《네가 아직 오십 세도 못 되었는데 아브라함을 보았느냐》 유대인들은 예수님의 말씀을 또 문자적으로 이해한다. 예수님은 유대인들의 질문에 "아브라함이 나기 전부터 내가 있느니라"고 답하셨다. 이것은 요한복음 서론에서 요한이 이야기한 것과 같은 맥락이다. 로고스이신 예수님은 태초부터 하나님과 함께 계셨다. 바로 이런 맥락에서 예수님은 자신이 아브라함이 나기 전부터 있었다고 말씀하신 것이다. 여기서 요한복음에

서 유명한 '에고 에이미'가 다시 한번 사용된다. 예수님은 이스라엘을 구원하시는 전능하신 하나님이시다. 그것이 예수님의 진정한 정체성이다. 물론 예수님 당시 유대인들이 이것을 이해하는 것은 불가능에 가까웠다. 예수님의 말씀을 신성모독으로 오해한 유대인들은 돌을 들어 예수님을 치려고 시도하지만 예수님은 그들을 피해 성전에서 나가신다.

묵상

조국 교회에는 언제부턴가 기독교의 복음을 구원파적인 복음으로 퇴색시키기 시작했다. 구원파가 주장하는 복음이 무엇인가? 자신이 구원받았다는 확신을 얻으면 더 이상 죄를 회개할 필요가 없으며 어떻게 살아도 한 번 받은 구원은 영원히 유효하다고 가르친다. 적지 않은 교인들이 미혹됐다. 몇 십 년 교회를 다녔지만 누리지 못했던 구원의 확신을 구원파 교리를 통해 단번에 얻게 됐다고 주장하는 이들도 생기기 시작했다. 성경 어디에서도 찾아볼 수 없는 가짜 가르침이다. 그런데 '예수를 믿으면 구원받는다'는 기독교의 가르침이 구원파적인 가르침으로 둔갑해서 교회 안에서 성도들 사이에서 독버섯처럼 번지고 있다.

이런 맥락에서 '예수를 믿으면 구원받는다'라는 말의 진정한 의미를 우리는 한번 생각해 볼 필요가 있다. 이 말은 맞는 말일 수도 있고 틀린 말일 수도 있기 때문이다. 만일 누가 이 말을 내가 추구하는 탐욕의 나라를 마음껏 지속적으로 탐닉하면서도 나는 예수님을 믿는다고 고백했기 때문에 하나님의 백성이라고 주장한다면 이것은 명백하게 틀린 말이다. 하나님 나라의 백성은 하나님의 음성을 듣게 되어 있기 때문이다. 양이 목자의 음성을 듣는 것과 같은 이치다. 하나님의 음성이 지속적으로 들리는데도 지속적으로 그 음성을 거부하는 사람이 어떻게 하나님 나라의 백성일 수가 있겠는가? 하나님은 그런 사람에게 하나님의 나라를 허락하실 리가 없다. 예수님도 우리들이 그런 착각을 할 수 있는 위험성이 농후하다는 사실을 아시고 산상수훈에서 "나더러 주여 주여 하는 자가 천국에 들어가는 것이 아니요 하늘에 계신 내 아버지의 뜻대로 행하는 자라야 들어가리라"고 엄중하게 말씀하셨다. 회개와 돌이킴의 기회가 주어져 있는 오늘, 내가 과연 어떤 나라를 추구하며 살아왔는지를 점검해야 한다. 우리 모두 함께 깨어 새 창조의 나라, 그 하나님의 나라를 남은 인생 동안 겸손히 추구하며 살아가자. 예수님을 믿는다는 고백은 필연적으로 그분의 생명과 진리의 말씀에 대한 순종을 통해서 표현되게 되어 있다. 그런 순종이 없다면 그것은 가짜일 확률이 높다.

기도

주님, 거짓 복음에 현혹되지 않게 하소서. 유대인들처럼 하나님을 사랑하지 않고 그분의 말씀을 듣지 않으면서도 자신들이 아브라함의 후손이라 생각하는 어리석음을 범치 않게 하소서. 오늘 하루 내가 믿음으로 고백하는 예수님의 말씀 안에 거하게 하소서.

요한복음 9:1-12
발상의 전환

문맥과 요약

길을 가다 예수님 일행은 나면서부터 맹인 된 사람을 만나게 된다. 제자들은 그가 맹인으로 태어난 것이 죄 때문이라 생각한다. 그러나 예수님은 완전히 새로운 시각을 제시하신다. 그가 맹인으로 태어난 것은 하나님이 하시는 일, 즉 새 창조의 일을 드러내기 위함이라고 가르쳐 주신다. 예수님의 말씀에 순종한 맹인의 눈이 떠진다.

해설

1-2절 《제자들이 물어 이르되 랍비여 이 사람이 맹인으로 난 것이 누구의 죄로 인함이니이까 자기니이까 그의 부모니이까》 본문에 등장하는 맹인을 치유하신 사건은 7-8장의 초막절 소재, 그중에서도 특별히 빛과 연관되어 있다. 예수께서 길을 지나실 때 제자들은 구걸하고 있는 맹인을 한 명 보게 된다. 제자들은 이 사람이 맹인으로 태어난 것이 누구의 죄로 인함인지 질문한다. 이 질문은 유대인들의 전통적인 죄에 대한 이해와 연관되어 있다. 유대인들은 죄로 말미암아 인간에게 죽음이 왔다고 이해했다. 또한 그 죄

로 말미암아 인간에게 질병을 비롯한 고통이 왔다고 이해했다. 이러한 이해가 완전히 틀린 것은 아니다. 요한복음 5장에서 베데스다 연못의 38년 된 병자를 치유하신 후 예수님은 더 심한 것이 생기지 않기 위해서 죄를 짓지 말라고 당부하셨다. 죄와 질병의 연관성을 분명하게 암시하신 말씀이다. 그런데 문제는 이 사람은 태어날 때부터 맹인이었다는 것이다. 그래서 이것이 누구의 죄 때문인지 제자들은 궁금했다. 이것이 태아의 죄 때문이었는지 아니면 부모의 죄 때문이었는지를 질문한 것이다. 제자들의 질문은 그가 맹인으로 태어난 것에 대한 원인에 초점이 맞추어져 있다.

3절 《예수께서 대답하시되 이 사람이나 그 부모의 죄로 인한 것이 아니라 그에게서 하나님이 하시는 일을 나타내고자 하심이라》 예수님에게는 양자택일이 요구되고 있는 상황이다. 부모의 죄인가 아니면 태아의 죄인가? 제자들의 시선은 맹인이 당하고 있는 고통의 원인에 온통 집중되어 있었다. 그런데 예수님은 제자들이 전혀 기대하지 않았던 답을 제시하신다. 제자들은 그가 당하는 고통의 원인을 두 가지로 이야기하고 있는데 예수님은 제자들이 상상할 수도 없었던 고통의 제3의 요인에 대해서 말씀하신다. 예수님의 말씀은 고통의 원인이라기보다는, 보다 정확하게 말해 그 고통의 목적을 나타내는 것으로 이해하는 것이 더 적절해 보인다. 그가 맹인으로 태어난 것은 누구의 죄 때문이라기보다는 '하나님의 일'을 나타내기 위함이었다. 그렇다면 '하나님의 일'이라는 말은 구체적으로 무엇을 나타내는 것일까? 사실 '하나님의 영광', '하나님의 일' 이런 표현들은 매우 추상적일 수 있다. 근접 문맥 속에서 예수님이 말씀하신 '하나님의 일'이란 표현은 맹인의 눈을 뜨게 해주신 일과 직접적으로 연결되어 있는 것이 분명하다. 결론부터 말하자면 하나님의 일이란 새 창조의 일이다. 구체적인 의미는 6-7절에서 설명된다.

4-5절 《때가 아직 낮이매 나를 보내신 이의 일을 우리가 하여야 하리라 밤이

오리니 그 때는 아무도 일할 수 없느니라》 예수님은 때가 낮이라고 말씀하시고 그렇기 때문에 자신을 보내신 이의 일을 하여야 한다고 말씀하신다. 밤이 되면 아무 일도 할 수 없기 때문이다. 예수님의 말씀은 창조의 기사를 생각나게 한다. 창세기에서 하나님의 창조 행위 후에 저녁과 아침, 즉 어두움이 임한다. 마찬가지로 예수님은 낮 동안 하나님이 맡기신 일을 행하려 하신다. 창세기와의 연결이 흥미로운 대목이다. 맹인을 고치시는 이야기와 창세기와의 연결은 뒤따르는 구절에서 더욱 분명해진다.

6-7절 《이 말씀을 하시고 땅에 침을 뱉어 진흙을 이겨 그의 눈에 바르시고 이르시되 실로암 못에 가서 씻으라 하시니 (실로암은 번역하면 보냄을 받았다는 뜻이라) 이에 가서 씻고 밝은 눈으로 왔더라》 '하나님의 일'이란 표현의 구체적인 내용이 밝혀진다. '땅에 침을 뱉어 진흙을 이겨 그의 눈에 바르시고'는 맹인을 치유하시는 과정을 묘사한다. 이 맹인을 치유하시는 예수님의 모습이 조금은 어색하다는 느낌을 받는다. 예수님은 말씀만으로도 얼마든지 이 맹인을 치유하실 수 있으셨는데 왜 굳이 이와 같은 구체적인 치유의 방법을 사용하셨을까? 요한복음의 문맥에서 예수님의 이 같은 행동은 매우 상징적인 의미를 가지는 것으로 해석할 수 있다. 예수님이 맹인을 치유하시기 위해서 흙을 사용하셨다는 이야기는 자연스레 창세기를 떠올리게 한다. 예수님께서 이 맹인을 치유하실 때 창세기가 생각나게 하는 방식으로 그를 치유해 주신 이유가 무엇일까? 창조의 말씀(로고스)이셨던 예수님께서 흙으로 첫 번째 사람을 창조하신 것처럼 또다시 흙을 이용해서 새 창조의 인류를 만들어 가시는 이야기를 상징적으로 보여 주려고 하신 것이 아닐까 싶다. 이런 관점에서 어두움 속에 거하던 맹인의 눈을 뜨게 해주신 사건은 단순히 '그가 앞을 보게 됐다'라는 정도만 이야기하는 것이 아니다. 문맥 속에서 맹인이 눈을 뜬 사건은 그가 예수님을 만나고 그분을 통해 새롭게 지어져 가는 새로운 창조의 사람이 됐다는 것을

상징적으로 보여 주는 것이다.

또한 8장에서 언급된 초막절의 내용과도 직접적으로 연결된다. 8:12에서 예수님은 자신을 세상의 빛이라 하셨다. 당신을 따르는 자는 어둠에 다니지 아니하고 생명의 빛을 얻으리라고 말씀하셨다. 맹인은 예수님을 만남으로 단순히 육신의 눈만 뜨게 된 것이 아니다. 새 창조의 예수님을 만남으로 인해서 그는 새로운 생명의 빛까지도 얻게 되었다. 연이어 등장하는 9장의 모든 내용들은 그가 어떻게 생명의 빛에 동참하게 되는지를 구체적으로 보여 주고 있다. 새 창조의 주님을 만나는 자는 주님이 이 땅에 빛으로 오셨다는 말의 의미를 이해하게 된다. 어두움 속에 거하는 죄인들은 자신이 어두움 속에 거한다는 사실조차 알지 못한다. 그렇게 어둠 가운데 거하던 죄인들이 생명의 빛이신 예수님을 만나게 된다. 그리고 자신이 얼마나 캄캄한 어둠 속에 거하고 있었는지를 새삼 깨닫게 된다. 그 어둠 가운데 거하고 있던 자를 불러 환한 빛 가운데 걸어가게 하시는 은혜를 깨닫게 된다. 예수님은 맹인의 눈을 뜨게 해주시는 사건을 통해서 이 진리를 가르쳐 주시는 것이다. 영적 맹인으로 살았던 사람들이 예수님을 만남으로 인해 영적인 눈을 뜨고 생명의 빛 가운데 거하며 살아가게 된다.

이 이야기를 근거로 3절에 등장하는 "하나님이 하시는 일"이란 문맥 속에서 "새 창조의 일"이라고 부를 수 있다. 이 맹인이 맹인으로 태어난 것은 예수님 안에서 하나님이 행하시는 새 창조의 일을 나타내 보이시기 위함이다. 나면서부터 맹인이었던 그의 인생의 오랜 아픔은 단순히 원인 분석용이 아니라는 말씀이다. 새 창조의 주님을 만난다는 것은 인간의 고통과 아픔마저도 새 창조의 관점에서 바라보게 한다. 또한 예수님은 맹인의 눈에 진흙을 바르시고는 그에게 실로암이라고 하는 못에 가서 씻으라고 명령하셨다. 앞이 보이지 않는 맹인이 실로암까지 가는 것 자체가 상당히 쉽지 않은 일이었을 것이고 불편한 일이었다는 것은 분명해 보인다.

맹인으로서 실로암까지 가는 것이 여간 성가신 일이 아니며 매우 불편한 일이라는 것을 잘 아셨을 예수님은 왜 굳이 진흙을 눈에 바르고 실로암까지 가서 씻으라고 명령하셨을까?

맹인은 불편할 수 있는 길을 예수님의 말씀을 따라 순종하며 걸어간다. 이 장면은 열왕기하 5장에 등장하는 아람의 군대 장관 나아만 이야기가 떠오르게 한다. 나아만은 아람 군대의 장관이었다. 그런데 그는 한센병 환자였다. 여종을 통해서 이스라엘에 엘리사라는 선지자가 있고 그가 이 병을 고칠 수 있다는 말을 들었고 엘리사에게 나아오게 된다. 나아만은 엘리사가 자신을 영접하고 하나님의 이름을 부르며 그의 손을 환부에 대는 방식으로 자신을 고칠 것이라고 기대했다. 그러나 나아만의 기대와는 달리 엘리사는 나아만을 집으로 맞아들이지 않았다. 다만 사람을 보내 요단강에 몸을 일곱 번 씻으라고 지시했다. 이 말을 듣고 나아만은 분노했다. 이때 그의 종들이 그를 설득했다. '아니 선지자가 이보다 더한 일을 하라면 하지 못하겠습니까?' 이 말을 들은 나아만은 엘리사 선지자의 말대로 순종해서 요단강에 내려가 일곱 번 몸을 담근 후에 그의 몸이 기적적으로 회복되는 경험을 하게 된다. 선지자를 통한 하나님의 말씀에 순종하여 자신의 몸이 성하여 진 후에 나아만은 '내가 이제 이스라엘 외에는 온 천하에 신이 없는 줄을 아나이다'라고 고백하게 된다. 그는 병만 나은 것이 아니라 이 순종을 통해서 하나님에 대한 보다 더 확실한 믿음의 고백을 하게 된 것이다. 맹인의 이야기도 같은 관점에서 이해할 수 있다. 예수님과 그 사이에 공유되는 믿음의 이야기가 생긴 것이다.

8-10절 《이웃 사람들과 전에 그가 걸인인 것을 보았던 사람들이 이르되 이는 앉아서 구걸하던 자가 아니냐 어떤 사람은 그 사람이라 하며 어떤 사람은 아니라 그와 비슷하다 하거늘 자기 말은 내가 그라 하니》 맹인이 치유되고 난 후에 이웃 사람들과 그를 보았던 사람들 사이에는 논란이 벌어졌다. 어떤

사람들은 '그가 그 맹인이 맞다'고 했고 다른 사람들은 외모만 비슷할 뿐 아니라고 했다. 도저히 믿을 수 없는 일이 일어났기 때문이다. 자신들의 눈으로 보고 있음에도 그들은 믿을 수 없었던 것이다. 그래서 그들은 맹인이 어떻게 보게 됐는지를 묻는다.

11-12절《예수라 하는 그 사람이 진흙을 이겨 내 눈에 바르고 나더러 실로암에 가서 씻으라 하기에 가서 씻었더니 보게 되었노라》 맹인은 담담하게 자신에게 일어난 일을 말하고 있다. 다른 사람들은 그에게 일어난 변화를 도무지 믿을 수 없는데 맹인이었던 자는 예수님과 자신 사이에 일어난 일을 확실하게 말할 수 있는 자신만의 이야기가 생겼다. 예수님의 말씀에 순종하는 자들이 누리게 되는 확실한 이야기를 가지게 되었다. 예수님을 믿는 자들에게 베풀어주시는 새 창조의 은혜가 맹인에게 임한 것이다. 주님을 믿는 자는 생명의 빛을 보게 된다 하신 말씀이 맹인의 삶 속에 임하게 된 것이다. 물론 그의 믿음은 아직은 유아기적인 믿음이다. 그러나 그 믿음은 생명의 빛이신 예수님과의 교제를 통해서 성장해 가게 될 것이다. 연이어 등장하는 후속 이야기를 보면 예수님에 대한 그의 이해가 어떻게 성장해 가는지 목격하게 된다.

묵상

새 창조의 관점은 우리에게 중요한 묵상 포인트를 제공한다. 생각하기 힘든 어려운 일들과 고통스러웠던 과거를 생각하며 사람들은 종종 왜 나에게 그러한 일들이 생겼는지를 묵상한다. 원인을 묵상하는 것이다. 고통스러운 질병을 가진 사람들, 사업에서 실패하고 고민하는 사람들, 관계 속에서 아픔을 가지고 사는 사람들. 우리들은 왜 우리가 그런 고통 가운데 거하게 됐는지를 수없이 고민한다. 물론 그러한 고민이 의미가 없다고 말할 수는 없다. 제자들이 생각했던 것처럼 많은 경우 우리의 고통과 아픔이 우리의 죄와 연관될 수 있다는 것도 사실이기 때문이다. 그러나 우리의 고통과 죄와의 직접적인 연결 고리를 찾는 것이 쉽지 않은 경우도 적지 않다. 그런데 사람들은 종종 경솔하다. 마치 자신들이 하나님이라도 된 듯 경솔하게 말한다. 세월호의 희생자들을 향해서 그들의 숨은 죄악 때문에 하나님이 징벌하셨다고 경솔하게 말하는 사람들의 이야기를 들었다. 사람을 꼭 때려야만 폭력이 아니다. 내막을 정확하게 알지 못한 채 내뱉는 그 경솔한 말들은 끔찍한 언어폭력이다.

제자들은 맹인 된 자를 보면서 그 맹인 됨의 원인이 무엇인지에만 집중한다. 그런데 주님은 그 원인에 집중하는 사람들의 패러다임을 바꾸신다. 그리고 그 일의 목적이 무엇인지를 알려 주신다. 방향을 바꾸신 것이다. 뒤를 돌아다보는 방향에서 앞을 내다보는 방향으로 말이다. 이것이 주님을 만나 새 창조의 인생을 살아가는 사람들의 인생에서 일어나는 가슴 뛰는 일이다. 적지 않은 그리스도인들이 과거만 돌아보며 과거에만 붙들려 사는 것을 본다. 그런데 그러느라 정작 그러한 일들을 통해서 하나님이 이루시려는 소중한 새 창조의 미래를 놓치고 사는 것을 본다. 다 설명할 수도 없는 과거의 일에 붙들려 하나님이 새롭게 이루시려는 열린 미래를 내다보지 못하고 산다. 원인규명이 필요 없다는 말이 아니다. 단지 우리는 우리에게 일어나는 모든 일들의 원인을 다 규명해 낼 수 있는 실력이 없음을 직시해야 한다는 말이다.

우리는 아픔과 고통 속에서 주님을 만난다. 그 가운데 아픈 우리를 위로하시는 새 창조의 주님을 경험한다. 그러한 경험은 또 다른 새 창조의 사역을 위한 목적으로 사용된다. 고린도후서 1:3-4을 보면 새 창조라는 관점에서 바울이 이 통찰을 어떻게 설명하고 있는지가 보인다. "찬송하리로다 그는 우리 주 예수 그리스도의 하나님이시요 자비의 아버지시요 모든 위로의 하나님이시며 우리의 모든 환난 중에서 우리를 위로하사 우리로

하여금 하나님께 받는 위로로써 모든 환난 중에 있는 자들을 능히 위로하게 하시는 이시로다." 바울의 시선이 보이는가? 그의 시선이 원인이 아니라 목적에 있는 것이 보이는가? 바울은 성도들이 당하는 환난 속에서 우리를 위로하시는 하나님의 위로를 말한다. 우리가 그렇게 경험한 위로는 또 다른 사람의 인생에서 크나큰 위로로 작용한다고 바울은 설명한다. 이것이 주님을 만나 새롭게 지어진 사람의 시각이다.

필자에게는 친한 후배 목사가 한 명 있는데, 그의 아내인 사모님은 목사의 딸로 태어났다. 사모님은 대학생 시절 대학 합격 통지를 받으러 학교에 갔다가 귀가하는 길에 전동차의 난간에 그만 두 다리가 끼는 사고를 당해 두 다리를 잃었다. 20살 여대생에게는 너무나 끔찍한 사고였다. 좌절의 시간을 보낸 것도 사실이다. 그러나 그녀는 거기에 머물러 있지 않았다. 그 환난과 고통을 통한 새 창조의 목적을 바라보았다. 지금 그녀는 목사의 사모가 되어 한 교회를 잘 섬기고 있다. 또한 대학 졸업 후 재활학 박사과정을 공부해서 자신처럼 어려움을 가지게 된 장애우들을 여러 가지 모양으로 섬기는 귀한 사역을 감당하고 있다. 새 창조의 백성은 자신들의 고통 속에서도 새 창조의 일을 마침내 이루어내고야 마시는 주님의 시각을 배우게 된다. 온통 원인만 규명하려는 사람들 틈바구니에서 하나님이 새롭게 이루실 일들을 바라보며 그것을 소망하고 기도하게 된다. 지금 당신의 시선은 어디를 향하고 있는가? 원인규명인가 아니면 하나님이 새롭게 하실 일인가?

기도

주님, 온통 원인만 규명하려는 세상에서 새 창조의 시각을 가지게 하소서. 우리 안에 이루실 주님의 일을 기대하고 사모하여 풍성한 삶을 누리며 살아가는 우리가 되게 하소서.

요한복음 9:13-23
폭풍

문맥과 요약

맹인은 사람들에 의해 바리새인 앞에 서게 된다. 바리새인들은 맹인을 치유하신 예수님에 대한 의견이 갈린다. 바리새인들은 맹인의 부모를 불러 자초지종을 확인하려 한다. 하지만 부모는 이미 예수님을 그리스도로 시인하면 출교당하게 된다는 사실을 알고 있기에 대답을 회피한다.

해설

13-16절 《바리새인 중에 어떤 사람은 말하되 이 사람이 안식일을 지키지 아니하니 하나님께로부터 온 자가 아니라 하며 어떤 사람은 말하되 죄인으로서 어떻게 이러한 표적을 행하겠느냐 하여 그들 중에 분쟁이 있었더니》 맹인을 치유하신 후에 예수님은 이야기의 전면에서 물러나신다. 예수님의 물러나심과 더불어 맹인 주변에 있었던 사람들이 이 일에 어떻게 반응하는 지에 본문의 관심이 집중된다. 맹인이었던 사람의 이웃과 주변 사람들이 그를 바리새인들에게 데려갔다. 그 이유는 그들이 예수님에 대해서 무엇인가 권위 있는 대답을 해주기를 기대해서였을 것이다. 14절은 예수님이 맹인

을 치유하신 날이 안식일이었다고 언급한다. 앞으로 이야기가 안식일 논쟁과 연관될 것임을 시사하는 대목이다. 그런데 사람들의 기대와는 달리 바리새인들 사이에서도 예수님에 대해서 일치된 의견을 들을 수 없었다. 바리새인들 중에 어떤 사람들은 그들이 기대했던 방식으로 예수님이 안식을 지키지 않았기 때문에 예수님은 하나님께로부터 온 사람이 아니라고 주장했다. 또 어떤 사람들은 죄인으로서 어떻게 이러한 표적을 행할 수 있겠느냐고 주장했다. 후자의 주장은 이사야의 예언과 연관된 것으로 보인다. 35:4-5에서 이사야는 하나님이 그의 백성에게 돌아오시는 날에 일어날 일에 대해서 이야기하며 그때에 맹인의 눈이 밝아질 것이라고 한다. 42:6-7에서도 여호와께서 여호와의 종, 즉 메시아에게 말씀하시기를 메시아가 눈먼 자들의 눈을 밝힐 것이라고 예언하고 있다. 즉 메시아의 시기가 도래하면 그분이 와서 수행할 가장 중요한 표징 중의 하나가 눈먼 자들의 눈을 밝히시는 것이다. 바리새인들 가운데 일부는 예수님을 통해서 이사야가 언급했던 그와 같은 일이 벌어지고 있다고 생각한다. 이러한 일은 죄인이 행할 수 있는 표적이 아니라는 말이다. 바리새인들의 입장에서는 참 난감했을 것이다. 안식일을 깨는 메시아를 상상할 수도 없는데 메시아가 와서 행하실 맹인의 눈을 밝히는 일이 일어나고 있으니 난감하지 않을 수 없었을 것이다.

17-21절 《그 부모가 대답하여 이르되 이 사람이 우리 아들인 것과 맹인으로 난 것을 아나이다 그러나 지금 어떻게 해서 보는지 또는 누가 그 눈을 뜨게 하였는지 우리는 알지 못하나이다 그에게 물어 보소서 그가 장성하였으니 자기 일을 말하리이다》 예수님에 대한 일치된 의견을 도출할 수 없었던 바리새인들은 맹인을 불러 예수님에 대한 그의 의견을 묻는다. 맹인은 예수님을 선지자 정도로 생각하고 있다. 그러나 바리새인들은 그가 맹인으로 태어난 것이 사실이 아닐 수 있다고 의견을 모았던 것 같다. 그래서 그 맹인의 부

모를 데려다가 그가 맹인으로 태어난 것이 사실인지를 확인하려고 시도한다. 바리새인들은 아들이 맹인으로 난 것이 맞는지 그리고 그렇다면 지금은 어떻게 해서 보게 됐느냐고 따지듯이 물었다. 이 심상치 않은 분위기에 부모는 매우 당황한 것이 틀림없다. 그래서 그가 자신들의 아들인 것과 나면서부터 맹인으로 태어난 것은 사실이라고 대답한다. 그러나 그가 어떻게 보게 됐는지는 알지 못한다고 이야기한다. 부모들이 맹인이었던 자의 치유에 대해서 전혀 모르고 있다는 말은 쉽게 이해되지 않는다. 맹인이었던 아들이 보게 된 것을 자신들의 눈으로 확인했을 부모가 아들에게 자초지종을 묻지 않았다는 것은 매우 믿기 힘든 일이기 때문이다. 맹인이었던 자의 부모는 상황을 회피하고 있었던 것이다.

22-23절 《그 부모가 이렇게 말한 것은 이미 유대인들이 누구든지 예수를 그리스도로 시인하는 자는 출교하기로 결의하였으므로 그들을 무서워함이러라》 부모들이 상황을 회피하듯이 대답한 이유가 밝혀진다. 유대인들은 자신들 사이에서도 의견이 나누어져 있음에도 불구하고 누구든지 예수님을 그리스도, 즉 메시아라고 시인하면 그를 유대교에서 출교시키기로 결의해 놓았던 것이다. 이것은 참으로 무서운 조치다. 유대교의 회당으로부터 출교된다는 말의 의미는 더 이상 종교적 의식에 참여하지 못한다는 의미가 아니다. 정치와 종교와 사회와 문화가 하나로 통합된 유대 사회에서 회당으로부터의 출교란 종교뿐만 아니라 그가 누릴 수 있는 모든 사회적 시스템과 보호로부터 배제되는 것을 의미한다. 사회적·종교적 죽음과도 같은 조치인 셈이다. 맹인의 부모는 그것이 두려웠다. 그래서 아들을 고쳐 주신 분이 예수님임을 틀림없이 알고 있었을 테지만 모른다고 잡아뗀 것이다. 예수님을 인정할 때 자신들이 당해야 하는 불이익이 너무도 컸기 때문에 자신들은 마치 아무것도 알지 못하는 것처럼 행동한 것이다. 그렇다면 바리새인들은 왜 이와 같은 성급한 결정을 내렸을까? 그것은 아마

도 예수님이라는 존재가 자신들이 기득권을 누리는 데 결정적인 방해물이 될 것이라는 정치적 판단을 먼저 내렸기 때문으로 보인다. 예수님이 하시는 일의 엄청난 파장이 이미 유대인들 사이에서 감지되고 있었다. 가만 두었다가는 모든 유대인들이 그에게 몰려갈 판이다. 그런데 예수님이 안식일 법을 전통대로 지키지 않았다. 그들이 정직한 사람들이라면 이러한 판단에 앞서서 정직한 신학적 판단을 먼저 내렸어야 했다. 신학적 합의가 이루어지지도 않았는데도 그들은 이미 정치적 판단을 먼저 내려버렸던 것이다.

묵상

본문을 묵상해 보면 바리새인들이나 맹인의 부모나 모두 두려움을 느끼고 있는 것이 아닌가 하는 생각이 든다. 예수님을 통해서 새로운 창조의 세상이 열리고 있는데 바리새인들은 예수님 때문에 자신들이 누릴 수 있는 기득권을 놓치게 될까봐 전전긍긍하고 있다. 그래서 그들은 아직 신학적인 판단이 온전히 이루어지지도 않았고 자신들 사이에서도 의견이 나누어져 있는데도 이미 성급한 정치적 판단을 내려버렸다. 부모들도 마찬 가지다. 자신의 맹인 된 아들이 주님을 통해서 새로운 창조의 세상을 경험하는 일이 발생하고 있는데도 그들은 주님에 대해서 아무것도 모르는 것처럼 행동한다. 양자 모두 다 주님으로 인해서 자신들에게 돌아올 불이익 때문에 전전긍긍하고 있다. 그들은 모두 예수님이 나면서부터 맹인 된 자를 고쳐주시는 새 창조의 사건 때문에 폭풍 가운데 휘말려 있는 것이다.

이 사건 가운데 바리새인은 바리새인들대로, 부모는 부모대로 두려워 전전긍긍하고 있는데 유독 흔들림 없이 서 있는 한 사람이 등장한다. 맹인 됐던 자는 이 모든 상황 속에서 전혀 허둥거리지 않는다. 바리새인들이 두려워서 부모는 대답을 회피하고 있는데 그는 담백하게 있는 그대로 대답한다. 그도 예수님과의 관계를 있는 그대로 시인하는 것이 자신에게 미칠 수 있는 불이익과 파괴적 결과를 틀림없이 알고 있었을 텐데 바리새인들 앞에서도 거침이 없다. 바리새인들이 지속적으로 같은 질문을 묻고 있는데도 그는 예수님을 자신이 알고 있는 대로 정직하게 선지자라고 대답한다. 물론 예수님을 선지자라고 고백하는 것은 그분에 대한 온전하고 충분한 이해는 아니다. 그러나 마치 요한복음 4장에 수가성 여인이 예수님에 대한 온전한 이해에 이르게 된 것처럼 이 소경이었던 사람도 예수님에 대한 온전한 이해에 이르게 된다. 결과적으로 맹인이었던 자는 예수님과의 관계 때문에 유대교로부터 출교를 당하게 된다.

그런데도 우리는 왜 본문 속 맹인이었던 사람에게서 두려움의 징후를 감지하지 못할까? 그 부모마저도 두려워하는 상황에서 어째서 그는 잠잠할 수 있는 걸까? 그 비밀은 그가 주님의 말씀을 붙잡고 실로암까지 걸어갔던 것과 연관되어 있다. 평생을 어둠 가운데 살았던 맹인은 진리의 말씀이신 주님과 단 한 번의 교제로 새로운 세상을 보게 됐고 새 창조의 세상을 경험하게 됐다. 이 진실된 교제가 폭풍이 이는 것 같은 상황 속에서도 그를 단단히 붙드는 든든한 버팀목이 됐던 것이다. 맹인이었던 자가 주님과 공유했던 그 진실된 믿음의 교제와 순종의 교제가 폭풍이 치는 상황 속에서도 그를 붙들고 견디게 해준 핵심적인 원동력이 됐다는 말이다. 이것이 주님과 진실 된 교제를 누리는 자의 삶 속에 나타나는 새 창조의 열매일 것이다.

우리는 모두 인생에서 원하든 원하지 않든 폭풍 가운데 들어갈 때가 있다. 새 창조의 인생을 산다는 것은 추상적인 이야기가 아니다. 예수님을 믿음으로 주님이 다스려주시는 새 창조의 인생을 사는 사람은 폭풍 가운데서도 잠잠할 수 있다. 그 폭풍 가운데에도 주님이 임하심을 믿기 때문이다. 함께 하시는 주님이 그 폭풍도 다스려주실 것을 믿기 때문이다. 혹 인생 가운데 폭풍을 경험하고 있는가? 폭풍마저도 다스려주시는 주님을 바라보라. 그 두려움의 한복판에서 새 창조의 역사를 이루어 가실 주님의 역사를 기대하라. 무릎 꿇어 기도함으로 그분이 이루실 새 창조의 일을 기대하라.

기도

주님, 인생의 폭풍 가운데 휘말릴 때가 있습니다. 그 속에서 두려워 떨기도 합니다. 그러나 그 가운데 우리와 함께 하시는 주님을 신뢰하고 신실하게 걸어가는 주님의 제자가 되게 하소서.

요한복음 9:24-34
제자의 길

문맥과 요약

유대인들은 맹인이었던 자를 다시 소환해서 심문한다. 유대인들의 반복되는 질문에도 불구하고 맹인이었던 자는 일관되게 대답한다. 자신이 맹인이었다가 보게 됐다는 사실에 집중한다. 이 과정에서 그는 메시아 시대에 맹인이 보게 될 것과 그 일이 자신의 삶 속에서 일어났다는 사실에 근거해서 유대인들의 무지를 역설적으로 질책하고 있다. 유대인들은 폭력적으로 그를 쫓아낸다.

해설

24절 《이에 그들이 맹인이었던 사람을 두 번째 불러 이르되 너는 하나님께 영광을 돌리라 우리는 이 사람이 죄인인 줄 아노라》 본문을 잘 관찰하면 유대인들은 처음부터 예수님이 맹인을 치유하신 사건을 공정하게 심의하려는 의도가 없었다는 것을 알 수 있다. 그들의 심의 과정이 그것을 드러낸다. 유대인들은 맹인 된 자를 소환해서 그가 예수님을 통해서 보게 됐다는 이야기를 자세히 들었다. 그들은 이 이야기를 듣고도 그의 말을 믿지 않았다. 그래서 그들은 부모를 소환했다. 부모를 통해 맹인이었던 자가 그들의 아들이며 그가 태어날 때부터 맹인이었다는 사실을 확인했다. 그렇다면 이러한 심의과정을 통과하면서 무엇이 확실해졌는가? 그가 맹인으로 태어났다는 사실과 그가 예수님 때문에 눈을 뜨게 됐다는 사실이 명백하게 드러났다. 예수님과의 관계를 노골적으로 드러내면 회당에서 축출될 수도 있는데 누가 일부러 그런 불이익을 당하면서까지 거짓을 이야기하겠는가? 그런데도 유대인들은 진실에 귀 기울이려 하지 않는다. 다만 그가 눈을 뜨게 됐다는 사실을 부인할 수 없기에 맹인이었던 자를 두 번째로 소환해서 "너는 하나님께 영광을 돌리라. 우리는 이 사람이 죄인인 줄 아노라"라고 말한다. 이 표현은 여호수아와 아간의 이야기를 생각나게 한다. 여호수아 7:19-20에서 여호수아는 아간의 죄가 드러났을 때 아간이 은폐하고 있는 것을 자복하라는 의미로 "너는 이스라엘의 하나님께 영광을 돌리라"라는 어구를 사용한다. 이러한 표현은 맹인이었던 자가 무엇인가를 은폐하고 있다고 유대인들이 판단했음을 시사한다. 유대인들은 예수님 안에 하나님이 하시는 일이 분명하게 드러나고 있음에도 불구하고 그것을 애써 부인한 것이다. 그리고 예수님은 죄인이라고 이미 확신하고 있다. 그들이 예수님을 죄인이라고 확신한 것은 그가 안식일 규정을 상당수의 유대인들이 기대했던 방식대로 지키지 않은 것과 연관되어 있음이 분명하다. 그들은 처음부터 예수님을 죄인이라고 규정해 놓고 그 사실을 반복적으로 확인하고 싶었을 뿐이다. 정황적 증거는 예수님이 맹인의 눈을 뜨게 한 것을 가리키고 있는데 귀를 닫고 눈을 닫아버린 것이다.

25-27절《그들이 이르되 그 사람이 네게 무엇을 하였느냐 어떻게 네 눈을 뜨게 하였느냐》 유대인들의 지속적인 요구에도 그는 매우 단순한 한 가지 사실에 집중한다. 그것은 자신이 맹인으로 있다가 지금은 보게 됐다는 사실이다. 맹인이었던 자의 대답은 유대인들이 원하던 답이 아니었다. 그래

서 그들은 뭔가 기지를 발휘해야 할 필요를 느끼고 다음과 같이 질문을 던진다. "그 사람이 네게 무엇을 하였느냐 어떻게 네 눈을 뜨게 하였느냐." 아마도 유대인들의 질문은 예수님이 맹인이었던 자를 치료하는 과정에서 안식일 규례를 위반했다는 사실을 드러내려는 것과 연관된 것으로 보인다. 안식일 규정을 위반하는 일이 치료의 과정에서 수반됐다는 말이다. 안식일 규례를 위반한 사람이 어찌 하나님이 보내신 사람일 수 있겠냐는 그들의 논리가 반영된 질문이다. 반복적으로 진행되는 유대인들의 질문에 맹인이었던 자는 이미 자신이 동일한 질문에 대답했다는 사실에 주의를 환기시킨다. 그러나 그들은 그의 말에 귀를 기울이지 않는다. 유대인들의 동일한 질문이 반복되는 것에 대해 맹인이었던 자는 '당신들도 예수님의 제자가 되길 원하기 때문이냐'고 반문한다.

28-29절《그들이 욕하여 이르되 너는 그의 제자이나 우리는 모세의 제자라 하나님이 모세에게는 말씀하신 줄을 우리가 알거니와 이 사람은 어디서 왔는지 알지 못하노라》 맹인이었던 사람의 정직한 이야기를 들은 사람들은 그에게 폭력적으로 반응하기 시작한다. 권위 앞에 굴복해서 예수님을 죄인이라고 말해주기를 기대했는데 그들의 뜻대로 상황이 움직이지 않았던 것이다. 그러자 그들은 힘없는 맹인에게 대놓고 욕하며 자신들은 모세의 제자라고 항변한다. 유대인들이 예수님을 용납할 수 없는 이유가 암시적으로 설명되고 있다. 모세의 규정 특별히 안식일 규례를 지키지 않는 자는 하나님이 보내신 사람일 수 없다는 전제가 깔려있다. 그래서 유대인들은 예수님과 모세를 대척점에 놓고 바라보고 있다. 하나님이 모세를 통해서 말씀하신 것은 분명한 반면 예수님은 어디에서 왔는지 알지 못하기 때문이라는 것이다. 유대인들의 말을 통해서 그들은 진실을 다시 한번 드러내게 된다. 그들은 정말로 예수님이 어디에서 왔는지 알지 못한다. 하나님이 그를 보내셨음에도 불구하고 그들은 이 사실을 알지 못한다. 그들은 하나

님과 관계없는 사람들이었기 때문이다.

30-33절《그 사람이 대답하여 이르되 이상하다 이 사람이 내 눈을 뜨게 하였으되 당신들은 그가 어디서 왔는지 알지 못하는도다 하나님이 죄인의 말을 듣지 아니하시고 경건하여 그의 뜻대로 행하는 자의 말은 들으시는 줄을 우리가 아나이다》 이러한 상황에서도 맹인이었던 자의 정직한 이야기가 이어진다. 그는 유대인들이 놓치고 있는 사실들을 지적한다. 예수라는 선지자가 자신의 눈을 뜨게 했는데 종교 지도자들은 그가 어디서 왔는지 알지 못한다는 것이다. 이 말은 선지자 이사야 예언의 맥락에서 이해해야 한다. 35장과 42장에서 이사야는 메시아의 시기가 도래하면 메시아가 와서 수행할 가장 중요한 표징 중의 하나로 눈먼 자들의 눈을 밝히실 것이라 말씀하고 있다. 메시아가 오시면 맹인이 보게 될 것이라 했는데 바로 자신이 맹인으로 태어나서 보게 됐다는 말이다. 자신이 눈을 뜬 것이 예수께서 하나님께로부터 오셨다는 것에 대한 가장 강력한 확증이라는 말이다. 그런데도 유대인들은 그와 같은 일을 알고 있지 못한다는 말이다.

맹인이었던 자는 유대인들이 놓치고 있는 또 한 가지 사실을 지적한다. 그것은 하나님이 죄인의 말은 듣지 아니하시지만 경건하여 하나님의 뜻을 행하는 자의 말은 들으신다는 사실이다. 그는 자신의 경험을 통해서 하나님께서 예수님의 말씀을 들으셨다는 사실을 안다. 바로 이 사실을 통해서 자신이 치유함을 얻었기 때문이다. 그래서 맹인이었던 자는 자신의 논점을 다시 한번 명확하게 피력한다. “창세 이후로 맹인으로 난 자의 눈을 뜨게 하였다 함을 듣지 못했으니 이 사람이 하나님으로부터 오지 아니했다면 아무 일도 할 수 없으리이다.” 하나님이 하시는 일을 경험하는 사람이 할 수 있는 지극히 정직하고 꾸밈없는 발언이다. 매우 논리적이고 성경에 근거한 주장이다. 소경의 눈이 떠지는 것은 메시아 시대의 명백한 증거이며 예수께서 자신에게 그 일을 행하셨으니 그는 하나님이 보내신 분이 맞다고 주장한다.

34절 《그들이 대답하여 이르되 네가 온전히 죄 가운데서 나서 우리를 가르치느냐 하고 이에 쫓아내어 보내니라》 이렇게 명백한 주장을 하고 있음에도 불구하고 유대인들은 이 사람을 폭력적으로 대한다. 논리로 안 되니 겁박하고 겁박하는 것으로도 안 되니 폭력으로 대응하는 것이다. '네가 온전히 죄 가운데서 나서 우리를 가르치느냐'라고 말하며 그를 쫓아내 버렸다. 쫓아내 버렸다는 말은 그의 부모가 그렇게도 두려워했던 것이 현실이 된 것을 말한다. 그는 회당으로부터 출교 당한 것이다. 그동안도 맹인으로 태어나서 제대로 된 권리와 보호를 받아본 일이 없었겠지만 그는 이제 공식적으로 유대교로부터 출교되었다. 그러나 본문 안에서 맹인이었던 사람이 유대인들을 두려워하는 분위기를 느낄 수 없다. 그는 종교 지도자들의 위협과 협박 속에서도 사실과 진리를 있는 그대로 가감 없이 이야기하고 있기 때문이다. 두려움에 압도된 사람은 그렇게 할 수 없다. 그가 그렇게 할 수 있었던 것은 예수님과의 단 한 번의 진실한 교제 때문이었다. 맹인이었던 자가 한 번의 교제로 예수님에 대한 균형 잡힌 이해를 가지게 된 것은 아니었겠지만 적어도 자신을 잠재적인 예수님의 제자로 인식하고 있었음이 분명해 보인다. 27절이 그 사실을 암시한다. "당신들도 그의 제자가 되려 하나이까?" '당신들도'('카이 휘메이스')는 강조형으로서 자신이 이미 예수님의 제자라는 사실을 암시하는 어구이다. 그는 이미 예수님과 나눈 단 한 번의 진실된 교제 때문에 예수님의 제자가 되기로 마음먹은 것이다. 메시아가 오면 맹인의 눈을 뜨게 해 주신다는 하나님의 말씀을 알고 있었고 자신의 삶 속에서 거부할 수 없는 하나님의 일이 일어나고 있음을 보며 진리의 말씀을 믿은 것이다.

묵상

제자가 되기로 마음먹고 예수님을 따르는 것에는 항상 값을 치러야 할 때가 온다. 이 맹인의 경우는 회당에서 쫓겨나는 것이 예수님을 따르는 것의 대가였다. 회당에서 쫓겨난다는 것은 이제 더 이상 예배를 드릴 수 없다는 말이 아니다. 종교, 문화, 정치, 사회가 연관된 유대 사회에서 회당으로부터의 축출이란 사회가 제공하는 모든 안전망과 편의로부터 제외되는 것을 의미한다. 오늘날에도 상황은 많이 다르지 않다. 예수님의 제자로 이 세상을 살아가려는 사람에게는 반드시 예수님을 따르는 것에 대해서 값을 지불해야 하는 날이 온다. 맹인이었던 자도 그렇고 우리도 마찬가지다. 제자가 되는 일에 있어서 회색지대는 있을 수 없다. 어떤 사람은 예수님을 제대로 따르기 위해서 가족 관계의 어려움을 각오해야 할 날이 올 수도 있다. 또 어떤 사람은 예수님을 제대로 따르기 위해서 정직하게 비즈니스를 해야 한다. 그렇게 하는 것은 여간 어려운 일이 아니다. 권모술수가 팽배해 있는 세상 속에서 정직하게 그리스도인답게 비즈니스 하는 것은 거의 기적에 가깝다는 어느 성도들의 이야기도 듣는다. 그러나 이 길은 그렇게 해도 좋고 하지 않아도 좋은 길이 아니다. 예수님을 신실하게 따르는 제자로 사는 삶은 결코 쉬운 길이 아니다. 혹자들이 생각하는 것처럼 예수님을 따른다고 해서 어려움들이 면하여지는 것이 아니다. 도리어 예수님을 따르기 위해서 그러한 어려움을 기꺼이 감당해야 할 날이 오는 것이다.

기도

주님, 우리가 정말로 예수님을 잘 따라 가고 있는지 돌아보게 하소서. 예수님을 따른다 하면서 혹시 세상의 가치를 추구하고 있는 것은 아닌지 면밀히 돌아보게 하소서.

요한복음 9:35-41
위로와 축복

문맥과 요약

맹인이었던 자는 (회당으로부터) 쫓겨난다. 쫓겨난 그에게 예수님이 찾아오셔서 자신이 누구신지를 계시해 주신다. 그는 곧 예수님의 진정한 정체성을 알게 되고 그에게 엎드려 예배한다. 예수님은 보는 자와 보지 못하는 자 사이에 일어날 기막힌 역전을 말씀하여 주신다.

해설

35절 《예수께서 그들이 그 사람을 쫓아냈다 하는 말을 들으셨더니 그를 만나사 이르시되 네가 인자를 믿느냐》 나면서부터 맹인이었던 자는 시력을 회복했지만 그 이후 원하지 않는 소용돌이에 휘말렸다. 주변 이웃에 의해 바리새인들에게 인도됐고 그의 부모들도 유대교로부터 출교되는 것이 두려워 모든 책임을 아들에게 떠넘겼다. 이 과정에서 그는 솔직하고 정직하게 자신이 알고 있는 바를 유대인들에게 이야기했다. 그 결과 그는 유대교로부터 출교되는 상황에 처하게 된 것이다. 35절은 그 사람이 쫓겨났다는 이야기를 들으신 예수님께서 그 사람을 먼저 찾아와서 만나주셨다고 기록하고 있다. 그러고는 그에게 '인자를 믿느냐'고 질문하신다. 복음서를 보면 예수님이 자신을 계시하실 때 가장 빈번히 사용하신 용어가 인자다. 인자라고 하는 칭호는 다니엘서 7:13 이하를 그 배경으로 하고 있는 것 같다. 그런데 예수께서 이 표현을 자기 자신을 위해서 사용하신 용례는 실제로 다니엘서의 본문이 제안하고 있는 바를 넘어서는 것이다. 예수님은 이 표현을 다니엘서 7:13-14에 묘사된 미래의 영광과 승리를 위한 신적인 존재라는 의미뿐만 아니라, 특별히 자신의 거부, 고난, 죽음 등을 예언하면서 사용하신다. 메시아의 고난과 죽음과 같은 주제들은 다니엘서 7장만으로는 생각할 수 없는 주제들이다. 인자라는 칭호는 상당히 폭넓은 용어로서 이전에 존재하고 있던 의미에 고정되지 않고 예수님의 독특한 사명에 대한 자기 자신의 이해를 담고 있는 용어로 이해해야 할 것이다. 즉 십자가의 고난과 죽음과 부활을 통해서 옛적부터 계신 이에게 인도되어 승리와 영광을 부여받는 존재가 예수님이 말씀하시는 인자라는 말의 의미이다.

36-37절 《대답하여 이르되 주여 그가 누구시오니이까 내가 믿고자 하나이다 예수께서 이르시되 네가 그를 보았거니와 지금 너와 말하는 자가 그이니라》 맹인이었던 자는 예수님께 그가 누구신지를 묻는다. 이 말은 그가 인자를 몰랐다는 말은 아닌 것 같다. 다만 누가 그 인자인지를 묻고 있는 것이다. 그는 자신의 질문의 의도를 분명하게 밝힌다. 그것은 믿고자 함이다. 이에 대해 예수님은 네가 그를 보았고 지금 너와 말하고 있는 자가 바로 인자라고 말씀해 주신다. 예수님은 자신이 어떤 분이신지를 그 맹인이었던 자에게 더 분명하고 명료하게 가르쳐 주신 것이다. 맹인은 처음에는 예수님을 '예수라 하는 그 사람'(11절)이라 칭했다. 그리고 그는 예수님을 하나님께로부터 오신 선지자로 인식하게 된다(17절). 그런데 맹인이었던 자를 찾아오신 예수님은 자신이 다니엘이 말했던 그 인자 즉 메시아라는 것을 깨

달을 수 있도록 그에게 자기 자신을 분명하게 계시하여 주신다. 예수님과 인격적으로 나누는 교제 가운데 그는 예수님을 더 깊이 알게 되는 위로와 축복을 누리게 되는 것이다. 요한은 14:21에서 예수님과 나누는 축복을 다음과 같이 서술한다. "나의 계명을 지키는 자라야 나를 사랑하는 자니 나를 사랑하는 자는 내 아버지께 사랑을 받을 것이요 나도 그를 사랑하여 그에게 나를 나타내리라." 예수님의 말씀대로 살려고 하는 자가 예수님을 사랑하는 자라고 이야기한다. 예수님을 사랑해서 따르려 하는 사람은 하나님의 사랑을 경험하게 된다고 말한다. 어떻게 하나님의 사랑을 경험할까? 예수님은 사랑하는 자에게 자기 자신을 나타내 주신다고 말한다. 이 말은 친밀한 교제를 나타내는 말이다. 예수님과 교제하는 사람은 예수님에 대해서 보다 더 자세하게 알아가게 된다. 그것이 요한이 이야기하는 예수님과 교제하는 자들이 누리는 기쁨이요 축복이다.

38-39절《이르되 주여 내가 믿나이다 하고 절하는지라 예수께서 이르시되 내가 심판하러 이 세상에 왔으니 보지 못하는 자들은 보게 하고 보는 자들은 맹인이 되게 하려 함이라 하시니》 맹인이었던 자는 주저함 없이 '주여 내가 믿나이다'라고 고백한다. 그는 드디어 예수님을 믿는다고 입술로도 고백하기에 이른다. 그리고 그 앞에 엎드려 절한다. 여기서 '절한다'라는 말은 '프로스퀴네오'의 번역으로 '예배한다'는 말이다. 실제로 요한복음에 이 단어는 하나님을 예배하는 것을 가리킨다. 맹인이었던 사람은 예수님이 누구신지 제대로 이해하게 됐고 그분에게 합당한 반응을 예배를 통해서 보여드리고 있는 것이다. 육신적인 눈만 뜨인 것이 아니라 영적인 눈까지 뜨게 되는 축복을 누리게 된 것이다. 예수님은 자신을 통해서 일어나는 하나님의 새로운 창조의 사역을 다음과 같이 요약하여 서술하신다. "내가 심판하러 이 세상에 왔으니 보지 못하는 자들은 보게 하고 보는 자들은 맹인이 되게 하려 함이라." 예수님은 자신을 통해서 새로운 창조의 사역

에 초청받고 예수님이 누구신지 알게 된 맹인과 자신들이 제대로 보고 있다고 확신하는 유대인들을 대조하신다. 보지 못하는 자는 보게 되고 보는 자들은 맹인이 되는 역전이 일어나게 될 것이라 말씀하여 주신다.

40-41절 《예수께서 이르시되 너희가 맹인이 되었더라면 죄가 없으려니와 본다고 하니 너희 죄가 그대로 있느니라》 예수님이 맹인됐던 자와 말씀하실 때 주변에 있었던 사람들이 소개된다. 그들은 바리새인들이었다. 우리는 이미 맹인 에피소드를 통해서 예수님에 대한 바리새인들의 견해가 나누어져 있었음을 보았다. 바리새인들 중에 어떤 사람들은 예수님에 대해서 호의적은 태도를 가졌고 또 어떤 사람들은 적대적인 태도를 가졌다. 예수님의 말씀을 들은 바리새인들은 자신들이 소경인지 질문한다. 예수님은 놀라운 말씀을 하신다. "너희가 맹인이 됐더라면 죄가 없으려니와 본다고 하니 너희 죄가 그대로 있느니라." 맹인이었던 자처럼 겸손하게 예수님 앞에 반응한 사람은 예수님을 만나 그와 인격적 교제를 누리게 되고 그것을 통해 죄가 없어지겠지만 자신들이 알고 있고 보고 있다고 생각한 교만한 자들은 예수님이 하시는 생명의 말씀을 들을 수 있는 길이 막히고 죄 용서를 받을 수 있는 기회를 상실하고 마는 것이다. 바리새인들은 육신적인 눈은 떠있을지 모르지만 실상은 진정한 의미에서 맹인이었다.

묵상

주님은 우리가 주님을 따르기 위해서 만나는 고난 가운데 찾아와 주신다. 그것이 주님이 주시는 위로와 축복이다. 오늘날에도 주님을 따르기 위해서 즉 주님의 말씀대로 살기 위해서 발버둥치는 제자들이 많이 있다. 그렇게 산다고 어려움이 피해가는 것은 아니다. 도리어 주님을 따르려는 믿음 때문에 어려움을 겪어야 할 때가 많다. 주님 뜻대로 사업을 하고 주님 뜻대로 살려는 우리에게 주님은 매출이 두 배 세 배가 되도록 도우실까? 그러실 수도 있고 그렇지 않을 수도 있다. 그렇지만 한 가지 분명한 것은 매출을 몇 배로 올려주시지 않더라도 주님이 우리를 찾아와서 만나 주신다는 사실이다. 그리고 주님을 만날 때만 경험할 수 있는 말할 수 없는 하늘의 위로를 허락해 주신다. 맹인에게 그러셨던 것처럼 주님이 자신을 사랑하는 자에게 나타나셔서 그와 함께하고 있음을 알게 해 주신다. 내 뜻을 꺾고 내 혈기를 잠재우고 내 자신을 쳐서 복종하는 가운데 주님이 찾아오셔서 위로하시고 격려하시는 것을 경험한다. 그 경험이 우리를 얼마나 평온하게 하고 든든하게 지키는 지를 경험한다. 말씀을 묵상하고 찬양하고 기도하는 가운데 우리의 마음과 생각을 지키시고 위로하시고 격려하시는 주님의 손길을 경험한다. 이것이 제자가 누리는 진정한 축복이다. 주님과 인격적인 교제를 갖는 자가 누리는 진정한 축복이다. 누가 뭐래도 주님의 뜻을 따라 순종하며 제자의 삶을 살려는 사람의 삶 속에는 주님이 주시는 위로가 임한다. 그 순종의 삶 가운데 주님이 나타나신다. 비록 눈에 보이게 나타나시지는 않더라도 당신이 우리와 함께하고 계심만은 분명히 느끼도록 인도하여 주신다. 이것이 제자가 누리는 참다운 축복이며 영생을 이 땅에서부터 누리는 복된 삶이다.

기도

주님, 신실한 제자도의 삶 한복판에서 주님을 날마다 새롭게 경험하는 우리가 될 수 있도록 인도하소서. 그 제자도의 삶 속에서 우리를 날마다 새롭게 세우실 주님을 바라보며 신실하게 그 길을 따라 가게 하소서.

요한복음 10:1-10
목자의 음성

문맥과 요약

7장부터 이어지고 있는 초막절의 주제가 이어지고 있다. 광야 이스라엘을 인도하셨던 하나님께서 예수님을 통해서 당신의 백성들을 인도하시며 그들을 풍성한 삶으로 인도하신다. 예수님은 '양과 목자' 비유를 통해서 이 초막절 주제를 설명하시는데, 초막절에 하나님이 당신의 백성들을 빛으로 인도하셨듯이 이제 목자이신 예수님께서 당신의 백성인 양들을 친히 인도하고 보호하고 생명으로 풍성케 하신다. 이 비유 속에서 유대인들은 도둑과 강도로 비유된다.

해설

1-5절 《문지기는 그를 위하여 문을 열고 양은 그의 음성을 듣나니 그가 자기 양의 이름을 각각 불러 인도하여 내느니라 자기 양을 다 내놓은 후에 앞서 가면 양들이 그의 음성을 아는 고로 따라오되 타인의 음성은 알지 못하는 고로 타인을 따르지 아니하고 도리어 도망하느니라》 본문에 등장하는 '양과 목자'의 이야기는 문맥 속에서 초막절이라는 배경 속에서 이해되어야 한다. 무엇

보다 양과 목자 이야기의 마지막 부분인 21절에 맹인의 눈을 뜨게 한 이야기가 등장하기 때문이다. 이에 더해 9장에 등장하는 맹인이 눈을 뜬 이야기는 초막절에 빛으로 그의 백성을 인도하신 구약의 하나님 이야기가 예수님을 통해서 성취된다는 관점으로 요한복음에서 서술되고 있기 때문이다. 이러한 관점을 예수님은 '양과 목자'의 비유를 통해서 설명하신다. 세상의 참 빛이신 예수님께서 참된 목자로 어둠 속에 있는 자신의 양들을 인도하신다는 것이다.

예수님의 비유를 이해하기 위해서 우리는 당시 유대 사회의 사회적 배경을 이해할 필요가 있다. 예수님 당시 유대 가정들은 적은 수의 양들을 소유했다. 각 가정집은 얕은 담을 가지고 있었고 그것이 일종의 양의 우리였던 셈이다. 가정별로 적은 수의 양을 가지고 있었기 때문에 가정마다 목자를 두는 것은 현실적으로 비생산적이었고 그래서 마을의 가정들은 자신들의 양을 칠 목자를 함께 고용하곤 했다. 가정들 가운데 뽑힌 한 명의 사람이 목자가 되는 경우도 있었고 이것이 여의치 않을 경우 목자를 공동으로 고용하기도 했다. 그래서 매일같이 목자는 각 집에 속한 양들을 불러내고 문지기는 목자가 오기를 기다렸다가 목자가 오면 우리의 문을 열어 양을 목자에게 내어주곤 했던 것이다. 그러면 목자는 양을 푸른 초장으로 인도해서 풀과 물을 먹이곤 했다. 이런 배경 속에서 예수님은 양의 우리에 문으로 들어가지 아니하고 다른 곳으로 넘어가는 자는 절도며 강도라 칭하신다. 목자가 지나갈 때 문지기들이 자연스레 목자를 위해서 양 우리의 문을 열어주기 때문에 목자는 그렇게 해야 할 필요가 없다. 문지기가 목자를 위해서 우리의 문을 열어주면 목자는 양을 이름으로 불러내곤 했다. 오늘날 사람들이 종종 동물에게 이름을 부여하고 이름으로 부르듯이 팔레스틴의 목자들도 양들에게 이름을 붙이고 이름으로 부르곤 했다. 양들은 늘 자신들을 인도하는 목자의 음성을 알기에 목자가 부르면 그 목소리에 반응하지만 목자가 아닌 사람이 부르면 그 목소리에는 전혀 반응하지 않는다. 자신들의 목자가 아니기 때문이다. 양과 목자 사이에 만들어진 끈끈한 교제가 이렇게 중요하다.

6절 《예수께서 이 비유로 그들에게 말씀하셨으나 그들은 그가 하신 말씀이 무엇인지 알지 못하니라》 요한은 예수께서 비유로 말씀하셨지만 그들은 그 말씀이 무엇인지 깨닫지 못했다고 이야기한다. '비유'라는 단어는 '파로이미아'의 번역으로 영어의 parable(비유)보다 넓은 개념이다. 이것은 칠십인경에서의 비유는 물론이고, 격언이나 수수께끼, 지혜의 말 등을 포함하는 '마샬'(*māšāl*)에 대한 번역이다. 후대 랍비들은 비유를 즐겨 사용하여 가르쳤다. 예수님의 비유는 당시에 유행하던 서기관들의 교수방법을 따른 것이다. 이러한 비유적 가르침은 기독교 시대 이후의 팔레스틴에 있는 유대학교에서 특히나 유행했다. 이 비유적 가르침은 팔레스틴의 언어와 문화권에서 흔히 볼 수 있고 경험할 수 있는 것들이기 때문에 비유의 말씀을 이해하기 위해서는 그 문화권을 이해하는 것이 필수적이다. 본문 속에 등장하는 '그들은' 9장에 등장했던 바리새인들과 유대인들을 의미한다. 이들은 맹인이었던 사람을 회당에서 쫓아냈는데 그 사람이 예수님에 대한 자신들의 견해에 동조하지 않았기 때문이었다. 1절에 등장하는 '절도며 강도'는 문맥 속에서 바로 이들을 일컫는 표현이다. 양이 자신의 목자를 알아보고 따르듯이 맹인이었던 자는 자신의 참 목자이신 예수님을 알게 되고 그를 따르게 된다. 그러나 유대인들은 예수님이 문맥 속에서 하시는 말씀을 깨닫지 못한다.

7-8절 《그러므로 예수께서 다시 이르시되 내가 진실로 진실로 너희에게 말하노니 나는 양의 문이라 나보다 먼저 온 자는 다 절도요 강도니 양들이 듣지 아니하였느니라》 그들이 그 비유의 말씀을 깨닫지 못했기 때문에 예수님은 자신을 '양의 문'이라고 재차 말씀하신다. 그리고 자신보다 먼저 온 자는

다 절도요 강도라 말씀하신다. 문맥 속에서 절도요 강도란 바리새인들과 유대인들을 언급하고 있는 것이 분명해 보인다. 9장이 명시적으로 보여주듯이 지난 장에 등장했던 나면서부터 맹인됐던 자는 저들의 음성에 귀를 기울이지 않았다. 왜냐하면 그는 예수님께 속한 양이기 때문이다. 양은 목자 외 타인의 음성에는 반응하지 않는다.

9-10절 《도둑이 오는 것은 도둑질하고 죽이고 멸망시키려는 것뿐이요 내가 온 것은 양으로 생명을 얻게 하고 더 풍성히 얻게 하려는 것이라》 예수님은 자신을 양의 문이라 칭하시며 '누구든지 나로 말미암아 들어가면 구원을 받고 또 들어가며 나오며 꼴을 얻으리라' 말씀하신다. 예수님 자신이 양들의 울타리이며 친히 문이 되어 주시기에 자신 안에 거하는 양들은 안전하고 때에 따라 필요한 꼴을 먹는다고 말씀하여 주신다. 그리고 예수님은 도둑과 자신을 대비하신다. 도둑이 온 목적은 도둑질하고 죽이고 멸망시키려는 것이고 예수님이 오신 목적은 양으로 생명을 얻게 하고 더 풍성히 얻게 하는 것이다. 여기에 등장하는 도둑의 이미지는 예레미야 23장과 에스겔 34장에 등장하는 이스라엘 백성들을 돌보지 않는 지도자들의 이미지와 겹친다. 이 이미지는 후속 비유를 통해서 보다 구체적으로 설명될 것이다.

묵상

발자국 소리만 들어도 양들은 자기 주인을 알아차린다. 양만 그런 것이 아니다. 필자가 어릴 적에 집에 벤이라는 개가 한 마리 있었다. 필자가 학교에 갔다 돌아오면 필자의 모습이 아직 보이지 않는데도 그 발자국 소리만 듣고도 필자인지를 금방 알아챈다. 주변을 눈으로 확인할 수 없는 캄캄한 밤에도 주인집 아들의 인기척과 목소리를 듣고 필자를 알아차린다. 신기할 정도다. 양들도 마찬가지다. 목자가 양들의 이름을 하나하나 부르면 양들은 금방 자기 목자의 음성을 알아채고 반응한다. 근시 동물인 양은 목자의 모습이 아니라 목자의 음성을 듣고 목자를 알아차리는 것이다. 그와 함께 보냈던 많은 시간들을 통해서 목자와 양 사이에는 친밀한 관계가 만들어졌기 때문이다. 다른 목자나 사람들의 목소리에는 절대로 반응하지 않지만 자신의 목자의 음성에는 즉각적으로 반응한다. 친밀한 관계가 만들어져 있기 때문이다. 바로 이것이 주님이 말씀하시는 주님과 그의 백성이 누리는 친밀한 관계의 모습이다. 주님의 양은 주님의 말씀을 듣는다. 그가 하시는 말씀이 무슨 뜻인지 양들은 금방 알아차리게 되어 있다. 목자가 양들을 돌보고 그들에게 필요한 것을 끊임없이 공급하기에 양들은 목자를 신뢰하고 그에게 모든 것을 위탁한다. 양들은 목자와의 사이에서 이미 경험한 것에 기반하여 본능적으로 자신들을 위탁해야 할 상대를 아는 것이다. 목자와 양 사이에 존재하는 이와 같은 끈끈한 신뢰 관계에 기초해서 주님은 당신과 그의 백성 사이의 관계를 설명하신다. 당신은 목자이신 주님의 음성에 민감한가? 그가 말씀하시면 금방이라도 반응하는가? 목자이신 주님과 날마다 함께하는 영적인 교제를 가지며 살고 있는가? 그가 당신을 인도하시며 필요한 모든 것들을 공급하시리라는 신뢰를 가지고 살아가고 있는가?

기도

주님, 양들이 목자의 음성을 듣듯이 우리도 주님의 음성에 귀를 기울이는 참 백성이 되게 하소서. 주님의 음성이 혹여 우리에게 낯선 것은 아닌지 돌아보게 하옵소서.

요한복음 10:11-21
내어놓음

문맥과 요약

예수님은 자신과 그의 백성의 관계를 양과 목자의 비유를 통해서 설명하신다. 이것은 주님의 창작이 아니라 에스겔 34장의 반향이다. 그러나 예수께서는 에스겔의 본문에는 등장하지 않는 주제를 다루신다. 그것은 목자가 양을 위해서 목숨을 버리는 것이다. 목자의 희생을 통해서 이방인들도 포함되는 새 창조의 공동체가 만들어질 것이다. 이러한 목자의 자발적 희생 때문에 아버지는 아들을 사랑하신다.

해설

11-13절 《나는 선한 목자라 선한 목자는 양들을 위하여 목숨을 버리거니와 삯꾼은 목자가 아니요 양도 제 양이 아니라 이리가 오는 것을 보면 양을 버리고 달아나나니 이리가 양을 물어 가고 또 헤치느니라》 '양과 목자'의 비유에 대한 설명이 계속된다. 예수님은 자신과 자신의 백성들이 누리게 될 영적 축복을 하나의 그림언어를 통해서 표현하신다. 예수님은 자신을 선한 목자라고 이야기하신다. '도둑이 오는 것은 도둑질하고 죽이고 멸망시키기 위한

것'이란 말씀을 삯꾼의 예를 들어 설명하신다. 삯꾼은 양의 목자가 아니므로 위급한 상황이 닥치면 양들을 내팽개치고 도망간다. 삯꾼이 도망간 틈을 타서 이리는 양을 늑탈한다. 삯꾼이 도망가는 이유는 자신이 진정한 목자가 아니기 때문이다. 그러나 예수님은 선한 목자이시다. 이것이 예수님과 그의 백성 사이의 관계를 설명하시는 예수님의 말씀이다. 그런데 사실 이 말씀은 예수님이 창작해 내신 것은 아니다. 예수님은 구약성경에서 유명한 이야기 하나를 가져다가 자신과 그의 백성 사이의 관계를 설명하신 것이다. 에스겔 34:23-24은 다음과 같이 이야기한다. "내가 한 목자를 그들 위에 세워 먹이게 하리니 그는 내 종 다윗이라 그가 그들을 먹이고 그들의 목자가 될지라 나 여호와는 그들의 하나님이 되고 내 종 다윗은 그들 중에 왕이 되리라 나 여호와의 말이니라." 이 말씀을 이해하기 위해서 에스겔 34장 전체 맥락을 생각해 봐야 한다. 34장은 이스라엘의 목자들에 대한 고발로 시작한다. 하나님은 이스라엘의 양떼를 돌보라고 목자를 세우셨다. 그런데 이스라엘의 목자들 즉 이스라엘의 지도자들은 그 사명을 잘 감당하지 못했다. 그들이 그 사명을 잘 감당하지 못하자 양들인 백성들의 삶은 피폐해졌다. 그래서 하나님은 피폐해진 이스라엘에게 선지자를 통해서 약속을 주신다. 이 백성들의 삶을 회복시키기 위해서 "내가 한 목자를 세울 것이다." 에스겔 34장은 그를 목자 다윗이라 이야기한다. 물론 여기서 다윗은 역사상의 다윗일 수 없다. 문맥에서 다윗이란 다윗 왕가의 한 사람이라는 의미다. 다윗의 자손으로 한 사람을 목자로 세워서 하나님의 백성 즉 하나님의 양들을 잘 치게 하겠다는 하나님의 약속이다. 예수님은 자기 자신을 에스겔 34장이 이야기한 다윗 왕가 자손의 목자라고 이야기하시는 것이다.

14-15절 《나는 선한 목자라 나는 내 양을 알고 양도 나를 아는 것이 아버지께서 나를 아시고 내가 아버지를 아는 것 같으니 나는 양을 위하여 목숨을 버리

노라》 그런데 연이은 예수님의 말씀은 에스겔 34장을 염두에 두신 것이 틀림없지만 에스겔 34장이 명시적으로 하지 않은 이야기를 더하고 있다. "나는 선한 목자라 나는 내 양을 알고 양도 나를 아는 것이 아버지께서 나를 아시고 내가 아버지를 아는 것 같으니 나는 양을 위하여 목숨을 버리노라." 에스겔 34장과 37장이 이 목자에 대해서 예언하고 있지만, 그곳 어디를 봐도 목자가 양을 위하여 목숨을 버리는 이야기는 등장하지 않는다. 그런데 에스겔 34장을 배경으로 하고 있는 이 본문 11절과 15절을 보면 선한 목자이신 예수님은 양들을 위하여 목숨을 버린다고 동일한 문맥에서 두 번이나 반복하여 말씀하고 있다. 동일 문맥에서 두 번이나 반복한다는 것은 강조의 의미를 가진다. 선한 목자이신 예수님과 그의 백성인 양들이 친밀한 교제를 누리게 된 것이 공짜로 주어진 것이 아니라는 말이다. 그것은 선한 목자이신 예수님이 양들을 위하여 자신의 목숨을 기꺼이 버리셨기 때문에 가능해진다. 그가 자신의 생명을 기꺼이 내어놓는 일이 없으시다면 양들이 예수님과 누리는 친밀한 교제는 상상할 수도 없는 일이라는 사실을 말씀하고 싶으신 것이다.

16절 《또 이 우리에 들지 아니한 다른 양들이 내게 있어 내가 인도하여야 할 터이니 그들도 내 음성을 듣고 한 무리가 되어 한 목자에게 있으리라》 선한 목자이신 예수님이 자신의 목숨을 내어놓음으로 인해서 발생하는 일을 16절은 다음과 같이 이야기한다. "이 우리에 들지 아니한 다른 양들이 내게 있어 내가 인도하여야 할 터이니 그들도 내 음성을 듣고 한 무리가 되어 한 목자에게 있으리라." 예수님은 선한 목자이신 자신이 목숨을 내어놓음으로 인해서 이 우리에 들지 아니한 다른 양들도 인도해야 한다고 말씀하신다. 여기서 '이 우리에 들지 아니한 다른 양'이란 표현은 이방인들을 가리키는 것으로 이해할 수 있다. 구원이 처음에는 유대인들로부터 시작하지만 사마리아 사람들에게로 확대되고 마침내 이방인들마저도 하나님의 양떼에 속하게 될 것을 나타내는 말이다. 예수님이 자신의 목숨을 내어놓으심으로 인해서 이방인들도 목자이신 예수님의 음성을 듣게 된다. 그래서 유대인들과 이방인들은 모두 한 목자이신 예수님 안에서 하나의 우주적 공동체를 이루게 될 것이라는 말이다. 예수님은 선한 목자이신 자신의 목숨을 내어놓는 일이 얼마나 큰일들을 이룰지를 사람들에게 미리 가르쳐 주셨다. 사실 예수님의 이 가르침은 에베소서 2장에서 유대인과 이방인이 하나가 되는 비밀을 이야기한 바울의 가르침과 같은 맥락의 이야기다. 바울은 그곳에서 유대인과 이방인 사이에 존재했던 쓰러질 것 같지 않던 담이 허물어지고 교회의 머리이신 예수님 안에서 그들이 하나로 연합되는 교회의 비밀을 이야기한다. 목자와 양의 비유를 통해서 말하려는 것과 정확하게 같은 맥락이다. 예수님은 1세기 문맥에서 상상하기 힘든 일을 이루기 위해서 자신의 목숨을 내어놓으신다고 이야기하신 것이다. 즉 선한 목자가 자신의 목숨을 내어놓는 일은 흩어진 하나님의 양들을 하나가 되게 하는 결과를 만들어 낸다는 말이다.

17-18절 《내가 내 목숨을 버리는 것은 그것을 내가 다시 얻기 위함이니 이로 말미암아 아버지께서 나를 사랑하시느니라 이를 내게서 빼앗는 자가 있는 것이 아니라 내가 스스로 버리노라 나는 버릴 권세도 있고 다시 얻을 권세도 있으니 이 계명은 내 아버지에게서 받았노라 하시니라》 이런 관점에서 사실 17절의 번역은 그다지 훌륭하지 못하다. 개역개정과는 달리 17절을 문자적으로 직역하면 '이 일 때문에 아버지께서 나를 사랑하신다'라고 번역할 수 있다. 여기서 '이 일'은 바로 앞에 나오는 이야기를 말한다. 선한 목자이신 예수님이 자신의 목숨을 내어놓는 일을 통해서 유대인과 이방인을 포함한 모든 민족들이 한 목자의 한 양떼가 되는 그 일 때문에 하나님 아버지께서 예수님을 사랑하신다고 말씀하신 것이다. 예수님은 이것이 누구의 강요도 아니며 억지로 된 것이 아니라 당신의 자발적 선택임을 강조하신

다. 풀어서 설명하면 다음과 같이 말할 수 있다. 하나님 아버지와 예수님은 한 가지 비전을 공유하셨다. 선한 목자이신 예수님이 자신의 목숨을 내어놓는 일을 통해 예수님 안에서 새로운 인류를 만들어 내려는 비전이다. 그 일을 위해서 아들 예수님은 기꺼이 자신의 목숨을 자발적으로 내어놓기로 작정하셨다. 이것이 아버지와 아들 사이에서 공유된 세상을 위한 원대한 사랑의 드라마다. 그 사랑을 실행하기 위해서 아들은 자발적 희생을 하기로 결단하셨다. 예수님은 아버지와 아들의 원대한 자발적 작정을 사랑이라는 말로 표현하셨다. 그리스도 안에 있는 새로운 인류를 만들어 내시기 위해서 아들은 자발적으로 순종하셨고 아버지는 그런 아들을 사랑하지 않을 수 없었다. 선한 목자의 자발적 내어놓음을 통해서 전혀 하나가 될 수 없을 것 같은 유대인과 이방인이 한 목자의 한 양떼가 되는 놀라운 일이 만들어지는 것이다.

19-21절《이 말씀으로 말미암아 유대인 중에 다시 분쟁이 일어나니 그중에 많은 사람이 말하되 그가 귀신 들려 미쳤거늘 어찌하여 그 말을 듣느냐 하며 어떤 사람은 말하되 이 말은 귀신 들린 자의 말이 아니라 귀신이 맹인의 눈을 뜨게 할 수 있느냐 하더라》 예수님의 말씀은 유대인들 가운데 지속적인 분쟁을 만들어 낸다. 다수의 사람들은 예수님이 귀신 들렸는데 어째서 그의 말을 듣느냐고 수근거린다. 그러나 소수의 또 다른 유대인들은 예수님의 말씀이 귀신 들린 자의 이야기일 수 없다고 생각한다. 그들이 이렇게 생각하는 것은 하나님의 말씀인 구약성경과 연관되어 있다. 앞서 언급한대로 이사야의 예언은 메시아 시대의 명백한 징표 중 하나로 맹인이 눈을 뜨는 것을 언급하고 있다. 이사야서의 예언을 따라 맹인이 눈을 뜨는 것은 메시아 시대의 명징한 징표이기 때문에 이것을 귀신 들린 자의 소행으로 치부하는 것은 어리석다고 생각한 것이다.

묵상

(1) 주님은 우리가 주님과 누려야 하는 마땅한 교제라는 것을 양과 목자의 그림언어를 통해서 설명해 주셨다. 주님은 이러한 친밀한 관계를 만들기 위해서 자신의 생명을 내어주셨던 것이다. 이것이 주님의 양인 우리들이 그분과 마땅히 누려야 하는 관계의 모습이다. 본문의 관점에서 오늘날 교회의 모습을 바라보지 않을 수 없다. 주님은 이러한 모습을 기대하시는데 정작 '우리는 이 관계를 얼마나 빈약하게 만들었는가?'하는 생각을 해본다. 정작 주님의 양들이 주님의 말씀을 듣는 일에 많은 관심이 없는 것은 아닌가. 세상에 있는 수많은 것들에 바쁘고 마음을 빼앗겨서 정작 주님의 음성을 듣고 그 말씀으로 교제하는 이 중차대한 일에는 시간을 내지 못하는 우리를 바라볼 때가 있다. 찔림이 있는가? 그렇다면 틀림없이 은혜다. 찔렸기에 돌이킴이 가능해지기 때문이다. 주님과의 생명의 교제를 나눔으로 인해서 주의 말씀이 우리의 마음을 지배해야 우리는 세상 가운데 주님이 원하시는 뜻을 구현하며 제자로 살 수 있다. 주님의 음성이 우리의 귓가에 들리고 그 말씀이 우리를 지배하지 않으면 우리는 필연적으로 세상이 우리에게 속삭이는 대로 살아가게 되어 있다. 세상 속에서 제자로 사는 일은 쉬운 일이 아니다. 바쁜 일도 많고 나의 손길을 요구하는 긴급한 일도 참 많이 있다. 그렇기 때문에 주님과 날마다 말씀과 기도로 동행하는 일이 내 인생에 가장 중요한 일이라는 인식이 우리 안에서 다시 새로워져야 한다.

(2) 선한 목자이신 주님은 자신을 내어주심을 통해서 교회가 하나 되길 원하셨다. 주님의 교회는 하나가 되게 하신 복음의 가치를 붙드는 일에 최선을 다해야 한다. 그것이 선한 목자이신 주님이 자신의 목숨을 내어놓으신 이유이기 때문이다. 이 복음의 이야기를 주님은 요한복음 17:21에서 이렇게 말씀하셨다. "아버지께서 내 안에 내가 아버지 안에 있는 것

같이 그들도 다 하나가 되어 우리 안에 있게 하옵소서." 주님은 주님을 믿는 사람들이 온전히 하나가 되는 일을 위해서 기도하셨다. 주님께서 당신의 백성들의 하나 됨을 위해서 기도하셨다고 하는 사실은 역설적으로 무엇을 의미할까? 이 일이 참 쉽지 않은 일이라는 것을 시사한다. 주님은 하나님의 백성들이 서로에 대한 질시와 반목을 거두고 사랑하며 그리스도 안에서 진정한 샬롬을 누리게 되기를 기대하셨고 그것을 위해서 기도하셨다. 이런 의미에서 주님은 예수님의 진정한 제자 됨의 지표를 13:34-35에서 '서로 사랑하는 것'으로 설명하신다. 형제 사랑을 위해서 제자로 부르심을 입었는데 주님이 말씀하신 대로 형제를 사랑하지 않겠다면 그게 무슨 예수 믿는 것인가? 우리 주님은 제자들이 하나가 되기 위해서 목숨을 내어놓으셨다. 그리고 당신의 제자들이 서로 하나가 되는 것을 위해서 그렇게 간절히 기도하셨다. 그런데 제자라는 이름을 가지고 있는 우리가 목숨을 내어놓겠다는 각오로 이 일에 임하지 않는다면 그게 무슨 제자일까?

기도

주님, 우리 목자이신 주님이 자신의 생명을 내어놓으셨다는 사실을 기억하는 우리가 되게 하소서. 주님이 꿈꾸시는 공동체를 우리도 꿈꾸게 하시고 하나 되게 하신 가치를 목숨을 다해 지켜가게 하소서.

요한복음 10:22-30
초점

문맥과 요약

수전절 절기에 예수님은 예루살렘에서 유대인들과 만나신다. 그들은 예수님에게 당신이 메시아이면 밝히 말해 달라고 요구한다. 예수님은 자신이 하나님이 보내신 메시아임을 밝히신다. 그런데 예수님 당시 메시아라는 개념은 매우 정치적 색채를 지닌 개념으로 이해되고 있었다. 예수님은 그들의 기대와는 달리 영생을 주시는 메시아이시다. 그들은 예수님을 알지도 믿지도 못한다. 왜냐하면 그들은 예수님의 양이 아니기 때문이다.

해설

22-24절 《예루살렘에 수전절이 이르니 때는 겨울이라 예수께서 성전 안 솔로몬 행각에서 거니시니 유대인들이 에워싸고 이르되 당신이 언제까지나 우리 마음을 의혹하게 하려 하나이까 그리스도이면 밝히 말씀하소서》 본문은 예루살렘에 수전절이 이르렀다고 이야기한다. 오늘날로 치면 12월이다. 앞서 소경의 눈을 뜨게 하신 예수님의 표적은 초막절이었으니 그로부터 대략 2-3개월 정도의 시간이 흐른 셈이다. 수전절은 모세오경이 규정한 대로

유대인들이 예루살렘으로 순례해야 하는 절기가 아니다. 그러나 수전절은 예수님 당시뿐만 아니라 오늘날 유대인들이 중요하게 생각하는 민족적인 절기다.

유대인들은 수전절을 '하누카'라 부른다. 수전절 즉 하누카의 배경은 다음과 같다. 이스라엘은 주전 587년 유다가 바벨론에 멸망한 이래로 페르시아, 헬라 제국, 이집트의 실제적인 지배를 차례대로 받게 됐다. 그런데 이집트의 톨레미 왕조가 시리아의 셀류시드 왕조와의 전투에서 패하면서 약소국 이스라엘은 주전 198년부터 셀류시드 왕조의 실제적인 지배를 받게 됐다. 안티오쿠스 에피파네스라 불린 안티오쿠스 4세의 통치 시기에 유대인들에 대한 핍박은 극에 달했다. 에피파네스는 신의 나타남이라는 의미를 가지고 있다. 그는 자신을 신격화 하면서 유대인들에 대한 극심한 핍박을 자행했다. 주전 167년 성전에서 매일 드리는 제사를 폐지했고, 성전의 제단에 제우스 신상을 세우고 그것을 숭배하게 했다. 또한 예루살렘과 여러 도시에서 할례 예식과 안식일 규례를 금하는 칙령을 공포했고, 자신의 생일을 기념하기 위해 매월 25일마다 유대인들이 가장 싫어하는 돼지를 잡아 제단에 바치도록 했다.

안티오쿠스 4세의 이러한 성전 모독행위는 유대인들의 독립투쟁으로 이어졌다. 주전 167년 제사장 맛다디아는 자기의 다섯 아들과 투쟁을 시작했다. 이것이 독립국가 하스모니안 왕조를 일으킨 유명한 마카비 혁명의 시작이었다. 맛다디아의 아들 중 셋째 아들 유다 마카비는 특별히 용맹해서 유명했다. 산속으로 들어간 맛다디아의 아들들과 함께 한 많은 경건한 자들이 3년간의 전쟁 끝에 마침내 성전을 탈환하는 데 성공했다. 그때 처참한 성전의 모습을 발견하고 유다 마카비와 군인들은 옷을 찢고 통곡했다고 역사는 기록해주고 있다. 그리고 신실한 제사장들을 세워서 성전을 정결케 했다. 우상의 제단을 헐어버리고 새로운 제단을 만들어 봉헌

하고 무너진 곳을 수축했다. 이렇게 주전 164년 기슬르월 25일에 유대인들은 더럽혀진 성전을 정결하게 하고 다시 하나님 앞에 봉헌했다. 그들은 8일간의 성대한 봉헌 축제를 열었다. 이것이 바로 '하누카' 즉 '수전절'이라고 하는 유대인들의 절기가 된 것이다(마카비상 4:41-59).

수전절이라는 절기가 제정되고 대략 200년 정도의 시간이 흐른 후 수전절에 예수님이 예루살렘에 오셨다. 그럼 예수님 당시는 상황이 어떻게 되었을까? 주전 160년경에 유대인들은 마카비 혁명을 통해 400년 만의 독립을 얻게 되고 약 100년간 하스모니안 왕조라는 유대인들의 정통 왕조를 회복하게 된다. 그러나 주전 60년경 힘이 없는 이스라엘은 헤롯 가문을 통해서 다시 로마의 통치 아래로 떨어지는 상황을 맞았다. 그러니까 예수님 당시 또 100년 정도 유대인들은 로마의 통치 아래에 있었던 것이다. 이러한 역사적인 상황 속에서 유대인들은 메시아를 고대하고 있었다. 선지자들이 예언해 주었던 다윗의 왕조를 회복시킬 메시아를 간절히 기다리고 있었다.

24절의 말씀은 이런 맥락에서 이해해야 한다. "당신이 언제까지나 우리 마음을 의혹하게 하려 하나이까 그리스도이면 밝히 말씀하소서." 유대인들은 200년 전 시리아 셀류시드 왕조로부터 자신들을 구원했던 마카비와 같은 왕적인 메시아를 기대하고 있었던 것이다. 자신들을 100년 동안이나 통치하고 있던 로마로부터 구원해서 하나님의 나라를 세워줄 왕적이고 정치적인 메시아를 기대하고 있었다. 그런데 예수님의 사역을 보면서 유대인들은 애매함을 느꼈다. 어떻게 보면 메시아 같고 또 어떻게 보면 메시아가 아닌 것 같다는 생각을 했다. 그가 행하시는 능력을 보면 메시아 같기는 한데, 또 메시아가 와서 다윗의 왕조를 회복한다고 했는데 예수님에게서 그런 기미는 전혀 보이지 않았다. 그래서 유대인들이 혼란스러웠다. 그들이 기대했던 메시아의 모습이 아니었기 때문이다.

25-27절 《예수께서 대답하시되 내가 너희에게 말하였으되 믿지 아니하는도다 내가 내 아버지의 이름으로 행하는 일들이 나를 증거하는 것이거늘 너희가 내 양이 아니므로 믿지 아니하는도다》 유대인들의 도전에 예수님은 자신이 메시아이심을 밝히셨지만 유대인들이 믿지 않았다고 말씀하신다. 예수님의 말씀을 어떻게 이해해야 할까? 사실 요한복음 5장부터 예수님은 유대인들과의 논쟁 속에서 자신이 하나님이 보내신 메시아이심을 줄곧 강조해 오셨다. 자신이 아버지가 보내신 메시아이심을 말씀과 사역을 통해서 증거해 왔는데 유대인들이 믿지 않았다는 것이다. 이에 대해서 요한복음 5:42에서 예수님은 유대인들이 하나님을 사랑하지 않았기 때문에 여러 증거들에도 불구하고 예수님의 메시아 되심을 믿지 않았다고 고발하셨다. 증거가 없어서가 아니다. 그들이 하나님을 사랑하지 않았기 때문이다. 그래서 그들의 눈이 가리어져서 예수님 안에서 행하시는 하나님의 일들을 볼 수 없었던 것이다.

그런데 본문을 보면 그들이 믿지 않은 이유를 예수님은 또 다른 관점에서 말씀하신다. 예수님의 양이 아니기 때문에 믿지 않는다는 말이다. 그래서 아버지가 아들 안에서 행하는 일들을 볼 수 없었던 것이다. 유대인들은 아버지가 아들 안에서 행하는 새로운 메시아의 일들은 보지 못하고 다만 자신들이 속해 있는 역사적 정치적 상황 속에서 자신들이 이루고자 했던 일에만 정신이 팔려 있었다. 그들은 메시아의 약속을 이스라엘의 독립이라는 주로 정치적 관점에서만 바라보고 있었다. 유대인들은 아버지를 사랑하지 않았기 때문에 예수님이 메시아이시지만 메시아인 줄 몰랐다. 자신들이 간절히 원했던 정치적인 메시아와는 너무나도 다른 메시아의 길을 예수님이 걸어가고 계셨기 때문이다. 그러니 예수님의 음성을 들을 수 없었고 예수님을 따르지 못했다. 예수님의 양은 그의 음성을 들으며 그를 따르게 되어 있다.

28-30절 《내가 그들에게 영생을 주노니 영원히 멸망하지 아니할 것이요 또 그들을 내 손에서 빼앗을 자가 없느니라》 그러면 유대인들이 기대했던 정치적인 메시아와는 달리 예수님은 어떤 메시아이셨나? 28절에 따르면 예수님은 '영생을 주시는' 메시아이시다. 우리는 영생을 죽은 후에만 누리는 축복이라고 생각하는 경향이 있다. 그러나 유대적 개념에서 영생이란 하나님 나라라는 관점에서 이해해야 한다. 영생이라는 말은 하나님의 나라를 소유한 사람들만이 하나님과 더불어 누리는 관계적 축복을 가리키는 말이다. 단순히 죽어서 피안의 세계에 가서만 누리는 생명을 일컫는 것이 아니라 하나님 나라의 통치를 받는 자들이 살아서도 누리는 축복을 일컫는 말이다.

예수님 당시 유대인들이 기대했던 메시아와 실제 예수님이 알려주시는 메시아의 모습이 이렇게 다르다. 그러니 유대인들은 절대로 예수님이 알려주시는 메시아의 모습을 이해할 수도 없고 깨달을 수도 없었다. 그런 메시아이신 주님을 절대로 따를 수도 없는 것이다. 주님은 자신을 따르는 자들에게 하나님과 더불어 함께 교제하는 영생을 베푸신다. 그리고 어느 누구도 영생을 누리는 양들을 메시아이신 예수님으로부터, 아버지로부터 빼앗을 수 없다고 말씀하신다. 이 이야기는 30절에 '나와 아버지는 하나'라는 말로 표현되는데, 이 말은 하나님과 예수님이 존재론적으로 하나라는 말이라기보다는 영생을 누리는 당신의 양을 지키는 데 있어서 온전한 연합을 이루고 있다는 말로 이해할 수 있다.

묵상

(1) 예수님 당시 유대인들이 기대했던 메시아는 하나님이 보내신 메시아가 아니었다. 그때만 그랬던 것 같지는 않다. 오늘날도 하나님의 백성이라는 사람들이 추구하는 메시아가 정말 성경이 보여 주는 메시아 예수님

과 같은 모습일까 묵상하게 된다. 어떤 사람들은 사업을 성공하게 해주고 돈을 많이 벌게 해주는 메시아를 추구하는 것 같다. 그렇게 성도들을 현혹시키는 목회자들도 적잖이 있는 것 같다. 예수님은 우리의 사업을 성공시켜주고 세상에서 잘 나가게 해주기 위한 메시아가 아니다. 대신 하나님을 사랑하고 예수님을 믿고 잘 섬기면 우리를 푸른 초장으로 인도하신다. 그리고 이 땅을 살아가는 동안 필요한 일용할 양식을 허락해 주신다.

또 어떤 사람들은 병 낫게 해주는 메시아를 찾고 있는 것 같다. 그렇게 해서 병이 실제로 나은 사람도 보았다. 간암 말기라 온 성도들이 함께 기도했는데 정말 기적처럼 나았다. 그런데 그 사람이 어떤 메시아를 추구했는지는 병이 낫고 보니 더욱 분명해졌다. 그렇게 간암으로부터 치유함을 받고 나서는 언제 그랬냐는 듯이 주님을 떠났다. 그 후 그는 다시 간암이 재발해서 3개월 만에 세상을 떠났다. 또 어떤 사람들은 자녀들을 좋은 대학에 진학시켜주고 이 땅에서 성공하게 해주는 메시아를 추구하고 있는 것 같다. 정작 그 귀한 아이들이 하나님을 진정으로 사랑하고 주님의 말씀과 진리 안에서 성장하고 있는지는 별로 큰 관심이 없어 보일 때가 있는데도 말이다.

본문을 통해 우리가 묵상해야 하는 것이 무엇일까? 유대인들처럼 내가 이루기를 원하는 것 즉 나의 왕국을 위해서 섬겨주고 봉사해주어야 할 메시아를 찾고 있는가? 아니면 하나님의 아들 예수 그리스도 그 메시아 왕국에 나의 초점이 맞추어져 있는가?

(2) 우리의 초점이 나의 왕국에 맞추어져 있는지 아니면 하나님 나라에 맞추어져 있는지 어떻게 알 수 있을까? 그것은 주님이 말씀하신 대로 초점이 영생을 추구하는 삶에 맞춰져 있는지를 보면 알 수 있다. 그렇다면 영생을 추구하는 삶이란 구체적으로 어떤 것일까? 영생을 추구하는 삶을 한두 마디로 요약하기란 참 어렵다는 것을 먼저 인정해야 한다. 그

러나 영생을 추구하는 사람의 삶 속에 누구도 부인할 수 없이 분명하게 드러나는 것들이 있다. 먼저 영생을 추구하는 사람의 삶 속에는 영생 즉 하나님과 함께 삶을 살아가는 분명한 증거가 나타나는데 그것은 하나님의 말씀을 사랑하는 것이다. 하나님과 함께하는 삶 즉 영생을 사는 데 있어서 하나님의 말씀을 사모하지 않는 사람을 본 일이 없다. 영생을 추구하는 사람에게 나타나는 가장 드라마틱한 변화는 하나님의 말씀을 사모하는 것이다. 그 말씀을 듣는 예배를 사모하게 되어 있고 그 말씀을 배우는 시간을 사모하게 되어 있다. 그렇게 말씀으로 하나님을 찬양하는 것을 사모하고 그것을 형제들과 나누는 것을 사모하게 되어 있다. 영생을 추구하는 삶은 말씀을 사모하는 삶이라고 말해도 과언은 아닌 것 같다.

또 영생을 추구하는 사람은 자신만 그런 삶을 사는 것에 만족하지 않고 다른 사람들도 말씀 중심의 삶을 사는 것에 지대한 관심을 가지게 되어 있다. 하나님이 나뿐만 아니라 다른 사람과도 그런 영생의 삶을 나누고 싶어 하신다는 아버지의 마음을 잘 알기 때문이다. 그것을 위해서 우리 주님이 자신의 목숨을 내어놓으셨다는 것을 너무나 잘 알기 때문이다. 그래서 어떻게 해서라도 하나님의 말씀을 통해서 다른 사람이 주님과 교제하는 것을 보고 싶어 하고 그것을 위해서 자신의 재물과 시간을 아끼지 않는다. 그런 일을 감당하는 선교사, 목회자, 성도들을 보면 섬기고 싶어서 안달 난 사람처럼 재물과 시간을 들여 헌신하는 모습을 본다. 왜 그런 삶을 살아갈까? 그들의 삶의 초점이 자신의 왕국이 아니라 하나님 나라에 맞추어져 있기 때문이고 하나님 나라의 핵심인 예수님과 주님이 피 흘려 세우신 몸 된 교회에 맞추어져 있기 때문이다. 그 하나님 나라의 일, 즉 영생의 일만 생각하면 피곤하다가도 몸에 새 힘이 난다. 형제들과 함께 우리를 주님의 영광스러운 교회로 세워 가시는 일에 마음이 두근거리기 때문이다. 죄인인 우리가 하나님과 영생의 삶을 누리는 것이 인생에 가장 소중한 일이고 가장 영광스러운 일임을 알고 믿기 때문이다. 당신의 삶은 지금 어디에 초점이 맞추어져 있는가? 자신의 왕국인가? 아니면 하나님 나라 메시아의 왕국인가?

기도

주님, 하나님 나라와 영생을 추구하는 삶을 살도록 인도하소서. 메시아 왕국을 추구하는 우리의 삶 속에서 우리를 날마다 새롭게 세우실 주님을 바라보게 하소서. 우리를 날마다 정결하게 하옵소서. 이 산 소망을 주신 주님을 찬양합니다.

요한복음 10:31-42
참된 믿음

문맥과 요약

'나와 아버지는 하나'라는 예수님의 말씀을 신성모독으로 간주한 유대인들이 격하게 반응한다. 예수님은 구약을 가지고 당신의 주장을 변호하신다. 도리어 유대인들이 사태를 정직하게 판단하지 못한다고 질책하신다. 유대인들의 폭력적 반응에 예수님은 피하셔서 세례 요한이 세례를 베풀던 곳으로 돌아오신다. 그 지역 사람들 가운데 많은 이들이 예수님을 믿는다.

해설

31-33절 《유대인들이 대답하되 선한 일로 말미암아 우리가 너를 돌로 치려는 것이 아니라 신성모독으로 인함이니 네가 사람이 되어 자칭 하나님이라 함이로라》 '나와 아버지는 하나'라는 말에 유대인들은 분노를 느꼈다. 그들이 돌을 들어 예수님을 치려 했다는 것은 그들이 예수님의 발언을 신성모독으로 느꼈다는 것을 의미한다(레 24:16). 이러한 유대인들의 분노가 예수님과의 이어지는 대화에서 보다 더 자세히 설명된다. 유대인들의 태도에 대

해서 예수님은 당신이 여러 가지 선한 일들을 그들에게 보였는데 그중에 어떤 일들로 당신을 돌로 치려 하는지 물으신다. 유대인들은 그들이 예수님을 돌로 치려한 이유는 선한 일 때문이 아니라 예수님의 신성 모독적 발언 때문이었다고 이야기한다. 유대인들은 30절의 '나와 아버지는 하나' 라는 발언을 사람이 자신을 하나님이라 칭한 것으로 이해했던 것이다.

34-36절 《하나님의 말씀을 받은 사람들을 신이라 하셨거든 하물며 아버지께서 거룩하게 하사 세상에 보내신 자가 나는 하나님의 아들이라 하는 것으로 너희가 어찌 신성모독이라 하느냐》 예수님이 신성모독을 하고 있다는 유대인들의 주장에 대한 반론이 이어진다. "너희 율법에 기록된 바 내가 너희를 신이라 하였노라 하지 아니했느냐." 예수님이 인용하시는 본문은 시편 82:6(칠십인경 81:6)이다. 율법이란 통상적으로는 모세오경을 지칭하는 말이지만 보다 광의적인 의미로는 성경 전체를 일컫기도 했다. 예수님은 후자의 의미로 사용하신 것으로 보인다. 예수님은 시편 82:6을 인용해서 자신이 신성모독을 하고 있는 것이 아니라는 사실을 논증하신다. 그럼 시편 82편은 누구를 신들이라고 지칭하고 있는 것일까? 크게 두 가지 견해로 나뉜다. 먼저 신들이 이스라엘의 재판관을 의미한다고 보는 견해이다. 시편 82편은 하나님이 재판장으로 세우신 자들이 공의를 행하지 않는 것에 대한 책망을 담고 있다. '신들이며 지존자의 아들들'인 재판장들이 하나님이 원하시는 공의를 베풀지 않는다는 것이다. 그래서 결과적으로 문맥 속에서 신들은 하나님이 세우신 재판장들을 의미한다. 다른 견해는 신들을 하나님의 율법을 받은 이스라엘로 이해하는 것이다. 후대 랍비주석은 시편 82편을 이스라엘이 율법을 받았을 때 하나님이 시내 산의 이스라엘 백성에게 하신 말씀으로 이해한다. 하나님이 이스라엘에게 율법을 수여하시면서 그들이 율법대로 살면 거룩하게 되고 신들과 같이 살게 되리라고 말씀하셨다고 본다.

신들이 구체적으로 누구를 의미하느냐는 것을 밝히는 것은 우리의 논의 자체에는 그다지 중요하지 않을 것 같다. 왜냐하면 중요한 것은 예수님이 말씀하시려는 논증의 방식이기 때문이다. 예수님은 '칼 바 호메르'의 논증 방식을 사용하신다. 히브리어로 '칼'은 '가볍다', '호메르'는 '무겁다'를 뜻한다. '칼 바 호메르' 논증은 말 그대로 '가벼운 차원의 진리에서 무거운 차원의 진리로 연결을 시도하는 논증 방법'이다. 예를 들면 걱정이 많은 사람들에게 예수님은 들에 핀 백합화를 보라며 말씀하신다. '하늘 아버지가 백합화도 돌보시는데 하물며 백합화보다 더 소중한 너희일까 보냐?' 덜 중요한 차원에서 진리라면 하물며 더 중요한 차원에서는 말할 필요도 없다는 논리이다. 지금 예수님이 랍비들의 논증방식인 '칼 바 호메르'를 사용하신 것이다. 그것이 하나님이 세우신 재판장이든 혹은 하나님의 말씀을 받은 이스라엘이든 하나님이 그들을 신들이라 칭하셨다면 '하물며 아버지께서 거룩하게 하사 세상에 보내신 자'는 말해 뭐하겠느냐는 방식의 논증인 것이다. 여기서 예수님이 자신을 '아버지께서 거룩하게 하사 세상에 보내신 자'로 표현하시는 것은 문맥 속에서 상당한 아이러니를 담고 있다. 이 아이러니는 수전절과 연관되어 있다. 이스라엘이 성전을 거룩하게 해서 봉헌한 것을 기념하는 시즌이 수전절인데 정작 하나님의 백성은 하나님이 거룩하게 하여 그들에게 보내신 하나님의 아들을 거부하고 있기 때문이다.

37-39절 《만일 내가 아버지의 일을 행하지 아니하거든 나를 믿지 말려니와 내가 행하거든 나를 믿지 아니할지라도 그 일은 믿으라 그러면 너희가 아버지께서 내 안에 계시고 내가 아버지 안에 있음을 깨달아 알리라》 시편 82편의 하나님의 말씀을 근거로 랍비들의 논증 방식인 '칼 바 호메르'를 사용해서 신성모독에 대한 효과적인 논증을 시도하신 예수님은 당신이 행하시는 일이 하나님의 일인지 그렇지 않은지를 말씀의 근거 위에서 면밀하게 살펴

보라고 말씀하신다. 그렇게 말씀을 가지고 정직하게 살펴보면 "아버지께서 내 안에 계시고 내가 아버지 안에 있음을 깨달아 알리라"고 말씀하신다. 이 말씀은 이 당시 유대인들이 예수님의 인격과 정체성에 대해서 매우 부정적인 시각을 가지고 있었음을 시사한다. 이러한 부정적 시각이 예수님의 사역을 냉철하게 살펴보는 데 걸림돌로 작용했던 것으로 보인다. 이러한 논리적인 논증에 대해서 유대인들은 아무 말도 제대로 반박할 수 없었다. 그럼에도 불구하고 그들은 다시 예수님을 잡고자 시도한다.

40-42절《많은 사람이 왔다가 말하되 요한은 아무 표적도 행하지 아니하였으나 요한이 이 사람을 가리켜 말한 것은 다 참이라 하더라 그리하여 거기서 많은 사람이 예수를 믿으니라》 예수님을 잡고자 하는 유대인들의 시도가 실패로 끝난 후 예수님은 수전절을 위해서 방문하셨던 예루살렘을 떠나 요단강 저편 세례 요한이 세례를 베풀던 곳으로 돌아오신다. 이러한 예수님의 행위는 폭력적인 유대인들을 피하신 행동으로 이해할 수 있다. 예수님은 적대적인 사람들을 피해서 피신하신 것이다. 이곳은 요단강 건너편 베다니 지역으로 보인다(1:28). 이 지역에 있던 사람들이 예수님에게 나아온다. 그리고 그곳에서 나아온 많은 사람들이 예수님을 믿게 됐다. 이러한 본문의 묘사는 지금까지 요한이 묘사한 것과 극명한 대비를 이룬다. 유대지역에서 예수님은 여러 표적들을 행하셨으나 많은 유대인들이 예수님의 정체에 대해서 의심하며 도리어 그를 잡으려고 시도했다. 그런데 이 지역에서는 예수님이 특별한 표적을 행하셨다는 기록이 등장하지 않는다. 다만 세례 요한이 예수님에 대해서 증거했을 뿐인데 이 지역의 많은 사람들이 예수님을 믿게 됐다. "자기 땅에 오매 자기 백성이 영접하지 아니하였으나 영접하는 자 곧 그 이름을 믿는 자들에게는 하나님의 자녀가 되는 권세를 주셨다"(1:11-12)는 말씀이 이렇게 성취되고 있다.

묵상

예수님이 상대적으로 많은 표적을 행하신 유대 땅에서는 많은 이들이 예수님에 대해서 적대적인 태도를 보이는 반면 세례 요한이 세례를 베풀던 곳의 사람들은 예수님의 특별한 표적 행위가 주어지지 않음에도 불구하고 많은 사람들이 예수님을 믿게 된다. 우리는 이 같은 현상을 어떻게 설명하고 이해해야 할까? 종종 적지 않은 사람들이 많은 이적과 기사를 경험하게 되면 그것이 우리에게 믿음을 형성하게 만든다고 생각하는 경향이 있는 것 같다. 물론 그런 이적과 기사를 통해서 믿음을 가지게 된 사람들이 없다고 말할 수는 없을 것이다. 그러나 진정한 믿음이라는 것이 꼭 그런 이적과 기사를 경험해야만 생기는 것이 아님을 우리는 경험적으로 배우게 된다. 본문도 정확하게 그 이야기를 하고 있다. 이러한 경향이 우리 인간들이 가지는 연약함인 것 같다. 무엇인가 초자연적인 역사를 경험해야 그것이 믿음을 만들어 낸다고 생각하고 역으로 우리의 믿음이라는 것도 그러한 초자연적인 역사를 수반해야만 진정으로 능력 있는 믿음이라고 생각하는 것 같다.

그러나 이 같은 생각은 성경을 통해서 지지받기 어렵다. 복음서들을 보면 하나님의 종말론적 심판에 대한 주님의 묘사가 등장하는데, 주님은 제자도에 대한 고백뿐만 아니라 심지어는 예수님의 이름으로 행해지는 기적적인 활동과 가르침도 진정한 제자임을 입증하기에는 불충분하다고 언급하신다(마 7:20-23, 눅 13:26). 마태복음과 누가복음에서 주님은 예언, 축귀, 기적 등은 얼마든지 위조될 수 있다고 말씀하시며 그러한 초자연적 활동 자체가 예수님과 아무런 상관이 없을 수 있다고 말씀하신다. 이른바 '은사주의적' 활동들이 예수님에 대한 순종과 그와의 인격적인 관계와 아무런 연관이 없을 수 있다고 말씀하신다. 이러한 성경의 일관된 자세는 믿음과 제자도에 참으로 시사하는 바가 크다.

기도

주님, 외형적으로 보이는 이적이나 능력에 마음을 빼앗기지 않게 하소서. 주님의 말씀 앞에 인격적으로 순종하는 참 믿음을 가지게 하시고 그 순종을 통해 영원토록 주 안에 머무는 우리가 되게 하옵소서.

요한복음 11:1-16
주님의 방법

문맥과 요약

요한복음의 마지막 표적이 등장한다. 그것은 죽은 나사로를 예수께서 다시 살려내시는 사건이다. 마리아와 마르다 자매는 병든 오빠 나사로의 일로 예수님께 사람을 보낸다. 그러나 예수님은 자매들의 요청에 즉각적으로 반응하지 않으신다. 나사로가 죽도록 일부러 내버려 두시며, 이 일은 하나님과 예수님의 영광과 제자들의 믿음을 위한 일이라고 가르쳐 주신다. 나사로 사건을 통해서 예수님은 새 창조의 영광이 어떠한 것인지를 보여 주신다. 나사로 사건은 예수님의 부활에 대한 미리보기의 성격을 지닌다.

해설

1-3절 《이에 그 누이들이 예수께 사람을 보내어 이르되 주여 보시옵소서 사랑하시는 자가 병들었나이다 하니》 11장은 예수께서 죽은 나사로를 살리시는 이야기이다. 이 이야기는 요한복음에 등장하는 7가지의 표적 가운데 가장 마지막에 등장하는 표적이다. 1-3절을 보면 나사로가 병들었다는 이

야기가 매절마다 각각 한 번씩 등장하고 있다. 마리아와 마르다 자매는 사람을 보내서 오빠가 아프다는 사실을 주님께 알려드린다. “주여 보시옵소서 사랑하시는 자가 병들었나이다.” 자매들은 오빠가 병들었다고 말할 수도 있었는데 주님이 사랑하시는 자가 병들었다고 표현했다. 이 말은 예수님이 촌각을 다투어 한시라도 빨리 자신들에게 오시기를 바라는 바람을 담은 표현이었을 것이다.

4절《예수께서 들으시고 이르시되 이 병은 죽을 병이 아니라 하나님의 영광을 위함이요 하나님의 아들이 이로 말미암아 영광을 받게 하려 함이라 하시더라》 예수께서는 이야기를 들으시고는 ‘이 병은 죽을 병이 아니라 하나님의 영광을 위함이요 하나님의 아들이 이로 말미암아 영광을 받게 하려 함이라’고 말씀하신다. 자매들은 예수님의 말씀을 듣고 무슨 생각을 했을까? 자신들의 이야기를 듣고 예수님이 한걸음에 달려오실 것이라고 한껏 기대하고 있는데 예수님이 당장 오시지 않으셨다. 대신 메신저가 예수님이 하신 말씀을 들려주었을 것이다. “이 병은 죽을 병은 아니랍니다. 대신 하나님과 주님이 이 일로 말미암아 영광을 얻게 된답니다.” 남매 입장에서는 두 가지 마음이었을 것이다. 예수님이 당장 한걸음에 달려와 주시지 않은 것에 대한 섭섭함과 야속함이 있었을 것 같다. 요한복음의 행간을 보면 예수님은 나사로, 마리아, 마르다 남매를 참 사랑하셨던 것 같다. 그러한 인간적인 친분을 생각하면 예수님이 메신저의 이야기를 듣고 당장 달려와 주시거나 아니면 말씀만이라도 해주셔서 오라비 나사로를 낫게 해주시길 기대하지 않았겠는가? 그런데 당장 오시지도 않으셨고 말씀으로 낫게 해 주시지도 않으셨다. 여기서 이 병은 죽을 병이 아니라는 예수님의 말씀은 설명이 필요한 듯 보인다. 왜냐하면 실제로 나사로는 이 병으로 죽게 되기 때문이다. 그렇다면 예수님의 말씀의 진정한 뜻은 무엇인가? 예수님은 나사로의 병이 죽음으로 끝나버릴 질병이 아니라는 뜻으로 말씀하신 것 같다. 나사로는 이 병으로 죽는다. 그러나 예수님은 나사로를 죽음으로부터 일으켜 내실 것이다. 그러니 이 병은 죽음으로 끝나는 것은 아니다.

5-6절 《예수께서 본래 마르다와 그 동생과 나사로를 사랑하시더니 나사로가 병들었다 함을 들으시고 그 계시던 곳에 이틀을 더 유하시고》 그런데 이 말씀을 하신 후에 예수님이 취하신 행동은 어딘가 석연치 않은 구석이 있다. 5절은 예수님께서 세 남매를 사랑하셨다고 기록하고 있고, 또 6절은 나사로가 병들었다 함을 들으시고 예수께서 계시던 곳에 이틀을 더 유하셨다고 기록하고 있다. 그런데 개역개정에는 원문 6절의 '그러므로'라는 접속사가 번역되어 있지 않다. 원문의 뉘앙스를 살리면 '예수님이 세 남매를 사랑하셨다 그러므로 나사로가 병들었다는 이야기를 들으시고도 계시던 곳에 이틀을 더 유하셨다'라고 기록하고 있는 것이다. 우리가 일상적으로 기대하는 것은 예수님이 세 남매를 사랑하셨다면 그 이야기를 듣고 즉각적으로 베다니를 향해서 달려가시는 것이다. 그런데 예수님은 나사로가 병들었다는 것을 아셨고 자매들이 일부러 사람을 보내 그와 같은 사실을 알려드렸음에도 불구하고 당장 베다니로 달려가시지 않으셨다.

7-8절 《그 후에 제자들에게 이르시되 유대로 다시 가자 하시니 제자들이 말하되 랍비여 방금도 유대인들이 돌로 치려 하였는데 또 그리로 가시려 하나이까》 예수님은 이틀을 더 유하시고는 제자들에게 다시 유대로 가자고 청하신다. 예수님의 이야기를 들은 제자들은 유대인들이 돌로 치려 하는데 그곳으로 가시려고 하느냐고 반문한다. 이것은 수전절 동안 유대인들이 예수님을 돌로 치려한 사건을 언급하는 것이 분명하다(10:31, 33). 그런 위협이 있는데 굳이 왜 다시 유대로 가시려고 하는지 제자들은 이해할 수 없었던 것이다.

9-10절 《예수께서 대답하시되 낮이 열두 시간이 아니냐 사람이 낮에 다니면

이 세상의 빛을 보므로 실족하지 아니하고 밤에 다니면 빛이 그 사람 안에 없는 고로 실족하느니라》 예수님은 유대인들을 두려워하는 제자들에게 격언적인 말씀을 전해 주신다. 낮이 열두 시간이니 낮에 다니면 빛이 있으므로 실족할 염려가 없다. 그러나 밤에 다니면 빛이 그 사람 안에 없기 때문에 실족한다. 유대인들의 시간 계산법은 독특한 측면이 있다. 하루 해 뜰 때부터 해 질 때까지를 낮으로 이해했고 이것을 통상 열 두 시간이라 생각했다. 해가 지면서 그 날이 끝나고 다음 날이 시작되는 것이다. 이러한 이해를 가지고 예수님은 낮에 다니면 실족할 염려가 없다 하신다. 예수님은 이미 자신의 사역 기간을 '낮'이라고 설명하신 적이 있다(9:4). 이 '낮'은 아버지가 아들을 보내신 목적을 이루는 시간이다. 그렇기 때문에 제자들은 주님과 함께 유대로 올라가는 것을 두려워할 필요가 없다.

11-14절 《이 말씀을 하신 후에 또 이르시되 우리 친구 나사로가 잠들었도다 그러나 내가 깨우러 가노라 제자들이 이르되 주여 잠들었으면 낫겠나이다 하더라 예수는 그의 죽음을 가리켜 말씀하신 것이나 그들은 잠들어 쉬는 것을 가리켜 말씀하심인 줄 생각하는지라》 이제 마리아, 마르다 자매의 간절한 요청에 예수님이 일부러 시간을 끄는 것 같은 모습을 보이신 이유가 설명된다. 본문 전체의 맥락 속에서 우리는 예수님의 지체가 결국 나사로의 육체적인 죽음을 기다리신 의도적인 행위라는 것을 깨닫게 된다. 11절에서 예수님은 '우리 친구 나사로가 잠들었다'라고 말씀하신다. 물론 제자들은 예수님이 하신 말씀의 참된 의미를 모르고 오히려 오해해서 육체적 잠으로 생각한다. 그러나 예수님은 나사로의 죽음을 빗대어서 말씀하신 것이다. 실제로 신약성경은 성도의 죽음을 종종 잠으로 표현하곤 한다(참조, 행 7:60). 14절에서는 나사로가 죽었다고 명백하게 밝히신다. 문맥 속에서 예수님은 나사로가 죽기까지 일부러 기다리신 것이다. 그가 죽어서 시체 썩은 냄새가 날 정도로 어느 누구도 나사로가 죽었다는 사실을 부인할 수

없을 만큼의 절대시간을 기다리신 것이다. 물론 이 시간은 마리아, 마르다 자매에게는 말로 다할 수 없는 서운함과 야속함의 시간이었을 것이다. 그 서운함과 야속함은 어느새 안타까움이 됐을 것이고 그 안타까움은 이내 얼마 지나지 않아 절망이 됐을 것이다. 예수님은 그 절망의 시간까지 일부러 기다리신 것이다. 왜냐하면 4절에 언급된 것처럼 이 일은 하나님과 그의 아들이신 예수님의 영광이 드러나도록 의도된 사건이기 때문이다. 이러한 목적 때문에 예수님은 사랑하는 자가 아파서 죽게 됐다는 소식을 듣고도 이틀을 더 머무셨다.

15-16절 《내가 거기 있지 아니한 것을 너희를 위하여 기뻐하노니 이는 너희로 믿게 하려 함이라》 예수님은 당신이 베다니에 있지 아니한 것을 제자들을 위해서 기뻐한다고 말씀하신다. 왜냐하면 이 일이 결국 제자들로 하여금 예수님을 궁극적으로 믿게 하도록 만들 것이기 때문이다. 그렇다면 이 일은 어떤 의미로 하나님과 예수님의 영광을 드러내도록 의도된 것일까? 제자들은 어떻게 예수님을 믿게 되는 것일까? 먼저 요한복음에서 예수님이 영광을 받으시는 것은 궁극적으로 십자가에 들리시는 것을 통해서 이루어진다. 요한은 나사로가 병에 걸린 것이 하나님과 예수님의 영광을 드러낸다고 했다. 그렇다면 나사로 사건은 하나님과 예수님의 영광과 어떻게 연결되는 걸까? 이 모든 대답은 나사로가 결국 이 병으로 죽음을 맞이했다가 부활하는 것과 연관되어 있다. 나사로가 죽었다가 죽음에서 부활하는 것은 도대체 무엇을 나타내는 표적일까? 요한복음에서 나사로의 부활은 예수님의 부활을 예표하는 사건이다. 예수께서 죽음의 권세를 다스리시고 부활하셔서 새로운 창조를 행하고 계시다는 사건을 미리 보여준 사건이다.

이런 맥락에서 나사로 사건은 일종의 프리뷰(preview)에 해당한다. 예수님의 죽음과 부활로 그 새 창조의 세상이 열려고 있다는 것을 미리 보여

준 사건이다. 이 엄청난 드라마를 아버지와 아들이 계획하셨고 이루어가고 계시며 마침내 이루실 것이다. 지금까지는 이 일을 알고 있는 인류가 없다. 그런데 하나님 아버지와 아들은 이제 이 엄청난 일들을 세상의 모든 제자들에게 보여 주실 것이다. 예수님은 이와 같은 일들을 제자들에게 알려주시고자 자신이 사랑하셨던 세 남매 마리아, 마르다, 나사로를 선택하신 것이다. 제자들은 나사로 사건을 통해서 궁극적으로 무엇을 믿게 되는 것인가? 나사로의 죽음과 부활이 예수님이 여시는 새로운 창조를 미리 보여 주는 사건이라는 것을 믿게 된다. 그 일을 위해서 예수님은 그곳에 일부러 가시지 않으셨던 것이다.

묵상

(1) 결론을 알지 못한 채로 그 시간을 인내하며 지나간다는 것은 결코 쉬운 일이 아니다. 마리아, 마르다 자매 입장에서 생각해 보면 이유와 영문도 모른 채 주님에 대한 서운함과 야속함이라는 시간이 지나가야만 했다. 그것이 이내 안타까움의 시간으로 변화되는 것을 속절없이 바라보아야 했다. 마침내 모든 소망이 절망으로 변해버렸다. 그러나 주님은 그들이 겪는 모든 고난과 아픔과 슬픔과 절망을 허비하신 것이 아니다. 결코 그것들을 낭비하신 것이 아니다. 주님은 그들이 겪은 그 고난과 아픔과 절망을 사용하셨다. 그리고 마침내 하나님이 새로운 창조의 세상을 우리 주님을 통해서 열고 계신다는 진리를 오고가는 세대의 모든 제자들의 마음속에 새겨 주신다. 그 목적을 이루기 위해서 주님은 자신이 사랑하시는 세 남매의 고통과 아픔과 절망을 사용하셨던 것이다.

(2) 종종 사람들로부터 '도대체 신앙이 무엇인가?'라는 질문을 받을 때가 있다. 여러 가지 다양한 답이 가능하다고 생각한다. 그런데 필자는 신앙이란 '주어가 바뀌는 것'이라고 대답하곤 한다. 성경을 봐도 그렇고 우

리 주변에 있는 형제자매들의 삶을 봐도 그렇고 하나님을 진정으로 만나기 전까지 사람은 누구나 자신이 자신의 삶의 주인공이다. 창세기에서 야곱을 묵상하면 우리가 보인다. 야곱은 자신이 주인공이 되어서 이기적인 목적으로 하나님마저도 이용하려 든다. 하나님께 축복을 받아내려고 악착같이 노력했다. 머리도 굴리고 꼼수도 피우고 악착같이 축복을 받아내려 노력했다. 그렇게 머리를 굴리고 계략을 만들고 꼼수를 피울 때마다 하나님은 축복이란 그렇게 해서 얻어지는 것이 아니라는 사실을 깨닫게 하셨다. 야곱의 삶은 그것을 깨달아가는 과정이라고 말해도 과언이 아니다. 그가 꼼수를 피울 때마다 계략을 세울 때마다 자신을 뛰어넘는 사람을 만나게 하시거나 자신이 통제할 수 없는 상황들을 주셔서 그 꼼수를 내려놓도록 만드셨다. 자신의 삶을 온전히 하나님께 내어 맡기지 않고는 어쩔 도리가 없는 상황으로 몰아가셨다. 그리고 마침내 야곱은 고관절이 위골되고서야 비로소 진정한 신앙이 무엇인지를 깨달아가기 시작한다. 그래서 그는 마침내 절박한 상황에서 하나님만을 의지하고 '죽으면 죽으리라'는 마음으로 주권을 하나님께 내어드리게 된다. 그것이 진짜 신앙이다.

(3) 우리가 우리 삶의 주인공이 되어 있고 하나님은 그저 우리가 이루려고 하는 것을 이루어 주시는 분이 되어 계실 때 그것은 성경이 말하는 진짜 신앙, 성숙한 신앙이 아닐 것이다. 자신이 주인공인 관점에서 보면 세상에는 참으로 참기 힘든 일로 가득하다. 왜냐하면 우리가 통제할 수 없고 예측할 수 없는 일들로 가득하기 때문이다. 진정한 신앙이란 초점이 바뀌는 것이다. 나의 왕국을 세우려는 것이 아니라 하나님의 나라를 세우려는 관점으로 신앙이 변화되어 가는 것이다. 비록 나와 내 가정이 겪고 있는 모든 일들과 우리의 신앙 공동체가 겪고 있는 일들의 결과를 아직 알지 못한다 할지라도 우리가 전능하신 하나님의 계획과 손 안에 있음을

겸손히 고백하고 기도하며 묵묵히 따라가려고 할 때 우리는 하나님이 하시는 아름다운 일들을 지금보다는 조금은 더 분명한 그림으로 보게 될 수 있다. 내 방법을 내려놓고 하나님의 전능하신 손에 맡겨 드릴 때 우리는 정말로 하나님이 다스려주시는 일들을 경험하게 될 것이다.

하나님이 부재하신 것 같고 하나님이 우리의 일에 무관심해 보이는 것 같은 시간을 보내는 것은 결코 쉬운 일이 아니다. 마리아와 마르다, 나사로가 그랬던 것처럼 말이다. 그러나 우리는 본문을 통해서 하나님이 부재하신 것 같고 하나님이 우리의 일에 무관심해 보이는 것 같은 지독한 현실도 하나님의 완벽한 통제 아래에 있다는 사실을 깨닫게 된다. 지금 내가 원하는 대답을 들을 수 없다고 대답이 없는 것이 아니다. 지금 내가 원하는 일이 이루어지고 있지 않다고 해서 하나님이 우리의 인생에 무관심하신 것이 아니다. 모든 것이 하나님의 완벽한 통치 가운데 있다. 참다운 신앙이란 그런 아버지의 통치권을 인정하는 것이다. 그가 그의 방법으로 모든 상황을 다스리고 계시다는 것을 인정하는 것이다. 심지어 우리가 그것을 마음에서 완전히 동의할 수 없을 때도 역시 마찬가지이다.

기도

주님, 이해되지 않는 상황을 지나갈 때가 있습니다. 그럴 때면 가슴이 터지는 것 같습니다. 그러나 아버지가 실수가 없으시다는 것을 믿습니다. 아버지의 통제를 벗어난 것이 없다는 것을 믿는 믿음을 주옵소서.

요한복음 11:17-27
이미 와 있는 종말

문맥과 요약

본문은 유대인들이 가지고 있었던 종말론적 사상을 이해해야만 제대로 이해할 수 있다. 이 종말론적 사상이란 구약성경 중 주로 선지서들의 가르침 위에서 형성된 사상이다. 하나님이 역사의 마지막 때가 되면 세상을 통치하실 것이다. 유대인들은 이러한 사상을 공유하고 있었다. 마르다도 물론 이러한 세계관을 잘 알고 있었다. 베다니에 도착하신 예수님은 마르다를 만나신다. 그녀에게 놀라운 소식을 선포하신다. 유대인들이 기대하던 그 종말이 예수님의 죽음과 부활을 통해서 이 땅 가운데 임했음을 암시적으로나마 가르쳐 주신다. 그 놀라운 영광의 일을 위해서 오라비 나사로의 죽음이 사용되고 있는 것이다. 그녀는 이 놀라운 일이 예수님을 통해서 이루어지게 될 것임을 듣고 믿게 된다.

해설

17-19절 《예수께서 와서 보시니 나사로가 무덤에 있은 지 이미 나흘이라 베다니는 예루살렘에서 가깝기가 한 오 리쯤 되매 많은 유대인이 마르다와 마리아

에게 그 오라비의 일로 위문하러 왔더니》 베다니에 도착하신 예수님을 기다린 것은 무덤에 있는 나사로였다. 본문은 나사로가 무덤에 있은 지 이미 나흘이라고 이야기한다. 유대인들은 사람이 죽은 지 삼 일이 지나면 더 이상 살아날 가능성이 없다고 생각했다. 따라서 나사로가 무덤에 있은 지 나흘이라는 이야기는 나사로가 더 이상 살아날 가능성이 완전하게 사라진 후에 예수님이 도착하셨다는 말이 된다. 사람의 힘과 능력으로는 아무것도 할 수 없다고 생각한 바로 그때 예수님이 베다니에 들어오신 것이다. 예루살렘으로부터 베다니는 대략 2킬로미터 정도의 가까운 거리였기에 많은 유대인들이 마르다와 마리아 자매를 위로하기 위해서 조문을 왔다.

20-22절《마르다가 예수께 여짜오되 주께서 여기 계셨더라면 내 오라버니가 죽지 아니하였겠나이다 그러나 나는 이제라도 주께서 무엇이든지 하나님께 구하시는 것을 하나님이 주실 줄을 아나이다》 그때 마르다는 예수님께서 오신다는 소식을 들었다. 적극적인 성격이었던 것으로 추정되는 마르다는 예수님 오신다는 소식을 듣고는 기다리지 못하고 찾아 나선다. 그리고 예수님을 만나서는 다음과 같이 이야기한다. "주께서 여기 계셨더라면 내 오라버니가 죽지 아니했겠나이다." 이 말을 하고 있는 마르다의 마음은 복잡한 심정이었을 것 같다. 아쉬움, 서러움, 원망 같은 미묘한 감정이 아니었을까 싶다. 마르다는 예수님이 다른 곳에 계시지 않고 이곳에 계셨더라면 오빠가 죽지 않았을 것이라는 아쉬움과 슬픔을 이렇게 표현한 것 같다. 그런데 이 말을 하고 마르다는 "그러나 나는 이제라도 주께서 무엇이든지 하나님께 구하시는 것을 하나님이 주실 줄을 아나이다"라고 이야기한다. 듣기에 따라서 매우 놀라운 고백일 수 있다. 마르다가 다음과 같이 고백하는 것처럼 들릴 수도 있지 않을까? '주님 오빠 나사로가 이미 죽기는 했지만 당장에라도 주님이 기도하시면 하나님이 오빠를 살려내실 수

도 있다고 믿습니다.' 그러나 이러한 읽기는 문맥상 마르다가 의도했던 의미는 아닌 것 같다. 24절에서 그 이유가 설명된다.

23-24절 《예수께서 이르시되 네 오라비가 다시 살아나리라 마르다가 이르되 마지막 날 부활 때에는 다시 살아날 줄을 내가 아나이다》 마르다의 이야기를 들으신 예수님은 "네 오라비가 다시 살아나리라"고 말씀하신다. 예수님의 말씀을 들은 마르다는 "마지막 날 부활 때에는 다시 살아날 것을 내가 아나이다"라고 대답한다. 이 말 속에는 두 가지 함의가 있다. 먼저 마르다는 마지막 날 부활 때가 아직 도래하지 않았다고 생각하고 있다. 그래서 오빠가 당장 부활한다고 생각하고 있지 않은 것이다. 또한 39절에서도 그녀는 "주여 죽은 지가 나흘이 되었으매 벌써 냄새가 나나이다"라고 말하고 있다. 이 두 구절을 통해서 우리는 마르다가 오빠 나사로의 즉각적인 부활을 기대하지 않고 있었다는 것을 유추할 수 있다. 그러므로 22절에서 마르다가 한 말 즉 "주님이 무엇이든지 하나님께 구하시는 것을 하나님이 주실 줄을 아나이다"라고 말했을 때 그 "무엇이든지"에 적어도 하나는 들어있지 않았다는 것을 알 수 있다. 그것은 지금 당장에 오빠 나사로가 부활하는 것이다. 마르다는 주님을 알았고 신뢰하고 믿었다. 그러나 지금 당장 오빠가 부활할 것이라고는 기대하지 않았다. 다만 마르다는 예수님의 능력을 여전히 신뢰한다는 의미로 이같이 말했던 것이다.

그렇다면 '네 오라비가 다시 살아나리라'라는 예수님의 말씀의 뉘앙스를 우리는 어떻게 이해할 수 있을까? 이 말씀을 하신 직후에 예수님이 죽은 나사로를 살리시니 당신이 후에 하실 행동을 염두에 두시고 하신 말씀임은 틀림없다. 그러나 예수님은 단순히 나사로가 살아날 것이라는 사실만을 이야기하고 싶으신 것은 아니다. 거기에는 또 다른 의도가 들어있다. 그것은 24절 말씀의 빛 아래서 조명되어야 한다. 마르다는 '마지막 날 부활 때에는 다시 살아날 것을 내가 아나이다'라고 대답한다. 여기서 우리는 유대인들의 종말에 대한 신앙 가운데 한 가지 분명한 사실을 확인할 수 있다. 그것은 바로 부활이다. 유대인들은 하나님이 통치하실 미래의 때를 마지막 날들 즉 종말의 날들이라고 불렀다. 이때가 되면 하나님 백성들의 부활이 있을 것이라고 기대했다. 부활은 유대인들이 기대했던 종말의 하이라이트였다(참조, 시 16, 49, 73편, 단 12:2-3, 사 26:19-21). 이러한 관점에서 오빠 나사로가 다시 살아날 것이라고 예수님이 말씀하시자 마르다는 자신도 구약성경 선지서들에 근거한 유대인들의 종말에 대한 부활 신앙을 알고 있고 믿고 있다고 고백한 것이다.

핵심은 그 같은 종말론적 부활 신앙을 가지고 있는 마르다에게 예수님이 '네 오라비가 다시 살아나리라'고 말씀하셨다는 사실이다. 이러한 관점에서 예수님은 매우 놀라운 이야기를 하고 계신다. 아직 마르다는 예수님의 말씀을 완전히 이해하고 있지 못하지만 예수님은 하나님의 말씀을 따라 신실한 유대인들이 기대하고 있었던 그 마지막 종말의 사건이 지금 자신의 죽음과 부활을 통해 일어날 것이라는 것을 미리 선포하신 것이다. 예수님과 마르다가 하고 있는 대화를 1세기 유대인들의 맥락에서 풀어서 쓰면 이런 말이 된다. "마르다야, 지금 네가 기대하고 있는 마지막 날 일어날 것이라는 그 부활 사건이 나를 통해서 곧 일어날 것이다. 나는 그 기막힌 사건이 일어나기에 앞서서 네 오라비 나사로의 죽음을 통해서 그 일이 이미 이곳에서 시작되고 있음을 알리려 한다."

25-26절《나는 부활이요 생명이니 나를 믿는 자는 죽어도 살겠고 무릇 살아서 나를 믿는 자는 영원히 죽지 아니하리니 이것을 네가 믿느냐》 이곳에서 예수님은 자신이 누구인지를 설명하기 위해서 요한복음에서 유명한 '에고 에이미'라는 구절을 사용하신다. 물론 요한복음에 등장하는 '에고 에이미'는 두 가지 용법이 있다. 한 가지는 뒤에 술어부가 등장하지 않는 구절로서 하나님을 나타낼 때 사용되는 어법이다. 이미 요한복음에서 수차

례 이러한 표현이 사용된 바 있다. 풍랑이 이는 바다를 걸어오신 예수님을 보고 제자들이 두려워하자 예수께서는 "내니(에고 에이미) 두려워 말라"고 말씀하셨다. 또 하나의 어법은 에고 에이미 뒤에 술어부가 따라 나오는 어법이다. 오늘 본문에 등장하는 어법은 후자이다. 예수님은 자신을 부활이요 생명이라고 마르다에게 가르쳐 주신다. 예수님은 자신의 죽음과 부활을 통해서 이루어지게 될 새로운 창조의 생명이 지금 벌써 이곳에 임하고 있음을 가르쳐 주시기 위해서 나사로의 죽음을 택하신 것이다. 주님이 다스리시는 새 창조의 부활과 생명이 지금 이 땅에 예수님의 죽음과 부활을 통해서 이루어지고 있다는 사실을 나사로 사건을 통해서 가르쳐 주고 싶으셨다. 구약의 백성들이 기대하고 고대했던 그 마지막 날의 부활과 생명이 지금 이 땅 가운데 드디어 임하게 됐다는 가슴 벅찬 소식을 전하고자 하신다. 그래서 예수님을 믿는 자는 죽어도 살겠다고 말씀하신다. 예수님을 믿는 사람은 죽어도 다시 부활한다는 말씀이다. 죽지만 죽는 것이 아니다. 또한 살아서 당신을 믿는 자는 영원히 죽지 않겠다고 말씀하신다. 이것이 요한복음에서 예수님이 가르치시는 현재적 영생의 개념이다. 우리가 예수님을 믿음으로 누리게 될 영원한 생명을 요한복음은 현재적 관점에서 이야기하고 있다. 그것은 예수님을 믿음으로 벌써 이곳에서 우리가 함께 누리는 생명이다.

27절 《주여 그러하외다 주는 그리스도시요 세상에 오시는 하나님의 아들이신 줄 내가 믿나이다》 예수님과의 대화를 통해서 마르다는 예수님을 그리스도와 하나님의 아들이라 고백한다. 이 고백을 통해서 마르다는 마지막 날 부활에 메시아이신 예수님이 핵심적인 역할을 수행하실 것이라고 고백하고 있다.

묵상

(1) 요한복음이 이야기하는 생명이라는 개념은 개인적인 차원만이 아니라 반드시 관계의 차원에서도 적용되어야 한다. 그래서 성경은 생명의 관계를 이야기할 때 하나님과의 관계에서만 이 생명의 축복을 이야기하지 않고 하나님을 통해서 맺게 된 형제 관계를 통해서도 생명의 축복을 누려야함을 항상 같이 이야기한다. 이런 맥락에서 성경은 '하나님을 사랑하라'하고 끝나지 않고 '네 형제를 네 몸과 같이 사랑하라'고 이야기하는 것이다. 우리가 주님과 누리는 생명이라는 축복은 주님과의 관계에서만 누리는 것이 아니다. 그것은 반쪽이다. 주님과의 생명의 관계를 통해서 맺게 된 형제들과의 관계에서도 이 생명을 마땅히 누려야 한다. 물론 형제들과의 관계 안에서 이 생명의 축복을 누리는 것이 때로는 쉽지 않다는 것을 우리는 경험적으로 잘 알고 있다. 그러나 그것이 어렵기 때문에 우리가 해도 좋고 하지 않아도 괜찮은 것은 아니다. 그것은 예수님의 제자의 삶이 아니다. 그래서 주님은 '내가 너희를 사랑한 것 같이 너희도 서로 사랑하라'고 명령하셨다. '이로써 너희가 내 제자인 줄 알리라'고 엄중하게 말씀하셨다.

(2) '내가 너희를 사랑한 것 같이 너희도 서로 사랑하라'고 명하신 것을 실천하는 것은 그리 녹록한 일이 아니다. 무슨 말인지는 알겠으나 현실은 그렇게 만만하지 않다는 아우성이 들리는 것 같다. 그것이 냉정한 현실 인식일 것이다. 현실에 대한 냉정한 인식은 종종 절망을 야기시킨다. 그러나 그 냉정한 현실 가운데 임재해 계신 생명이신 주님을 통해서 사물과 세상을 다시 바라보는 것이 믿음이다. 우리가 직면한 상황은 말 그대로 현실이기에 때로는 포기하고 싶은 마음이 들 수도 있다. 그러나 진정한 믿음이란 냉정한 현실 인식을 뛰어넘는 것이다.

바라고 기대할 수 있는 것을 바라는 것을 굳이 왜 믿음이라고 불러야 하겠는가? 왜 아브라함과 사라를 믿음의 조상이라고 이야기하는가? 그들이 바랄 수 없는 중에 바라고 믿었기 때문이 아닌가? 믿음이란 바랄 수 없는 상황에서도 하나님의 약속을 끝까지 믿는 것이다. 그 믿음이 만들어 낼 수 있는 하나님 안의 가능성을 끝까지 포기하지 않는 것이다. 그것이 주님이 우리에게 명령하신 형제 사랑이다. 바로 그것이 예수님이 주시는 생명을 이곳에서 누리고 사는 삶이다. 프랑스의 사제 샤를 드 푸코가 한 말을 인용하고자 한다. "누군가를 사랑한다는 것은 항상 그에게 희망을 갖는 것이다. 그의 진정한 가치를 지금 내가 알고 있는 그의 모습으로만 한정하고 축소시킨다면 그에게로 향해야 할 우리의 사랑이 중단된 것이라고 말할 수 있다. 그럴 때 더 나은 모습으로 변할 수 있는 그의 가능성도 함께 중단된다." 그래서 우리는 그 어느 누구도 포기하지 않는다.

기도

주님, 주님이 허락하시는 부활과 생명의 삶을 직장과 학교와 가정과 교회에서 누리게 하옵소서. 그 복된 새 창조의 삶을 허락하시기 위해서 주님이 십자가에서 죽고 부활하셨음을 믿게 하소서. 이 생명의 관계로 항상 충만하게 하소서.

요한복음 11:28-37
참 소망

문맥과 요약

마르다는 집으로 돌아가 마리아에게 예수님의 말씀을 사적으로 전한다. 마리아는 유대인들과 함께 예수님께 나아가 슬피 운다. 예수님은 그들의 모습을 보시며 무슨 이유에선가 분노하시며 가슴에 답답함을 느끼신다. 예수님의 거룩한 분노는 인간의 운명을 바꾸는 사역으로 연결된다.

해설

28절《이 말을 하고 돌아가서 가만히 그 자매 마리아를 불러 말하되 선생님이 오셔서 너를 부르신다 하니》 예수님과 대화를 마친 마르다는 집으로 돌아간다. 그리고 그 동생 마리아를 가만히 불러 선생님이 그녀를 부르신다고 이야기한다. '가만히' 불렀다는 것은 사적으로 불렀다는 말인데 다른 사람들이 알아차리지 못하도록 했다는 의미다. 아마도 이러한 행위는 많은 사람들이 예수님에게 몰리는 것을 차단하려는 의도였던 것 같다. 직전에 마르다가 예수님을 그리스도와 하나님의 아들로 고백했는데 호칭이 선생님으로 바뀐 것을 두고 그녀의 신앙고백에 문제가 있는 것이 아니냐는 식으로 생각하는 사람들이 있는 것 같다. 아마도 선생님이라는 호칭은 남매들이 예수님을 부르는 통상적 호칭이었을 것이다.

29-31절 《마리아가 이 말을 듣고 급히 일어나 예수께 나아가매 예수는 아직 마을로 들어오지 아니하시고 마르다가 맞이하였던 곳에 그대로 계시더라》 지금까지 집에 있었던 마리아는 그 말을 듣고는 황급히 일어나 예수님께 달려간다. 이 시점에 예수님은 아직 베다니로 들어오시지는 않고 마르다를 만났던 곳에 그대로 계셨다. 마리아가 급히 일어나 나가는 것을 본 유대인들은 마리아가 오빠를 위해 애곡하기 위해 무덤에 가는 줄로 생각하고 그녀를 따라 나섰다. 실제로 이러한 일은 유대 장례 문화에서 매우 익숙한 장면이다. 심지어 어느 정도 재력이 있는 집안에서는 전문적으로 곡하는 사람들을 돈을 주고 고용하기도 했다.

32-33절 《마리아가 예수 계신 곳에 가서 뵈옵고 그 발 앞에 엎드리어 이르되 주께서 여기 계셨더라면 내 오라버니가 죽지 아니하였겠나이다 하더라 예수께서 그가 우는 것과 또 함께 온 유대인들이 우는 것을 보시고 심령에 비통히 여기시고 불쌍히 여기사》 마리아와 자매를 위로하러 모였던 유대인들은 예수님이 계신 곳에 도착한다. 마리아는 언니 마르다가 했던 것과 똑같은 이야기를 한다. "주께서 여기 계셨더라면 내 오라버니가 죽지 아니했겠나이다." 마르다와 똑같은 마음이었을 것이다. 사랑하는 오빠가 속절없이 세상을 떠난 것에 대한 애달픈 마음을 표현한 것이다. 그렇게 말하면서 마리아가 울기 시작한다. 그런 마리아의 모습을 보면서 함께 왔던 유대인들도 울기 시작한다. 그런 마리아와 유대인들을 보신 예수님의 반응을 요한은 다음과 같이 기록한다. "예수께서 그가 우는 것과 또 함께 온 유대인들이 우는 것을 보시고 심령에 비통히 여기시고 불쌍히 여기사." 본문에 대한 개역개정의 번역은 다소 오해의 소지가 있을 수 있다. 얼핏 보면 예수님께서 마리아와 그녀와 함께 온 유대인들이 가슴 아파하며 우는 모습을

보시고 그들을 향해 연민을 느끼사 불쌍히 여기신 정도로만 본문을 생각하기 쉽다. '예수님이 참으로 나사로와 자매들을 사랑하셨구나!' 실제로 36절에 등장하는 유대인들도 예수님의 반응을 그런 식으로 이해한 것이 틀림없어 보인다. 물론 예수님이 마리아와 동료 유대인들이 우는 모습을 보고 그들을 향한 연민의 감정을 가지셨을 거라고 생각할 수 있다. 그러한 사실 자체를 부인하는 것이 아니다. 그러나 예수님의 반응은 단순한 연민의 반응을 넘어서는 것이다. 어떻게 알 수 있을까? 이러한 사실은 요한이 사용한 단어를 통해서 가늠해 볼 수 있다.

본문에 "비통히 여기다"라는 표현은 '엠브리마오마이'라는 단어의 번역이다. 이것을 심령에 '비통히 여기다'라는 말로 번역한 것이다. '엠브리마오마이'라는 단어는 신약성경에 총 5회 사용된 단어다. 마태복음에서 1회, 마가복음에서 2회, 그리고 요한복음에서 2회 사용된다. 그런데 모든 용례를 살펴보면 이 단어는 마음의 비통함보다는 '꾸짖다 혹은 분노하다'라고 번역되는 것이 좀 더 적절하다. 마가복음 14:4-5은 여자가 예수님에게 값진 향유 한 옥합을 가지고 와서 그것을 깨뜨려 예수님의 머리에 부은 후의 반응을 다루고 있다. 여자의 행동에 대해서 사람들은 화를 내며 분노로 반응한다. 값진 향유를 낭비했다는 것이다. 5절에 보면 '여자를 책망했다'라고 기록하고 있다. 여기서 '책망했다'는 단어가 바로 '엠브리마오마이'이다. 즉 이 단어는 문맥 속에서 '분노하며 책망했다'라는 의미를 가진다. 신약성경의 다른 용례들도 마찬가지다. 그러니까 예수님은 마리아와 유대인들이 슬피 우는 것을 보시고 그들에 대해서 연민의 마음으로 슬퍼하셨다기보다는 무슨 이유에선가 분노하셨다고 요한은 기록하고 있는 것이다.

아울러 33절의 마지막 단어 '불쌍히 여기셨다'라는 번역도 본문을 그저 예수님이 연민을 느끼신 정도로만 읽게 만들 수 있다. 이 단어를 '불쌍히 여기다'로 번역했기 때문에 예수님이 마리아와 유대인들을 향해서 연민을 가지셨다는 정도로만 본문이 읽혀지게 된 것이다. '불쌍히 여기사'는 '타라소'의 번역인데 '가슴에 답답함을 느끼셨다' 정도로 번역하는 것이 적절하다. 그러니까 예수님은 울고 있는 마리아와 유대인들을 보고 무슨 이유에선가 분노하시며 가슴에 답답하심을 느끼신 것이다.

그렇다면 '왜 예수님은 마리아와 유대인들이 우는 것을 보시고 분노하시며 가슴에 답답함을 느끼셨을까?' 어떤 사람들은 이제 예수님이 나사로를 살려주실 것인데 그것을 믿지 못하는 그들의 불신앙의 모습을 보시며 분노하시고 가슴에 답답함을 느끼셨다고 이야기한다. 그러나 이러한 해석은 무리가 있어 보인다. 왜냐하면 적어도 본문에서 예수님은 아직 마리아에게 오빠 나사로를 살리실 것이라 명시적으로 밝히지 않으셨기 때문이다. 그것을 모르는 마리아와 유대인들을 바라보시고 가슴이 답답해지고 분노까지 하셨다는 것은 문맥 속에서 잘 이해되지 않는다. 문맥 속에서 보다 더 설득력 있는 해석은 예수님의 분노와 답답함을 죽음이 만들어 놓은 처참한 현실에 대한 반응으로 이해해야 하는 것이다. 사랑하고 친애하는 이를 상실한 인간의 현실과 실존 그리고 그 처참한 현실 앞에서 애통하는 것 이외에 아무것도 할 수 없는 인간의 연약함을 바라보시며 그러한 현실을 만들어 낸 죄악과 사탄의 세력에 대한 주님의 분노와 답답함을 표현한 것이라고 이해하는 것이다. 예수님은 사랑하는 오빠의 죽음 앞에서 무기력한 모습으로 슬피 우는 것 이외에는 아무것도 할 수 없는 마리아와 동료 유대인들의 모습을 보며 그들에게 이와 같은 상황을 만들어 낸 죄악과 사탄의 세력에 대한 거룩한 분노를 느끼신 것이다.

34-35절 《이르시되 그를 어디 두었느냐 이르되 주여 와서 보옵소서 하니 예수께서 눈물을 흘리시더라》 예수님의 거룩한 분노는 행동으로 이어진다. 예수님이 질문하신다. '그를 어디 두었느냐?' 사실 33절과 34절은 한 문장

이다. 예수님은 죽음의 세력이 만들어 낸 처참한 상황 앞에서 거룩한 분노와 답답함을 느끼셨다. 그리고 그를 어디에 두었느냐고 질문하신다. 예수님의 의도가 느껴지는가? 그의 거룩한 분노는 이제 자신이 하시려는 행동으로 이어진다. 그의 거룩한 분노는 나사로를 살려내려는 행동으로 연결되고 있다. 예수님은 자신을 통해서 새롭게 주어질 새로운 생명을 나사로에게 주시려고 시도하신다. 그를 살려내어 새로운 영원한 생명으로 살아가게 하시려고 그를 어디에 두었는지를 질문하신 것이다. 그리고 예수님은 우셨다. 예수님의 울음의 의미는 앞서 등장한 '엠브리마오마이'를 어떻게 이해하느냐와 연관되어 있다. '엠브리마오마이'가 단순한 연민이 아니라 죽음의 세력이 만들어 놓은 현실에 대한 거룩한 분노라면 이곳에 등장하는 예수님의 울음의 의미는 죽음의 세력이 만들어 놓은 현실을 아파하시는 예수님의 울음으로 이해할 수 있다.

36-37절《그중 어떤 이는 말하되 맹인의 눈을 뜨게 한 이 사람이 그 사람은 죽지 않게 할 수 없었더냐 하더라》 유대인들은 예수님의 울음의 의미를 제대로 이해하지 못하고 예수님이 단지 사랑하는 나사로의 죽음을 슬퍼하고 계신 것으로 오해한다. 이것이 오해인 것은 예수님은 이제 나사로를 그 죽음으로부터 살려내실 것이기 때문이다. 또 어떤 이들은 맹인의 눈을 뜨게 한 이 사람이 나사로를 죽지 않게 할 수 없었느냐고 이야기한다. 이들의 반응은 모두 나사로 사건을 통해서 예수님이 무엇을 보여 주시려는지 알지 못하기 때문에 생기는 오해들이다. 예수님은 나사로 사건을 통해서 사망을 이기신 새 창조의 권능을 보여 주시려고 일부러 나사로가 죽을 때까지 기다리신 것이다.

묵상

(1) 죽음 앞에 굴복할 수밖에 없는 인간의 처참한 현실 앞에서 예수님

은 거룩한 분노를 느끼신다. 그 거룩한 분노가 새 창조의 사역을 위한 위대한 동력이 된다. 예수님의 거룩한 분노가 예수님을 십자가의 자리로 인도했고 그분의 부활이 우리에게 생명을 주게 됐다. 요한은 그 사실을 깨달은 것이다. 주님으로 하여금 그 십자가의 길을 묵묵히 걸어가실 수 있게 한 동력은 바로 죽음을 이 땅 가운데 가져온 보이지 않는 세력에 대한 주님의 거룩한 분노였다. 주님이 나사로의 죽음의 현장을 보시며 느끼셨던 그 거룩한 분노가 예수님으로 하여금 골고다 십자가의 자리로 자발적으로 걸어가게 만들었다. 십자가의 현장에서 못 박히는 육신의 고통만이 아니라 늘 함께 하셨던 아버지로부터 버림을 받고 분리되어지는 그 십자가의 자리를 걸어가게 만들었던 거룩한 동력은 바로 주님의 거룩한 분노였다. 그 거룩한 분노를 일으킨 동력은 다름 아닌 우리를 향한 그의 거룩한 사랑이었던 것이다. 그 주님의 십자가의 자리와 죽음의 세력을 이기신 부활이 있었기에 우리 모두는 이 땅에서 이미 날마다 새로운 삶을 살아가고 있으며 영원한 삶의 소망을 가지고 살아갈 수 있게 된 것이다. 요한은 본문을 통해서 우리에게 그와 같은 이야기를 해 주고 싶었던 것이다. 우리 주님의 거룩한 분노와 사랑에 우리의 소망이 있음을 이야기해 주고 싶었던 것이다.

(2) 창세기 20장에서 아내 사라를 또다시 팔아먹는 아브라함의 모습을 보면서 여러분은 어떤 생각을 하는가? 이제는 좀 변해도 좋을 것 같은데 그는 정말로 여전하다. 지난날 애굽에서 그렇게 혼쭐이 나고도 아브라함이나 사라는 참으로 여전하다. 하나님의 약속이 이루어질 날이 코앞에 다가왔는데 기다리지 못하고 믿지 못하는 아브라함의 불신앙의 모습을 본다. 그런데 그런 아브라함의 모습 속에서 우리의 모습이 보이지 않는가? 그래서 소망이 없어 보이지 않는가? 아브라함을 봐도 소망이 없고 우리 모두의 모습을 봐도 소망이 없다. 어디를 봐도 소망이 없는 것 같다. 그

것이 우리의 엄연한 현실이고 실존이다. 냉정하게 이야기하면 기독교 역사 그 어느 한순간이라도 인간에게 소망이 있었던 적이 있었을까? 그렇다면 우리의 진정한 소망은 어디에 있는가? 그런 구제 불능인 우리를 포기하지 않으시는 하나님 아버지의 사랑과 그 아버지의 사랑 앞에 자신의 생명을 드려 순종하시는 우리 주님의 불붙는 사랑이 있기에 우리에게 소망이 있다. 그 사랑 때문에 사랑하는 자들이 당하는 처참한 죽음이라는 엄혹한 현실 앞에서 분노하시며 우리를 위해 십자가의 길을 묵묵히 걸어가셨던 주님이 계시기에 우리에게 소망이 있다. 그 주님이 지금도 하나님의 보좌 우편에서 우리가 생명의 삶을 누려가도록 간절히 중보하고 계시기에 우리에게 소망이 있다. 어느 누구도 어떻게 해줄 수 없는 절망 가운데 있는가? 우리의 유일한 참 소망이자 우리를 사랑하시는 주님을 함께 바라보는 우리가 될 수 있기를 간절히 소망한다.

기도

주님, 우리 안에 소망이 없음을 발견합니다. 우리의 연약함을 긍휼히 여기시며 우리를 사랑하셔서 묵묵히 십자가의 길을 걸으신 주님이 계시기에 우리에게 소망이 있습니다. 지금도 우리를 위해 중보하시는 중보자 예수님과 성령님만을 온전히 바라보는 우리가 되게 하소서.

요한복음 11:38-46
놀라운 예고편

문맥과 요약

예수님의 거룩한 분노가 나사로의 부활로 이어진다. 마지막 날에 죽은 자들이 예수님의 음성을 듣고 반응할 것처럼 나사로는 자신을 부르시는 목자의 음성에 반응한다. 나사로의 부활은 예수님과 또한 그를 믿는 자들의 부활의 예고편이다. 늘 그렇듯이 나사로를 살리시는 주님의 놀라운 표적은 두 가지 상반된 반응으로 나타난다.

해설

38-39절《이에 예수께서 다시 속으로 비통히 여기시며 무덤에 가시니 무덤이 굴이라 돌로 막았거늘》 나사로의 죽음 앞에서 울고 있는 마리아와 유대인들을 보시며 예수님은 다시 한번 거룩한 분노를 느끼셨다(엠브리마오마이). 그리고 예수님은 나사로의 무덤에 도착하셨다. 그 앞에는 유대인들의 무덤이 늘 그렇듯이 큰 돌이 놓여 있었다. 본문에는 무덤이라는 단어가 두 번 사용된다. 그런데 이곳에 사용된 단어들이 서로 다르다. 첫 번째 무덤은 '므네메이온'의 번역이고 두 번째 무덤은 '스펠라이온'의 번역이다.

므네메이온은 일반적으로 무덤을 지칭하는 단어이고 스펠라이온은 천연 동굴을 의미한다. 예수님은 그 돌을 옮겨 놓으라고 명령하신다. 직역하면 돌을 치워버리라는 말이다. 예수님의 말씀을 들은 마르다는 오빠 나사로가 죽은 지 나흘이 됐기에 벌써 썩은 냄새가 난다고 이야기한다. 예수님이 오빠 나사로를 지금 당장 살려내시려는 것을 온전히 믿지 못한 것이다. 이미 죽은 지 나흘이 됐다는 말은 유대인들의 신념을 나타내는 말이다. 유대인들은 죽은 자의 영혼이 삼 일 동안은 시신 주변에 있다가 최종적으로 떠난다고 생각했다. 이제 살아날 가능성이 없다는 것을 마르다가 이렇게 말한 것이다.

40절 《예수께서 이르시되 내 말이 네가 믿으면 하나님의 영광을 보리라 하지 아니하였느냐》 예수님은 마르다에게 네가 믿으면 하나님의 영광을 볼 것이라 말씀하신다. 앞 단락에서 요한은 예수님과 마르다와의 대화를 모두 기록한 것 같지 않다. 이 말씀은 앞 단락에서 예수님과 마르다가 나눈 대화의 한 부분이었던 것으로 보이는데, 이미 예수님은 마르다가 믿으면 하나님의 영광을 보리라고 말씀하셨던 것이다. 이 문맥 속에서 '하나님의 영광'이란 '죽음의 권세를 이기시는 하나님의 능력' 정도를 의미할 것이다. 나사로의 육체의 부활(소생)은 예수님의 부활에 대한 예고편이기 때문이다.

41-42절 《돌을 옮겨 놓으니 예수께서 눈을 들어 우러러 보시고 이르시되 아버지여 내 말을 들으신 것을 감사하나이다 항상 내 말을 들으시는 줄을 내가 알았나이다 그러나 이 말씀 하옵는 것은 둘러선 무리를 위함이니 곧 아버지께서 나를 보내신 것을 그들로 믿게 하려 함이니이다》 사람들이 돌을 치워버렸다. 예수님은 하나님께 감사의 기도를 하시기 시작하신다. 예수님의 감사의 내용은 하나님 아버지께서 예수님의 기도를 항상 들으시는 것에 관한 것이다. 사실 하나님과 예수님 사이의 친밀한 교제라는 관점에서 생각해 보

았을 때 이 예수님의 말씀은 불필요한 것이었다. 예수님은 하나님께서 당신의 기도를 항상 들으시는 것을 이미 잘 알고 계시기 때문이다. 그러나 예수님은 이 기도의 목적을 다음과 같이 말씀하신다. "이 말씀 하옵는 것은 둘러선 무리를 위함이니 곧 아버지께서 나를 보내신 것을 그들로 믿게 하려 함이니이다." 예수님은 이 기도의 목적이 예수님 주변에 있는 자들을 위한 것임을 밝히신다. 특별히 이제 그가 나사로를 살리시는 일이 당신의 자의로 행하시는 것이 아니라 자신을 보내신 하나님 아버지의 일이라는 것을 알려주시기 위함이다.

43-44절 《이 말씀을 하시고 큰 소리로 나사로야 나오라 부르시니 죽은 자가 수족을 베로 동인 채로 나오는데 그 얼굴은 수건에 싸였더라 예수께서 이르시되 풀어 놓아 다니게 하라 하시니라》 예수님은 나사로를 부르신다. "나사로야 나오라." 주님의 음성에 나사로가 무덤에서 나아온다. 5:28에서 "무덤 속에 있는 자가 다 그의 음성을 들을 때가 오나니"라는 예수님의 말씀과, 10:3에서 "양은 목자의 음성을 듣는다"는 예수님의 말씀이 생각난다. 예수님은 마지막 부활 때에 자신을 믿는 모든 자에게 행하실 명령을 지금 나사로에게 먼저 행하신 것이다. 그 말씀대로 목자의 음성에 양들이 반응하듯이 나사로는 수족을 베로 동인 채로 무덤에서 나아온다. 그의 얼굴에는 장례 때 사용했던 수건이 여전히 둘러져 있었다. 여기서 수건이라는 단어는 '수다리온'의 번역인데 후에 예수님의 장례 때 예수님의 머리를 둘렀던 수건과 동일한 단어다. 그의 모습은 장례를 치르고 무덤에 눕혀진 그대로의 모습이었다. 죽을 수밖에 없는 인간이 예수님의 말씀 한마디에 사망을 이기고 일어난 것이다. 이 모습은 얼마 지나지 않아 사망의 권세를 이기실 예수님의 모습을 예고한다. 그뿐만 아니라 앞으로 예수 그리스도를 믿는 모든 사람들이 그가 다시 오시는 마지막 날 경험하게 될 영광스러운 일을 미리 보여준 사건이다. 그것을 미리 보여 주시기 위해서 예

수님은 사랑하는 나사로의 죽음을 사용하셨던 것이다. 예수님이 죽음의 권세를 이기셨고 주님만 이기신 것이 아니라 그를 믿는 자들도 그 죽음의 권세를 이기게 하실 것을 미리 보여 주신 것이다.

45-46절《마리아에게 와서 예수께서 하신 일을 본 많은 유대인이 그를 믿었으나 그중에 어떤 자는 바리새인들에게 가서 예수께서 하신 일을 알리니라》 본문은 예수님이 나사로를 살리시는 놀라운 표적을 본 유대인들의 상반된 반응을 기록한다. 첫 번째 반응은 그 표적을 보고 예수님을 믿는 사람들에 대한 것이다. 그러나 이와는 다른 반응을 보인 사람들도 등장한다. 그중 어떤 이들은 예수께서 나사로를 살리신 놀라운 표적을 바리새인들에게 알린다. 바리새인들이 모두 예수님을 대적하는 사람들이었다고 성급하게 생각할 필요는 없다. 예수님에 대해서 유보적 태도를 취하거나 긍정적인 반응을 보였던 바리새인들도 분명히 적지 않았기 때문이다. 그러나 이곳에 등장하는 바리새인들은 예수님을 대적했던 바리새인임에 틀림없다. 다음 단락에는 이 이야기를 들었던 바리새인들의 반응이 등장하는데 그들의 반응은 그들이 예수님에게 전혀 호의적이지 않았음을 명백히 드러내주고 있다.

묵상

코비드 19 창궐 초기인 2020년, 안타까운 이야기가 많았는데, 그중 코비드 19에 걸려 숨진 40대 미국 엄마가 사망 직전 여섯 명의 자녀와 병실 문을 사이에 두고 무전기로 작별 인사를 한 안타까운 사연이 전해졌다. CNN방송에 따르면 2020년 3월 16일 워싱턴주 프로비던스 병원에 입원 중이던 선디 루터(42)라는 엄마는 임종 순간에도 여섯 명의 자녀를 직접 만나볼 수 없었다. 코로나에 감염돼 격리가 불가피했기 때문이다. 이 가족은 이미 8년 전 아버지를 먼저 떠나보내야 했는데, 어머니마저 코로나에 감염된 것이다. 자녀들은 그나마 의료진의 배려 덕에 병실 문 밖에서 유리창을 통해 어머니를 바라보며 무전기로 마지막 대화를 나눌 수 있었다. 아들 일라이자(20)는 이렇게 말했다. "병원 직원들이 무전기를 가져다가 어머니의 베게 옆에 놔줬습니다. 그 덕에 우리는 마지막 말을 나누고 인사를 할 수 있었습니다. 참 힘들고 어려웠지만 마지막으로 엄마한테 사랑한다고 말할 수 있었습니다." 기사를 보며 마음이 먹먹해졌다. 어디 이 이야기뿐이겠는가? 사랑하는 가족이 죽어 가는데 그 옆에서 마지막을 함께하지 못하고 전화로 마지막 인사를 나눴다는 이야기도 들었다. 그 어느 때 보다도 죽음이 우리 코앞에 와 있다는 것을 무척 실감하게 되는 요즘이다. 이런 상황에서 우리는 예수님의 부활과 기독교가 말하는 부활을 묵상하지 않을 수 없다. 부활은 새로운 창조의 세상을 여는 신호탄과 같은 것이다. 하나님의 공의를 따라 우리의 죄로 인해 우리 모두는 이 땅에서 육신적인 죽음을 맞이하겠지만 하나님의 긍휼과 사랑으로 예수님을 믿는 모든 자는 예수님 안에서 새로운 생명을 은혜로 얻게 됐다. 그 클라이맥스가 바로 부활이다. 이 부활의 소망으로 충만해 있는가?

기도

주님, 나사로의 부활은 예수님의 부활을 위한 예고편임을 믿습니다. 예수님의 부활로 새 창조의 세상이 시작됐고 이제 그 부활의 주님을 믿는 우리에게도 육체의 부활의 약속이 주어졌음을 믿습니다. 이 부활의 소망으로 세상을 이기는 우리가 되게 하옵소서.

요한복음 11:47-57
반전

문맥과 요약

나사로의 일로 인해 산헤드린은 공의회로 모인다. 대제사장 가야바가 예수님을 제거하자는 정치적인 대안을 제시한다. 유월절이 다가오자 성전에 모인 유대인들은 산헤드린의 공식적인 결정에 따라 예수님을 잡으려고 모의한다. 이미 예수님을 체포하려는 산헤드린의 계획이 일반 유대인들에게도 전해졌다.

해설

47-48절《이에 대제사장들과 바리새인들이 공회를 모으고 이르되 이 사람이 많은 표적을 행하니 우리가 어떻게 하겠느냐 만일 그를 이대로 두면 모든 사람이 그를 믿을 것이요 그리고 로마인들이 와서 우리 땅과 민족을 빼앗아 가리라 하니》 예수님이 나사로를 일으키신 일은 유대 사회에 큰 파장을 일으켰다. 이 일은 두 가지 반응으로 나타났다. 먼저 많은 유대인들은 예수님이 행하신 일을 보고 그를 믿었다. 그리고 요한복음에서 반복적으로 등장하듯이 또 다른 부류의 유대인들도 있었다. 그들은 바리새인들을 찾아가서

이 일에 대해서 보고했다. 이 보고를 들은 대제사장들과 바리새인들은 산헤드린 공의회를 소집하고 이 일에 대해서 논의하기 시작한다. 그런데 그들의 반응은 실로 놀랍다. 왜냐하면 산헤드린 의원들 중에는 나름대로 하나님의 말씀인 성경에 능통한 자들이 많았을 것이다. 그들은 당연히 예수라고 하는 사람을 통해서 일어나고 있는 일들을 면밀히 조사하고 그것에 대한 신학적 판단을 내렸어야 마땅하다. 그것이 유대인의 종교 지도자들에게 요구되는 상식적인 일이다.

예수님을 통해서 어떤 일들이 일어나고 있는지 생각해 보라. 38년 된 중증 장애로 걸을 수 없었던 사람이 걷게 됐다. 나면서부터 소경됐던 사람이 보게 됐다. 예수님은 갖가지 질병으로 고생하고 있는 하나님의 백성들을 돌아보시며 그들을 치료하셨다. 급기야 죽었던 나사로가 예수님의 말씀 한마디에 살아나는 일이 일어났다. 이러한 일들은 이사야 35장, 42장, 61장이 이야기한 메시아가 행할 것이라 예견됐던 일들이다. 이러한 일들이 예수님을 통해서 일어나고 있다면, 그리고 그들이 정직한 신학자들이고 종교 지도자들이라면 이 일을 면밀하게 조사해야 하는 것이 마땅하다. 하나님이 메시아를 통해서 행하실 것이라 예견된 일들이 예수님을 통해서 일어나고 있기 때문이다.

그런데 본문에서 그들이 그와 같은 신학적인 작업을 했다는 암시를 찾을 수 없다. 대신 그들의 반응은 상당히 정치적이다. 예수님을 통해서 일어나고 있는 표적에 대해서 듣고는 그것이 하나님이 메시아를 통해서 하실 일인지를 파악하는 것에는 관심이 없어 보인다. 다만 그가 행하는 표적으로 말미암아 일어나게 될 일의 파급효과, 즉 많은 사람들이 그를 따르고 믿게 될 것을 걱정한다. 그러나 정작 그들이 진실로 걱정하는 것은 따로 있다. 사실 이들은 많은 유대인들이 예수님을 믿게 되는 것 그 자체를 걱정하는 것이 아니다. 그러한 일이 일어나는 것이 로마인들에게 어떻게 비춰질지를 걱정하고 있는 것이다. 왜 그것을 걱정할까? 이러한 일련의 일들이 로마 정부가 보기에 유대인들의 소요로 비춰지게 되면 로마 정부가 군대를 동원하여 소요 사태를 진압하게 될 것이고, 그 과정에서 대제사장들과 바리새인들은 그들이 지금까지 누려왔던 기득권을 빼앗기게 될 위험이 컸기 때문이다. 물론 그들만의 기득권 외에도 '유대인들의 평화 유지'라는 명분도 있었다. 그럼에도 불구하고 종교 지도자들의 대화 내용은 정말로 한심함 그 자체가 아닐 수 없다. 이사야가 예언했던 메시아가 행할 일들이 분명히 일어나고 있는데 그들은 이러한 것에는 아예 관심조차 없어 보이기 때문이다.

49-50절 《너희가 아무 것도 알지 못하는도다 한 사람이 백성을 위하여 죽어서 온 민족이 망하지 않게 되는 것이 너희에게 유익한 줄을 생각하지 아니하는도다》 이러한 대화가 오가는 중에 대제사장 가야바가 등장한다. 그는 주후 18년에 대제사장이 돼서 주후 36년까지 그 직분을 수행했던 사람이자, 상당한 정치적 수완가로 알려진 인물이다. 가야바는 여기서 예수님만 제거하면 모든 것이 편안해진다는 매우 정치적인 발언을 한다. 그를 제거하면 유대 민족이 위험에 처해질 일도 없고 자신들이 누리는 기득권도 상실하지 않을 것이라는 말이다. 아주 정치적인 논리다. 그러나 하나님이 세우신 공동체의 대제사장의 발언으로서는 무척 실망스러운 이야기임에 틀림없다. 그는 하나님의 백성을 섬기는 대제사장이다. 하나님의 공동체의 한 사람 한 사람을 하나님 앞으로 바로 이끌어야 하는 사명을 가진 사람이다. 그런데 하나님의 백성 한 사람을 희생시켜서 백성들의 안위를 꾀하겠다고 말하고 있는 것이다. 그의 발언은 그가 누구인지를 여실히 보여준다. 그는 노련한 정치가일지는 모르지만 하나님의 백성을 이끄는 대제사장의 자격은 없는 사람이다.

51-52절 《이 말은 스스로 함이 아니요 그 해의 대제사장이므로 예수께서 그

민족을 위하시고 또 그 민족만 위할 뿐 아니라 흩어진 하나님의 자녀를 모아 하나가 되게 하기 위하여 죽으실 것을 미리 말함이러라》 그런데 놀라운 반전이 있었다. 가야바를 비롯한 산헤드린의 정치적인 공모를 요한이 다른 관점에서 설명하고 있기 때문이다. 이것은 흡사 창세기 45장에 등장하는 요셉의 말을 생각나게 한다. 요셉의 형들은 요셉을 시기해서 그를 노예로 팔아버렸다. 그러나 요셉은 하나님의 섭리의 관점에서 그것을 해석한다. 가슴이 찢어지는 그 일에 대해 요셉은 하나님께서 자신의 백성들을 보존하시기 위해 자신을 먼저 애굽에 보내신 것이라고 해석하고 있다. 형제들의 관점에서는 동생 요셉을 노예로 팔아넘긴 것이다. 그러나 하나님의 관점에서 하나님은 형제들의 행위를 통해 요셉을 형제보다 먼저 애굽으로 보내신 것이다.

본문에서 가야바는 틀림없이 정치적인 목적을 가진 노림수로 예수님을 죽이려고 한 것이다. 그를 제거하면 로마로부터 불필요한 의혹을 받을 필요가 없고 그렇게 해서 그들의 정치적 안위와 기득권을 유지할 수 있을 것이라 생각했던 것이다. 고도의 정치적 계산과 노림수로 예수님을 죽이려고 시도한 셈이다. 그런데 요한이 하나님의 반전 드라마의 결말을 알고 보니 이 사건을 바라보는 시각이 달라졌다. 가야바는 그해의 대제사장이었다. 그러니까 예수님은 대제사장의 손에 의해 죽임을 당하게 되는 것이다. 물론 가야바는 꿈에도 상상하지 못했을 내용이다. 그런데 하나님은 가야바의 정치적 계산마저도 사용하셨다. 그래서 예수님을 대제사장에 의해서 속죄 제물로 죽임을 당하게 하셨던 것이다. 가야바는 의도하지 않았지만 그는 대제사장으로서 예수님을 죽임으로써 하나님께 제사를 드리게 되었다. 하나님은 어린양 예수님의 죽음을 사용하셔서 유대인들뿐만 아니라 이방인들을 하나로 모으는 새 창조의 드라마를 만드셨다. 이것이 요한이 말하려고 하는 하나님의 반전 드라마다. 하나님은 사람들이 만들어

낸 계략마저도 자신의 뜻을 이루시는 데 사용하셨다. 사람들이 보기에 가장 어리석은 십자가의 방법을 사용하셔서 사망의 통치를 끝장내시는 승리를 이루셨다. 십자가의 죽음이라는 어리석어 보이는 방법을 통해서 우리를 새롭게 창조하시고 이제 더 이상 사망의 통치에 굴복하지 않는, 그리스도 안에 있는 새로운 인류를 만드셨다.

53-54절 《이 날부터는 그들이 예수를 죽이려고 모의하니라》 가야바의 조언대로 그날부터 산헤드린은 예수님을 죽이기 위해서 모의하기 시작했다. '모의하다'는 '에불류산토'라는 동사의 번역인데 '결정했다'는 의미를 가진다. 이것이 산헤드린의 결정이었기 때문에 공식적인 결정의 의미를 가지는 것이다. 이렇게 산헤드린의 공식적인 결정이 이루어진 후에 예수님은 그곳을 피하여 에브라임으로 물러가신다.

55-57절 《그들이 예수를 찾으며 성전에 서서 서로 말하되 너희 생각에는 어떠하냐 그가 명절에 오지 아니하겠느냐 하니 이는 대제사장들과 바리새인들이 누구든지 예수 있는 곳을 알거든 신고하여 잡게 하라 명령하였음이러라》 유월절 명절이 다가오자 율법대로 유대인들은 예루살렘으로 순례한다. 유대인들은 성전에 서서 예수님이 명절에 예루살렘으로 올라올 것이라고 기대하며 이야기하기 시작한다. 그들이 예수님이 명절에 예루살렘으로 올 것이라고 기대하는 이유가 57절에 설명된다. 이미 산헤드린의 결정이 일반 유대인들에게도 알려진 정황이 엿보인다. 누구든지 예수님이 있는 곳을 알거든 고해서 잡게 하라고 산헤드린은 이미 명령을 내렸던 것이다. 56절에 등장하는 사람들은 예수님을 잡으려 하는 산헤드린의 결정을 알고 예수님이 예루살렘에 올라오리라는 기대를 표현한 것이다. 이제 예수님이 체포되시는 것은 바야흐로 초읽기에 들어갔다.

묵상

(1) 하나님의 나라에서는 한 사람 한 사람이 소중하다. 그러나 하나님의 나라가 아니라 자신의 나라를 추구하는 사람에게는 사람이 그다지 중요하지 않다. 예수님 때에도 그렇고 오늘날도 마찬가지다. 자신의 나라를 추구하는 사람들에게 한 사람이란 얼마든지 필요하면 사용하고 필요 없으면 버릴 수 있는 카드에 지나지 않는다. 가야바에게 예수님은 그런 카드에 지나지 않았다. 자신들의 나라와 기득권을 지키기 위해서 언제든 쓰고 버릴 수 있는 카드로 본 것이다. 대제사장 가야바의 의견대로 산헤드린은 예수님을 죽이려고 의견을 모았다. 이쯤 되면 할 수 있는 것이 없다. 세상에서 의인이 악인들을 이기기 쉽지 않은 이유가 여기에 있다. 예수님은 자신을 죽이려고 덤비는 사람들을 직면해야 할 위기에 처하셨다. 더욱이 그들은 힘이 있는 산헤드린의 의원들이다. 더는 소망이 없는 것 같다.

(2) 그러나 거기까지가 인간의 한계이다. 대제사장의 정치적 노림수를 하나님이 사용하실 것이라 누가 상상이나 했겠는가? 그 정치적 노림수가 주님을 믿는 자를 구원하실 하나님의 원대한 계획의 일부분이 되게 하시리라 누가 상상인들 했겠는가? 그 계략의 결과 예수께서 달리신 저주의 상징인 십자가가 우리의 죄악의 저주를 단번에 해결할 하나님의 영원한 지혜의 일부분이 될 거라 누가 상상인들 했을까? 하나님께서 그 계략을 역이용하셔서 하나님의 새 창조의 역사의 일부분으로 만들 것이라 누가 상상인들 했을까? 바로 이런 그리스도 안에 있는 하나님의 놀라운 지혜와 사랑과 능력을 보았던 바울은 로마서 8:38-39에서 그 하나님을 다음과 같이 찬양하고 있다. "내가 확신하노니 사망이나 생명이나 천사들이나 권세자들이나 현재 일이나 장래 일이나 능력이나 높음이나 깊음이나 다른 어떤 피조물이라도 우리를 우리 주 그리스도 예수 안에 있는 하나님의 사랑에서 끊을 수 없으리라." 바로 이 능력과 지혜의 하나님께 우리의 소

망이 있다. 당신은 어떠한 인생의 순간을 지나고 있는가? 그것이 어떠한 것이든 문제없다. 우리의 삶 모든 순간에 임마누엘로 함께 하시는 그 능력과 지혜의 하나님을 온전히 신뢰하며 함께 걷는 축복이 임하길 기도한다.

기도

주님, 살다보면 악인의 계략 앞에서 속수무책으로 탄식하는 우리를 보게 됩니다. 그 자리에서 인간의 계략마저 사용하셔서 당신의 뜻을 온전히 이루어내고야 마시는 전능하신 지혜의 하나님만을 온전히 신뢰하며 바라보게 하소서.

요한복음 12:1-11
헌신

문맥과 요약

요한복음 1-11장까지 나사로를 살리시는 표적을 마지막으로 요한복음의 일곱 가지 표적 이야기가 종결된다. 12장부터는 예수님의 마지막 일주일 즉 그분의 십자가의 길과 죽음과 부활과 관련된 이야기를 길게 다룬다. 이러한 특징은 예수님의 십자가의 죽음과 부활이 요한복음에서 차지하고 있는 중요성을 보여준다. 그분의 십자가와 부활을 통해서 우리가 새 성전이신 주님 안에서 하나님과 함께 누리는 영생의 삶에 관한 이야기가 요한복음의 핵심이다. 유월절이 이르기 직전에 예수님이 베다니에 들어오셨다. 나사로 남매가 예수님을 위해 잔치를 베풀었기 때문이다. 이 자리에서 마리아가 값비싼 향유를 예수님의 발에 부어드렸다. 가룟 유다는 이 일에 대해서 이의를 제기했다. 예수님은 마리아의 행위가 가지는 상징적인 의미를 드러내심으로 그녀의 행위를 변호하신다.

해설

1-2절 《유월절 엿새 전에 예수께서 베다니에 이르시니 이곳은 예수께서 죽

은 자 가운데서 살리신 나사로가 있는 곳이라 거기서 예수를 위하여 잔치할새 마르다는 일을 하고 나사로는 예수와 함께 앉은 자 중에 있더라》 본문은 유월절 엿새 전에 예수님이 베다니에 이르셨다고 이야기한다. 이러한 표현은 이야기의 강조점이 유월절에 있음을 암시하는 말이다. 굳이 유월절을 이야기하는 것은 요한복음에서 언급해왔던 대로 예수님의 죽음이 기다리고 있기 때문이다. 이제 요한은 유월절 어린양으로서 대제사장 가야바에 의해서 죽임을 당하실 예수님을 전제하고 이야기하고 있는 것이다. 예수님의 죽음이 이제 불과 일주일 가량 남았다. 그는 다시 베다니에 들어오신다. 잔치가 열렸기 때문이다. 요한이 묘사하고 있는 이 잔치 자리에 오빠 나사로와 언니 마르다 그리고 동생 마리아가 등장한다. 마르다는 누가복음의 묘사처럼 열심히 일을 하고 있었다. 나사로는 예수님과 함께 식탁의 자리에 앉아있었다. 이 식탁이라는 표현은 오늘날과 같은 서구의 식탁을 말하는 것이 아니다. 팔레스틴의 문화에서는 방에 상을 펴 놓고 비스듬히 기대어 앉아 있는 모습을 상상해야 한다.

3절 《마리아는 지극히 비싼 향유 곧 순전한 나드 한 근을 가져다가 예수의 발에 붓고 자기 머리털로 그의 발을 닦으니 향유 냄새가 집에 가득하더라》 특별히 이 이야기의 주인공은 마리아다. 마리아는 오빠 나사로를 살려주신 예수님을 위해서 열린 잔치 자리에서 값비싼 나드 한 근을 가져다가 예수님의 발에 부었다. 그러고는 자신의 머리카락으로 그의 발을 닦아드렸다. 그녀의 행동은 두 가지 면에서 파격적이다. 먼저 그 향유의 값어치 때문에 그렇다. 요한은 이 향유의 값어치가 삼백 데나리온에 해당한다고 유다의 입을 빌려 이야기한다. 한 데나리온이 장정의 하루치 품삯이니 삼백 데나리온이면 장정의 일 년 치 연봉에 해당하는 상당한 액수다. 팔레스틴에서 여인들이 향유를 모으는 것은 결혼 지참금의 성격을 띤다. 삼백 데나리온에 해당하는 돈을 한꺼번에 주고 향유를 사는 여인은 극히 드물었을 것이다. 이 향유는 인도 북부의 산악지대에서 야생하는 나드 식물의 뿌리에서 추출한 최고급 기름으로서 당시 여인들은 조금씩 돈이 생길 때마다 구입해서 한곳에 모았을 것이다. 그것을 나중에 다 모아놓으면 결혼 지참금으로 쓸 수 있을 만큼의 큰 액수의 돈이 되는 것이다. 여인들은 이러한 방식으로 자금을 모았다. 마리아는 그것을 예수님의 발 앞에 아낌없이 부어드렸다.

또 하나 파격적인 것은 그녀가 향유를 예수님의 발에 부어드렸을 뿐만 아니라 그것을 자신의 머리카락으로 닦았다는 데 있다. 팔레스틴 그리스-로마 문화에서 여인의 머리카락이라는 것은 여인의 영광이며 명예라는 의미를 지닌다. 이런 관점에서 마리아와 예수님의 모습을 상상해 보라. 예수님이 비스듬히 팔을 괴고 앉아 계신데 마리아는 그 앞에 엎드려 일 년 치 연봉에 해당하는 최고급 향유를 붓고는 여인의 영광과 명예를 상징하는 긴 머리카락을 사용해서 예수님의 발을 닦아드리고 있다. 예수님이라는 생명의 가치 앞에서 상대적인 가치를 가지고 있는 것들을 내려놓고 있는 것이다. 그녀는 예수님이라는 가치가 훨씬 더 소중하다는 것을 말이 아니라 행동으로 보여 주고 있다. 그녀의 그 같은 행동은 놀랍게도 7절이 말하고 있는 대로 주님의 죽으심을 준비하는 결과가 됐다.

4-5절《제자 중 하나로서 예수를 잡아 줄 가룟 유다가 말하되 이 향유를 어찌하여 삼백 데나리온에 팔아 가난한 자들에게 주지 아니하였느냐 하니》 마리아가 값비싼 향유 한 근을 부어드리자 발끈한 사람이 한 명 등장한다. 동일 본문을 이야기하고 있는 마태와 마가는 이 사람이 누구인지 설명해주지 않지만 요한은 그가 가룟 유다였음을 밝힌다. 유다는 마리아의 행동을 보고서 이의를 제기한다. 핵심은 왜 이 향유를 삼백 데나리온에 팔아 가난한 자들에게 주지 않느냐는 것이다. 우리는 유다의 입을 통해서 이 향유의 값어치가 상당하다는 것을 알게 된다. 그것을 팔아서 가난한 자들에

게 나누어 준다면 의미 있는 사역이 될 수 있을 것 같다. 유다의 이야기는 표면적으로만 보면 매우 그럴듯한 이야기가 아닐 수 없다. 그 자리에 우리가 함께 있었다면 유다의 이야기가 꽤나 그럴듯하게 들리지 않았을까?

6절《이렇게 말함은 가난한 자들을 생각함이 아니요 그는 도둑이라 돈궤를 맡고 거기 넣는 것을 훔쳐 감이러라》 요한은 나중에 유다가 왜 그러한 말을 하게 됐는지를 우리에게 들려준다. 요한은 유다가 실상은 도둑이었다고 이야기한다. 그의 말은 참 그럴듯하게 들렸지만 실상 유다는 도둑이었다. 예수님의 사역은 늘 여러 사람들과 함께하는 사역이었다. 그래서 예수님은 사역을 수행하시는 동안 여러 다양한 사람들로부터 자신의 사역을 위해서 적지 않은 헌금을 받으셨다. 유다는 그 헌금 궤를 맡아서 회계 역할을 담당하는 자였다. 말은 일 년 치 연봉을 절약해서 가난한 자를 위해서 사용할 수 있다고 했지만 실상 그는 가난한 자들에 대해서 별로 마음이 없었다. 그는 그저 값비싼 향유 판 돈을 사취하고자 하는 마음에 그와 같은 말을 했던 것이다. 유다가 돈궤를 맡고 그 돈을 훔쳐갔다고 했을 때 요한이 사용한 미완료 시제는 유다의 이러한 행위가 한 번만 행해진 것이 아니라 지속적이고 반복적으로 행해져왔다는 것을 시사한다.

7-8절《예수께서 이르시되 그를 가만 두어 나의 장례할 날을 위하여 그것을 간직하게 하라 가난한 자들은 항상 너희와 함께 있거니와 나는 항상 있지 아니하리라 하시니라》 7절의 헬라어 본문 해석이 그리 녹록치 않다. '나의 장례할 날을 위하여 그것을 간직하게 하라' 정도로 직역할 수 있다. 장례 날을 위해서 그것을 간직한다는 것은 무슨 뜻일까? '그것'이라는 단어를 향유로 이해한다면 장례 날까지 향유를 간직하도록 내버려두라는 말이 된다. 이러한 해석은 본문 속에서 잘 이해가 되지 않는다. 왜냐하면 마리아는 향유를 아낌없이 다 쏟아 부은 것으로 보이기 때문이다(3, 5절). 문맥상 예수님은 마리아가 당신의 장례를 위해서 향유를 잘 간직해 왔음을 인정하

시면서 이 말씀을 하신 것으로 이해하는 것이 적절해 보인다. 예수님은 가난한 자들을 향한 제자들의 관심도 잘못된 것이 아님을 분명히 밝히신다. 다만 마리아의 행위는 예수님의 장사지냄을 위한 준비의 성격을 가지고 있기에 그 자체로 의미 있는 행위라는 것을 분명하게 하신 것이다. 얼핏 보면 과도해 보일 수 있는 마리아의 헌신은 분명한 이유와 목적을 가진 행위라는 것을 제자들에게 가르치신다. 제자들은 마음만 있다면 가난한 자들을 언제라도 도울 수 있다. 그러나 예수님의 장사지냄은 여러 번 기회가 있는 것이 아니다.

9-11절 《유대인의 큰 무리가 예수께서 여기 계신 줄을 알고 오니 이는 예수만 보기 위함이 아니요 죽은 자 가운데서 살리신 나사로도 보려 함이러라 대제사장들이 나사로까지 죽이려고 모의하니》 유월절 명절에 예루살렘 성전에 모였던 무리들은 예수님이 예루살렘에 올라오실 것인지에 대해서 서로에게 질문했었다. 그런데 예수님이 베다니에 오셨다는 말을 듣자 그들은 예수님뿐만 아니라 나사로도 보기 위해서 몰려들었다. 이 사실이 대제사장들의 귀에까지 들렸다. 그들은 예수님뿐만 아니라 나사로까지 죽이기로 모의했다. '모의했다'는 말은 앞서 11:53에서 언급된 대로 산헤드린의 공식적인 결의를 뜻한다. 그들은 이미 예수님을 죽이기로 결정했다. 그런데 그 모의에 나사로까지도 포함되게 된 것이다. 왜냐하면 나사로 때문에 많은 유대인들이 예수님을 믿게 됐기 때문이다.

묵상

(1) 가룟 유다의 그럴듯한 발언과 그의 숨은 내적인 동기는 우리로 하여금 아연실색하게 한다. 돈도 돈이지만 이 만남의 자리는 돈보다 훨씬 더 중요한 의미를 담고 있었기 때문이다. 유다는 이 자리가 어떤 의미를 가지고 있는지 너무나 잘 알았을 것이다. 죽었던 오빠 나사로를 살리신

주님의 은혜에 감사해서 마르다, 마리아 자매가 주도적인 역할을 감당한 잔치의 자리였다. 주님의 은혜에 감사하는 마음으로 마리아는 자신에게 있어서 너무나 소중한 향유를 쏟아부어 주님께 드렸다. 그런데 주님의 제자라 하는 자는 그런 소중한 의미에는 관심도 없고 단지 그 향유의 값어치에 마음이 온통 팔려 있다. 그리고 자신의 내면적인 동기를 그럴듯한 말로 위장해서 이야기하고 있다. 그런데 가만히 묵상해 보면 지금 유다가 빠져 있는 이 위선의 유혹이 유다에게만 해당되는 것이 아니라는 사실을 깨닫게 된다. 우리 모두도 이 같은 유혹에 쉽게 빠질 수 있는 연약함을 가지고 있는 사람들이다. 말은 참 그럴듯한데 내면의 동기는 그 그럴듯한 말과 다를 때가 있다.

본문을 보며 내가 하고 있는 말이나 행동의 진정한 동기가 무엇일까를 묵상한다. 비록 말이나 행동이 어눌하고 서툴더라도 중요한 것은 그것의 이면에 있는 그 사람의 진짜 동기다. 내면의 동기를 잘 살피지 않으면 우리는 남만 속이는 것이 아니라 심지어 자신도 속일 수 있다. 유다는 예수님의 제자라는 이름을 가지기는 했지만 예수님의 진짜 제자는 아니었다. 결과적으로 그는 예수님이라는 분을 통해서 자신이 얻을 수 있는 상대적 가치에는 관심이 있었지만 안타깝게도 예수님을 통해서 누리는 영생의 삶 즉 절대적 가치에는 관심이 없는 사람이었다.

(2) 예전 제자훈련 묵상 나눔 시간에 어떤 성도가 했던 말이 생각난다. '향유를 부어 드렸을 때 마리아가 조금은 아까운 마음이 들지 않았을까?' 자기 같으면 그게 많이 아까웠을 것 같다고 이야기했다. 그 이야기를 다 듣고 나서 필자는 성도의 생각이 무엇인지는 알았지만 그 말에 동의할 수는 없었다. 본문을 묵상할 때 마리아가 향유를 모두 부어 드린 것을 별로 아까워하지 않았을 것이라 생각하기 때문이다. 삼백 데나리온에 해당하는 돈이 상당한 액수의 돈이라는 것을 모르지 않는다. 여인으로 자신의

머리카락을 사용하여 주님의 발을 닦는다는 것이 그 문화에서 무엇을 의미하는지를 모르지 않는다. 마리아도 너무나 잘 알고 있었을 것이다. 이것이 그 당시 그녀가 표현할 수 있는 최선의 헌신이라는 것을 그녀도 너무나 잘 알고 있었다. 그랬기에 주님께 그렇게 해드리고 싶었던 것이다. 오빠 나사로를 살려주신 주님의 은혜가 얼마나 값진 것인지 그녀가 깨달았기 때문이다.

머리로만 깨달은 것이 아니다. 그녀는 주님의 은혜를 마음속으로부터 분명하게 깨달았던 것이다. 죽어서 나흘이 지나 이미 썩은 냄새가 진동하던 오빠를 무덤에서 나아오게 하신 예수님의 능력을 맛보아 알았기 때문이다. 가장 중요하고 소중한 것을 잃어보았다가 다시 얻은 은혜가 얼마나 귀한 것인지를 분명히 깨달았기에 가장 중요한 것 앞에서 조금 덜 중요한 것을 내려놓는 것은 그다지 어려운 일이 아니었을 것이다. 얼마든지 기쁘고 감사하게 할 수 있는 일이었을 것이다. 헌신이란 그런 것이다. 우리의 헌신이 빈약한 이유는 우리의 감사가 빈약하기 때문일지 모른다.

(3) 마리아는 생명을 주시는 주님의 절대적인 가치 앞에서 상대적인 중요성을 가진 가치를 내려놓고 있다. 당신은 헌신을 무엇이라고 정의하는가? 정리되지 않은 채 바닥에 널브러져 있는 여러 가치들을 우선순위에 따라 정리하는 과정에서 기독교적인 헌신이 시작될 수 있다고 생각한다. 돈, 중요하다. 명예도 중요하다. 그런 것이 하찮은 것이라고 생각하는 사람은 순진한 사람이다. 그러나 그것은 주님과 함께 누리는 영생이라는 절대적인 가치 앞에서, 하나님 나라라는 절대적인 가치 앞에서 상대적인 가치를 가지고 있을 뿐이다. 그래서 마리아는 절대적 가치 앞에서 상대적인 가치를 내려놓고 있는 것이다. 가치가 제대로 된 자신의 자리를 찾아가는 것이 보이는가? 이럴 때 발생하는 것이 진정한 헌신이다. 마리아가 행동으로 보여 주는 헌신의 모습 앞에서 우리는 무엇을 느끼고 결단해야

할까? 예수 그리스도 그 생명의 주님이 우리 인생에 가장 중요한 절대적 가치라는 것을 다시금 묵상해야 하지 않을까? 지상의 교회가 그 절대적 가치를 추구하는 교회로 다시금 새롭게 세워지기를 기도한다.

기도

주님, 우리가 알게 모르게 추구하고 있는 그 상대적 가치가 예수 그리스도 생명의 주님이라는 절대적 가치 앞에 무릎 꿇게 하소서. 그래서 우리 인생을 통해 참되게 헌신하는 당신의 백성들이 되게 하소서.

요한복음 12:12-19
나귀를 타신 왕

문맥과 요약

예수님이 예루살렘으로 들어오신다는 소식을 듣고 무리는 종려나무 가지를 들고 주님을 맞는다. '호산나 찬송하리로다. 주의 이름으로 오시는 이 곧 이스라엘의 왕이시여'라고 외친다. 예루살렘의 무리들이 보여 주고 있는 모습은 대략 200년 전 유대인들이 하스모니안 왕조에게 보여준 모습과 여러 면에서 닮아 있다. 대상은 달라져 있지만 유대인들이 염원하고 있는 것은 많이 다르지 않다. 자신들을 외세의 힘으로부터 구원해 줄 왕을 기대하고 있었던 것이다. 그러나 주님은 어린 나귀를 타고 들어오신다. 무리들이 기대하는 왕과 주님이 구현하시고자 하는 왕이 다름을 상징적으로 드러내고 있다.

해설

12절 《그 이튿날에는 명절에 온 큰 무리가 예수께서 예루살렘으로 오신다는 것을 듣고》 본문의 배경은 유월절 명절이다. 유월절은 구약성경이 규정해 놓은 예루살렘으로 순례해야 하는 3대 절기 중 하나였다. 12절은 '그 이튿날'이라는 말로 시작한다. 이 이튿날이란 표현은 오늘날로 치면 유월절을 앞둔 주일이었던 것이다. 유월절 명절의 시즌이 이미 시작됐고 큰 무리가 예수께서 예루살렘에 오신다는 소식을 듣게 된다. 이때는 수많은 유대인들로 예루살렘이 북적거리는 시즌이었다. 얼마나 많은 사람이 유월절 명절에 예루살렘에 모였을지를 가늠하게 해줄 이야기가 요세푸스의 『유대전쟁사』(6.422-425)에 등장한다. 이때 예루살렘에서 드려진 제물의 숫자를 256,500마리라고 표현하고 있다. 그렇다면 어림잡아 남자들의 수만 해도 250-300만 명에 달한다고 이해해야 할 것이다. 물론 이러한 숫자는 다소 과장된 면이 없지 않으나 그렇다 해도 예수님 당시 상당한 숫자의 유대인들이 명절을 지키기 위해서 예루살렘에 모였음은 분명해 보인다.

13절《종려나무 가지를 가지고 맞으러 나가 외치되 호산나 찬송하리로다 주의 이름으로 오시는 이 곧 이스라엘의 왕이시여 하더라》 예루살렘에 모인 큰 무리들은 예수께서 예루살렘으로 들어오신다는 소식을 듣고는 종려나무 가지를 들고 그를 맞이한다. 그런데 그들이 손에 종려나무를 들고 예수님을 맞으러 나갔다는 표현은 매우 의미심장하다. 왜 그럴까? 이것은 예수님 당시 역사적 전례가 있는 매우 중요한 상징적인 행동이었기 때문이다. 유대인들이 보여준 행위는 약 200년 전에 발생했던 일과 매우 흡사했다. 유대인들의 외경문서인 마카비서에 보면 흥미로운 단락이 하나 등장한다. 마카비 시대에 마카비 형제들이 이방인들을 예루살렘에서 몰아냈을 때의 일을 마카비서는 다음과 같이 기록해 주고 있다. "171년 2월 23일에 유대인들은 종려나무 가지를 흔들며 환호 소리도 드높게 비파와 꽹과리와 거문고 소리에 맞춰 찬미와 노래를 부르면서 요새 안으로 들어왔다. 민족의 큰 적이 참패를 당하고 이스라엘 땅 밖으로 쫓겨 간 것을 축하하는 것이었다"(마카비상 13:51). 예수님이 오시기 200년 전 즈음 마카비 시대 유대인들은 시리아의 셀류시드 왕조를 몰아낸 마카비의 하스모니안 왕조를 열렬히 환영했다. 지금 유대인들이 보여 주는 반응 속에서 200년 전 이야기가 겹쳐진다. 예수님이 로마 제국을 물리치고 이스라엘을 열방 가운데 우뚝 서게 만드는 왕으로 등극하시기를 원했던 무리들의 소망을 보여 주고 있는 것이다. 그래서 예수님을 자신들의 왕으로 축하하며 영접하고 있다.

이러한 기대는 유대 무리들이 예수님을 향해서 외치는 호칭과 외침을 통해서 더욱 확실히 부각된다. 그들은 예수님을 '이스라엘의 왕'(ὁ βασιλεὺς τοῦ Ἰσραήλ)이라고 부르고 있다. 그들이 예수님을 그렇게 부르며 영접하는 것은 바로 이러한 역사적 배경과 직접적으로 연결되어 있는 것이다. 유대인들의 이러한 기대는 그들의 외침을 통해서 더욱 분명하게 드러난다. '호산나'라는 말은 아람어를 헬라어로 음역한 것인데, 이 말은 '구원하소서'라는 의미를 담고 있다. 누구로부터의 구원일까? 외세 즉 로마로부터의 구원을 의미한다. 이스라엘은 지금 거의 500년 동안 외세의 침략과 통치 아래에서 신음해오고 있었다. 바벨론과 페르시아, 헬라제국, 이집트, 시리아, 로마의 통치 아래서 하나님이 메시아를 통해서 이루실 구원을 학수고대하고 있었다. 이러한 기대가 '호산나' 즉 구원하소서라는 말 속에 분명하게 보인다.

그렇다면 수많은 유대인들이 기대한 왕은 어떠한 모습이어야 했을까? 당시 이스라엘을 통치하고 있었던 로마 제국의 강력한 군대도 제압할 수 있는 왕이어야 했다. 아마도 지금까지 유대지역에서 사역하셨던 예수님에 대한 소문과 소식들은 그들의 기대를 충분히 충족시켜주고도 남았을 것이다. 만 명이 넘게 모인 곳에서 예수님은 그들의 굶주린 배를 능력의 말씀만으로 채우셨다. 병자들이 있으면 예수님은 그들을 말씀으로 치료해주셨다. 사람들은 예수님이 바다를 걸어오셨다는 이야기나 폭풍이 치는 바다를 잠잠케 하셨다는 이야기를 들었을 것이다. 심지어는 야이로의 딸을 비롯해서 직전에는 나사로를 살리셨다는 이야기도 보고 들었을 것이다. 이 정도면 로마 군대도 그의 권능과 말씀으로 제압하실 수 있는 그런 분이라 생각했을 것이다. 그런 의미에서 유대인들이 기대했을 왕은 영광스러운 모습으로 입성하시는 세상의 군왕이었음에 틀림없다.

14-15절 《예수는 한 어린 나귀를 보고 타시니 이는 기록된 바 시온 딸아 두려워하지 말라 보라 너의 왕이 나귀 새끼를 타고 오신다 함과 같더라》 그런데 요한이 묘사하는 예수님의 모습은 놀라움 그 자체다. 예수님이 어린 나귀를 타셨기 때문이다. 사실 베다니에서 예루살렘은 그리 먼 거리가 아니다. 유월절의 순례자들은 주로 도보로 예루살렘으로 들어오곤 했다. 그런데 예수님은 나귀를 타셨다. 매우 의도적이고 상징적인 행위라는 생각을 하지 않을 수가 없다. 그렇다면 나귀를 타신 주님의 의도는 무엇이었을까? 이 상징적인 행위를 통해서 예수님은 자신의 왕권과 관련해서 어떤 메시지를 전달하고 싶으셨을까? 예수님은 자신의 왕권이 세상이 일반적으로 알고 있는 왕권과 많이 다르다는 사실을 말씀하시고 싶으셨던 것으로 보인다. 일반적으로 세상의 군사 지도자들이나 군왕들은 위엄을 지닌 멋진 군마를 탄다. 그리고 지금 유대인들이 기대하는 메시아의 모습도 그와 유사한 모습이었을 것이다. 그런데 예루살렘에 입성하시는 예수님은 사람들의 기대와는 많이 달랐다. 예수님은 번쩍이는 하얀 백마를 타신 것이 아니라 나귀, 그것도 어린 나귀를 타고 들어오셨다. 그런 의미에서 예수님이 타신 나귀는 일반적인 군주들의 군마와 매우 극명한 대조를 이룬다. 요한은 예수님이 보여 주시는 상징적 행동이 무엇을 의미하는지를 우리에게 분명하게 보여 주고자 했던 것이다. 예수님은 틀림없이 스가랴 9장이 보여 주는 구약이 예견한 진정한 메시아시라는 사실이다. 그러나 그가 이 세상에 가지고 오신 나라와 왕권은 세상의 나라와 왕권과는 판이하게 다른 성격을 가지고 있다. 그 같은 사실을 예수님은 나귀를 타시는 모습

을 통해서 보여 주시고자 했던 것이다. 예수님이 가져오신 나라는 상대를 힘으로 제압함으로써 얻게 되는 승리를 추구하지 않는다. 그 나라에서 승리의 길은 힘의 과시가 아닌 고난과 겸손과 섬김으로 이루어질 것이다.

16절 《제자들은 처음에 이 일을 깨닫지 못하였다가 예수께서 영광을 얻으신 후에야 이것이 예수께 대하여 기록된 것임과 사람들이 예수께 이같이 한 것임이 생각났더라》 물론 당시 예수님을 목격한 사람들은 메시아의 나귀 타심이 가지고 있는 상징적인 의미를 제대로 깨닫지 못한 것으로 보인다. 16절에 따르면 제자들도 예수님이 나귀를 타신 의미를 처음에는 제대로 깨닫지 못했다. 그러다가 예수께서 영광을 얻으신 후에야 그 의미를 깨닫게 됐다. 요한복음에서 예수께서 영광을 얻으신다는 표현은 예수님의 십자가의 죽음과 부활을 지칭하는 말이다. 그러니 제자들은 예수님의 십자가의 죽음과 부활을 경험하고 나서야 비로소 나귀를 타시는 왕의 의미를 깨닫게 됐다는 말이다. 나귀를 타시고 승리하시는 진정한 왕이라는 말은 예수님의 나라가 세상 나라와 그 성격에 있어서 판이하게 다르다는 것을 상징적으로 보여준다. 무리들뿐만 아니라 그 당시에 제자들이 생각하고 꿈꿨던 예수님의 나라는 그 특징에 있어서 세상과 별반 다른 것이 없는 나라였을 것이다. 그러나 제자들은 예수님의 십자가의 죽음과 부활을 경험하고 난 후 예수님이 가져오신 진정한 승리는 세상을 제압함으로 얻어지는 것이 아니라 도리어 그분의 죽음을 통해 얻어지는 것임을 깨닫게 된 것이다. 그래서 예수님의 십자가의 죽음이 실패와 패배가 아니라 다니엘 7장이 바라보았던 바로 그 진정한 승리라는 것을 제자들이 깨닫게 됐다.

17-19절 《나사로를 무덤에서 불러내어 죽은 자 가운데서 살리실 때에 함께 있던 무리가 증언한지라 이에 무리가 예수를 맞음은 이 표적 행하심을 들었음이러라 바리새인들이 서로 말하되 볼지어다 너희 하는 일이 쓸 데 없다 보라 온 세상이 그를 따르는도다 하니라》 예수님께서 어린 나귀를 타고 예루살렘으로

입성하시는 길에 동행했던 많은 유대인들 가운데는 나사로 사건을 목격한 이들이 있었다. 18절에 언급된 '이 표적'이라는 표현은 분명히 나사로를 살리신 사건을 언급하는 것임에 틀림없다. 유대인들은 예수님이 나사로를 살리신 표적을 보고 상당히 고무되어 있었다. 물론 그들이 기대하는 메시아의 모습과 실제 메시아이신 예수님의 모습에는 상당한 거리가 존재한다. 하늘을 찌를 것 같은 유대인 무리들의 반응에 바리새인들은 실망한다. 그들의 실망은 산헤드린이 예수님을 제거하려는 의도와 연관되어 있음이 분명하다. 예루살렘에 예수님이 이처럼 공개적으로 올라오셨지만 그를 체포하는 것은 쉽지 않아 보인다. 왜냐하면 적어도 바리새인들이 보기에 온 세상이 저를 따르고 있기 때문이다.

묵상

(1) 기독교 복음 선포의 핵심은 '예수님이 세상의 진정한 왕이시다'라는 것이다. 기독교는 우리의 진정한 왕이 예수님뿐이라고 고백한다. 그리고 이 땅에서 우리가 드리는 모든 예배는 그것을 고백하는 행위이다. 예배의 자리는 우리가 그 영광스러운 유일하신 왕을 섬기는 왕의 백성이라는 것을 함께 확인하는 자리이다. 바로 이러한 이유 때문에 우리는 예배의 자리에서 우리가 고백하는 왕이신 예수님이 이 땅에 그의 승리를 가져오신 방식을 마땅히 묵상해야 한다. 제자들과 무리들에게 몸소 보여 주신 것처럼 주님은 힘을 통해서 통치의 능력을 과시하지 않으셨다. 도리어 백성들을 기꺼이 섬겨주고 그들을 위해 죽으심으로 리더십을 보여 주셨다. 마태복음 20:28은 이렇게 이야기한다. "인자가 온 것은 섬김을 받으려 함이 아니라 도리어 섬기려 하고 자기 목숨을 많은 사람의 대속물로 주려 함이라." 이렇게 백성들을 섬겨주시고 기꺼이 십자가를 지심으로 죽으셨던 왕의 길은 우리 왕이신 예수님에게만 적용되는 길이 아니다. 세상의

참된 왕의 백성에게도 동일하게 요구되는 길이다. 주님은 이 이야기를 마태복음 16:24에서 이렇게 말씀하셨다. "예수께서 제자들에게 이르시되 누구든지 나를 따라오려거든 자기를 부인하고 자기 십자가를 지고 나를 따를 것이니라." 왕이신 예수님만 십자가를 지시는 게 아니다. 예수님을 왕으로 섬기려 하는 자는 누구든지 자신의 십자가를 지어야 하는 것이다. 이것이 바로 기독교가 세상에서 예수님의 승리를 구현하는 방식이어야 한다.

교회 안에도 팽배해 있는 안타까운 모습이 있다. 예수 믿으면 무조건 세상에서 잘 된다는 식으로 그것이 마치 복음이라는 식으로 가르치는 것을 많이 목격한다. 그런 식의 이야기를 성도들이 좋아하니 목사들도 그렇게 말하고 싶은 유혹에 빠지게 된다. 물론 하나님은 우리의 모든 일상을 아시고 인도해 주신다. 우리에게 일용할 양식을 주신다. 그러나 하나님은 우리의 탐욕을 체우시는 분이 아니시다. 우리의 탐욕을 하나님이라는 수단을 통해서 채우려는 생각은 기독교 복음에 대한 왜곡이고 주님이 보여주신 십자가의 길에 대한 명백한 모독이다. 잘 생각해보면 그 같은 태도는 우리가 원하는 우상을 기독교의 이름으로 추구하는 또 다른 의미의 우상숭배다. 기독교인이 된다는 말은 왕을 바꾸었다는 말이다. 왕이 바뀐 사람은 자신이 원하는 방식이 아니라 왕이신 주님이 요구하시는 방식대로 살아가는 사람이 된다.

(2) 복음적인 가치를 삶으로 구현하는 것은 그 수를 헤아릴 수 없을 만큼 여러 가지 방식이 있을 수 있다. 하지만 그 가운데 우리 교회의 사역 두 가지를 나누려 한다. 먼저는 ○○○ 선교사님의 사역이다. 한인 동포들은 미국 이민자로 미국 땅에서 살아간다. 우리가 사는 곳에서 우리는 소수인종이다. 이 땅에는 또 다른 소수인종인 흑인들도 같이 살아간다. ○○○ 선교사님은 필라델피아 노스센트럴이라는 흑인 빈민가에 들어가 살면서

거의 20년 전부터 사역해오셨다. 미래가 없어 보이는 흑인 빈민 아이들을 복음으로 세우고 그들에게 필요한 교육을 통해서 예수님의 복음을 전하는 일을 감당해 오고 계신다. 우리 교회는 그 일에 동참하기로 결정했다. 왜냐하면 선교사님의 사역이 성경이 이야기하는 복음의 가치를 잘 드러내주고 있기 때문이다. 예수님의 승리는 이 땅에서 힘을 통해 이루어지지 않는다. 다른 사람들을 압제해서 우리가 원하는 것을 성취함으로 이루어 내는 승리는 주님의 방식이 아니다. 우리 주님이 친히 몸으로 보여 주신 대로 그들과 기꺼이 나누고 섬김으로써 승리를 드러내는 것이다.

또한 우리는 몇 년 전부터 터키 @@@ 교회와 더불어 시리아 난민들 가운데 복음을 전하고 교회를 세우는 사역을 감당해 오고 있다. 그 땅을 찾아가서 사역을 검토하고 교회 성도들과 함께 그 일을 감당하고자 결의한 뒤 단기선교팀을 파송해서 사역을 감당하고 있다. 지속적으로 매해 사역팀을 꾸려서 그 땅을 방문할 계획이다. 시리아 난민들에게 정말로 필요한 것은 단지 구호 물품만이 아니기 때문이다. 그들에게 진정으로 필요한 것은 왕이신 예수님이고 그분의 통치다. 그 예수님의 승리를 우리는 섬김과 봉사를 통해서 그 땅에 또 전할 것이다. 주님께서 기회를 주시는 대로 열심히 힘을 다해 증거할 것이다. 그것이 우리 왕이신 주님의 승리를 이 땅에서 하나님의 백성들이 기념하는 방식이기 때문이다. 그것이 우리가 날마다 따라가야 할 십자가의 길이기 때문이다.

기도

주님, 이제는 진정으로 주님을 왕으로 모시고 그 나라의 가치를 추구하며 살아가게 하소서. 주님처럼 섬김의 가치를 추구하게 하소서. 진정한 왕을 섬기고 따르는 길에 기쁘게 동참하는 지상의 교회들이 되게 하소서.

요한복음 12:20-36
영광, 죽음, 기도

문맥과 요약

유월절에 올라온 사람들 가운데 헬라인들이 있었고 그들은 예수님을 보고자 했다. 예수님은 인자가 십자가를 통해서 영광을 얻을 때가 왔다고 말씀하신다. 이 십자가를 통한 영광을 위해서 예수님은 기도하신다. 예수님의 십자가는 세상을 위한 심판과 당신의 백성을 위한 구원이 될 것이다.

해설

20-23절 **《그들이 갈릴리 벳새다 사람 빌립에게 가서 청하여 이르되 선생이여 우리가 예수를 뵈옵고자 하나이다 하니 빌립이 안드레에게 가서 말하고 안드레와 빌립이 예수께 가서 여쭈니 예수께서 대답하여 이르시되 인자가 영광을 얻을 때가 왔도다》** 유월절에 예배하러 올라온 사람들 중에는 헬라인들도 섞여 있었다. 이 이방인들은 유대교에 호감을 느낀 사람들인데 할례는 받지 않은 채 유대교의 종교적 일들을 수행하는 사람들도 있었고, 할례를 받고 아예 유대교로 개종한 사람들도 있었다. 그들은 나사로를 살리는 것과 같

은 예수님의 사역에 대해서 들었을 것이고 그리하여 예수님을 만나 뵙고 싶었던 것 같다. 그래서 그들이 예수님의 제자 빌립을 찾아와서 면담을 요청한 것이다. 빌립은 안드레에게 이야기했고 그 둘은 예수님을 찾아가서 자초지종을 알려드렸다. 제자들로부터 상황에 대해서 보고를 들으신 예수님은 "인자가 영광을 얻을 때가 왔다"고 말씀하셨다.

이 맥락에서 인자가 영광을 얻을 때가 왔다고 말씀하신 예수님의 의도가 무엇이었을까? 이 말씀은 유월절에 유대인들이 예수님을 왕으로 환영하고 맞아들였다는 앞 문맥의 배경 속에서 이해해야 한다. 어림잡아 250만 내지는 300만 명에 육박하는 유대인들이 명절을 맞이하여 예루살렘에 들어왔을 것이다. 마치 200여 년 전에 마카비 형제들에게 그랬던 것처럼 유대인들은 열렬하게 예수님을 왕으로 맞아들였다. 이 사건을 제자들의 관점에서 생각해 보면 예수님의 의도가 잘 읽힌다. 자신들이 선생으로 따르는 예수님이 예루살렘에 입성하고 계신데 거기 모여든 수를 헤아리기 어려운 인파가 예수님을 왕으로 대접하고 있는 것이다. 그들이 모두 '구원하소서 주의 이름으로 오시는 이여 이스라엘의 왕이여'라고 소리친다. 이제 예수님이 예루살렘에 들어가셔서 로마 제국을 힘으로 무찌르고 이스라엘을 회복하시기만 한다면 자신들도 주님 옆에서 영광을 얻으리라 생각했을 것이다.

마가복음을 보면 제자들은 예루살렘으로 올라가는 길에 누가 더 큰지에 대해서 다투었던 경력이 있다. 또한 세베대의 아들들이었던 야고보와 요한은 아예 대놓고 예수님께 한자리씩 차지하게 해 달라고 청탁했던 이력도 있다(참조. 막 10장). 이런 생각을 하고 있던 제자들인데 예루살렘에 들어오는 길에 상당한 인파가 예수님을 왕으로 칭하며 난리가 났다. 무리들의 열광적인 반응은 세상적 영광을 향한 그들의 기대에 불을 지폈을 것이다. 이런 상황에서 예수님이 영광에 대해서 언급하신다. 이 시점에서 제자들은 이 말씀을 오해했으리라 추측할 수 있다. 예수님이 자신들이 기대하고 있는 세상적 영광을 말씀하시는 것이라 생각했을 가능성이 높다.

24절 《내가 진실로 진실로 너희에게 이르노니 한 알의 밀이 땅에 떨어져 죽지 아니하면 한 알 그대로 있고 죽으면 많은 열매를 맺느니라》 제자들이 세상적 영광을 기대하고 있다는 사실을 예수님은 정확하게 알고 계셨다. 그래서 예수님이 말씀하시는 영광이 무엇인지를 설명하신다. 세상적인 영광에 대한 기대로 한껏 부풀어 올라있는 제자들에게 예수님은 밀알의 비유를 통해서 영광의 본질이 무엇인지를 말씀하신다. 예수님이 말씀하시는 영광은 제자들이 추구하고 있던 세상적인 영광이 아니다. 그것은 죽어야만 드러나는 역설적인 영광이다. 죽어야만 열매가 나타나게 되는 영광이다. 죽지 않고 가만히 있으면 아무런 영광이 나타나지 않는다. 한 알의 밀이 땅에 떨어져서 죽지 않고 그대로 있으면 아무런 일이 일어나지 않는 것과 같은 이치다. 그러나 일단 그 밀알이 땅에 떨어져 죽으면 많은 열매가 맺히게 된다. 예수님은 밀알의 비유를 통해서 자신이 말씀하시는 영광을 설명하시는 것이다. 예수님이 말씀하시는 영광은 이제 불과 채 일주일도 남지 않은 자신의 십자가 죽음을 말씀하시는 것이 틀림없다. 예수님의 죽으심을 통해서 하나님은 영광을 드러내실 것이다. 그 영광은 열매로 드러난다. 유대인들뿐만 아니라 이방인들까지 포함하는 전 우주적인 영역에서 새 창조의 구원이 일어날 것이다. 그것이 예수님이 말씀하시는 영광이다.

25-26절 《자기의 생명을 사랑하는 자는 잃어버릴 것이요 이 세상에서 자기의 생명을 미워하는 자는 영생하도록 보전하리라 사람이 나를 섬기려면 나를 따르라 나 있는 곳에 나를 섬기는 자도 거기 있으리니 사람이 나를 섬기면 내 아버지께서 그를 귀히 여기시리라》 그런데 예수님은 죽음을 통해서 열매를 맺게 되는 영광을 자신만 추구해야 하는 것이 아니라 제자들도 마땅히 추구해

야 하는 것으로 말씀하신다. 예수님은 한 알의 밀이 땅에 떨어져 죽음으로 드러나게 되는 영광을 제자도의 정신에 적용하고 계신다. “자기의 생명을 사랑하는 자는 잃어버릴 것이요 이 세상에서 자기의 생명을 미워하는 자는 영생하도록 보전하리라”라고 말씀하신다. 여기서 ‘자기의 생명을 사랑하는 자’라는 표현은 부정적인 의미다. 또한 ‘자기의 생명을 미워하는 자’라는 표현은 긍정적인 의미다. ‘자기의 생명을 사랑하는 자’는 죽어야 한다고 말씀하시는 예수님의 말씀 앞에서 불순종하는 자라는 의미를 담고 있다. 반대로 ‘자기의 생명을 미워하는 자’라는 표현은 죽어야 한다는 예수님의 말씀에 죽기까지 순종하려는 자를 뜻하는 것이다.

‘자기 생명을 사랑하는 자’는 예수님의 말씀에 순종하지 않는 자이다. 이렇게 말씀에 순종하지 않는 자의 결과가 무엇인가? 생명을 잃어버리는 것이다. 그런데 말씀에 순종해서 자신을 죽이는 사람은 어떻게 되는가? 죽는 것 같지만 실상은 영생하는 생명을 얻게 된다고 말씀해 주신다. 예수님처럼 참된 영광에 동참하게 되는 것이다. 여기서 죽는다는 말은 섬김이라는 말과 유사하다고 생각할 수 있다. 보다 정확하게 이야기하면 죽음의 목적이 섬김이라고 할 수 있다. 또한 섬김의 하이라이트가 죽음이라고도 말할 수 있다. 예수님은 다른 사람들을 섬기기 위해 죽으셨다. 예수님이 섬김을 위해 죽으셨을 때 열매가 맺혀 주님의 영광이 드러나게 됐다. 마찬가지로 제자들이 예수님의 말씀을 따라 섬김의 삶을 위해서 죽게 될 때 열매가 드러나고 영광이 드러나게 되는 것이다.

27-28절 《지금 내 마음이 괴로우니 무슨 말을 하리요 아버지여 나를 구원하여 이 때를 면하게 하여 주옵소서 그러나 내가 이를 위하여 이 때에 왔나이다 아버지여, 아버지의 이름을 영광스럽게 하옵소서 하시니 이에 하늘에서 소리가 나서 이르되 내가 이미 영광스럽게 하였고 또다시 영광스럽게 하리라 하시니》 이렇게 죽는 것은 예수님에게도 정말 힘든 것이었다. 27절을 읽으면 예수님

이 기도하고 계신다. 요한복음에는 예수님이 겟세마네에서 기도하신 이야기가 따로 등장하지 않는다. 그래서 이 구절은 요한복음의 겟세마네라는 별명을 가지고 있다. 예수님에게 죽는 것은 어려운 것이었다. 그래서 예수님은 죽는 대신 자신을 구원해 달라고 기도하셨다. 죽음으로 영광을 얻을 때를 면하게 해 달라고 기도하셨다. 그것이 그분의 솔직한 심정이었다. 그러나 예수님은 거기서 멈추지 않으셨다. 자신이 이때를 위해서 왔다고 고백하셨다. 그리고 '아버지의 이름을 영광스럽게 하옵소서'라고 기도하셨다. 이 기도는 십자가를 질 수 있게 해 달라는 기도이다. 공관복음서에서 예수님은 '자신의 뜻이 아니라 아버지의 뜻이 이루어지게 해 달라'고 기도하셨다. 예수님의 기도 후에 하늘에서 소리가 났다. '내가 이미 영광스럽게 했고 또다시 영광스럽게 하리라.' 이 말씀은 하나님의 음성으로 예수님의 순종의 사역이 아버지의 이름을 이미 영광스럽게 했고 이제 십자가의 순종으로 하나님께서 영광을 받으실 것을 확증하신 것이다. 이것이 기도의 능력이고 기도의 비밀이다. 예수님도 이 기도의 골방을 지나고 나서 십자가를 지는 길을 걸어가셨다.

29-30절 《곁에 서서 들은 무리는 천둥이 울었다고도 하며 또 어떤 이들은 천사가 그에게 말하였다고도 하니》 하늘에서 난 소리를 곁에 있던 사람들은 천둥소리로 혹은 천사의 소리로 생각했다. 예수님은 이 소리가 난 것이 자신을 위함이 아니라 무리들을 위함이라 말씀하신다.

31-33절 《이제 이 세상에 대한 심판이 이르렀으니 이 세상의 임금이 쫓겨나리라》 십자가를 지시는 것이 영광에 이르는 길이라고 말씀하신 후에 예수님은 그것이 세상에 대한 심판이라는 것도 가르쳐 주신다. 요한복음에서 세상은 종종 유대 지도자들을 일컫는다. 예수님을 십자가에 못박게 한 세상은 그것이 예수님에 대한 심판이 될 것이라고 생각했다. 그러나 역설적으로 하나님이 보내신 메시아를 거부하고 그를 못박음으로써 도리어 그

들이 스스로 심판에 처하게 되는 것이다. 이곳에 언급된 세상 임금은 '마귀'를 뜻한다. '내가 땅에서 들리면 모든 사람을 내게로 이끌겠노라.' 십자가를 지는 것을 땅에서 들리는 것으로 묘사하신다. 그것이 예수님이 걸어가실 영광의 길이다. 그 영광의 길 끝에서 예수님은 사람들을 진리이신 자신에게 이끄실 것이다.

34-36절《이에 무리가 대답하되 우리는 율법에서 그리스도가 영원히 계신다 함을 들었거늘 너는 어찌하여 인자가 들려야 하리라 하느냐 이 인자는 누구냐》 예수님을 왕으로 환호했던 무리들은 인자가 들려야 한다는 이야기에 어리둥절했다. 그들은 율법(구약성경)에 근거해서 메시아의 왕적인 통치가 영원히 지속될 것이라고 생각했는데(시 89편, 사 9:7), 예수님께서 인자의 들림에 대해서 언급하시자 이해하지 못하고 의문을 제기한 것이다. 예수님이 그들이 바라던 인자가 아니었음을 시사하는 대목이다. 예수님은 세상의 빛이시며 잠시 동안 그들 가운데 거하실 것이다. 이제 곧 유대 지도자들에게 잡혀 세상에 의해서 십자가형에 처해지실 것이기 때문이다. 그리고 예수님은 아직 기회가 있을 때에 빛을 믿어야 한다고 촉구하신다. 빛이신 예수님을 믿으면 빛의 아들이 될 것이라는 약속이 주어진다.

묵상

(1) 주님이 말씀하시는 영광은 당시 사람들과 제자들이 기대했던 영광과는 많이 다르다. 세상이 말하는 영광을 곰곰이 묵상해보면 그 영광은 다른 사람을 희생해서 내가 누리게 되는 영광일 때가 참 많은 것 같다. 내가 누리고자 하는 영광을 얻기 위해서 수단과 방법을 가리지 않고 그것을 쟁취해 내려는 것이 세상적인 영광의 특징이다. 2등은 어떻게 해서라도 1등을 꺾어야만 자신이 1등이 될 수 있고 그래야만 영광을 누리게 된다고 생각한다. 이것이 세상적인 영광이다. 그런데 주님이 말씀하시는 영광은

그런 영광이 아니다. 자신이 죽어야만 드러나게 되는 영광이다. 자신이 죽어서 다른 사람들을 살려내는 영광이다.

(2) 죽는 것을 선택하는 것은 절대로 쉬운 일이 아니다. 그러나 우리가 죽는 것을 선택하지 않으면 아무런 열매도 나타나지 않으며, 또한 주님이 보여 주시는 영광도 경험할 수 없다. 그와는 반대로, 우리가 죽는 길을 선택하면 그곳에는 반드시 열매와 주님의 아름다운 영광이 나타나게 된다. 지상의 모든 공동체들은 나름의 문제를 가지고 있다. 왜 그런 일들이 일어나는 줄 아는가? 서로 죽지 않으려고 하기 때문이다. 그렇기 때문에 열매가 나타나지 않고 주님의 영광이 나타나지 않는 것이다. 그러나 우리가 서로 죽기로 결단할 때 하나님의 아름다운 영광이 나타나기 시작할 것이다.

그러나 죽기 위해서는 골방 기도가 있어야 함을 기억하라. 자신을 부정하고 주님이 영광이 나타나기를 간절히 사모하는 골방의 기도가 반드시 선행되어야 한다. 교회 안에 하나님 아버지의 충만한 영광이 드러나기 위해서는 그 골방의 기도가 있어야 한다. 주님도 십자가를 지시기 위해서 겟세마네 골방의 기도가 필요하셨다. 그렇다면 우리는 말해서 무엇하겠는가? 주님이 그러셨던 것처럼 그 기도의 자리에서 내가 먼저 죽어야 한다. 내가 죽어야 열매가 나타난다. 주님이 죽으심으로 내가 살아났다면 내가 죽어야 주님의 영광이 교회 가운데 나타나게 되는 것이다.

기도

주님, 십자가 없는 영광이 없으니 주님의 영광에 동참하기 위해서 우리가 죽게 하소서. 우리가 죽기 위해서 골방에서 기도하게 하소서. 골방 기도의 영성을 회복하게 하소서.

요한복음 12:37-50
믿음

문맥과 요약

요한복음 학자들은 요한복음을 크게 두 부분으로 나눈다. 전반부는 1-12장까지인데 여기서는 예수님의 7가지 표적이 다루어진다. 그래서 학자들은 1-12장을 표적의 책이라고 부른다. 후반부인 13-21장은 예수님의 십자가의 죽으심과 영광 받으심을 다룬다. 그래서 이 부분을 영광의 책이라고 부른다. 수많은 표적에도 불구하고 유대인들은 예수님을 믿지 않는다. 그러나 믿는 자들도 생겨났다. 하지만 그들은 출교를 당하는 것이 두려워 드러내 놓고 말하지 못한다. 요한은 이것이 사람의 영광을 사랑하는 것이라 말한다. 예수님은 이런 사람들에게 더욱 두려워해야 할 심판이 있음을 상기시키신다.

해설

37절 《이렇게 많은 표적을 그들 앞에서 행하셨으나 그를 믿지 아니하니》 본문은 표적의 책의 마지막 부분이다. 표적의 책의 마지막에 걸맞게 요한복음 12장의 마지막은 '예수님의 표적에 대해서 사람들이 어떠한 반응을 보여 주었는가'라는 내용을 다루고 있다. 요한복음은 7개의 표적만을 기록해 주고 있지만 이 말이 예수님이 7개의 표적만 행하셨다는 말은 아니다. 요한도 그 사실을 잘 알고 있었다. 예수님은 요한복음에 기록된 것 이외에도 많은 표적을 행하셨다. 그러나 유대인들은 예수님을 믿지 않았다. 하나님께서 우리를 구원하기 위해서 그의 아들을 보내셨지만 유대인들은 예수님을 믿지 않았다. 요한복음 1:11이 말한 그대로다. '그가 자기 땅에 오매 자기 백성이 영접하지 아니했다.'

38-41절《이는 선지자 이사야의 말씀을 이루려 하심이라 이르되 주여 우리에게서 들은 바를 누가 믿었으며 주의 팔이 누구에게 나타났나이까 하였더라 그들이 능히 믿지 못한 것은 이 때문이니 곧 이사야가 다시 일렀으되 그들의 눈을 멀게 하시고 그들의 마음을 완고하게 하셨으니 이는 그들로 하여금 눈으로 보고 마음으로 깨닫고 돌이켜 내게 고침을 받지 못하게 하려 함이라 하였음이더라》 표적이란 무엇인가? 예수님이 하나님이 보내신 분이라는 것을 알려주는 사인과 같은 것이다. 그런데 표적을 많이 보았는데도 유대인들은 예수님을 믿지 않았다. 요한복음에 기록된 것만 보더라도 7개의 표적이 등장한다. 예수님은 물이 포도주로 변하는 표적을 보여 주셨다. 왕의 신하의 아들을 살리시는 표적도 보여 주셨다. 38년 된 중증장애인을 고치시는 표적도 보여 주셨고, 물고기 두 마리 보리떡 다섯 개로 오천 명을 먹이신 표적도 보여 주셨다. 물 위를 걸어오시는 표적을 통해서 자신이 누구이신지도 분명하게 보여 주셨으며, 나면서부터 소경으로 태어난 자의 눈을 뜨게 하는 표적도 보여 주셨다. 마지막으로 죽은 나사로를 살리시는 표적도 보여 주셨다. 그런데도 그들은 믿지 않았다. 표적이 없어서가 아니다. 요한복음의 기록을 보면 이렇게 말하는 것이 더 정확할 것이다. 도리어 그 많은 표적에도 불구하고 그들은 믿지 않았다. 예수님은 유대인들의 완고한 태도를 선지자 이사야의 말씀을 통해서 지적하신다. 이사야가 하나님의 말씀

을 선포했는데도 당시 유대인들이 믿지 않은 것처럼 하나님이 보내신 메시아 예수님이 오셔서 말씀하시고 사역하셨지만 믿지 않았다는 말이다. 왜 이런 일이 일어날까? 40절에서 예수님은 그들의 눈이 멀고 마음이 완고해졌다고 고발하신다. 자신이 추구하는 나라에 온통 정신이 팔리고 욕망에 눈이 가려진 사람들은 예수님이 이 땅에 가져오신 하나님의 나라가 보이지 않는다. 설사 보인다 하더라도 관심이 없다.

42-43절 《관리 중에도 그를 믿는 자가 많되 바리새인들 때문에 드러나게 말하지 못하니 이는 출교를 당할까 두려워함이라 그들은 사람의 영광을 하나님의 영광보다 더 사랑하였더라》 상당수의 유대인들이 예수님의 수많은 표적에도 불구하고 믿지 않았다면 본문은 또 다른 종류의 사람들이 존재하고 있음을 이야기한다. 42절을 보면 관리(아르콘)들 가운데 믿는 자가 많았다고 이야기한다. 이런 묘사를 보면 요한복음 3장에 등장했던 니고데모가 떠오른다. 3:1은 니고데모를 유대인의 지도자라고 소개하고 있다. 그곳에서 지도자(아르콘)라고 번역된 단어가 오늘 본문에 등장하는 관리(아르콘)라는 단어와 같은 단어다. 니고데모는 예수님이 행하시는 표적에 대해서 들었던 것 같다. 그래서 이 표적을 묵상하고는 예수님이 하나님이 보내신 분이라는 사실을 어렴풋이나마 알게 됐다. 그런데 3:2은 그가 사람들의 시선이 두려워서 예수님을 밤에 찾아 왔다고 이야기한다. 오늘 본문과 정확하게 같은 맥락이다. 유대인들의 지도자들 가운데도 예수님이 하시는 일을 보고 그가 하나님이 보내신 분이라는 것을 알아차린 사람들이 적지 않았다. 그런데 그들은 자신들의 믿음을 드러내 놓고 말할 수 없었다. 그 이유는 출교를 당할까 두려웠기 때문이다.

출교를 당하는 것을 두려워했다는 말은 요한복음 9장을 생각나게 한다. 나면서부터 소경으로 출생했던 자의 부모는 예수님에 의해서 아들의 눈이 뜨였는데도 자신들이 출교를 당할까 두려워 예수님을 메시아로 인정하거나 고백하지 못했다. 유대교의 지도자들 중에도 예수님의 정체를 알아차린 사람들이 적지 않았지만 예수님을 인정하는 데 소극적인 자세를 취했다. 출교가 그렇게 무서운 것이다. 출교란 유대인들의 공동체 밖으로 쫓겨나는 것이다. 이렇게 되면 사회적으로 단절되고 사회적 관계에 의존해야 하는 경제활동들도 차단된다. 유대 사회에서 살아갈 수 있는 길이 막히게 되는 것이다. 특별히 관계가 중요하게 생각되는 고대 유대 사회에서 출교는 곧 사회적, 종교적, 경제적 죽음을 의미하는 것이었다. 살아있기는 하지만 실제로는 살아있다고 말할 수 없는 상황에 이르게 되는 것이다. 그러니 두렵지 않을 수 없었다. 예수님을 인정하는 것의 대가가 만만치 않았다. 이러한 유대인 지도자들의 태도를 43절은 '사람의 영광을 하나님의 영광보다 더 사랑함'이라 묘사한다. 이곳에 묘사된 믿는 자들은 분명 믿지 아니하는 패역한 유대인들과는 구별되지만 요한은 결국 그들이 하나님의 영광이 아니라 사람의 영광을 사랑하는 사람들이었다고 이야기한다.

44-46절 《나는 빛으로 세상에 왔나니 무릇 나를 믿는 자로 어둠에 거하지 않게 하려 함이로라》 이런 사람들 사이에서 예수님이 외치신다. 예수님은 믿는다고는 하지만 두려움에 붙들려 있는 사람들 사이에서 진리를 외치신다. 예수님을 믿는 자는 예수님을 보내신 아버지를 믿는 것이며 예수님을 보는 자는 예수님을 보내신 이를 보는 것이다. 예수님은 빛으로 세상에 오셨고 당신을 믿는 자로 어둠에 거하지 않게 하려 함이라고 말씀하신다. 문맥 속에서 어둠에 거한다는 말은 예수님을 믿지 않거나 두려움에 붙들려 예수님을 인정하지 못하는 태도를 일컫는 말이다. 그러므로 두려워서 예수님을 인정하지 못하는 태도는 어두움에 거하는 것이라는 말이 된다. 두려워서 예수님을 인정하지 못하는 태도를 이해할 수는 있지만 그렇다고 핑계할 수는 없다. 그것은 어두움에 거하는 것이다.

47-48절 《사람이 내 말을 듣고 지키지 아니할지라도 내가 그를 심판하지 아니하노라 내가 온 것은 세상을 심판하려 함이 아니요 세상을 구원하려 함이로라 나를 저버리고 내 말을 받지 아니하는 자를 심판할 이가 있으니 곧 내가 한 그 말이 마지막 날에 그를 심판하리라》 물론 예수님 당시 출교를 당하는 것은 확실히 두려운 일임에 틀림없다. 출교는 유대 사회에서 한 사람이 누릴 수 있는 것들의 상실뿐만 아니라 사실상 죽음을 의미했기 때문이다. 그런데 예수님은 이 두려움 때문에 그들이 놓치고 있었던 것을 드러내신다. 예수님은 자신을 믿지 않고 그의 말씀을 지키지 않는 자에게 심판이 있음을 분명하게 말씀하신다. 예수님이 말씀하시는 심판은 영원한 파멸과 파국을 의미한다. 유대인들은 출교당하는 두려움 때문에 더 중한 두려움을 가볍게 생각해서는 안 됐다. 눈앞에 보이는 두려움 때문에 진짜 두려워해야 하는 것을 보지 못하는 어리석음을 범하지 말라는 말씀이다.

49-50절 《나는 그의 명령이 영생인 줄 아노라 그러므로 내가 이르는 것은 내 아버지께서 내게 말씀하신 그대로니라 하시니라》 예수님은 자신이 하신 말씀의 엄중함을 다시 한번 강조하신다. 예수님의 말씀은 스스로 하신 것이 아니라 하나님 아버지의 말씀이다. 그것이 중요한 이유는 하나님의 말씀 즉 명령이 곧 영생이기 때문이다. 그것은 함부로 취급해도 좋은 것이 아니다. 그의 말씀을 듣는 자는 영생에 거하게 되겠지만 그것을 함부로 취급하는 자는 영벌에 처해질 것이기 때문이다.

묵상

(1) 필자는 고등학생 즈음에 예수님을 구주로 영접했다. 주님을 믿고 난 후 필자에게 일어난 가장 큰 변화는 주님을 전하고 싶은 마음이 생기기 시작했다는 것이다. 주변에 있던 친구들은 대부분 주님을 알지 못하는 불신자들이었다. 그래서 친한 친구들에게 예수님을 전하기 시작했다. 친

구들은 필자가 전하는 복음에 콧방귀를 뀌곤 했다. 그러면서 그들은 예수님이 살아 계시다는 증거를 보여 주기만 한다면 자신들도 믿겠다고 이야기했다. 그래서 주님이 살아 계시다는 사실을 저들에게 초자연적인 방식으로 딱 한 번만 보여 달라고 기도했다. 그러나 주님은 자신이 세상의 창조주라는 사실을 그들이 이야기하고 필자가 원하는 방식으로 증명해 주지 않으셨다. 당시에는 많이 실망했지만, 그 후에 나는 다음과 같은 사실을 깨닫게 됐다. 표적을 많이 보았다고 반드시 믿음이 생기는 것이 아니라는 사실을 말이다. 예수님은 유대인들에게 수많은 표적을 보여 주셨다. 그런데도 그들은 믿지 않았다. 표적이 없어서가 아니다. 표적에도 불구하고 그들은 믿지 않았다. 자신이 추구하는 나라에 온통 정신이 팔리고 욕망에 눈이 가려진 사람은 수많은 표적을 본들 도무지 믿지 않는다.

(2) 요한이 말하는 진정한 믿음이란 사람의 영광이 아니라 하나님의 영광을 사랑하고 사모하는 것이다. 그런데 예수님을 믿고 하나님의 영광을 사랑하며 산다는 것은 예수님 때도 그렇고 지금도 그렇고 이 죄악 된 세상 속에서 만만한 일이 아니다. 그것은 두려운 일이다. 왜냐하면 하나님의 영광을 사랑하며 추구하는 일은 반드시 무엇인가를 잃어버리는 일이 동반되기 때문이다. 나면서부터 소경된 사람의 부모도 그들이 잃어버릴 것이 두려워 예수님을 믿고 인정할 수 없었다. 유대인의 지도자들도 예수님이 행하시는 표적을 보고 그분이 하나님이 보내신 분이라는 사실을 알았지만 드러내 놓고 말할 수 없었다. 왜 그런가? 그들이 잃을 수 있는 것이 두려웠기 때문이다. 출교는 너무나 많은 것을 잃는다는 것을 의미했기 때문이다. 주님을 믿는다고 공개적으로 인정할 때부터 그들은 자신들이 누리고 있던 것들을 포기해야 했다. 그러니 두려워지는 것이다. 바로 이런 이유 때문에 오늘날도 주님을 믿는다고는 하지만 여전히 세상과 주님 사이에서 어정쩡한 자세를 취하고 있는 성도들이 적지 않은 것 같다. 믿음

은 결단이다. 빛 가운데 거할지 어둠 가운데 거할지 거취를 결정해야만 한다.

(3) 이 두려움을 극복할 수 있는 길이 있다. 요한은 그 이야기를 요한일서 4:15에서 이렇게 말했다. '누구든지 예수를 하나님의 아들이라 시인하면 하나님이 그의 안에 거하시고 그도 하나님 안에 거한다.' 요한이 자주 언급하는 상호 거주다. 이것은 사랑의 교제를 일컫는 말이다. 특별히 18절을 눈여겨보면 무엇이 두려움을 내어 쫓는다고 이야기하고 있는가? 하나님 아버지의 사랑이다. a)하나님 아버지께서 우리를 사랑하셔서 그의 아들을 보내셨다는 것을 믿는 것, b)우리가 그 아버지의 끊을 수 없는 사랑 안에 머물러 있다는 사실을 믿는 것, c)비록 우리가 세상살이 속에서 만나게 되는 수많은 어려움과 그 어려움이 만들어내는 두려움이 우리를 날마다 옭아매려 할지라도 아들을 아끼지 않으시고 우리를 사랑하셔서 내어주신 하나님의 사랑이 매 순간 우리를 붙들고 계신다는 사실을 믿는 것, 그것이 두려움을 내어 쫓는다. 그 사랑 안에 온전히 거할 때, 그 하나님을 믿고 온전히 신뢰할 때, 우리는 두려움을 극복하고 빛 가운데 거할 수 있게 된다. 오늘 우리를 두렵게 만드는 것이 무엇인가? 눈을 들어 우리를 여전히 붙들고 계신 그리스도 예수 안에 있는 하나님의 사랑을 묵상하는 우리가 될 수 있기를 소망한다. 두려움을 극복하는 길은 우리를 사랑하시는 하나님에 대한 신뢰와 믿음이다. 그 사랑 안에 거하는 것이다.

기도

주님, 우리를 두렵게 하는 수많은 일들 앞에서 하나님 아버지의 사랑을 묵상하게 하소서. 우리를 사랑하셔서 아들도 아끼지 않으신 하나님을 신뢰하게 하소서. 이 영성이 우리 모두에게 불같이 일어나게 하소서.

제2부

영광의 책

(13-21장)

요한복음 13:1-11
동상이몽

문맥과 요약

예수님은 제자들을 끝까지 사랑하시는데 유다는 예수님을 팔 계획을 세운다. 그러나 예수님은 끝까지 사랑하는 것이 무엇인지 알려주시기 위해서 세족식을 거행하신다. 세족이라는 상징적 행위를 통해서 예수님은 자신이 새롭게 세우시는 새 창조의 세상이 어떤 것인지를 보여 주신다. 이는 예수님께서 친히 지으시는 새로운 성전에 들어와 하나님과 함께 새로운 가족으로 교제하는 백성을 만들기 위한 것이다. 제자들은 당시에는 이 말씀의 의미를 깨닫지 못한다.

해설

1-2절 《유월절 전에 예수께서 자기가 세상을 떠나 아버지께로 돌아가실 때가 이른 줄 아시고 세상에 있는 자기 사람들을 사랑하시되 끝까지 사랑하시니라》 본문의 배경은 유월절이다. 예수님은 자신이 떠나실 때가 다가왔다는 것을 아셨다. 그래서 자신의 사람들을 사랑하시되 끝까지 사랑하셨다. 예수님은 끝까지 사랑하는 것이 어떤 것인지를 본문에서 보여 주신다. 그런

데 그런 예수님의 모습과 본문에 등장하는 제자들의 모습은 달라도 너무 다르다. "마귀가 벌써 시몬의 아들 가룟 유다의 마음에 예수를 팔려는 생각을 넣었더라." 예수님은 제자들을 끝까지 사랑하시는데 유다는 예수님을 팔려고 시도하고 있다. 이제 요한복음에서 예수님을 팔려는 유다의 생각은 시간이 지남에 따라 보다 구체적인 행동이 된다. 앞서 12장에서 마리아가 값비싼 향유 한 근을 부어드리는 이야기에서 우리는 유다가 예수님의 사역팀의 재정팀장과 같은 역할을 맡았다는 것을 보았다. 어느 공동체이건 재무를 담당하는 역할은 함부로 아무에게나 맡기는 것이 아니다. 그 공동체에서 큰 신뢰를 얻는 사람에게만 맡기는 것이다. 이런 관점에서 생각해 본다면 가룟 유다는 예수님과 함께 했던 공동체에서 꽤나 신임을 얻었던 사람이라 추측할 수 있다.

그런데 도대체 무슨 이유 때문에 유다는 예수님을 배반하게 됐을까? 유다가 예수님을 배반하려는 이유를 유다의 관점에서 생각해 볼 필요가 있다. 유다는 지난 3년간 예수님이 행하신 많은 표적들을 가까이에서 보았을 것이다. 물을 포도주로 만드신 가나의 혼인 잔치, 왕의 신하의 아들을 고치신 사건, 한센병 환자와 중풍병자, 38년 된 중증 장애인, 나면서부터 소경됐던 자를 고치시는 장면, 보리떡 다섯 개와 물고기 두 마리로 오천 명을 먹이시는 사건, 오병이어 사건 직후에 바다를 걸어오시는 사건, 유월절 직전에는 죽은 나사로를 살리시는 사건 등을 그는 직접 경험했다. 유대인 제자들의 관점에서는 정말 놀라운 사건이 아닐 수 없었을 것이다. 마치 과거 모세가 이스라엘 백성을 출애굽 시켰듯이 이제 예수님이 로마의 지배에서 자기 백성들을 구해내고 하나님의 나라를 세우실 것이라 믿게 만들었을 것이다. 유월절 명절에 예수님이 예루살렘에 입성하실 때 수많은 유대인들이 예수님을 유대인의 왕으로 맞아들인 모습을 보았다. 이런 모든 모습들은 유다의 마음을 설레게 만들었다. 이제 예수님이 예루살렘에 올라가시면 왕으로 등극하시는 일만 남았을 거라 생각했을 것이다. 자기가 모시는 예수님이 로마 제국을 무너뜨릴 것이고 이후 자신도 예수님이 왕이 돼 통치하는 새 나라에서 함께 영광을 누리는 킹 메이커의 꿈을 꿨을 거다.

그런데 뭔가 찜찜한 구석도 있었을 것이다. 분위기 자체는 킹 메이커가 되는 꿈이 무르익어가고 있는 것이 틀림없는데, 자꾸 예수님이 말씀하시는 것이 영 마음에 걸린다. 유다는 예수님이 예루살렘에 올라가셔서 왕이 되기를 기대하고 있는데 예수님은 당신의 죽음에 대해서 반복적으로 말씀하신다. 그가 오랫동안 꿈꿔왔던 것이 이제 손에 잡히는 것 같은데 예수님이 하시는 말씀에서 자꾸 이상한 것이 느껴진다. 로마를 전능하신 능력으로 거꾸러뜨리고 하나님의 나라를 세우시기를 기대하고 있는데 당신이 도리어 십자가에 매달리게 될 것이라는 말을 하시자 그는 너무 큰 충격을 받은 것 같다. 그래서 그는 극단적인 선택을 한 것으로 보인다. 예수님에게서 더 이상 자신이 기대했던 희망을 발견할 수 없다고 판단한 것이다.

3-5절 《저녁 잡수시던 자리에서 일어나 겉옷을 벗고 수건을 가져다가 허리에 두르시고 이에 대야에 물을 떠서 제자들의 발을 씻으시고 그 두르신 수건으로 닦기를 시작하여》 유다는 예수님을 팔려고 하는데 예수님은 자신의 제자들을 끝까지 사랑하셔서, 식사 중에 이른바 세족식이라는 것을 거행하신다. 우리는 이 장면에서 제자들의 발을 닦아 주시는 예수님의 상징적 행위를 유대 문화적 관점에서 생각해 보아야만 한다. 예수님과 제자들이 모두 유대인들이었고, 각 문화권에서 행해지는 행위들은 각각의 상징적 의미들을 다르게 가질 수 있기 때문이다. 그렇다면 제자들의 발을 닦아주시는 예수님의 행위가 어떤 상징적 의미를 가졌을까? 유대 전통에서 세족은 크게 두 가지 경우에 시행됐다. 유대인들이 발을 닦아야 했던 첫 번

째 경우는 성전에 들어갈 때이다. 출애굽기 30장에 보면 제사장들은 회막에 들어가기 전에 발을 닦아야 했다. 요세푸스의 문헌을 보면 일반 유대인들도 제물을 제단에 드릴 때 자신의 발을 씻었던 것으로 보인다(유대고대사 3.261-265). 제사장과 백성들은 성전에 출입할 때 율법에 따라 자신을 정결하게 해야 했다. 또 다른 경우는 친구나 이웃 방문객이 자신의 집을 방문했을 때 집 주인은 발 씻을 물을 제공하며 환대해야 했다. 이것이 유대 문화 속에서 발을 씻어야 하는 경우이다. 그러니까 유대 전통에서 '세족'은 두 개의 큰 개념과 연결되어 있다. 하나는 '성전 출입'이고 다른 하나는 '가정 환대'다.

6-7절《시몬 베드로에게 이르시니 베드로가 이르되 주여 주께서 내 발을 씻으시나이까 예수께서 대답하여 이르시되 내가 하는 것을 네가 지금은 알지 못하나 이후에는 알리라》 예수님이 시몬 베드로의 발을 씻기려 하시자 베드로는 극구 사양한다. 예수님은 이 세족이 의미하는 바를 그가 지금은 모르지만 이후에는 알게 될 것이라 말씀하신다. 그럼 유월절을 앞두고 행하신 예수님의 상징적 행위는 제자들에게 무엇을 가르쳐 주시기 위함일까? 그것은 이제 유월절 어린양으로 죽임을 당하시는 예수님의 십자가 죽음이 궁극적으로 제자들을 정결하게 만드실 사역이라는 것을 알려주시기 위함이다. 세족은 그와 같은 사실을 상징적으로 보여 주는 역할을 한다. 서두에 언급했지만 예수님은 제자들을 사랑하시되 '끝까지' 사랑하셨다. 그리고 '끝까지 사랑하신다는 것'이 무엇을 의미하는지 보여 주시기 위해서 세족식을 거행하신 것이다. 즉 세족은 '끝까지' 하신 예수님의 사랑을 상징적으로 보여 주는 것이다. '끝까지'라고 이야기하면 사람들은 '마지막까지'라고 쉽게 생각한다. 물론 그 의미가 완전히 틀렸다고 할 수는 없다. 그러나 요한복음 안에서 '끝까지'라는 말의 의미는 '십자가에서 돌아가실 때까지'라는 의미에 더 가깝다. 예수님께서 십자가 죽음의 자리까지 사랑

하신 그 사랑 때문에 제자들은 예수님의 피로 정결하게 씻겨질 것이다. 마치 구약에서 제사장과 하나님의 백성들이 성전에 들어가기에 앞서 자신들의 발을 닦았던 것처럼 예수님은 자신의 피로 제자들을 씻기실 것이다. 그래서 제자들은 예수님이 새로 지으시는, 손으로 짓지 아니한 성전에 들어갈 자격을 얻게 될 것이다. 그 손으로 짓지 아니한 성전에는 물 같은 것으로 씻어서는 들어갈 수 없다. 거룩한 보혈로 씻어야만 들어갈 수 있다. 그 끝까지 하신 사랑, 즉 십자가 자리까지 걸어가신 예수님의 사랑 때문에 주홍빛보다 더 붉은 죄를 용서받을 수 있게 되는 것이다. 그래서 우리의 죄악 된 손과 발이 씻겨 손으로 짓지 아니한 예수님이라는 새로운 성전에 들어갈 수 있는 은혜를 얻게 된 것이다.

또한 세족은 '성전 출입'뿐만 아니라 '가정 환대'라는 개념과 연결되어 있다. 예수님은 자신의 십자가의 죽으심으로 우리를 깨끗하게 씻기어 하나님 아버지와 함께 누리는 영적인 교제의 자리로 초청해 주신 것이다. 유대 문화에서 집주인은 발 씻을 물을 제공해 주고 가족들 및 손님들과 함께 누리는 교제의 자리로 나아갔다. 그런데 예수님은 발 씻을 물을 제공해 주는 정도만이 아니라 자신의 피로 자격 없는 우리를 직접 씻기시어 하나님과 누리는 풍성한 교제의 자리로 친히 맞아들여 주신 것이다. 예수님의 십자가 죽으심을 믿음으로 우리는 예수님과 연합하여 정결하게 되고 하나님과 교제하는 사람이 된다.

8-11절 《예수께서 이르시되 이미 목욕한 자는 발밖에 씻을 필요가 없느니라 온 몸이 깨끗하니라 너희가 깨끗하나 다는 아니니라 하시니 이는 자기를 팔 자가 누구인지 아심이라 그러므로 다는 깨끗하지 아니하다 하시니라》 베드로는 예수님의 말씀을 이해하지 못한다. 그래서 여전히 완강히 저항한다. 예수님은 '내가 너를 씻어 주지 아니하면 네가 나와 상관이 없느니라'고 말씀하신다. 그러자 베드로는 태도를 바꾸어 발뿐만 아니라 손과 머리도 씻겨

달라고 요청한다. 아직 예수님이 무슨 말씀을 하시는지 깨닫지 못하고 있는 것이다. 예수님은 아직 깨닫지 못한 베드로에게 친절하게 설명하여 주신다. "이미 목욕한 자는 발밖에 씻을 필요가 없느니라 온 몸이 깨끗하니라." 여기서 이미 목욕한 자라는 표현은 예수님의 끝까지 하신 사랑, 즉 십자가로 정결해진 사람을 일컫는 것으로 보인다. 그러나 예수님은 제자들이 깨끗하지만 다는 아니라고 말씀하신다. 11절은 이 말씀의 의미가 무엇인지를 설명한다. 예수님은 깨끗한 제자들과 대비된 깨끗하지 않은 사람을 언급하시는데, 이는 자신을 배신할 유다를 염두에 두신 말씀이다.

묵상

제자들은 자신들이 꿈꾸는 나라를 그리고 있었다. '그들이 꿈꾸는 나라'란 따지고 보면 다른 사람들을 힘으로 제압해서 자신들이 영광을 누리는 나라다. 주체만 바뀌었지 근본적으로 자신들이 살고 있던 시대에 로마의 지배와 다를 것이 없다. 주님이 자신들이 꿈꾸는 것을 이뤄주신다고 생각했을 때는 적극적으로 따르고 충성을 다했다. 그러나 주님이 자신들이 꿈꾸던 세계가 아닌 다른 세계를 그리고 계시다는 것을 알자 주님을 배신해서 팔아 넘기려고 시도한다. 이런 상황에서 주님은 하나님 아버지와 자신 그리고 성령 하나님이 꿈꾸시는 완전히 새로운 세상을 알려 주신다. 그것은 제자들의 발을 닦아주시는 것을 통해서 상징적으로 표현되는 세상이다. 세상 그 어떤 것으로도 닦거나 씻을 수 없는 주홍 같은 죄가 그리스도의 보혈로 완벽하게 씻기는 세상이다. 그래서 새로운 성전이신 예수님 안으로 들어갈 수 있게 되는 세상이다. 그리스도의 보혈로 씻기어 새로운 성전이신 주님 안으로 들어가게 되면 하나님과 날마다 누리는 풍성한 교제의 삶이 열린다. 주님은 생각만 해도 가슴 떨리는 세상을 만드시기 위해서 이 세상에 오셨고 그 세상을 만들기 위해 십자가에서 돌아가셨다. 이것을 믿는 것이 기독교 신앙이다. 이것을 전하는 것이 신앙인의 모습이어야 할 것이다. 그 주님을 매일의 삶 속에서 바라보는 것이 진정한 '기독교의 제자도'다. C. S. 루이스(Lewis)는 이렇게 말했다. "우리는 예수 그리스도를 바라보는 동안만 그리스도인입니다. 예수 그리스도를 바라보는 동안 주님이 나를 지배하시기 때문입니다." 나도 모르는 사이에 어느새 내 맘 속에 똬리를 틀고 있는 헛된 욕망, 영광을 내려놓을 수 있어야 한다. 우리가 추구하는 세상 영광의 나라가 무너져야 주님이 통치하시는 진정한 나라가 세워진다.

기도

주님, 내가 꿈꾸는 헛된 욕망의 나라가 철저하게 부서지게 하소서. 주님의 십자가를 통해 새롭게 세우신 성전에 들어가 하나님과 날마다 교제하는 백성이 되게 하소서.

요한복음 13:12-20
세족이 들려주는 복음 이야기

문맥과 요약

예수님은 앞서 제자들에게 자신이 행하시는 세족이 의미하는 바를 그들이 알지 못할 것이라 말씀하셨다. 그런데 본문에서는 자신이 행하신 세족의 의미를 아느냐 질문하신다. 얼핏 보면 쉽게 이해되지 않는다. 예수께서는 세족이 상징적으로 보여 주는 자신의 십자가의 구속적 의미를 제자들이 이해하지 못하리라 말씀하셨지만, 당신이 행하시는 세족의 또 다른 의미는 깨달을 수 있으리라 생각하셨다. 세족의 또 다른 의미란 주와 선생이 되어서 본을 보이신 것이다. 세족은 예수님이 꿈꾸시는 세상의 모습을 반영한다. 세상의 가치관이 전도되고 역전되는 세상이다. 그것이 예수님이 꿈꾸시는 세상이기에 제자들의 발을 닦아주시는 본을 보이시며 서로의 발을 닦아주라고 요구하신다.

해설

12절 《그들의 발을 씻으신 후에 옷을 입으시고 다시 앉아 그들에게 이르시되 내가 너희에게 행한 것을 너희가 아느냐》 유대 전통에서 '세족'은 두 개념과 연결되어 있다. 하나는 '성전 출입'이고 다른 하나는 '가정 환대'이다. 이러한 유대적 배경 속에서 유월절을 앞두고 행하신 예수님의 상징적 행위는 제자들에게 가르침을 주시기 위함이다. 이제 내일이면 유월절 어린 양으로 죽임을 당하시는 예수님의 십자가 죽음의 의미를 제자들에게 가르치시려는 것이다. 예수님의 십자가는 궁극적으로 제자들을 정결하게 만드실 사역이다. 세족은 바로 그 진리를 상징적으로 보여 주는 역할을 한다. 마치 구약에서 제사장과 하나님의 백성들이 성전에 들어가기에 앞서 자신들의 발을 닦았던 것처럼 예수님은 자신의 피로 제자들을 씻기실 것이다. 그래서 제자들은 예수님이 새로 지으시는, 손으로 짓지 아니한 성전에 들어갈 자격을 얻게 될 것이다. 예수님의 보혈로 그들을 정결하게 씻어주실 것이다.

또한 세족은 가정 환대 개념과 연결되어 있다. 예수님은 자신의 십자가의 죽으심으로 우리의 죄를 깨끗하게 씻기어 하나님 아버지와 함께 누리는 영적인 교제의 자리로 초청해 주신다. 유대 문화에서는 집주인이 발 씻을 물을 제공해 주고 가족들과 함께 누리는 교제의 자리로 나아갔는데 예수님은 발 씻을 물만 제공해 주는 정도가 아니라 자신의 피로 자격 없는 자들을 직접 씻기시어 성전이신 주님 안에서 하나님과 누리는 풍성한 교제의 자리로 친히 맞아들여 주신 것이다. 예수님의 십자가 죽으심을 믿음으로 예수님과 연합하여 정결하게 되고, 하나님의 가족으로 초대되어 교제하는 사람이 되는 것이다. 유대인들의 전통인 세족을 통해서 예수님은 '성전 출입'과 '가정 환대'라는 개념이 자신의 십자가와 어떻게 연결되는지를 보여 주셨다. 요한복음이 그려주는 복음은 예수님의 십자가로 인해 참 성전이신 예수님 안으로 들어가 하나님의 새로운 가족의 일원이 되는 축복을 누리는 것이다.

그런데 세족식을 거행하신 주님께서는 다시 식사하시던 자리에 앉아 다음과 같이 질문하신다. "내가 너희에게 행한 것을 너희가 아느냐." 얼핏 들으면 예수님의 말씀이 다소 당혹스럽다. 왜냐하면 앞서 7절에서는 '지금은 알지 못하고 이후에는 알리라'라고 말씀하셨기 때문이다. 잠시 전에 분명히 그들이 알지 못하고 깨닫지 못할 것이라는 뉘앙스로 말씀하셨는데 이번에는 마치 제자들이 세족의 의미를 알기를 기대하시는 것처럼 말씀하시기 때문이다. 예수님의 말씀을 어떻게 이해해야 할까? 제자들은 세족과 예수님의 십자가의 의미, 즉 자신의 보혈로 제자들을 깨끗케 하고 새로운 성전이신 예수님 안으로 초대해 하나님과 새로운 가족이 되는 은혜를 누리게 된다는 의미는 지금 당장 깨닫지 못할 것이다. 그 의미는 제자들이 십자가와 부활 사건을 경험한 이후에나 깨닫게 될 것이다. 그래서 '지금은 알지 못하나 이후 즉 부활 이후에는 알리라'라고 말씀하신 것이다. 세족이 가지고 있는 이러한 구속적인 의미는 지금 그들이 깨달을 수 없는 내용이다. 하지만 세족이라는 이 파격적인 행보가 가진 또 다른 의미는 그들이 지금 이 자리에서 깨달을 수 있다는 의미이다.

13-15절 《너희가 나를 선생이라 또는 주라 하니 너희 말이 옳도다 내가 그러하다 내가 주와 또는 선생이 되어 너희 발을 씻었으니 너희도 서로 발을 씻어 주는 것이 옳으니라 내가 너희에게 행한 것 같이 너희도 행하게 하려 하여 본을 보였노라》 예수님은 세족이 가지고 있는 또 다른 의미를 설명해 주신다. 그것은 겸손과 섬김이다. 예수님은 제자들에게 겸손한 섬김이 도대체 어떤 것인지 그 본을 보여 주시기 위해서 제자들의 발을 씻겨주신 것이다. 예수님은 선생님이 되셔서 친히 제자들의 발을 씻겨주셨다. 유대 문화에서 보통은 아내가 남편의 발을 씻겼고, 자녀가 아비의 발을 씻겼고, 제자가 선생님의 발을 씻겼다. 후대 유대 전승은 유대 노예들에게조차 사람들의 발 씻기는 것을 요구하지 않았다. 그런데 선생님이 친히 제자들의 발을 씻기신 것이다. 예수님은 자신이 지금 행하신 것이 제자들에게 본보기가

되길 기대하고 계신다. 교육에서 본을 보인다는 것은 매우 중요한 의미가 있다. 원리만을 아는 것이 아니라 그 원리를 친히 행동으로 옮겨서 실행함으로써 제대로 된 학습이 이루어진다. 원리를 실천으로 옮기는 것을 직접 보여 주는 것보다 더 효과적인 학습은 없다. 당시 그 순간에 깨달을 수 있는 세족의 의미를 가르쳐 주시기 위해서 예수님은 식사하시다 말고 직접 팔을 걷어붙이시고 제자들의 발을 손수 닦아주신 것이다.

이런 관점에서 예수님의 세족식은 상당히 중요한 상징적 의미를 담고 있다. 세족식을 통해서 예수님은 자신이 머릿속에 그리고 계신 새 창조의 세상에 대한 이야기를 전달해 주고 싶으셨던 것이다. 예수님은 유대인들이 친숙했던 발을 닦는 행위를 통해서 자신의 십자가 죽음이 가진 의미를 설명하셨다. 성전에 들어가기 전에 유대인들이 율법을 따라 발을 닦았던 것처럼, 가정에 들어가기 전에 발을 닦았던 것처럼, 유월절 어린양으로 십자가에서 돌아가시는 그의 죽음이란 예수님의 피로 제자들을 씻어 새로운 성전 안으로 받아들이는 것이다. 다른 말로 하면 십자가란 성전이신 예수님 안에서 하나님의 새로운 가족이 되게 하는 하나님의 기막힌 방법이다.

그렇다면 예수님의 십자가를 통해서 성전이신 예수님 안에서 새로운 가족이 된 사람들은 어떻게 살아야 되는가? 예수님의 세족이 그것을 우리에게 가르쳐 주고 있다. 예수님이 손수 본을 보여 주셨으니 제자들도 그 보여 주신 본을 따라서 서로의 발을 씻어주라고 말씀하신다. 유대 문화 속에서 예수님의 말씀은 문자적으로 의도된 것은 아닐 것이다. '서로의 발을 씻어주라'는 예수님의 말씀의 진의는 무엇일까? 이 당시 제자들은 자신들이 꿈꾸는 헛된 영광에 사로잡혀 있었다. 그런데도 예수님은 자신이 꿈꾸는 하나님 나라를 바라보며 제자들을 끝까지 사랑하시고 그들의 연약함과 부족함을 끌어안은 채 그들의 발을 씻고 계신다. 예수님은 바로 이런 문맥에서 서로의 발을 씻어주라고 말씀하신 것이다. 예수님이 그러셨듯이 서로의 연약하고 부족한 부분을 긍휼히 여겨주고 서로 사랑하라는 의미이다.

16-17절 《종이 주인보다 크지 못하고 보냄을 받은 자가 보낸 자보다 크지 못하나니 너희가 이것을 알고 행하면 복이 있으리라》 예수님은 자신의 가르침을 강화하신다. 왜 세족의 의미를 알고 행하면 복되다고 말씀하실까? 세족이 복음이 무엇인지를 선명하게 보여 주고 있기 때문이다. 세족이 상징적으로 보여 주는 십자가의 복음을 깨닫고 그 의미를 삶 속에서 구현하며 사는 것이 복되다는 말씀이다. 그러한 삶이 바로 요한복음이 말하고자 하는 진정한 영생의 삶이기 때문이다.

18-20절 《지금부터 일이 일어나기 전에 미리 너희에게 일러둠은 일이 일어날 때에 내가 그인 줄 너희가 믿게 하려 함이로라》 그러나 예수님이 말씀하시는 복을 모든 자들이 누리는 것은 아님을 말씀하신다. 그리고 자신을 배신할 사람이 누구인지를 예고하신다. "내 떡을 먹는 자가 내게 발꿈치를 들었다 한 성경을 응하게 하려는 것이니라." 이것은 시편 41:9을 인용한 것이다. 인용된 본문은 다윗의 신하였던 아히도벨이 압살롬을 도와 다윗을 배신했던 이야기를 배경으로 한다. 그 일 이후 유대 문헌에서 이 표현은 배신을 나타내는 관용적인 표현이 됐다. 이것을 제자들에게 미리 말씀하여 주시는 예수님의 의도는 분명하다. 이 일이 이루어질 때 "내가 그인 줄 너희로 믿게 하려 함이라"고 예수님은 말씀하신다. 여기서 '내가 그인 줄'이라는 표현은 요한복음에서 유명한 '에고 에이미'라는 표현이며, 곧 출애굽의 전능하신 하나님이라는 의미이다. 유다의 배신이 이루어질 때, 그것은 성경을 이루기 위함이며 그 일을 통해서 예수님이 바로 이스라엘의 전능하신 하나님이심이 드러나게 될 것이다.

묵상

(1) 세족의 복음이 우리에게 무엇을 말하고 있는가? 아무런 공로 없이 우리는 주님의 십자가 보혈의 은혜로 하나님의 가족이 됐다. 이것이 세족이 보여 주는 복음의 한 면이다. 그러나 세족이 보여 주는 이러한 복음의 은혜는 우리에게 이전과는 전혀 다른 새로운 삶을 살라고 강력하게 요구한다. 그것은 서로의 발을 씻어주는 것이다. 서로의 발을 씻어주는 삶이야말로 십자가 은혜에 걸맞는 새로운 삶의 방식이라고 말하고 있다. 옛 세상의 세계관과 근본적으로 다른 새로운 창조의 세상이 요구하는 세계관이다. 그것을 한마디로 요약한다면 “십자가를 지는 삶”이라 말할 수 있다. 그것이 우리가 깨달아야 할 세족의 복음이 보여 주는 또 다른 일면이다. 본문에서 서로의 발을 닦아주는 삶이란 십자가를 지는 삶이라 말할 수 있다. 그런데 오늘날 적지 않은 그리스도인들은 전자 즉 십자가의 보혈의 은혜는 엄청나게 좋아하는데 그것이 요구하는 십자가를 지는 삶은 극도로 꺼려하고 회피하려 한다. 대형교회를 추구하는 현대인들의 심사에 섬김을 꺼려하는 오늘날 성도들의 이러한 얄팍한 마음도 일부분 있을 수 있다는 생각을 하게 된다. 이러한 세태를 꼬집어서 서던캘리포니아대학교(University of Southern California)의 철학과 교수였던 달라스 윌라드(Dallas Willard)는 그러한 사람들을 “뱀파이어 크리스찬”(Vampire Christian)이라고 불렀다. 참으로 통렬한 비판이라는 생각을 하지 않을 수가 없다. 예수님은 십자가의 은혜가 요구하는 삶을 십자가를 지는 것으로 말씀하셨는데, 오늘날 그리스도인들은 십자가의 은혜는 좋아하지만 십자가를 지는 삶 즉 서로의 발을 닦아주는 삶을 살기는 싫어한다.

(2) 이런 관점에서 세족이 들려주는 복음 이야기는 분명하고 또한 통렬하다. 십자가의 은혜는 좋아하지만 십자가를 지는 삶은 싫어하는 사람은 세상적으로는 영리하고 약삭빠른 사람일지는 몰라도 아직 진정한 예

수님의 제자는 아니다. 그런 사람은 십자가가 주는 혜택만 좋아하는 사람이다. 세상적인 가치와 관점에서 그런 사람은 약삭빨라 보이나 실상은 매우 어리석은 사람이다. 왜 그런가? 그런 사람은 우리가 추구해야 할 복음의 정신과 예수님의 모습과는 거리가 멀기 때문이다. 십자가의 복음은 우리를 예수님 닮은 사람으로 만들기를 원한다. 우리가 누릴 수 있는 가장 큰 복이 무엇일까? 자기중심적이고 이기적이고 자기 밖에 모르던 우리가 십자가의 복음을 통해 사랑의 사람, 축복이 흘러가는 사람, 섬김의 사람으로 변화되어 가는 것이다. 사랑의 사람, 축복이 흘러가는 사람, 섬김의 사람 그러면 당신은 누가 가장 먼저 떠오르는가? 당연히 예수님이다. 하나님은 우리를 이렇게 예수님을 닮은 사람으로 만들기 위해서 십자가의 은혜로 부르시고 성령의 역사로 변화시켜 가신다. 주님을 닮은 사람으로 변화되는 것이 성경이 이야기하는 진정한 축복이다. 그래서 주님은 이 복음의 원리를 깨닫고 행하는 자가 복되다고 말씀하신다. 세족이 들려주는 복음 이야기는 분명하다. "십자가의 은혜는 십자가를 지는 삶을 요구한다." "십자가를 지는 삶은 내가 주님의 제자라는 가장 분명한 확증이다."

기도

주님, 우리 모두 세족이 들려주는 복음 이야기를 따라 예수님 안에서 하나님의 가족으로 불러주신 아버지의 은혜에 진심으로 감격하게 하소서. 이 은혜에 가장 적절하게 반응하는 것이 형제의 발을 기꺼이 닦아주는 것임을 깨닫고 형제들을 귀하게 여기고 그들의 부족함과 연약함을 인내하며 함께 주님의 아름다운 가족과 성전으로 지어져가게 하소서.

요한복음 13:21-30
내 나라 vs 하나님 나라

문맥과 요약

예수님은 배신이라는 주제를 보다 더 구체적으로 다루신다. 너희 중 하나가 나를 팔 것이라는 말씀에 제자들은 불안해한다. 예수님은 떡 한 조각을 적셔 유다에게 주시며 네가 하는 일을 속히 하라고 말씀하신다. 그러나 제자들은 여전히 예수님이 하시는 말씀을 깨닫지 못한다.

해설

21절 《예수께서 이 말씀을 하시고 심령이 괴로워 증언하여 이르시되 내가 진실로 진실로 너희에게 이르노니 너희 중 하나가 나를 팔리라 하시니》 요한은 이전 단락에서 이야기했던 주제로 되돌아간다. 예수님은 바로 앞 단락에서 이미 말씀하셨던 주제(유다의 배신)를, 자신의 제자 중 하나가 배반할 것이라며 보다 더 구체적으로 말씀하신다. 물론 문맥 속에서 함께 있었던 예수님의 제자들은 이것이 유다의 배신을 언급하는 것이라고 이해하지 못한다. 예수님께서 유다라고 직접적으로 언급하지 않으셨기 때문이다. 심지어 자신이 떡 조각을 건네는 그 사람이 배신자라고 예수님이 분명하게 말씀하셨음에도 불구하고 제자들은 깨닫지 못한다.

22-25절《제자들이 서로 보며 누구에게 대하여 말씀하시는지 의심하더라 예수의 제자 중 하나 곧 그가 사랑하시는 자가 예수의 품에 의지하여 누웠는지라 시몬 베드로가 머릿짓을 하여 말하되 말씀하신 자가 누구인지 말하라 하니》 예수님의 말씀에 제자들이 의심하기 시작한다. 물론 이 의심은 예수님의 말씀의 내용에 대한 것이 아니라 대상에 대한 의심이다. 누가 도대체 예수님을 판다는 말인가? 여기서 예수님의 애제자 요한이 등장한다. 그는 예수님의 품에 의지해서 누워 있었다. 당시 팔레스틴의 식사 문화는 등받이에 비스듬히 기대는 문화였다는 것을 기억할 필요가 있다. 베드로가 요한에게 머릿짓을 한다. 요한도 베드로의 머릿짓이 무엇을 의미하는지 즉각적으로 알아차린 것 같다. '주여 누구니이까'라는 요한의 질문은 불안한 제자들의 심리를 대변한다. 지금 예수님은 틀림없이 유다를 염두에 두고 말씀하셨지만 사실 이 시점에 그 대상이 누구인지 정확히 모르는 다른 제자들은 서로를 바라보며 의심의 눈초리를 보내고 있다. 다른 제자들의 형편도 유다와 크게 다르지 않았기 때문이다.

마가복음을 보면 유다뿐만 아니라 다른 제자들도 예수님이 이 땅에 세우시려는 하나님의 나라에는 큰 관심이 없었던 것으로 보인다. 먼저 예수님이 비로소 예루살렘에 올라가셔서 당신이 죽임을 당함으로 세우실 하나님 나라에 대해서 말씀하시자 베드로는 대놓고 예수님을 꾸짖었다. 마가복음 8:32은 다음과 같이 이야기한다. "드러내 놓고 이 말씀을 하시니 베드로가 예수를 붙들고 항변하매." 개역개정은 베드로가 예수님을 붙들고 항변했다라고 다소 순화시켜서 표현했다. 여기서 항변했다는 '에피티마오'라는 단어의 번역인데 33절에서 예수님이 베드로를 꾸짖으셨다는 단어와 똑같은 단어다. 그러니까 베드로는 예수님을 꾸짖은 것이다. 두 번째로 예수님이 당신의 죽음을 이야기하시는데 제자들은 자신들 가운데 누가 큰지에 대해서 논쟁한다. 이 논쟁의 의미는 제자들이 무엇을 추구하고 있었는지를 여실히 드러낸다. 세 번째로 당신의 수난을 예고하시는데 야고보와 요한은 대놓고 예수님에게 청탁을 한다. "주의 영광 중에서 우리를 하나는 주의 우편에, 하나는 좌편에 앉게 하여 주옵소서"(막 10:37). 야고보와 요한의 청탁은 제자들의 논쟁이 세상에서 예수님과 함께 세상적인 영광을 누리는 것과 연관되어 있음을 분명히 드러낸다. 베드로와 야고보와 요한, 그리고 나머지 제자들도 유다와 마찬가지로 킹 메이커로서의 꿈이 있었던 것이다.

26-27절상 《예수께서 대답하시되 내가 떡 한 조각을 적셔다 주는 자가 그니라 하시고 곧 한 조각을 적셔서 가룟 시몬의 아들 유다에게 주시니 조각을 받은 후 곧 사탄이 그 속에 들어간지라》 요한의 질문에 예수님이 대답하신다. "내가 떡 한 조각을 적셔다 주는 자가 그니라." 여기서 떡 한 조각으로 번역된 단어는 '프소미온'이다. 이 단어는 '한 조각' 내지는 '적은 양'이라는 의미다. 그러니까 이것이 정확하게 떡인지는 분명하지 않다. 그러나 18절에서 '내 떡을 먹는 자가 내게 발꿈치를 들었다'라는 말씀과 연결해서 개역개정은 '떡 한 조각'이라고 번역했다. 그러나 단어 자체로 봤을 때 그것이 떡인지는 분명하지 않다. 예수님은 요한의 질문에 대답하시고는 그 한 조각을 가룟 유다에게 건네 주셨다. 요한은 유다가 한 조각을 받은 후에 사탄이 그 속으로 들어갔다고 이야기한다. 요한은 13:2에서 이미 마귀가 유다의 마음에 예수님을 팔려는 생각을 넣었다고 말했다. 이런 맥락에서 27절은 사탄이 유다에게로 들어갔다고 언급한다. 그런데 이 문구를 마치 유다는 원치 않았는데 사탄이 억지로 그의 생각과 행동을 통제한 것으로 생각하는 것은 본문의 의미가 아닐 것이다.

그렇다면 사탄이 유다 속으로 들어갔다는 말을 어떻게 이해해야 할까? 사탄이 유다의 마음속에 일어나는 생각을 틈타 예수님을 배신할 마음을 부채질하고 충동질했다는 말일 것이다. 유다는 절대 그럴 생각이 없었는데 사탄이 그렇게 만들었다는 말이 아니다. 예수님을 배신하려고 하는 유다의 동기에 대해서는 앞서 언급한 적이 있다. 유다는 주님을 열정적으로 따른 것 같다. 어느 공동체이든지 그 공동체의 재산을 관리하는 것은 아무에게나 맡기는 일이 아니기 때문이다. 그 공동체가 구현하려는 가치를 위해서 적어도 열심을 내고 신뢰할 수 있는 사람을 그 자리에 앉히는 것 아니겠는가? 어떤 사람이 그 공동체의 재산을 담당한다는 것은 그가 그 공동체의 신뢰를 받고 있다는 방증이다. 창세기에서 보디발의 집에 있던 요셉이 바로 그런 일을 담당했다. 그러므로 유다가 예수님의 공동체에서 재무를 맡았다고 하는 것은 그가 열심이 있는 사람이었음을 시사한다.

그럼 유다는 왜 그렇게 열심을 냈을까? 그것은 예수님이 자신이 기대하는 하나님 나라를 가져올 것이라 생각했기 때문일 것이다. 아마도 열심당원이었을 것이라 추정되는 유다는 자신이 꿈꾸고 있는 나라에 매우 충성된 사람이었다. 예수님을 따라다닌 이유도 그가 그 세상을 만드는 데 결정적으로 도움이 될 사람이라고 생각했기 때문일 것이다. 그러나 자신의 기대와는 달리 예수님이 거듭 죽는다고 말씀하시고 결정적으로 예수님이 꿈꾸시는 세상이 자신이 그리는 세상과 다르다는 결론에 이르자 그는 예수님을 미련 없이 버릴 수 있었던 것이다.

27하-30절《이에 예수께서 유다에게 이르시되 네가 하는 일을 속히 하라 하시니 이 말씀을 무슨 뜻으로 하셨는지 그 앉은 자 중에 아는 자가 없고 어떤 이들은 유다가 돈궤를 맡았으므로 명절에 우리가 쓸 물건을 사라 하시는지 혹은 가난한 자들에게 무엇을 주라 하시는 줄로 생각하더라》 예수님이 유다에게 네가 하는 일을 속히 하라고 말씀하시자 제자들은 유다가 예수님의 공동체의 재무 담당자이었기 때문에 예수님이 유월절 준비를 시키신 것이라고 생각했다. 혹은 예수님께서 유다에게 가난한 자들을 위해서 구제하라고 말씀하신 것으로 생각했다. 예수님은 유다의 계획을 다 알고 계셨지만 그에게 지속적으로 은혜를 베풀어주신다. 예수님은 이 맥락에서 유다에게 어떻게 은혜를 베풀고 계실까? 예수님은 자신을 팔려는 생각을 이미 가지고 있었던 유다의 발도 닦아주셨다는 사실을 기억할 필요가 있다. 또한 21절에서 예수님이 하시는 말씀, 즉 "너희 중 하나가 나를 팔리라"라는 말씀도 생각해 볼 필요가 있다. 이것을 운명론이나 숙명론적으로 이해하면 안 된다. 유다는 누구의 강요에 의해서가 아니라 자신의 의지로 예수님을 팔려고 한 것이다. 그런 유다의 생각을 아셨음에도 불구하고 예수님은 유다에게 지속적으로 말씀하고 계신다.

더욱 흥미로운 것은 예수님이 유다의 배신을 아셨음에도 그의 이름을 구체적으로 밝히지 않고 있다는 사실이다. 독자들은 이미 이 이야기 즉 예수님을 배신하는 것이 유다라는 것을 알고 있지만 예수님은 그 사실을 말하실 때 유다가 자신을 배신할 것이라고 구체적으로 말하지 않으셨다. 유다의 이름을 구체적으로 밝히지 않지만 계속적으로 유다의 생각을 예수님이 알고 계시다는 사실을 제자 그룹에게 말씀하시는 의도는 무엇일까? 예수님은 끊임없이 유다에게 돌이킬 수 있는 기회를 주시는 것이다. 자신이 추구하는 욕망의 나라를 직시하여 내려놓고 예수님을 통해서 하나님이 만드실 새로운 나라를 추구할 수 있는 기회를 마지막 순간까지 지속적으로 베풀어주시고 계신 것이다. 예수님은 유다에게 지속적인 기회를 주셨지만 본문의 말씀은 참 서늘하게 끝난다. "유다가 그 조각을 받고 곧 나가니 밤이러라." 예수님의 숱한 권면과 경고에도 불구하고 유다는 자신의 뜻을 돌이키지 않았다. 자기가 추구하는 욕망의 나라에 붙들려 예수님 안에서 하나님이 만들어 가시는 새 창조의 나라를 볼 수 없었고 또한 받아들일 수도 없었다. '밤이러라'는 표현을 통해서 요한은 유다가 사탄의 지배를 받는 어두움에 속한 사람이라는 것을 상징적으로 표현해 주었다.

묵상

본문의 이야기를 통해서 우리는 사탄이 이용하기 좋은 사람이 어떤 사람인지를 깨달을 수 있다. 주님이 가져오신 하나님의 나라가 아니라 자신의 나라를 세우고 싶은 사람은 그때도 그렇고 지금도 사탄이 이용하기 딱 좋은 사람이다. 이런 사람은 주님의 나라가 아니라 자신이 뜻하는 나라를 세우기 위해서 혈안이 되어 있기 때문에 필요하면 얼마든지 주님도 배신하고 팔아먹을 수 있는 사람이다. 필자는 조국 교회의 타락과 그 중심에 타락한 지도자들과 백성들이 있는 것을 보면서 본문의 유다를 묵상하곤 한다. 이런 타락을 어떻게 설명할 수 있을까? 그것은 바로 그들이 하나님의 나라가 아닌 자신들의 나라를 꿈꾸며 그것을 세우는 데 혈안이 되어 있다는 것이다. 자신이 세운 나라를 자식에게까지 물려주며 그것을 지켜내고 싶은 것이다. 그들이 꿈꾸고 있는 나라는 본문의 유다처럼 주님이 세우시려는 나라와는 다르다는 생각을 하지 않을 수가 없다.

얼핏 보면 타락한 지도자들이 말하는 나라도 하나님 나라와 비슷해 보인다. 왜냐하면 그들도 버젓이 예수님과 하나님 이야기를 하기 때문이다. 유다가 꿈꿨던 나라도 표면적인 의미에서는 하나님의 나라와 완전히 다른 나라가 아니었다는 점을 생각해 볼 필요가 있다. 왜냐하면 유다도 하나님 나라를 이야기했을 것이기 때문이다. 그는 예수님 주변에서 삼 년이나 핵심 그룹의 멤버로 함께하고 있었다. 그러나 유다가 꿈꾸고 이야기했을 하나님 나라는 주님이 말씀하시는 하나님 나라와 달랐다. 그게 같았다면 유다가 배신할 이유가 없지 않았을까? 유다는 그것이 다르다는 사실을 알아차리고 나서 그 이유 때문에 주님을 배신하려고 했던 것이다.

자신의 나라를 세우는 데 주님이 필요하다고 생각했을 때는 그를 따라 나섰지만 그가 도움이 되지 않는다고 생각하자 즉각 그를 배신했다. 유다가 주님을 배신하려고 했다는 사실이 유다가 어떤 나라를 추구하고 있었는지를 궁극적으로 보여 주는 셈이다.

우리가 빠질 수 있는 위험이 여기에 있다. 우리 가운데 어느 누구도 유다는 그렇지만 나는 아닐 것이라고 쉽게 생각하지 말아야 한다. 가끔씩 두려워질 때가 있다. 매일같이 말씀을 가까이하고 가장 큰 소리로 주님에 대해서 말하고 정의를 말하면서도 얼마든지 마음은 딴 곳에 갈 수 있다는 것을 잘 알고 있기 때문이다. 유다가 그랬던 것처럼 우리도 얼마든지 그럴 수 있다. 마리아가 값비싼 향유 한 근을 주님께 부어드렸을 때 유다가 무엇이라 얘기했는지 기억나는가? 그것을 삼백 데나리온에 팔아 가난한 자들에게 나누어줄 수 있겠다고 이야기한 사람이 누구인가? 그럴듯한 말을 유다가 하고 있는 것이 아닌가? 말이 중요한 것이 아니다. 그 마음의 중심이 어디 있느냐가 핵심 아니겠는가?

이것이 유다에게만 해당되는 문제일까? 예수님을 죽이는 데 앞장섰던 사람들을 보라. 그들이 모두 하나님을 모르는 이방인들이었는가? 그들은 나름대로 하나님을 잘 섬긴다고 생각했던 장로들, 제사장들, 바리새인들, 사두개인들이었다. 결과적으로 그들은 자신들의 나라를 세우고 지키려고 혈안이 되어 있었던 것임을 스스로 증명한 셈이다. 우리 모두는 연약한 사람들이라는 것을 인정해야 한다. 그래서 과연 우리가 세우고 싶은 나라가 주님이 세우시려고 하는 나라와 같은 나라인지 매일같이 스스로 생각해 보고 점검해 봐야 한다. 이 질문을 던져서 스스로 내면의 동기를 점검해 보지 않으면 우리도 얼마든지 내가 꿈꾸는 욕망의 나라를 세우려고 하면서도 마치 그것이 하나님의 나라를 세우려는 것이라고 착각할 수 있다.

기도

주님, 우리가 추구해 왔던 것이 과연 하나님의 나라였는지 아니면 탐욕의 나라였는지를 면밀히 점검해 보게 하소서. 우리의 남은 인생을 하나님의 나라를 온전히 추구하며 살아가겠다고 다짐하는 당신의 백성들이 되게 하소서.

요한복음 13:31-38
서로 사랑하라

문맥과 요약

본문을 시작으로 17장에서 예수님의 긴 기도가 등장할 때까지 13장 후반, 14장, 15장, 16장은 예수님의 긴 고별설교다. 요한은 예수님이 마지막 밤에 하신 고별설교를 매우 길고 상세하게 기록해 주었다. 그 고별설교가 가진 의미를 후대의 제자들도 가슴속에 깊이 새기기를 원했기 때문일 것이다. 물론 이 고별설교는 14:31이 보여 주듯이 한 자리에서 다 행해진 것은 아니다. 그러나 예수님이 이제 겟세마네에서 잡혀 심문을 받고 십자가에서 돌아가시기 전 제자들에게 하신 마지막 말씀인 것은 틀림없다. 예수님의 고별설교 시작 부분에서는 예수님의 십자가 지심이 다니엘 7:13-14의 구체적인 성취임이 드러난다. 예수님은 자신의 십자가로 지으시는 새로운 세상의 윤리 강령으로 제자들에게 무엇보다 '서로 사랑하라'고 명령하신다. 이 명령은 당시 제자들이 처한 상황에서 매우 적절한 명령이었다. 이어지는 베드로의 고백에서 예수님은 그의 진심을 아셨지만 그럼에도 불구하고 잠시 후에 그가 어떤 행동을 하게 될지를 여과 없이 알려 주신다.

해설

31-32절 《그가 나간 후에 예수께서 이르시되 지금 인자가 영광을 받았고 하나님도 인자로 말미암아 영광을 받으셨도다 만일 하나님이 그로 말미암아 영광을 받으셨으면 하나님도 자기로 말미암아 그에게 영광을 주시리니 곧 주시리라》 예수님의 고별설교는 유다가 나간 후에 시작된다. 얼핏 보면 이 본문은 단순히 고별설교의 시간적인 배경만을 이야기하는 것처럼 들린다. 그러나 그렇지 않다. 이제 예수님이 하실 말씀이 유다가 나간 것과 아주 긴밀하게 연결되어 있다는 말이다. 예수님은 지금 유다가 나간 것이 인자가 영광을 받는 것과 매우 밀접한 연관이 있다고 말씀하신다. 여기서 유다가 나갔다는 것은 예수님의 십자가로 연결되는 배신의 행위를 일컫는 말이다. 유다가 당신을 배신해서 예수님이 십자가에 달리는 사건이 인자가 영광을 받는 사건이라는 말이다.

예수님이 고별연설을 시작하시면서 하신 말씀을 이해하려면 우리는 하나님, 인자, 영광이라는 단어가 핵심적인 역할을 하는 다니엘 7:13-14을 이해해야만 한다. "내가 또 밤 환상 중에 보니 인자 같은 이가 하늘 구름을 타고 와서 옛적부터 항상 계신 이에게 나아가 그 앞으로 인도되매 그에게 권세와 영광과 나라를 주고 모든 백성과 나라들과 다른 언어를 말하는 모든 자들이 그를 섬기게 했으니 그의 권세는 소멸되지 아니하는 영원한 권세요 그의 나라는 멸망하지 아니할 것이니라." 다니엘이 본 것이 무엇인가? 역사의 마지막 때에 이뤄질 일을 하나님이 환상으로 다니엘에게 보여 주신다. 인자 같은 이가 옛적부터 계신 이 즉 하나님에게로 나아간다. 그러면 하나님은 그 인자 같은 이에게 권세와 영광과 나라를 주신다. 그리고 모든 열방들이 그를 섬기게 하실 것이다. 즉 다니엘 7:13-14은 역사의 마지막 때에 하나님이 인자 같은 이 즉 메시아에게 권세와 나라와 영광을 주는 놀라운 장면을 묘사하고 있다. 쉽게 이야기하면 하나님은 다니엘에게 '왕위 대관식' 장면을 보여 주신 것이다. 하나님께서 인자 같은 이인 메시아에게 나라와 권세를 허락하시고 그를 영광스럽게 하시는 왕위 대관식 장면을 보여 주셨다. 그러나 다니엘은 인자 같은 이가 어떻게 해서 왕위 대관식에 참여하게 되는지에 대해서는 침묵한다.

예수님이 31절에서 하신 말씀은 바로 다니엘 7:13-14의 말씀을 전제하고 있다. 요한도 예수님이 십자가에서 죽으시고 부활하신 후에야 지금 예수님이 하신 말씀을 깨닫고 기록하게 된 것이다. 그러니까 지금 인자가 영광을 받았고 하나님도 인자로 말미암아 영광을 받으셨다는 이야기는 다니엘이 환상 가운데 보았던 인자의 왕위 대관식에 관한 예언이 성취됐다는 말이다. 어떻게 성취됐는가? 유다가 배신하러 나간 것을 통해서 성취됐다. 풀어서 쓰면 예수님이 배신당하고 팔려 십자가에서 죽임당하기 위해 넘겨지는 사건을 통해서 다니엘이 보았던 메시아의 왕위 대관식에 관한 예언이 성취됐다는 말이다. 이것이 기독교가 선포하는 놀라운 복음 메시지다. 인자이신 예수님이 다니엘의 예언을 성취하시고 새로운 창조의 세상의 왕이 되신 방법이 무엇인가? 자신의 모든 사랑을 아낌없이 주었던 사랑하는 제자의 차디찬 배신을 통해서 십자가에 달리시는 그 사건이, 역설적으로 다니엘이 보았던 새 창조의 왕국에서 메시아가 왕으로 오르게 되는 기막힌 방법이었다. 다니엘은 메시아가 어떻게 해서 왕위에 오르게 되는지에 대해서는 구체적으로 보여 주지 않았다. 그런데 예수님은 다니엘 7장의 이야기를 전제로 다니엘이 보여 주지 않은 메시아가 새 창조의 나라에서 왕위에 오르게 되는 그 기막힌 방식을 제자들에게 알려 주신 것이다. 비록 아직은 그들이 그 비밀을 제대로 깨닫지 못하지만 후에 깨닫게 될 것을 내다보시며 미리 이 비밀을 가르쳐 주신 것이다.

33절 《작은 자들아 내가 아직 잠시 너희와 함께 있겠노라 너희가 나를 찾을

것이나 일찍이 내가 유대인들에게 너희는 내가 가는 곳에 올 수 없다고 말한 것과 같이 지금 너희에게도 이르노라》 바로 이런 맥락에서 예수님은 말씀을 이어가신다. 예수님이 잠시 제자들과 함께 있을 거라 말씀하신다. 이제 정말 끝에 다 이르렀다. 이 고별설교를 마치시면 예수님은 겟세마네로 마지막 기도를 하러 가시고 그 밤에 유다의 배신으로 붙잡히게 되실 것이다. 그 길로 바로 불법적인 산헤드린의 심문을 받고 이른 오전 시간에 빌라도에게 또 심문을 받으신 후 십자가에서 처형되실 것이다. 그래서 제자들과 함께할 수 있는 시간이 많이 남아 있지 않았다. 그렇게 예수님은 잠시 제자들과 함께하실 것이라고 말씀하시고는 내가 가는 곳에 너희는 올 수 없다고 말씀하신다. 지금까지 이야기해 온 맥락에서 보면 예수님은 십자가를 지실 것이기 때문에 제자들이 따라올 수 없다고 하신다. 이런 이유로 일차적으로 제자들은 예수님이 가는 곳에 동행할 수 없다. 다니엘 7장과 본문 31절의 맥락을 묵상하면 예수님이 걸어가실 그 십자가의 길은 이 세상의 진정한 왕으로 등극하시는 영광의 길이다. 그 길을 제자들은 지금 알지도 못하고 깨닫지도 못하고 따라올 수도 없다. 왜냐하면 아직은 이 놀라운 비밀을 알지 못하기 때문이다.

34-35절 《새 계명을 너희에게 주노니 서로 사랑하라 내가 너희를 사랑한 것 같이 너희도 서로 사랑하라 너희가 서로 사랑하면 이로써 모든 사람이 너희가 내 제자인 줄 알리라》 예수님은 이 놀라운 비밀을 말씀해 주시고는 당신이 십자가라는 길을 통해서 새롭게 왕으로 세우심을 받은 나라를 살아가는 새로운 삶의 방식을 설명해 주신다. 그것은 '서로 사랑하라'는 것이다. 그런데 이상하다. '서로 사랑하라'는 계명은 이미 레위기 19:18을 비롯한 구약 여러 곳에서 하나님의 백성들에게 주어졌던 계명이기 때문이다. 그러면 예수님은 왜 '서로 사랑하라'는 매우 익숙한 계명을 새 계명이라고 말씀하실까? 그것은 예수님이 십자가를 통해서 완전히 새로운 세상을 만드

실 것이기 때문이다. 과거 옛 세상의 첫 번째 하나님의 백성들에게도 '서로 사랑하라'는 계명을 주셨지만 그 옛 세상은 이제 곧 새롭게 주님이 창조하실 새로운 세상 앞에 길을 내어줄 것이기 때문이다. 예수님은 지금 자신이 십자가를 지심으로 새롭게 창조하실 세상을 처음으로 살아가게 될 첫 번째 제자들에게 그 새로운 세상의 삶의 방식을 가르치시고 계신다. 그 새로운 창조의 세상에서의 삶에서 가장 눈에 띄는 원리가 무엇인가? 서로 사랑하는 것이다.

그렇다면 예수님은 떠나시기 전날 마지막 밤에 제자들에게 '서로 사랑하라'는 이 이야기를 왜 하고 계신 것일까? 서로 사랑하는 것이 새로운 삶의 방식인 것은 틀림없는데 그들에게 이러한 말씀을 하셔야만 하는 특별한 이유라도 있는 것인가? 마가복음 9장과 10장이 우리의 이해에 도움이 될 것 같다. 이 본문들은 예수님이 이 시점에서 제자들에게 서로 사랑하라고 명령하신 이유를 잘 설명해 준다. 마가복음 9:33-34을 보면 예루살렘으로 올라오는 길에서 제자들이 무엇을 토론했느냐고 예수님께서 질문하시자 제자들은 아무 말도 할 수 없었다. 그들은 자신들 가운데 누가 큰 자인지에 대해서 다투고 있었기 때문이다. 이게 다가 아니다. 10:40-45에서도 제자 공동체가 예루살렘에 거의 다 왔을 때 야고보와 요한이 예수님께 나아와 은밀히 청탁한다. 예수님이 왕이 되실 때 최측근이 되어서 그 영광을 누리는 자리에서 자신들도 함께 영광을 누리게 해 달라는 말이다. 이 이야기를 듣고 나머지 열 명의 제자들은 야고보와 요한에게 불같이 화를 낸다. 왜 화를 냈을까? 그들도 정확하게 같은 것을 탐하고 욕망하고 있었기 때문이다. 내가 가져야 하는데 다른 사람들이 그것을 가지겠다고 달려드니 서로 화를 내고 싸우는 것이다. 지금 제자들의 상황이 그때와 비슷한 상황이다. 같이 예수님을 따라다닌다고 삼 년이나 동고 동락한 제자들인데 실제로는 원수도 이런 원수가 없다. 이런 상황 속에서 예수님이 서로 사랑하라고 말씀하신 것이다.

36절 《시몬 베드로가 이르되 주여 어디로 가시나이까 예수께서 대답하시되 내가 가는 곳에 네가 지금은 따라올 수 없으나 후에는 따라오리라》 예수님은 십자가를 지시는 방법을 통해서 그가 창조하시는 새로운 세상의 왕으로 등극하시고 영광을 받으신다. 이것을 이런 상태의 제자들이 알 리가 없다. 깨닫지 못하니 당연히 따라올 수 없다. 그런데 예수님은 놀라운 말씀을 하신다. 베드로가 지금 그 길을 따라올 수는 없지만 나중에는 따라올 것이라 말씀하신다. 언제를 말씀하시는 것일까? 십자가의 길이 영광의 길이고 십자가를 지는 길이 제자의 길이라는 것을 뼈저리게 깨닫고 난 뒤를 말씀하시는 것이다. 그 후에는 베드로도 예수님께서 가신 그 십자가의 길을 걷게 될 것이라고 예수님이 말씀해 주시고 있다.

37-38절 《베드로가 이르되 주여 내가 지금은 어찌하여 따라갈 수 없나이까 주를 위하여 내 목숨을 버리겠나이다》 베드로는 지금은 따라올 수 없다는 예수님의 말씀에 이의를 제기한다. 자신은 주님을 위해서 목숨을 버릴 각오를 했기 때문이다. 우리는 이후에 벌어질 베드로의 이야기를 잘 알고 있기에 그의 이런 언급에 대해서 당연히 의문을 제기할 수 있다. 그러나 그의 그런 각오 자체에 대해서 의심을 품을 필요는 없다. 나중에 21장에서 보듯이 베드로는 진심으로 예수님을 사랑했다. 그 사실을 예수님도 알고 계신 것으로 보인다. 물론 그는 자신의 사랑을 행동으로 옮길 만큼의 충분한 실력을 가지고 있지 못했을 뿐이다. 그런 의미에서 베드로의 사랑은 미성숙하고 부족한 사랑이며, 예수님은 그러한 그의 한계를 여과 없이 알려주신다. "네가 나를 위하여 네 목숨을 버리겠느냐 내가 진실로 진실로 네게 이르노니 닭 울기 전에 네가 세 번 나를 부인하리라." 베드로의 감정과 각오와는 달리 결정적인 순간에 베드로는 주님과 함께 할 수 있는 충분한 실력을 가지고 있지 못했다. 어떤 결단과 마음을 가지고 있느냐와

그것을 결정적인 순간에 실행으로 옮길 수 있느냐는 별개의 문제일 수 있다. 베드로는 자신의 진정한 실력을 알지 못했다.

묵상

(1) 제자들의 관계가 왜 이 지경이 됐을까? 예수님의 제자들이지만 엉뚱하게도 세상적인 것을 서로 욕망하고 있었기 때문이다. 옛 세상의 방식을 따라 헛된 것을 욕망하고 있었기 때문이다. 사람들 사이에서 인정받고 싶은 욕구, 먼저 되는 것, 우두머리의 자리를 차지하는 것, 바로 그런 이유 때문에 제자들 사이는 이렇게 망가져 있었다. 이런 제자들에게 주님은 마지막으로 '서로 사랑하라'고 권면하신다. 그것이 옛 세상이 아닌 주님이 만드시는 새로운 세상의 원리이기 때문이다. 그렇게 서로 사랑하는 사람이야말로 주님이 만드시는 새 피조물의 지향점이기 때문이다. 그렇게 사랑하는 사람이야말로 주님의 진정한 제자이기 때문이다. 주님이 우리를 구원하신 목적이 무엇인가? 단순히 죽어서 천국 가는 것이 아니다. 그것은 기독교 복음에 대한 충분한 설명이 아니다. 도리어 예수님과 교제함으로써 예수님 닮은 사람으로 빚어져가는 것, 그것이 기독교가 바라보고 추구하는 구원의 목적이다. 크고자 하는 욕망, 사람들에게 인정받고 다스리고자 하는 욕망, 성공의 욕망은 옛 세상의 방식이고 바로 십자가의 길을 방해하는 가장 큰 걸림돌이다. 그 욕망에 사로잡혀 있는 한 우리는 예수님의 제자답게 살 수 없다.

그럼 우리는 어떻게 서로 사랑하라는 명령에 순종할 수 있을까? 그 '서로'라는 말 안에 내가 정말로 사랑하고 싶지 않고 정말로 사랑할 수 없을 것 같은 사람도 포함되어 있는데 어떻게 주님의 말씀 앞에 순종할 수 있을까? 14-16장에서 주님은 그 원리를 설명하신다. 요한 사도가 이런 주님의 말씀을 기록해 주었다는 것은 나중에 그도 그 원리를 분명히 깨달았다는 것을 의미하는 것 아니겠는가? 주님께서 잡히시던 바로 그 밤, 서로 사랑하라는 고별설교를 들었던 그 밤, 서로 사랑하라는 명령에 실패했던, 예수님의 수제자 중 한 사람이었던 요한 사도가 그 원리를 깨달은 것이다.

(2) 본문에서 주님께서는 어떻게 말씀하셨을까? 서로 사랑하는데 "내가 너희를 사랑한 것 같이 서로 사랑하라"고 말씀하신다. 우리가 본으로 삼아야 할 사랑은 주님이 보여 주신 사랑이다. 그런데 이 말의 의미를 좀 더 자세히 묵상해 보아야 할 것 같다. 내가 너희를 사랑한 것 같이 서로 사랑하라는 주님의 명령은 우리가 추구해야 하는 사랑의 핵심이 주님께서 보여 주신 사랑이라는 말이다. 어떤 의미에서 우리가 이러한 사랑의 명령을 감당하려면 주님의 사랑이 우리 가운데 흘러 넘쳐야 그런 사랑을 할 수 있다는 말일 것이다.

그럼 우리는 언제 이런 사랑을 경험하게 될까? 말할 것도 없이 주님과 말씀을 통해서 친밀히 교제할 때다. 주님과 친밀히 교제하는 사람의 두드러진 특징이 무엇일까? 그 교제 속에서 내가 보이기 시작한다. 인생을 살다보면 주변에서 늘 다른 사람을 향해 비난을 쏟아내는 사람들을 본다. 한 정치 평론가는 현대인들은 무엇인가에 화가 난 사람들 같다고 이야기했다. 물론 건강한 비평정신은 견지해야 한다. 그러나 건강한 비평과 다른 사람들을 향해 비난을 습관처럼 쏟아내는 것은 다른 것이다. 아이러니는 그렇게 습관처럼 비난을 쏟아내느라 정작 자신은 보지 못한다는 것이다. 사실은 자신 안에 자신이 쏟아내는 비난과는 비교할 수도 없는 더 큰 들보가 있는데도 그것에 대해서는 눈을 감아버리기 일쑤다. 왜 이런 일들이 일어날까? 말씀 앞에서 자신을 돌아보는 시간을 가지지 못하고 그래서 자신을 제대로 보지 못하기 때문이다.

주님과 건강한 교제를 하는 사람은 자신을 보게 되어 있다. 그것이 주님과 건강하게 교제하는 사람이 누리는 유익이다. 그리고 그 교제를 통해서 자신 안에 있는 어두움을 직면하게 된다. 너무 당연한 일이다. 주님이 빛이신데 내 안에는 어두움이 있으니 빛이신 주님과 교제하며 가까이 나아가면 나아갈수록 내 안의 어두움이 분명히 보이게 되는 법이다. 그러니 다른 사람의 잘못만 크게 보이는 사람은 자신이 주님과 충분한 교제를 하고 있지 못하다는 사실을 스스로 증명하는 셈이다.

물론 주님과 친밀하고 내밀한 교제가 있는 사람도 다른 사람의 잘못과 허물이 안 보이는 건 아니다. 그러나 그 사람의 조그마한 허물보다 내 안에 비교할 수도 없이 큰 죄악의 덩어리들이 마그마처럼 출렁대는 것이 훨씬 크게 보이게 되어 있다. 그래서 비난하지 않는다. 아니 더 정확하게 이야기하면 비난하지 못한다. 왜냐하면 그 비난하려는 순간에 주님이 나의 더 큰 죄악과 허물을 생각나게 하시기 때문이다. 형제의 작은 허물에 화가 나다가도 내 안에 비교도 안 되는 더 큰 죄악을 직면하게 하시기 때문이다. 그래서 주님이 나를 한없이 불쌍히 여겨주시고 긍휼히 여겨주시는 것처럼 그 사람도 불쌍히 여겨 달라고 기도하게 된다. 내가 행한 모든 행위대로 주님이 갚으셨다면 나는 절대로 용서받을 수 없는 사람인데, 그런 나 같은 인간도 오래 참고 기다려 주셔서 하나님의 백성, 예수님의 제자가 되는 은혜를 베푸셨다는 사실이 머리만이 아니라 가슴으로 받아들여지기 때문이다.

서로 사랑하라는 명령은 이 같은 일들이 내면에서 이루어져야만 순종할 수 있는 명령이다. 용서받을 수 없는 우리를 용서하신 주님의 용서가 시냇물이 아니라 폭포수처럼 심령에 흘러 넘쳐야 내가 사랑할 수 없을 것 같은 사람도 사랑할 수 있는 은혜의 경지에 도달하게 되는 것이다. 이런 일들이 일어나야 그게 진짜 교회다. 이 명령에 순종하지 않고 그래서 그런 회복들이 일어나지 않는다면 그게 무슨 교회이고 우리는 도대체 세상에 무슨 복음을 이야기하고 전할 수 있단 말인가? "너희가 서로 사랑하면 이로써 모든 사람이 너희가 내 제자인줄 알리라." 이 말씀에 순종하는 사람만이 예수님의 진짜 제자가 된다.

기도

주님, 배신자 같은 나를 용납하시고 받아주신 주님의 폭포수 같은 사랑을 묵상할 수 있는 은혜를 허락하소서. 그 폭포수 같은 주님의 사랑 때문에 인정받으려는 욕구, 더 크고자 하는 욕구, 옛 세상에 속한 그 모든 성공의 욕구를 내려놓는 우리가 되게 하소서. 어떤 것보다 주님을 사랑하는 것이 가장 소중한 가치이기에 형제와 자매를 사랑하라는 주님의 명령 앞에 순종하게 하소서.

요한복음 14:1-6
두려움

문맥과 요약

떠나신다는 예수님의 말씀으로 인해 제자들은 근심에 휩싸인다. 예수님은 그런 제자들에게 믿음을 요구하신다. 이 믿음의 내용은 예수님이 거처를 예비하시면 당신의 제자들에게 돌아오신다는 것이다. 이어지는 도마의 질문에 예수님은 자신이 하나님 아버지께 이르는 유일한 길, 즉 진리와 생명의 길이심을 밝히신다.

해설

1절 《너희는 마음에 근심하지 말라 하나님을 믿으니 또 나를 믿으라》 본문에 등장하는 예수님의 첫 번째 제자들을 지배하는 감정은 근심과 두려움이었다. 이제 이 밤이 지나면 당신은 제자들을 떠나셔야 하는데 제자들의 얼굴에 두려움과 근심이 너무나 분명하게 보인 것이다. 그래서 너희는 마음에 근심하지 말라시며 이 두려움과 근심을 이기는 근본적인 방법이 무엇인지 말씀하셨다. 그것은 믿음이다. 그래서 "하나님을 믿으니 또 나를 믿으라"라고 말씀해 주신다. 예수님이 말씀하시는 믿음이야말로 두려움과 근심을 극복하는 가장 좋은 치료약임을 알고 계셨기 때문이다.

2-3절 《내 아버지 집에 거할 곳이 많도다 그렇지 않으면 너희에게 일렀으리라 내가 너희를 위하여 거처를 예비하러 가노니 가서 너희를 위하여 거처를 예비하면 내가 다시 와서 너희를 내게로 영접하여 나 있는 곳에 너희도 있게 하리라》 그럼 지금 매우 구체적인 정황 속에서 근심에 붙들려 있는 제자들에게 예수님이 말씀하시는 믿음이란 무엇일까? 일단 이 본문은 전통적으로 예수님의 재림을 이야기하는 것으로 이해됐다. 적지 않은 사람들이 본문에서 '너희를 위해서 거처를 예비하러 간다'는 말씀을 예수님이 천국에 맨션 지으러 가시는 것으로 이해하곤 했다. 실제로 영어 KJV은 문자적으로 "내 아버지 집에 맨션이 많다"(In my Father's house are many mansions)고 번역해 놓았다. 그러니까 이러한 전통적인 이해에 따르면 예수님은 지금 자신이 하나님 아버지께로 가서 천국에 제자들이 살 집을 마련하시고 재림하여 제자들에게 다시 돌아오시겠다고 말씀하시는 것이 된다. 이런 맥락에서 이해하면 예수님은 지금 이천 년 동안 천국에 맨션을 짓고 계신 것이 된다.

중요한 것은 2-3절의 본문에서 예수님이 정말로 말씀하시는 것이 무엇인가이다. 일단 14-16장의 문맥 자체가 예수님의 재림을 이야기하는 것에 강조점이 있지 않다는 점을 먼저 이야기해야 할 것 같다. 물론 필자는 결코 예수님의 재림을 부정하지 않는다. 그러나 여기서는 문맥이 중요하다. 14-16장 고별설교에서 예수님은 자신이 떠나시지만 그럼에도 불구하고 제자들이 걱정할 필요가 없는 이유를 설명하신다. 그것은 예수님이 성령을 통해서 제자들과 함께 하시기 때문이다. 그래서 재림으로 본문을 설명하면 문맥과 동떨어진 해석이 될 수 있다. 지금 예수님이 천국에서 맨션 지으시는 중이라고 생각할 수 있기 때문이다. 이천 년 동안 그 건축 프로젝트가 진행 중이고 그것이 완성되어야 주님이 다시 제자들에게 돌아오신다는 말이 될 수 있기 때문이다. 만약 그렇다면 지금 두려움 속에서 근심하는 제자들에게 이것이 어떻게 실제적인 위로가 될 수 있을까?

요한복음에서 이 본문이 재림을 이야기하는 것이라고 이해하는 데 설득력이 약한 가장 결정적인 이유는 2절에 등장하는 '아버지의 집'이라는 어구 때문이다. 전통적인 해석에서 아버지의 집이란 천국에 있는 맨션으로 이해되는데 반해 유대인들의 전통에서 '아버지의 집'이라는 표현은 성전을 가리키는 매우 유명한 표현이다. 이와 같은 표현이 2:16에도 등장한다. 유대인들이 성전을 장사하는 곳으로 만든 것을 보고 예수님이 분개하시면서 뭐라고 말씀하셨는가? 내 '아버지의 집'을 장사하는 곳으로 만들지 말라고 말씀하셨다. 요한복음에서 내 '아버지의 집'이란 맨션을 말하는 것이 아니라 성전을 말하는 것이다.

사실 이러한 해석은 요한복음의 전체 맥락과도 정확하게 일치한다. 2:19에서 예수님은 '성전을 헐라 내가 사흘 동안에 일으킬 것이다'라고 말씀하셨다. 이 이야기는 유대인들에게 오해를 불러일으켰는데, 이것은 그들로 하여금 46년에 걸쳐 지어진 헤롯 성전을 어떻게 예수님이 단 사흘 동안에 일으킬 수 있겠느냐는 의문을 갖게 만들었다. 그런데 사실 예수님은 물리적인 성전을 짓겠다고 하신 것이 아니라 성전 되신 자기의 육체를 말씀하신 것이었다. 예수님은 그 손으로 짓지 아니한 성전을 짓기 위해서 자신이 죽어야 한다는 사실을 사흘이라는 단어를 통해서 분명히 하셨다. 그리고 사흘 만에 부활하심으로 손으로 짓지 아니한 성전을 지으신다. 2:22을 보면 이 사실을 요한을 비롯한 제자들이 주님의 부활 후에 깨닫게 됐는데 이를 기억하고 요한이 지금 본문에다 그것을 써 놓았던 것이다. 그렇다면 이 내용을 왜 기록했을까? 예수님께서 돌아가시기 전날 밤에 자신을 비롯한 제자들이 갖고 있었던 극도의 근심과 두려움을 회상하면서 그것을 극복할 수 있는 방법이 무엇인지를 우리 같은 제자들에게 알려

주고 싶었기 때문일 것이다. 그러니 문맥 속에서 주님은 제자들에게 재림을 약속하시면서 내가 집을 지으면 너희들에게로 다시 돌아올 것이라고 말씀하시는 것이 아니라, 자신의 몸으로 성전을 짓고 다시 제자들에게 찾아오겠다고 말씀하시는 것이라 할 수 있다.

그럼 자신의 몸으로 성전을 지으시고 다시 제자들에게 찾아오겠다고 하신 말씀이 요한복음 안에서 가지는 구체적 의미는 무엇일까? "가서 너희를 위하여 거처(성전)를 예비하면 내가 다시 와서 너희를 내게로 영접하여 나 있는 곳에 너희도 있게 하리라." 3절에서처럼 이 말씀의 핵심은 주님이 손으로 짓지 아니한 성전으로 제자들을 찾아오셔서 그 성전에서 제자들과 함께해 주시겠다는 약속이다. 달리 표현하면 이 약속은 세상 끝날까지 제자들과 함께해 주시겠다는 임마누엘의 약속이다.

주님이 가시는 곳에 제자들은 갈 수 없다는 말씀에 제자들은 두려웠다. 그리고 그들은 근심에 휩싸였다. 그런데 예수님은 자신이 떠나시는 것이 오히려 제자들에게 유익하다고 말씀하신다. 그 이유는 당신이 가시는 것(십자가와 부활)이 제자들을 위해서 성전을 예비하는 일이 될 것이기 때문이다. 눈에 보이는 건물이나 공간으로서의 성전이 아니라 하나님을 사랑하고 그의 말씀을 지킬 하나님의 새로운 백성을 창조하시고 가족으로 받아들여 무형의 성전이신 자신 안에서 함께 교제하겠다는 예수님의 약속인 것이다. 예수님은 다시 성령을 통해서 그의 제자들에게 찾아오시겠다고 약속하신다. 바로 이러한 일이 예수님의 떠나심(십자가와 부활)과 함께 일어날 것이기 때문에 두려워하고 근심에 싸일 필요가 없다고 말씀해주신다. 당시 제자들은 예수님의 부재가 만들어낼 감당할 수 없는 상황이 두려웠고, 그래서 근심에 휩싸였었다. 예수님은 그러한 제자들을 위로하고 격려하신다. 예수님은 당신의 육신적인 떠나심이 실제적으로 새로운 성전 건축의 역사임을 말씀하시며 위로하신다. 예수님은 몸으로는 떠나실 것이지만 다시 제자들에게 돌아오실 것이다. 성령으로 함께 하시면서 예수님이 부재하신 것이 아니라는 사실을 제자들이 생생하게 느끼게 해주실 것이다.

4-5절 《내가 어디로 가는지 그 길을 너희가 아느니라》 이 말은 제자들이 지금 당장 예수님의 말씀을 이해할 것이라는 의미는 아닐 것이다. 왜냐하면 예수님이 말씀하실 당시 요한을 비롯한 제자들은 이 말씀이 구체적으로 무엇을 의미하고 있는지 여전히 모르고 있었기 때문이다. 예수님의 말씀은 십자가와 부활이라는 역사적 사건을 통과하고 성령께서 그 의미를 깨닫게 해주셔야만 깨달을 수 있는 것이기 때문이다. 당장 이 말씀을 듣고 제자들은 어리둥절했다. 그래서 도마가 주님께 되묻는다. "주께서 어디로 가시는지 우리가 알지 못하거늘 그 길을 어찌 알겠사옵나이까?" 정직한 대답이자 질문이다. 아직 도마를 비롯한 제자들은 지금 예수님이 떠나시는 길이 무엇을 의미하는지 제대로 모르고 있다. 그분이 가시는 곳이 어디인지를 알지 못하기에 그 길을 알 수 없다는 것은 매우 상식적인 이야기이다.

6절 《내가 곧 길이요 진리요 생명이니 나로 말미암지 않고는 아버지께로 올 자가 없느니라》 도마의 이야기를 들으신 예수님은 훗날을 생각하시고 또한 기약하시며 지금 이 상황을 제자들을 가르치기 위한 좋은 기회로 활용하신다. 6절을 읽으면 우리는 예수님께서 자신을 세 가지, 즉 길, 진리, 생명으로 묘사하셨다고 이해하기 쉽다. 물론 그러한 이해가 완전히 틀렸다고 말하기는 어렵다. 길, 진리, 생명은 요한복음 내에서 예수님의 특징을 묘사하는 것이기 때문이다. 그러나 본문의 핵심적인 이미지는 길이라는 것이 분명해 보인다. 당장 5절에서 도마가 길에 대해서 질문하지 않았는가? 그리고 예수님은 지금 그 길에 대한 도마의 질문에 대답해주고 계신다. 이런 문맥에서 진리와 생명이라는 것은 그 길이 가지고 있는 특징을 각각 묘사하고 설명해준다고 말할 수 있을 것 같다. 무엇보다 예수님이 말씀하시는 길은 6절에 따르면 어떤 길인가? 아버지께로 이르는 길이다. 문맥상 아버지께로 이르는 길은 다름 아닌 아버지의 집에 이르는 길이라고도 말할 수 있다. 아버지의 집이란 성전을 일컫는 말이다. 예수님은 하나님 아버지의 집 즉 성전을 짓기 위해서 십자가의 길을 걸어가신다. 그 십자가의 길을 걸어서 자신의 몸으로 성전을 지으셔야만 죄인인 우리들이 죄를 용서받고 하나님의 가족으로 받아들여질 수 있기 때문이다. 이것이 13장의 고별설교 직전 최후의 만찬 자리에서 제자들의 발을 씻어주신 세족의 상징적인 의미다.

그러니까 예수님은 지금 일관된 주제로 계속해서 제자들을 가르치시고 계신다. 자신이 손으로 짓지 아니한 성전일 뿐만 아니라 그 아버지께로 이르는 유일한 길이라고 말씀해주고 계시는 것이다. 당신이 손으로 짓지 아니한 하나님 아버지의 집이신 성전이기에 당신 자신을 통하지 않고는 어느 누구도 그 아버지의 집에 이를 자가 없다고 말씀하신다. 바로 이런 의미에서 예수님은 자신이 아버지께로 향하는 유일한 길이라고 말씀하신 것이다.

그런데 예수님은 하나님 아버지께로 향하는 이 길을 또한 진리의 길이고 생명의 길이라고 일컬으신다. 예수님이 제자들에게 말씀하시는 길은 진리이신 하나님 아버지에게 이르는 길임과 동시에 바로 그렇기 때문에 생명의 길이다. 요한복음에서 이미 예수님은 자신이 생명이시고 생명을 주시는 분이심을 말씀하셨다. “아버지께서 자기 속에 생명이 있음 같이 아들에게도 생명을 주어 그 속에 있게 하셨다”(5:26). 6:33에서 예수님은 자신이 세상에 생명을 주기 위해 하늘에서 내려온 떡이라고도 말씀해 주셨다.

묵상

(1) 사람들은 미래의 불확실성 때문에 고민하고 걱정한다. 왜 걱정하고 근심할까? 현상만을 보기 때문이다. 그 현상 너머에 존재하는 실상을 보지 못하기 때문이다. 바로 이때 우리가 기억해야 할 것이 무엇일까? 실상을 보는 것이다. 그리고 그것을 믿는 것이다. 주님이 눈에 보이시지는 않지만 성령으로 함께해 주시고 있다는 사실을 기억하고 믿는 것이다. 눈에 보이지 않는다고 없는 것이 아니지 않는가? 열왕기하 6장을 보라. 엘리사의 종 게하시는 믿음의 눈이 없어서 자신을 둘러싸고 있는 엄청난 수의 아람 군대 앞에서 벌벌 떨었다. 왜 두려웠을까? 하나님의 임재를 느낄 수 없었기 때문이다. 하나님이 함께하시는 것을 볼 수 없었기 때문이다. 그러나 엘리사는 달랐다. 그는 믿음의 눈으로 임마누엘 해 주시는 하나님과 그분의 군대를 볼 수 있었다. 이것을 볼 수 있게 될 때 하나님의 백성은 강력해진다. 눈에 보이는 현상 앞에 굴하며 두려워 떠는 것이 아니라 그 상황을 통제하시며 당신의 백성들과 임마누엘 해 주실 주님을 기대하는 것이다.

우리 인생의 여러 가지 불투명한 미래로 인해 두려운가? 주님의 말씀을 묵상하라. “내가 성전을 예비하면 다시 와서 너희를 내게로 영접하여 나 있는 곳에 너희도 있게 하리라.” 주님의 임마누엘의 약속이 들리는가? 주님이 함께해 주시는 한 우리는 염려 없다. 물론 주님의 백성도 세상살이로 인해 똑같이 어려움을 당한다. 그러나 기억하라. 주님은 당신이 겪고 있는 어떠한 상황 속에서도 함께해 주실 것이다. 우리는 결코 이 일들로 인해 망하지 않을 것이다. 기막힌 상황 속에서도 제자들과 성령으로 함께해 주시겠다는 주님의 약속은 변하지 않는다.

(2) 주님이 하신 말씀은 말 그대로 참 진리 중에 진리인데 이 이야기만큼 인기 없는 이야기가 오늘날 또 있을까 싶다. 요즘 현대인들은 독선적

인 것을 참지 못한다. 누군가가 배타적인 주장을 하면 관용이라는 시대정신이 지배하는 오늘날에는 매장되기 십상이다. 다원주의 사회에서는 내가 하는 이야기만 옳다고 말하는 것은 인기 없는 이야기이고 무례한 이야기이다. 그래서 사람들은 나만 옳다고 말하지 말라고 이야기한다. 당신이 말하는 것이 옳다고 말하는 것은 좋은데 당신이 말하는 것만이 옳다고 말하지는 말라고 이야기한다. 이것이 오늘날의 시대정신이다. 절대적인 주장을 하는 것은 오늘날과 같은 시대에는 맞지 않으니 톤을 좀 낮추라고 이야기한다.

물론 오늘날의 기독교는 우리가 주장하는 진리를 보다 더 겸손한 방식으로 표현하는 데 더 많은 관심과 노력을 기울여야 한다. 소위 기독교 패권주의 내지는 기독교 승리주의 방식으로 복음을 전했던 지난날의 과오를 뼈아프게 반성해야 한다. 그러나 동시에 진리라는 것이 가지고 있는 배타성을 우리는 무시하고 지나칠 수 없다. 관용이라는 시대정신이 요구하고 있기 때문에 예수만이 유일한 구원의 길이라는 기독교의 배타적인 진리의 가르침을 타협할 수는 없는 노릇 아닌가? 어찌 보면 진리와 진실은 그 특징상 배타적인 특징을 가지고 있는 것이 아닐까? 피카소의 그림은 진짜와 가짜가 구분되기 마련이다. 관용이라는 정신 때문에 가짜를 진짜라고 말하고 진짜를 가짜라고 말할 수는 없는 것 아닌가? 나에게 정신적으로 큰 영향을 끼치는 아버지와 같은 사람 또는 어머니와 같은 사람은 여러 명일 수 있으나, 나에게 생명을 주신 친부와 친모는 세상에 오직 한 분뿐이라고 말해야 하는 것 아닌가? 관용의 정신이 중요하기 때문에 저 분도 나의 어머니요 이 분도 나의 어머니라고 말할 수는 없는 노릇 아닌가? 진리를 표현하고 그것을 살아내는 방식은 우리 주님처럼 겸손하고 마땅히 섬기는 방식이어야 하겠지만 진리와 생명에 이르는 길이 우리 주님 예수밖에 없다는 것은 세상이 무엇이라 말하든 타협할 수 없는 진리

아니겠는가?

기도

주님, 우리를 둘러싸는 수많은 두려운 일들 속에서도 우리와 함께 하시는 성령님을 바라보게 하옵소서. 그 믿음이 회복되게 하소서.

요한복음 14:7-14
다시 묵상하는 복음

문맥과 요약

예수님은 자신을 통해서만 아버지에게 이를 수 있다고 말씀하셨다. 자신이 몸소 아버지의 집인 성전을 지으실 것을 염두에 두고 말씀하신 것이다. 연이어 등장하는 본문에서 예수님은 자신의 십자가로 아버지의 성전을 지으시는 것의 궁극적인 목적을 설명하신다. 고별설교에서 예수님은 기독교의 구원 개념을 '교제'로 설명하신다. 하나님과의 교제는 예수님을 통해서만 가능하다. 예수님은 자신의 떠남을 상정하고 제자들에게 놀라운 약속을 하신다. 성령을 통해서 제자들은 예수님이 하신 일보다 더 큰일도 감당하게 될 것이다. 이 일이 이루어지는 구체적인 방법도 예수님은 가르쳐 주신다.

해설

7절 《너희가 나를 알았더라면 내 아버지도 알았으리로다 이제부터는 너희가 그를 알았고 또 보았느니라》 6절에서 아버지에게 이르는 길에 대해서 말씀하셨다면 7절 이하에서는 그 길의 목적이 무엇인지를 말씀해 주신다.

예수님은 이른바 '기독교의 복음, 즉 구원이라는 것이 도대체 무엇인가'를 제자들에게 말씀하시고 계신다. 고별설교가 그려주는 기독교의 구원은 '초대'다. 어디로의 초대일까? 하나님의 집인 성전으로의 초대다. 이 성전으로의 초대는 누구에게나 열려있지만 아무나 들어갈 수 있는 것은 아니다. 유일한 길이신 예수님을 통해서만 성전에 들어갈 수 있다. 7절은 성전으로의 초대의 목적이 무엇인지를 말해주고 있다. 아버지를 보고 아버지를 알아가는 것이다. 누구든 사람들을 집으로 초대할 때가 있는데 그들을 집에 왜 초대하는가? 그 사람을 보고 그 사람을 알아감으로써 교제하기 위함이 아닌가?

아버지의 집인 성전으로의 초대도 역시 마찬가지다. 하나님은 예수님을 통해 우리를 성전인 아버지의 집으로 초대하셨다. 거기서 서로를 보며 서로를 느끼고 서로를 알아가는 교제를 하기 위해서다. 바로 이러한 교제를 나누는 것을 고별설교에서 예수님은 기독교의 구원이라는 개념으로 설명하신다. 기독교의 구원은 단지 죽어서 천국에 가는 것만이 아니라 지금 여기서 아버지와 나누는 교제로의 부르심이고 초청이다. 그리고 그 구원의 교제를 위해서는 십자가를 통해서 무형의 성전을 짓는 것이 필요했다고 말씀하신다. 그 성전에서 우리의 죄악이 용서받고 하나님의 가족으로 용납되어서 함께 교제를 누리기 위한 것이다. 바로 이것이 13장의 세족과 고별설교가 연결되는 맥락이다. 성전이신 예수님께로의 초대는 요한복음이 말하려는 가장 중요한 핵심 중 하나다. 그 성전으로의 초대는 아버지의 얼굴을 보고 아버지를 알아가는 것 즉 교제를 나누는 것이다.

9-10절 《예수께서 이르시되 빌립아 내가 이렇게 오래 너희와 함께 있으되 네가 나를 알지 못하느냐 나를 본 자는 아버지를 보았거늘 어찌하여 아버지를 보이라 하느냐》 이런 의미에서 기독교의 구원이란 교제의 단절들이 가져온 외로움과 쓸쓸함이라는 소외를 극복하는 치료약이라는 의미도 가진

다. 그러나 이러한 단절에서 무엇보다 가장 먼저 회복해야 할 것이 있다. 그것은 아버지와의 교제를 회복하는 것이다. 그것이 이 소외의 가장 근본적인 문제였기 때문이다. 예수님은 그 사실을 정확히 알고 계셨다. 예수님의 말씀 속에 전제되어 있는 것이 바로 아버지와의 관계 회복이며, 그중에서도 핵심은 예수님 없이는 아버지와의 교제가 불가능하다는 것이다. 보다 정확하게 이야기하면 예수님을 알지 못하고는 아버지가 누구인지 알 수 없고 그래서 아버지와 교제하는 것은 불가능하다는 말이다. 눈에 보이시지 않는 아버지와의 교제가 가능하기 위해서 하나님은 아들 예수님을 보내주신 것이다.

그런데 아직 제자들은 이 중요한 사실을 모르고 있다. 예수님 외에는 하나님 아버지를 우리에게 제대로 보여줄 사람이 없다. 예수님을 보면서 우리는 하나님 아버지가 어떤 분이신지를 알게 된다. 하나님과 생명의 교제를 나누기 위해서는 반드시 예수님을 알아야 한다. 앞 단락과 연관해서 생각해 보면 예수님이 아버지에게 이르는 길이시자, 아버지의 집에 이르는 길이시다. 그로 말미암지 않고는 아버지에게 이를 수 없다. 그러므로 그는 진리에 이르는 길이시며, 동시에 생명에 이르는 길이시다. 예수님을 알지 못하고는 하나님을 알 수 없고 하나님과 교제를 나눌 수 없다. 하나님이 어떤 분이신지를 우리에게 가장 잘 그려주고 완벽하게 보여주실 수 있 는 분이 예수님이시기 때문이다.

12절《나를 믿는 자는 내가 하는 일을 그도 할 것이요 또한 그보다 큰일도 하리니 이는 내가 아버지께로 감이라》 예수님은 자신을 믿는 자 즉 성전이신 자신 안에서 그리고 자신을 통해서 하나님과 교제를 누리는 자가 어떤 일을 하게 될 것인지를 말씀하신다. 예수님을 믿는 자는 예수님이 하시는 일을 할 것이라고 말씀하신다. 정말 놀라운 일이 아닐 수 없다. 그것만으로도 놀라운 일인데 예수님은 이에 더해서 자신이 하시는 일보다 더 큰일도 제자들이 할 것이라고 말씀하신다.

예수님이 말씀하시는 '내가 하는 일'이라는 것은 구체적으로 무엇을 의미하는 것일까? 요한복음에는 '내가 하는 일' 혹은 '나의 일'이라는 문구들이 빈번하게 등장한다. 4:34에서 이 표현은 사마리아 여자를 비롯해서 사마리아 사람들에게 전도하는 것을 의미할 때 사용됐다. 5:20, 7:21에서는 베데스다 못가의 장애인을 고쳐주시는 일을 의미할 때 사용됐다. 9:3-4에서는 날 때부터 소경됐던 사람을 고치는 일을 의미했다. 또 나의 일이라는 표현은 요한복음의 매우 여러 곳에서 예수님이 행하시는 여러 가지 이적들과 가르침을 의미한다. 종합적으로 고려해보면 '나의 일'이란 예수님이 이 땅에 오셔서 사람들이 영생을 누리도록 행하신 복음 사역을 총체적으로 일컫는 말이라는 것을 알게 된다. 이런 관점에서 보면 이 말씀은 제자들도 예수님이 하신 그 복음 사역들을 미래의 시점에서 똑같이 감당하게 될 것이라는 말이다. 그런데 더 놀라운 것은 제자들이 예수님이 하시는 일을 할 뿐만 아니라 그보다 더 큰일을 감당하리라는 말씀이다.

그렇다면 '더 큰일'이란 구체적으로 무엇을 의미하는 것일까? 제자들이 예수님이 하시는 일을 할 뿐만 아니라 더 큰일을 할 수 있는 이유를 12절 하반절이 설명하고 있다. 이런 일이 가능해지는 이유는 예수님이 아버지께로 가시기 때문이다. 이 말을 이해하는 것이 본문에 예수님이 하신 수수께끼 같은 말씀을 이해하는 데 필수적이다. 요한복음에서 예수님이 아버지께로 가신다는 말씀은 필연적으로 성령이 오시는 것과 연결되어 있다(16절). 그런데 성령을 보내시는 목적은 예수님이 제자들과 영원히 늘 함께해 주시기 위함이다. 고별설교에서 이 주제가 계속해서 등장한다. 예수님이 가시면 그는 자신을 대신해서 성령을 보내주실 것이다.

그런데 성령을 보내주시는 것은 하나님 나라의 사역에 있어서 매우 놀라운 측면을 가지고 있다. 예수님은 이 땅에 계실 때 육신적인 한계를 가지고 계셨다. 예수님이 이 땅에서 육신을 입고 제자들과 함께 계시는 것은 하나님의 구원 사역을 이루시기 위해서 반드시 필요한 일이었다. 그런데 그것은 동시에 필연적으로 한계를 가질 수밖에 없는 일이다. 예수님이 육체를 가지고 계신다는 것은 그가 동시에 여러 곳에 계실 수는 없다는 것을 의미하기 때문이다. 갈릴리에 계시면서 동시에 예루살렘에 계실 수는 없다. 베다니에 계시면서 동시에 예루살렘 성전에 계실 수는 없다. 그런데 예수님이 아버지 하나님께로 가시고 자신을 대신해서 성령을 보내시면 어떤 일이 일어날까? 성령은 세상 어느 곳에서든지 동시에 예수님의 제자들과 함께 계실 수 있다. 갈릴리에 있는 제자들과도 함께하실 수 있고 예루살렘에 있는 제자들과도 함께하실 수 있다. 서울에 있는 제자들과도 함께하시고 뉴욕에 있는 제자들과도 함께하신다. 그래서 성령은 제자들과 함께 어느 곳에서든지 하나님 나라의 일들을 감당할 수 있게 하신다. 예수님이 이 땅에 계셨을 때 하셨던 하나님 나라의 복음 사역을 세상 곳곳에 있는 수많은 제자들도 감당할 수 있게 된다.

실제로 예수님의 말씀대로 첫 번째 제자들에게서 이 말씀의 성취를 본다. 사도행전이 바로 그 이야기를 하고 있다. 첫 번째 제자들은 예루살렘에서 시작된 복음의 이야기를 예루살렘과 온 유대와 사마리아 땅과 온 유럽을 거쳐서 로마에 이르기까지 증거한다. 그들의 발이 닿는 곳마다 복음 증거의 역사가 일어났고 그 생명의 복음에 반응하는 사람들이 생겨났으며 그들로 인해 교회가 지상에 세워지기 시작했다. 이 모든 일들이 예수님이 부활 승천하신지 한 세대도 다 지나지 않아서 일어났다. 예수님이 사역하신 곳은 주로 갈릴리와 유대 지역이었다. 물론 그 지역 주변에서도 사역하셨지만 하나님 나라의 사역은 주로 갈릴리를 거점으로 한 팔레스틴 지역에 집중되어 있었다. 그런데 예수님이 떠나시고 난 후 성령이 임하시자 제자들은 예루살렘과 유대와 사마리아의 경계를 넘어서서 열방으로 하나님 나라의 복음을 증거하기 시작한다. 예수님은 십자가의 죽음, 부활, 승천, 성령 강림으로 말미암아 일어나게 될 하나님 나라의 놀라운 폭발적인 사역의 이야기를 제자들에게 미리 말씀해 주신 것이다. 스포츠에 비유하자면 정말 중요한 경기를 앞두고 코치가 선수들에게 게임 플랜을 구체적으로 설명하듯이 예수님은 제자들에게 하나님 나라의 사역이 어떻게 진행될지 미리 큰 그림을 그려주신 것이다.

13-14절 《너희가 내 이름으로 무엇을 구하든지 내가 행하리니 이는 아버지로 하여금 아들로 말미암아 영광을 받으시게 하려 함이라 내 이름으로 무엇이든지 내게 구하면 내가 행하리라》 예수님은 이러한 하나님 나라의 사역이 구체적으로 어떻게 가능해지는지 그 이야기를 연이어 말씀하신다. 그것이 가능해지는 구체적인 방법은 기도다. 종종 사람들은 이 구절을 가지고 기도에 대해서 이야기하지만, 많은 경우 이 말씀이 속한 문맥은 빼놓고 그냥 문자적으로 적용해서 기도할 때 기도 제목의 제한이 없다는 정도로 이 말씀을 적용한다.

구체적으로 14절의 '내 이름으로 무엇이든지 구하라'라는 말씀의 문맥이 무엇인가? 예수님은 제자들에게 무엇을 이야기하고 계셨는가? 예수님은 이제 아버지께로 가신다. 그러면 성령을 제자들에게 보내실 것이다. 그리고 그들은 예수님이 이 땅에 있을 때 감당하셨던 하나님 나라의 사역을 감당하게 될 것이다. 그것을 팔레스틴에서만 감당하는 것이 아니라 예루살렘과 유대와 사마리아의 경계를 넘어서서 제자들이 발 딛고 살아가는 모든 곳에서 이 하나님 나라의 사역을 감당하게 될 것이다. 그런 의미로 당신이 행하셨던 일보다 더 큰일을 감당하게 될 것이라고 말씀하신 것이다. 왜냐하면 예수님이 가시고 성령이 제자들과 함께해 주시기 때문이다. 바로 이런 문맥에서 예수님은 제자들이 당신의 이름으로 구하면 시행할 것이라고 약속해주시는 것이다.

그럼 이런 문맥에서 내 이름으로 구한다는 것은 구체적으로 무엇을 의미하는 걸까? 제자들은 하나님 나라의 사역을 감당하면서 수많은 암초들과 어려움들을 만나게 될 것이다. 그러나 그 가운데 예수님의 이름으로 아버지께 구하면 하나님께서 자신의 영광을 위해서 그 하나님 나라의 사역들을 마침내 이루어내실 것이라는 약속이다. 14절은 13절의 반복이다. 예수님은 이 약속의 확실성을 강조하시기 위해서 14절에서 같은 말씀을 두 번 반복하셨다. 틀림없이 그렇게 하시겠다는 확신을 제자들에게 심어주고 싶으셨던 것이다.

묵상

(1) 이민 교회에서 성도들과 제자훈련 하면서 참 많이 들은 이야기가 있다. 척박한 이민 사회에서 자녀들과 행복하게 살기 위해서 서투른 영어를 써가며 정말 기계처럼 열심히 일했는데 그동안 아이들은 도리어 부모로부터 점점 멀어져 갔다는 것이다. 모두가 행복해지기 위해서 정말 발이 부르트도록 열심히 일했는데 결과적으로 아이들은 소외됐다. 돈 좀 더 벌어보겠다고 주변에 있는 이웃들도 소외시킨다. 그렇게 열심히 산 결과 이민 초기와 비교해서 돈은 좀 번 것 같지만 그 일들로 인해서 주변 사람들의 마음에 상처를 입히고 그 이웃들을 소외시켰다는 고백이다. 그렇게 원하던 것들을 얻어내면 행복할 것이라 생각하고 정말 열심히 살았는데 마음 한군데가 뻥 뚫려 있는 듯한 느낌이라고 이야기했던 한 성도의 이야기가 생각난다. 그러면서 자신은 예수를 잘못 믿은 것 같다고 울면서 이야기한다.

이렇게 하나님이 아닌 다른 것에서 행복을 찾으려고 노력하면서 우리는 우리의 이웃들을 소외시켰고 우리의 배우자와 자녀들까지도 소외시켰다. 이민 사회에서 자녀들과 대화가 없는 가정이 얼마나 많은지 모른다.

세상이 이야기하는 가짜 복음에 속은 것이다. 그런 것들을 소유하면 행복할 것이라 생각해서 열심히 달려왔는데 결과가 무엇인가? 우리는 모두를 소외시켰다. 하나님도 소외시켰고, 남편과 아내도 소외시켰고, 이웃들도 소외시켰고, 그리고 자녀들도 소외시켰다. 그리고 그 소외의 결과가 무엇인지 아는가? 이 모든 소외는 결국 나 자신을 소외시킨 것이다. 소유하면 행복해진다고 해서 그런 것들을 얻으려고 이렇게 다 소외시키며 살았는데 그 소외의 결과로 내가 가장 외로운 사람이 되어버렸다. 아무도 제대로 사랑하지 못하고 나 역시도 그 누구에게도 제대로 사랑받지 못하는 사람이 돼버렸다.

지금 주님의 고별설교를 듣고 있는 제자들을 한번 생각해 보라. 그들도 예외가 아니다. 그들은 삼 년이 넘게 주님을 따라다니면서 같은 집에서 자고 같은 것을 먹었지만 세상이 들려준 가짜 복음에 현혹되어서 서로가 서로를 소외시켜버렸다. 그들이 서로를 소외시켰다는 결정적인 증거가 무엇인가? 다툼과 싸움이다. 그들은 자신들이 얻고 싶은 것을 얻어 내기 위해서 예루살렘으로 올라오는 내내 서로 다투고 싸웠다. 누가 더 큰지 누가 예수님의 최측근이 되어서 영광을 누려야 하는지를 놓고 그들은 서로 다투고 싸웠다. 그것이 제자들이 서로를 소외시키고 있었다는 강력한 증거다. 우리도 예외가 될 수 없다. 나는 예수님을 믿으니 나와는 상관없는 이야기라고 스스로 위로하지 말라. 교회 안에도 얼마든지 가짜 복음이 틈탈 수 있다. 예수님을 가장 가까이서 따라다닌 제자들도 속고 있지 않는가? 가짜 복음은 예수님 당시에도 있었고 지금도 분명히 있다. 가짜 복음은 제자들 사이에 다툼과 싸움과 분리를 만들어내고 참담함, 외로움, 쓸쓸함을 초래한다.

(2) 기독교 구원으로의 초대란 아버지와 나누는 교제로의 초대라고 말할 수 있다. 이 진리의 교제, 생명의 교제를 통해서 진정한 인간됨이 회

복되고 이 교제를 통해서 우리는 참된 인생의 행복을 누리게 된다. 이것이 기독교의 복음이고 이 복음을 통해서 우리는 진정한 의미에서 인간소외를 극복할 수 있다. 기독교가 말하는 복음이 바로 이런 아버지와 나누는 관계적인 개념이다. 사실 우리는 세상에서도 복음에 대한 가짜 뉴스를 매일같이 접하고 산다. '정말로 행복해지고 싶은가? 그러면 돈이 많아야 한다. 출세해야 한다. 힘과 권력도 가져야 한다'고 이야기한다. 그럴듯하게 들린다. 일단 세상이 어떻게 돌아가는지 알고 나면 돈과 힘과 권력이 있어야 행복해질 수 있다는 말이 매우 그럴 듯하게 들린다. 그래서 그런 것들을 얻기 위해서 낮과 밤을 가리지 않고 전심으로 노력하고 일하면서 살아간다. 그러면 정말 행복해진다는 세상의 가짜 복음에 속아서 모두가 신기루처럼 그걸 잡으러 달려간다. 그걸 잡으려고 달려가는 사이에 우리가 놓쳐버리거나 우리의 시야에서 사라져버린 것들이 참 많이 있는데도 말이다. 정말 행복해지고 싶다면 예수님을 통해 다시 하나님에게로 돌아가야 한다. 그 생명의 교제 안에서 진정으로 자유함을 누리고 행복을 찾을 수 있기 때문이다.

기도

주님, 당신 안에서 하나님과 누리는 진정한 교제를 날마다 누리게 하소서. 성령과 동행함으로 주님이 감당하셨던 일들을 제자로 이 땅에서 이루며 살아가게 하소서.

요한복음 14:15-24
성령의 사역 1

문맥과 요약

앞 단락에서 예수님은 자신을 통해서만 아버지에게 이를 수 있다고 말씀하셨다. 자신의 십자가 죽으심의 의미를 예수님은 성전을 지으시는 것으로 제시하셨다. 성전을 지으시면 주님은 성령을 통해 제자들에게 돌아오실 것이다. 성령은 제자들과 함께하며 예수님이 이 땅에서 감당하셨던 사역을 그들도 감당하게 하실 것이다. 또한 예수님은 기독교 구원 개념을 아버지와의 교제로 설명하셨다. 아직 제자들은 제대로 깨닫고 있지 못하지만 예수님은 하나님과 나누는 교제가 어떤 것인지를 가장 잘 보여 주실 수 있는 분이다. 본 단락은 바로 예수님과 나누는 교제라는 주제로 연결되며 확장된다. 예수님은 제자들이 당신을 사랑하면 그 사랑이 그분의 계명을 지키는 것을 통해서 드러나게 된다고 말씀하신다. 이것이 가능해지는 이유를 예수님은 성령의 사역으로 설명하신다. 예수님은 머지않아 제자들과 이 땅에서 이별하게 되지만 성령을 통해서 항상 함께하며 교제하신다. 이 교제의 실상은 삼위일체 하나님과 함께 누리는 교제이며 이 교제를 통해서 제자들은 풍성한 삶을 누리게 된다.

해설

15절 《너희가 나를 사랑하면 나의 계명을 지키리라》 본문을 잘 보면 눈에 띄는 구조가 하나 있다. 15절과 21절을 함께 보면 '사랑하면 계명을 지킨다'라는 같은 개념이 두 번 반복된다. 예수님을 사랑하는 사람은 그 사랑을 그의 계명을 지키는 것을 통해서 드러내게 된다는 말이다. 예수님은 사랑을 감정적이고 추상적인 단어로 말씀하시지 않고 구체적이고 실천적인 단어로 설명하셨다. 하나님의 사랑을 한번 생각해 보라. 그 사랑은 우리를 위해서 자신의 아들을 주시는 구체적인 모습으로 표현됐다. 하나님 아버지를 향한 예수님의 사랑은 어떤가? 아버지의 사랑 앞에서 그분의 말씀과 뜻에 적극적으로 순종하시는 것을 통해서 표현됐다. 마찬가지로 예수님에 대한 우리의 사랑 또한 계명을 지키는 것으로 표현되어야 한다고 말씀해 주신다.

16-17절 《그가 또 다른 보혜사를 너희에게 주사 영원토록 너희와 함께 있게 하리니 그는 진리의 영이라 세상은 능히 그를 받지 못하나니 이는 그를 보지도 못하고 알지도 못함이라 그러나 너희는 그를 아나니 그는 너희와 함께 거하심이요 또 너희 속에 계시겠음이라》 그런데 여기서 우리가 주목해 보아야 할 것이 하나 있다. 예수님에 대한 사랑과 계명 준수가 떼려야 뗄 수 없는 관계에 있다는 것을 말씀하신 주님은 이 이야기를 성령의 기능과 역할이라는 관점에서 설명하신다. 달리 표현하면 예수님 사랑과 계명 준수 그리고 성령의 사역 사이에 연관성이 있다는 말이다. 예수님은 자신이 아버지께 구하여 다른 보혜사를 제자들을 위해서 보내주시겠다고 말씀하신다. 여기서 성령을 다른 보혜사로 언급하시는 이유는 예수님 자신이 보혜사이시기 때문이다. 예수님이 다른 보혜사 즉 성령을 보내주시는 이유는 제자들과 함께하시기 위해서이다. 이제 제자들은 내일이면 예수님과 이 땅에서

이별해야 한다. 물론 예수님은 삼 일 만에 미리 예언하신 대로 살아나셔서 제자들과 만나실 것이다. 그러나 또다시 육신으로는 제자들을 떠나실 것이다. 이제 예수님과 육신으로 이 땅에서 이별해야 할 시간이 다가오고 있다. 그런데 예수님은 자신이 제자들과 영원토록 함께 하실 것이라 말씀하시지 않았는가? 이것이 어떻게 가능할까? 예수님이 성령을 통해서 자신의 제자들에게 친히 찾아오시기 때문이다. 이것을 예수님은 성령의 내주로 설명하신다. 성령은 제자들 안에 거하실 것이다. 마치 하나님이 예수님 안에 예수님이 하나님 안에 상호 거주하듯이, 이제 성령은 제자들 안에 거하신다. 보혜사 성령이 제자들 안에 거한다는 말은 실은 예수님이 제자들 안에 거하신다는 것과 다른 것이 아니다.

18절 《내가 너희를 고아와 같이 버려두지 아니하고 너희에게로 오리라》 지금 여기서 '너희에게로 오리라'는 말씀은 단순히 부활하신 후에 제자들을 육신으로 찾아오신다는 사실만을 이야기하는 것이 아니다. '너희에게 오리라'는 말씀은 문맥 속에서 성령으로 자신의 제자들을 찾아오시는 것을 말씀하시는 것이다. 또 다른 보혜사 성령이 오시는 것은 예수님이 오시는 것과 다른 것이 아니다. 비록 육신으로는 제자들을 떠나시지만 성령을 통해서 자신의 제자들을 친히 찾아오신다. 그렇게 그들을 고아와 같이 버려두지 않고 찾아오셔서 영원히 함께해 주신다.

20-23절 《그 날에는 내가 아버지 안에, 너희가 내 안에, 내가 너희 안에 있는 것을 너희가 알리라 나의 계명을 지키는 자라야 나를 사랑하는 자니 나를 사랑하는 자는 내 아버지께 사랑을 받을 것이요 나도 그를 사랑하여 그에게 나를 나타내리라. … 우리가 그에게 가서 거처를 그와 함께 하리라》 그렇게 성령의 사역을 통해서 예수님이 항상 함께해 주시면 어떠한 일이 벌어지는가? 예수님은 그것을 선순환의 삶으로 설명하신다. 그 선순환의 삶을 예수님은 요한복음에서 빈번하게 등장하는 상호 거주 개념으로 설명하신다. 예

수님이 하나님 아버지 안에, 제자들이 예수님 안에, 그리고 예수님이 제자들 안에 있게 될 것이라 말씀하신다. 이는 예수님의 십자가 지심을 통해서 새롭게 만들어지는 영적인 성전에서 모두가 함께 거하며 교제하게 됨을 일컫는 말이다. 또한 삼위일체 하나님과 함께하고 교제함으로 생명으로 풍성한 삶을 살게 되는 것을 일컫는 말이다. 그런 교제를 통해 제자들은 풍성한 삶을 위해 자신을 내어주신 예수님을 사랑하게 된다. 그리고 그런 풍성한 삶을 살라고 가르쳐 주시는 진리의 말씀을 생명만큼 귀하게 여기고 소중하게 생각하고 지키기 위해서 노력하는 인생을 살아가게 된다.

그런 선순환의 삶을 예수께서는 21절에서 이렇게 말씀하셨다. "나의 계명을 지키는 자라야 나를 사랑하는 자니 나를 사랑하는 자는 내 아버지께 사랑을 받을 것이요 나도 그를 사랑하여 그에게 나를 나타내리라." 예수님을 사랑하는 자에게 그분의 계명은 더 이상 의무가 아니고 지키기 어려운 무거운 계명도 아니다. 사랑하면 가벼워지는 것이다. 사랑하지 않는 사람과는 5분을 함께하는 것도 썩 내키지 않고 하기 싫다. 그런데 사랑하는 사람과는 2시간의 함께함도 5분처럼 짧다. 왜 그럴까? 사랑의 맛, 참기쁨의 맛을 알기 때문이다.

그렇게 말씀 앞에 순종하는 자에게 어떤 선순환이 일어나는가? 순종하는 자는 아버지의 사랑을 받는다. 그리고 예수님도 그를 사랑하셔서 자신을 나타내신다. 비록 눈에는 보이지 않지만 우리로 하여금 그분의 임재를 더욱 또렷하게 느끼도록 만들어 주신다. 필자는 예수님의 이 말씀을 '믿음의 비밀' 혹은 '사랑의 비밀'이라고 부른다. 마치 사랑하는 연인 사이에 둘만 아는 은밀한 비밀이 생기는 것처럼 예수님과 우리 사이에 그런 사랑의 비밀이 생기는 것이다.

이렇게 삼위일체 하나님과의 사랑 안에 머무르는 자에게는 어떤 일이 일어날까? 생명의 교제가 주는 풍성함을 맛보게 된다. 23절은 이것을 '거처'('모네': 단수형)를 삼는다는 말로 표현하고 설명한다. 거처(모나이-복수형)는 앞서 요한복음 14:2에서 아버지의 집 즉 성전을 묘사할 때 사용됐던 말이다. 그러므로 하나님과 예수님이 주님을 사랑해서 말씀을 지키는 사람에게 찾아오셔서 친히 함께 성전으로 만들어 가신다는 것을 표현한 것이다. 이것이 요한이 말하는 진정한 축복이다.

세상은 우리에게 돈이 많아야 행복해진다고 속삭인다. 힘을 가지고 힘없는 사람에게 갑질할 수 있을 때 자아를 실현할 수 있고 행복해진다고 속삭인다. 그렇게 힘과 돈을 가지고 세상에 있는 것들을 많이 누려야 행복해진다고 속삭인다. 그런 세상에서 성령을 통해 주님과 생명의 교제를 누리다 보면 깨닫게 되는 것이 하나 있다. 그런 세상의 이야기가 다 신화이며 거짓이라는 것이다. 그리고 우리를 정말로 행복하게 만드는 것이 다른 데 있다는 것을 깨닫게 된다. 성령을 통해서 생명의 교제를 주님과 함께 누리다 보면 돈이 많지 않는데도 행복하고 풍성한 삶을 얼마든지 누릴 수 있다는 사실을 깨닫게 된다. 다른 사람의 것을 수단과 방법을 가리지 않고 빼앗아서 내 것으로 만들었을 때 누리는 행복보다 건강한 노동을 통해서 얻은 작은 것을 다른 사람들과 나누고 그들을 섬기면서 누리는 행복이 비교할 수 없을 만큼 크다는 사실을 깨닫고 즐거워하게 된다. 이런 일이 어떻게 가능한가? 성령을 통해서 주님과 말씀의 교제를 나누다 보면 자연스럽게 누리고 깨닫게 되는 것이다.

묵상

주님의 제자들은 주님이 십자가 지시기 전에 친히 가르쳐 주신 고별 설교의 가르침에 익숙한 사람이 되어야 한다. 그것에 익숙해져서 주님을 사랑하고 주님과 나누는 생명의 교제를 풍성히 누리는 데 익숙해져야 한다. 오늘날 조국 교회의 현실이 어쩌다 이렇게 됐을까? 조심스럽기는 하지만 본문을 근거로 필자는 이렇게 생각한다. 성령을 통해서 주님과 생명의 교제를 풍성히 누리는 사람보다 그렇지 않은 사람들이 심지어 교회 안에도 적잖이 있기 때문이다. 교회에는 나오지만 말씀을 통해 주님과 진정한 교제의 맛을 누리는 것이 어떤 것인지 알지 못하는 자가 적지 않은 것 같다. 믿음의 비밀과 사랑의 비밀이 무엇인지 모르는 사람들이 교회 안에도 있다는 말이다. 주님의 가르침을 다시금 잘 묵상하고 숙지해야 할 것이다. 말씀을 통해서 주님과 교제하고 풍성한 삶을 누리는 사람만이 주님의 계명을 생명처럼 귀히 여기며 살아가게 된다. 그런 사람은 하나님과 주님의 사랑을 받으며 믿음의 비밀과 사랑의 비밀을 간직한 채 살아가게 된다. 그리고 그런 사람들을 통해서 오늘도 주님은 주님이 교회에 기대하시는 사역을 세상 가운데 이루어 가신다. 이 가르침이 상식이 되고 습관이 될 때 우리는 주님이 기대하시는 사역을 주님의 교회로서 감당할 수 있을 것이다.

기도

성령의 사역을 통해 주님이 친히 가르쳐 주신 가르침을 숙지하고 말씀 안에서 삼위일체 하나님과 진정으로 교제하게 하소서. 그 가르침의 핵심인 하나님 나라의 DNA를 이 땅에 심는 주의 백성과 교회가 되게 하소서.

요한복음 14:25-31
성령의 사역 2

문맥과 요약

예수께서 제자들을 떠나시지만 여전히 교제가 가능한 이유를 주님은 성령의 사역이라는 관점에서 설명하신다. 성령께서 예수님의 가르침과 말씀을 생각나게 하시기 때문이다. 예수께서는 자신이 가신 후에 다시 제자들에게 오시겠다고 말씀하신다. 성령을 통한 돌아오심을 언급하신 것이다. 성령의 사역의 결과로 제자들은 주님이 주시는 평안을 누리게 될 것이다.

해설

25-26절 《보혜사 곧 아버지께서 내 이름으로 보내실 성령 그가 너희에게 모든 것을 가르치고 내가 너희에게 말한 모든 것을 생각나게 하리라》 앞 단락에서 언급된 복된 삶이 가능해지는 이유는 보혜사 성령의 구체적인 사역과 직접적으로 연결된다. 예수님은 26절에서 진리의 영이신 보혜사 성령의 주된 기능을 다음과 같이 정의해 주신다. 그것은 예수님의 가르침 즉 예수께서 제자들에게 가르쳐 주신 말씀들을 생각나게 하는 것이다. 마치 예

수께서 이 땅에 계실 때 하나님 아버지의 말씀 즉 아버지께서 들려주신 이야기만을 제자들에게 하셨던 것처럼 성령의 사역은 예수께서 이 땅에 계시며 제자들에게 가르치셨던 그 가르침과 말씀들을 생각나게 하는 것이다. 여기서 "내 이름으로 보내실"이란 표현도 같은 맥락이다. '내 이름으로'라는 말은 '나를 대신하여'라는 의미로 읽을 수 있다. 성령께서 임의로 독자적으로 가르치시는 것이 아니라는 말이다. 성령은 예수님이 가르치신 그 사역을 계승해서 예수님이 가르치신 그 내용을 가르치고 그 말씀을 생각나게 한다는 말이다. 이곳에서 강조되고 있는 보혜사 성령의 역할은 가르치는 일이다. '모든 것'이라는 표현은 제자들이 알고 있는 모든 것이라는 의미라기보다는 예수께서 제자들에게 가르치신 모든 것이라는 의미로 이해하는 것이 좋겠다.

성령의 사역이 제자들과 영원히 함께하며 예수님이 가르치신 가르침과 말씀을 생각나게 하는 것이라면 이 말씀의 함의는 다음과 같다. 제자들은 성령과 함께 교제하되 실상은 예수님과 함께 교제하는 것이 된다. 이천 년 전 예수님의 첫 번째 제자들만 주님과 교제하는 것이 아니다. 오늘날을 사는 주님의 제자들도 성령의 가르침을 통해 이천 년 전 갈릴리의 호수를 거니시며 제자들에게 친히 말씀하셨던 예수님의 생생한 음성과 가르침을 들을 수 있다. 세상 나라의 가치와는 다른 하나님 나라의 가치, 생명을 주는 가르침을 배울 수 있다. 주님의 말씀과 가르침이 생각나게 하는 성령의 사역을 통해서 세대와 문화를 뛰어넘는 글로벌 제자들이 가능해진다. 세대와 문화와 언어는 비록 다를지라도 우리 모두는 생명의 주되신 주님의 말씀을 듣고 그 말씀을 배우며 삼위일체 하나님과 교제하게 된다. 예수님의 떠나심을 제자들이 걱정할 필요가 없는 이유가 여기에 있다.

27-28절 《평안을 너희에게 끼치노니 곧 나의 평안을 너희에게 주노라 내가

너희에게 주는 것은 세상이 주는 것 같지 아니하니라 너희는 마음에 근심하지도 말고 두려워하지도 말라 내가 갔다가 너희에게로 온다 하는 말을 너희가 들었나니》 예수께서는 제자들에게 당신의 다시 오심에 대해서 말씀하신다. 여기서 언급된 '오심'은 문맥 속에서 두 가지를 염두에 두신 것으로 보인다. 일단 '가심'은 십자가를 언급하시는 것이 문맥상 분명하다. 예수님은 내일 십자가를 위해서 제자들 곁을 떠나가실 것이다. 그리고 제자들에게 미리 예고하신 대로 삼 일 만에 부활하셔서 제자들을 다시 찾아오실 것이다. 요한복음에만 부활의 몸으로 당신의 제자들을 찾아오신 세 개의 에피소드가 기록되어 있다. 또한 예수께서 말씀하신 '오심'은 성령으로 제자들에게 오시는 것을 의미한다. 무엇보다 고별설교의 문맥이 이 부분을 지지한다. 예수님은 고별설교에서 지속적으로 당신이 성령을 통해서 제자들을 찾아오실 것임을 밝히신다. 이런 해석이 가능한 이유는 예수님이 가시는 것이 또한 아버지께로 가시는 것을 의미하기 때문이다. 아버지께로 가시지만 예수께서는 성령을 보내심을 통해서 다시 제자들을 찾아오실 것이다.

이렇게 성령을 통해서 제자들을 찾아오시는 예수님의 사역의 결과를 예수님은 '평안'('에이레네')이라는 개념으로 설명하신다. 예수님이 말씀하시는 평안이라는 것이 유대 문맥과 그리스-로마 문맥에서도 유의미한 것이었다는 점은 흥미롭다. 그러나 예수님은 당신이 말씀하시는 평안이 세상이 주는 평안과 다른 특성이 있음을 분명히 밝히신다. 그래서 '나의 평안'이라고 말씀하시며 이것은 세상이 주는 것과 같지 않다고 말씀하신다. 무엇보다 '평안'('샬롬')이라는 것은 유대인들 사이에 잘 알려진 인사법이었다. 동시에 제자들이 살던 시대는 '팍스 로마나'(*Pax Romana*)의 시대였다. 로마의 강력한 군사력을 바탕으로 상대를 제압하고 나서 로마에 의해 주어지는 평화를 일컫는 말이었다. 그러나 지금 예수께서 말씀하시는 평안은 그 이상이다. 세상이 말하는 평안이란 상황이 평화로울 때만 누릴 수 있는 것이지만 예수께서 말씀하시는 평안은 틀림없이 그 이상의 의미를 가진다. 예수께서는 유대인들에게 친히 먼저 박해를 당하셨다(5:16). 동시에 당신의 제자들에게 분명한 환난과 박해를 예고하신다(15:20). 그러므로 예수님이 말씀하시는 평안이란 박해와 환난 속에서도 누릴 수 있는 특성을 가지고 있는 것이 분명하다. 이런 의미에서 예수께서 말씀하시는 '나의 평안'이란 세상이 주는 평안과는 확연히 구분되는 것이다. 이 평안은 예수님이 먼저 누리시는 평안이며 동시에 예수님이 주시는 평안이다. 보혜사 성령이 오시면 제자들도 예수께서 주시는 평안을 누리게 될 것이라는 말씀이자 약속이다. 바로 이러한 이유로 인해서 제자들은 마음에 근심하거나 두려워하지 않을 수 있다.

29-31절 《이제 일이 일어나기 전에 너희에게 말한 것은 일이 일어날 때에 너희로 믿게 하려 함이라 이후에는 내가 너희와 말을 많이 하지 아니하리니 이 세상의 임금이 오겠음이라 그러나 그는 내게 관계할 것이 없으니 오직 내가 아버지를 사랑하는 것과 아버지께서 명하신 대로 행하는 것을 세상이 알게 하려 함이로라》 예수님의 관심은 오직 제자들이라는 것을 분명하게 말씀하신다. 이제 예수께서 지속적으로 말씀하신 십자가의 때가 이르렀다. 그런데 이런 일이 일어나기 전에 제자들에게 말씀하시는 이유는 이 일이 제자들에게 상당히 충격적으로 다가올 것이기 때문이다. 세상의 임금인 사탄이 곧 올 것이다. 이것은 유다의 배신 행위를 통해서 드러나게 될 것이고 예수님은 성전 경비병들과 로마 군인들에게 붙들려 심문을 받고 십자가형에 처해지실 것이다. 그러나 십자가를 향하고 있는 모든 일련의 일들이 일어나는 것은 예수께서 힘이 없기 때문이 아니다. 예수님은 아버지를 사랑하시기 때문에 아버지께서 명하신 대로 순종하기 위해서 십자가의 길을 걸어가실 것이다. 이것은 요한복음에서 시종일관 유지되고 있는 관점

이다. 요한복음은 예수님의 십자가의 길을 능동적인 순종이라는 관점에서 조망하고 서술한다. 십자가가 당시의 문화에서 이해되는 것처럼 패배가 아니라는 것을 예수님은 명확하게 밝히신 것이다. 이러한 관점은 십자가의 장면을 서술하는 요한의 묘사에서 보다 더욱 명확하게 드러나게 된다. 이제 내일이면 감당하셔야 할 예수님의 십자가는 하나님의 계획에 대한 주님의 적극적인 순종이며 세상에 대한 승리다.

묵상

(1) 주님은 제자들에게 성령을 보내주실 것과 그 성령의 주된 역할이 무엇인지를 말씀해주신다. 성령의 역할은 주님을 대신하는 것이다. 성령은 주님이 제자들에게 가르치시고 말씀하신 것들을 생각나게 하실 것이다. 성령께서 임의대로 말하고 가르치시는 것이 아니다. 성령의 사역이란 주님을 대신하는 사역이다. 마치 주님께서 오직 아버지께서 말씀해 주신 것만을 제자들에게 이야기하시고 자신의 임의대로 말씀하지 않으신 것처럼, 성령도 자신의 임의대로 말씀하시지 않고 주님께서 제자들에게 말씀하신 것들을 생각나게 하실 것이다. 이것이 요한복음의 고별설교에 등장하는 성령의 핵심사역이다. 이런 관점에서 생각하면 조국 교회의 소위 성령의 사역이라는 것이 얼마나 심각하게 왜곡되어 있는지가 여실히 드러난다. 그들이 말하는 소위 신비하다는 것은 주님의 가르침과 말씀과는 상관이 없는 것들이 적지 않다. 자신들의 탐욕을 성령의 사역이라는 미명하에 둔갑시키는 경우도 심심치 않게 목격하게 된다.

예수님의 말씀을 기억하라. 성령은 스스로 예수님의 사역을 드러내시고 주님의 말씀들을 제자들의 머릿속에 기억나게 하신다. 그렇게 함으로써 그들이 주님의 신실한 제자들이 되게 하신다. 세대와 문화와 언어에 관계없이 주님의 말씀을 삶 속에 구현해 냄으로 말미암아 예수를 신실하게 따르는 제자가 되게 하신다는 말이다. 핵심을 놓치면 늘 변죽을 울리기 십상이다. 성령의 사역의 핵심은 예수님의 가르침과 말씀을 기억나게 함으로써 예수님을 대신하는 것이다.

(2) 성령을 보내주심의 결과로 제자들은 평안을 누리게 될 것이다. 주님은 이 평안을 당신의 평안이라고 말씀해 주셨고 세상이 주는 평안과 근본적으로 다르다고 말씀해 주셨다. 세상이 주는 평안의 핵심이란 힘, 지식, 부 등을 기반으로 해서 얻게 되는 안정감을 말한다. 이러한 것들이 주는 안정감이 분명히 있다. 그렇기 때문에 사람들이 안정감을 얻기 위해서 이러한 것들을 추구하는 것이다. 그러나 주님이 주시는 평안이란 관계를 통해서 얻게 되는 안정감이다. 삼위일체 하나님과 교제하며 그 관계 안에 머무르기 때문에 누리는 안정감을 말한다.

성도들과 상담을 하다보면 남편에게서 안정감을 얻지 못하는 아내들의 이야기를 종종 듣게 된다. 확실히 사람들 중에도 안정감을 주는 사람이 있다. 그런 사람들과 함께 있다 보면 안정감을 누리게 된다. 사람들도 그런데 하물며 하나님은 어떠실까? 가장 완벽하시며 완벽하게 사랑하시는 삼위일체 하나님과의 교제는 우리에게 세상에서는 맛볼 수 없는 평안을 누리게 한다. 바깥에는 여전히 바람이 불고 풍랑이 일어나는데도 누리는 평안함이다. 주님은 제자들에게 이러한 주님의 평안을 약속하셨다. 우리가 주님 안에 머물러 있어야 할 분명한 이유가 여기에 있다.

기도

주님, 성령을 통해 주님의 말씀이 늘 생각나게 하소서. 그래서 어떤 상황에서든지 늘 주님과 동행하며 주님이 주시는 참된 평안을 누리게 하소서.

요한복음 15:1-6
참포도나무 곧 진정한 이스라엘 예수님

문맥과 요약

14장 마지막에 예수님은 최후의 만찬장을 떠나자고 말씀하신다. 그리고 15-16장의 고별설교가 이어진다. 이러한 이유로 요한복음 학자들은 15장에 이어지고 있는 예수님의 말씀을 제2고별설교라 부른다. 제2고별설교가 제1고별설교와 주제 면에서 완전히 동떨어져 있는 것이 아니다. 물론 제2고별설교의 내용 가운데는 제1고별설교에서 등장하지 않았던 주제들도 있지만 앞서 언급된 주제가 재조명되거나 동일한 주제가 심화 혹은 확대되는 것을 볼 수 있다. 예수님은 유대인들에게 익숙한 이사야 5장을 통해서 당신이 진정한 이스라엘로서 참포도나무라고 말씀하신다. 참포도나무이신 예수님에게 (믿음으로) 붙어 있는 자/예수님 안에 거하는 자만이 농부이신 아버지께서 기대하시는 열매를 맺을 수 있다고 가르쳐 주신다. 또한 열매를 맺지 아니하는 가지는 불로 대표되는 심판을 피할 수 없음을 가르쳐 주신다.

해설

1절 《나는 참포도나무요 내 아버지는 농부라》 본문은 제2고별설교가 시작되는 부분이다. 이 부분을 제2고별설교라고 명명하는 이유는 14:31 때문이다. 여기서 예수님은 제자들에게 “여기를 떠나자”고 말씀하신다. 31절에 등장하는 ‘여기’라는 표현은 13장부터 진행되어 왔던 최후의 만찬 자리다. 예수님은 이 만찬 자리에서 고별설교를 하셨다. 그리고 제자들에게 그 자리를 떠나자고 말씀하신 것이다. 그래서 신약학자들은 15-16장에 등장하는 주님의 고별설교를 제2고별설교라고 부른다. 전후 문맥을 생각해 보면 아마도 이 말씀은 예수님이 최후의 만찬 자리를 떠나셔서 이동하시다가 예루살렘 성전을 보신 후에 하신 말씀이 아닌가 추측할 수 있다. 그렇게 추측하는 이유는 예수님이 갑자기 포도나무에 대해서 말씀하셨기 때문이다. 요세푸스가 쓴 유대전쟁사에는 흥미로운 짤막한 한마디가 등장한다. “본 성전 내부로 들어가는 문은 전체가 금으로 입혀져 있었다. 주위 벽 전체도 마찬가지였다. 그 위로 황금 포도나무가 있었는데 여기에는 사람 키 정도 되는 포도송이가 매달려 있었다.” 만일 예수님의 제2고별설교가 마지막 만찬 장소에서 예수님이 배반당하신 겟세마네 동산으로 가는 도중 혹은 과정에 주어졌다면 참포도나무에 대한 가르침은 이 포도나무를 보시면서 혹은 보신 후에 주어졌을 가능성이 있다.

여하간 15:1에서 예수님은 자신을 참포도나무라고 말씀하셨다. 지금 예수님이 하신 말씀은 유대인들이었던 제자들에게는 매우 익숙하고 또한 유명한 이야기였을 것이다. 왜냐하면 예수님의 이야기는 구약성경 이사야서를 배경으로 하고 있는 것으로 보이기 때문이다. 이사야 5:1-7은 ‘포도원의 노래’라는 별명이 붙은 본문이다. 하나님은 여기서 이스라엘을 비유적으로 포도나무로 묘사하신다. 하나님은 농부이신데 극상품 포도나무를 기대하시고 포도원에 포도나무를 심으셨다. 그러고는 농부가 할 수 있는 모든 일들을 하셨다. 그런데 그 포도나무는 농부의 기대와는 달리 떫고 시어서 상품으로서의 가치가 없는 들포도를 맺었다고 말씀하신다. 여기서 포도나무는 비유적으로 하나님의 언약 백성 이스라엘을 지칭하는 말이다. 그러니까 이사야서 문맥을 보면 하나님은 하나님의 언약 백성 이스라엘 사람들에게서 하나님 백성다운 열매 보기를 원하셨던 것이다. 그런데 그들은 하나님이 기대하지 않았던 참담한 열매를 맺었다. 정의와 공의 대신 포악과 횡포를 일삼았다. 그래서 농부이신 하나님은 그 포도원을 황폐하게 만들 것이라고 말씀하고 계신다. 바로 이것이 이사야 5장의 이야기다. 나아가 이사야서의 다른 본문들을 통해 하나님은 이스라엘의 회복에 대한 이야기도 들려주셨다. 이 모든 이야기를 잘 알고 있는 유대인 제자들에게 예수님은 내가 참포도나무요 내 아버지는 농부라고 말씀하셨다. 이사야 5장의 메아리를 울리는 방식으로 말씀하신 것이다.

이 문장 안에 요한이 예수님을 바라보는 신학이 잘 표현되어 있다. 이스라엘이 포도나무라는 것과 하나님 아버지가 농부라는 것을 이사야서를 통해서 너무나 잘 알고 있었을 제자들에게 예수님은 역사 속의 이스라엘이 진짜 포도나무가 아니라 실상은 자신이야말로 참포도나무라고 말씀해 주신 것이다. 달리 표현하면 이스라엘은 실패한 포도나무였다면 예수님 자신은 하나님이 기대하신 진짜 포도나무라고 말씀해 주신 것이다. 농부이신 하나님 아버지의 뜻에 자신을 완전히 쳐서 복종시켜 아버지가 원하신 뜻을 완벽하게 이루어낸 진짜 하나님의 백성 이스라엘이다(참조, 8:28; 10:37-38; 12:49; 14:11; 14:31; 17:4). 예수님이 지금 하신 말씀을 풀어서 쓰면 이렇게 말할 수도 있다. 지금 하나님이 기대하시는 열매는 전혀 맺지 않으면서도 자신들은 하나님의 백성이라고 착각하며 살던 이스라엘의 실상은 참포도나무가 아니라는 것이다. 이제 하나님의 새로운 계획이 자신 안에서 드러났는데, 하나님의 뜻에 완벽하게 순종하셨던 예수님이야말로 참포도나무 즉 참이스라엘이라는 말이다.

예수님을 머리로 하는 새로운 하나님의 백성의 시작을 예수님은 제2고별설교 서막에서 선포하셨다. 자신을 참포도나무 즉 진정한 이스라엘이라고 말씀하신 예수님의 이야기는 정확하게 같은 이야기를 하고 있는 바울의 편지 한 대목이 생각나게 한다. 갈 3:16에서 바울은 다음과 같이 이야기한다. “이 약속들은 아브라함과 그 자손에게 말씀하신 것인데 여럿을 가리켜 그 자손들이라 하지 아니하시고 오직 한 사람을 가리켜 네 자손이라 하셨으니 곧 그리스도라.” 바울은 예수님을 보면서 한 가지 사실을 깨달았다. 그것은 아브라함의 자손에 대한 약속, 즉 이스라엘의 회복에 대한 약속이 예수님을 통해서 이루어졌다는 사실이다. 구약 언약이 이스라엘 자손들의 회복을 통해서 이루어지리라 기대했는데 그 약속이 단 한 명의 진정한 아브라함의 후손 즉 진정한 이스라엘이신 예수님을 통해서 이루어지게 됐다는 것이 바울신학의 근간을 이룬다. 바울이 이 사실을 갈 3:16에서 이처럼 표현했다. 요한도 기본적으로 같은 이야기를 이사야 5장이 생각나게 하는 방식으로 본문에 기록했다.

바울, 요한을 비롯한 유대인 출신 예수님의 첫 번째 제자들은 이사야를 비롯한 다른 선지자들의 글을 통해서 하나님이 이스라엘(아브라함의 자손들)을 회복할 것이라고 기대하고 있었다. 그런데 부활하신 예수님을 바울과 첫 번째 제자들이 보게 됐을 때 그들은 한 가지 흔들릴 수 없는 확신에 거하게 되었다. 하나님은 아브라함 안에서 이스라엘을 부르실 때 토라에 대한 반역을 통해 실패할 이스라엘이 아니라 처음부터 예수님을 생각하고 계셨다는 것이다. 즉 이스라엘(아브라함의 모든 후손들)이 하나님을 배반하고 패역한 일들을 일삼을 때에도 이스라엘의 회복을 말씀하셨던 하나님은 처음부터 역사의 마지막에 보내실 진정한 이스라엘(예수님)/참포도나무를 통해서 새로운 창조의 세상을 생각하고 계셨던 것이다. 그것이 하나님이 만세 전부터 가지셨던 계획(참조, 엡 1-2장), 참포도나무(진정한 이스라엘/예수님)를 통해서 하나님의 완벽한 이스라엘 곧 하나님의 새로운 백성을 새롭게 창조하신다는 것이자, 바울과 요한이 깨달았고 바라보았던 복음의 내용이다. 예수님은 이런 의미로 내가 참포도나무요 내 아버지는 농부라는 새로운 시대를 여는 말씀을 하신다.

2절 《무릇 내게 붙어 있어 열매를 맺지 아니하는 가지는 아버지께서 그것을 제거해 버리시고》 여기서 주석적으로 중요한 것은 먼저 '예수님에게 붙어 있는다'라는 말의 의미이다. 4절을 보면 포도나무인 '예수님께 붙어 있는 것'을 예수님은 '내 안에 거한다'는 말로 설명하셨다. 그러니까 '포도나무에 붙어 있다' 혹은 '내 안에 거한다'는 말은 일단 문맥 속에서 동일한 개념으로 보인다. 6절의 관점에서 보면 '내 안에 거한다'는 개념이 좀 더 명확해진다. "사람이 내 안에 거하지 아니하면 가지처럼 밖에 버려져 마르나니 사람들이 그것을 모아다가 불에 던져 사르느니라" 2절과 6절이 이야기하는 대로 예수님 안에 거하지 않거나 열매가 없는 가지는 '제거해 버리거나' 혹은 '밖에 버려 불에 사른다.' 밖에 버려 불에 사른다는 표현은 최후의 심판을 의미하는 것임에 틀림없다. '예수께 붙어 있다' 혹은 '예수 안에 거한다'는 표현은 요한복음 전체의 관점에서도 생각해 볼 필요가 있다. 요한복음은 참포도나무이신 예수께 붙어 있을 수 있는 유일한 방법을 3:16에서 믿음이라고 규정한다. 참포도나무(진정한 이스라엘)이신 예수님께 붙어있는 것/예수님 안에 거하는 것은 우리의 믿음을 통해서 우리가 예수님과 하나가 되어 연합하는 기독교의 구원을 이야기하고 있는 것이 틀림없다.

정리하면 '예수님께 붙어 있다' 혹은 '예수님 안에 거한다'는 표현은 예수님과 믿음을 통해서 하나로 연합되는 것을 의미한다. 이렇게 이야기하면 이런 가설적인 질문도 가능할 것 같다. "2절을 보면 포도나무이신 예수님께 믿음을 통해서 붙어있는데도 열매를 맺지 않는 사람이 있을 수 있다는 말인가? 예수님께 붙어 있는데 열매 맺지 않는 것이 가능한가? 그리고 그런 사람은 최후의 심판을 받는다고 말할 수 있는 것인가? 만일 그렇다면 교회 다니면서 예수님께 믿음의 고백을 하는데도 구원받지 못할 성도들이 있다는 말인가?" 일단 이 이야기가 예수님의 말씀이라는 것을 주지해야 할 필요가 있다. 필자는 예수님의 말씀이 오늘날 조국 교회 성도들에게 매우 당혹스럽게 들릴 수 있다고 생각한다. 왜냐하면 매우 안타깝지만 조국 교회 성도들이 이른바 구원파식 복음에 매우 익숙해져 있기 때문이다. 믿으면 된다는 믿음 지상주의가 교회 안에 만연해 있다. 이런 구원파적인 믿음은 믿고 난 후에 성도가 세상에서 어떤 모습으로 사는지, 형제들과의 관계에서 그들의 믿음이 어떤 모습으로 표현이 되는지, 지속적으로 들리는 하나님의 말씀에 그들이 어떻게 반응하는지 상관없이 그들이 믿기 때문에 구원받았다고 생각하게 한다. 이것은 '믿음 지상주의'라고 부를 수도 있고 '구원파식 믿음'이라고 부를 수도 있다.

기독교의 복음과 구원을 이렇게 규정하고 오해하는 이들이 오늘날 적지 않은 것 같다. 입술로 예수님을 믿는다고 고백하고 있는 사람들은 당연히 자신이 예수님 안에 거한다고 생각한다. 그렇기 때문에 자연스레 예수님이 베풀어 주시는 새 시대의 구원에 참여할 것이라고 생각한다. 물론 예수님을 구주라고 고백하고 믿는 것은 매우 귀한 일이다. 그러나 예수님이 하신 말씀에 비추어 보면 믿음의 고백은 반드시 삶의 열매를 통해서 확인되어야 한다. 농부이신 아버지가 기대하는 열매는 맺지 않은 채 육신적 이스라엘은 자신들이 틀림없이 하나님의 백성이라고 착각하고 있었다. 예수님의 말씀은 열매는 맺지 않은 채 믿으면 그만이라고 생각하는 바로 그런 믿음 지상주의자들을 향한 날카로운 가르침이 된다. 열매 맺지 않는 자들은 최후의 심판하는 불을 피할 수 없다고 분명하게 말씀하시는 것이다.

이것은 또한 마태복음 산상수훈에서 예수님이 하셨던 말씀과 정확하게 맥락을 같이하는 말씀이다. "나더러 주여 주여 하는 자마다 다 천국에 들어갈 것이 아니요, 다만 하늘에 계신 내 아버지의 뜻대로 행하는 자라야 들어가리라"(마 7:21). 예수님을 믿는다고 고백하는 믿음의 고백은 매우 소중한 일이고 틀림없이 귀한 일이다. 그러나 기독교가 이야기하는 진정한 복음은 그게 끝이 아니다. 우리가 진정으로 믿는다면 그 믿음은 열매를 통해서 드러나야 한다. 그런 점에서 야고보서 2장도 동일한 복음을 이야기한다.

4절 《가지가 포도나무에 붙어 있지 아니하면 스스로 열매를 맺을 수 없음 같이》 한 가지 더 고찰해 보아야 할 것은 문맥 속에서 열매라는 것의 주석적 의미이다. 문맥을 생각해 보는 것이 고찰에 효과적일 수 있다. 예수님은 지금 제자들에게 고별설교를 하시고 계신다. 첫 번째 고별설교의 핵심이 무엇이었는가? 예수님을 믿고 무형의 성전인 예수님 안에서 하나님과 교제를 누리는 자가 어떤 일을 하게 될 것인지 말씀해 주셨다. 예수님은 나를 믿는 자는 내가 하는 일을 그도 할 것이요 또한 그보다 큰일도 할 것이라 말씀하셨다. 예수님을 믿는 사람은 예수님이 하시는 일은 물론이고 예수님이 하시는 일보다 더 큰일도 할 것이라고 말씀하셨다.

그러니까 문맥 속에서 예수님은 참포도나무이신 자신에게 믿음으로 붙어 있는 제자들이 맺게 될 복음전도와 선교의 열매를 말씀하신 것임에 틀림없다(복음전도와 선교는 요한복음에서 주님이 친히 행하신 일로 설명된다). 성령이 오시면 이제 세상 곳곳에 있는 수많은 제자들은 예수님이 가르쳐 주셨던 가르침을 떠올리게 될 것이다. 이러한 성령의 사역을 통해서 제자들은 예수님이 이 땅에 계셨을 때 감당하셨던 하나님 나라의 복음 사역을 그들도 감당할 수 있게 되는 것이다. 그것을 예수님은 더 큰일이라고 부르셨고 그것을 주님 안에 거하게 될 때 맺는 열매라고 생각하신다. 또한 예수님의 가르침과 말씀이 생각나게 하시는 성령의 사역을 통해서 제자들은 예수님 안에 거하며 교제하게 된다. 이 생명의 교제 속에서 제자들은 예수님을 더욱 사랑하지 않을 수 없게 되고 그 생명의 주님이 주신 말씀을 귀하게 생각하고 지키게 된다(14:21). 이러한 말씀을 통한 제자들의 변화 그리고 제자들을 통해서 일어날 또 다른 복음의 변화를 예수님은 또한 열매라고 생각하고 계신 것이 틀림없다. 이런 관점에서 열매란 복음 전도/선교와 제자들 내면의 인격적인 변화를 둘 다 가리킨다.

6절《밖에 버려져 마르나니 사람들이 그것을 모아다가 불에 던져 사르느니라》 예수님 안에 거하지 않는 사람 즉 믿음으로 예수님과 진정으로 하나가 되지 못한 사람은 하나님이 기대하시는 열매를 맺지 못한다. 예수님에 대한 불신이나 형식적인 믿음 즉 말로만 예수님을 구주라고 고백하는 사람은 예수님이 기대하시는 이 같은 열매를 맺을 수 없다. 이 같은 이들은 밖에 버려지고 불에 던져진다. 여기서 불이라는 표현은 하나님의 종말론적 심판을 상징하는 대표적인 표현이다. 그러나 2절의 표현대로 열매 맺는 가지는 아버지께서 깨끗하게 하여 열매를 더 맺을 수 있도록 하신다. 여기서 열매를 더 맺을 수 있도록 깨끗하게 하신다는 말씀은 일반 농사나 포도 농사에서 열매를 더 맺을 수 있도록 하기 위해서 가지치기를 해주는 것을 일컬을 것이다. 실제로 팔레스틴에서는 열매 맺는 것을 극대화하기 위해서 개화기인 봄에 포도나무 가지치기를 한다. 요한복음 학자들은 이것이 그리스도인들의 일상에서 훈련을 의미하는 것이라고 이야기한다. 열매를 더 잘 맺게 하기 위해서 농부이신 아버지께서 열매 맺는 데 불필요한 잔가지들을 제거함으로써 더 좋은 열매를 맺도록 하신다는 말씀이다.

묵상

(1) 본문의 관점에서 기독교의 구원은 무엇이고 어떻게 설명할 수 있을까? 기독교의 구원이란 그 참포도나무요 진정한 그리고 유일한 이스라엘이신 예수님과 하나가 되는 것이다. 그렇게 하나가 됨으로써 우리도 새로운 창조의 피조물로 새롭게 지어져 간다. 그렇게 하나가 되는 구체적인 방법이 바로 믿음이다. 요한은 이것을 3:16에서 "그를 믿는 자마다 멸망치 않고 영생을 얻게 하려 함이라"고 우리에게 이야기해 주었다. 우리를 참포도나무 참이스라엘이신 예수님과 하나가 되게 하는 것이 믿음이다. 다 망가져 버렸던 인생, 도무지 소망이라는 것은 찾을 수 없었던 인생이 어떻게 새로워질 수 있을까? 우리가 성경을 통해서 이스라엘 역사에서 배울 수 있는 것이 무엇인가? 그건 고치고 수리하는 정도로 될 수 없는 일이다. 그렇게 해서는 인생이 새로워질 수 없다. 완전히 새로운 피조물로 새롭게 창조되는 것 이외에는 방법이 없다. 바로 이런 이유 때문에 하나님은 예수님 안에서 예수님의 부활과 함께 새로운 창조의 세상을 여신 것이다. 그렇게 참포도나무이신 예수님과 함께 새로운 피조물로 만들어지는 유일한 방법이 예수님을 믿는 것이다. 주님을 믿음으로 주님과 하나가 되면 그 인생은 새로운 삶을 살아갈 수 있는 인생이 된다. 주님과 하나가 됨으로 자신도 복된 삶을 살아갈 뿐만 아니라 널리 주변의 사람들에게 이로움을 끼치며 사는 복된 인생이 된다. 그것을 본문은 열매라고 말한다. 그것이 기독교 복음의 핵심이다.

일전에 한국에서 가르쳤던 제자 목사에게서 메일을 하나 받은 일이 있다. 그는 조국에 있는 한 지역교회에서 사역을 하고 있었는데 아마도 우리 교회에서 했던 성경공부를 온라인을 통해서 참여한 듯하다. 그러면서 필자에게 이렇게 글을 써서 보내주었다. "교수님, 제 주변에서 영적 침체에 빠졌던 사람들, 이런저런 어려움으로 삶을 거의 포기하고 아무렇게나 살아가던 사람들, 고민 끝에 죽음의 문턱을 넘으려했던 사람들이 있었습니다. 그래서 교수님이 전해주신 하나님 나라의 복음에 대한 성경공부와 설교를 온라인을 통해서 함께 들었습니다. 그런데 그분들이 하나님 나라의 복음을 듣고는 인생이 놀랍게 회복되고 있음을 목격하고 있습니다. 저도 놀랄 지경입니다. 하나님께서 인터넷을 통해 교수님과 일면식도 없는 사람들을 회복시키시고 영적으로 갱신시키시는 것이 참으로 놀라울 따름입니다."

그 메일을 받고서 혼자 생각해 보았다. 그 일이 어찌 필자의 능력이겠는가? 필자는 단지 교회를 위한 말씀의 사역자로 하나님 나라의 복음을 진솔하게 전했을 뿐이고 그 진리의 말씀이 살아서 움직이고 생명력이 있어서 영생이 필요한 자들에게 전해진 것이다. 그리고 그 생명의 말씀의 능력이 그들을 참포도나무요 진짜 이스라엘이신 주님과 함께 살려낸 것이다. 바로 이런 의미로 주님은 자신이 참포도나무라고 말씀하셨다. 참포도나무 즉 진정한 이스라엘을 믿는 자에게는 생명의 역사가 나타난다. 주님은 당신의 제2고별설교 첫머리에서 바로 이 말씀을 제자들에게 하고 싶으셨던 것이다. 조국 교회에서 복음의 참 의미를 깨닫지 못하고 경도된 목사들과 성도들이 행하는 이야기를 들으면 가슴이 미어진다. 복음을 제대로 깨닫는다는 것은 생명의 주인이신 주님과 함께 믿음으로 연합함으로 나도 풍성한 생명을 누리고 다른 사람들에게도 축복의 통로가 되는 것이다.

(2) 하나님 아버지는 농부로서 우리가 참포도나무이신 예수님께 믿음으로 잘 붙어있기를 기대하신다. 그렇게 주님과 믿음으로 연합하여 하나가 되고 풍성한 열매를 맺기를 기대하신다. 열매가 무엇인가? 주님이 이 땅에서 감당하셨던 하나님 나라의 복음을 전하는 것이다. 또 주님과 함께

교제하며 주님의 말씀을 지킴으로 작은 예수로 이 땅을 살아가는 것이다. 이것이 아버지 하나님이 우리에게 기대하시는 열매다. 어떤가? 원래는 이것이 육적인 이스라엘에게 기대하셨던 것이다. 그러나 그들은 실패했다. 이제 그 일이 참포도나무이자 진정한 이스라엘이신 주님과 연합한 자들에게 이루어진다. 이 열매 맺는 일이 잘 되도록 농부이신 아버지는 우리 인생에서 가지치기를 해주신다. 자신의 일부였던 가지가 쳐지는 과정은 나무 입장에서는 괴롭고 힘든 일일 수 있다. 그러나 우리의 그러한 모난 인격과 부족한 부분들이 제하여져야 진정한 하나님의 백성, 예수님의 제자의 모습을 가지게 되는 것이다. 창세기 야곱의 인생을 보라. 전혀 하나님 백성답지 않은 사람이 하나님의 개입을 통해서 모난 부분들이 깎여 가며 하나님 백성인 이스라엘이라는 이름에 어울리는 모습으로 변해갔다. 그것과 정확하게 같은 맥락 아니겠는가?

필자는 본문 말씀을 묵상하며 성경 말씀이 딱 우리 이야기를 하는 것 같다는 생각을 하지 않을 수 없다. 믿음으로 주님에게 잘 붙어 있을 수 있도록 하기 위해서 수많은 날들 동안 우리 인생을 찾아오셔서 직접 가지치기를 해주셨던 하나님 아버지의 손길을 느낄 수 있었기 때문이다. 우리는 포도나무 비유라는 관점에서 기독교 복음의 의미를 다시 생각해 보았다. 믿음 지상주의가 만연하고 기복신앙이 마치 기독교의 참 복음이라도 되는 듯한 메시지가 조국 교회의 설교 강단에서 얼마나 오랫동안 선포됐는지 모른다. 그런 것은 기독교가 이야기하는 진정한 복음 메시지가 아니다. 다시 성경적인 복음 메시지를 회복해야 한다. 믿음으로 참포도나무이신 주님께 잘 붙어 있어야 한다. 주님 안에 거함으로 주님이 기대하시는 복음 전파의 열매, 신앙과 인격의 변화의 열매를 함께 맺어 가야 한다.

기도

포도나무 비유를 통해서 말씀하시는 진짜 복음에 올바로 서 있음으로 말미암아 농부이신 하나님 아버지께서 기대하시는 열매를 맺으며 주님 다시 오심을 함께 예비하는 하나님의 백성들이 되게 하옵소서.

요한복음 15:7-17
서로 사랑하라

문맥과 요약

열매 맺는 삶의 조건으로 예수님 안에 거하라 명령하신 주님은 당신 안에 거하는 것을 당신의 사랑 안에 거하는 것으로 설명하신다. 당신의 사랑 안에 거하는 것은 주님의 계명을 지키는 것과 다른 것이 아니다. 그리고 주님은 당신의 새로운 계명으로 서로 사랑하라고 말씀하신다. 서로 사랑하라는 예수님의 계명은 제자들이 보기에 매우 통렬하고 쓰린 것이 아닐 수 없다. 왜냐하면 그들은 서로 사랑하고 있지 못했기 때문이다. 이 계명이 중요한 이유는 제자들이 이것에 실패하면 제자를 부르신 주님의 부르심도 함께 실패하기 때문이다.

해설

7-8절 《너희가 내 안에 거하고 내 말이 너희 안에 거하면 무엇이든지 원하는 대로 구하라 그리하면 이루리라》 본문은 포도나무와 가지 비유의 결론이라고 할 수 있다. 7절과 8절은 잘못 읽으면 오해될 수 있는 내용을 각각 하나씩 포함하고 있다. 예수님은 당신 안에 거하는 자들에게 임하는 축복을

설명하시면서 너희가 내 안에 거하고 내 말이 너희 안에 거하면 무엇이든지 원하는 대로 구하라 그리하면 이루어질 것이라고 가르쳐 주셨다. 이 말은 잘못 이해하면 하나님은 우리가 구하는 것은 무엇이든지 다 들어주신다고 생각할 수 있다. 물론 그런 의미는 절대로 아니다. 그렇다면 우리는 이 말씀을 어떻게 받아들여야 할까? 그것은 우리가 예수님 안에 거하고 '그분의 말씀이 우리 안에 거할 때', 바로 그때 우리가 구하는 것을 이루어 주신다는 것이다.

문맥 속에서 예수님이 가르쳐 주신 기도는 알라딘의 요술램프가 아니다. 예수님과 믿음으로 하나로 연합해서 거하는 자들은 예수님이 원하시는 것을 추구하게 되어있다. 예수님이 원하시는 거룩한 것들을 열망하며 구할 때 그들이 원하는 것은 무엇이든지 이루어질 것이라 말씀하셨다. 그리고 8절에서 예수님은 제자들이 열매를 많이 맺으면 아버지께서 영광을 받으실 것이요 그들이 제자가 될 것이라고 말씀해 주신다. 여기서 너희가 내 제자가 되리라는 말씀은 열매를 맺는 삶이 제자도와 깊이 관련되어 있다는 것을 분명하게 보여준다. 물론 이 말을 마치 그런 조건들을 충족시켜야만 예수님의 제자로 받아들여진다고 이해하면 곤란할 것 같다. 문맥은 그렇게 열매를 맺게 될 때에 우리들이 예수님의 제자라는 사실이 분명하게 드러날 것이라고 이야기한다. 우리가 예수님의 제자라는 사실은 입술만이 아니라 열매로도 입증되어야 한다.

9-10절《아버지께서 나를 사랑하신 것 같이 나도 너희를 사랑하였으니 나의 사랑 안에 거하라 내가 아버지의 계명을 지켜 그의 사랑 안에 거하는 것 같이 너희도 내 계명을 지키면 내 사랑 안에 거하리라》 그런데 이렇게 열매를 맺는 삶의 조건을 앞서 예수님이 뭐라고 말씀하셨는가? 바로 예수님 안에 거하는 것이라 하셨다. 그런데 9절을 보면 예수님은 당신 안에 거한다는 개념을 또 다른 말로 예수님의 사랑 안에 거하는 것이라고 말씀하신다. 그

렇다면 우리는 어떻게 예수님의 사랑 안에 거할 수 있을까? 그 방법을 10절이 구체적으로 설명해 주고 있다. 예수께서 하나님의 사랑 안에 거하는 방법이 하나님 아버지의 계명을 지키는 것이듯, 우리가 예수님의 사랑 안에 거할 수 있는 구체적인 방법도 예수님의 계명을 지키는 것이다. 즉 우리가 예수님 안에 거하고 예수님의 사랑 안에 거하는 구체적인 방법은 예수님이 가르쳐 주신 계명을 지키는 것이다. 그 계명을 지키기 위해서는 예수님의 계명이 무엇인지 제대로 아는 것이 선행되어야 한다. 예수님의 계명이 무엇인지 제대로 알지 못하고서 주님의 계명을 지킨다는 것은 어불성설이다.

12절 《내 계명은 곧 내가 너희를 사랑한 것 같이 너희도 서로 사랑하라 하는 이것이니라》 그렇다면 예수님의 계명은 무엇인가? 12절이 그것을 설명한다. 우리는 예수님의 말씀을 두 가지 측면에서 생각해 볼 필요가 있다. 무엇보다 먼저 예수님은 사랑이라는 것이 당신의 계명의 핵심이라는 사실을 말씀하신 것으로 이해해야 할 것이다. 지금 예수님의 말씀은 누가복음 10:27과 궤를 같이하는 것으로 볼 수 있다. 누가복음에 등장하는 율법교사는 하나님의 율법의 계명을 하나님 사랑과 이웃 사랑이라는 개념으로 요약했다. 그리고 예수님은 연이어서 '그의 요약이 옳다'라고 직접 인정해 주셨다. 같은 개념이다. 예수님의 계명의 핵심은 사랑이라는 말이다. 하나님을 사랑하고 이웃을 사랑하는 것이 예수님의 계명의 핵심이다. 바로 이것이 이 말씀을 하신 의도임에 틀림없다.

그런데 이에 더해서 우리는 예수님이 하신 이 말씀을 구체적인 문맥 속에서도 생각해 보아야 할 것 같다. 예수님은 지금 '너희도 서로 사랑하라'라고 말씀하셨다. 지금 '너희도 서로 사랑하라'라는 주님의 말씀은 오늘날 우리에게도 해당되는 말씀임에 틀림없으나 일차적인 대상은 고별설교를 듣고 있었던 첫 번째 제자들이었다. 사실 예수님이 이 말씀을 하셨다는 사실 자체가 무엇을 전제하고 있는 것일까? 제자들이 서로 사랑하고 있지 못했다는 사실을 전제하고 있다. 사랑하고 있다면 굳이 '서로 사랑하라'는 말씀을 또 들어야 할 이유가 없다. 제자들은 서로 사랑하고 있지 못했다. 예수님은 내일이면 십자가에 달리셔야 했는데 제자들은 서로 분열된 채 다투고 있었다. 그래서 예수님은 자신의 계명의 핵심이 사랑이라는 것을 말씀하심으로 그들이 실패하고 있는 정말 뼈아픈 것을 건드리셨다.

그렇다면 중요한 질문은 "그들은 왜 '서로 사랑하라'는 주님의 말씀을 들었어야 할 만큼 서로를 사랑하고 있지 못했을까?"이다. 그것은 그들이 예루살렘으로 올라오면서 무엇을 가지고 다투었는지를 묵상해 보면 명확해진다(참조. 막 8-10장). 그들은 정확하게 똑같은 것을 매우 세상적인 방식으로 욕망하고 있었다. 서로 욕망하는 것이 다르면 다툴 일이 없다. 그러나 제자들은 같은 종류의 것을 탐했다. 자신들이 생각하는 대로 예수님이 왕이 되시면 자신들이 예수님의 최측근이 되어서 그분과 함께 가장 큰 영광을 누리기를 원했다(참조, 막 10:35-41). 한 사람만 그랬다면 그들은 싸울 필요가 없었을 것이다. 그런데 마가복음을 보면 그들은 한 사람의 예외도 없이 모두가 다 똑같은 것을 탐하고 있었음을 알 수 있다. 세베대의 아들들의 청탁 내용을 알게 된 제자들은 야고보와 요한에게 불같이 화를 냈다(막 10:41). 똑같은 것을 탐한 제자들은 그래서 싸운 것이다.

요한복음 13-16장은 예수님의 1차, 2차 고별설교를 다루고 있다. 우리는 이 고별설교를 듣고 있는 제자들의 심리상태나 그들의 관계를 쉽게 망각하기 쉽다. 지금 주님의 마지막 고별설교를 듣고 있는 제자들의 모습이 그려지는가? 그 불편한 마음이 느껴지는가? 예수님은 그들을 실상 그분 안에서 새로운 창조의 피조물로, 새로운 형제 관계로 불러주셨는데, 형제는커녕 원수도 이런 원수가 없다. 왜 이런 일이 벌어졌는가? 그들 모두가 정확하게 같은 세상 영광을 똑같은 세상적인 방식으로 탐하고 있었기 때문이다. 그 썩어질 세상 영광에 눈이 멀어 사랑하라고 주신 형제를 제하고 자신이 그 썩을 영광을 독점하려고 했기 때문이다. 그러니 싸우지 않을 수 없다. 그런 제자들의 모습을 예수님은 있는 그대로 다 보고 계셨다. 그것을 안타까운 눈으로 보시며 섬기는 제자도에 대해서 가르쳐 주셨다. 그리고 이제 십자가 지시기 전날 밤 예수님은 마지막으로 제자들을 다 불러 모으시고는 예수님 안에 거하는 것이 무엇인지 그 핵심을 가르치신다.

예수님 안에 거하는 것은 예수님의 계명을 지키는 것과 다른 것이 아니다. 제자들이 기억해야 할 예수님의 계명의 핵심은 '서로 사랑하라'이다. 예수님은 내일 십자가를 지셔야 한다. 그런데 제자들은 그 전날 밤까지도 서로 사랑하고 있지 않았다. 여전히 예수님 안에 거하고 있지 않은 것이다. 입으로는 주는 그리스도시요 살아계신 하나님의 아들이라고 고백했다. 다른 사람은 다 주님을 떠나도 나는 절대로 주님을 버리지 않을 것이라고 틀림없이 진심을 담아 이야기하고 있기는 했다. 하지만 그들은 모두 예수님의 사랑 안에 거하고 있지 못했다. 그래서 결과적으로 그들은 육신적으로는 예수님과 가까웠지만 역설적이게도 정작 그분 안에는 거하고 있지 못했던 것이다. 그것이 예수께서 십자가 지시기 전날 밤 예수님의 마음을 안타깝게 했음에 틀림없다.

제자들이 서로 다투고 분열되어 있는 것은 그 자체로도 틀림없이 안타까운 일이지만 이제 예수님이 떠나시고 나서 그 주님의 사역을 담당해야 할 사람들이 제자들이라는 데 그 문제의 심각성이 있다. 앞서 언급한 대로 예수님이 이 세상에서 성취하실 사역은 새로운 창조의 사역이다(요 1:1-17). 제자들에게 맡기실 사역도 새로운 창조의 사역과 다른 것이 아니다. 예수님은 당신 안에서 멸망하지 않을 새로운 인류를 믿음으로 만들어 내시려는 광대한 계획을 이루기 위해서 오셨고, 이제 내일이면 그 일의 클라이맥스 중 하나에 다가서려 하고 있다(요 3:16). 그런데 예수님이 떠나가시면 그 사역을 감당해야 할 제자들은 예수님이 맡기실 일이 무엇인지 가늠조차 못하고 있다. 그것이 무엇인지 제대로 깨닫지도 못한 채 자신들의 탐욕에 붙들려 다투고 분열되어 있다. 그래서 예수님은 인내하시며 제자들에게 다시 그 일을 말씀하시고 계신다. 성령께서 후에 제자들에게 예수님의 말씀을 생각나게 하실 것을 기대하며 다시 제자들에게 가르침을 주시고 계신 것이다.

예수님이 만드시는 새로운 창조의 세상은 한마디로 샬롬의 세상이다. 창조주 하나님과 그분을 배반한 인류가 또다시 샬롬으로 하나 되는 세상이다. 그뿐만 아니라 서로 반목하던 유대인과 이방인도 다시 복음 안에서, 새 창조의 세상에서 샬롬을 누리는 세상이다(참조, 엡 2장). 말로는 형제라고 부르고 살지만 실상은 자신의 욕심에 눈이 멀어서 형제들을 소외시키는 데 선수가 되어 있는 제자들을 샬롬과 사랑의 관계 안으로 회복시키는 새로운 창조의 세상이다. 지금 예수님의 첫 번째 제자들은 그 샬롬의 복음, 새 창조의 복음을 세상에 증거하기 위해서 예수님이 특별히 선택한 사람들이다. 그런데 그들은 자신의 탐욕에 이끌려 다투고 분열되어 있었다. 얼마나 안타까우셨으면 예수님은 17절에서 똑같은 말씀을 다시 한번 하셔야 할 필요를 느끼셨다. "내가 이것을 너희에게 명함은 너희로 서로 사랑하게 하려 함이라."

묵상

정직하게 이야기하면 제자들 사이에 존재하는 질시와 반목과 다툼은 이천 년 전에만 존재했던 것은 아닌 것 같다. 사람이 사는 곳 어디에나 이러한 다툼, 분열이 존재하는 것 같다. 필자가 지금까지 섬겼던 교회들에도 정도의 차이는 있었지만 이러한 다툼과 분열은 늘상 존재했고 또한 존재하고 있다. 오늘 본문을 사탄의 입장에서 생각해 본다. 무엇이 주님의 새 창조의 사역을 무력화시킬 수 있는 가장 효과적인 전략일까? 기독교 복음은 새 창조의 복음이며 샬롬의 복음이다. 하나님은 새로운 인류이신 예수님을 보내시고 그 안에서 새로운 인류(참이스라엘)를 만들어 내심으로 당신이 원하신 샬롬을 이루셨다. 그 '샬롬의 가치'를 세상 가운데 전하기 위해서 제자를 부르시고 교회를 세우셨다. 사탄의 입장에서 그 샬롬의 가치를 전해야 하는 교회 즉 예수님의 제자들 가운데 다툼을 만들어내고 샬롬을 없애버리면 이보다 더 효과적인 전략이 어디 있겠는가? 비만 특효약을 선전하는 사람이 비만이라는 증상을 가지고 있다면 누가 그 사람의 말에 귀나 기울여 주겠는가?

요한은 지금 자신과 동료들을 포함한 첫 번째 제자들 사이에 존재했던 정말 부끄럽기 그지없는 수치스러운 이야기를 기록했다. 왜 그랬을까? 그 수치스러움을 무릅쓰고 진리를 후대의 제자들에게 깨닫게 하는 것이 훨씬 중요한 일이라고 생각했기 때문일 것이다. 샬롬의 복음을 전해야 하는 제자들이 샬롬을 누리지 못하고 사랑하지 못하면 어느 누구도 제자들의 이야기에 귀를 기울여주지 않을 것이 너무나도 분명하기 때문이다. 요한 사도가 그것을 너무나 뼈저리게 깨달은 것이다. 주님의 고별설교 가운데 '서로 사랑하라'는 주님의 명령을 그가 기록했다는 것이 그 증거다.

당신은 본문을 통해서 무엇을 느끼는가? 아니 본문을 통해서 무엇에 찔리는가? 여전히 '나는 예수 믿으니까 괜찮아'라고 스스로 위로하고 넘어가겠는가? 아니면 이 통렬한 주님의 말씀 앞에서 옷이 아니라 나의 마음을 찢겠는가? 요한 사도는 분명히 자신의 마음을 찢은 것 같다. 요한 사도가 그 마음을 찢었다는 명백한 증거가 요한 서신에 등장한다. 요한일서 5:1이다. "예수께서 그리스도이심을 믿는 자마다 하나님께로부터 난 자니 또한 낳으신 이를 사랑하는 자마다 그에게서 난 자를 사랑하느니라." 예수께서 그리스도이심을 믿는 사람은 하나님 아버지에게서 난 사람이다. 우리를 믿음으로 낳으신 하나님 아버지를 사랑하는 사람은 아버지에게서 난 형제를 사랑한다. 요한이 주님의 고별설교 말씀을 확실히 깨달았다는 사실이 보이는가? 하나님 아버지에게서 난 자 즉 예수께서 그리스도이심을 믿는 자는 같은 하나님 아버지에게서 난 형제를 사랑한다. 하나님과 또한 형제들과 샬롬을 누리기 위해서 그리고 그 샬롬의 복음을 전하라고 주님은 우리를 제자로 또한 교회로 불러주신 것이다. 당신은 지금 어디에 거하고 있는가? 주님 말씀대로 주님 안에 거하고 있는가? 믿음으로 참포도나무이신 주님께 잘 붙어 있기를 소망한다. 주님의 사랑 안에 거함으로 먼저 형제들을 온전히 사랑하라. 그 사랑을 온전히 회복하라.

기도

주님, 찔림으로 주님께 간구합니다. 형제를 사랑할 수 있는 힘을 허락해 주소서. '서로 사랑하라'는 주님의 명령에 순종하게 하소서. 그렇게 주님의 말씀에 순종함으로 아버지께서 기대하시는 복음 전파의 열매와 신앙과 인격의 변화의 열매를 함께 맺어 가게 하소서. 주님이 돌아가시기 전날 애끓는 마음으로 제자들에게 부탁하신 진짜 복음에 올바로 서 있게 하소서.

요한복음 15:18-27
세상으로부터 받는 미움

문맥과 요약

예수님은 이제 자신이 떠나고 난 후 제자들이 감당하게 될 사역의 관점에서 고별설교를 이어가신다. 앞서 '서로 사랑하기'의 중요성에 대해서 말씀하셨던 예수께서는 제자들이 경험하게 될 세상으로부터의 미움과 박해에 대한 주제를 말씀하신다. 제자들이 세상으로부터 미움과 박해를 받게 되는 것은 전혀 이상한 것이 아니다. 이 미움과 박해는 제자들이 누구에게 속했으며 세상이 누구에게 속했는지를 드러내 줄 것이다. 예수께서는 이 박해가 예수님과 그의 사역을 세상 속에서 증언하는 일과 직접적으로 연관되어 있음을 분명하게 가르쳐 주신다.

해설

18-19절 《세상이 너희를 미워하면 너희보다 먼저 나를 미워한 줄을 알라》
예수님은 십자가 지시기 전날 밤 제자들에게 '서로 사랑하라'는 계명을 강조해서 말씀하셨다. 예수님의 강조는 제자들이 담당해야 하는 사명과 직결되어 있었다. 이제 예수께서 제자들과 더불어 만들어 가시려는 세상은 새로운 창조의 세상이다. 새 창조의 세상에서 핵심은 샬롬이다. 창조주 하나님과 그분에게 반역했던 인류가 다시 샬롬으로 하나 되는 세상이다. 그 반역의 결과로 분열되었던 인류(유대인과 이방인으로 분열되었던 인류)가 하나 되며, 다시 복음 안에서 샬롬을 누리는 세상이다. 즉 예수님이 제자들에게 위임하시려는 사역은 이 같은 샬롬의 사역을 감당하는 것이다. 그런데 그것을 전해야 할 제자들이 샬롬을 누리지 못한다면 그것은 실로 엄청난 모순이다. 그래서 예수께서는 제자들에게 서로 사랑함으로써 샬롬이라는 복음의 가치를 힘써 붙들라고 권면하시고 또한 명령하신다.

그런데 예수께서는 이 중요한 영적 전투에 반대편 세력도 있다는 사실을 주지시키신다. 예수께서는 본문에서 그 주제를 다루신다. 예수님의 제자가 되어서 그분이 맡기신 사역을 감당한다는 것은 '세상'으로부터의 미움을 각오해야 한다는 말이다. 요한복음에서 '세상'이라는 말은 일차적으로는 유대 권력자들과 이에 동조하는 유대인들을 뜻한다. 요한복음 8장의 자신을 대적하는 유대인들과의 대화에서 예수께서는 그들의 아비가 마귀임을 분명하게 밝히셨다(8:44). 예수님은 제자들이 감당할 새 창조의 사역을 마귀가 가만히 눈 뜨고 방관할 리가 없다는 취지로 말씀하신다. 하나님 나라의 사역이 세워지는 것은 마귀의 나라가 무너지는 것을 의미하기 때문이다. 마귀의 세력은 세상 가운데 실재하는 세력이다.

이런 관점에서 본문을 읽으면 새 창조의 사역을 방해하려는 마귀의 또 다른 전략이 보인다. 예수께서는 세상이 제자들을 박해할 것이라고 분명하게 말씀하신다. 어떻게 보면 세상을 다스리고 있는 마귀의 관점에서는 너무나도 당연한 반응이다. 세상이 예수님을 박해했던 것처럼 제자들도 박해할 것이라고 말씀하신다. 마귀는 예수님의 제자들 사이를 이간질시켜 서로 사랑하지 못하게 만들 뿐만 아니라 세상에 있는 사람들을 통해서 예수님의 제자들을 박해하게 만든다. 이 사실을 아시는 예수께서 당신이 떠나시고 난 후에 제자들이 박해를 받을 것이라는 사실을 분명한 언어로 미리 가르쳐 주시는 것이다. 따라서 본문에 등장하는 예수님의 논리는 다음과 같이 풀어쓸 수 있다. "너희들이 열매 맺는 삶을 살아갈 때 너희들은 세상으로부터 박해당하는 것을 전혀 이상한 것으로 여기지 말아라. 왜냐하면 세상은 너희보다 앞서서 나를 먼저 미워했기 때문이다. 너희들이 세상에 속했다면 당연히 세상이 너희를 사랑했겠지만 너희가 세상에 속하지 않고 그 세상 속에서 도리어 나의 택하심을 받아 나의 것이 됐기 때문에 세상이 너희를 미워하는 것은 너무 당연한 것이다."

20-21절 《내가 너희에게 종이 주인보다 더 크지 못하다 한 말을 기억하라 사람들이 나를 박해하였은즉 너희도 박해할 것이요 내 말을 지켰은즉 너희 말도 지킬 것이라》 예수께서는 제자들에게 "기억하라"('므네모뉴오')고 말씀하신다. 실제로 제자들이 기억해야 할 내용으로 예수께서 말씀하신 것은 '종이 주인보다 더 크지 못하다'는 사실이다. 제자들이 당하는 박해는 주인이 당했던 박해와 본질적으로 다른 종류의 것이 아니다. 세상이 주인이신 예수님을 박해했다면 그를 따라가는 제자들은 당연히 이런 종류의 박해를 각오해야만 한다. 여기서 제자들의 박해가 주인이신 예수님과의 연관성 속에서 설명되고 있다는 점이 눈에 띈다. 예수님의 말씀 속에는 요한복음에서 이미 언급됐던 한 가지 전제가 자리 잡고 있다. 그것은 제자들이 세상으로부터 박해를 경험하는 현상의 근본 이유에 관한 것인데, 이는 세상이 예수님을 이 세상에 보내신 이 즉 하나님 아버지를 알지 못하기 때문이라는 것이다.

세상이 예수님과 제자들을 박해하는 근본 이유는 세상이 근본적으로 누구에게 속했는지를 보여 주는 것이다. 세상에 속한 유대인들은 근본적으로 하나님을 알지 못한다. 그들은 자신들이 아브라함의 후손이며 하나님의 백성이라고 주장하기는 하지만 실제로는 하나님을 알지 못하는 자들이고 마귀의 자녀들이다(참조. 요 8장). 예수께서는 이 같은 사실을 분명히 하시며 제자들에게 세상으로부터의 박해를 각오하라고 말씀하신다. 요한복음의 일차 독자들에게 세상으로부터의 박해란 유대 권력자와 유대인들로부터 받는 박해를 의미한다. 그러나 이제 이 박해란 예수님의 말씀에 순종해서 열매를 맺으려는 이유 때문에 받는 모든 종류의 박해를 의미한다.

22-25절 《내가 와서 그들에게 말하지 아니하였더라면 죄가 없었으려니와 지금은 그 죄를 핑계할 수 없느니라 나를 미워하는 자는 또 내 아버지를 미워하느니라》 예수께서는 세상이 자신과 제자들을 미워하고 박해하는 이유를 하나님을 알지 못하는 것으로 설명하셨다. 그리고 그것이 그들의 죄로 설명된다. 세상은 예수님을 믿지 않았고 예수님을 보내신 하나님을 알지 못했다. 예수께서는 세상이 자신을 미워한 것이 실상은 하나님을 미워한 것이라고 말씀하신다. 왜냐하면 하나님 아버지께서 예수님을 이 세상에 보내셨기 때문이다(참조. 3:16). 하나님이 보내신 예수님을 세상이 알아보지 못하고 믿지 않았다는 것은 근본적으로 그들이 하나님을 알지 못하고 하나님께 속하지 않았음에 대한 방증이다. 예수께서 그들 가운데 계시며 행하신 사역으로 말미암아 그들은 더 이상 핑계하거나 변명하지 못할 것이다. 왜냐하면 예수님의 가르침과 사역은 예수님이 누구로부터 오셨는지를 분명하게 보여 주기 때문이다. 아울러 예수님은 이러한 세상의 불신앙의 행위가 율법의 말씀에 대한 성취임을 분명하게 밝히신다. 사실 예수님의 이 말씀은 시편 35편과 69편으로부터의 인용이다. 예수께서 이것을 율법이라고 말씀하신 것은 예수님 당시 율법이라는 말이 넓은 의미로 구약성경 전체를 의미하는 것으로 사용됐음을 시사한다.

26-27절 《내가 아버지께로부터 너희에게 보낼 보혜사 곧 아버지께로부터 나오시는 진리의 성령이 오실 때에 그가 나를 증언하실 것이요 너희도 처음부터

나와 함께 있었으므로 증언하느니라》 본문은 제자들이 당하게 될 박해가 무엇과 연관되어 있는지를 분명하게 밝힌다. 제자들이 세상으로부터 경험하게 될 박해란 성령의 증언과 분명하게 연결되어 있다. 앞서 14장에서 예수께서는 진리의 영이신 성령이 오시면 성령께서 예수님이 제자들에게 하셨던 말씀 즉 가르침들을 생각나게 하신다고 말씀하셨다. 정확하게 같은 맥락이다. 성령이 오시면 진리의 성령께서 예수님에 대해서 증언해주실 것이고 제자들도 예수님에 대해서 세상 속에서 증언하게 될 것이라고 말씀해주신다. 즉 제자들의 역할을 증인으로서 규정해 주고 있는 것이다. 제자들은 예수님의 최측근으로 처음부터 보고 들은 새 창조의 복음, 샬롬의 복음을 세상 가운데 증언하는 증인의 역할을 감당하게 될 것이다. 사실 고별설교의 문맥 속에서도 이 사실이 분명하게 드러나지만 예수께서는 제자들이 받게 될 박해가 제자들이 감당하게 될 증언과 직접적으로 연관되어 있음을 이렇게 분명히 밝혀 주신 것이다. 제자들은 그냥 박해를 받는 것이 아니다. 제자들이 세상 속에서 아무 일도 감당하고 있지 않는데 세상이 박해하고 핍박하는 것이 아니다. 예수께서 가져오신 하나님 나라의 일을 세상 속에서 증언하는 역할을 제자들이 감당하기 때문에 세상으로부터 박해를 경험한다. 세상이 예수님을 미워하기 때문에 예수께서 하신 일을 세상 속에서 증언하는 제자들을 미워하게 되는 것이고, 그렇기 때문에 제자들은 박해를 받게 된다. 이 관점에서 생각해 보면 예수께서 하신 일을 세상 속에서 증언해야 하는 책임과 권한을 부여받은 제자들은 박해를 각오해야 한다.

묵상

주님의 증인으로서 세상에서 주님의 말씀과 가르침을 증언하는 제자들의 삶 속에는 필연적으로 박해가 존재할 것이라고 주님은 말씀하셨다.

물론 세상으로부터의 박해라는 것은 기독교 역사에서 매우 다양한 모습으로 나타날 수 있고 한두 마디로 정의하기 어렵게 전개되어 온 것이 사실이다. 오늘날 조국 교회와 서구 교회는 무슬림들을 포함한 제3세계권과 비교해 보았을 때 기독교인이기 때문에 직접적으로 경험하는 박해는 덜한 듯한 느낌이다. 아마 우리 가운데 이렇게 말할 수 있는 사람도 있을 수 있을 것 같다. 본문의 이야기는 주님을 믿었던 주님의 첫 번째 제자들에게만 적용되는 사실이고 유대인이 아닌 우리들은 이 일과 상관이 없지 않을까? 과연 이러한 이해가 정직한 이해일까? 본문의 관점에서 정직하게 한번 우리 자신을 돌아보아야 할 필요가 있지 않을까 싶다.

오늘날 우리는 기독교가 꽤 보편화된 세계에 살고 있기 때문에 첫 번째 제자들과 분명히 다른 형편과 처지에 있는 것은 부인할 수 없는 사실이다. 그러나 주님이 첫 번째 제자들을 향해서만 이 말씀을 하신 것이 아님은 문맥상 틀림없다. 당장 고별설교의 다른 부분들을 우리는 우리 같은 후세대 제자들에게 하신 것으로 읽고 있지 않는가? 이 부분만 우리와 상관없다고 이야기하는 것이 오히려 더 이상하다. 그럼 주님이 하신 말씀의 관점에서 우리는 왜 핍박을 거의 경험하고 있지 않는 것일까? 증언하는 증인의 삶을 잘 살고 있지 않기 때문이라고 말하는 것이 정직한 모습일 것이다. 증언하는 증인으로서의 열매 맺는 삶이 희박한 것이 오늘날 조국 교회의 현실이 아닐까?

물론 여전히 자신들이 처한 곳에서 묵묵히 주님이 말씀하신 열매 맺는 삶을 신실하게 감당하는 사람들이 있음을 알고 있다. 그러나 오늘날 현실적으로 많은 주님의 제자들이 주님의 증인으로 세상을 사는 것에 대해서 그다지 큰 관심과 흥미를 가지지 못하는 것 같다. 증인으로서 증언하는 삶을 살지 못하고 있으니 세상이 핍박하고 박해할 일도 없겠다고 생각하는 것이 자연스럽지 않을까? 세상은 세상에 위협이 되는 것에 대해서 민감하게 반응하겠지만 우리가 주님의 나라에 대해서 증언하는 일이 없다면 그것이 사탄의 나라에 무슨 위협이 되겠느냐는 말이다.

고별설교의 관점에서 우리가 무엇을 놓치고 있는지를 돌아보는 것은 틀림없이 우리를 건강하게 한다. 요한도 바로 그것을 의도하고 주님의 고별설교를 이렇게 길게 기록한 것 아니겠는가? 당신은 지금 주님의 말씀 안에 잘 거하고 있는가? 믿음으로 참포도나무이신 주님께 잘 붙어 있는가? 주님의 사랑 안에 거함으로 형제들을 온전히 사랑하고 있는가? 주님이 말씀하신 열매 맺는 삶에 대해서 얼마나 생각하며 일상을 살아가는가? 우리는 얼마나 주님을 증언하는 증인의 삶을 살고 있는가? 주님을 세상 가운데 증언하는 특권과 의무를 주님께서 우리에게 부탁하셨다는 사실을 기억하며 사는가? 이 날카로운 질문을 우리 스스로에게 정직하게 던져보길 바란다. 다른 그 어떤 것보다 주님의 말씀 앞에 어린 아이와 같이 순전하게 순종하는 예수님의 제자가 되자.

기도

주님이 돌아가시기 전날 밤 애끓는 마음으로 제자들에게 부탁하신 진짜 복음을 숙지하고 또한 그것으로 무장해서 주님 다시 오심을 함께 예비하는 제자들이 되게 하소서.

요한복음 16:1-4
미움과 박해의 이유

문맥과 요약

예수께서는 자신이 제자들을 떠나는 부재의 상황을 상정하시고 앞 단락에서 했던 가르침을 이어가신다. 세상으로부터 제자들이 미움과 박해를 경험하게 될 것을 미리 알려 주신 이유를 제자들이 실족하지 않도록 하기 위함이라 밝히신다. 주님은 제자들이 세상으로부터 경험하게 될 박해의 성격이 어떤 것인지도 설명해 주신다. 세상이 이러한 일을 행하는 이유는 그들이 아버지와 주님을 알지 못하고 있기 때문이다.

해설

1절 《내가 이것을 너희에게 이름은 너희로 실족하지 않게 하려 함이니》 예수님은 제자들이 실족하지 않게 하기 위해서 이 말씀을 미리 하셨음을 분명히 하셨다. 생각해 보면 충분히 이해할 수 있는 이야기이다. 앞으로 어떤 일이 벌어질까? 제자들과 늘 함께 계셨던 예수님이 더 이상 제자들 옆에 계시지 않을 것이다. 이런 상황에서 제자들은 예수님의 증인으로 이 땅에서 열매를 맺으며 살아가야 한다. 그런데 세상이 그런 제자들에 대해서 적대적으로 나온다면 제자들이 세상의 적대적인 반응에 놀라 실족할 수 있게 되는 것 아닌가? 예수님은 제자들에 대한 세상의 반대가 격렬해짐에 따라 제자들이 사전에 충분히 준비되지 않는다면 실족할 수 있음을 아시고 미리 말씀해 주신 것이다.

2절 《사람들이 너희를 출교할 뿐 아니라 때가 이르면 무릇 너희를 죽이는 자가 생각하기를 이것이 하나님을 섬기는 일이라 하리라》 예수님은 2절에서 제자들이 경험하게 될 반대의 성격을 보다 자세하게 설명해 주신다. 때가 되면 유대인들은 제자들을 유대교로부터 출교시킬 것이다. 예수님을 믿는 자들에 대한 출교 이야기는 9:22에서도 이미 등장했었다. 나면서부터 소경된 자의 부모는 자식이 주님을 통해서 고침을 받았지만 그것을 공회 앞에서 말하기를 두려워했다. 유대인들이 예수님을 그리스도라고 고백하는 사람은 출교하기로 이미 결의해 놓았기 때문이다. 12장에서도 같은 맥락의 이야기가 등장한다. 나사로 사건으로 인해서 예수님을 믿었던 유대인의 관원들이 적잖았다. 그들은 출교당할까 두려워서 자신들이 예수님을 믿고 있다는 사실을 드러나게 말하지 못했다. 이 같은 예가 보여 주듯이 출교 사건은 주님 당시에도 분명히 시행되고 있었다.

그런데 주님이 십자가를 지시고 부활하신 후 한 세대 즉 대략 40년 정도가 지난 후에는 이 출교가 범유대적으로 공식화되게 된다. 국지적으로 시행되던 것이 범유대적으로 확대됐다. 유대인들은 얌니아 회의를 통해서 기독교인들을 이단으로 규정하고 "기독교인 저주 기도문"을 공식적으로 채택하게 된다. 예수님의 말씀이 성취됐다. 그런데 사태는 그 정도로 끝나지 않았다. 유대인들은 예수님의 제자들을 회당에서 쫓아내는 정도로 만족하지 않고 때가 이르면 죽이기까지 할 것이다. 더욱 놀라운 건 그 다음 이야기다. 제자들을 죽이는 자들은 자신들의 행위가 하나님을 섬기는 일이라고 생각한다는 것이다. 여기서 하나님을 섬기는 일이라는 말을 직역하면 하나님을 예배하는 일이라고 번역할 수 있다. 우리는 이 대목에서 궁금증을 가질 수 있다. 유대인들은 도대체 무슨 생각을 하고 있었기에 사람을 죽이면서 하나님을 섬기는 것이라고 생각할 수 있을까? 사람을 죽이는 것이 어떻게 하나님을 예배하는 일이 될 거라고 생각할 수 있을까?

이 부분을 이해하는 데 도움을 주는 유대인의 문서가 있다. 민수기에 대한 유대인들의 미드라쉬 주석을 보면 실제로 다음과 같이 이야기하는 대목이 나온다. "만일 어떤 사람이 사악한 자(사악한 자란 하나님을 업신여기거나 이스라엘로 하여금 하나님이 가증히 여기는 일을 하게 만드는 사람을 지칭하는 용어다)의 피를 흘리게 하면 그것은 하나님을 위한 희생제사로 간주할 수 있다." 실제로 이 일이 역사 가운데 일어났다는 사실을 우리는 사도행전의 기록을 통해서 확인하게 된다. 8장에서 스데반이 돌에 맞아 죽은 후에 다소 출신의 바울은 주님의 제자들에 대해서 살기가 등등하여 교회를 진멸시키려고 하고 있지 않는가? 12장에서는 헤롯이 요한의 형제 야고보를 칼로 죽인 소식을 접한 유대인들이 기뻐한다. 이러한 일들을 어떻게 설명해야 할까?

유대인들이 보기에 예수님은 메시아일 수 없다. 따라서 예수님을 메시아라고 하는 이 이단을 도무지 가만히 두고 볼 수 없는 것이다. 그래서 그들은 예수를 믿는 주님의 제자들을 핍박했던 것이다. 유대인들은 하나님을 미워해서 예수를 믿는 주님의 제자들을 핍박하는 게 아니다. 그들은 예수님의 제자들을 핍박하고 죽이는 것이 하나님을 향한 예배의 행위라고 생각하면서 그런 일을 행할 것이라고 주님은 말씀하신다. 예수님 말씀에 따르면 주님의 제자를 핍박하는 사람들은 스스로 생각하기를 자신들이 패역한 사람이라고 생각하며 이런 행위를 하는 것이 아니다. 그들은 자신들의 행위가 하나님을 섬기는 신실한 행위라고 생각하며 제자들을 핍박하고 죽이게 될 것이다.

3-4절 《그들이 이런 일을 할 것은 아버지와 나를 알지 못함이라》 유대인들의 종교적 열심과는 달리 예수께서는 유대 지도자들과 유대인들이 합심하여 제자들을 핍박하는 것을 두고 냉정하게 평가하신다. 예수님은 그들이 하나님을 향한 열심을 가지고 그렇게 했다는 것에 대해서 어떠한 연민도 보여 주시지 않는다. 어찌 보면 참으로 냉정하기 이를 데 없는 것처럼 보인다. 주님은 아주 단호하게 유대인들이 이런 일을 하고 있는 이유를 하나님 아버지와 당신을 잘 알지 못하고 있기 때문이라고 말씀하신다. 유대인들은 틀림없이 하나님 아버지를 잘 알고 있다고 스스로 생각했을 텐데 주님은 그들이 하나님 아버지를 알지 못한다고 매우 단호하게 말씀하신다.

예수님이 3절에서 하신 말씀의 관점에서 보면 진리의 영역에서 타협이란 있을 수 없음을 보게 된다. '제 마음은 그렇지 않은데 몰라서 그랬습니다'라는 말은 통하지 않는다. 적어도 예수님이 메시아 되심과 세상의 구주 되심의 영역에서 예수님은 냉정하리만큼 타협이 없으시다. 예수님을 알지 못한 결과로 주님과 주님의 제자들을 핍박하는 세상은 그 핍박의 행위를 통해서 자신들이 어디에 속했는지를 확증할 뿐이다. 그들은 그 행위를 통해 자신들이 하나님과 주님께 속한 것이 아니라 세상에 속했다는 사실을 확증할 뿐이다. 이 일에는 회색지대란 존재하지 않는다. 예수님에게 속하든지 세상에 속하든지 둘 중에 하나만 존재할 따름이다. 그들은 하나님께 속했다고 생각하면서 하나님께 속한 주님의 제자들을 괴롭히고 핍박하고 있다.

예수께서는 이 같은 말씀을 제자들에게 미리 해주신 이유를 다시 한 번 말씀하신다. 제자들이 그때를 당하게 될 때에 주님께서 제자들에게 하신 말씀들이 생각나게 하기 위함이라고 하신다. 제자들은 세상에서 받는 박해를 경험할 때에 예수님이 미리 예견하셨던 말씀을 떠올리게 될 것이다. 제자들은 박해 속에서 무엇이 잘못돼서 자신들이 고난을 겪고 있는 것이 아님을 알게 될 것이다. 그렇다면 주님은 왜 처음부터 이런 이야기들을 제자들에게 해주시지 않으셨을까? 그것은 예수님께서 제자들과 함께해 주셨기 때문이다. 주님이 함께하고 계시기에 제자들은 이러한 일에 대해서 굳이 미리 알아둘 필요가 없었을 것이다. 그러나 지금 주님이 주시는 가르침은 주님이 육체로 제자들과 함께하시지 않는 상황을 상정한 가르침이다.

묵상

(1) 가만히 생각해 보면 스스로 하나님의 백성이라 일컫는 사람들이 주님의 제자들을 핍박하는 일은 주님 당시에만 있었던 일이 아니라는 것을 우리는 금방 깨닫게 된다. 주님 당시에도 그랬지만 오늘날에도 얼마든지 일어날 수 있는 일이라는 사실을 우리는 깨달을 수 있다. 하나님을 예배하고 섬기는 일이라고 말하지만 사실은 그것이 하나님을 대적하는 일이요 예수님을 박해하는 일이 될 수도 있다. 기독교 역사에서 교회가 타락했을 때 주님의 제자들을 핍박하고 박해했던 것은 하나님을 믿지 않았던 사람들만이 아니라 하나님을 믿고 있다고 자처했으나 참된 말씀의 지식을 가지지 못했던 사람들이었다. 오늘날에도 교회의 성경적인 개혁을 이야기하는 사람들, 부정 세습이 교회 안에서 자행되는 것을 개탄하며 정당하게 세습을 반대하는 사람들, 교회 재정의 불투명한 사용에 대해서 정당하게 이의를 제기하는 교회 안의 사람들을 핍박하고 힘들게 하는 사람들은 교회 밖에 있는 사람들이 아니라 교회 안의 사람들일 때가 많다.

마음만으로는 충분하지 않을 때가 있다. 성경적인 바른 지식과 참된 앎이 참으로 중요하다. 말씀의 진리를 바로 아는 것이 너무 중요한 시대에 살고 있다. 그 말씀의 진리를 바로 아는 것이 너무 중요한데 오늘날 성도들은 그 말씀의 진리를 열심을 내어 알아가려고 노력하는 데는 별로 큰 관심이 없는 것 같다. 한국 기독교 역사 책들에서, 우리는 신앙의 선배들이 말씀 사경회에 참석하기 위해 눈 덮인 산길을 몇 시간씩 걸어서 예배당에 갔던 모습을 보게 된다. 말씀을 사모하고 그 생명의 말씀을 듣고 싶어서 사경회에 참석하곤 했다. 이러한 귀한 전통을 다시 배워야 하지 않을까?

(2) 진리의 영역에서 전혀 타협하지 않으시는 주님의 단호한 모습을 보면서 사람들은 주님의 태도에 의구심을 품을 수도 있다고 생각한다. 우리가 성경에 보았던 주님의 모습과 일면 다르다는 생각도 할 수 있다. '하나님을 예배하려는 생각으로 행했다면 좀 더 유연하고 포용적인 태도를 보여 주실 수는 없었을까?' 그러나 주님은 자신을 알지 못해서 자신과 자신의 제자들을 핍박하고 박해하는 세상에 대해서 매서우리만큼 단호하시다.

요한복음은 하나님과 주님을 알지 못해서 주님과 주님의 제자들을 핍박하는 세상에 대해서 그들이 어두움의 영역에 속해 있다는 것을 분명하게 이야기한다. 그런데 도리어 이러한 주님의 단호한 태도는 제자들로 하여금 열매 맺는 삶과 관련해서 정신을 바짝 차리도록 한다. 지금 문맥 속에서 주님이 하시는 말씀을 묵상하면 우리는 이런 생각을 하지 않을 수 없다. 주님에 대해 바로 알고 진리를 바로 아는 것은 타협할 수 없는 중요한 일이라는 것이다. 그리고 그런 주님을 세상 가운데 바로 증언하는 것은 또한 제자들에게 너무나도 중요한 사명이라는 것이다. 심지어는 핍박을 무릅쓰고서라도 감당해야 할 사명이다.

사명, 이 얼마나 숭고한 말인가? 이야기 하나를 소개할까 한다. 바닷가에 어느 노인이 한 분 계셨다. 그 할아버지는 자기 발로 온전히 서 계신 것도 쉽지 않아 보였는데 연신 허리를 구부려 모래 위에서 무언가를 집어 바닷가를 향해 땀을 뻘뻘 흘리며 던지고 계셨다. 이 광경을 보고 있던 젊은이들이 할아버지에게 다가갔을 때 그들은 할아버지가 무엇을 하고 계신지 즉각 알아차릴 수 있었다. 할아버지는 드넓은 백사장에 수도 없이 펴져있던 불가사리를 바닷가를 향해 던지고 계셨다. 젊은이들은 할아버지가 하시는 일이 너무 무모해 보여서 이렇게 질문했다. "할아버지, 보시다시피 백사장에는 족히 수십만 개에 달하는 불가사리가 있습니다. 할아버지가 아무리 애쓰셔도 매우 소수의 불가사리만이 다시 바다로 돌아갈 뿐입니다. 할아버지의 수고가 이 백사장의 수많은 불가사리들에게 무슨 의미가 있겠습니까?" 이 젊은이들의 이야기를 들으신 할아버지는 이렇게 답하셨다. "나도 압니다. 내가 다시 바다로 돌려보낼 수 있는 불가사리는 현실적으로 기껏해야 수백 마리 정도일 겁니다. 백사장의 전체 불가사리에 비하면 보잘것없는 숫자이겠지요. 그런데 내가 돌려보내지 않는 불가사리는 틀림없이 백사장에서 말라죽겠지만 내가 다시 돌려보낸 불가사리는 다시 죽지 않고 생명을 얻을 수 있지 않겠습니까?"

이 노인의 이야기가 우리 마음속에 울림이 된다. 주님에 대해서 바로 알고 진리에 대해서 바로 아는 것이 타협할 수 없이 중요하다면, 그리고 이 진리가 사람의 영원한 생명을 판가름하는 타협할 수 없는 진리라면, 예수님의 제자는 증인으로 살아가는 과정에서 비록 핍박을 받게 되더라도, 이를 감수하고서라도 이 진리요 생명이신 주님과 주님의 말씀을 증거하는 일에 최선을 다해야 하지 않을까? 우리는 얼마나 주님을 증언하는 증인의 삶에 관심을 가지고 살아가고 있는가? 주님을 세상 가운데 증언하는 특권과 의무를 주님께서 우리에게 부탁하셨다는 사실을 기억하자.

기도

주님이 돌아가시기 전날 간절한 마음으로 제자들에게 부탁하신 진짜 복음으로 무장하게 하소서. 주의 복음을 증거하는 일에 핍박이 예견된다 하더라도 기꺼이 이 일을 감당하고자 하는 주의 백성들로 가득하게 하소서.

요한복음 16:5-15

성령의 사역(십자가에 대한 새로운 해석과 인도)

문맥과 요약

예수님은 제자들에게 열매 맺는 삶을 기대하신다. 예수님이 말씀하신 열매란 두 가지로 정리할 수 있다. 하나는 예수님이 하셨던 사역을 제자들도 이 땅에서 감당하는 것이다. 또 다른 하나는 예수님이 사람들을 사랑하셨던 것처럼 제자들도 사랑의 사람으로 변화되어 가는 것이다. 열매 맺는 삶이란 예수님 안에 거하는 삶이고 예수님의 사랑 안에 거하는 삶이다. 또한 예수님은 제자들이 세상에서 당신이 기대하시는 열매를 맺는 과정에서 꼭 기억해야 할 것도 친히 말씀해 주셨다. 그것은 바로 세상이 주님을 박해했던 것처럼 그분의 제자들도 박해할 것이라는 사실이다. 이어서 예수님은 자신이 떠날 것이며 이것이 제자들에게 유익이라고 말씀하셨는데, 왜냐하면 주님이 가시면 보혜사 성령께서 오실 것이기 때문이다. 성령이 오시면 그분은 죄에 대하여, 의에 대하여, 심판에 대하여 세상을 책망하실 것이다. 여기서 죄, 의, 심판이라는 개념은 모두 예수님의 십자가 처형과 연관되어 있다. 또한 성령이 오시면 그분은 제자들을 진리 가운데로 친히 인도하실 것이다.

해설

5-7절 《내가 떠나가는 것이 너희에게 유익이라 내가 떠나가지 아니하면 보혜사가 너희에게로 오시지 아니할 것이요 가면 내가 그를 너희에게로 보내리니》 예수께서는 세상이 자신을 미워하고 그의 제자들도 미워해서 핍박하고 심지어는 죽이는 일까지 발생할 것이라 말씀하시고는 보혜사 성령을 보내실 것을 약속하신다. 7절은 자신이 떠나가시는 것이 제자들에게 실제로는 유익이라고 말씀하신다. 왜 주님의 떠나심이 제자들에게 유익이 될까? 이 말이 뜻하는 바는 "주님의 떠나심"과 연결되어 있다. 요한복음에서 예수님의 떠나심은 항상 보혜사의 오심과 밀접하게 연결되어 있다. 우리는 먼저 예수님의 '떠나심'이라는 말을 생각해 봐야 한다. 여기서 '떠나심'은 1차적으로는 십자가의 죽으심을 의미하는 것이다. 그리고 마침내 제자들을 육체로 떠나시는 것을 의미한다. 즉 주님의 떠나심이라는 말은 두 가지 의미를 내포하고 있는데, 바로 고별설교의 다음 날 아침에 이루어질 십자가 처형과 부활하신 후에 예수님이 제자들과 이 땅에서 완전히 이별하시는 것이다. 그러니까 지금 예수님이 하시는 말씀은 이 두 가지 특별한 상황, 즉 주님의 십자가 처형과 이별을 앞두고 있는 제자들을 위한 주님의 특별한 가르침이라 말할 수 있다. 이러한 특별한 두 가지 상황에 직면할 제자들에게는 그 상황에 대한 특별한 가르침이 필요했다.

8절 《그가 와서 죄에 대하여, 의에 대하여, 심판에 대하여 세상을 책망하시리라》 제자들이 처한 특별한 상황에 예수님이 주시는 말씀이 어떤 의미를 가지는지가 본문의 핵심이다. 본문의 말씀은 예수님의 십자가 처형과 관련된 특별한 가르침이다. 지금 이 시점의 제자들은 잘 모르고 있지만 내일이면 예수님은 돌아가실 것이다. 예수께서는 당신이 어떠한 구체적인 방법으로 죽음을 맞이하게 될지 잘 알고 계셨다. 바로 십자가의 죽음이다.

오늘날 기독교 신자들에게 십자가 죽음의 의미는 '죄 사함' 혹은 '구속'이라는 개념으로 해석된다. 그런데 예수님의 십자가를 우리의 죄 사함과 우리의 구속이라고 생각하는 것은 하나의 해석이다. 오늘날 기독교인들은 십자가를 죄 사함과 구속으로 해석하지만 1세기 첫 번째 주님의 제자들에게는 그것이 완전히 다른 의미로 다가왔을 것이다. 왜 그럴까? 그들이 살고 있었던 유대적 배경과 세계관 때문이다.

유대인들에게 십자가의 죽음이라는 것은 율법에 기록되어 있는 독특한 방식의 죽임이다. 신명기 21:22-23에는 다음과 같이 기록되어 있다. "사람이 만일 죽을 죄를 범하므로 네가 그를 죽여 나무 위에 달거든 그 시체를 나무 위에 밤새도록 두지 말고 그 날에 장사하여 네 하나님 여호와께서 네게 기업으로 주시는 땅을 더럽히지 말라 나무에 달린 자는 하나님께 저주를 받았음이니라." 예수님의 제자들은 이 말씀을 너무나 잘 알고 있었을 것이다. 나무 즉 십자가에 달린 자는 다름 아닌 하나님께 저주를 받은 자라는 말이다. 이것이 유대인들의 세계관이다. 또한 제자들은 헬라 세계라는 문맥 속에서도 살았다. 헬라 세계에서 십자가형이라는 것은 실패한 반란으로 해석됐다. 십자가는 곧 실패와 패배를 의미했다.

바로 이런 문맥에서 예수께서는 제자들에게 자신이 내일 지셔야 할 십자가의 의미에 대해서 새롭게 설명해야 할 필요를 느끼셨다. 주님은 내일 십자가에 달려 돌아가시지만 그것이 예수님이 하나님께 죄를 지어서 자신의 죄 때문에 저주를 받으신 것이 아니라는 사실을 설명하셔야 했다. 또한 예수님의 십자가는 결코 실패한 반란이 아니라는 사실을 제자들에게 분명하게 해두어야 할 필요를 느끼셨다. 이런 관점에서 8-11절은 일차적으로 십자가의 죽으심에 대한 일종의 변론인 셈이다. 예수께서는 당신이 가시고 성령께서 오시면 그가 어떤 일을 수행하실지 가르쳐 주신다. 보혜사는 죄에 대해서, 의에 대해서, 심판에 대해서 세상을 책망하실 것이다. 여기서 죄, 의, 심판이라는 개념은 모두 예수님의 십자가 처형과 연관되어 있다.

9절 《죄에 대하여라 함은 그들이 나를 믿지 아니함이요》 예수께서는 세상이 죄에 대하여 책망을 받는 이유를 세상이 예수님을 믿지 않았기 때문이라고 말씀하신다. 물론 여기서 세상은 예수님을 믿지 않는 유대 지도자들과 유대인들을 지칭하는 말이다. 그럼 예수께서는 어떤 의미에서 자신을 믿지 않는 것을 죄라고 말씀하실까? 그것은 하나님이 예수님을 세상에 보내셨기 때문이다. 하나님이 보내신 분을 받아들이지 않고 믿지 않는 것을 죄라 한다. 더욱이 하나님은 우리 주님을 통해서 어떤 계획을 가지고 계시는가? 하나님은 주님을 믿는 자를 새 창조의 피조물로 빚어서 그들의 죄악을 용서하시고 하나님과 새롭게 영생의 교제를 이루어 가실 계획을 가지고 계신다. 그런데 하나님이 보내신 예수님을 거부하는 것은 바로 하나님의 계획을 거부하는 것과 다른 것이 아니다. 그것이 바로 그들의 죄악이다. 요한복음에서 예수님을 믿지 않는 것이 무엇을 의미하는 것일까? 죄를 지어서 형벌을 받는 것이 너무나 당연한 자들을 은혜로 용서해 주시려는 하나님의 긍휼과 용서를 끝끝내 거부하는 자들의 패역함과 다른 것이 아니다. 용서받을 수 없는 자식을 무한한 은혜로 용서하겠다는 부모의 의지를 끝끝내 거부하는 자식의 패역함의 극치를 말하는 것이다. 십자가에 주님을 달아 죽이는 세상(유대 지도자들과 유대인들)은 이런 패역한 죄인들이며, 주님을 십자가에 다는 것이 그들의 죄악이라는 것을 주님이 분명하게 표현하셨다.

10절 《의에 대하여라 함은 내가 아버지께로 가니 너희가 다시 나를 보지 못함이요》 이 구절은 일견에 그 의미를 알기는 어렵다. 일단 유대인들에게 이 "의"라는 개념이 여러 문맥에서 다양하게 이해될 수 있기 때문이다. 도덕적인 혹은 윤리적인 "의"를 말할 수도 있고, 언약적인 "의"를 말할 수도 있다. 또 법정적인 의미로 "의"를 말할 수도 있다. 그래서 이해하기가 쉽지 않다. 이럴 때 제일 중요한 성경 해석의 원리는 문맥이다. 그러니까 이 구절을 해석하는 가장 좋은 방법은 "예수님이 십자가라는 구체적인 방식으로 아버지께로 돌아가심으로써 세상이 어떤 방식으로 '의에 대해서' 책망을 받게 됐는지"를 묻는 것이다.

세상 즉 유대 지도자들과 유대인들은 예수님이 하나님이 보내신 메시아가 틀림없음에도 불구하고 자신들의 '의'의 기준을 적용해서 그분이 메시아일 수 없고 죄인이라는 성급한 결론을 내렸다. 그리고 그 성급한 결론의 결과로 예수님을 십자가라는 독특한 처형 방식으로 죽이는 데 주도적인 역할을 하게 된다. 그런데 10절에서 주님이 뭐라 하시는가? 당신이 아버지께로 가신다고 이야기한다. 여기에는 전제되어 있는 것이 하나 있다. 바로 주님의 부활이다. 세상은 주님을 죄인이라고 성급하게 결론짓고 하나님께 저주받은 자로서 십자가 위에 죽였지만, 공의로운 하나님은 죄가 없으신 주님을 죽음 아래에 두실 수가 없으셨다. 하나님의 공의는 그를 다시 죽음으로부터 살려내셨다. 죄가 없으시기 때문이다. 우리 모두는 우리의 죗값으로 단 한 사람의 예외도 없이 죽임을 당하게 될 것이다. 그러나 예수님은 죄가 없으시기 때문에 죽음 아래 머물러 계실 수가 없었다. 그래서 다시 부활하셔서 하나님 아버지에게로 돌아가시는 것이다. 주님이 뭘 말씀하시고 싶으신 것일까? 당신이 죄가 있고 불의했기 때문에 십자가에 죽으시는 것이 아니라, 도리어 세상이 불의했기 때문에 예수님을 십자가에 죽이는 것이라는 말이다. 그래서 세상은 자신들의 죄에 대해서 또한 의에 대해서 보혜사로부터 책망을 듣게 될 것이다.

11절 《심판에 대하여라 함은 이 세상 임금이 심판을 받았음이라》 보혜사는 세상의 심판에 대해서도 책망하신다. 그 이유는 세상의 심판이 잘못됐기 때문이다. 예수님의 부활과 승천은 세상의 의가 잘못된 것임을 드러낼 뿐 아니라, 그들의 심판도 잘못된 것이라는 점을 드러낸다. 이러한 그들의 잘못된 심판은 세상의 임금인 마귀에 대한 심판으로 후에 증명될 것이다. 어떤가? 제자들의 관점에서는 예수님이 내일 지실 십자가가 다분히 하나님으로부터의 저주요 세상에 대한 패배로 이해될 수 있다. 그렇지만 예수님은 이것이 사실이 아니라는 점을 분명히 하셨다. 십자가는 패배가 아니다. 도리어 십자가는 역설적으로 세상의 죄악과 더러운 탐욕적 의와 불의한 심판에 대한 하나님의 심판의 의미를 담고 있다. 주님은 십자가를 지시기 전날 밤 이 사실을 분명히 제자들에게 가르치셨다.

12-14절 《진리의 성령이 오시면 그가 너희를 모든 진리 가운데로 인도하시리니 그가 스스로 말하지 않고 오직 들은 것을 말하며 장래 일을 너희에게 알리시리라》 예수께서 주시는 가르침은 두 가지 특별한 상황을 염두에 두고 주어졌다. 즉 주님의 십자가 처형과 주님과의 이별이라는 독특한 상황 속에서 주어진 가르침이다. 십자가 처형과 관련해서 이것이 패배가 아니라 도리어 심판이라고 말씀하신 예수께서는 이어 제자들이 직면할 두 번째 상황에 집중하신다. 13절이 그 이야기를 설명한다. 진리의 영이신 보혜사 성령이 오셔서 제자들을 진리 가운데로 인도하실 것이다. 예수께서는 이제 제자들을 떠나실 것이다. 제자들은 주님이 육체로는 부재하신 시대를 살아가야 한다. 이런 상황에서 제일 큰 문제가 뭘까? '누가 제자들을 인도해야 하는가?'이다. 바로 그 역할을 성령이 하실 것이라고 말씀하신다. 예수께서는 성령이 제자들을 진리 가운데로 인도하실 것이라고 말씀하신다. 물론 여기서 진리라는 것은 진리이신 예수님과 그분이 가르쳐 주신 진리의 말씀을 가리킴이 틀림없다. 진리의 영이신 성령이 오시면 그분은 제자들을 진리이신 예수님에게로 인도하시는 것이다. 이런 의미에서 성령의 역할의 중심에는 항상 "예수님"이 계신다. 심지어 그는 자의로 말씀하시지 않는다. 오직 예수님에게서 들은 것을 말씀하신다. 결국 보혜사 성

령은 제자들을 진리이신 예수님에게로 인도하신다.

그 구체적인 방법이 무엇인가? 성령께서는 진리이신 예수님의 말씀이 생각나게 하심으로 우리를 주님에게로 인도하신다. 비록 예수님이 육체로는 부재하시겠지만 성령의 사역을 통해서 제자들과 함께하신다. 이제 제자들은 예수님께서 이 땅에 육체로 계시지 않는 시대를 여러 가지 힘들고 어려운 일들을 만나게 될 것이다. 그때 예수님이 옆에 계신다면 그분께 도움을 청할 수 있겠지만 주님은 옆에 계시지 않는다. 그러나 염려할 것이 없다. 왜냐하면 진리의 영이신 성령께서 제자들을 진리이신 예수님께로 인도하실 것이기 때문이다. 성령은 제자들에게 예수님의 말씀 즉 예수님의 가르침이 생각나게 하실 것이다. 성령의 인도하심을 통해서 제자들은 그들이 처한 상황을 주님의 가르침의 맥락에서 이해하고 해석할 수 있게 될 것이다.

이런 관점에서 생각해 보면 주님의 첫 번째 제자들이나 우리와 같은 후대의 제자들이나 똑같은 처지임을 알게 된다. 물론 그들은 주님을 보았고 우리는 보지 못했다. 그들은 주님께 직접 들었지만 우리는 듣지 못했다. 그러나 진리의 영이신 성령은 첫 번째 제자들과 마찬가지로 후대의 제자들도 진리이신 예수님에게로 인도해 주실 것이다. 진리이신 예수님의 말씀이 생각나게 해서 제자들이 진리이신 주님과 교제할 수 있도록 이끌어 주실 것이다.

묵상

성령은 우리를 진리이신 주님에게로 인도하실 것이다. 그 구체적인 방법은 주님의 말씀을 생각나게 하시는 것이다. 그런데 정말 가슴 아픈 역설이 뭔지 아는가? 주님은 그렇게 간절히 우리를 주님의 가르침으로 인도하고 싶으신데 오늘날 하나님의 백성이라는 사람들은 주님의 말씀을 잘 모른다는 데 있다. 물론 주님의 말씀을 사모하는 사람이 아예 없기야 하겠는가? 다만 그런 사람들이 소수라는 게 문제일 것이다. 오늘날 하나님의 백성들이 주님의 말씀에 얼마나 관심이 없는지, 주님의 말씀을 얼마나 모르는지를 확인하는 데는 그리 오랜 시간이 필요하지 않다. 유튜브에 접속해 보면 정말 수많은 설교들이 있다. 하지만 얼마나 많은 가짜 말씀들이 판을 치는지 모른다. 그런데도 그런 설교에 성도들의 아멘 소리가 쩌렁쩌렁하게 울린다. 이게 조국 교회의 현실이다. 어디 그뿐인가? 오늘 조국 교회의 목회자들은 마치 무슨 무당 같다. 자신들이 하나님께 직통으로 계시를 받은 것인 양 '하나님께서 내게 이렇게 저렇게 말씀하셨다'라는 말을 너무 쉽게 한다. 그런 사역자들에게 현혹되어서 그와 비슷하게 이야기하는 성도들이 얼마나 많은지 모른다.

그렇다면 조국 교회에 왜 이런 일들이 일어날까? 성도들이 진짜 주님의 말씀을 먹지 못하고 있기 때문이다. 성령님은 우리를 진리이신 주님과 주님의 말씀으로 인도하려 하신다. 그래서 말씀의 교제를 통해서 주님의 뜻을 분별해 내는 분별력 있는 진짜 제자로 만들고 싶어 하신다. 그런데 주님의 제자라는 사람들은 정작 주님의 이러한 의도를 너무 몰라주는 것 같다. 이제는 정말로 정신을 바짝 차려야 한다. 이제는 정말 졸다가도 깰 때가 된 것 같다. 다시 주님 앞으로, 주님의 말씀 앞으로 나아가야 한다. 진리의 영이신 성령께서 우리를 진리의 말씀으로 인도해 가시도록 해야 한다. 참된 신앙생활에는 왕도가 없다. 무엇인가 자꾸 신비한 것만을 추구하려는 사람들은 그들의 마음이 헛헛하다는 사실을 스스로 보여 주는 셈이다. 무엇이 성숙한 신앙일까? 진리의 말씀이신 주님의 말씀을 깨닫고 그 안에서 세상과 인간과 우리 자신을 진리의 말씀으로 바라볼 수 있는 성경적인 안목을 가지게 되는 것이다.

성경은 트러블 슈팅(trouble shooting: 작업을 진행하는 도중에 문제가 발생하였을 때 이것을 진단하고 해결하는 일-편주)하는 매뉴얼이 아니다. 말씀묵상을 통해서 우리는 트러블 슈팅하는 기술을 배우는 것이 아니라 세상을 창조하시고 구속하시고 여전히 통치하시는 하나님의 섭리와 그분의 참된 지혜를 배우게 된다. 또한 인생에 대한 참된 안목을 배우게 되는 것이다. 말씀을 통한 이러한 반복적인 교제만이 우리를 더욱 예수님의 제자답게 만들어 갈 것이다. 그 말씀의 교제 속에서 우리는 주님이 허락하시는 충만한 은혜를 만끽하게 될 것이다. 그걸 누리는 진짜 제자만이 세상에서 주님이 원하시는 열매를 맺게 된다.

기도

주님, 우리는 세상에서 살아가지만, 세상에 속하지 않았습니다. 우리는 주님이 가져오신 그 영광스러운 나라를 이 땅에 세우기 위해서 부름받았습니다. 주님이 돌아가시기 전날 간절한 마음으로 제자들에게 부탁하신 진짜 하나님 나라의 복음으로 무장하고 이 진리의 교제 속에서 주님 다시 오심을 함께 예비하는 거룩한 교회로 세워져 가게 하옵소서.

요한복음 16:16-24
해산의 기쁨

문맥과 요약

제자들이 유대 맥락과 헬라 맥락에서 쉽게 오해할 수 있는 십자가의 의미에 대해서 새롭게 해석하신 예수님은 이제 제자들이 당하게 될 고통을 해산의 고통이라는 관점으로 설명하신다. 하지만 제자들이 지금 겪는 근심과 고통은 후에 기쁨으로 바뀔 것이다. 제자들은 그 기쁨으로 충만하게 될 것이다. 어느 누구도 그 기쁨을 빼앗을 수 없기 때문이다.

해설

16-18절 《조금 있으면 너희가 나를 보지 못하겠고 또 조금 있으면 나를 보리라 하시니》 예수께서는 당신의 고별설교의 말씀에도 불구하고 여전히 걱정과 근심에 붙들려 혼란 가운데 있는 제자들을 바라보시며 일종의 예언적인 말씀을 해주신다. 제자들은 예수님께서 "조금 있으면 너희가 나를 보지 못하겠고 또 조금 있으면 나를 보리라"고 하신 말씀의 뜻을 깨닫지 못했다. 또 예수께서 아버지께로 가신다고 하신 말씀의 뜻도 깨닫지 못했다. 물론 오늘날의 우리는 예수께서 무슨 말씀을 하고 계신지 잘 알고 있

다. 조금 있으면 주님을 보지 못한다는 말씀은 주님의 십자가 지심을 말하는 것이다. 또 조금 있으면 다시 주님을 본다는 것은 일차적으로 주님의 부활을 말하는 것이고, 또한 성령을 통해서 제자들을 찾아오시는 주님을 이야기하는 것이라는 사실을 잘 알고 있다. 그런데 흥미로운 부분은 이 부분이다. 본문을 보면 제자들이 예수께서 하신 말씀에 대해 혼란스러워하며 질문하고자 하는 의도가 있음을 주님이 알아차리시고는 제자들에게 대답해 주신다. 그런데 예수께서 주신 대답을 잘 보면 주님이 제자들이 가진 의구심과 혼란에 대해서 직접 대답해 주시지 않는다는 사실이다. 제자들의 의구심과 질문은 '조금 있으면 주님을 보지 못하고 또 조금 있으면 주님을 다시 보게 된다'는 말의 의미에 대한 것이었다. 그것에 대해서 예수께서는 각각이 무엇을 뜻하는지 일일이 구체적인 대답을 제공해 주시지는 않는다. 그럼 예수께서는 왜 제자들의 의구심에 대해서는 대답해 주시지 않으셨을까? 그것은 설명해 줄 필요가 없기 때문이다. 그것은 사흘 후면 누가 설명해 주지 않아도 자연스럽게 깨달을 수 있는 것이었기 때문이다.

20-21절 《너희는 곡하고 애통하겠으나 세상은 기뻐하리라 너희는 근심하겠으나 너희 근심이 도리어 기쁨이 되리라》 제자들의 의구심에 대해서 예수께서는 그들의 근심이 해산의 기쁨으로 바뀔 것이라 말씀하신다. 주님은 사흘 후에 제자들이 자연스럽게 알게 될 정보는 제공하여 주시지 않고, 그 삼 일간의 시간이 가지게 될 의미에 집중하신다. 그 기간이 가지게 될 의미를 비유를 통해서 설명해 주시고자 하신 것이다. 이제 제자들에게는 고통스러운 시간이 도래할 것이다. 예수께서는 십자가를 지셔야 하고 제자들은 자신들이 좇아다녔던 그 주님이 십자가에서 고통스럽게 돌아가시는 것에 직면해야 한다. 이것은 제자들에게는 극심한 상실의 고통을 의미한다. 그들이 그것을 피하는 것은 불가능하다. 그들은 반드시 이 고통의

과정을 통과해야만 한다. 틀림없이 이 시기는 고통과 근심의 시기이다.

그런데 이 시기는 고통과 근심으로 끝나는 시기가 아니다. 그 고통은 산고라는 것이다. 산고의 시기가 끝나면 그 고통은 기쁨으로 변화될 것이라는 말씀이다. 산고는 희망을 바라보는 고통이다. 산고는 틀림없는 고통이지만 그 고통의 끝에서 우리는 새로운 생명을 만나게 된다. 그 산고 끝에 새로운 생명과 마주하게 된다는 기쁨을 전제한 고통이기 때문이다. 산모는 죽을 것 같은 산고의 시간을 지나가야지만 새로운 생명을 얻게 된다. 그 새로운 생명을 얻는 큰 기쁨을 위해서 산고는 필연적인 과정이다. 새로운 생명이 태어나고 새로운 관계가 만들어진다는 신비로운 기쁨이 너무 커서 그 고통을 압도하게 될 것이다.

그러나 조금만 더 생각해 보면 예수께서는 단순히 제자들이 겪게 될 상실의 고통만을 염두에 두시고 그 고통을 산고에 비유하신 것 같지는 않다. 왜 그럴까? 우선 제자들이 경험하게 될 산고는 무엇보다 먼저 주님의 십자가의 산고를 전제해야만 설명될 수 있기 때문이다. 예수님의 십자가의 산고가 없다면 제자들이 겪게 될 고통은 새로운 생명을 얻게 된다는 희망으로 끝날 수 없다. 바로 이런 의미에서 이 십자가의 산고는 무엇보다 먼저 예수님에게 산고이었음에 틀림없다. 인류와 창조 세계의 역사를 바꾸어 놓을 엄청난 희망을 전제한 고통이었다. 예수께서는 십자가의 극심한 육체적 고통뿐만 아니라 그토록 친밀하셨던 하나님 아버지로부터 철저하게 외면당하고 끊어지는 고통을 당하셔야 했다. 그것은 우리가 상상도 하기 힘든 고통이었음에 틀림없다.

우리는 사랑했던 사람으로부터 경험하는 철저한 외면과 그 인격적인 관계로부터 분리되는 것을 종종 "죽음과도 같은 고통"이라고 시적으로 표현하곤 한다. 그 산고를 예수께서 친히 먼저 겪으셨기 때문에 주님은 새 창조의 세상을 여실 수 있으셨던 것이다. 예수님의 산고가 먼저 있었기 때문에 우리는 그것을 통해서 예수님과 함께 새로운 창조의 피조물로 새롭게 영적으로 태어나게 되는 은혜를 입게 됐다. 주님의 십자가의 산고가 먼저 있었기 때문에 제자들이 겪는 고통이 산고에 비유될 수 있었다. 예수님의 십자가가 먼저 있었기 때문에 제자들이 당하는 고통은 희망을 간직한 고통이 될 수 있었다.

22-24절《지금은 너희가 근심하나 내가 다시 너희를 보리니 너희 마음이 기쁠 것이요 너희 기쁨을 빼앗을 자가 없으리라》 예수께서는 제자들이 십자가와 부활 사건 후에 다시 주님과 만나게 될 것이라 말씀하신다. 이 만남을 통해서 제자들이 가지고 있었던 근심은 곧 기쁨으로 바뀌게 될 것이라 말씀하신다. 요한 사도가 예수께서 말씀하신 십자가 산고의 비밀을 충분히 깨달았을까? 사실 이 질문은 너무나 당연한 이야기일 수 있다. 그것을 깨달았기 때문에 요한이라는 사도가 존재한 것이고 그가 사도로서 섬김의 역할을 감당할 수 있었을 것이다. 그리고 요한이 주님의 고별설교를 기록했다는 것이 그가 이 산고의 비밀, 즉 해산의 기쁨을 깨달았다는 방증일 것이다.

그런데 성경을 보면 요한이 이 산고의 비밀이 가져다 주는 기쁨을 제대로 알았을 뿐만 아니라 그 기쁨으로 충만해 있다는 것을 보여 주는 구체적인 증거가 등장한다. 그가 주님이 가르쳐 주신 말씀의 진리를 제대로 깨닫고 십자가 산고가 가져다 준 새 생명의 기쁨으로 충만해져 있다는 것을 우리는 사도행전의 기사를 통해서 발견하게 된다. 사도행전 3장에서 베드로와 요한이 성전 앞에서 나면서부터 걷지 못했던 사람을 치유한다. 직후에 베드로와 요한은 주님 안에서 하나님이 행하신 놀라운 복음 메시지를 동료 이스라엘 백성들 앞에서 선포한다. 이 일로 인해서 베드로와 요한은 종교 지도자들에게 붙잡혀 하루를 감옥에 있었다. 그리고 그들은 종교 지도자들 앞에 끌려가 위협적인 분위기 속에서 취조를 받게 된다.

종교 지도자들은 베드로와 요한에게 그리스도 예수의 복음을 증거하지 말라고 협박한다. 이들이 누군가? 불과 얼마 전에 예수님을 십자가에 달아 죽이는 데 가장 앞장섰던 사람들이 아닌가? 말을 조금만 잘못하면 제자들도 예수님처럼 매우 위험해질 수 있는 상황이다. 실제로 불과 얼마 전 이 동일한 제자들은 주님이 십자가를 지시기 위해서 체포당하셨을 때 모두 주님을 버리고 도망했던 자들이다. 지금 그들이 당하고 있는 위협이 정확하게 동일한 종류의 위협이 아닌가?

그런데 그 종교 지도자들의 협박과 위협 앞에서 베드로와 요한이 무엇이라고 이야기하는가? "너희의 말을 듣는 것이 하나님의 말씀을 듣는 것보다 옳은가 판단하라. 우리는 보고 들은 것을 말하지 아니할 수 없다"(행 4:19-20). 이 본문을 기록한 요한이 너무 달라져 있다. 그는 불과 얼마 전 예루살렘으로 올라오는 길에서 주님에게 권력의 자리를 청탁했던 인물이 아닌가? 자기와 형제 야고보가 한 자리씩 차지하게 해 달라고 주님 몰래 찾아가서 청탁했던 속물 아니었던가? 그런데 사도행전에 등장하는 요한은 어떻게 이렇게 달라져 있을까? 그것은 바로 그가 산고의 비밀을 깨닫게 되면서 해산의 기쁨, 주님이 십자가를 통해 새롭게 만들어 내신 새로운 세상이 주는 기쁨을 맛보았기 때문이다. 이러한 기쁨은 요한과 베드로로 하여금 종교지도자들의 위협 앞에서도 굴하지 않게 만들었다(참조. 행 4:29-31). 이제 이 제자들을 멈출 수 있는 것은 없는 것 같다. 그들은 이미 진짜 기쁨을 맛본 사람이 됐기 때문이다.

묵상

필자에게는 세 명의 자녀가 있다. 첫째와 막내는 제왕 절개 수술로 낳았고 둘째 아이는 자연 분만했다. 그런데 둘째 아이를 낳는 과정이 그리 순탄치 않았다. 진통이 시작된 이래로 산도가 열리기 위해서 거의 12시간을 꼬박 병원 복도를 링거를 꽂은 채 걸어야 했다. 물론 필자도 그런 아내 옆에서 꼬박 12시간을 링거 병을 들고 따라 걸어야 했다. 필자도 나름 힘들었지만 아픈 배를 부여잡고 병원 복도를 오랜 시간 동안 걸어야 했던 산모의 고통을 남자인 내가 제대로 상상이나 할 수 있겠는가? 분만실에서도 둘째를 만나기 위한 과정은 그리 녹록치 않았다. 분만 과정도 거의 2시간이 넘었던 것으로 기억한다. 그 고통이 너무나 컸던 탓인지 아내는 아이를 낳고 거의 1-2분 정도 기절했었다. 20년이 넘은 일인데도 필자는 그 일이 아직도 생생하다. 한 생명을 얻는다는 것의 신비에 압도당했고 그 생명을 얻기 위한 고통이 얼마나 극심할 수 있는지도 생생하게 경험했던 것 같다. 그렇게 힘들게 둘째를 낳고 지쳐있던 아내가 병실에서 필자를 보자마자 한 말이 있다. "다시는 애 낳지 않겠다고 … 또 애 낳으라고 하면 …." 뒷말은 아내의 인격이 있기 때문에 독자의 상상에 맡기겠다.

이 말을 하고 난 지 3년이 지나서 우리 부부는 하나님으로부터 막내를 선물로 받게 됐다. 둘째를 낳았을 때 다시는 생각하고 싶지도 않은 엄청난 산통을 겪었지만 둘째라는 생명을 하나님으로부터 선물로 받은 그 큰 기쁨 때문에 산통을 망각했던 것이다. 본문에서 주님이 바로 그 이야기를 하셨다. 성경 말씀은 우리에게 거울이 된다고 하셨으니, 사도행전 4장에 등장하는 제자들의 모습과 오늘날 우리가 경험하고 있는 조국 교회의 모습을 정직하게 비교해 볼 필요가 있다. 오늘 우리의 모습은 십자가와 해산의 기쁨을 알고 있는 사도행전 4장의 제자들과 더 가까운가? 아니면 해산의 기쁨이 뭔지 모르고 자신들의 영광만을 여전히 추구하는 마가복음 8-10장의 제자들과 더 가까운가? 정직하게 이야기하면 어디쯤인지 정확히 모르겠지만 우리는 양자 사이 어딘가에서 매우 어정쩡한 모습으로 서 있는 것이 아닐까 싶다. 그것이 오늘날 조국 교회의 현실이 아닐까?

필자는 이민교회를 20여 년 경험하면서 이민교회의 모습을 나름 적나라하게 본 것 같다. 세상에 문제 없는 교회 없고 그런 교회를 찾으려면 공동묘지에나 가야 한다는 웃을 수 없는 우스갯소리도 있다. 그런데 우리가 하나님의 백성이라면 본문의 말씀을 묵상하며 적어도 내 안에 주님이 말씀하신 십자가로 말미암는 해산의 기쁨이 정말 강물이 되어 흐르고 있는지 점검해 보아야 하지 않겠는가? 오늘날 조국에서 욕먹고 있는 대형교회를 보라. 그 교회의 당회에는 대학교수, 대학원장, 대학 총장, 의사, 변호사, 소위 한국의 엘리트들이 한둘이 아니다. 근데 왜 엉뚱한 일에 모든 정열을 다 소비하고 자기들만의 문제에 집착한 나머지 한국교회뿐만 아니라 사회에서도 욕을 먹는 지경이 됐을까? 진짜 복음의 정수, 복음의 비밀, 그 진정한 앎으로부터 파생하는 해산의 기쁨이 무엇인지 모르는 사람들이 많은 것이 이유가 아닐까? 그것이 오늘날 조국 교회에 종교개혁 수준의 개혁이 필요한 진짜 이유 아닐까? 해산의 기쁨을 회복하는 것이 조국 교회 회복의 핵심 중의 하나가 된다고 생각한다. 이 해산의 기쁨이 뭔지 알고 나면 우리가 그렇게 치열하게 다투고 중요하다고 목에 핏대를 세워가며 이야기했던 것들이 얼마나 사소한 것들이 될 수 있는지를 발견하게 될 것이다. 바로 이것이 우리가 사랑하는 주님이 이 고별설교를 통해서 그의 제자들에게 하시고 싶으셨던 말씀 아니겠는가?

기도

주님, 이 땅의 교회가 보다 본질적인 일, 즉 어떻게 열매 맺는 일에 관여할 수 있을까를 가지고 고민하고 토론하고 기도하는 교회가 되게 하소서. 그 어떤 위협 속에서도 주님의 복음을 전하고 제자를 만들고 그래서 주님의 몸 된 교회를 계속해서 세워가는 것에 우리의 관심이 집중되게 하소서.

요한복음 16:25-33
십자가의 승리

문맥과 요약

예수님의 고별설교의 마지막 부분이다. 예수께서는 제자들과의 짤막한 대화를 끝으로 고별설교를 마무리하신다. 가르침을 듣고 난 후 제자들은 예수님이 하나님으로부터 온 줄을 믿는다고 이야기한다. 이에 대해 예수께서는 제자들이 믿는다고 고백하고 있는 것의 한계가 무엇인지를 말씀하신다. 제자들은 아직 십자가의 승리와 신비가 무엇인지 알지 못하고 있다. 십자가가 하나님의 새로운 창조를 견인하는 신비라는 사실을 알지 못하면 제자들은 결코 이 세상에서 승리할 수 없다. 예수께서는 이 비밀을 가르쳐 주심으로 고별설교를 종료하신다.

해설

25-27절 《이것을 비유로 너희에게 일렀거니와 때가 이르면 다시는 비유로 너희에게 이르지 않고 아버지에 대한 것을 밝히 이르리라》 고별설교의 긴 가르침이 주어지고 난 후 본문은 예수님과 제자들이 마지막으로 나눈 짤막한 대화를 소개해 주고 있다. 예수께서는 지금까지 그림언어(비유)를 통해

서 말씀하셨지만 때가 이르면, 즉 제자들이 십자가와 부활을 통과하게 되면 이제 아버지 하나님에 대해서 밝히 이르실 것이라 말씀하신다. 이 말은 하나님과 예수께서 행하실 새 창조의 놀라운 일이 십자가와 부활을 경험하게 될 때에야 비로소 명확히 이해될 것임을 말씀하시는 것이다. 이 일은 일차적으로는 예수께서 부활하신 후에 제자들에게 친히 나타나셔서 40일 동안 부활과 하나님의 나라에 대한 가르침을 주시는 것이다(참조. 행 1:3). 또한 이러한 가르침의 사역은 예수께서 승천하신 후에는 성령을 통해서 지속적으로 제자들에게 주어질 것이다.

이어 예수께서는 다시 한번 기도 응답에 관한 약속을 주신다. 그런데 흥미로운 점은 예수께서 제자들을 위해서 친히 간구하시는 것이 아니라고 말씀하신다. 이 말은 예수님과 성령의 중보사역을 부정하는 것이 아니다. 도리어 제자들이 친히 아버지께 간구하게 될 것이고 아버지께서 제자들에게 직접적으로 응답하시겠다는 약속으로 이해해야 한다. 제자들은 예수님을 사랑하고 아버지께서 예수님을 보내신 것을 믿었기에 아버지도 그들을 사랑하셔서 그들의 기도에 응답해 주신다는 말이다.

28-30절 《이로써 하나님께로부터 나오심을 우리가 믿사옵나이다》 예수께서는 제자들에게 보여 주어야 할 것을 보여 주셨고, 가르쳐 주어야 할 중요한 핵심을 가르쳐 주셨다. 그리고 이제 당신이 다시 아버지에게로 돌아가야 한다고 제자들에게 말씀해 주신다. 예수님의 말씀을 듣고 난 후 제자들의 반응이 어떤가? 제자들은 예수께서 모든 것을 아시고, 사람들의 물음을 기다리실 필요가 없으며, 하나님께로부터 나오셨다는 사실을 믿는다고 고백한다. 제자들의 말만 들으면 그들이 예수님이 말씀하시려는 것을 잘 이해하고 있고, 주님이 어떤 분이시며 그에 대해서 요구되는 적절한 믿음을 가지고 있는 것처럼 보인다.

31절 《이제는 너희가 믿느냐》 제자들의 대답을 들으신 예수님의 반응이

31절에 소개되어 있는데 이 말씀이 상당히 흥미롭다. 개역개정에서 "이제는 너희가 믿느냐?"라고 번역해 놓은 이 구절은, 헬라어 구문상 크게 두 가지로 번역할 수 있다. 하나는 평서문이고 하나는 의문문이다. 평서문으로 번역하면 "아, 이제야 너희들이 믿는구나"라고 번역할 수 있다. 평서문으로 번역하면 본문은 다소간 탄식의 의미 또는 안심과 감탄의 의미를 담아낼 수 있다. 두 번째는 의문문으로 번역할 수도 있다. 개역개정은 의문문으로 번역한 것인데, 의문문으로 번역하는 것도 여러 다른 뉘앙스를 담을 수 있다. 먼저 "너희가 이제야 믿는 것이냐?"라고 번역하여 "이제야"에 강조점을 담으면 다소 아쉬움 혹은 안도감을 표현하는 것일 수 있다. 또한 "이제 너희가 믿는다고?"라고 번역할 수도 있다. 이렇게 번역하면 예수께서는 지금 제자들이 믿는다는 것에 대해서 뭔가 의구심을 표현하신 것이 될 수 있다. 문맥 속에서 예수님의 의도는 도대체 어떤 의미를 가지고 있을까? 예수님의 고별설교를 통해서 제자들이 제대로 된 이해와 믿음에 이르게 됐다는 것을 주님이 안도하시며 말씀하시는 것일까? 아니면 '이제야 믿는거냐'고 아쉬움과 안도감을 동시에 표하시는 것일까? 아니면 예수께서는 제자들의 고백이 가지는 의미에 대해서 다소간의 부정적 함의를 표현하신 것일까?

32절 《보라 너희가 다 각각 제 곳으로 흩어지고 나를 혼자 둘 때가 오나니 벌써 왔도다》 핵심은 문맥이다. 연이어 등장하는 예수님의 말씀은 31절의 의도가 무엇이었는지를 보여 준다. 32절을 보면 그 의도가 제자들이 말하는 앎과 믿음이라는 것이 기껏해야 피상적인 수준이라는 것을 보여 줌에 있었다. 왜 그런가? 예수께서는 제자들에게 "보라 너희가 다 각각 제 곳으로 흩어지고 나를 혼자 둘 때가 오나니 벌써 왔다"라고 말씀하신다. 우리는 이 시점에서 예수님이 제자들을 왜 부르셨는지 생각해 볼 필요가 있다. 예수님은 제자들과 함께하기 위해서 부르셨다. 그들을 제자로 부르시고 훈련시키셔서 예수님이 떠나가신 후에도 당신이 하신 사역을 감당하고 열매 맺기 위해서 부르신 것이다. 그러기 위해서 제자들은 예수님과 함께해야 했다. 요한복음 식으로 말하자면 예수님 안에 거해야 했다. 직전에 제자들이 뭐라고 고백했는가? 예수께서 모든 것을 알고 계심을 자신들이 안다고 했다. 예수님이 하나님께로부터 나오신 것을 믿는다고 이야기했다. 그런데 그렇게 알고 믿는다고 얘기한 제자들이 예수님과 함께하는 데 실패하여 각각 자신들의 처소로 흩어지고 예수님을 홀로 두고 떠나게 된다고 말씀하신다. 문맥상 제자들이 예수님을 홀로 두고 자신의 처소로 흩어진다는 것은 이제 내일 예수님이 십자가를 지시는 것을 염두에 두고 말씀하신 것이 틀림없다.

지금 제자들이 실패하는 지점이 무엇인지 보이는가? 십자가다. 예수님의 십자가 앞에서 제자들은 다 실패하고 만다. 그들이 안다고 주장하고 믿는다고 주장했지만 실상 그들의 앎과 믿음은 다 십자가 앞에서 아무런 능력을 발휘할 수 없는 것들이었다. 이런 류의 앎과 믿음, 즉 십자가를 통과하며 십자가의 의미를 충분히 담아내지 못하는 앎과 믿음은 제자들의 인생에서 아무런 능력을 발휘할 수 없다. 왜 그런가? 예수께서 16장에서 뭐라고 말씀하셨는지를 떠올려 보면 답을 알 수 있다. 예수님은 제자들이 당신을 따라오려면 십자가를 지는 핍박의 상황을 각오해야 한다고 말씀해 주셨다. 세상이 예수님을 미워한 것처럼 제자들도 미워하고 핍박하게 될 거라고 말씀하셨다. 그런데 이 시점에서 제자들이 그리고 있는 제자의 삶에는 십자가가 없다. 나름대로 알고 있다고 이야기하고 믿는다고 이야기하기는 하는데 그들이 이야기하는 앎과 믿음에는 십자가가 없다. 십자가로 말미암는 승리와 신비가 뭔지도 모르고 십자가를 통해서 새로운 세상을 창조하시는 해산의 기쁨이 뭔지도 모른다.

그러니까 예수님은 지금 안다고 주장하고 믿는다고 주장하고 있는 제자들의 앎과 믿음이라는 것이 실상 그들 앞에 펼쳐질 현실 앞에서 얼마나 무용지물인지를 이야기해 주고 계신 것이다. 일종의 주님식 팩트체크(fact-check)다. 비록 제자들은 알고 있다고 얘기하고 믿고 있다고 이야기하지만 그들의 앎과 믿음은 여전히 십자가의 승리와 신비를 깨닫지 못한 앎이고 믿음일 뿐이다. 그런 수준의 믿음으로는 절대로 핍박이 기다리고 있는 제자의 삶을 살 수가 없다. 또한 절대로 예수님이 기대하시는 열매를 맺을 수 없다.

33절 《세상에서는 너희가 환난을 당하나 담대하라 내가 세상을 이기었노라》 그럼 어떻게 해야 그것이 진정한 앎과 믿음이 될 수 있을까? 예수께서는 33절에서 바로 그 이야기를 하신다. 당장 이 밤이 되면 32절에서 예수께서 하신 말씀은 현실이 될 것이다. 그들은 십자가 앞에서 다 예수님을 버리고 도망할 것이기 때문이다. 제자들은 오늘 밤 그 십자가라는 현실 앞에서 다 실패하고 말 것이다. 그것이 그들의 수준이고 실력이다. 아직 십자가의 승리가 무엇인지를 모르기 때문이다. 그러나 예수님은 사실 제자들의 실패 그 다음을 바라보고 계신다. 오늘 밤은 실패하겠지만 그 다음에 제자들이 십자가를 만날 때 승리하게 하기 위해서 이 말씀을 하시는 것이다.

주님은 제자들에게 담대하라고 말씀하신다. 그 이유는 당신이 세상을 이겼기 때문이다. 이것이 무엇을 의미하는 것일까? 이제 내일이면 당신이 지실 십자가가 세상을 이긴 이김이라는 사실을 말씀하시는 것이다. 예수님의 십자가가 패배가 아니라 승리였다는 사실을 제자들에게 말씀하셨다. 그 십자가 승리의 비밀에 예수님의 제자들이 친숙해지면 친숙해질수록 그들은 세상 앞에서 담대한 예수님의 제자들이 될 수 있다. 예수께서 말씀하신 진리가 사도행전 4장에 그대로 나타난다. 유대 지도자들의 서슬 퍼런 협박과 공갈 앞에서도 전혀 굴하지 않는 제자들의 모습이 등장한다. 주님이 잡히시던 날 밤 제자들의 모습과는 달라도 너무 다르다. 왜 이런 일이 있어났을까? 사도행전 4장의 제자들을 어떻게 설명해야 할까? 제자들은 틀림없이 환란과 핍박 앞에 서있다. 그들의 인생에 폭풍우가 불고 비바람이 치고 있는데 예수님의 말씀처럼 주님 안에서 평안을 누리는 제자들을 발견하게 된다. 어떻게 그들은 폭풍우와 비바람 앞에서도 평안하고 담대할 수 있을까? 그들은 예수님의 십자가가 승리였다는 사실을 깨닫고 믿게 된 것이다. 예수님의 십자가가 승리였듯이 제자들의 십자가도 마침내 승리가 될 것을 믿게 된 것이다. 그것을 깨달을 때 인생의 폭풍우와 비바람 앞에서도 담대한 예수님의 진짜 제자가 되는 것이다.

묵상

오늘날 그리스도인들을 향해서 한 신학자가 일갈했다. 오늘날 그리스도인들은 예수님의 십자가의 피라면 환장하는 뱀파이어 크리스천 같다는 것이다. 십자가의 피가 우리의 죄를 사한다는 사실은 믿으면서도 예수를 믿는다는 것의 참다운 의미 즉 제자도는 상실한 시대를 살고 있다는 것이다. 진짜 예수님의 제자는 주님처럼 십자가 지는 것을 두려워하지 않는 자다. 누가 십자가 지는 것을 두려워하지 않을 수 있을까? 주님의 십자가가 승리였던 것처럼 우리의 십자가도 틀림없이 승리가 되리라는 것을 믿는 자이다. 그런 자가 주님 안에 거하며 샬롬을 누리는 자이고, 주님이 기대하시는 열매를 맺으며 세상에서 승리할 수 있다. 당신은 십자가를 지고 있는가? 혹 그 십자가가 힘들고 무겁다고 다른 사람들이나 지라고 하고 있지는 않는가? 당신은 정말로 십자가가 진짜 승리라는 것을 믿고 있는가? 십자가를 지는 삶이 모든 제자들에게 상식이 될 때 우리는 그제야 진정한 주님의 제자요 주님의 아름다운 교회의 모습을 가지게 될 것이다.

사실 요한복음 16장 전체가 십자가라는 주제로 흐르고 있다. 16장의 시작이 박해에 대한 것 아니었는가? 제자들을 기다리고 있는 박해는 주님의 십자가의 박해를 전제한 것이었다. 주님은 자신의 십자가가 패배가 아니라고 가르쳐 주셨다. 주님의 죄로 인한 저주가 아니라고 친히 가르쳐 주셨다. 그리고 마지막으로 고별설교를 마치시며 마침내 당신이 십자가로 세상을 이기셨노라고 말씀하신다. 내일 십자가의 죄수로 죽음을 당하시지만 미리 놀라운 승리의 선언을 하시며 고별설교를 마치신 것이다. "내가 십자가로 세상을 이기었노라."

기도

주님의 십자가가 승리였듯이 우리의 십자가도 반드시 승리가 될 줄로 믿습니다. 하나님 나라, 십자가 복음으로 무장해서 주님 다시 오심을 함께 예비하는 이 땅의 교회가 되게 하옵소서.

특주
제1-2고별설교 정리

예수께서 제자들에게 행하신 고별설교 전체를 요약해 보는 것이 유익할 것이다. 예수께서는 십자가 지시기 전날 밤 당신의 사랑하는 제자들을 다 불러 모아 놓으시고는 긴 고별설교를 하셨다. 이제 내일이면 주님은 십자가를 지시고 제자들의 곁을 떠나실 것이다. 마치 미식축구 감독이 슈퍼볼(Superbowl)과 같은 큰 경기를 앞두고 자신의 게임플랜(gameplan)을 선수들에게 정확하게 숙지시키는 것처럼, 주님은 제자들을 모아 놓으시고는 주님이 떠나시고 난 후 그들이 어떻게 주님이 맡기신 하나님 나라의 사역을 감당해야 하는지 매우 큰 그림을 그려주셨다. 그것이 제1차, 2차 고별설교의 핵심이다.

제자들은 주님이 이 땅에 계실 때 행하셨던 그 사역을 감당해야 한다. 팔레스틴뿐만이 아니라 제자들이 거하는 모든 곳에서 주님의 사역을 감당해야 하는 것이다. 이런 의미에서 예수께서는 제자들의 사역을 주님이 하신 것보다 더 큰일이라고 말씀해 주셨다. 이 사역을 위해서 기도하면 주님이 응답해주실 것이라고 약속도 해주셨다. 근본적으로 이 일은 제자들의 능력으로 감당해 낼 수 있는 일이 아니라는 말이다. 성령이 오셔서 매 순간 함께하시며 주님의 말씀을 생각나게 해 주셔야만 감당할 수 있는 일이기 때문이다. 그리고 내적으로 제자들은 주님의 말씀을 통해서 주님과 나누는 교제를 누려야만 한다. 그 생명의 교제 속에서 주님을 사랑하는 사람으로 날마다 변화하고 성숙해지라는 말이다. 이 생명의 교제 속에서 제자들은 자신이 추구하던 가치의 변화를 경험하게 된다.

'말씀을 통한 제자들의 변화' 그리고 제자들을 통해서 일어날 '또 다른 복음의 변화'를 주님은 열매라고 말씀해 주셨다. 그리고 이 진리를 포도나무와 가지 비유를 통해서 다시 한번 정리해 주셨다. 이 비유를 통해서 주님은 열매 맺는 삶의 조건에 대해서 말씀하셨는데, 그것은 주님 안에 거하는 것이다. 주님 안에 거하는 것은 다른 말로 하면 주님의 사랑 안에 거하는 것이다. 주님의 사랑 안에 거하는 것을 예수께서는 주님의 계명을 지키는 것이라 말씀하셨다. 그리고 주님은 자신의 계명의 핵심을 사랑이라고 요약하셨다. 제자들이 '서로 사랑하라'는 주님의 계명을 잘 지키게 될 때에야 비로소 그들은 하나님이 기대하시는 열매를 잘 맺게 될 것을 아셨기 때문에 그렇게 말씀해 주셨다. 물론 '서로 사랑하라'는 주님의 말씀은 지금 제자들의 상황에서는 촌철살인과 같은 말씀이 아닐 수 없었다. 왜 그런가? 그들이 서로 사랑하고 있지 않았기 때문이다. 복음서의 맥락을 보면 그들은 서로 사랑할 수 없는 나름대로의 분명한 이유를 가지고 있었다.

또한 주님은 제자들이 세상에서 주님이 기대하시는 열매를 맺는 과정에서 박해를 경험할 것이라 말씀해 주셨다. 세상이 주님을 박해했던 것처럼 제자들도 박해할 것이라는 것을 미리 알고 준비하고 있어야 한다는 말이다. 장차 있을 제자들에 대한 박해를 말씀하시면서 주님은 당장 자신이 내일 경험하게 될 세상으로부터의 박해, 즉 십자가의 의미에 대해서도 설명해 주셨다. 십자가는 유대세계에서 흔히 오해할 수 있는 것처럼 주님의 죄악에 대한 하나님의 저주가 아니다. 또한 헬라 세계에서 쉽게 오해할 수 있는 것처럼 실패한 반란에 대한 결과가 아니다. 주님의 나라는 십자가라는 역설을 통해서 이 땅에 임할 것이다. 바로 이런 관점에서 주님의 십자가는 세상의 죄에 대한, 세상의 의에 대한, 세상의 심판에 대한 역설적인 심판의 성격을 가지고 있다. 그러나 현실적으로 주님의 십자가는 제자들 모두에게 고통의 시간이 될 것이다. 주님이 군병들에게 붙들려 십자가에 달리시는 것은 제자들에게는 틀림없이 고통스러운 것이기 때문이다. 그러나 주님은 이 시기가 가지고 있는 고통의 의미를 산고라는 관점에서 해석해 주신다.

틀림없이 이 시기는 고통과 근심의 시기이다. 그러나 이 시기는 고통과 근심으로 끝나는 시기는 아니다. 왜냐하면 이것은 산고이기 때문이다. 그 산고의 시기가 끝나면 그 고통의 시간은 기쁨의 시간으로 변화할 것이다. 그러나 이 십자가의 산고는 무엇보다도 먼저 주님에게 산고이었음에 틀림없다. 그 산고를 주님이 친히 먼저 겪으셨기 때문에 그 산고의 결과로 주님은 새 창조의 세상을 여실 수 있으셨다. 주님의 산고가 먼저 있었기 때문에, 그리고 주님의 그 십자가의 산고를 통해서, 우리가 새 성전이신 예수님 안에 새로운 창조의 피조물이 되어, 위로부터 출생하는 하나님의 새로운 가족이 되고, 하나님이 베풀어 주시는 환대를 누리는 인생이 되는 것이다. 이런 맥락에서 주님은 십자가가 결국 세상에 대한 하나님의 승리였음을 밝히신다. 그래서 주님의 고별설교는 십자가 승리의 우렁찬 외침으로 종결된다.

고별설교를 잘 살펴보면 요한복음 1장의 새로운 성전에 대한 이야기, 2장의 가나 혼인 잔치 이야기, 3장의 니고데모와 중생에 대한 이야기, 4장의 수가성 여인 이야기, 5장의 베데스다 연못 주변 이야기, 6장의 오병이어 이야기, 9장의 소경 이야기, 13장의 세족 이야기 등등 요한복음의 모든 이야기들이 고별설교의 관점에서 다시 떠오른다. 고별설교의 이야기는 요한복음이 전하는 예수님의 가르침의 축약판이다. 주님은 자신의 십자가와 부활을 통해서 새롭게 창조하시는 세상, 예수님의 몸으로 새롭게 세워지는 새 성전, 새 성전이신 주님 안에서 새롭게 만들어지는 하나님의 새로운 백성, 그 백성들이 누리게 될 목마르지 않고 배부른 영생의 삶, 예수님의 제자들에게 요구되는 열매 등을 이렇게 논리 정연하게 가르쳐 주시고 설명해 주신 것이다.

요한복음 17:1-5
십자가를 위한 기도

문맥과 요약

제자들을 향한 마지막 고별설교를 십자가의 승리라는 우렁찬 외침으로 마치신 예수께서는 이제 본격적으로 기도하기 시작하신다. 십자가가 승리라는 것을 아셨지만 예수님에게도 십자가를 지는 것은 결코 쉬운 일이 아니었기 때문이다. 예수께서는 이 십자가를 통해서 당신과 아버지를 영화롭게 해 달라고 청원하신다. 이 영광은 예수님 안에 있는 모든 사람들에게 영생이라는 결과로 나타나게 될 것이라 말씀하신다. 이 영생이란 하나님과 그가 보내신 예수 그리스도를 아는 것이다. 삼위 하나님과 교제하는 것이 바로 영생이다.

해설

1절 《예수께서 이 말씀을 하시고 눈을 들어 하늘을 우러러 이르시되 아버지여 때가 이르렀사오니 아들을 영화롭게 하사 아들로 아버지를 영화롭게 하게 하옵소서》 본문은 흔히 예수님의 대제사장적 기도라는 별명으로 불린다. 이 기도는 크게 세 부분으로 구성되어 있는데 제일 먼저 등장하는 것은 주님 자신에 대한 기도이다. 이 본문에서 예수께서는 마치 인간 대제사장이 모든 백성들을 대신해서 제사를 드리고 그들을 위해서 중보했던 것처럼 하나님 아버지께 기도하신다. 그런데 본문을 잘 관찰해보면 이 기도가 주님의 고별설교 마지막과 주제 면에서 직접적으로 맞닿아 있다는 것이 분명하게 드러난다. 예수께서는 '때'가 이르렀다는 말로 기도를 시작하신다. 문맥상 '때'란 표현은 십자가의 때를 말하는 것임에 틀림없다. 예수께서는 요한복음에서 그 '때'에 관해서 줄곧 말씀해 오셨다. 주님이 영광 받으시는 그 십자가의 '때'가 이르렀다는 말이다. 예수님의 기도의 내용이 구체적으로 무엇인가? 때가 이르렀으니 아들을 영화롭게 하사 아버지를 영화롭게 해 달라는 것이다. 앞서 언급한 것처럼 '때'는 십자가를 지는 '때'를 의미한다. 그렇다면 그 십자가의 때가 이르렀으니 아들을 영화롭게 해 달라는 말은 무슨 뜻일까? 문맥을 생각해 보면 뜻은 분명해진다. 예수께서는 지금 자신 앞에 도래한 십자가의 때를 바라보시며 그 십자가를 통해서 자신을 영화롭게 해 주시고 그것을 통해서 아버지도 영화롭게 해 달라고 기도하고 계신 것이다.

그러므로 1절의 기도의 핵심은 '십자가를 잘 질 수 있게 해 주십시오'라는 기도다. 하나님과 아들이 영광을 받으시는 구체적인 방법이 십자가이니 그 십자가를 잘 질 수 있도록 도와달라는 간청을 하신 것이다. 예수님의 기도를 보니 무엇이 떠오르는가? 고별설교 마지막에 십자가를 통해서 자신이 세상을 이겼다고 외치셨던 예수님의 승리의 선포가 생각나지 않는가? 우리는 지금 예수께서 하신 기도가 어떻게 응답됐는지를 신약성경의 다른 부분을 통해서 듣게 된다. 바울은 빌립보서 2:7-11에서 다음과 같이 증언한다. "오히려 자기를 비워 종의 형체를 가지사 사람들과 같이 되셨고 사람의 모양으로 나타나사 자기를 낮추시고 죽기까지 복종하셨으니 곧 십자가에 죽으심이라 이러므로 하나님이 그를 지극히 높여 모든 이름 위에 뛰어난 이름을 주사 하늘에 있는 자들과 땅에 있는 자들과 땅 아래 있는 자들로 모든 무릎을 예수님의 이름에 꿇게 하시고 모든 입으로 예수 그리스도를 주라 시인하여 하나님 아버지께 영광을 돌리게 하셨느니라."

바울은 십자가의 죽으심을 통해서 예수께서 모든 이름 위에 뛰어난 이름을 얻게 되셨다고 이야기한다. 이것이 바로 주님이 말씀하신 영광이다. 그리고 그 십자가의 영광을 통해서 모든 입술이 예수 그리스도를 주라 시인해서 하나님 아버지께 영광을 돌리게 하셨다고 고백한다. 예수께서는 기도하신 대로 십자가를 지셨고, 하나님 아버지는 주님의 기도대로 그 십자가가 주님에게 먼저 영광이 되게 하셨다. 모든 피조 세계가 예수님의 이름 앞에 무릎을 꿇고 예수를 그리스도요 주라 고백하게 하셨다. 이것이 예수께서 기도하셨던 영광이다. 그리고 그 십자가를 통해서 주님만 영광을 얻으신 것이 아니라 모든 입들이 예수님을 주님이라 고백함으로 궁극적으로 하나님 아버지께도 영광을 돌리게 하셨다. 예수께서 기도하신 대로 하나님 아버지께서 응답해 주신 것이다. 바울은 이 사실을 정확하게 인식했다.

2절 《아버지께서 아들에게 주신 모든 사람에게 영생을 주게 하시려고 만민을 다스리는 권세를 아들에게 주셨음이로소이다》 예수께서는 자신이 십자가를 지심으로 영광 받으시는 일 그리고 그것을 통해서 하나님이 영광 받으시는 일의 구체적인 결과가 어떤 모습으로 드러나는지를 2절에서 말씀하신다. 결국 십자가를 통해서 드러나는 주님의 영광, 아버지의 영광이 사람들에게는 구체적으로 어떤 모습으로 드러날까? 영생의 삶을 통해서 드러난다. 만민을 다스리는 권세라는 표현은 앞서 언급한 빌립보서 2장의 언어가 생각나게 하는 표현이다. 만민을 다스리는 권세란 궁극적으로 예수께서 모든 피조 세계의 주님으로 인정되는 것을 뜻하며 하나님이 아들의 십자가와 부활을 통해서 행하신 일을 믿고 인정하는 사람들에게 영생을 주심으로 드러나게 될 것이다. 즉 예수님이 십자가를 지심으로 사람들에게는 영생을 누릴 수 있는 길이 열렸다. 그리고 사람들이 영생을 누리는 삶을 통해서 동시에 하나님은 영광을 받으신다. 흔히들 기독교 복음과 영생을 이야기할 때 '죽어서 천국가는 것'으로 이야기하곤 했다. 이 말은 기독교가 이야기하는 진정한 의미의 복음의 목적과 영생에 대한 서술로는 충분하지 않다. 예수께서 십자가를 지신 것은 십자가를 통해서 죽고 부활하심으로 새로운 세상을 창조하시기 위함이다. 그리고 새로운 인류 가운데 가장 첫 번째 인류이신 예수께서 그 새 창조의 세상을 가장 먼저 사시는 것이다(참조. 롬 5:12-21; 고전 15:45-50). 더불어 우리는 믿음으로 이 사실을 인정하고 주님 안에 거함으로 함께 새로운 피조물로 지어져서 새로운 창조의 세계를 주님과 함께 사는 것이다(갈 2:20; 고후 5:17). 이것이 기독교가 말하는 진정한 복음이다.

3절 《영생은 곧 유일하신 참 하나님과 그가 보내신 자 예수 그리스도를 아는 것이니이다》 예수께서 바로 그 이야기를 3절에서 하신다. 예수님은 영생이 무엇인지 설명하신다. 영생이란 유일하신 참 하나님 그리고 그 하나님이 보내신 예수 그리스도를 아는 것이다. 여기서 주목해야 할 것은 "아는 것"이라는 표현이다. 유대적 표현으로 안다는 말은 단순히 지식적으로 이성적으로 무엇에 대한 지식을 소유하는 정도를 일컫는 것이 아니다. 물론 이 앎에는 지식도 이성적인 사유도 포함되지만 보다 더 깊은 인격적인 교제를 의미한다. 예를 들어 남편이 아내를 안다고 이야기할 때 바로 이 '안다'는 말의 의미가 제대로 표현될 수 있다. 남편은 아내를 지식적으로, 이성적으로만 알지 않는다. 그녀가 뭘 좋아하는지 무엇을 싫어하는지 성격은 어떤지 그녀의 모든 것들에 대해서 속속들이 자세히 알고 있다. 다른 사람들과는 공유하지 않는 부부 사이의 비밀스러운 교제도 이 앎 속에 포함되어 있다. 바로 그런 인격적인 신뢰와 사랑의 단어가 바로 안다는 말이다. 그러므로 '안다'는 표현은 '인격적인 교제,' '사랑의 교제'라는 의미를 담고 있는 것이다.

영생이 바로 그런 것이다. 유일하신 참 하나님과 그분이 보내신 예수 그리스도와 인격적인 교제, 사랑의 교제를 나누는 것이다. 요한복음이 말하는 기독교의 구원, 영생이라는 개념은 그러므로 철저하게 관계적 개념이다. 하나님이 당신의 독생자를 우리에게 보내 주신 것도 하나님과 인간들이 누려야 하는 관계가 깨어졌기 때문이다. 영생을 누려야 할 인간이 하나님과 누려야 할 관계에서 떨어졌기 때문에 아들을 인간의 몸으로 보내신 것이다. 예수께서 말씀하시는 영생은 죽어서만 누리는 것이 아니라 우리가 예수님 안에 있을 때 이 땅에서 이미 누리는 진정한 참다운 사랑의 교제를 말한다. 하나님과 진정한 인격적인 교제를 누리는 것이 하나님이 인간을 창조하신 목적이고 예수님 안에서 새로운 창조를 계획하신 하나님의 동일한 목적이다. 즉 옛 창조의 목적을 다시 회복하시기 위해서 예수께서는 내일 십자가를 지셔야만 했던 것이다.

기독교의 복음을 요한과 바울과 같은 신약성경 저자들이 새 창조의 관점에서 서술하는 것은 결코 우연이 아니다. 진정한 인간됨의 회복(삼위 하나님과 교제하는 것)을 위해서 예수님은 십자가를 지셔야만 했다. 그 십자가의 영광스러운 승리를 앞두고 예수께서는 지금 기도하고 계신 것이다. 그 영광스러운 승리는 반드시 십자가를 통해서 이루어져야 하는데 십자가를 지시는 것은 예수님에게도 결코 쉬운 일이 아니었기 때문에 주님은 기도하셔야 했다.

4-5절 《아버지께서 내게 하라고 주신 일을 내가 이루어 아버지를 이 세상에서 영화롭게 하였사오니》 예수께서는 아버지께서 위탁하신 일을 자신이 성취함으로써 이 세상에서 아버지를 영화롭게 했다고 말씀하신다. 흥미로

운 것은 아직 십자가를 지시는 중요한 사역이 남아있음에도 불구하고 예수께서 이것을 과거형으로 묘사하고 있다는 사실이다. 그러나 사실 이것은 요한복음의 관점에서 전혀 문제가 되지 않는다. 왜냐하면 아버지께서 예수님에게 위탁하신 일이란 단순히 십자가를 지시는 것에 순종하는 단 하나의 사건을 언급하는 것이 아니기 때문이다. 물론 십자가를 지시는 내일의 사건이 매우 중요한 순종임에 틀림없지만 예수님의 삶 자체가 아버지의 뜻에 대한 순종이었음을 예수님은 요한복음 곳곳에서 명징하게 밝히셨다. 그의 말과 행위 모두는 자의로 하는 것이 아니라 오로지 아버지의 뜻에 대한 순종에서 비롯되는 것임을 주님은 유대인들과의 대화에서 명백하게 하셨다. 이제 내일 지게 될 십자가도 아버지의 뜻에 대한 지속적인 순종의 연장선상에 있을 뿐이다. 그의 삶은 처음부터 마지막까지 아버지의 완벽하신 뜻에 대한 자발적인 순종 이외에 다른 것이 아니었다. 그래서 5절에서 예수님이 하시는 청원, 즉 창세 전에 자신이 아버지와 함께 누렸던 영화로 지금도 아버지와 함께 자신을 영화롭게 해 달라는 청원은 내일 지게 될 십자가의 관점에서 이해해야 한다. 당신이 지금까지 그래왔던 것처럼 아버지의 뜻에 따라 십자가도 잘 지고 이로 말미암아 아버지의 뜻을 이루어 이 모든 일의 결과로서 아들의 영광을 온전히 회복해 달라는 청원인 것이다.

묵상

(1) 본문을 통해서 우리는 무엇을 깨닫고 묵상할 수 있을까? 하나님이 계획하신 영광을 받으시는 일은 주님의 십자가 지심을 통해서만 이루어질 수 있다. 그런데 이것은 주님에게만 적용되는 것이 아니다. 누가복음 9:23에서 주님이 제자들에게 무엇이라 말씀하셨는가? “누구든지 나를 따라 오려거든 자기를 부인하고 날마다 제 십자가를 지고 나를 따를 것이니

라." 우리 주님에게 십자가를 지는 삶이 요구됐던 것처럼 제자들에게도 각자의 십자가를 매일같이 지는 삶이 요구된다. 물론 십자가를 지는 것은 문맥에 따라 매우 다양할 수 있다. 그러나 좀 거칠게 말해서 우리의 뜻이 하나님의 뜻과 배치될 때 우리의 뜻을 접고 하나님의 뜻을 따르는 것이 많은 경우에 있어서 우리의 십자가가 될 수 있을 것이다. 형제를 사랑하라 했는데 우리의 본성이 그것을 싫어한다. 바로 그럴 때 주님의 뜻에 순복해서 사랑할 수 있게 해 달라고 몸부림치며 기도하는 것, 그리고 그렇게 할 수 있도록 형제들에게 중보기도를 부탁하는 것, 바로 이런 것들이 십자가를 지는 삶의 여러 모습 가운데 분명 하나의 모습일 것이다. 주님이 십자가를 지심으로 하나님이 영광을 받으시는 것처럼 제자들이 자신들의 십자가를 매일같이 지고 주님을 따를 때 우리 주님이 우리를 통해서 영광을 받게 되실 것이다.

(2) 왜 조국 교회가 지금 이렇게 세상으로부터 처참한 평가를 받고 있을까? 주님이 가르쳐 주신 제대로 된 복음을 믿고 있지 않기 때문이다. 거짓 선지자들, 거짓 목사들이 가르치는 유사 복음, 가짜 복음에 현혹되어 있기 때문이다. 우리의 세상적인 야망들을 복음으로 둔갑시킨 채 그것들을 추구해 왔기 때문이다. 세상 사람들이 추구하는 것과 똑같은 것들을 기독교 복음이라는 미명하에 똑같이 추구해 왔기 때문이다. 소위 예수 믿으면 세상적인 복 받는다는 식의 가짜 복음을 하나님의 백성들이 얼마나 좋아하는지 모른다. 이런 사이에 주님이 가르쳐 주신 진짜 복음의 메시지는 교회의 예배와 설교에서 묻혀 버렸다.

그런데 주님이 우리에게 요구하시는 길은 자신의 십자가를 매일같이 지는 길이다. 본성을 역행하고 내 뜻을 쳐서 복종시켜 주님의 뜻대로 순종하는 길이다. 그래서 쉽지 않은 길이고 힘든 길이다. 그러나 그것이 진정으로 인간다워지는 길이고 승리의 길이다. 주님은 그것을 아셨고 그 십자가의 길을 걸어가기 위해서 기도하셨다. 겟세마네에서 땀방울이 핏방울이 되기까지 기도하셨다. 주님이 그러시다면 우리는 말해 뭐하겠는가? 예수님과 날마다 교제하는 것이 생명의 길임을 정말로 믿는가? 그 영생의 교제를 나누는 것은 바로 십자가를 지는 것과 다른 것이 아니다. 성도들이 십자가를 짐으로써 주님과 영생의 교제를 누리는 것이 상식이 될 때 이 땅의 교회는 사람의 고약한 냄새가 아니라 예수님의 아름다운 향기가 나는 교회가 될 것이다.

기도

주님, 당신의 십자가가 승리였듯이 우리의 십자가도 반드시 승리가 될 줄로 믿습니다. 주의 백성들이 기쁨으로 영광의 십자가를 지고 함께 영생을 사는 이 아름다운 부흥의 계절이 이 땅 가운데 다시 한번 임하게 하소서.

요한복음 17:6-13
제자들을 위한 기도: 하나 됨

문맥과 요약

먼저 자신의 십자가 지심을 위해서 기도하셨던 예수께서는 이제 당신의 제자들을 위해서 기도하신다. 그 기도의 내용은 제자들이 하나가 되게 해 달라는 것이었다. 제자들을 위한 예수님의 기도는 제자들 입장에서는 매우 뼈아픈 것이었다. 왜냐하면 그들이 세상적인 것들을 추구하며 다투고 분열되어 있었기 때문이다. 예수님은 제자들 안에 주님의 기쁨이 충만해지기 위해서 기도하셨다. 그 진짜 기쁨으로 충만해지는 것이 가짜 기쁨을 몰아내는 데 특효임을 잘 아셨기 때문이다.

해설

6-8절 《세상 중에서 내게 주신 사람들에게 내가 아버지의 이름을 나타내었나이다 … 나는 아버지께서 내게 주신 말씀들을 그들에게 주었사오며 그들은 이것을 받고 내가 아버지께로부터 나온 줄을 참으로 아오며 아버지께서 나를 보내신 줄도 믿었사옵나이다》 자신이 십자가를 짐으로써 아버지와 자신이 함께 영광을 얻을 수 있게 해 달라고 기도하신 예수께서는 이제 제자들을 위해

서 기도하신다. 먼저 제자들을 위한 핵심적인 청원에 앞서 예수께서는 제자들에 대한 간략한 도입적인 소개로 기도를 시작하신다. 예수님의 기도에 따르면 제자들은 원래 세상에 속해 있었다. 그런데 하나님이 그들을 예수께 주셨고, 예수께서는 그들에게 하나님 아버지의 이름을 나타내셨다. 여기서 아버지의 이름이란 아버지의 인격 혹은 능력이라고 바꾸어 써도 좋을 것 같다. 그들은 아버지와 예수님의 사역을 통해서 하나님 아버지의 말씀을 지키는 사람들이 됐다. 물론 그들이 아버지의 말씀을 지키는 사람이 된 이유는 8절이 명시적으로 밝히고 있듯이, 예수께서 아버지의 말씀을 그들에게 (가르쳐)주었기 때문이다.

예수님의 가르침을 통해서 제자들에게 일어난 변화를 예수께서 열거하신다. 먼저 제자들은 하나님이 예수님께 주신 모든 것이 궁극적으로 아버지로부터 기인했다는 것을 알게 됐다. 또한 제자들은 예수께서 하나님 아버지로부터 나아왔다는 사실과 아버지께서 예수님을 보내셨다는 사실을 믿게 됐다. 제자들에 대한 예수님의 설명을 통해서 우리는 예수님의 사역이 궁극적으로 무엇을 추구하고 있는지를 깨닫게 된다. 그것은 세상에 있는 사람들을 찾아가 아버지의 말씀을 전하고 이를 통해 예수님과 하나님 아버지가 누구이신지를 깨닫게 하여 하나님과 교제하는 사람들로 변화시키는 것이다. 하나님과 예수께서 만세 전부터 누리셨던 그 영원한 교제 안으로 초청해서 그 풍성함을 함께 만끽하는 사람들로 변화시켜가는 것이다.

9-12절 《나는 세상에 더 있지 아니하오나 그들은 세상에 있사옵고 나는 아버지께로 가옵나니 거룩하신 아버지여 내게 주신 아버지의 이름으로 그들을 보전하사 우리와 같이 그들도 하나가 되게 하옵소서》 예수께서는 자신의 간구가 세상이 아니라 자신에게 주어진 자들 즉 제자들을 향하고 있다는 사실을 분명하게 하신다. 제자들을 향한 기도의 내용 가운데 구체적인 간구는

11절에 등장한다. 예수께서는 이제 떠나실 것이다. 그리고 제자들은 세상에 남겨질 것이다. 그러니 아버지의 이름으로 그들을 보전해 달라고 요청하신다. 아버지의 이름이란 표현이 다시 등장하는데, 앞서 살펴보았듯 이것은 아버지의 인격, 혹은 아버지의 능력이라는 말로 바꾸어 쓸 수 있다. 즉 자신이 떠나고 난 후 아버지께서 친히 아버지의 능력으로 제자들을 지켜달라고 기도하신 것이다. 너무나 잘 이해되는 간구다. 이제까지는 예수님이 그들과 함께 계시면서 그들을 가르치시고 인도하시고 보호해 오셨는데 자신이 떠나고 난 후에도 그들을 가르치시고 인도하시고 보호해 달라는 요청인 것이다.

물론 이 기도는 아버지께서 성령을 보내 주시는 것을 통해서 응답된다. 예수님이 친히 제자들을 가르치시고 인도하시고 보호해 주셨던 것처럼 이제 성령이 오시면 그가 제자들을 친히 가르치시고 인도하시고 보호해 주실 것이다. 마치 예수께서 육체로 제자들과 함께하시며 가르치시고 인도하시고 보호해 주신 것과 전혀 다를 바 없이 이제 성령을 통해서 세상 어느 곳에 거하든지 예수님은 세상에 수없이 많은 제자들과 동시에 성령을 통해서 교제하시며 만나주실 것이다. 이것이 어떻게 가능할지 요한복음은 매우 구체적으로 서술한다. 성령께서 매 순간 예수님의 말씀을 그의 제자들에게 생각나게 해주실 것이다. 이것이 요한복음이 이야기하는 성령의 사역의 핵심이다.

그런데 제자들의 보전을 위한 예수님의 기도는 보다 더 구체적이다. "우리와 같이 그들도 하나가 되게 하옵소서." 예수님은 지금 제자들이 하나가 되게 해 달라고 기도하고 계신다. 이러한 간구는 제자들이 하나가 되어 있지 않다는 것을 전제한 것이다. 즉, 제자들이 서로 분열된 채 다투고 싸우고 있었다는 것을 전제한 기도다. 우리는 이 간구를 잘 이해할 수 있다. 이 시점에 제자들은 서로 관계가 좋지 않았다. 좋지 않은 정도가 아니라 서로 다투고 싸웠다. 마가복음을 보면 예루살렘으로 올라오는 길에서 제자들은 서로 옥신각신 다투는 장면이 나온다. 그들은 정확하게 똑같은 것을 탐하고 있었다. 예수님이 예루살렘에서 왕이 되셔서 영광 받으실 때 그 영광에 자신들도 세상적인 방식으로 동참하게 되기를 소망했다. 정확하게 똑같은 세상적인 욕망을 세상적인 방식으로 예수님을 이용해서 이루려고 했던 것이다. 그러니 싸움이 일어날 수밖에 없다. 이런 모습으로는 예수님이 이루시려는 새 창조의 세계에서 예수님의 사역을 감당할 수 없다. 제자들은 이 시점에 그것을 잘 모르고 있었다. 예수님이 받으시는 영광은 십자가를 통한 영광인데 제자들이 추구하는 영광은 십자가 없는 영광이었다. 십자가 없는 세상적인 영광을 추구하는 것은 필경 제자들을 다툼과 싸움으로 인도하게 될 것이다. 이런 문맥에서 예수께서는 제자들이 '하나가 되게 해 달라'고 간구하신 것이다.

예수께서 하신 간구를 들을 때 생길 수 있는 오해 중 하나는 '예수님이 사이가 좋지 않은 제자들이 서로 사이좋게 지내게 해 달라고 기도하고 계시는구나'라는 말 정도로 이 간구를 이해하는 것이다. 물론 예수께서는 당연히 제자들이 인간적으로 사이좋게 지내기를 원하셨을 것이다. 그러나 예수님의 간구는 단지 인간적으로 서로 사이가 좋은 정도를 이야기하는 것 이상임에 틀림없다. 어떻게 알 수 있을까? 그들이 하나가 되는 것의 기준과 비교 대상으로 제시되는 어구 때문이다. 예수님은 "우리와 같이 그들도 하나가 되게 해 달라" 간구하셨다. 여기서 우리는 하나님 아버지와 예수님 자신이시다. 아버지와 예수님이 온전히 하나 됨을 누리고 기뻐하시는 것처럼 주님의 제자들이 그렇게 하나가 될 수 있게 해 달라고 간구하시는 것이다.

예수님은 제자들의 보전과 하나 됨에 대한 간구를 하시다가 12절에서 마치 각주처럼 잠시 보충적인 설명을 하신다. 그것은 유다에 대한 이야기이다. 물론 유다에 대한 이야기는 잠시 곁길로 빠지는 것 같은 생각을 하게 한다. 그러나 이것은 논리적으로 연결되어 있다. 왜냐하면 유다는 예수님이 말씀하시는 보전과는 분명히 다른 길을 갔기 때문이다.

13절 《지금 내가 아버지께로 가오니 내가 세상에서 이 말을 하옵는 것은 그들로 내 기쁨을 그들 안에 충만히 가지게 하려 함이니이다》 잠시 유다에 대해서 언급하신 예수님은 바로 제자들의 보존과 하나 됨에 대한 이야기를 13절에서 다른 방식으로 표현하신다. 여기서 "이 말"이라는 표현은 앞서 하나 됨을 위한 예수님의 기도를 언급한다. 문맥 속에서 이것은 이런 뜻으로 이해할 수 있다. 지금 하나 됨에 대해서 예수님이 기도하신 것은 제자들로 하여금 예수님의 기쁨을 충만히 가지게 하기 위해서라는 말이다. 그런데 여기서 주목해야 할 것은 제자들이 하나 됨을 누림으로 그들의 기쁨이 충만해지는 것이 아니라는 점이다. 잘 보면 하나 됨을 누림으로 제자들의 기쁨이 충만해지는 것이 아니라 제자들이 하나 됨을 누림으로 말미암아 예수님의 기쁨이 제자들 안에 충만해지는 것이다. 예수께서 기도하신 대로 제자들이 예수님이 기대하시는 하나 됨을 누리면 예수님의 기쁨이 제자들 가운데 충만해진다. 제자들이 예수님이 주시는 진짜 기쁨으로 충만해진다.

아울러 예수께서 하신 기도의 내용을 잘 생각해 보면 우리는 제자들이 주님이 기대하시는 진정한 하나 됨을 누리지 못하는 이유가 어디에 있는지 예수님의 말씀의 관점에서 깨닫게 된다. 제자들은 지금 서로 분열된 채 다투고 있다. 이유가 무엇일까? 예수님이 주시는 기쁨이 제자들 가운데 충만하지 않았기 때문이다. 이 시점에 제자들은 세상이 주는 가짜 기쁨을 채우려고 혈안이 되어 있었다. 자신들이 얻고 싶은 기쁨을 다른 제자들이 빼앗으려고 했다. 상황이 이쯤 되면 결과는 뻔하다. 내가 원하는 것을 얻을 때까지 머리가 터지게 싸우는 것이다. 그런데 반대로 제자들이 자신들이 추구하는 가짜 기쁨을 내려놓고 예수께서 주시는 진짜 기쁨으로 충만해지면 어떤 일이 일어날까? 예수께서 주시려는 진짜 기쁨을 추구하는 데 다툴 이유가 없다. 예수께서 원하시는 진짜 기쁨을 추구하니 제자들이 서로 하나가 되고 그러니 예수님이 주시는 진짜 기쁨이 제자들 가운데 충만해지는 것이다.

우리는 이 같은 이야기가 단순한 상상력이 아님을 복음서들과 사도행전에서 확인하게 된다. 예수님의 기도가 어떻게 응답되었는지를 사도행전을 보며 깨닫게 된다. 마가복음에서 제자들은 예루살렘으로 올라가며 서로 머리 터지게 싸웠다. 그런데 사도행전에 가면 제자들은 세상의 핍박 속에서도 즐거워하며 서로 조화롭게 공존하는 모습으로 등장한다. 어떻게 이런 일이 가능해졌다고 생각하는가? 예수님이 제자들을 포기하지 않고 기도하셨기 때문이다. 그리고 예수님의 기도대로 그들이 추구했던 가짜 기쁨을 버리고 주님과 누리는 교제 속에서 참된 기쁨을 누리게 됐기 때문이다. 그 참기쁨의 교제 속에서 그들은 예수님이 기대하신 대로 주님의 증인으로 세상 속에서 살아가게 됐던 것이다.

묵상

제자들을 향한 주님의 기도로부터 우리들은 무엇을 배워야 할까? 먼저 포기하지 않는 것을 배워야 할 것 같다. 우리는 어려운 일을 만나면 자꾸 포기하고 싶은 마음이 먼저 생긴다. 물론 그냥 포기하지는 않고 나름대로 노력도 해본다. 그러다가 많은 사람들이 마침내 "그 인간은 안 돼"하고 포기한다. 그런데 사도행전에 등장하는 제자들의 모습은 주님이 포기하지 않으셨기 때문에 가능했다. 주님은 포기하지 않고 제자들을 위해 기도하셨다. 사도행전의 제자들이 있기 위해서 요한복음 17장의 주님의 기도가 있었다는 사실을 기억해야 한다. 그러니 우리가 어찌해야 할까? 우리도 포기하지 않고 기도해야 마땅하다. 그럼, 무엇을 기도해야 할까? 가짜를 내려놓을 수 있는 가장 강력한 방법은 진짜를 맛보는 것이다. 필자는 주님과 동행하는 인생에서 한 가지 배운 것이 있다. 진짜를 이기는 가짜는 있을 수 없다는 것이다. 진짜를 맛본 사람은 절대로 가짜로 만족시킬 수 없다. 그러니 우리의 기도 제목은 우리 모두가 가짜 기쁨을 내려놓기 위해서 주님과 누리는 진짜 기쁨을 맛보는 사람이 되게 해 달라는 것이 되어야 한다. 주님의 말씀을 통해서 누리는 진짜 교제의 맛을 아는 사람이 되는 것이다. 주님의 말씀이 우리를 살리고 풍성하게 하고 그 속에 참기쁨이 있음을 깨달아 가는 성숙한 사람으로 자라가는 것이다. 그렇게 되면 추구하는 것이 변하게 된다. 주님이 지신 십자가를 자신의 삶 속에서 지면서도 기쁨으로 찬양을 부르게 된다. 주님의 십자가가 승리였듯이, 우리의 십자가도 반드시 승리가 될 줄로 믿고 우리 십자가를 지고 주님을 따라가게 된다. 그 속에서 우리는 세상 사람들처럼 그저 조화롭게 사는 정도가 아니라 주의 백성들로 참된 주님의 기쁨을 맛보며 영광의 십자가를 지고 함께 영생을 사는 제자가 된다.

기도

주님, 우리가 세상이 추구하는 동일한 종류의 가짜 기쁨들을 추구하며 살아왔음을 고백합니다. 우리 안에 분열과 깨어짐이 존재하는 이유가 바로 여기에 있음을 고백합니다. 주님과 함께 교제하는 진짜 기쁨을 통해 가짜 기쁨/유사 기쁨을 내려놓을 수 있는 백성들이 불같이 일어나게 하옵소서.

요한복음 17:14-19
제자들을 위한 기도: 거룩

문맥과 요약

제자들의 하나 됨을 위해서 기도하셨던 예수님은 이제 제자들의 거룩함을 위해서 기도하신다. 이 주제도 고별설교에서 예수님이 제자들에게 위탁하신 소명의 관점에서 잘 이해될 수 있다. 제자들이 하나 되지 않을 때 예수님이 부탁하신 사역의 열매를 기대할 수 없는 것과 마찬가지로 제자들이 세상 속에서 거룩하지 않을 때 그들이 전하는 복음의 진정성은 세상 속에서 웃음거리가 될 것임이 분명하기 때문이다. 그래서 예수님은 제자들의 거룩함을 위해서 친히 기도하신 것이다.

해설

14절 《내가 아버지의 말씀을 그들에게 주었사오매 세상이 그들을 미워하였사오니 이는 내가 세상에 속하지 아니함 같이 그들도 세상에 속하지 아니함으로 인함이니이다》 본문에는 제자들을 향한 예수님의 두 번째 기도의 내용이 소개된다. 예수님은 여전히 세상 가운데 있는 제자들의 모습을 그리시면서 기도하신다. 예수께서는 제자들을 위해서 기도하시면서 제자들이 세상에 있다는 것을 상정하고 계신다. 제자들은 세상 속에서 살아야 하지만 세상에 속하지 않았다. 예수님의 이 말씀은 바울이 고린도전서에서 했던 말과 정확하게 같은 맥락이다. 바울은 예수님의 제자들이 세상을 떠나서 수도원적인 영성으로 무장하고 삶을 살아야 한다고 생각하지 않았다. 제자들은 여전히 세상 속에서 살아가야 하지만 세상에 속하지 않은 사람으로 살아야 한다. 그것이 고린도전서에서 바울이 하고 싶었던 말이다. 예수님도 같은 맥락의 말씀을 하신다. 제자들은 세상 속에서 살아가야 하지만 세상에 속하지 않았다. 이런 맥락에서 15절에 예수님의 보다 구체적인 기도가 등장한다.

예수께서는 제자들을 악한 세상으로부터 데려다가 산에 있는 수도원이나 기도원으로 인도해 달라고 기도하지 않으셨다. 우리가 때때로 예수님과의 친밀한 시간을 위해서 수도원이나 기도원 같은 곳에 가는 것이 필요하기는 하지만 그러한 삶이 우리 제자들의 보편적인 삶이 되어서는 곤란하다. 만일 그것이 필요한 것이라면 예수님이 그것을 위해서 기도하지 않으셨겠는가? 그러나 예수님은 그렇게 제자들을 세상으로부터 동떨어진 곳으로 데려가서 수도원적 영성을 가지고 살게 해 달라고 기도하지 않으셨다. 왜냐하면 고별설교의 맥락이 분명하게 제시하듯이 제자들의 사역의 현장은 철저하게 세상이어야 했기 때문이다.

예수님의 제자들인 우리는 세상에 있는 사람들을 우리의 사역의 대상으로 삼아야 한다. 그들을 찾아가 그들에게 예수님의 복음의 메시지를 전해야 하고 그들을 예수님의 제자로 삼아야 한다. 그것이 예수님이 고별설교에서 가르쳐 주신 열매 맺는 삶의 핵심 내용이다. 이것을 사역의 내용으로 삼고 있고 그렇게 가르쳐 주신 예수님이 제자들을 그런 세상으로부터 떠나게 해 달라고 기도하신다는 것은 말이 되지 않는다. 제자들은 세상 속에서 그리고 세상 사람들 가운데서 제자로 살아야만 하고 그러한 진실한 삶을 통해 그들을 제자로 삼아야 한다.

15절 《내가 비옵는 것은 그들을 세상에서 데려가시기를 위함이 아니요 다만 악에 빠지지 않게 보전하시기를 위함이니이다》 이런 맥락에서 세상 속에서 살아가며 예수께서 기대하시는 열매를 맺어야 하는 제자들에게 중요한 것이 무엇일까? 그것은 세상 속에 살되 '악에 빠지지 않는 것이다.' 여전히 세상 속에서 세상 사람들과 함께 살면서 예수님의 복음을 삶으로 살아내야 하는 제자들에게 있어서 핵심은 악에 빠지지 않는 것이다. 여기서 '악에 빠지는 것'이라는 말은 세상에 동화되는 것이라고 정의할 수도 있을 것이다. 주님은 제자들이 이 세상 속에서 살면서 이 세상에 동화되는 것의 위험성을 너무나 잘 알고 계셨다.

바울이 고린도 교회에 보낸 편지에서 지적하는 것도 정확하게 같은 맥락이다. 고린도 교회의 문제가 무엇이었나? 고린도 교회가 1세기 당시 고린도라는 도시와 너무나도 많이 닮아 있었다는 것이었다. 고린도 교회에서 행해졌던 일들은 세속 도시 고린도에서 행해졌던 일들의 축소판이었다. 힘 있고 권세 있는 자들이 세상 속에서 대우받고 그렇지 못한 사람이 차별받는 것은 고린도라는 도시에서 너무나 당연한 일이었다. 그런데 고린도 교회 안에서도 똑같은 일이 벌어지고 있었다. 세상 속에서 힘 있는 자들은 성찬의 자리에서도 그들이 세상 속에서 힘 있는 사람들이라는 사실을 성도들에게 확인시켜줬다. 성찬이 도대체 뭘 의미하는 자리인가? 성찬이란 우리는 인종과 남녀와 계급의 차별 없이 모두가 영원한 죄인이며 또한 동시에 오직 그리스도 예수 안에서만 구속함을 얻는 사람이라는 사실을 가슴 벅차게 확인하는 자리이다. 우리 모두가 예수님의 은혜로 똑같이 그리스도 안에서 하나가 됐다는 사실을 확인하는 자리다. 그것은 차별이 난무했던 계급사회, 그리스-로마 고린도라는 사회에서 기독교 복음이 보여 주는 복음의 급진성이었다.

교회의 진정한 능력은 교회가 세상과 다르다는 것을 보여 주는 데 있다. 이 능력을 너무나 잘 알고 계신 예수님이 지금 그것을 위해 기도하고 계신 것이다. 오늘날 세상 속에서 교회가 지탄의 대상이 되는 핵심적인 이유가 무엇일까? 교회가 보여 주어야 할 다름을 세상이 보지 못하기 때문이다. 세상은 교회가 다르기를 기대하고 있는데 교회가 너무나 세상과 똑같기 때문이다. 교회의 세습에 대한 이야기는 더 이상 세상에서 비밀이 아니다. 세상의 CEO들이나 하는 일들을 교회의 목사들이 자행한다. 성도들은 그 같은 일들에 부역한다. 이런 일이 일어나면 교회는 세상 속에서 지탄의 대상이 된다. 바로 이러한 이유 때문에 예수님은 제자들이 세상 속에서 악에 빠지지 않기를 기도하신 것이다. 기독교의 능력은 세상과 다른 것에서부터 나온다는 사실을 예수님이 너무나 잘 알고 계셨기 때문이다. 예수님이 친히 세상 속에서 세상과 다른 방식으로 사심으로써 복음의 급진성을 보여 주신 것처럼 우리 제자들도 예수님 가신 길을 따라감으로써 복음의 급진성을 보여 주어야 한다. 우리의 능력은 힘으로 세상을 이기는 것이 아니다. 세상과 다른 차원의 삶을 보여 줌으로써 세상을 이겨야 한다. 예수님은 바로 이런 이유에서 제자들이 세상 속에서 악에 빠지지 않기를 기도하신 것이다.

16-17절《그들을 진리로 거룩하게 하옵소서 아버지의 말씀은 진리니이다》 우리는 지금 예수님이 기도하시는 내용, 즉 세상 속에서 '악에 빠지지 않는 것'이 얼마나 어려운 일인지 경험적으로 너무나 잘 알고 있다. 그것이 가능한 유일한 방법을 예수님은 기도를 통해서 우리에게 알려주셨다. 17절에 등장하는 예수님의 기도는 사실 15절과 직접적으로 연결되어 있다. 15절에서 예수님은 제자들이 악에 빠지지 않게 보전하시기를 간구하셨다. '악에 빠지지 않게 보전한다'는 개념을 17절에서는 '거룩하게 하다'라고 표현하고 계신다. 악에 빠지지 않는 것과 거룩한 것은 사실 같은 종류

의 개념이다. 예수께서는 제자들이 세상 속에서 악에 빠지지 않고 거룩하기를 기대하신다. 이것이 중요한 이유는 예수께서 제자들에게 부탁하신 사명과 직접적으로 연결되기 때문이다. 제자들이 악에 빠지지 않고 거룩해야 제자들이 전하는 하나님 나라의 복음이 세상 속에서 제대로 들릴 수 있기 때문이다. 제자들이 전하는 복음의 내용을 그들이 삶으로 살아내지 못한다면 그들이 전하는 내용이 설득력을 상실하는 것은 너무나 자명한 이치다.

그런데 그 거룩해지는 방법을 예수님이 뭐라고 말씀하시는가? 진리로 거룩하게 해 달라고 기도하신다. 그리고 예수께서는 진리는 아버지의 말씀이라고 분명하게 말씀해 주신다. 제자들은 세상 속에서 악에 빠지지 않고 거룩하게 사는 것이 얼마나 힘든지 설명하지 않아도 잘 알고 있다. 거룩하게 사는 것은 우리의 욕망을 거스르는 일이기 때문에 쉽지 않은 일이다. 우리 죄인들의 자연스런 욕망은 하나님을 기쁘시게 하는 거룩함을 추구하지 않는다. 우리 죄인들은 자연스레 하나님이 원하시는 거룩이 아니라 우리가 원하는 악을 추구하게 되어 있다. 그래서 거룩을 추구하는 것이 어렵다. 이런 상황 속에서 예수께서는 제자들이 거룩해질 수 있는 구체적인 방법을 제시하신 것이다. 그것은 진리이신 하나님의 말씀을 통해서만 가능하다.

18-19절 《아버지께서 나를 세상에 보내신 것 같이 나도 그들을 세상에 보내었고》 예수께서는 제자들이 무엇 때문에 거룩해야 하는지를 18절에서 다시 한번 언급하신다. 그것은 '아버지께서 당신을 세상에 보내신 것처럼 예수께서도 제자들을 세상에 보내시기' 때문이다. 고별설교의 핵심이 무엇이었는가? 예수께서 떠나시면(아버지께로 돌아가시면) 이제 제자들이 예수님을 대신해서 세상 속으로 파송을 받게 된다. 제자들은 세상 속에서 예수님을 대신해서 주님이 하시던 사역을 수행해야 한다. 그러려면 제자들

은 세상 속에서 세상과 동화되지 않는 거룩함을 추구하며 살아야 한다. 그래야 세상이 제자들의 말에 귀를 기울이고 제자들이 전하는 복음의 진정성을 신뢰하며 따를 수 있기 때문이다. 예수께서는 아버지의 뜻을 행하기 위해서 친히 자신을 구별하여 거룩하게 하셨다. 이러한 순종의 결과로 예수께서는 이제 세상에 영생을 허락하신다. 예수께서 감당하셨던 일을 감당하기 위해서 제자들에게 요구되는 것이 거룩함이라는 것은 너무나도 이치에 합당한 것이다. 그래서 예수께서는 제자들의 거룩함을 위해서 기도하신 것이다.

묵상

(1) 청년들을 대상으로 사역할 때 어느 한 형제를 만났다. 어느 날 필자를 찾아와 자신의 깊은 고민을 이야기했다. 그 형제는 포르노그래피에 심각하게 중독되어 있었다. 그런데 교회에 와서 말씀을 들으며 마음이 찔렸고 고민하다가 필자를 찾아온 것이다. 이야기를 들어보니 맨날 그러지 말아야지 그러지 말아야지 하면서도 습관적으로 음란한 사이트를 찾아 헤매고 다니는 자신을 발견하며 절망하곤 했다. 그러다 필자에게 도움을 청한 것이다. 필자는 그런 유혹이 찾아올 때마다 연락하라고 했고 기도해주었다. 죄의 유혹은 하지 말아야지 한다고 끊어지는 것이 아니다. 그 죄를 만들어내는 공장이 우리 마음 안에 있기 때문이다. 더럽고 추한 행위나 생각은 하지 말아야지 한다고 없어지는 것이 아니다. 하지 않는 정도가 아니라 보다 적극적으로 대처해야 할 필요가 있다. 그리고 그러한 대처가 경건한 습관이 되어야만 유혹을 이기고 승리할 수 있다.

(2) 하나님의 백성들이 실제적으로 거룩하게 사는 것이 왜 어려운가? 본문 안에 그 힌트가 있다. 현대 기독교인들 가운데 적지 않은 수가 진리인 하나님의 말씀을 가까이 하는 것이 습관이 되어 있지 않기 때문이다.

그 경건의 훈련이 습관이 되어 있지 않다는 말이다. 현대인들의 중요한 화두 중의 하나는 아마도 다이어트일 것이다. 슬림하고 건강한 몸을 가지기를 간절히 원하는데 왜 다이어트가 잘 안될까? 건강한 식사와 운동이 습관이 되어 있지 않기 때문이다. 영적인 영역에도 같은 원리가 적용된다. 주님은 제자들을 진리로 거룩하게 해 달라고 기도하셨다. 그러니까 거룩한 삶을 살기 위해서 제자들은 진리이신 하나님의 말씀으로 충만해야 한다. 아마 목사가 질문했을 때 '나는 죄악에 빠지지 않는 거룩한 삶을 살고 싶지 않소'라고 대놓고 말하는 사람은 많지 않을 것 같다. 적어도 신앙을 심각하게 생각하는 우리는 죄악에 빠지고 싶지 않고 거룩한 삶을 살고 싶은 욕구도 있다. 그런데 그게 왜 잘 안 될까? 진리이신 하나님의 말씀의 통제를 받지 않기 때문이다. 주님이 원하시는 거룩한 삶을 살려면 소원만 가진다고 되는 것이 아니다. 그런 소원은 물론 귀한 것이지만 그 소원은 매 순간 하나님의 말씀의 통제를 받아야 한다. 그리고 그 통제를 받기 위해서는 하나님의 말씀과 항상 함께하며 매일의 삶 속에서 내 생각과 내 행동을 통제해야 한다. 그런 삶의 결과가 바로 거룩한 삶이다. 그런데 하나님의 말씀을 가까이 하는 훈련이 되어 있지 않다. 그것이 습관이 되어 있지 않다는 말이다.

필자는 교회 현장에서 소원은 있지만 훈련이 되어 있지 않은 사람, 즉 경건한 생활이 습관이 되어 있지 않은 성도들을 적지 않게 만났다. 습관이 되어 있지 않은 경건의 능력이란 존재하지 않는다. 그 거룩한 삶이 쌓여야 우리는 주님의 말씀으로 주님이 원하시는 거룩한 삶을 살아갈 수 있고 그럴 때에야 비로소 주님이 원하시는 거룩한 삶의 열매를 맺어갈 수 있다. 우리가 지속적으로 말씀을 배우고 삶 속에 적용해 가는 훈련을 해야 하는 이유다. 하나님의 말씀으로 살고 그 말씀의 통제 속에서 사고하고 행동하는 법을 훈련하지 않는 사람은 절대로 주님이 원하시는 거룩한 삶을 살 수 없다. 그런 사람은 절대로 주님이 고별설교에서 말씀하신 열매를 맺을 수 없는 것이다.

기도

주님, 매일 주님의 말씀을 묵상하며 거룩한 삶을 살아갈 수 있는 영적인 실력이 생기게 하옵소서. 바로 이러한 경건과 거룩이 주님이 기대하시는 아름다운 열매로 직결된다는 것을 깨닫는 주님의 백성들이 되게 하옵소서.

요한복음 17:20-26
후대의 제자들을 위한 기도

문맥과 요약

첫 번째 제자들을 위한 예수님의 기도는 '하나가 되게 하옵소서' 그리고 '거룩하게 하옵소서'였다. 이제 주님은 첫 번째 제자들을 통해서 당신을 믿게 될 제자들을 위해서도 기도하신다. 예수님의 기도는 크게 두 부분으로 구성된다. 첫 번째 기도는 구체적으로 세 가지 목적을 가지고 있으며 논리적으로 아주 밀접하게 연결되어 있다. 예수님의 두 번째 기도는 고별설교에서 등장했던 내용('나 있는 곳에 그들도 있게 해 달라' '나의 영광을 그들로 보게 해 달라')과 정확하게 같은 것이다.

해설

20절 《내가 비옵는 것은 이 사람들만 위함이 아니요 또 그들의 말로 말미암아 나를 믿는 사람들도 위함이니》 당신의 첫 번째 제자들을 위해 기도하신 예수께서는 이제 또 다른 대상들을 위해서 기도하기 시작하신다. 예수님이 기도하시는 대상이 바뀌었다는 말이다. 지금 예수님은 누구를 위해서 기도하고 계시는가? 첫 번째 제자들만이 아니다. 그 첫 번째 제자들의 말을 통해서 예수님을 믿게 되는 사람들을 위해서도 기도하고 계신다. 이런 관점에서 이해하면 예수님이 지금 첫 번째 제자들만이 아니라 그들의 증언을 통해서 예수님을 믿게 될 그 이후 세대의 제자들을 위해서도 기도하고 계시다는 말이 된다. 제자들을 통해서 믿게 될 후대의 제자들을 위한 예수님의 기도는 본문의 큰 맥락과 일맥상통한다. 고별설교와 예수님의 대제사장적 기도는 예수께서 떠나신 후에 제자들이 하나님 나라의 사역을 감당해야 한다는 관점에서 이해되어야 한다. 17장에 등장하는 주님의 기도는 그러한 중차대한 사역을 감당해야 하는 제자들을 위한 특별한 기도다. 그런데 이 하나님 나라의 사역은 첫 번째 제자들만 감당하는 것이 아니지 않는가? 첫 번째 제자들 그리고 그들을 통한 그 후대의 제자들 즉 모든 세대의 모든 제자들이 감당해야 하는 사역인 것이다. 그래서 예수님은 우리 같은 후대의 제자들을 위해서도 기도해 주고 계신다. 예수님은 첫 번째 제자들이 하나님 나라의 사역을 잘 감당하기 위해서 기도해 주셨는데 그 기도의 대상을 후대의 제자들로까지 넓히신 것이다. 왜냐하면 그 후대의 제자들에게도 첫 번째 제자들에게 주어졌던 동일한 사명이 주어지기 때문이다.

21-23절 《아버지여, 아버지께서 내 안에, 내가 아버지 안에 있는 것 같이 그들도 다 하나가 되어 우리 안에 있게 하사 세상으로 아버지께서 나를 보내신 것을 믿게 하옵소서》 그럼 예수께서는 후대의 제자들을 위해서 어떤 내용으로 기도하셨을까? 21절이 그 기도의 내용을 보여 주고 있다. 개역개정은 요한이 기록한 헬라어 원문의 구조를 다소 뭉뚱그려 번역해 놓았다. 번역본이 가진 한계라 말할 수 있다. 원문의 구조는 매우 분명하다. 헬라어에서는 행위의 목적을 설명할 때 '히나'라는 접속사를 사용한다. 본문에 그 접속사 '히나'가 연이어 세 번 등장한다. 이 말은 예수님의 기도가 세 가지 목적을 위한 것이며, 이 세 가지 기도는 아주 밀접하게 논리적으로 연결

되어 있음을 의미한다. 첫 번째로 예수님은 후대의 제자들도 '하나가 되게 해 달라'고 기도하신다. 둘째로 예수님은 그들이 하나님 아버지와 주님 즉 '성부와 성자 안에 있게 해 달라'고 기도하신다. 마지막으로 예수님은 '세상이 아버지께서 아들을 보내신 것을 믿게 해 달라'고 기도하신다.

첫 번째 기도의 내용부터 살펴보면 예수님은 후대의 제자들도 '하나가 되게 해 달라'고 기도하셨다. 이 기도의 내용은 예수님의 첫 번째 제자들을 향한 기도와 정확하게 같은 기도의 내용이다. 의미를 생각해 보면 너무 당연하다. 첫 번째 제자들이 복음의 핵심인 하나 됨을 경험하지 못한다면 예수님이 이루시려는 나라라는 배는 처음부터 제대로 출항도 해보지 못하고 좌초하게 되는 것이다. 그러나 예수께는 첫 번째 제자들의 하나 됨만이 중요한 것이 아니다. 예수님이 이루시려는 나라를 항해에 비유하자면 이 항해는 계속해서 예수님이 목표하신 곳을 향해 나아가야 하는데 그 하나 됨을 상실하는 순간 예수님이 의도하신 것이 다시 좌초될 수 있다. 그래서 예수께서는 후대의 제자들을 위한 기도에서도 똑같이 하나 됨을 위해서 기도하셨던 것이다.

두 번째로 예수님은 후대의 제자들도 '우리(성부와 성자) 안에 있게 해 달라'라고 기도하셨다. 사실 이 말은 요한복음의 문맥을 떠나면 매우 추상적으로 들릴 수 있는 이야기다. '우리(성부와 성자) 안에 있게 해 주십시오.' 요한복음 안에 등장하는 주님의 가르침과 특별히 본문이 위치한 고별설교의 맥락을 생각해 보면 우리(성부와 성자) 안에 있게 해 달라는 예수님의 기도는 너무나 구체적인 기도가 된다. '예수님 안에 있다 혹은 예수님 안에 거한다'는 표현은 고별설교 가운데 15장을 생각나게 한다. 특별히 유명한 포도나무의 비유를 떠올리게 한다. 요한복음 15장에서 예수께서는 당신 안에 거하는 것을 당신의 사랑 안에 거하는 것이라고 가르쳐 주셨다. 그리고 그 사랑 안에 거하는 구체적인 방법도 가르쳐 주셨다. 예수님의 사랑 안에 거하는 것은 예수님의 계명을 지키는 것이다. 예수께서도 아버지를 사랑하셔서 아버지의 계명을 지킴으로 아버지 안에 거하셨다. 마찬가지로 제자들이 아버지와 예수님 안에 거하는 것도 틀림없이 아버지의 계명 즉 말씀을 지키는 것이어야만 한다. 이런 맥락에서 이해하면 예수님이 '아버지, 저들이 우리 안에 있게 해 주십시오'라고 기도하신 것은 '아버지, 저들이 아버지와 저의 말씀 안에 거하게 하십시오'라고 기도하신 것이 된다. 즉 예수께서는 후대의 제자들이 하나님의 '말씀의 사람'이 되게 해 달라고 기도하신 것이다.

곰곰이 묵상해 보면 '말씀의 사람'이 되는 것이 예수님이 앞서 기도하신 제자들이 진정으로 하나 되는 것의 첩경임을 깨달을 수 있다. 하나님의 말씀을 통해서 하나님 아버지와 예수님과 하나 됨을 경험하는 사람은 형제들과도 하나 됨을 이루지 않을 수가 없다. 그러나 이러한 진정한 하나 됨은 형제 한 사람만 말씀의 사람이 된다고 이루어지는 것은 아니다. 쌍방향인 것이다. 형제들 모두가 말씀의 사람이 되고 그 말씀의 기준 앞에 서로 복종하게 될 때 제자들은 예수께서 기대하시는 진정으로 하나 됨을 경험하게 된다. 그러므로 진정한 하나 됨을 경험하려면 제자들이 '말씀의 사람'이 되는 것이 선행되어야 한다. 이런 관점에서 이해하면 예수님은 제자들의 하나 됨을 위해 기도하시고 그 하나 됨의 구체적인 방법까지 연이어 기도하신 것이 된다.

마지막으로 예수님의 세 번째 기도의 내용은 무엇인가? '세상이 아버지께서 나를 보내신 것을 믿게 해 주십시오'이다. 아버지께서 예수님을 보내신 분이라는 것을 세상이 믿게 된다는 말은 예수께서 세상에 보내진 메시아라는 사실을 믿게 되는 것을 의미한다. 3:16에서 이미 이야기했듯이 이것은 하나님이 독생자를 보내주신 궁극적인 목적 즉 저를 믿는 자마다 멸망치 않고 영생을 얻게 하시려는 아버지의 뜻이 이 땅에서 이루어지는 것을 의미한다. 그런데 지금 문맥을 묵상해 보면 세상이 예수님을 믿게 되는 중차대한 제자들의 사명이 무엇을 통해서 성취되는가? 제자들이 예수님의 말씀 안에 거하는 것을 통해 성취된다. 그것을 통해서 제자들이 온전한 하나 됨을 누리게 된다. 그리스도 안에서 서로 관계 맺는 방식을 고민하며, 타인의 삶 속에 경건하고 참되게 참여하고 의미 있게 관여하여, 그들과 함께 의미 있는 하나님 나라의 이야기를 만들어 가는 것을 꿈꾸는 것이다. 그런 진정한 하나 됨의 연합이 일어날 때 세상이 우리 주님을 메시아로 영접하는 일이 일어나게 될 것이라는 말이다. 이것은 첫 번째 제자들에게 요구된 것과 정확하게 일치하는 것이다(13:35). 예수님은 바로 그러한 그림을 마음속에 그리시며 후대의 제자들을 위해서도 기도하고 계신다.

24-26절 《아버지여 내게 주신 자도 나 있는 곳에 나와 함께 있어 아버지께서 창세 전부터 나를 사랑하시므로 내게 주신 나의 영광을 그들로 보게 하시기를 원하옵나이다》 예수께서는 후대의 제자들을 위한 또 다른 청원을 하신다. 이 청원은 크게 두 부분으로 구성된다. 먼저는 그의 제자들이 예수님이 계신 곳에 함께 있게 해 달라는 청원이다. 이것은 고별설교 14:1-3을 떠올리게 한다. 제자들을 위해서 거처를 예비하러 가시는데 다시 와서 그들을 영접하여 당신이 계신 곳에서 그들과 함께하시겠다는 약속을 떠올리게 한다(자세한 주해는 14:1-3을 참조하라). 이것은 당신의 몸으로 새롭게 지으시는 영적인 성전에서 성령과 함께 만나 교제하는 것을 의미한다. 이 청원은 두 번째 청원과 직접적으로 연결된다.

두 번째 청원은 주님의 영광을 그 제자들도 보게 해 달라는 것이다. 이 영광이란 예수님이 창세 전부터 아버지와 함께 누렸던 영광이다. 새로운 성전이신 주님 안에서 후대의 제자들도 거하며 하나님께 참되게 예배하고 교제하게 되면 그들이 자연스레 예수님이 누리셨던 영광을 맛보게 된다는 것을 이렇게 말씀하신 것으로 보인다. 이것은 요한복음에 줄기차게 흐르고 있는 핵심 주제이다. 새로운 성전이신 주님과 누리는 새로운 교제는 사람들의 목마름을 해결해 주는 생수가 된다. 이 교제는 영생을 주는 양식이 된다. 이러한 교제를 누리는 사람은 예수님의 영광을 목격하게 된다. 예수님이 이 내용을 가지고 후대의 제자들을 위해서도 기도하신 것이다.

묵상

매우 실제적으로 우리를 위해서 기도하시는 주님의 기도를 함께 묵상하며 여러분은 무슨 생각을 하는가? 주님의 기도가 오늘날 우리에게 매우 통렬하게 다가와야 할 것이다. 주님이 그리시는 것이 진정한 제자의 모습이고 진정한 교회의 모습일진대 오늘날 우리의 현실은 주님의 기도와 일정 부분 거리가 느껴지기 때문이다. 주님은 제자다운 모습 혹은 교회다운 모습을 회복하는 첩경이 '하나님의 말씀'이라고 이야기하셨다. 그러나 오늘날 참으로 적지 않은 교회들에 말씀의 기근이 있다. 필자는 목사로 살면서 많은 조국 교회의 목회자들과 성도들을 만났다. 그들은 이구동성으로 교회에서 하나 됨을 온전히 이루지 못하고 있다는 이야기를 하곤 한다. 오늘 말씀을 따라 묵상하면 그 핵심 이유가 무엇일까? 우리가 말씀 안에 제대로 거하고 있지 못하기 때문이다. 하나님의 말씀을 제대로 깨닫지 못하고 그래서 주님과 온전한 교제를 누리지 못하니 형제간에 주님이 기대하시는 온전한 하나 됨을 이루지 못하는 것이다. 그러니 주님이 원하시는 제자의 모습과 교회의 모습을 이루려면 그 첩경은 말씀의 부흥이어야 한다.

교회의 역사를 보면 이 말은 사실이다. 구약성경에서 요시야의 종교개혁이 무엇으로부터 시작했는가? 성전에서 율법책을 발견하면서 시작된다. 16세기 종교개혁은 무엇으로부터 시작했는가? 말씀에 대한 새로운 발견과 각성으로부터 시작했다. 19세기 영국의 위대한 부흥 운동, 스코틀랜드의 부흥 운동, 미국의 1, 2차 대각성 운동 모두가 다 하나님의 말씀에 대한 새로운 각성으로부터 일어났다. 살아계신 하나님의 말씀의 능력이 사람들을 깨우고 사람들을 각성시키고 말씀의 사람들이 되게 했다. 그 말씀의 사람들이 회개하고 온전히 하나 됨을 이루어 갔다. 하나님이 그런 말씀 위에 거하는 진정한 제자들을 사용하셔서 하나님 나라의 위대한 부흥의 역사를 이루어 가셨다. 핵심은 말씀의 부흥이다.

기도

주님, 말씀의 부흥이 먼저 일어나게 하소서. 이로 인해 형제들 사이에 진정한 하나 됨이 이루어지게 하소서. 함께 모여 말씀을 배우고 기도하며 서로를 존중하고 말씀 안에서 피차 복종하며 함께 하나님 나라의 벅찬 꿈을 꾸고 그것을 이루기 위해서 함께 고민하며 노력하는 진정한 부흥의 계절을 보게 하소서.

요한복음 18:1-11
능동적으로 걸어가신 십자가의 길

문맥과 요약

고별설교와 기도를 마치신 후 예수께서는 동산으로 향하신다. 물론 유다도 그곳을 알고 있기에 군인들과 함께 그곳으로 나아온다. 예수께서는 자신을 체포하기 위해서 나아온 자들 앞에서도 당당하게 맞서신다. 십자가로 향하게 될 그 길이 진정한 승리의 길임을 아시기에 당당하게 맞서실 수 있는 것이다. 그러나 베드로는 아직 그 승리의 길이 어떤 것인지 잘 알지 못한다. 그래서 세상의 방식과 마찬가지로 힘으로 상황을 해결하려 시도한다. 예수께서는 이러한 상황 속에서도 베드로에게 따뜻하게 가르침을 주신다.

해설

1-2절 《그곳은 가끔 예수께서 제자들과 모이시는 곳이므로 예수를 파는 유다도 그곳을 알더라》 제자들을 위한 고별설교를 마치시고 대제사장처럼 제자들을 위해 기도하신 예수께서는 이제 십자가를 향한 여정을 떠나신다. 예수님은 고별설교 마지막과 17장의 기도를 통해서 십자가가 승리라는

사실을 제자들에게 분명하게 선포하셨다. 그것은 두 가지 이유 때문일 것이다. 무엇보다도 예수님 당대에 십자가는 결코 승리라고 해석되지 않았기 때문이다. 아니 승리라고 해석될 수 없었기 때문이다. 이런 문맥에서 예수님은 십자가가 실패나 패배가 아니고 세상에 대한 당신의 승리이심을 분명히 하셨다. 또한 예수님은 십자가가 세상에 대한 구체적인 승리의 방법이고 방식임을 제자들에게 가르쳐 주고 싶으셨기 때문일 것이다. 본문에는 그 승리의 십자가를 향한 여정이 어떻게 진행되어 갔는지 그 구체적인 내용이 기록되어 있다.

예수님의 십자가의 수난에 대한 이야기는 모든 복음서들이 다 기록하고 있다. 그런데 다른 복음서들과 비교해 보았을 때 요한복음이 보여 주고 있는 독특한 특징이 하나 있다. 요한복음에서는 지속적으로 예수님의 십자가는 승리라는 관점에서 이 수난이 조명되고 있다. 그런 예수님의 말씀에 어울리게 요한복음에서의 예수님은 유독 십자가, 즉 승리의 길을 수동적인 모습이 아니라 매우 능동적이고 주도적인 모습으로 걸어가고 계신 것으로 묘사된다. 동시에 세상이 늘 그렇듯이 어떻게 자신들의 방식으로 승리를 거두려고 하는지도 잘 묘사되어 있다.

1절을 보면 예수께서 고별설교와 기도를 마치신 후에 제자들과 함께 기드론 시내 건너편으로 나가셨다. 즉 성전에서 동편으로 진행하셔서 겟세마네 동산으로 향하신 것이다. 그런데 2절을 보면 그곳이 예수께서 제자들과 가끔 모이시는 곳이었다고 이야기한다. 개역개정은 '가끔'이라고 번역했지만 사실 '종종 혹은 자주'라고 번역하는 것이 더 좋다. 예수께서는 예루살렘을 방문하셨을 때 제자들과 더불어 자주 겟세마네에서 모임을 가지셨던 것으로 보인다. 이렇게 해석하는 것이 문맥상 더 자연스러운 이유가 있다. 유다도 이곳에서 예수님과 자주 모임을 가졌기 때문이다. 만찬 석상에서 예수님을 배신하기 위해 자리를 떠났던 유다가 다시 돌아온다. 그런데 예수님을 배신하려고 시도하고 있는 유다는 지금 주님이 계실만한 곳으로 겟세마네를 생각한 것이다. 이유는 분명하다. 예수께서 제자들과 자주 습관적으로 그곳에서 모임을 가지셨기 때문이다. 그래서 유다는 예수님이 나머지 제자들과 계실만한 곳으로 겟세마네를 생각하고 그리로 병력을 인도해서 나타난 것이다.

3절《유다가 군대와 대제사장들과 바리새인들에게서 얻은 아랫사람들을 데리고 등과 횃불과 무기를 가지고 그리로 오는지라》 그런데 본문에서 흥미로운 것은 예수님을 배신하려고 시도하고 있는 유다가 대동하고 나타난 사람들에 대한 목록이다. 유다가 군대와 대제사장들과 바리새인들에게서 얻은 아랫사람들을 데리고 무기를 가지고 나타났다. 우리는 뒤에 등장하는 베드로가 말고의 귀를 자른 이야기 때문에 대략 몇 사람 정도만이 유다와 함께 주님을 체포하기 위해서 등장했다고 읽는 경향이 있다. 그러나 이 장면을 제대로 이해하기 위해서는 일단 군대가 뭘 의미하는지, 아랫사람들의 정체가 뭔지 알아야 한다. 여기서 군대라는 말, 즉 '스페이라'라는 단어는 예수님 당시 로마의 천부장이 이끄는 보병을 일컫는 말이다. 그것은 대략 480-600명 정도로 구성되어 있었다. 한국군의 편제로 치면 대략 대대 병력 정도가 예수님을 잡기 위해서 온 것 이라 볼 수 있다. 12절을 보면 예수님을 체포하는 장면에 등장하는 사람들 이 나오는데 천부장이 등장한다. 대대 규모의 군 병력이 천부장과 함께 온 것이다. 그뿐만이 아니다. 종교 지도자들로부터 온 아랫사람들이란 누가복음 22장을 보면 유대 성전 경비 병력을 뜻하는 것으로 보인다. 그러니까 종합하면 로마 천부장의 병력과 성전 경비 병력을 대동하고 유다가 예수님을 잡으러 나아온 것이다. 로마군과 성전 경비 병력 등 상당한 수의 군인들이 동원됐고 그들의 손에는 무기가 들려있었다고 요한은 기록해 주고 있다.

이렇게 그림을 그리면 예수님을 잡으러 나아온 사람들은 그저 몇 사람 정도가 아니라는 사실을 알 수 있다. 이 정도면 거의 전투를 방불케 한다. 바로 이것이 요한이 바라본 예수님의 체포 장면인데, 이는 참된 평화의 왕이신 우리 주님을 대하는 세상의 방식을 보여준다. 칼과 창이라는 무기를 가지고 힘으로 굴종을 강요한 방식이 곧 세상의 방식이다. 실제로 당시 "로마의 평화"라는 뜻을 가지고 있는 '팍스 로마나'란 어구는 힘으로 상대를 굴복시켜서 얻게 된 평화를 일컫는 말이었다. 그런데 이 평화는 가짜 평화이고 기껏해야 일시적인 평화일 뿐이다. 왜 그럴까? 지금은 힘이 약해서 굴복하고 억눌려 있지만 약자가 힘만 가지게 되면 이 평화는 금방 깨질 것이 너무나 분명하기 때문이다. 지금 세상은 그러한 방식으로 예수님을 잡으러 나아왔다. 자신이 가진 힘을 과시하는 방식으로 말이다. 자신의 힘으로 상대를 겁박하고 상대를 주눅 들게 해서 자신들이 원하는 바를 이루려는 것이야 말로 세상 방식이고 사탄의 방식이다.

4절 《예수께서그당할일을다아시고나아가이르시되너희가누구를찾느냐》 예수께서는 그런 세상의 힘이 진정한 힘이 아니라는 것을 잘 아셨다. 그런 것들을 가지고는 하나님의 나라를 무너뜨릴 수 없다는 것을 잘 아셨다는 말이다. 또한 예수께서는 이 세상을 이기고 새로운 세상을 세워나갈 수 있는 진정한 방법이 무엇인지 잘 아셨다. 그것은 십자가를 지는 것이다. 예수님에게 있어서 십자가는 마지못해 지거나 어쩔 수 없이 지는 것이 아니다. 요한은 4절을 통해 예수께서 능동적으로 주체적인 모습으로 십자가를 지신다는 사실을 묘사해 주고 있다. 4절에 언급된 '그 당할 일'이란 체포와 심문과 처형을 다 포함한 십자가 사건을 언급하고 있음에 틀림없다. 예수께서는 자신에게 닥칠 어마어마한 일들과 그것의 의미를 모르고 계시다가 얼떨결에 당하고 계신 것이 아니다. 예수님은 다 알고 계셨다. 이미 고별설교를 통해서도 자신이 지시게 될 십자가와 그 십자가의 의미에 대해서 제자들에게 친히 다 알려주시지 않았는가? 그 십자가가 결국 새로운 세상을 여는 새 창조의 기막힌 방식이라는 것을 알고 계셨다. 그래서 주체적이고 능동적으로 십자가의 길을 걸어가시는 것이다. 창조주와 구속주로서 당당하고 위엄 있게 그 십자가의 길을 친히 선택하셨다.

5-6절《예수께서 그들에게 내가 그니라 하실 때에 그들이 물러가서 땅에 엎드러지는지라》 요한이 그려주고 있는 예수님의 십자가 길은 수동적인 길이 아니다. 예수님은 힘이 없고 능력이 없어서 체포되는 것이 아니라 위엄을 가진 자로서 능동적으로 상황을 맞이하고 계신다. 이러한 사실이 6절에서 매우 흥미롭게 표현되어 있다. 주님께서 '너희가 누구를 찾느냐' 라고 질문하시자 유다와 일당들은 '나사렛 예수'라고 답했다. 그 대답을 들으신 예수님은 '내가 그니라'라고 대답하신다. 그러자 예수님을 잡으러 왔던 많은 군인들이 뒤로 물러가서 땅에 엎드려졌다고 요한은 기록해 놓았다. 이 말은 그들이 어떤 위엄에 압도됐다는 것을 시사한다. 예수께서는 어떤 물리력도 사용하지 않으시고 그저 그들의 질문에 대답만 하셨을 뿐인데 군인들은 그 말씀에 압도됐다. 그럼 그들은 도대체 무엇에 압도됐을까? 그 힌트가 바로 '내가 그니라'('에고 에이미')라는 말 속에 담겨 있다.

'에고 에이미'라는 어구는 하나님께서 당신이 출애굽의 전능하신 하나님이심을 드러내실 때 사용하셨던 어구다. 요한복음 6장에서 오병이어 직후에 주님이 물 위를 걸어서 제자들을 향해 오셨을 때, '내니 두려워 말라'라고 말씀하셨다. 바로 그 '내니'가 본문에 사용된 '에고 에이미'이다. 바다와 파도를 다스리시고 그 파도를 밟으시는 전능하신 창조주 하나님이 바로 주님의 진정한 정체시다. 즉 '에고 에이미'라는 어구는 예수님의 신적인 정체성을 드러내 주는 어구로 요한복음에서 사용되고 있다(4:26; 6:20; 8:24, 28, 58; 13:19; 18:5, 6, 8). 예수님이 창조주로서 한마디 말씀만 하셨을 뿐인데 그를 잡기 위해서 무기로 무장한 군인들이 힘없이 엎드려진 것이다. 이 묘사는 다른 복음서에는 등장하지 않는 요한만의 독특한 묘사다. 이를 통해 요한은 무엇을 말해주고 싶었던 것일까? 예수께서 힘이 없어 수동적으로 피조물에게 체포되신 것이 아니라는 사실이다. 도리어 그 반대다. 그들에게 체포되어 십자가를 지시는 길이 인류의 모든 죄악을 해결하시는 길인 동시에 새로운 세상을 여시는 유일한 첩경이심을 아셨기에 창조주로서 구속주로서 당당하게 그 십자가를 능동적으로 맞이하시고 그 십자가의 길을 걸으셨다는 것을 요한이 보여주고 싶었던 것이다.

7-9절《예수께서 대답하시되 너희에게 내가 그니라 하였으니 나를 찾거든 이 사람들이 가는 것은 용납하라 하시니》 예수께서는 자신을 찾으러 나온 유다와 군사들의 무리와 다시 대면하신다. 자신을 찾는 것이라면 나머지 제자들이 가는 것을 용납하라고 요구하신다. 9절에서 요한은 예수께서 이렇게 하신 이유를 '아버지께서 내게 주신 자 중에서 하나도 잃지 아니하였사옵나이다'라고 하신 말씀을 성취하기 위함이라고 설명한다. 예수께서는 이 위급한 순간에서도 전혀 평정심을 잃지 않으시고 자신의 제자들을 보호하신다. 제자들을 위해서 기도하신 예수께서는 마지막 순간까지도 제자들을 위하고 계신다. 물론 '아버지께서 내게 주신 자'라는 표현 속에서 가룟 유다가 포함되어 있지 않은 것은 분명해 보인다. 이미 예수께서는 17:12의 기도에서 유다를 멸망의 자식이라고 명명하신 일이 있기 때문이다.

10-11절《예수께서 베드로더러 이르시되 칼을 칼집에 꽂으라 아버지께서 주신 잔을 내가 마시지 아니하겠느냐 하시니라》 예수께서는 십자가의 길을 이렇게 능동적으로 걸어가고 계신데 이후에 베드로가 보여주는 행동은 당시 제자들이 아직 고별설교에서 예수님이 친히 가르쳐 주신 승리의 방식, 즉 십자가를 통한 승리를 모르고 있었다는 것을 보여준다. 베드로가 이

상황에 반응하는 방식을 보면 그도 세상 방식을 그대로 따르고 있음을 보게 된다. 베드로는 가지고 있던 칼을 꺼내어 대제사장의 종 '말고'라는 사람의 귀를 잘라버렸다. 베드로가 한 이러한 행동의 정확한 동기가 무엇인지를 말하는 것은 쉬운 일이 아니다. 아마 지금까지 함께 했던 주님에 대한 순수한 충성심이었을지도 모른다. 물론 이기적인 동기일 수도 있다. 예수님이 잡혀가시면 자신이 꿈꾸던 모든 일이 물거품이 될 것이기 때문에 보여준 돌발적인 행동일 가능성도 있다. 어쩌면 이 두 가지가 적절하게 섞여 있을지도 모른다. 동기가 무엇이건 하나만은 확실하다. 베드로는 예수님이 이루시려는 새 창조의 세상과 새로운 나라의 승리 방식이 무엇인지 모르고 있었다는 것이다. 그 나라는 세상과 똑같이 물리력과 위력을 가지고 검을 빼어 든다고 세울 수 있는 나라가 아니다. 세상적인 힘을 가지고 세우는 나라가 아니라는 말이다. 그런데 안타깝게도 베드로는 아직 그걸 모르고 있었다. 예수께서는 베드로에게 칼을 거두라 명하신다. 그리고 당신이 아버지께서 주신 잔을 마셔야 한다고 말씀하신다. 여기서 '아버지께서 주신 잔'이라는 표현은 예수님의 십자가의 죽음을 표현하는 어구다. 요한은 이 표현을 통해서 예수께서 아버지가 허락하신 십자가의 죽음을 기꺼이 자발적으로 걸어가시고 있음을 다시 한번 분명하게 밝히고 있다.

묵상

베드로와 제자들만이 아니라 오늘날 주님의 교회라 일컫는 우리도 주님이 가르쳐 주신 이 분명한 진리에 대해서 생경하기는 마찬가지인 것 같다. 지금까지 목사로 살면서 큰 교회를 지어놓으면 주님이 영광 받으실 것이라고 말하는 성도들의 이야기를 얼마나 많이 들었는지 모른다. 주님이 영광 받으시는 방법과 승리하시는 방식에 대해서 하나님의 백성들이 잘 모르고 있다는 말이다. 오늘날 매스컴에 등장하는 교회들을 보라. 어마어마한 사람의 힘과 돈의 힘을 과시하며 세상과 똑같은 방식으로 살아가면서도 하나님이 그 힘을 통해서 영광 받으실 것이라는 엄청난 착각에 빠져있다. 온갖 편법과 범법 행위를 동원해서 막대한 헌금을 쏟아부어 예배당을 지어놓고는 '하나님이 하셨다, 하나님이 영광을 받으셨다'라는 기막힌 말을 쏟아놓고 있다. 이것이 조국 교회의 현실이다. 조금만 묵상해 보면 소위 우리가 힘이라고 부르는 것에 우리 하늘 아버지는 아무런 관심도 없으시다는 것이 너무 분명해진다. 하나님은 우리의 힘과 능력에 별로 관심이 없다. 도리어 하나님은 우리가 그분이 승리하신 방식에 친숙해 지기를 원하신다. 십자가라는 것이 주님의 승리의 방식이었다면 그래서 주님이 능동적으로 그 십자가의 길을 걸어가셨다면 주님의 제자들인 우리들도 능동적으로 자신의 십자가의 길을 걸어가야 한다.

그런데 안타깝게도 주님의 백성들도 세상 속에 살면서 십자가가 아닌 세상의 승리 방식에 너무나도 친숙해져 있고, 그렇기 때문에 도리어 하나님께 영광을 돌리지 못하고 있다는 것을 망각하고 있는 것 같다. 우리는 종종 이렇게 말하곤 한다. 내가 더 높은 지위에 올라가게 되면 그것이 하나님께 영광이 된다는 것이다. 내가 더 많은 것들을 소유해서 그것으로 주님을 기쁘시게 하면 하나님께 영광이 된다고 착각한다. 그러나 기억하라. 하나님은 우리가 더 많은 힘을 가지지 못하고 더 높은 지위에 오르지 못하고 더 많은 재물을 소유하지 못했기 때문에 영광을 받지 못하시는 것이 아니다. 우리의 역사와 사회를 직시해 보라. 도리어 우리가 필요 이상의 많은 힘을 가지려 하고 수단과 방법을 가리지 않고 더 높은 지위에 오르거나 그것을 유지하려 힘쓰고 애쓰기 때문에 하나님이 영광 받지 못하시는 것이다. 우리가 열망하는 그런 것들을 하나님의 백성들이 가지지 못했기 때문에, 우리가 열망하는 위치에 도달하지 못했기 때문에, 하나님이 영광을 받지 못하시는 것이 아니라 예수님의 제자들이 십자가를 지는 자리를 외면하고 영광의 자리만을 탐닉했기 때문에 오늘날 교회는 세상 가운데 조롱거리가 되어 있는 것이다.

기도

주님, 우리가 이 십자가의 진리를 가슴에 품고 주님 가신 그 길을 우리도 걸어간다는 가슴 벅찬 감격 속에서 살아가게 하옵소서. 이 십자가의 진리 안에서 가슴 시려하며 주님을 찬양하고 예배하게 하소서. 이 진리가 상식이 되는 그리스도의 푸른 계절이 오게 하소서.

요한복음 18:12-27
생명의 길

문맥과 요약

본문에는 체포되신 예수님이 심문을 당하시는 이야기가 등장한다. 그리고 베드로가 예수님을 세 번 부인하는 이야기가 교대로 등장한다. 요한은 이 이야기들을 하나의 이야기라는 전망 속에서 보여 주려고 시도한다. 요한은 예수께서 심문당하시는 과정에서 이 심문의 불법적인 특성을 강조해준다. 이런 상황에서도 예수께서는 당당하게 생명의 길을 걸어가신다. 그러나 베드로는 예수님을 세 번이나 부인함으로써 생명의 길에서 잠시 이탈하게 된다. 그러나 그 속에서도 예수님이 베풀어 주시는 은혜의 방편이 등장한다.

해설

13-14절 《먼저 안나스에게로 끌고 가니 안나스는 그 해의 대제사장인 가야바의 장인이라》 예수님을 심문하는 이야기는 다른 복음서들에도 등장한다. 마태, 마가, 누가도 예수께서 겟세마네에서 체포되신 후에 산헤드린 공의회 앞에서 심문을 당하시는 이야기를 보도해 주고 있다. 그런데 요한

복음에서 예수님이 심문을 당하시는 이야기는 공관복음과 비교해 보았을 때 눈에 띄는 몇 가지 특징이 있다. 그것은 예수님을 심문한 주체와 심문 내용에 대한 문제이다. 공관복음서들은 당시 현직 대제사장이었던 가야바의 지휘 아래 산헤드린 공의회 앞에서 심문이 이루어지는 것으로 보도하고 있다. 그런데 요한복음은 당시 대제사장 가야바의 장인이었던 안나스에 의해 예수께서 심문당하는 것으로 보도하고 있다. 당시 현직 대제사장은 요한이 말해주는 대로 가야바였다. 안나스는 요세푸스의 문헌이 말하는 대로 주후 6년부터 주후 15년까지의 대제사장이었다. 그 이후 사위였던 가야바가 로마에 의해서 대제사장으로 임명됐고 예수님 체포 당시 현직 대제사장으로 재직하고 있었다. 물론 그 이후로도 안나스의 아들들인 요한과 알렉산더가 지속적으로 대제사장직을 유지했다. 그러니까 안나스라는 사람은 비록 현직에서는 물러났더라도 유대 사회에서 전직 대제사장으로서 막강한 권력을 행사하던 사람이었던 것으로 보인다. 하지만 그렇다 하더라도 사람을 공권력을 동원해서 체포해 왔으면 정식 절차에 따라서 재판해야 하는 것은 상식이다. 그런데 정식 재판이 열리기도 전에 예수님은 지금 전직 대제사장에게 심문당하신다. 이런 관점에서 보면 지금 이루어지고 있는 일은 비공식적 심문이고 보다 정확하게 이야기하면 불법적인 심문이다.

15-18절 《문 지키는 여종이 베드로에게 말하되 너도 이 사람의 제자 중 하나가 아니냐 하니 그가 말하되 나는 아니라 하고》 예수님에 대한 심문을 다루는 요한복음에서 눈에 띄는 것은 이 이야기를 전개해가는 요한만의 독특한 방식이다. 다른 공관복음서들은 예수님에 대한 심문 이야기를 베드로의 부인 이야기와 근접 문맥에 위치시키지만, 두 이야기는 서로 독립된 이야기로 진행된다. 마태, 마가는 주님이 심문을 당하시고 난 후에 베드로의 부인 이야기를 보도하고, 누가는 베드로의 부인 이야기를 먼저 하고 난

후에 예수께서 산헤드린의 심문을 받으신 것으로 되어 있다. 그런데 요한복음은 베드로가 예수님을 부인하는 이야기가 예수께서 심문당하시는 이야기를 둘러싸고 있는 구조로 되어 있다. 베드로가 예수님을 부인하고 난 후에 주님이 심문당하신다. 예수께서 심문당하시는 이야기 이후 다시 베드로가 예수님을 두 번 더 부인하는 이야기가 등장한다.

이런 식의 구조는 이야기를 전달함에 있어서 어떤 효과를 가지게 될까? 베드로의 부인, 예수님에 대한 심문, 베드로의 부인을 연결하면서 이것이 독립된 다른 이야기가 아니라 마치 하나의 이야기로 읽게 만드는 효과를 가져온다. 그것이 요한의 의도가 아니었을까? 요한은 베드로의 모습과 예수님의 모습을 하나의 이야기 안에서 엮으려는 의도를 가지고 있었던 것으로 보인다. 베드로와 다른 제자 한 사람이 체포되신 예수님을 따라왔다. 요한복음 학자들은 이 다른 제자가 누구인가에 대해서 많은 논쟁을 했다. 긴 이야기를 짧게 하자면 이 다른 제자는 세베대의 아들 요한을 말하는 것으로 보인다. 그런데 이 다른 제자는 대제사장과 친분이 있었던 것 같다. 물론 우리는 세베대의 아들이 어떻게 대제사장과 친분이 있었는지에 대해서 구체적으로 알 길이 없다. 그러나 요한복음에 따르면 그가 대제사장과 친분이 있었고, 이것을 이용해서 그와 베드로는 체포되신 예수님이 계신 대제사장의 집까지 들어올 수 있게 됐다. 요한에 의해서 대제사장의 집 뜰에 들어가게 된 베드로는 한 여종으로부터 질문을 받게 된다. 아마도 이 여종은 요한이 예수님의 제자였다는 사실을 알고 있었던 것으로 보인다. 그래서 베드로에게 당신도 예수님의 제자 중 하나가 아니냐고 질문한 것이다. 이 질문에 베드로는 지체 없이 '아니다'라고 대답해 버린다.

19-24절 《예수께서 대답하시되 내가 말을 잘못하였으면 그 잘못한 것을 증언하라 바른 말을 하였으면 네가 어찌하여 나를 치느냐 하시더라》 요한은 베드

로의 첫 번째 부인 이후 즉시 장면을 예수님의 심문 장면으로 전환한다. 이 두 사건이 동시에 일어나고 있는 것 같은 효과를 주는 것이다. 직전에 예수께서는 불법적인 방식으로 안나스 앞에 끌려오신 것으로 보도됐다. 그런데 심문의 내용을 보면 더욱 가관이다. 공권력을 동원해서 범죄 혐의가 있는 사람을 체포한 뒤에는 그 사람이 어떤 범법 행위를 저질렀는지 조사하는 것이 상식이다. 하지만 19절을 보면 안나스는 예수님께 다음 두 가지를 묻는다. '제자들이 누구인가'와 '예수께서 가르치신 교훈이 무엇인가'이다. 질문의 내용으로 봐서 아마도 안나스는 예수님에게서 거짓 가르침을 전하는 거짓 선지자의 혐의를 찾으려고 시도했던 것으로 보인다.

이에 대해 예수님은 자신의 가르침은 늘 회당과 성전, 즉 공공장소에서 공개적으로 진행됐고 은밀하게 가르치신 것이 없으니 그 가르침이 진정으로 궁금한 것이라면 그 가르침을 들은 자들에게 직접 물어보면 될 일이라고 대답하신다. 어찌 보면 너무나 당연한 반응이고 참으로 당당한 모습이 아닐 수 없다. 행악자나 범법자에게서는 찾아볼 수 없는 당당함이다. 그러자 대제사장의 종으로 보이는 한 사람이 손으로 예수님을 때린다. 이에 대해서 예수께서는 그들의 폭력이 부당함을 적극적으로 피력하신다. 예수께서 심문당하시는 장면을 보면 체포해온 사람들은 예수님의 혐의점에 대해서 아무것도 정확하게 제시하지 못하고 있다. 혐의점이 있어서 체포해 왔으면 그것이 무엇인지를 정확하게 제시하고 법적인 절차대로 하면 될 일인데 그렇게 하지 않는다. 정확하게 이야기하면 그렇게 하지 못한다. 요한은 예수님을 체포한 유대 당국자들의 체포의 불법적인 성격을 이렇게 노골적으로 보여 주고 있다. 심문 자체도 불법적이었고 체포할 만한 어떤 구체적인 혐의점도 제대로 제시하지 못한다. 궁색하니 자신들이 가진 야만적인 힘으로 불법적인 폭력을 행사한다. 이것이 예수님을 불법적으로 체포한 세상의 모습임을 요한이 노골적으로 드러내 주고 있는 것이다. 예수께서는 세상의 불법적인 폭력 앞에서도 여전히 당당하게 행동하신다.

25-27절《대제사장의 종 하나는 베드로에게 귀를 잘린 사람의 친척이라 이르되 네가 그 사람과 함께 동산에 있는 것을 내가 보지 아니하였느냐 이에 베드로가 또 부인하니 곧 닭이 울더라》 그런 예수님의 당당한 모습을 묘사해준 요한은 다시 베드로의 부인 이야기를 이어간다. 베드로가 불을 쬐고 있을 때 다시 사람들이 '너도 그 제자 중 하나가 아니냐' 묻는다. 베드로는 또 한 번 자신과 예수님과의 관계를 부정해 버린다. 그런데 이번에는 도무지 발뺌할 수 없는 증인이 등장한다. 예수께서 체포되시던 동산에서 그와 함께 있었던 베드로를 목격한 증인이 나타난 것이다. 예수께서 체포되실 때 베드로가 칼을 꺼내 '말고'라는 사람의 귀를 자르지 않았는가? 그때 그 현장에 말고의 친척도 대제사장의 종으로 함께 있었던 것으로 보인다. 베드로가 자신의 친척의 귀를 자르는 현장에 그도 함께 있었고 이 모든 장면을 생생히 목격했던 것이다. 그러니 그 사람이 어찌 베드로를 알아보지 못하겠는가? 이쯤 되면 더 이상 도망갈 수 없는 상황이 된 것이다. 예수님과 자신의 관계를 인정하지 않을 수 없는 상황이 된 것이다. 그런데 뻔뻔한 베드로는 이런 상황에서도 자신이 예수님과 아무런 상관이 없다고 부인해 버린다.

요한은 예수님이 당하신 체포와 심문의 불법적인 내용을 이야기하고 이에 대한 예수님의 당당한 모습을 소개하고 있다. 그것이 예수님의 체포와 심문 이야기의 특징이다. 그런 예수님의 당당한 모습과 베드로의 부인 이야기가 절묘하게 대비되고 있다. 요한이 그려주는 베드로의 부인 이야기의 핵심을 놓치지 않으려면 우리는 요한복음의 문맥을 이해해야 한다. 예수께서는 친히 자신이 고별설교에서 가르쳐 주신 대로 십자가 승리의 길을 몸소 걸어가심으로써 생명의 길을 걷는 것이 어떤 것인지를 제자들에게 보여 주신다. 그런데 베드로는 그 생명의 주인이신 예수님과 자신의 관계를 부정해 버린 것이다.

이 대목에서 요한이 복음서를 기록한 목적을 살펴보는 것이 매우 적절한 도움이 되리라 생각한다. 요한은 자신이 복음서를 기록한 목적을 20:31에서 다음과 같이 말하였다. "오직 이것을 기록함은 너희로 예수께서 하나님의 아들 그리스도이심을 믿게 하려 함이요 또 너희로 믿고 그 이름을 힘입어 생명을 얻게 하려 함이니라." 요한이 이야기하는 생명의 길은 예수님이 누구이신지를 알고 그분을 믿는 것에서 시작한다. 예수님을 믿고 그분 안에 거하고 그분과 함께 그 십자가의 길을 걷는 것이 바로 생명의 길인데, 베드로는 자신과 예수님과의 관계를 전면 부정해 버린 것이다. 자신의 곤란한 상황을 모면하기 위해서 어리석게도 스스로 생명의 길에서 이탈하려고 시도한 것이다. 바로 이것이 예수께서 체포되시던 날 밤 요한이 그려주고 있는 베드로의 모습이다.

물론 필자는 요한이 베드로를 일부러 곤란하게 만들기 위해서 이 내용을 기록했다고 생각지는 않는다. 그러나 문맥 속에서 요한은 생명의 길을 당당하게 걷고 계신 주님과 그날 밤 그 생명의 길에서 이탈하려 했던 베드로를 한 그림 한 이야기 안에서 분명하게 대조하며 그려주고 있다. 이러한 묘사와 대조를 통해서 요한은 진정한 생명의 길이 도대체 어떤 것인지 독자들에게 선명하게 보여 주고 있다. 그 생명의 길이란 예수님 안에 거하며 예수께서 걸어가신 그 십자가 승리의 길을 함께 걷는 것이다. 그러나 안타깝게도 베드로는 그날 밤 그 생명의 길에서 이탈하려 했다.

하지만 이 안에도 하나님의 은혜의 손길이 여전히 남아 있었음을 요한은 담백하게 기록해 주었다. '곧 닭이 울더라.' 예수님을 알고 그분을 믿고 말씀을 통해 그분 안에 거하며 예수님과 함께 그 십자가의 길을 걷는 것이 곧 요한복음이 말하는 영생이고 그것이 바로 생명의 길인데 베드로는 어리석게도 그 길을 떠나려 했다. 그런데 바로 그때 닭이 울었다. 닭이 울었다는 것은 지극히 자연스러운 자연 현상 중 하나다. 그러나 베드로에게 그것은 무엇을 뜻하는 것일까? 그것은 바로 생명의 길로부터 이탈하려는 베드로를 다시 깨우셔서 생명의 길로 인도하시려는 예수님의 은혜의 방편이다. 실제로 마태복음은 베드로가 이 닭 울음소리를 듣고 예수님의 말씀을 기억했다고 이야기한다. 그리고 주님의 말씀이 생각나서 심히 통곡했다고 기록해주고 있다. 닭 울음소리 때문에 베드로는 회개할 수 있었던 것이다. 그러니 닭 울음소리는 베드로를 깨우시려는 주님의 은혜의 방편이었던 셈이다.

묵상

가만히 묵상해 보면 이 닭 울음소리는 베드로에게만 해당하는 것은 아닌 것 같다. 우리의 인생길에서 우리도 생명의 길을 이탈해서 사망의 길을 걸어가려고 얼마나 많이 이탈했었고 또한 여전히 이탈하고 있을까? 그럴 때마다 우리도 적지 않은 닭 울음소리를 들어야 했다. 질병의 습격이라는 닭 울음소리, 가난의 습격이라는 닭 울음소리, 관계의 단절과 파괴라는 닭 울음소리, 어쩌면 코로나라고 하는 것도 비유적인 의미에서 주님이 우리에게 들려주시는 커다란 닭 울음소리일 수 있을 것으로 생각한다. 필자는 닭 울음소리가 들렸다는 것은 여전히 희망이 있는 것이라고 생각한다. 아직 우리의 마음을 찢을 수 있는 기회가 남아 있기 때문이다. 아직 주님과 함께 십자가의 길을 걷는 생명의 길로 돌이킬 수 있는 기회가 주어져 있기 때문이다. 그러니 주님이 우리에게도 들려주시는 이 거대한 닭 울음소리 앞에서 우리의 마음을 함께 찢어야 하지 않겠는가? 그리고 다시 주님 안에 거하며 주님과 함께 승리의 십자가 길, 생명의 길을 함께 걸어가야 하지 않겠는가? 우리가 이 십자가 생명의 길을 함께 걷고자 결단하고 걸어갈 때 우리는 주님이 베풀어주시는 진정한 부흥의 계절을 이 땅에서 다시금 경험할 수 있게 될 것이다.

기도

주님, 당신이 들려주시는 닭 울음소리 앞에서 우리 모두가 마음을 찢고 회개하며 돌이킬 수 있도록 인도하옵소서. 이 생명의 길을 함께 걷는 그리스도의 푸른 계절이 우리 모두에게 임하게 하옵소서.

요한복음 18:28-32
십자가의 신비

문맥과 요약

유대인들의 위선적인 모습이 등장한다. 그들은 율법에 명시된 규례를 지키고자 더 큰 죄악을 범한다. 예수님에게서 죽일 만한 죄목을 찾지 못했음에도 불구하고 이미 죽이기로 작정해 놓고 이를 실행에 옮기고 있다. 그들은 자신들의 손으로 예수님을 죽이는 것보다 로마의 십자가형으로 그분을 죽이고자 시도한다. 교묘한 꼼수가 그 뒤에 도사리고 있는 것이다. 그들의 꼼수에도 불구하고 모든 지혜의 근본이신 하나님은 그것을 당신의 새 창조의 역사로 멋지게 바꾸어 내신다.

해설

28절 《그들이 예수를 가야바에게서 관정으로 끌고 가니 새벽이라 그들은 더럽힘을 받지 아니하고 유월절 잔치를 먹고자 하여 관정에 들어가지 아니하더라》 요한이 그려주는 예수님의 십자가의 길에 대한 핵심 묘사는 당당한 승리다. 세상의 불법과 대비되어 예수님의 정당함과 당당함이 강조되어 있다. 또한 요한은 예수님이 어쩔 수 없어서, 마지못해서 그 길을 걸어가시는 것이 아니라는 것을 강조해 주고 있다. 그 길은 친히 하나님이 계획해 놓으신 놀라운 길이고 예수께서 기꺼이 순종해서 걸어가시는 길이다. 이제 본문을 시작으로 예수께서는 빌라도에 의해서 심문을 받으신다. 28절은 불법적인 심문을 마친 후에 유대 지도자들이 예수님을 관정으로 이끌고 갔다고 기록하고 있다. 여기서 관정이라는 말은 '프라이토리온'의 번역이다. 사실 로마 총독의 관저는 가이사랴에 있었다. 그런데 유월절은 유대인들에게 매우 중요한 명절이었다. 상당수의 유대인들이 예루살렘으로 순례를 하는, 율법에 명시된 절기였기 때문이다. 로마 총독에게 피지배국에서의 민중들의 소요나 동요는 절대로 보고 싶지 않은 것이었다. 그래서 유월절과 같이 큰 명절이 되면 총독이 가이사랴에서 예루살렘으로 주둔군의 병력을 이끌고 왔고 총독은 '프라이토리온'이라 불리는 관정에서 거주했다. 이런 역사적 상황 속에서 유대 지도자들이 예수님을 관정에 있던 빌라도에게 끌고 온 것이다.

그런데 매우 흥미로운 묘사가 등장한다. 예수님을 빌라도에게 끌고 왔는데 유대인들의 지도자들이 총독의 관정 안으로 들어가기를 꺼려하고 있다. 요한은 그 이유가 저희가 더럽힘을 받지 않고 유월절 잔치를 먹고자 했기 때문이라고 기록해 주고 있다. 이 말을 이해하려면 이 언급 뒤에 존재하고 있던 유대인들의 사고를 이해해야 한다. 랍비 문서를 보면 유대인들은 세리로 대표되는 죄인이 어떤 집에 들어가면 그 집이 의식적으로 부정해진다고 생각했다. 그러니 유대 지도자들이 이방인들이 가득한 총독의 관저에 들어가고 싶지 않았던 것이다. 그곳에 들어갔다가 의식적으로 부정해지면 율법에 따라 정결 의식을 치르고 다시 정결해지기까지 일주일이라는 시간이 걸린다. 그러면 유월절 큰 명절에 유월절 식사를 할 수 없게 된다. 그러므로 유대인들의 지도자들은 하나님의 말씀인 율법을 잘 지키기 위해서 총독의 관정에 들어가지 않으려고 했던 것이다.

그런데 이것은 참 역설적이라 아니할 수 없다. 그렇게 하나님의 말씀을 소중하게 생각하는 사람들이 하나님이 당신의 백성들에게서 보기 원하시는 공의와 정의에는 관심이 없기 때문이다. 무슨 말인가? 예수께서는 체포될 만한 죄악을 저지르지 않으셨다. 죄를 짓지 아니한 예수님을 불법적으로 체포하고는 심의 과정에서 제대로 된 혐의점도 제공하지 못했다. 예수님을 체포할 만한 아무런 법적인 근거를 제시하지 못한 채 불법을 자행하는 자들이 하나님의 말씀을 따르기 위해서 관저 안에 들어가지 못했다고 하는 것은 참으로 혀를 찰 이야기이다.

29절 《그러므로 빌라도가 밖으로 나가서 그들에게 말하되 너희가 무슨 일로 이 사람을 고발하느냐》 빌라도도 유대의 총독으로 있었기 때문에 유대인들의 문화와 그 의도가 무엇인지 알았을 것이다. 그래서 빌라도는 관정에서 밖으로 나아온다. 그러고는 이 사람을 무슨 이유로 고소하는지 묻는다. 즉 공식적인 법적 절차를 시작하려는 것이다. 여기서 반드시 짚고 넘어가야 할 것이 하나 있다. 앞서 예수님을 체포하는 과정에서 로마의 천부장과 그 군대가 동원됐다는 것이다. 이것이 본문과 연관해서 무엇을 시사하는 걸까? 이 시점에 빌라도도 유대인 지도자들이 예수님을 체포하려고 시도하고 있다는 것을 잘 알고 있었다는 말이다. 그 병력의 이동을 최종적으로 허락한 사람도 빌라도였을 것이다. 지도자들이 빌라도에게 병력의 동원을 요청한 것도 민란이나 소요가 일어나지 않기 위해서라는 명목이었을 것이고, 빌라도도 예수님 주변에 빈번히 수만 명의 사람들이 운집하곤 한다는 이야기를 익히 들어서 알고 있었을 것이다. 그것이 병력 동원을 허락해 준 이유였을 것이다. 그리고 체포 후에 자신에게 먼저 온 것이 아니라 대제사장과 산헤드린에서 심문을 받았다는 것도 빌라도가 다 알고 있었을 테다. 그렇게 체포하고 조사를 마쳤으니 예수님을 공식적으로 로마 법정에 고소하려는 죄목이 무엇인지를 물은 것이다. 이미 예수님을 체포해서 심문했으니 그 죄목을 말하라는 것이다. 이런 관점에서 빌라도는 매우 상식적인 이야기를 하고 있다. 사람을 고발하려면 그 죄목이 무엇인지를 밝히는 것은 상식 중의 상식이다. 바로 이 사실을 이방인 총독 빌라도가 유대인 지도자들에게 질문한 것이다.

30-31절《대답하여 이르되 이 사람이 행악자가 아니었더라면 우리가 당신에게 넘기지 아니하였겠나이다》 빌라도의 질문에 대해서 지도자들의 대답이 등장하는데 그것이 참으로 기가 막히다. 이 말을 어떻게 이해해야 할까? 정말 하나 마나 한 이야기이고 안타까운 이야기이다. 죄목이 무엇이냐고 물었는데 죄인이기 때문에 데려왔다고 대답하고 있기 때문이다. 그래서 한심한 것이고 바로 이런 것이 불법이다. 이것이 당시 유대 지도자들의 수준이었다. 빌라도는 이 일의 본질을 금방 알아차렸다. 로마법을 근거로 생각해 보았을 때 예수께서 체포되실 일도 아니고 사형판결을 받으셔야 할 일은 더더욱 아니라는 것을 이미 알아차린 것이다. 그래서 다음과 같이 이야기한다. '너희에게 너희 율법이 있으니 데려다가 너희 율법대로 재판하라.' 빌라도로서는 너무 당연한 이야기를 했다. 이 문제는 유대 율법과 관련된 것일 수는 있으나 자신이 관여할 사안이 아니라고 판단한 것이다.

그런데 유대 지도자들이 뭐라고 대답하는가? "우리에게는 사람을 죽이는 권한이 없습니다." 이 말은 두 가지 측면에서 기가 막히다. 먼저 이 말을 통해서 그들은 예수님을 죽이려는 의도를 가지고 접근했다는 것을 보여준다. 매우 불법적인 사람들이고 공의와 정의가 무엇인지 모르는 사람들이다. 그래서 전혀 하나님 백성답지 않다. 죄목에 대해서 정확하게 지적하지도 못한 채 그들은 예수님을 먼저 죽이겠다고 결정해 놓고 접근한 것이다. 사실 이러한 그들의 불법적인 태도는 요한복음에서 처음 등장하는 것이 아니다. 산헤드린에서 가야바는 이미 예수님을 제거하는 것이 자신들에게 유익하다고 이야기한 바 있다(11:49-53). 적법한 절차에 따라서 죄를 발견하면 법에 명시된 형벌을 가하는 것이 정의고 공의다. 그런데 하나님의 율법인 유월절 규례를 따르겠다고 말하는 자들이 가장 불법적인 일들을 자행하고 있다. 요한이 예수님의 심문 과정에서 이러한 사실을 노골적으로 드러내고 있다.

두 번째로 저 말이 기가 막힌 이유는 그들이 이 말을 하고 있는 저의 때문이다. 그들은 빌라도에게 자신들은 사람들을 죽일 권한이 없다고 이야기했다. 사실 이 말은 반은 맞고 반은 틀린 이야기다. 그래서 거짓이다. 유대인들은 제한된 경우이기는 하지만 자신들의 율법에 따라 사람을 죽일 수 있는 권한이 있었다. 먼저 성전에 있는 여인들의 뜰과 유대인들의 뜰에 이방인들이 함부로 침입하면 죽일 수 있었다. 그래서 그곳에는 이방인들의 출입을 엄격히 금지하는 경고문이 붙어 있었다. 또한 사도행전 7장을 보라. 유대인들은 종교적인 이유로 스데반을 신성모독이라는 죄목으로 돌로 쳐서 죽였다. 사도행전에서 야고보도 유사한 이유로 유대인들에 의해서 처형되지 않았는가? 유대인들은 종교적인 사안에 있어서 사람들을 죽일 수 있는 권한이 있었던 것으로 보이고 권한이 없었다 하더라도 실제로는 죽였다. 그렇다면 이러한 말을 하고 있는 저들의 진짜 저의는 무엇일까? 그들은 마음만 먹으면 자신들 스스로 예수님을 신성모독이라는 죄목으로 죽일 수도 있었을 텐데, 왜 굳이 빌라도에게 데려와서 죽이려고 시도하고 있는 것일까? 질문을 바꾸면 그들 입장에서 로마 총독의 힘을 빌려서 예수님을 죽이면 어떠한 다른 이익이 있다고 생각하고 있는 것일까?

32절 《이는 예수께서 자기가 어떠한 죽음으로 죽을 것을 가리켜 하신 말씀을 응하게 하려 함이러라》 그들이 무슨 생각을 하고 있는지를 유추하는 데 있어서 32절은 좋은 힌트가 된다. 32절에서 "어떠한 죽음"이라는 표현이 등장하는데, 사실 요한이 사용한 표현을 직역한다면 '어떠한 종류의 죽음'이라고 번역할 수 있다. 그러니까 로마 총독에게 가서 사형을 언도받는 것은 특정한 종류의 죽임이 된다는 말이다. 그럼 유대 지도자들은 로마 총독에게 어떤 종류의 사형을 기대하고 예수님을 데리고 간 것인가? 십자가다. 예수님이 십자가형에 처해지시면 그들은 자신들이 원하는 바를 온전히 달성할 수 있기 때문이다. 왜 그럴까? 십자가형은 율법이 적시해 놓은 사형 방법이기 때문이다. 보다 정확하게 이야기하면 십자가형은 율법이 적시한 죽음의 형태로 이해될 수 있기 때문이다.

신명기 21:23에 다음과 같은 언급이 등장한다. "나무에 달린 자는 하나님께 저주를 받은 것이다." 이것이 신명기 율법이다. 그런데 예수님이 십자가에 달리시게 되는 것이다. 그러면 이것은 하나님께 저주를 받은 것으로 해석되게 되어있다. 실제로 예수님 오시기 전 유대 역사에서 이런 일이 있었다. 경건한 바리새파 유대인들이 알렉산더 얀네우스에 의해서 일시에 팔백 명이나 십자가에서 처형됐다. 경건한 유대인이면 그들은 당연히 순교자로서 이해되어야 한다. 그런데 그 후 오백 년 가까이 그들은 순교자의 지위를 얻지 못했다. 십자가에서 처형됐다는 것이 율법에 따라 하나님께 저주받은 자로 이해됐기 때문이다. 유대인들은 순교자가 하나님께 저주를 받았다고 생각할 수 없었다. 예수님이 십자가에 달려 돌아가시게 되면 그는 하나님께 저주받은 자가 되는 것이다. 그것은 예수님이 지금까지 행하신 모든 사역의 정당성을 무효로 만들 수 있는 절묘한 신의 한 수가 되는 것이다. 그가 하나님께 저주를 받아 죽기 때문이다.

이러한 이유 때문에 유대 지도자들이 예수님을 십자가에서 죽일 수만 있다면 예수님도 제거하고 동시에 그를 따르는 엄청난 유대 무리들도 효과적으로 통제할 수 있게 되는 것이다. '예수님은 하나님께 저주받은 자'라고 선전할 수 있는 기막힌 상황을 만들 수 있기 때문이다. 유대 지도자 입장에서는 일석이조인 셈이다. 지도자들이 이러한 상황을 알고 있는 것이다. 그래서 자신들이 예수님을 죽일 수 있었음에도 불구하고 기를 쓰고 로마 총독에게 보내 십자가형으로 죽이려고 시도하고 있다. 이것이 종교 지도자들의 꼼수였다. 죽일 만한 죄를 찾지 못했음에도 불구하고 죄 없는 예수님을 하나님께 저주받은 자로 만들어서 죽이려고 했던 그들의 불법적인 모습을 요한이 묘사해 주고 있다.

그런데 32절에서 요한이 말하는 것을 잘 들어보라. "이는 예수께서 자기가 어떠한 죽음으로 죽을 것을 가리켜 하신 말씀을 응하게 하려 함이러라." 본문에서 요한이 무엇을 깨닫게 된 것인가? 유대 지도자들은 불법적으로 꼼수를 부려 예수님을 십자가에 죽이려고 시도했다는 것이다. 그것이 그들의 의도다. 그런데 그들의 악하고 불법적인 시도를 하나님은 이미 알고 계셨고 그 악한 의도마저도 하나님의 뜻을 이루는 선하신 목적으로 사용하신다는 말이다. 이 말의 뜻을 조금 더 설명할 필요가 있다. 그들은 십자가에서 예수님을 죽이면 예수님도 제거하고 그분이 일으키신 운동도 함께 효과적으로 무너뜨릴 수 있다고 판단했다. 예수께서 하나님께 저주를 받은 자로 죽기 때문이다. 그런데 하나님은 그들의 사악하고 불법적인 계획을 사용하셨다. 그들의 계획대로 죄가 없으신 예수님을 십자가에서 죽게 하셨다. 그러나 하나님의 공의는 죄가 없는 자를 죽음에 두실 수 없다. 바로 그 하나님의 공의가 예수님을 다시 살리신 것이다.

그가 살아나셨을 때 아무도 상상하지 못했던 놀라운 일이 일어났다. 예수님을 통해서 예수님 안에서 새로운 세상이 창조됐던 것이다. 예수님의 부활을 통해서 하나님은 새로운 세상과 새로운 인류를 창조하신 것이다. 그리고 이제 믿음으로 예수님을 자신의 왕으로 고백하고 그분의 십자가의 길을 따르겠다고 결단하는 모든 사람들을 자신의 새로운 창조의 백성으로 창조하시는 것이다. 한 주님을 따르는 새로운 한 백성으로 만드시는 것이다. 이것이 요한이 이야기하는 십자가의 신비이며 기독교 복음의 핵심이다. 요한이 이것을 깨달은 것이다. 바울도 이것을 깨달았다. 요한복음의 시작을 보라. 요한은 자신의 복음서가 새로운 창세기에 대한 이야기로 이해되기를 원했다. 요한복음을 창세기가 떠오르는 방식으로 시작한 이유가 여기에 있다. 고린도후서 5:17의 바울의 이야기를 들어보라. "누구든지 그리스도 안에 있으면 새로운 피조물이라." 그리스도 안에 있으면 새로운 창세기가 열린다는 말이다. 아담만 하나님이 창조하신 것이 아니라 우리도 예수님 안에서 새로운 피조물로 창조되어서 새로운 예수님의 생명을 가지게 되는 것이다. 바로 이것이 요한이 말하는 영생이고 복음의 비밀이다.

묵상

이 십자가 복음의 신비와 새 창조의 복음의 신비를 깨달은 자들만이 진정한 예배자가 된다. 이 사실을 알기에 우리는 예수님 안에서 새로운 하나님의 백성이 되어 하나님을 찬양할 수 있고 하나님께 진정한 예배를 드릴 수 있다. 이 비밀을 아는 자만이 하나님께 진정한 예배를 드릴 수 있는 예배자가 된다는 말이다. 이것이 십자가의 신비이고 바로 이 이유 때문에 십자가는 하나님의 승리가 된다. 이 새 창조의 일을 위해 십자가를 지시는 것이 필요했고 주님은 기꺼이 이 십자가의 길을 걸어가신다. 이것이 기독교 복음의 핵심이고 진수이다. 하나님이 우리 주님 안에서 행하신 이 진리의 복음 안에서 감격하고 감사하는 백성들이 많이 일어나게 되길 소망한다. 이 진리의 십자가 생명의 복음을 함께 누리고 함께 전하는 진정한 부흥의 계절이 이 땅에 임하게 되길 간절히 소망한다.

기도

주님, 인간들의 사악한 계략마저도 당신의 복음의 신비를 이루는 도구로 바꾸어 내시는 능력과 지혜를 찬양합니다. 그런 주님을 진정으로 예배하는 우리가 되게 하소서.

요한복음 18:33-40
진짜 지도자와 가짜 지도자

문맥과 요약

요한은 자신의 복음서를 참 흥미롭게 구성해 놓았다. 그 독특한 구성 가운데 대표적인 것이 바로 동일 문맥 속에서 두 대상을 대조시키는 요한만의 방식이다. 예수님이 체포되시는 장면에서도 생명의 길을 걸으시는 예수님과 생명의 길로부터 이탈하는 베드로를 대조시켜가며 이야기를 구성했던 것처럼 본문에도 이 같은 분명한 대조가 등장한다. 하나님 백성들의 지도자들과 새로운 백성들의 지도자가 대조되어 등장한다. 유대 지도자들이 예수님에게 반란 수괴의 혐의를 씌우려고 시도한다. 이 심문의 과정에서 예수께서는 당신이 진정한 왕이시지만 그 나라는 이 세상에 속한 것이 아니라고 분명하게 밝히신다. 빌라도는 예수님으로부터 반란 수괴의 혐의를 찾을 수 없었다. 그래서 유월절 전례를 이용해서 예수님을 놓아주려고 시도한다.

해설

33-34절 《이에 빌라도가 다시 관정에 들어가 예수를 불러 이르되 네가 유대

인의 왕이냐》 본문을 잘 이해하려면 머릿속에 그림을 그려야 할 필요가 있다. 지금 주님을 고발하는 유대 지도자들은 '프라이토리온', 즉 관정 바깥에 있다. 그리고 새 창조의 백성의 지도자이신 예수님은 관정 안에 계신다. 그래서 예수님을 심문하는 빌라도는 관정 안에 계신 새 창조의 백성의 참된 지도자이신 예수님과 관정 바깥에 있었던 백성의 지도자들 사이를 오가며 심문을 진행하고 있다. 관정 바깥에서 유대 지도자들은 예수님을 죽이려는 분명한 의도를 가지고 빌라도에게 고소했다. 유대인들의 고소 내용을 확인한 빌라도는 이제 관정 안으로 들어가서 예수님을 본격적으로 심문하기 시작한다. 빌라도가 예수님을 심문하면서 던진 첫 번째 질문은 '네가 유대인의 왕이냐'라는 질문이었다. 이 질문은 무엇을 시사할까? 빌라도의 이 질문은 유대 지도자들이 예수님의 혐의점을 반란 수괴로 잡았다는 것을 시사한다. 즉 유대 지도자들은 예수님을 로마에 대한 반역을 꾀한 자로 고소하려고 시도한 것이다.

이것은 앞서 등장한 이야기와 앞뒤가 잘 맞는다. 유대 지도자들은 예수님을 로마에 의해서 십자가(나무)에서 죽이려는 의도를 가지고 있었다. 그러려면 유대인들의 종교적인 이슈를 가지고는 죄목으로 삼을 수 없었다. 그런 이슈로는 총독의 법정에 세워서 사형 언도를 받게 할 수 없기 때문이다. 그래서 유대 지도자들은 로마에 대해서 반란을 꾀한 실패한 유대인의 왕이라는 혐의를 뒤집어 씌우고자 했다. 아마도 예수님 주변에 수많은 인파들이 몰렸다는 사실을 가지고 그러한 혐의점을 씌우려고 노력한 것으로 보인다. 수많은 인파들이 항시 예수님 주변에 몰렸다는 것은 충분히 그런 쪽으로 몰아갈 수 있는 여지를 제공했다.

그런데 심문을 진행하던 빌라도 총독은 바보가 아니다. 만약 예수께서 정말로 반란을 꾀하는 자라면 그러한 반란에는 틀림없이 증거들이 뒤따라 주어야 하는 것 아닌가? 그것이 상식이다. 지금 지도자들이 예수님께 씌우려는 혐의가 로마에 대한 반란 아닌가? 그렇다면 로마에 대해서 반란을 꾀하려 했다는 구체적 혐의점들이 있어야 한다. 예를 들면 반로마적 모의를 꾀하려는 움직임들이 포착되어야 할 것이다. 당연히 군사들이 있어야 할 것이고 그들을 동원하려고 했던 흔적들도 있어야 할 것이다. 그런 일을 하기 위한 막대한 자금들의 유입 흔적도 보일 수 있다. 이런 것들이 상식 아니겠는가? 그런데 그러한 것들이 있을 리 만무하다. 예수께서는 그런 반란을 꾀하신 일 자체가 없기 때문이다. 심문 과정을 통해서 빌라도는 그 사실을 금방 알아차릴 수 있었다. 빌라도가 보기에 혐의 자체가 너무나 황당한 것이었기 때문이다. 예수님 주변에 사람이 많이 있었다는 것을 제외하고는 그로부터 아무런 혐의점도 찾을 수 없었다.

35-37절《예수께서 대답하시되 내 나라는 이 세상에 속한 것이 아니니라 만일 내 나라가 이 세상에 속한 것이었더라면 내 종들이 싸워 나로 유대인들에게 넘겨지지 않게 하였으리라 이제 내 나라는 여기에 속한 것이 아니니라》 관정 바깥에 있던 유대 지도자들과 대비되는 하나님의 새로운 백성의 진정한 지도자이신 예수님의 모습을 요한은 흥미롭게 그려주고 있다. 유대 지도자들은 예수님을 유대인의 왕이란 죄목으로 고발했다. 매우 사악한 의도이다. 예수님은 정치적인 반란을 꾀하신 적이 없는데도 그들은 그분에게 그 혐의를 씌워 죽이려고 했다. '네가 유대인의 왕이냐?'라는 말을 하는 빌라도는 예수님에 대해서 특별히 나쁜 의도를 가진 것 같지는 않다. 하지만 이 질문이 매우 수치스럽고 조롱이 섞여있다는 것을 우리는 쉽게 짐작할 수 있다. 뒤이어 등장하는 빌라도와 예수님의 대화를 생각해 보았을 때 그렇다. 조롱이 담겨있는 투로 '네가 유대인의 왕이냐?'라는 질문을 던진 빌라도에게 예수님은 당신의 나라는 이 세상에 속한 것이 아니라고 말씀하신다. 만일 당신의 나라가 이 세상에 속한 것이었더라면 당신의 종들이 싸웠을 것이고 유대인들에게 넘겨지는 일은 발생하지 않았을 것이라는

취지로 말씀하신다. 빌라도의 '네가 유대인의 왕이냐'라는 질문은 정치적인 함의가 담뿍 담긴 질문이다.

빌라도의 의도가 어떠했든지 상관없이 예수님은 이 기회를 진리를 가르치시고 증거하시는 기회로 삼으신다. 바로 이게 진짜의 모습이다. 언제나 진리로 충만하기에 기회가 되는대로 진리에 대해서 증언하고 이야기하는 것이다. 예수님의 대답 속에서 진짜 하나님의 백성과 그 지도자가 걸어가야 하는 길의 전형을 보게 된다. "내 나라는 이 세상에 속한 것이 아니다." 예수님은 빌라도에게 자신이 왕이라는 사실을 인정하신다. 그러나 예수님이 말씀하시는 나라와 왕권은 이 세상에 속한 것이 아니었다. 만일 그랬다면 예수님이 로마 군인과 유대인들에게 체포되어 이 자리에 서실 일은 결단코 없었을 것이기 때문이다. 예수님은 당신의 나라가 이 세상에 속한 것이 아니라는 진리를 매우 간결하지만 논리적으로 담담하게 설명해 가신다.

38-40절 《유월절이면 내가 너희에게 한 사람을 놓아 주는 전례가 있으니 그러면 너희는 내가 유대인의 왕을 너희에게 놓아 주기를 원하느냐 하니 그들이 또 소리 질러 이르되 이 사람이 아니라 바라바라 하니 바라바는 강도였더라》 관정 밖으로 나온 빌라도는 아무 죄도 찾지 못했다는 너무나 당연한 이야기를 한다. 그래서 빌라도는 지금 예수님을 석방시키려고 시도하고 있다. 그의 계획은 유월절에 사람을 석방하는 전례를 이용하는 것이었는데, 그가 예수님과 함께 사면 대상으로 제안한 자가 누구인지 보게 되면 우리는 사면 대상과 관련한 빌라도의 의도가 무엇인지 분명히 알 수 있다. 사면 대상이 된 또 다른 한 사람은 바로 바라바이기 때문이다. 마태복음 27장에서 그는 유명한 죄수라고 소개되고, 마가복음 15장에서는 민란을 꾸미고 그 민란 중에 살인하고 체포된 자로 묘사된다. 예수님과 함께 사면 대상으로 떠오른 사람이 바라바라는 사실은 빌라도가 예수님을 사면하려고

시도했다는 것을 분명하게 보여준다.

당시의 상황을 유대 지도자 입장에서 생각해 보면 이것이 매우 분명해진다. 바라바는 유대 지도자들이 절대로 선택할 수 없는 선택지였기 때문이다. 당시 유대 지도자들은 로마의 세력을 등에 업고 자신들의 세력을 유지하고 있었던 기득권 세력이다. 기득권 세력은 보수적인 입장을 견지하는 것이 일반적이다. 다른 말로 하면 잃을 것이 많은 사람들이다. 이들에게 있어서 가장 보고 싶지 않은 것이 무엇일까? 그것은 그들의 기득권을 흔들 수 있는 일이 발생하는 것이다. 이런 관점에서 산헤드린에 속한 유대 지도자들이 가장 엮이고 싶지 않은 부류의 사람이 바로 바라바 같은 사람이다. 사람들을 선동해서 로마에 대항하는 세력들을 만들고 힘을 규합해서 민란을 꾸미며 로마의 세력과 그 세력에 동조하는 자들을 죽이는 바라바 같은 사람은 자신들의 기득권을 흔들 수 있는 가장 위험한 종류의 사람이기 때문이다. 산헤드린과는 절대로 함께 할 수 없는 종류의 사람이다. 그런 바라바와 예수님이 지금 사면 대상자로 떠오른 것이다.

정치적으로 능수능란한 빌라도가 이런 상황을 너무나 잘 알고 있다. 이런 조합이라면 당연히 유대 지도자들이 바라바를 선택할 수 없으리라 생각한 것이다. 바라바를 선택하는 것은 유대 지도자 입장에서는 난센스 중에 난센스이기 때문이다. 정치 9단 빌라도에게 이 정도 수읽기는 상식적인 것이다. 이 정도 조합이면 산헤드린이 절대로 바라바를 선택할 수 없을 것이라고 판단한 것이다. 그런데 지도자들은 놀랍게도 바라바를 선택한다. 그들이 바라바와 예수님 중에서 바라바를 선택했다는 것은 그래서 매우 놀라운 일이다. 그리고 동시에 그들이 예수님을 얼마나 제거하고 싶어 했는지를 적나라하게 보여준다.

이러한 정황을 생각해 보면 우리는 요한이 예수님 당시 하나님의 백성의 지도자들을 얼마나 노골적으로 묘사하고 있는지를 깨닫게 된다. 그들은 하나님 백성들의 지도자였다. 그런데 그들에게서 정의나 공의 같은 것을 눈 씻고 찾으려야 찾을 수 없다. 불한당도 이런 불한당이 없다. 하나님의 백성들을 잘 인도해야 할 책임을 가지고 있던 자들인데 그들은 그런 것들에는 관심도 없다. 오로지 자신들이 누릴 수 있는 기득권을 유지하는 것 외에는 관심이 없다. 바로 이것이 그때나 지금이나 가짜들의 특징이다. 자신들의 이득을 위해서라면 정의와 공의 같은 것은 이미 내다 버린 지 오래다. 다만 노골적으로 할 수는 없으니 정의롭고 공의로운 척할 뿐이다. 가장 정의롭고 공의로워야 할 하나님의 백성의 지도자들인데 요한의 기록에 따르면 그들은 가장 정의롭지 못한 자들이 되어 있었다. 그들은 하나님의 백성들의 지도자라는 이름은 가지고 있었으나 가짜였다.

묵상

필자는 모든 복음서에 등장하는 주님의 심문 이야기 속에서 요한의 두드러진 의도가 무엇일까 묵상하곤 한다. 지금 이 상황이 어떤 상황인가? 이제 주님은 가짜 지도자들의 선동과 이를 극복하지 못할 빌라도에 의해서 십자가에 넘겨지실 것이다. 그 마지막 심문이 진행되고 있다. 그런데 자신의 십자가 죽음을 목전에 두고서도 주님은 새로운 백성의 지도자가 걸어가야 할 참생명의 길이 어떤 것인지에 집중하시고 계신다. 마지막 심문의 순간에도 진리만을 말씀하신다. 진리를 몸으로 살아내고 계신 것이다. 그의 관심은 온통 이 진리에 대해서 증언하시고 이 진리를 살아내시는 것이었기 때문이다. 심지어 자기를 십자가에 내어줄 로마의 총독에게도 진리를 들을 수 있는 기회를 몸소 제공하신다. 상황이 어떻든지 상관없다. 하나님의 새로운 백성이며 동시에 하나님의 백성의 진정한 지도자이신 주님은 진짜가 걸어가야 하는 길이 어떤 길인지를 우리 같은 모든 제자들에게 몸소 보여 주고 계신다. 바로 이것이 주님이 오신 이유이고 요한은 그 진짜의 길이 어떤 것인지를 우리 같은 제자들에게 지금 보여주고 싶은 것이다. 바로 그 진짜의 길을 걷는 자만이 진정한 영생을 누리게 된다는 진리를 요한은 주님을 통해서 알게 됐고 깨닫게 됐기 때문이다.

요한은 깨닫기만 한 것이 아니라 그 깨달음대로 그 길을 걸어갔다. 이 진리를 깨달은 요한을 포함한 주님의 첫 번째 제자들의 이야기를 사도행전은 참으로 흥미롭게 묘사해 주고 있다. 사도들이 예수님의 이름을 전하다가 산헤드린에게 붙들린다. 산헤드린 공회의 협박 앞에서도 사도들이 보여준 행동을 사도행전 5:27-32은 흥미롭게 묘사한다. 자신들을 위협하는 산헤드린의 서슬 퍼런 협박 앞에서도 진리에 속한 자가 어떻게 살아가는지를 삶으로 보여준다. '너희 말보다 하나님께 순종하는 것이 마땅하니라. 너희들이 나무에 달아 죽인 예수를 하나님이 살리셨고 그를 높이사 왕과 구주가 되게 하셨다.' 지금 산헤드린의 심문 앞에서도 진리를 이야기하는 사도들의 담대함이 보이는가? 빌라도의 심문 앞에서도 진리를 살아내고 그 영생의 길, 진리의 길을 걸어가고 계신 주님의 모습과 오버랩이 되지 않는가?

요한만이 아니다. 바울을 보라. 바울은 로마 벨릭스 총독 앞에서도 예수 그리스도 진리의 복음을 담대히 증거한다. 그가 듣든지 아니 듣든지 관계없다. 진리를 전할 기회가 주어지는 대로 주님이 친히 본을 보여 주신 대로 진리에 대해서 이야기한다. 우리 신앙의 선배 목사님들도 마찬가지였다. 자신들을 고문하는 일제 순사들 앞에서도 자신들이 믿는 바 그리스도 예수에 대한 진리를 거침없이 쏟아내어 일제 순사들이 혀를 내둘렀다는 이야기가 한국 기독교사에 가득하다. 모두가 다 주님이 직접 본을 보여 주신 대로 배운 것임에 틀림없다.

기도

주님, 정의와 공의와는 관계없이 자신들이 원하는 것만을 추구하는 가짜의 길, 죽음의 길을 걷지 않고 어떠한 상황 속에서도 진리에 붙들려 진리만을 증언하는 진짜의 길, 생명의 길을 걷게 하소서. 이러한 진정한 부흥의 계절이 이 땅 가운데 임하게 하소서.

요한복음 19:1-16
주님의 심판

문맥과 요약

본문에는 예수님을 죽이려는 자와 그것을 막아보려는 자의 지속적인 수 싸움이 등장한다. 그리고 그 수 싸움은 빌라도 입장에서는 전혀 의도하지 않았던 방향으로 흐른다. 그리고 이 과정에서 예수님을 죽이려고 하는 자와 또 그것을 막아보려 했던 자의 실력과 실상이 매우 적나라하게 드러나게 된다. 현상적으로는 예수님이 빌라도의 재판정에서 심문받고 계셨지만 요한은 누가 진정한 심판자이신지를 역설적으로 드러내 준다.

해설

1-5절 《빌라도가 다시 밖에 나가 말하되 보라 이 사람을 데리고 너희에게 나오나니 이는 내가 그에게서 아무 죄도 찾지 못한 것을 너희로 알게 하려 함이로라 하더라 이에 예수께서 가시관을 쓰고 자색 옷을 입고 나오시니 빌라도가 그들에게 말하되 보라 이 사람이로다 하매》 유월절 특별 사면을 통해서 예수님을 살려 보려 시도했던 빌라도의 계획은 전혀 뜻하지 않은 난관에 봉착한다. 빌라도는 유대 지도자들이 바라바를 선택하리라고는 전혀 예상하지

못했기 때문이다. 그 정도 카드면 유대 지도자들도 어쩔 수 없을 것이라고 생각했는데 허를 찔려 버린 것이다. 그래서 빌라도는 다시 관정 안으로 들어갔다. 그러고는 예수님을 채찍질하고 고문하라 명령한다. 이 과정에서 로마의 군병들은 예수님에게 가시 면류관을 씌우고 자색 옷을 입혔다. 물론 로마 병사들은 여느 죄인들에게 했던 것처럼 예수님을 모욕하려는 의도로 그런 행동을 했을 것이다. 그러나 적어도 우리는 빌라도가 예수님을 채찍질하고 고문을 했던 데에는 분명한 의도가 깔려 있었음을 알 수 있다. 의도적인 고문이라는 말이다. 빌라도가 무슨 말을 하고 싶었던 것일까? 빌라도는 유대 지도자들에게 예수라는 사람이 죽을 만한 죄를 범하지 않았다는 사실을 설득력 있게 이야기하고 싶었던 것이다. 자신이 예수를 고문하면서 실토하라고 했지만 그에게서 아무런 죄도 찾지 못했다는 것을 유대 지도자들에게 말하고 싶었다.

6-7절 《대제사장들과 아랫사람들이 예수를 보고 소리 질러 이르되 십자가에 못 박으소서 십자가에 못 박으소서 하는지라 빌라도가 이르되 너희가 친히 데려다가 십자가에 못 박으라 나는 그에게서 죄를 찾지 못하였노라》 그러나 사실 빌라도의 이 같은 노력은 처음부터 의미 없는 일이었다. 왜 그럴까? 대제사장들은 처음부터 정의나 공의 같은 것은 관심이 없던 자들이었기 때문이다. 그들은 자신들의 체제를 지키는 것에만 혈안이 되어 있던 자들이다. 그 기득권을 지키는 데에만 온통 그들의 관심이 집중되어 있었다. 그것을 지키기 위해서라면 전혀 함께 할 수 없는 바라바 같은 사람마저도 택할 수 있는 자들이었다. 그들은 처음부터 예수님을 로마의 형틀인 십자가에서 죽이려는 의도를 가지고 접근한 것이다. 대제사장들과 그들의 하수인들은 노골적으로 예수님을 십자가에 못 박으라고 요구한다. 총독을 그렇게 몰아간다.

7절이 이 사실을 명백하게 드러내 주고 있다. 그들은 자신들의 유대법을 가지고도 얼마든지 예수님을 없애버릴 수 있는 명분을 가지고 있다고 자백한다. 스스로를 하나님의 아들이라 칭함으로써 예수께서 신성모독죄를 범했다고 몰아갈 수도 있었다. 하지만 그렇게 하지 않았다. 신성모독죄는 투석형으로 처형하도록 되어 있기 때문이다. 그렇게 하면 예수님은 제거할 수 있다. 그러나 예수님을 따르던 사람들은 어찌할 수 없다. 도리어 예수님이 순교자가 되어 그를 추종하는 무리들이 늘어날 수도 있다. 그러나 십자가형은 다르다. 그들은 십자가가 가지고 있는 독특한 신학적인 의미를 잘 알고 있었다. 신명기 율법을 따라 나무에 달린 자는 하나님께 저주를 받은 사람이 되기 때문이다. 그들은 예수님을 그냥 죽이기를 원치 않았다. 십자가형에 처해 나무 위에서 죽이면 예수님도 없애고 그들을 따르는 사람들도 효과적으로 통제할 수 있는 일석이조의 효과를 누릴 수 있었기 때문이다. 이렇게만 된다면 예수님에게 빼앗겼던 대중적인 지지도 다시 얻어낼 수 있을 것이라 판단했을 것이다.

8-10절《빌라도가 이 말을 듣고 더욱 두려워하여 다시 관정에 들어가서 예수께 말하되 너는 어디로부터냐 하되 예수께서 대답하여 주지 아니하시는지라》 유대인들의 강력한 저항에 다시 한번 부딪친 빌라도는 다시 관정 안으로 들어가 예수님을 심문한다. 그런데 8절을 보면 유대인들의 말을 듣고 빌라도가 더욱 두려워했다고 기록하고 있다. 이 언급이 흥미로운 것은 빌라도가 예수님의 재판에 임하면서 이미 두려움을 가지고 있었음을 시사하고 있기 때문이다. 그런데 예수님이 스스로를 하나님의 아들이라고 주장했다는 이야기를 듣고 빌라도의 두려움은 증폭된다.

아마도 빌라도는 이 말을 자신이 살고 있었던 헬라 세계의 세계관으로 이해한 듯하다. 헬라인들은 신들이 인간의 형상으로 찾아온다고 생각했다. 이런 예가 사도행전에도 등장한다. 사도행전 14장을 보면 바울과 바나바가 루스드라에서 전도하던 이야기가 나온다. 나면서부터 걷지 못하던 자를 고쳐주었더니 무리들이 '신들이 사람의 형상으로 우리 가운데 내려오셨다'라고 이야기하기 시작한다. 이것이 헬라인들의 세계관이다. 지금 빌라도는 하나님의 아들이라는 예수님의 주장을 이런 식으로 이해한 것으로 보인다. 그래서 9절에서 예수님께 "너는 어디로부터냐?"라고 질문한 것이다. 예수님은 빌라도의 질문에 대답해 주시지 않았다. 대답해 주시지 않는 예수님의 태도에 도리어 안달이 난 것은 빌라도처럼 보인다. '내가 너를 놓을 권세도 있고 십자가에 못 박을 권세도 있는 줄 알지 못하느냐.' 빌라도는 예수님의 대답을 듣고 싶었던 것이다. 그러나 빌라도가 모르고 있는 것이 하나 있었다. 그 권세마저도 위로부터, 즉 하나님으로부터 주어졌다는 것이다.

11-12절《이러하므로 빌라도가 예수를 놓으려고 힘썼으나 유대인들이 소리질러 이르되 이 사람을 놓으면 가이사의 충신이 아니니이다 무릇 자기를 왕이라 하는 자는 가이사를 반역하는 것이니이다》 예수님의 재판에 대한 묘사를 통해서 요한은 예수께서 죄가 없으시다는 사실을 지속적으로 강조해 주고 있다. 이런 관점에서 본문은 상당히 역설적이다. 표면적으로만 보면 지금 분명히 예수님에 대한 심판이 진행되고 있다. 예수께서는 재판을 받고 계시고 이 재판의 결과로 곧 십자가형에 처해지실 것이다. 그러나 요한은 예수님이 재판을 받고 계신 바로 이 장면에서 실상은 그분이 친히 세상의 불의함을 심판하고 계시다는 사실을 11절에서 이야기한다. '나를 네게 넘겨 준 자의 죄는 더 크다.' 예수님이 빌라도의 법정에서 재판을 받고 있는데 그분은 도리어 자신을 넘겨준 유대인들과 빌라도의 죄목을 지적하고 계신 것이다. 예수님이 재판을 받는 것이 아니라 실상은 예수께서 세상을 심판하고 계신 것이라는 사실을 이렇게 역설적으로 이야기하고 있다.

예수님은 자신을 넘겨준 자, 즉 유대 지도자들과 유대인들의 죄가 더 크다고 말씀하셨다. 이 말 속에는 한 가지 함의가 담겨져 있다. 예수님은 빌라도가 죄가 없다고 하지 않으셨다. 유대 지도자들은 처음부터 정의롭지 못하게 자신들의 기득권을 유지하기 위해 예수님을 제거하려는 목적으로 모든 모의를 진행했다. 그들은 하나님의 백성들의 지도자라는 이름은 가졌지만 결코 하나님의 백성의 지도자가 아니었다. 진짜 하나님의 백성의 지도자였다면 자신들을 위해서 하나님 아버지가 보내신 독생자를 알아보지 못할 리가 없다. 그래서 그들은 세상을 심판하시고 또한 동시에 구원하실 예수님 앞에서 심판을 면할 수 없는 것이다.

빌라도도 마찬가지다. 비록 예수님에게서 죄를 찾지 못하고 그를 구하기 위해서 나름대로 노력한 것은 사실이지만 예수님의 존재가 자신의 위치와 지위에 위협이 되자 모든 노력을 그쳤다. 그는 딱 거기까지였던 것이다. 자신의 모든 것을 내걸고 예수님 편에 서야 할 이유를 몰랐다. 비록 예수님에 대해서 동정적으로 접근했지만 자신의 기득권 앞에서 빌라도도 예수님을 던져버리기는 마찬가지였다. 이런 빌라도의 태도 역시 심판을 면할 수는 없었다. 이런 의미에서 예수님은 그도 죄 없다고 하지 않으셨다. 그렇게 심문의 과정을 지나가며 빌라도는 한 가지 분명한 확신을 가지게 됐다. 그것은 예수님이 유대 지도자들의 주장과는 달리 죄인이 아니라는 것이다. 그래서 이미 세 번이나 예수님에게서 죄를 찾지 못했다는 사실을 거듭 주지시켜 주었다. 빌라도는 예수님을 놓아주기 위해서 나름대로 힘쓰고 있었다고 12절이 이야기해 주고 있다.

그런데 이런 빌라도의 노력을 물거품으로 만드는 결정적인 한 가지 사실을 유대 지도자들은 알고 있었다. 다른 것들은 유대 총독으로 빌라도가 극복할 수 있는 것이었다. 그런데 지금 유대인들이 들고 나온 카드는 빌라도의 아킬레스건이었다. 빌라도는 자신의 모든 권위와 힘이 로마의 황제에게서 나온다는 것을 누구보다 잘 알고 있었다. 다른 것은 몰라도 유대인의 왕이라고 주장하는 자를 그냥 풀어준다고 하는 것이 로마 황제에게 보고되는 날이면 결코 무사히 넘어갈 수 없다는 것 역시 빌라도는 너무나도 잘 알고 있었다. 유대인들의 이 같은 이야기는 빌라도 입장에서 정신이 번쩍 드는 이야기였을 것이다.

13-16절《그들이 소리 지르되 없이 하소서 없이 하소서 그를 십자가에 못 박게 하소서 빌라도가 이르되 내가 너희 왕을 십자가에 못 박으랴 대제사장들이 대답하되 가이사 외에는 우리에게 왕이 없나이다 하니》 유대인들의 이야기를 들은 빌라도가 재판석에 앉았다. 지금까지 예수님을 어떻게든 지키려고 했던 빌라도도 마음을 정한 것이다. 예수님에 대한 빌라도의 보호는 딱 거기까지였다. 자신의 직책과 자신이 누리던 모든 것을 포기하면서까지 예수님을 보호해야 할 이유가 없었고 필요성도 느끼지 못했다. 이제 공식적으로 총독의 재판석에 앉아서 판결을 내리려고 시도하고 있다. 이제 재판석에서 예수님에 대한 판결을 시도하는 빌라도에게 유대인들은 정말로 기가 막힌 이야기를 한다. "내가 너희 왕을 십자가에 못 박으랴"라고 빌라도가 질문하자 유대인들은 '가이사 외에는 우리에게 왕이 없다'고 대답한다. 원래 대제사장들과 유대인들이라면 적어도 '우리에게는 하나님 말고는 왕이 없습니다'라고 이야기해야 했다. 유대 종교 지도자들이라면 당연히 이렇게 말했어야 했다. 매우 긴박한 순간에 그들은 역설적으로 진심을 말한 것이 되어버렸다. 그들에게 진정한 왕은 처음부터 하나님이 아니었던 것이다. 하나님이 그들의 진정한 왕이었다면 그들이 공의와 정의를 내버리고 예수님을 죽이려고 혈안이 되지도 않았을 것이다. 매우 절박하고 긴급한 순간에 그들은 자신들의 진정한 왕이 하나님이 아니라고 말해버렸다. 그들은 하나님을 왕으로 섬긴 적이 없었다.

묵상

요한복음 안에 있는 개별 단락의 의미를 파악하는 데 있어서 20:31이 참 중요하다고 생각한다. 왜냐하면 20:31에서 요한은 자신이 이 복음서를 기록한 목적을 분명하게 밝혀주고 있기 때문이다. “오직 이것을 기록함은 너희로 예수께서 하나님의 아들 그리스도이심을 믿게 하려 함이요 또 너희로 믿고 그 이름을 힘입어 생명을 얻게 하려 함이니라.” 요한이 밝혔듯이 예수님에 대한 믿음이 사람의 운명을 좌우한다.

‘예수 믿음’을 천국 가는 티켓을 확보한 것 정도로 생각하는 성도들이 적지 않다. 천국행 티켓을 이미 확보했으니 자신의 구원은 안전하다고 생각한 나머지 세상과 구별되지 않는 안일한 삶을 살아가는 사람들이 조국 교회 안에도 적지 않다. 이런 것은 진정으로 예수를 믿는 것이 아니다. 인격적으로 찾아오신 예수를 믿는다는 것은 일생일대의 사건이다. 예수를 믿는다는 입술의 고백은 여전히 소중한 것이지만 이 고백은 지속적인 삶의 순종으로 확인되어야 한다.

우연한 기회에 가톨릭 사제들이 가톨릭 대학에 들어가 7년간의 교육을 마치고 사제 서품을 받는 과정을 보게 됐다. 사제 서품을 받을 미래의 신부들 모두가 땅바닥에 죽은 듯이 엎드려 미동도 하지 않았다. 그 장면을 그들이 속한 성당의 성도들과 그들을 친히 가르쳤던 선생들이 다 보고 있었다. 그 엎드림의 의미를 신학부 교수 한 분이 이렇게 설명하였다. “이제 그리스도를 알기 전에 살았던 아무개는 죽는 것이고 그리스도의 정신으로 무장한 새로운 사람이 일어나는 것이다.” 그 이야기를 묵상하는데 이런 생각이 들었다. 이것이 어찌 사제로 세워지는 사람만의 이야기여야 하겠는가? 이제 그리스도를 따름으로 그리스도인으로 살아가겠다고 다짐하는 우리 모두의 다짐이어야 하지 않을까?

예수를 믿는다는 것은 바로 이런 결단이어야 한다. 이런 결단 없이 값싼 복음을 남발해 버렸기 때문에 오늘날 기독교인의 숫자는 많을지 모르나 기독교의 능력은 사라져 버린 지 오래다. 우리가 주님을 믿는다는 것은 주님의 길을 따라 걸음으로 증명되어야 한다. 이런 의미에서 제자도가 없는 믿음이란 존재하지 않는다. 주님의 길을 따라 걷는 걸음이란 매일같이 십자가를 지는 삶을 통해서 증명되어야 할 일이다. 내가 십자가를 만나기 전에 가지고 있었던 생각과 가치를 여전히 추구하고 있다면 그것은 주님을 믿고 있는 것이 아니다. 십자가 앞에서 그것을 내려놓아야만 주님이 걸어가신 십자가의 길을 따라 걸을 수 있기 때문이다. 그리고 그 길을 따라 걸어야만 주님이 예비하신 영생을 온전히 누리게 될 수 있기 때문이다.

기도

주님, 당신이 세상의 진정한 심판자라는 사실을 진정으로 믿게 하시고 우리의 믿음이 입술의 고백만이 아니라 제자도의 삶으로 나타나게 하소서.

요한복음 19:17-30
다 이루심

문맥과 요약

요한은 예수님의 십자가 처형 장면을 서술한다. 해골이라는 곳에서 예수님은 십자가에 두 강도들과 함께 못 박히신다. 십자가 위에는 유대인의 왕이라는 죄패가 붙어있었다. 군인들은 예수님의 겉옷과 속옷을 나누어 가진다. 예수님은 십자가 위에서 사랑하는 제자와 어머니를 새로운 가족 관계로 엮어 주신다. 이 모든 기록은 역설적으로 예수님이 진정한 왕이시며 대제사장이시라는 것과 그가 만드시는 새로운 세상의 모습을 그려주고 있다.

해설

17-18절 《그들이 예수를 맡으매 예수께서 자기의 십자가를 지시고 해골(히브리 말로 골고다)이라 하는 곳에 나가시니 그들이 거기서 예수를 십자가에 못 박을새 다른 두 사람도 그와 함께 좌우편에 못 박으니 예수는 가운데 있더라》 예수님의 십자가에 대한 이야기는 사복음서에 모두 등장한다. 그래서 독자들의 머릿속에는 이 모든 이야기가 뒤섞여 있는 경우가 많다. 당장 예수

님이 십자가를 처형장까지 계속 지고 가신 것이 아니라, 중간에 그를 대신해서 구레네 시몬이 지고 갔다는 것을 독자들은 알고 있다. 이 이야기는 모든 공관복음서에 나온다. 그러나 요한복음에는 구레네 시몬에 대한 이야기가 등장하지 않고 그저 예수께서 자신의 십자가를 지시고 해골이라 하는 곳에 이르신 것으로 기록되어 있다. 누가복음에서 예수님은 자신을 처형하는 자들의 죄를 사하여 달라고 기도하신다. 공관복음서는 예수님이 십자가에 달리셨을 때 정오부터 오후 세 시까지 이 땅에 어둠이 있었다고 이야기한다. 그리고 예수님이 십자가에 달리셨을 때 사람들이 그분을 희롱했다는 이야기도 들려준다. 또 공관복음서는 예수님이 '엘리 엘리 라마 사박다니'라고 말씀하셨고 그리고 마지막 숨을 거두시기 전에 큰 소리로 부르짖으셨다고 기록해 주었다. 또한 공관복음서는 예수님이 운명하셨을 때 성전의 휘장이 찢어졌다고 이야기한다. 더불어 공관복음서는 십자가 장면을 보고 있었던 백부장의 반응을 기록해 주었다. 십자가에 달린 강도의 회개에 대해서 비교적 길게 이야기 하고 있는 사람은 누가다. 그리고 십자가 처형과 연관해서 지진이 나고 자던 성도들의 무덤이 열렸다는 이야기를 기록해준 사람은 마태다. 빌라도가 예수님의 죽으심을 확인했다는 이야기를 우리는 마가를 통해서 듣게 된다. 공관복음서는 여자들이 예수님의 무덤 위치를 확인했다고 기록한다. 이 모든 이야기들은 예수님의 십자가 처형 장면과 연관해서 우리 모두에게 친숙한 이야기들이다. 그런데 놀랍게도 이런 이야기들이 십자가 처형 장면에 대한 요한의 서술에는 단 하나도 등장하지 않는다.

19-22절 《빌라도가 패를 써서 십자가 위에 붙이니 나사렛 예수 유대인의 왕이라 기록되었더라》 그러면 요한이 이야기하는 십자가 장면의 핵심적인 묘사는 무엇일까? 도대체 요한은 예수님의 십자가 장면 이야기를 통해서 무엇을 이야기하고 싶은 걸까? 그것을 이해하려면 다른 복음서들과는 달

리 요한이 십자가 장면을 어떻게 구성하고 있고 어떠한 에피소드들로 십자가 장면에 대해서 말하고 있는지를 살펴봐야 한다. 먼저 요한은 도입부와 함께 네 가지 세부 에피소드들로 예수님의 십자가 장면을 묘사하고 있다.

첫 번째 에피소드는 십자가에 적혔던 비문에 대한 이야기이다. 빌라도가 패를 써서 십자가 위에 붙였는데 그곳에는 '나사렛 예수 유대인의 왕'이라는 글자가 기록되어 있었다. 물론 이것은 당시 일반적인 일이었다. 십자가형이라는 것은 일종의 공개 처형 방식이다. 그래서 지금 처형당하는 사람이 누구이며 그가 무슨 죄목으로 이런 끔찍한 처형을 당하게 됐는지를 기록하는 것이다. 차후 어느 누구도 그와 같은 짓을 행하지 못하도록 하려는 의도가 깔려 있다. 이것이 십자가 처형과 관련된 일반적인 방식이었다. 이런 의미에서 빌라도는 관행대로 예수님을 십자가 처형에 내어주었고 죄인의 이름과 그의 죄목을 기록한 것이다.

이를 본 유대인의 대제사장들은 왕이라 쓰지 말고 자칭 유대인의 왕이라고 써 달라 요청했지만 빌라도는 단호하게 거부한다. '내가 써야 할 것을 썼다.' 일단 이 장면에는 심문 장면에서 보았던 빌라도와 유대 지도자들 사이의 미묘한 신경전이 들어있다. 빌라도가 피할 수 없는 외통수에 걸려서 예수님을 십자가에 내어주기는 했지만 빌라도의 이 말에는 유대 지도자들에게 마냥 끌려다니지는 않겠다는 단호함이 배어 있다. 빌라도는 이 미묘한 신경전을 단호한 언어로 표현한 것이다.

그런데 이런 묘사 속에서 우리는 요한복음에서 빈번히 발견되는 아이러니를 발견한다. 역설적이게도 이런 일을 통해서 하나님의 새로운 백성의 왕이라는 예수님의 진정한 정체성이 드러나게 된다. 더욱이 이 죄패는 히브리어, 라틴어, 헬라어로 기록됐다고 한다. 그 당시 팔레스틴에 있었던 다양한 인종들이 다 읽을 수 있는 언어로 기록됐다는 말이다. 하나님의 새로운 백성의 왕이라는 진정한 정체성이 그 당시 팔레스틴에 살았던 모든 사람들이 보고 이해할 수 있는 언어로 기록됐다는 말이다. 요한은 십자가에서 처형당하심으로 가려질 수 있었던 예수님의 진정한 정체성을 드러내 보여 준 것이다. 예수님은 진정으로 하나님의 새로운 백성의 왕이셨다는 것을 요한이 드러내주고 있다.

23-24절《군인들이 예수를 십자가에 못 박고 그의 옷을 취하여 네 깃에 나눠 각각 한 깃씩 얻고 속옷도 취하니 이 속옷은 호지 아니하고 위에서부터 통으로 짠 것이라》 예수님의 십자가와 관련된 두 번째 에피소드는 군인들이 예수님을 십자가에 못 박고 그의 옷을 취했다는 이야기이다. 물론 이 이야기는 다른 세 복음서에도 모두 등장한다. 그런데 자세히 보면 요한의 보도는 다른 복음서 저자들과는 달리 두 가지 면에서 흥미롭다. 먼저 요한은 지금 군인들이 주님의 옷을 나누고 속옷을 제비뽑는 것이 시편 22편 18절의 성취라는 사실을 강조한다. 우연히 된 것이 아니라 하나님의 섭리 가운데 된 것이라는 말이다.

두 번째로 흥미로운 것은 다른 공관복음서 저자들에 비해서 요한의 묘사가 보다 더 자세하다는 점이다. 공관복음서 저자들은 군인들이 예수님의 옷을 제비뽑아 가졌다고만 기록하고 있는데 반해, 요한은 예수님의 옷을 겉옷과 속옷으로 나누어서 묘사하고 있다. 겉옷은 네 깃을 군인들이 각각 나누어 가졌고 속옷은 '호지 아니하고 위에서부터 통으로 짠' 것이라 나누지 않고 제비뽑았다고 이야기한다. 속옷이라 해서 오늘날 우리들이 입는 속옷을 생각하면 곤란하다. 유대인들이 당시 입었던 속옷은 거의 발목까지 내려오는 속옷이었다. 호지 않고 위에서부터 통으로 짰다는 말은 여러 천을 연결해서 속옷을 만든 것이 아니라 한 천으로 만들었다는 말이다. 그런데 유대인들의 전통 속에서 이 말은 매우 흥미로운 말이 된다. 지금 예수님이 호지 아니하고 한 통으로 짠 속옷을 입으셨다는 말은 바로 대제사장이 입는 옷을 생각나게 하는 말이기 때문이다. 레위기 21:10의 말씀에 따라 대제사장은 찢지 아니한 통으로 짠 옷을 입었기 때문이다.

요한은 예수님의 복장을 통해서 사실은 예수님의 진정한 정체가 무엇인지를 은근히 드러내주고 있다. 요한은 예수님이 대제사장이었다고 은근히 말하고 있는 것이 된다. 사실 이러한 요한의 주장은 신약성경 히브리서에 보다 구체적으로 길게 서술되어 있다. 히브리서 저자는 예수님의 정체가 대제사장이었다는 것을 아주 자세하게 서술해 준다. 이런 관점에서 요한은 속옷에 대한 세부적 묘사로 예수님의 진정한 정체가 자신이 새롭게 만드실 새로운 백성을 위하여 친히 자신의 몸으로 제사를 드리신 대제사장이라는 사실을 표현해 준 것이다. 죄패를 통해서는 예수님께서 자신이 새롭게 만드시는 백성을 통치하는 왕이라고 은근히 이야기했던 요한이, 속옷 이야기를 통해서는 자신의 백성들을 위해서 친히 자신의 몸으로 제사를 드리신 진정한 대제사장이라는 사실을 은근히 말하고 있다.

26-30절《예수께서 자기의 어머니와 사랑하시는 제자가 곁에 서 있는 것을 보시고 자기 어머니께 말씀하시되 여자여 보소서 아들이니이다 하시고 또 그 제자에게 이르시되 보라 네 어머니라 하신대 그때부터 그 제자가 자기 집에 모시니라》 세 번째 에피소드는 십자가 밑에서 이루어졌던 가슴 뭉클한 한 장면에 대한 이야기이다. 십자가 밑에 계셨던 어머니에게 예수님은 사랑하는 제자 요한을 소개하시며 '여자여 보소서 아들입니다'라고 말씀하신다. 그리고 요한에게는 '보라 네 어머니다'라고 말씀해 주신다. 흔히들 이 장면이 아들로서 효성 지극한 예수님의 모습을 보여 주고 있다고 생각하곤 한다. 그러나 본문은 예수님이 효성 가득한 아들이라는 이야기를 하는 정도에 머물고 있지 않다. 두 가지 이유 때문이다.

먼저 예수님은 단지 어머니의 장래만을 걱정해서 그 어머니를 잘 보살펴드리라고 요한에게 말한 것 같지 않다. 왜냐하면 예수님 말고도 마리아에게는 다른 아들들이 있었기 때문이다. 당장 예루살렘의 기둥 같은 사도 야고보를 비롯해서 요셉, 시몬, 유다라는 형제들이 있었기 때문이다. 예수님 말고도 아들이 네 명이나 더 있었는데 굳이 일신상의 안위만을 위해서 어머니를 요한에게 맡긴 것 같지는 않다. 더욱이 야고보가 예루살렘 교회의 매우 유력한 지도자였다는 것을 생각해 보았을 때 이런 생각은 설득력이 약하다.

또한 예수님이 단순히 어머니의 안위만을 생각하신 것이 아니라는 것은 어머니에 대한 호칭을 통해서도 생각해 볼 수 있다. 마리아를 칭하면서 어머니라고 하지 않고 여자여라고 칭했다는 것도 본문에서 매우 중요한 의미를 가지고 있다. 지금 예수님은 마리아를 단지 어머니로서만 바라보고 계신 것이 아니다. 이러한 말씀을 하시는 예수님의 진정한 의도는 문맥 속에서 답을 찾을 수 있다. 위에서 언급한 대로 예수님은 진정한 대제사장이시고 또한 새로운 백성을 위한 진정한 왕이시다. 이제 예수님은 십자가를 통해서 이 일을 이루실 것이다. 십자가의 완전한 제사를 통해 자신의 백성의 죄를 사하실 것이고 바로 그들을 자신의 백성으로 삼아 하나님의 아름다운 통치를 맛보아 알게 하실 것이다. 이 모든 일을 십자가를 통해서 이루실 것이다. 바로 이렇게 만들어질 새로운 하나님의 백성들에게 세상은 꿈꿀 수도 없는 새로운 관계를 맺어주시고 싶으신 것이다.

지금 자신이 십자가의 순종을 통해서 완성하시려는 새로운 세상을 목전에 두고 진정한 왕이신 예수님은 십자가 아래에 있는 마리아와 요한에게 완전히 새로운 친밀한 관계를 만들어 주고 계신다. 이것은 예수님이 만드시려는 새로운 세상 안에서 그의 백성들이 누리게 될 새로운 관계를 예시적으로 보여 주는 것이라 말할 수 있다. 예수님이 새롭게 만드시는 세상에서 예수님으로 말미암아 하나가 된 그의 백성들은 비록 친어머니와 친아들이 아니더라도 얼마든지 친어머니처럼 그리고 친아들처럼 가까워질 수 있다는 말이다.

예수님은 이미 공생애 초창기에 이런 세상을 바라보시고 마가복음 3:31-35에서 이렇게 말씀하신 일이 있다. "누가 내 어머니이며 동생들이냐 하시고 둘러앉은 자들을 보시며 이르시되 내 어머니와 내 동생들을 보라 누구든지 하나님의 뜻대로 행하는 자가 내 형제요 자매요 어머니이니라." 예수님은 사역 초기부터 새롭게 만들어질 하나님의 가족을 꿈꾸고 계셨던 것이다. 하나님을 섬기는 백성들 사이에 새롭게 만들어질 매우 끈끈한 유대관계를 이렇게 꿈꾸셨던 것이다. 비록 피를 나눈 육신의 부모와 자녀는 아닐지라도 얼마든지 그리스도 안에 있음으로 말미암아 혈육보다 더 가까울 수 있는 새로운 관계를 바라보시고 그 시작을 이렇게 말씀해 주신 것이다. 그래서 어머니 마리아를 돌볼 수 있는 남동생들이 네 명이나 있음에도 불구하고 당신이 사랑하는 제자 요한에게 그리스도 안에 있는 새로운 어머니를 소개해 주신 것이다. 그리고 요한은 예수님의 말씀에 따라 그 어머니를 자신의 집에 모시게 된 것이다. 예수님은 당신이 이제 완성하실 세상을 바라보시며 이렇게 예시적으로 말씀해주셨다. 이 일을 예수님은 처음부터 꿈꾸고 계셨다. 그리고 이제 자신의 십자가를 통해서 이 일을 이루신 것이다. 바로 이런 의미로 예수님은 마지막 네 번째 에피소드에서 "다 이루었다"고 말씀하신 것이다.

묵상

요한이 그려주는 십자가 이야기를 통해 우리는 무엇을 묵상할 수 있을까? 이렇게 주님이 십자가를 통해서 만드시려는 세상은 세상의 상식을 뛰어넘는 새로운 관계로 충만한 세상이다. 우리 모두는 육신의 부모와 또 자녀들이 있다. 그러나 주님이 복음으로 꿈꾸시는 세상은 그리스도 안에서 하나님 나라의 백성이 됨으로 말미암아 또 다른 수많은 복된 관계를 누리게 되는 세상이다. 그래서 그리스도 예수님의 복음을 믿는다는 것은 그리스도 안에 있음으로 말미암아 신실하고 성숙하며 신뢰할 수 있는 또 다른 든든한 믿음의 아버지들을 가지게 되는 것을 의미한다. 그리스도를 닮아 성숙하며 자녀들을 사랑해 주고 믿음으로 세워주며 간절히 기도해 줄 수 있는 신실한 믿음의 어머니들을 가지게 된다는 것을 의미한다. 내 자녀뿐만 아니라 믿음 안에 있는 신실한 또 다른 많은 자녀들을 가지고 그들과 사랑의 관계를 나누며 바로 이곳에서 그 복된 삶을 살아가게 되는 것을 의미한다. 바로 이것이 주님이 꿈꾸시는 세상이며 요한복음이 이야기하는 영생의 삶의 모습이다.

복음을 믿어 주님의 백성이 됐다는 것은 바로 이러한 풍성한 관계 안으로 부르심을 받았다는 것이다. 그러므로 주의 백성은 마땅히 이 같은 관계를 추구해야 한다. 요한복음이 말하는 영생을 얻는다는 것은 이렇게 풍성한 그림이다. 영생이란 이 풍성한 밑그림에 근거해서 우리의 모든 상상력을 동원하여 매일의 현실 속에서 만나게 되는 수많은 관계들을 이토록 풍성하고 아름답게 창조적으로 만들어 갈 수 있는 기회를 얻는다는 것을 의미한다. 바로 이것이 하나님의 백성의 부르심이라는 사실을 기억하라. 내가 가는 곳마다 내가 만나는 사람마다 바로 이러한 새로운 창조적인 관계들이 창조되어야 한다. 이것이 복음을 믿는다는 말이고 요한복음에서 영생을 얻는다는 말의 의미이다. 영생이란 죽은 다음에만 누리는 것이 아니다. 이토록 풍성한 밑그림에 근거해서 우리가 매일같이 만나는 삶 속에서 이 그림을 마음껏 그려갈 수 있는 삶으로 초대받았다는 말이다. 물론 현실이 그렇게 녹록하지 않다는 것을 잘 알고 있지만 결코 포기할 수 없는 꿈이다.

기도

주님, 십자가상에서 주님이 그리시고 꿈꾸신 세상을 우리도 추구하며 꿈꾸게 하소서. 주님이 만드시는 세상에서 혈연을 넘어서서 풍성한 관계를 일구는 진정한 믿음의 사람들이 되게 하소서. 이런 가슴 뛰는 일이 일어나는 진정한 부흥의 계절을 이 땅에 다시 한번 허락하여 주소서.

요한복음 19:31-37
물과 피

문맥과 요약

요한은 십자가 처형 장면에서 발생한 에피소드를 소개해 준다. 무엇보다 요한은 예수님을 유월절 어린양으로 이해하고 있다. 또한 에스겔 47장에서 에스겔이 보았던 환상이 예수님의 십자가 위에서 성취되고 있다고 보고 있다. 성전에서 스며 나오는 물이 세상을 치유하고 회복하는 환상이 예수님의 십자가를 통해서 성취되고 있다고 해석하고 있다. 요한은 신학적 상상력으로 예수님의 십자가를 바라보고 해석한다.

해설

31절 《이 날은 준비일이라 유대인들은 그 안식일이 큰 날이므로 그 안식일에 시체들을 십자가에 두지 아니하려 하여 빌라도에게 그들의 다리를 꺾어 시체를 치워 달라 하니》 본문은 예수께서 십자가에서 돌아가신 후에 십자가 처형장에서 발생한 에피소드를 다루고 있다. 이곳에서 우리는 요한이 얼마나 상상력이 뛰어난 신학자인지를 발견하게 된다. 예수께서 돌아가신 날은 안식일의 준비일이었다. 그 안식일이 큰날이었다는 말은 이 안식일이 유월절과 무교절로 연결되는 큰 안식일이었다는 말이다. 중요한 명절이었기 때문에 유대인들은 신명기 율법에 따라 안식일에 시체가 나무 위에 달려 있는 것을 원하지 않았다. 그래서 그들은 빌라도에게 가서 십자가 위에 있는 예수님과 다른 두 사람의 다리를 꺾어 시체를 치워 달라고 요구했다. 이러한 요구는 유대인들로서는 충분히 이해 가능한 것이다. 유대인들은 안식일 법을 지키고자 했기에 안식일을 몇 시간 앞둔 그때에 예수님과 두 사람이 십자가 위에 있는 것을 보고 싶지 않았던 것이다.

원래 십자가형이란 죄수를 빨리 죽이는 것이 아니라 천천히 죽이는 사형 방법이다. 그런 면에서 참 고통스럽고 끔찍한 사형 방법이다. 역사 자료에 따르면 십자가에서 하루나 이틀을 넘기고 살아남는 것은 흔히 일어나는 일이었다. 그래서 특정한 상황에서 사형 집행을 빨리 수행하기 위하여 로마 군인들은 사형수의 다리를 꺾곤 했다. 그러면 사형수는 더 이상 다리로 자신의 몸을 지탱할 수 없고 손의 힘마저 빠져 흉부를 압박해 질식사에 이르게 되는 것이 십자가 처형의 메커니즘이었다. 이렇게 유대인들은 큰 안식일을 앞두고 예수님과 강도 두 명의 처형을 서둘렀다. 이 대목에서 다시 한번 유대인들의 철저한 이중성을 목격하게 된다. 그들은 하나님이 보내신 메시아를 불법적인 방법을 동원해서 죽이면서도 하나님의 안식일 율법은 지키려 했다. 요한복음에 반복적으로 등장하는 철저한 아이러니이다.

32-34절 《그중 한 군인이 창으로 옆구리를 찌르니 곧 피와 물이 나오더라》 유대인들의 요청에 빌라도는 그들의 요구를 들어준다. 군병들이 가서 예수님과 함께 못 박힌 죄수들의 다리를 차례로 꺾었다. 이 말은 그들이 아직 십자가 위에서 살아있었다는 것을 의미한다. 이제 예수님 차례가 됐다. 그런데 그들이 예수님에게 왔을 때 그는 이미 돌아가셨다. 사실 십자가 위에서 이렇게 빨리 죽음에 이르게 되는 것은 이례적인 일이었다. 그래서

예수님의 다리를 꺾는 대신 한 군인이 창으로 예수님의 옆구리를 찔렀다. 정말로 죽은 것인지 아니면 기절한 것인지를 확인하려는 절차였다. 그러자 예수님의 옆구리에서 피와 물이 나왔다고 요한은 증언하는데, 이것은 예수님이 이미 죽으셨다는 것을 보여 준다.

이에 더해서 요한의 이 묘사는 상징적이고 신학적이다. 요한이 상징적이고 신학적인 의미를 매우 적절하게 사용하는 신학자라는 것은 다른 곳에서도 확인할 수 있다. 13장에서 예수님을 배신할 유다가 떡 한 조각을 받고는 그분을 배신하러 나갔을 때를 '밤'이라고 소개해 주고 있다. 그 시각이 물리적으로 밤이었다는 말도 되지만 유다가 빛에 속한 자가 아니라 밤, 즉 어두움에 속한 사람이라는 것을 이렇게 문학적으로 또 신학적으로 표현해준 것이다. 여기서도 마찬가지다. 예수님의 옆구리에서 물과 피가 나왔다는 말을 통해서 요한은 주님의 죽음이 가지는 그 신학적 의미를 드러내 주고 있다. 일단 "물과 피"라는 상징이 요한에게서 매우 중요한 의미를 가지고 있는데 그 구체적인 증거로 요한일서 5:6은 다음과 같이 말한다. "이는 물과 피로 임하신 이시니 곧 예수 그리스도시라 물로만 아니요 물과 피로 임하셨다." 요한은 이 본문에서 주님이 '물과 피'로 임하신 분이라는 사실을 유독 강조한다. 그렇다면 요한에게 물과 피가 가지는 신학적인 의미는 무엇일까?

먼저 요한에게서 피는 어떤 의미를 가질까? 요한일서 1:7에서 요한은 "그 아들 예수의 피가 우리를 모든 죄에서 깨끗하게 하실 것이요"라고 말한다. 대제사장이시며 또한 동시에 구속의 제물이신 주님의 피가 우리의 죄악을 씻는다고 요한은 말한다. 요한에게 있어서 예수님의 피는 우리의 죄악에 대한 완전한 씻음을 의미한다. 또한 요한복음에서 물이 가지는 신학적 의미도 대단히 중요하다. 4장의 사마리아 여자와의 대화에서 예수님은 "내가 주는 물을 마시는 자는 영원히 목마르지 아니하리니 내가 주는 물은 그 속에서 영생하도록 솟아나는 샘물이 되리라"고 말씀하셨다. 이 여자가 어떤 여자인가? 과거 남편이 다섯이나 있었으나 삶의 타는 목마름을 해소할 수 없었던 여자였다. 예수님은 그 사마리아 여자의 삶에 임하게 될 놀라운 회복이라는 주제를 '생명수(물)'라는 소재를 통해서 말씀하셨다.

그런데 사마리아 여자와의 대화 속에서 등장하는 물에 대한 이야기는 예수님의 창작이 아니다. 이 물에 대한 이야기는 구약성경 에스겔 47장을 배경으로 한 이야기이다. 에스겔 47장에서 에스겔은 성전 문지방에서 흘러나오는 물에 대한 환상을 본다. 성전으로부터 흘러나오는 물이 차올라서 사람이 능히 건널 수 없는 강이 됐다. 그리고 주의 사자가 에스겔을 강가로 이끌었다. 강가로 돌아간 에스겔은 그곳에서 놀라운 광경을 목격한다. 강가 이편저편이 무수한 나무들로 무성해진다. 주의 사자는 에스겔에게 성전에서 흘러나온 강물이 가져올 경이로운 변화를 알려준다. 강물은 계속 동쪽으로 흘러 아라바로 내려가서 바다로 들어간다. 여기서 바다는 사해 바다인데 생명이 살 수 없었던 그 죽은 바다가 다시 살아난다. 성전에서 흘러나오는 생수가 이르는 곳마다 온갖 생물이 살아나고 심지어 죽었던 바닷물도 되살아나서 고기가 아주 많아진 것을 에스겔이 본다.

그것으로 끝이 아니다. "이 강가에 어부가 설 것이니 엔게디에서부터 에네글라임까지 그물 치는 곳이 될 것이라 그 고기가 각기 종류를 따라 큰 바다의 고기같이 심히 많을 것이다." 원래 이스라엘에는 갈릴리 호수 주변을 제외하고는 직업적으로 고기를 잡는 어부가 없었다. 그런데 에스겔이 본 환상에 따르면 이제 성전에서부터 물이 흐르고 그 물이 강물이 되어 흘러 사해가 살아나기 시작하며 어부들이 그 주변에 정착한다. 강가 이쪽저쪽에는 온갖 과일나무가 자라는데 잎도 시들지 않고 열매도 끊이지 않는다. 과일 나무가 다달이 맺는 새 과일이 양식이 되고 잎은 약 재료가 된다. 에스겔 47장의 환상은 사망의 땅에 임한 완전히 새로운 풍요로운 삶을 보여준다. 이 모든 회복은 성전 문지방에서 흘러나온 물로 말미암았다. 그 성전으로부터 흐르는 물이 놀라운 치유와 회복의 역사를 일으키는 새로운 세상을 만들어 낸 것이다.

요한은 지금 예수님의 십자가 처형 장면을 에스겔 47장의 관점에서 바라보고 있다. 에스겔이 보았던 바로 그 환상이 예수님의 십자가 장면에서 성취되고 있다고 말한다. 성전에서 흘러나오는 물로 말미암아 완전하게 회복될 새로운 세상에 대한 그 놀라운 비전이 예수님의 십자가 장면에서 놀랍도록 성취되고 있다는 사실을 신학적으로 깨달은 것이다. 그리고 그 놀라운 성취 이야기를 "창으로 옆구리를 찌르니 곧 피와 물이 나오더라"라고 기록해주었다. 이러한 신학적 읽기가 가능한 이유는 요한의 문헌들 속에서 발견된다. 2:21에 이렇게 기록되어 있다. "예수님은 성전 된 자기 육체를 가리켜 말씀한 것이라." 이것은 요한의 해석이라는 사실이 중요하다. 요한은 예수님을 성전으로 이해하고 있다. 성전이신 예수님의 몸에서 물이 흘러나오고 있다고 말한 요한은 예수님이 십자가에 달리심으로 새로운 성전 건축을 완수하셨다고 이야기하고 있는 것이다. 이것이 요한의 신학에서 매우 중요한 한 부분이다. 에스겔 47장에 등장하는 그 성전으로부터 모든 피조세계를 살리는 생수가 흘러나가는 환상이 지금 예수님의 십자가 자리에서 실제로 성취되고 있다고 이야기해주고 있다.

이러한 신학적 읽기가 가능한 보다 더 강력한 이유를 우리는 요한계시록 22:1-2에서도 찾을 수 있다. "또 그가 수정 같이 맑은 생명수의 강을 내게 보이니 하나님과 및 어린양의 보좌로부터 나와서 길 가운데로 흐르더라 강 좌우에 생명나무가 있어 열두 가지 열매를 맺되 달마다 그 열매를 맺고 그 나무 잎사귀들은 만국을 치료하기 위하여 있더라." 요한계시록 22장의 본문은 요한이 에스겔 47장의 환상을 예수님을 통해서 읽고 있다는 사실을 더욱 확실하게 보여준다. 하나님과 어린양의 보좌로부터 흐르는 생명수가 강 좌우의 식물들을 소생케 한다. 에스겔이 보았던 바로 그 환상이다. 에스겔이 본 환상과 같이 생명나무가 열두 가지 열매를 달마다 맺고 잎사귀들은 모든 민족을 치료하는 데 쓰인다. 에스겔이 본 새로운 세상에 대한 환상이 예수님의 십자가를 통해서 성취되고 있다고 요한이 기록해 주고 있는 것이다. 에스겔이 환상 가운데 보았던 새로운 창조의 세상이 이렇게 열리고 있다는 사실을 요한이 십자가를 통해서 보았다. 이런 관점에서 요한은 예수님의 십자가라는 사건을 에스겔의 예언의 성취라는 신학적 관점에서 해석해주고 있다.

35-37절《이 일이 일어난 것은 그 뼈가 하나도 꺾이지 아니하리라 한 성경을 응하게 하려 함이라》 앞서 요한은 군병들이 예수님의 다리를 꺾지 않았다고 기록해주었다. 그런데 십자가상의 예수님의 다리뼈가 부러지지 않았다는 것을 보도하는 방식이 매우 흥미롭다. 요한은 이것이 성경의 성취라고 이야기한다. 아마도 요한은 출애굽기 12:46을 생각하고 있는 것 같다. 출애굽기 12장 전체는 유월절 규례에 대해서 이야기한다. 하나님은 모세를 통해서 이스라엘 백성이 대대로 지켜야 할 유월절 규례를 말씀해 주신다. 그런데 유월절 양을 잡아서 먹는 규례에 대해서 이야기하다가 46절에 그 양의 뼈를 꺾지 말라고 분부하신다. 이 유월절 규례를 잘 알고 있었을 요한이 십자가상에서 예수님의 다리가 꺾이지 아니한 것을 유월절 양의 뼈가 꺾이지 아니할 것이라는 출애굽기 말씀의 성취로 이해하고 있다.

지금 요한은 예수님을 유월절 양이라는 관점에서 이해한다. 요한은 이러한 유대적 상징과 해석에 능통한 사람이다. 요한이 예수님을 유월절 양의 관점에서 이해하고 있었다는 증거가 요한복음 1:29에도 등장한다. 요한은 주님을 세상 죄를 지고 가는(없애 버리는) 하나님의 어린양이라고 소개하고 있다. 요한이 예수님을 유월절 어린양이라고 이해하고 있다. 이뿐만이 아니다. 요한복음에는 예수님이 유월절 어린양을 잡는 날, 즉 유월절 준비일에 돌아가신 것으로 되어 있다. 이 모든 것은 한 가지를 방향을 강하게 가리키고 있다. 십자가에 달리신 예수님은 유월절 어린양이시다! 과거 아브라함의 후손들이 유월절 양의 피 때문에 생명을 보전할 수 있었던 것처럼, 이제 유월절 어린양 되신 예수님이 십자가에서 그 피를 흘려주심으로써 우리에게 새로운 출애굽과 같은 사건이 일어나게 된 것이다. 과거 이스라엘이 이집트에서 노예 생활하던 삶에서 벗어나 하나님만을 섬기고 예배하는 백성이 됐던 것처럼, 유월절 양이신 예수님이 십자가 위에서 희생되심으로 말미암아 우리가 죄의 노예 생활에서 벗어나 하나님만을 섬기는 새로운 백성이 됐다는 말이다.

예수님을 유월절 어린양으로 이해하는 요한의 관점을 십자가상에서 요한이 지금까지 그려주었던 이야기와 연결해보는 것이 유익할 것이다. 요한이 지금까지 십자가 장면을 통해서 무엇을 이야기했는가? 대제사장이요 왕이신 예수님이 새롭게 만드시는 세상은 이 세상이 상상하지 못하는 새로운 관계로 풍성한 세상이다. 새로운 성전이신 주님의 십자가에서 흐르는 생명수를 마심으로 말미암아 새로운 생명을 누리는 삶이다. 이러한 새로운 관계로의 초청, 새로운 삶을 살아가게 되는 축복은 우리에게 분명히 거저 주어졌지만 그렇다고 공짜는 아니었다. 유월절 어린양이신 예수님께서 피를 흘려주셨기에 그 십자가의 공로를 힘입어서 우리가 완전히 새로운 삶을 살아갈 수 있게 됐다. 이것이 요한이 그려주고 있는 십자가 장면에 대한 복음 이야기다.

묵상

(1) 십자가 장면에 대한 요한의 해석을 보며 주님의 교회인 우리는 무엇을 묵상할 수 있을까? 성령을 받아 그리스도 안에서 산다는 것은 생명

으로 풍성한 삶을 사는 것을 의미한다. 그러나 성경이 그리는 생명으로 풍성한 삶이란 그저 모든 것이 아름답기만 한 낭만적인 이야기는 아니다. 그 풍성한 삶이란 반드시 주님의 십자가 장면과 에스겔 47장을 통해서 조명되어야 한다. 에스겔이 바라보았던 생명에 대한 비전은 어떤 것이었나? 더 이상 생명의 역사가 가능하지 않을 것 같은 곳에서 일어나는 역사였다. 누가 생각하더라도 더는 소망이 없을 것 같은 곳에서 일어나는 생명의 역사였다. 그런 소망이 없는 곳에 사람을 살려내는 그리스도 예수님의 십자가의 복음만 온전히 전해질 수 있다면 그곳은 생명으로 풍성한 곳이 된다는 것이다. 그것이 요한이 말하고 싶은 복음 이야기다. 죽어가던 개인적인 생명도 살려낼 수 있을 뿐만 아니라 죽어가던 관계도 살려내는 것이 바로 십자가 복음의 능력이다.

필자는 에스겔 47장에 대한 요한의 해석을 묵상하며 여느 조국 교회에서나 경험하게 되는 안타까운 깨어진 관계들을 떠올리게 되었다. 우리가 교회에서 경험하는 아픈 일들이 반복되면, 그러한 일들이 하루 이틀 한 해 두 해를 넘어 쌓여가다 보면, 사람들은 종종 교회 안에서도 서로에 대해 더 이상 기대하지 않고 포기하는 모습을 보게 된다. 그러한 아픈 과정들을 거치며 상호작용을 통해 상처를 주고 또한 받은 것이 틀림없을 텐데 교회에는 정말 신기하게도 늘 가해자는 한 사람도 없고 피해자만 수두룩하다. 그렇게 상처를 받았다고 생각하고 우리에게 오랜 시간 동안 상처를 입힌 상대방은 가망이 없다고 판단하는 일들이 교회 안에 얼마나 많은지 모른다.

우리가 가망 없고 소망 없다고 말하기에 앞서서 그렇게 생각하는 우리의 마음에 모든 것을 소생케 하는 예수 십자가의 생명수가 흘러서 새로운 생명의 관계가 피어나게 해 달라고 기도해야 하지 않을까? 요한이 십자가를 통해 바라본 에스겔 47장의 이야기가 소설이 아니고 진리라고 정말 믿는다면 그 진리가 우리가 발붙이고 살아가는 곳에서 생명이 되고 진리가 되어 현실이 되게 해 달라고 기도해야 하지 않을까? 물론 우리는 주 예수 그리스도께서 다시 오셔서 완성하실 그 하나님 나라에서 완전한 모습으로 이 풍성한 생명을 누리게 될 것이다. 그러나 이러한 풍성한 생명은 그곳에서만 누려야 할 축복은 아니다. 그 최종적인 완성의 날까지 비록 이 땅에서 우리는 틀림없이 긴장을 경험하겠지만 이 생명의 축복은 마땅히 이 땅에서도 누려야 할 복음의 축복이다.

(2) 십자가 장면에 대한 요한의 해석을 보며 우리는 이 새로운 세상으로의 초대는 아무런 소망이 없던 자들을 향해서 주어진 것이라는 점을 기억해야 할 것이다. 하나님은 수많은 무자격자들의 죄악을 유월절 어린양의 보혈로 씻으시고 우리를 그의 백성 삼으셨다. 참된 신앙의 성숙함이 무엇일까? 여러 가지를 말할 수 있겠지만 필자는 신앙의 성숙함을 재는 척도 중 하나가 결국 자기 자신의 실존을 복음적인 관점에서 정직하게 직시하는 데 있다고 생각한다. 주님에 대한 신앙이 깊어가고 신앙이 성숙해 간다는 것은 정직한 시야를 가지게 되는 것을 의미한다. 세상의 구부러지고 왜곡된 시각을 내려놓고 하나님의 시각으로 나와 세상을 끊임없이 바라보게 되는 것을 의미한다. 하나님 앞에서 나라는 존재의 가치 없음과 쓸모없음을 직시하고 그래서 우리의 소망이 유월절 어린양이신 예수밖에 없다는 것을 더욱더 분명하게 인식하는 것이 중요하다.

필자가 다니던 신학교에 알란 그로브스(Alan Groves)라는 구약학 교수님이 계셨다. 피부에서 전이된 폐암으로 2007년 주님의 부름을 받으신 이 교수님은 20세기 말과 21세기 초 필자의 모교인 미국 필라델피아 웨스트민스터 신학교에서 공부했던 수많은 학생들과 직원들, 교수들을 통틀어 가장 존경받고 사랑받은 분이셨다. 아울러 그가 주님 앞에 부름받기까지 1년여 동안 보여준 투병의 삶은 말 그대로 감동 그 자체였다. 웨스트민스터 커뮤니티에서 가장 예수님의 모습을 닮았다는 평을 들었던 그가 보여 준 삶의 마지막 1년은 복음을 믿어 날마다 영생을 사는 자의 삶이 어떠한 것인지를 보여 주는 증거 그 자체였다. 그는 거의 매일같이 자신의 웹페이지에 일기 형식으로 글을 썼는데 그 매일의 일기는 복음이 무엇인지를 그가 사랑했던 제자들의 마음속에 너무나도 선명하게 각인시켜 주었다. 이 땅에서 영생을 살아가는 자의 삶이 얼마나 진실되고 겸손할 수밖에 없는지, 그 시선이 항상 어디에 머물러 있어야 하는지를 너무나 선명하고 담백한 언어로 표현해 주셨다. 자신의 추모 예배 조문객들을 위해 생전에 손수 쓰신 교수님의 마지막 권면은 그의 모든 삶이 무엇에 기초해 있었는지를 너무 분명하게 보여 주었기에 여기서 인용해 본다.

"내가 매일같이 죽음의 골짜기를 걷고 있었을 때, 나는 주님의 손을 꼭 붙들고 걸었다. 그분은 이미 그 사망의 골짜기를 통과해서 그 골짜기 다른 편에서 죽음으로부터 승리하시고 부활하셨다. 내가 주님을 신뢰하며 그의 손을 붙들고 걸을 때 나 또한 주님과 함께 일으킴을 얻게 될 것이다. 왜냐하면 그것이 주님이 먼저 그 길을 걸어가신 이유이기 때문이다. 주님을 신뢰하는 자를 그는 일으키신다. 주님의 막대기와 지팡이 그리고 그의 고난의 십자가가 나의 진정한 위로가 됐다. 이제 이생에서의 내 삶이 다해 우주의 왕이신 하나님 앞과 주님 안에 있게 될 것이다. 주님은 나를 대신해서 십자가의 고통과 죽음을 선택하셨다. 바로 그 주님 때문에 나는 죄사함과 죽음에 대한 승리를 얻게 될 것이다. 그리고 나는 그 부활과 영생의 삶을 주님 안에서 이미 얻었다. 바로 그것만이 과거와 현재 또한 영원히 나의 유일한 소망이다."

기도

주님, 우리의 부족함 속에서도 우리를 신실하게 붙드실 주님을 바라

봅니다. 우리가 발붙이고 사는 이곳에 생명수가 흘러가는 역사를 보게 하옵소서. 사망의 땅이 변화하여 새 생명으로 충일해지는 역사를 기대하고 기도하게 하소서. 생명의 십자가만을 온전히 붙들게 하소서.

요한복음 19:38-42
새 창조 사람들 1

문맥과 요약

본문은 요한이 그려주는 예수님의 장례에 대한 이야기이다. 이 장례 장면에는 전혀 기대하지 않았던 두 명의 사람들이 주인공으로 등장한다. 로마에 대한 반란을 꾀한 정치범의 혐의는 매우 중대하고 위험한 것이었다. 동시에 유대 문맥에서 십자가에 처형당한 사람과 동지로 인식될 수 있는 행위는 매우 위험한 일이었다. 이 맥락에서 요셉과 니고데모가 등장하여 예수님의 시신을 수습하고 장례를 치른다. 본문은 예수님의 십자가 죽음을 통해서 새롭게 창조되기 시작하는 사람들의 이야기라고 할 수 있다.

해설

38절《아리마대 사람 요셉은 예수의 제자이나 유대인이 두려워 그것을 숨기더니 이 일 후에 빌라도에게 예수의 시체를 가져가기를 구하매 빌라도가 허락하는지라 이에 가서 예수의 시체를 가져가니라》 예수님이 십자가에서 돌아가셨고 그래서 그분의 장례를 치르는 것을 특별한 고민 없이 당연한 것으로 생각하는 사람들이 있을 수 있다. 그러나 조금만 생각해 보면 예수님의 장례가 성경에 기록된 대로 치러졌다고 하는 것 자체가 사실은 매우 놀라운 이야기이다. 이것이 왜 놀라운 이야기일까? 그것은 예수님의 죽으심이 일반적인 죽음이 아니기 때문이다. 십자가는 로마에 대항한 사람들이 어떤 운명에 이르게 되는지를 보여 주려는 처형 방식이었다. 그래서 십자가로 처형당한 죄수에게 일반적인 매장이 허락되는 것은 극히 이례적인 일이다. 보통은 십자가에서 죽임을 당한 죄수는 죽은 후에도 상당한 시간을 십자가에 그대로 매달아 둔다. 새들이 와서 이미 죽은 시체를 쪼아 먹도록 일부러 내버려 둠으로써 시각적인 교육 효과를 노린 것이다. 로마에 대항해서 도전하는 일들을 효과적으로 차단하기 위함이다. 그리고 그 후에는 공동묘지에 매장을 하게 되는 것이 보편적이었다. 그러나 이 공동묘지의 매장이라는 것도 오늘날 우리가 생각하는 그러한 매장이 아니다. 상황과 처지에 따라 다소 다르기는 했지만 십자가 처형장 근처에 특정한 웅덩이와 같은 장소를 지정해서 그곳에 시체를 내팽개쳐 두는 것이다. 그러면 시체는 들짐승들의 먹이가 되는 것이 다반사였다. 예수님의 돌아가신 몸은 그와 같은 기막힌 상황에 처하게 될 운명이었다.

이 상황에 두 명의 사람이 등장한다. 먼저 아리마대 사람 요셉이 등장한다. 마가와 누가는 그가 산헤드린의 회원이었다고 소개해 주고 있다. 그는 부유했고 당대 유대 사회의 엘리트 그룹 가운데 한 명이었다. 그런 그가 빌라도에게 찾아가 예수님의 시체를 요구했고 빌라도가 허락하여 예수님의 시체를 가져갔다고 요한은 서술했다. 그런데 가만히 생각해 보면 이러한 요구는 매우 위험천만한 일이다. 가족도 아닌 사람이 십자가로 처형당한 사람의 시체를 요구하는 일은 자신도 그 처형당한 이와 한편인 것처럼 인식되도록 만들 수 있기 때문이다. 누구도 이 시점에 자신이 예수님과 한편이라는 인상을 주고 싶지 않았을 것이다. 십자가에서 죽임을 당할 정도로 위험한 사람과 한편이라는 인상을 주는 것은 그 자체로 매우 위험한 일이 아닐 수 없다. 바로 그러한 난처한 상황에 처하는 것이 싫어서, 이러한 상황이 만들어낼 수 있는 그 위험성을 공회원으로 너무나 잘 알고 있었기에 요셉은 이미 주님의 제자였음에도 불구하고 유대인들이 두려워 그 사실을 드러내 놓고 말할 수 없었던 것이다.

그런데 이런 부류의 사람들이 요셉 이외에도 더 많이 있었던 것 같다. 12:42-43을 보면 "관리 중에도 그(예수)를 믿는 자가 많되 바리새인들 때문에 드러나게 말하지 못하니 이는 출교를 당할까 두려워함이라. 그들은 사람의 영광을 하나님의 영광보다 더 사랑했더라"라고 기록되어 있다. 아리마대 요셉은 예수님의 제자였지만 그것을 드러내 놓고 말할 수는 없는 사람이었다. 잃을 것이 너무나 많은 사람이었기 때문이다. 너무나 잘 이해가 된다. 그가 가지고 있는 세상에서의 지위, 명예, 부는 자신이 예수님의 제자라는 것이 외부 유대인 사회에 알려지는 순간 다 내려놓아야 했다. 왜냐하면 유대인들은 예수님을 메시아로 인식하고 고백하는 순간 유대교 사회로부터 출교를 당했기 때문이다. 유대 문맥에서 출교란 사회적 종교적 죽음을 의미했다. 그러한 결정에 대해서 누구보다 더 잘 알고 있었을 사람이 요셉 아닌가? 그런 요셉이 이 위험한 상황에 등장해서 빌라도에게 예수님의 시체를 요구한 것이다. 이러한 요구는 자신이 누구인지를 명백하게 드러낸다. 이러한 행동이 가지는 사회적, 정치적 함의를 다 알고 있는 요셉이 지금 예수님의 시신을 요구한 것이다.

39-40절 《일찍이 예수께 밤에 찾아왔던 니고데모도 몰약과 침향 섞은 것을 백 리트라쯤 가지고 온지라》 그런데 놀랍게도 이 장면에서 등장하는 인물이 또 한 명 있다. 그는 니고데모였다. 요셉은 요한복음에서 처음 등장했지만 니고데모는 이미 두 차례나 등장했었다. 그는 앞서 3장에 등장해 예수님과 하나님 나라와 영생에 대한 주제를 가지고 비교적 긴 대화를 나누었

다. 7장에서는 예수님을 잡고자 하는 산헤드린과 바리새인들 앞에 나서서 주님을 간접적으로라도 보호하려고 시도했다. 그래서 유대 당국자들에게 의심의 눈초리를 받기도 했다. 그도 예수님에 대해서 호의적인 태도를 가지고 있었던 것은 틀림없으나 3장이 이야기해 주듯이 여전히 밤에 속한 사람이었다. 드러내 놓고 예수님의 제자라고 말하기에는 그도 잃어버릴 것이 너무나도 많은 사람이었다. 그래서 그는 밝은 대낮에 예수님을 찾아올 수 없었고 다른 사람들의 시선을 의식해서 밤에 찾아왔던 것이다. 그런 의미에서 요한복음 12장의 언급처럼 하나님의 영광보다는 여전히 사람의 영광이 더 중요한 사람이었다. 적어도 십자가 시점 이전까지는 틀림없이 그랬다.

그런데 그에게서도 심각한 태도의 변화가 보인다. 니고데모가 몰약과 침향을 섞은 것을 백 리트라 정도 가져왔다고 했는데 이것은 현대 도량형으로 환산하면 대략 40킬로그램쯤 되는 양이다. 일반인의 장례에는 이렇게 많은 몰약과 침향을 사용하지 않는다. 이것은 거의 왕의 장례를 치를 때나 사용할 법한 많은 양이다. 예수님의 장례에 유대 산헤드린의 관원이었던 니고데모가 등장한 것만으로도 놀라운 일인데 그는 상당한 비용이 드는 몰약과 침향을 잔뜩 구입하고 나타나서 주님의 장례를 치르려고 시도한다. 원래대로라면 예수님의 몸은 십자가 위에서 새의 먹이가 되셨을 것이고 남은 몸도 들짐승들의 먹이가 될 확률이 높았는데 이제 왕에 걸맞은 장례를 치르시게 된 것이다. 이것은 아리마대 요셉과 니고데모의 용기 있는 결단이 없었으면 불가능한 일이었을 것이다. 그런데 이러한 일은 매우 위험천만한 일이다. 자신들이 누리고 있던 부와 명예와 모든 권세를 일시에 다 잃을 수 있는 대담한 행동이기 때문이다.

그렇다면 그들은 어떻게 이러한 대담한 행동을 할 수 있었을까? 그 힌트가 마가복음 15:43에 있다. 요셉은 존경받는 공회원이요 하나님의 나라를 기다리는 사람이었다. 요셉은 하나님의 나라, 즉 하나님의 통치를 기다리고 있었던 신실한 하나님의 백성이었다는 말이다. 요한복음 3장에서 니고데모와 주님이 나누었던 대화도 바로 이 주제였다. '위로부터 나지 아니하면 하나님의 나라에 들어갈 수 없다. 독생자를 믿는 것이 영생 곧 하나님 나라의 생명을 누리는 것이다.' 니고데모도 예수님과 바로 이 주제로 대화를 했었다. 물론 우리는 정확하게 언제 그들이 각각 예수님을 믿게 됐는지 또 그래서 하나님 나라의 생명, 즉 영생을 얻게 됐는지를 알 길이 없다. 그 시점은 알 수 없지만 그들이 이 모든 위험을 다 무릅쓰고 장례 장면에 등장해서 주님의 장례를 준비했다는 사실만으로도 이미 그들에게 커다란 변화가 있었다는 사실을 알 수 있다.

예수께서 니고데모와의 대화에서 이렇게 말씀하셨다. '바람이 임의로 불매 네가 그 소리를 들어도 어디서 오며 어디로 가는지 알지 못하나니 성령으로 난 사람은 다 이러하니라.' 바람이 어디에서 와서 어디로 가는지 알지 못하지만 바람이 부는 소리가 난다. 그 소리를 통해서 바람이 부는 것을 확인할 수 있다. 성령으로 난 사람 즉 영생의 사람도 마찬가지다. 아리마대 요셉과 니고데모에게 성령의 바람이 불었다는 뚜렷한 증거가 있다. 그들이 세상적인 지위와 부를 포기하는 것을 무릅쓰고 장례를 위해 앞으로 나아온 것을 보면 그들에게 이 성령의 바람이 불었다는 사실을 알 수 있다. 그들은 지금 자신들이 가지고 있는 모든 것을 다 잃어버린다 하더라도 자신들이 예수님과 맺게 된 생명의 관계를 붙들어야 한다는 사실을 분명히 깨달은 것이다. 그렇지 않고서는 지금 그들이 하는 행위를 설명할 길이 없다. 세상에 있는 그 어떤 가치도 예수님보다 크지 않다는 사실을 분명하게 깨달은 사람만 할 수 있는 행위를 그들이 했기 때문이다.

41-42절 《예수께서 십자가에 못 박히신 곳에 동산이 있고 동산 안에 아직 사람을 장사한 일이 없는 새 무덤이 있는지라 이 날은 유대인의 준비일이요 또

무덤이 가까운 고로 예수를 거기 두니라》 공관복음서에 따르면 예수께서 숨을 거두신 시각은 오후 세시 정도였다. 오후 여섯 시경부터 안식일이 시작되기 때문에 현실적으로 예수님의 시신을 매장하기까지 그리 많은 시간이 주어진 것이 아니었다. 그래서 현실적인 관점에서 예수님의 시신은 그가 십자가에 못 박히신 곳으로부터 그리 멀지 않은 곳에 매장되어야 했다. 마침 예수께서 십자가에 못 박히신 곳에는 동산(케포스)이 하나 있었다. 그곳에는 아직 사람을 장사한 일이 없는 새 무덤이 있었다. 안식일이 곧 시작되고 장사를 치르는 데 필요한 충분한 시간이 없다는 이유로 예수님의 시신은 동산 안에 매장되게 됐다. 요한복음만이 예수님이 십자가에서 돌아가신 곳과 매장되신 곳을 동산으로 묘사하고 있기 때문에 이 동산을 에덴동산과 연결하려는 신학적 시도들이 있었다.

묵상

주님이 만드시려는 새 창조의 사람은 어떤 사람일까? 세상에서 그가 누리는 것이 무엇이든 그것보다 주님의 가치를 더 높게 두는 사람이다. 바로 그 사람이 새 창조의 사람이고 하나님 나라의 통치를 받는 사람이다. 바로 그런 사람이 영생의 사람이고 주님이 십자가를 통해서 창조해 내고 싶은 사람이다. 아리마대 요셉과 니고데모가 바로 그런 새 창조의 사람이 되었다. 요한이 매우 분명하게 이야기해 주듯이 그들도 나름대로 고민하는 시간이 있었다. 그러나 그 모든 고민 끝에 그들은 주님이 우리 인생에 가장 소중한 분이라는 사실을 깨닫게 된 것이다. 그래서 산헤드린 회원으로 그들이 누릴 수 있는 모든 것들을 포기하고 회당으로부터 출교당하는 것도 각오하고, 그들은 십자가에서 돌아가신 자신의 왕을 왕으로써 장례하기 위해 용감하게 앞으로 나설 수 있었다.

필자는 북한교회 한 성도의 순교 이야기를 접하게 됐다. 그녀는 북한

사리원에서 태어났다. 중국으로 건너가 그곳에서 주님을 영접하게 됐다. 그리고 다시 북한으로 돌아갔다. 그녀가 목숨을 걸고 다시 북한으로 돌아간 이유는 북한 동포들에게 복음을 전하기 위해서였다. 그녀는 다시 북한으로 돌아가지 말라는 주변의 만류에도 불구하고 돌아가서 담대하게 복음을 전했다. 산에서 몰래 예배했던 그녀는 발각됐고 북한 당국은 그녀를 체포해서 사살했다. 그녀는 주일마다 예배당이 없어서 자신이 전도한 성도들과 함께 산속에서 찬송을 부르고 예배했던 것이다. 이러한 순교 사실이 알려진 것은 역설적으로 북한 보위부가 기독교인들을 탄압하기 위해서 제작한 홍보영상을 통해서였다.

북한으로 다시 돌아가는 것이 위험천만한 일이고 더욱이 그곳에서 전도하고 성도들을 모아 말씀을 가르치고 예배하는 것은 목숨을 내놓아야 하는 일이라는 것을 너무나도 잘 알고 있었던 성도로 하여금 무엇이 목숨을 걸고 그와 같은 일을 하도록 만들었을까? 세상에 있는 그 어떤 것보다 주님의 가치가 가장 크다는 것을 분명히 알았기 때문이다. 아리마대 요셉처럼 니고데모처럼 그녀에게 있어서 그 어떤 것도 주님보다 더 소중한 것은 없었기 때문이다. 이제 더 이상 밤에 몰래 주님을 찾아와야 할 이유가 없었던 니고데모처럼 그녀는 용감하게 복음을 전했던 것이다. 새 창조의 백성으로 당당히 자신의 왕이신 주님께 돌려드려야 할 왕의 예우를 다하고 있는 것이다. 이것이 우리가 다시 회복해야 할 참된 기독교 신앙이 아닐까? 새 창조의 사람들에게는 주님이라는 절대적 가치 앞에서 세상의 모든 것이 아무것도 아닌 게 된다. 주님의 십자가는 그러한 사람들을 만들어내기 위한 것이다.

기도

주님, 입술로 '주 예수 보다 더 귀한 것은 없네'라고 찬양은 했는데, 우리의 입술과 행위 사이에 간극이 뚜렷함을 봅니다. 세상의 권력과 돈 앞에서 신앙인의 양심은 언제나 그랬듯이 뒷전으로 밀리기 십상입니다. 주님의 장례 장면에 등장해서 자신의 모든 것을 내려놓고 주님을 선택한 아리마대 요셉과 니고데모처럼 주님과 주님의 복음을 다시 뜨겁게 사랑하는 이 땅의 성도들이 될 수 있도록 도우소서.

요한복음 20:1-10
부활

문맥과 요약

본문에는 다른 복음서와 비교할 때 요한만이 들려주는 매우 독특한 부활 이야기가 등장한다. 막달라 마리아를 통해서 무덤이 비어있다는 사실을 듣게 된 베드로와 요한이 주님의 무덤을 확인한다. 무덤 안에서 그들은 세마포와 수건이 주님을 싼 형태 그대로 보존되어 있음을 목격한다. 이 장면을 목격하고 베드로와 요한은 예수님의 시신이 도둑맞은 것이 아니라는 사실을 믿게 된다.

해설

1절 《안식 후 첫날 일찍이 아직 어두울 때에 막달라 마리아가 무덤에 와서 돌이 무덤에서 옮겨진 것을 보고》 산헤드린 공의회원이었던 아리마대 요셉과 니고데모의 용감한 헌신이 없었더라면 예수님의 몸은 제대로 된 장례조차 치르지 못하고 험한 꼴을 당할 뻔 했다. '안식 후 첫날' 일찍이 막달라 마리아가 예수님의 무덤가에 등장한다. 그녀가 예수님의 무덤에 간 목적은 주님의 몸에 향품을 바르기 위해서였다. 사실 예수께서 돌아가시고 매장되시기까지 시간이 너무 촉박했기 때문에 마리아는 안식일을 마치고 다시 주님의 몸에 향품 처리를 하려고 했던 것이다. 공관복음서들을 보면 막달라 마리아는 향품을 준비했던 다른 여인들과 함께 예수님의 시신이 안장된 무덤으로 갔던 것으로 묘사되는데, 요한은 그중 막달라 마리아에 대해서만 언급하고 있다. 막달라 마리아는 안식일이 끝나는 토요일 저녁에 향품을 준비했을 것이고 하루를 자고 난 후 바로 일어나 새벽녘에 예수님의 무덤을 향해 갔던 것이다. 그런데 무덤에 와보니 무덤을 막고 있던 돌이 이미 굴려져 있었다. 그녀는 지체 없이 베드로와 주님이 사랑하시던 제자 요한에게로 달려갔다. 물론 아직까지 마리아는 예수님이 부활하셨다는 사실을 깨닫지 못하고 있다. 그녀의 언급으로 유추하여 볼 때 마리아는 예수님의 시신을 누군가 가져갔다고 생각한다. 또한 요한은 막달라 마리아만 언급했지만 실상 마리아의 이야기를 통해서 마리아만이 아니라 다른 사람들도 함께 있었음을 알 수 있다. 마리아가 일인칭 복수인 '우리'라고 말했기 때문이다.

3-5절 《둘이 같이 달음질하더니 그 다른 제자가 베드로보다 더 빨리 달려가서 먼저 무덤에 이르러》 이 이야기를 들은 베드로와 요한이 즉각적으로 무덤을 향해 달음박질하기 시작한다. 예수님의 몸이 없어졌다는 말에 그들은 정신없이 달렸을 것이다. 둘이 같이 달렸는데 요한이 베드로보다 더 빨리 달려가서 먼저 무덤에 도착했다. 무덤에 도착한 요한은 구부려 세마포 놓인 것을 보았으나 들어가지는 않았다. 요한이 몸을 구부렸다는 말은 팔레스틴의 무덤에 대한 이해를 요구한다. 팔레스틴의 무덤은 입구가 그리 크지 않았다. 성인의 허리춤 혹은 가슴 정도 높이까지 파진 경우가 많았다. 이로 인해 무덤 내부로 들어가려면 서서 들어갈 수 없고 거의 무릎으로 기다시피 해야 들어갈 수 있었다. 그래서 요한은 무덤에 들어가지 않고 몸을 구부려서 무덤 내부를 확인하려고 했던 것이다. 내부를 확인한

요한은 예수님의 시신을 쌌던 세마포가 놓여있는 것을 눈으로 확인할 수 있었다.

6-7절 《시몬 베드로는 따라와서 무덤에 들어가 보니 세마포가 놓였고 또 머리를 쌌던 수건은 세마포와 함께 놓이지 않고 딴 곳에 쌌던 대로 놓여 있더라》 달리기는 좀 느렸지만 베드로도 현장에 곧 도착했다. 그런데 베드로는 요한과는 달리 아무런 망설임과 주저함 없이 예수님의 무덤 안으로 들어갔다. 베드로는 무덤 안에 들어가서 예수님의 몸을 쌌던 세마포와 머리를 쌌던 수건을 볼 수 있었다. 일단 이러한 묘사는 예수님의 시신이 도둑맞은 것은 아니라는 것에 대한 강한 방증이 된다. 실제로 예수님의 십자가 처형 이후 유대 사회에는 일종의 음모론이 강하게 퍼졌다. 즉 예수님의 제자들이 시체를 훔쳐 간 후에 주님이 부활했다고 거짓 소문을 퍼트렸다는 것이다. 본문에 등장하는 요한의 묘사는 이러한 음모론이 설 자리를 없앤다.

우리는 예수님의 시신이 경비병들에 의해서 지켜지고 있었다는 사실을 알고 있다. 만일 누군가가 이런 상황에서 시신을 훔치려 했다면 당연히 있는 그대로 훔쳐가는 것이 상식이다. 세마포와 수건을 남겨 놓고 간다는 것은 이치에 맞지 않다. 지금 요한이 묘사하고 있는 무덤 안 장면을 좀 더 자세히 살펴볼 필요가 있다. 독자들 가운데는 예수님의 무덤 안에서 세마포와 수건이 말끔하게 정리되어 있는 것처럼 생각하는 경향이 있는 듯하다. 실제로 예전 개역성경이 이러한 뉘앙스를 부추기는 데 일조를 한 부분이 있다. 개역성경 7절은 이것을 이렇게 번역했다. “또 머리를 쌌던 수건은 세마포와 함께 놓이지 않고 딴 곳에 개켜 있더라.” 이렇게 번역을 해 놓으니 독자들이 세마포와 두건이 깔끔하게 정리되어 있는 것으로 읽는 것도 무리가 아니다. 그러나 사실 이런 그림은 지금 요한이 그려주려는 모습하고는 거리가 있는 묘사다. 이런 오해 때문에 개역개정은 개역의 애매한 번역을 훨씬 더 상세하게 묘사했다. '쌌던 대로 놓여 있더라.' 요한의 의도를 반영한 적절한 번역인 것 같다. '쌌던 대로 놓여 있다'는 '엔톨리소'라는 단어의 번역이다. 신약성경에서 이 단어는 마태복음 27장과 누가복음 23장 그리고 이번 본문, 이렇게 딱 세 번 사용됐다. 이 단어는 주님의 시신을 깨끗한 세마포 린넨으로 둘둘 말았다는 뜻이다.

그러니까 요한복음에서 베드로가 주님의 무덤 안에서 본 것은 정확하게 무엇인가? 베드로는 무덤 안에서 예수님을 보지 못했다. 대신 베드로는 주님의 몸을 감쌌던 세마포와 수건이 말려져 있던 그 형태 그대로 보존되어 있었던 것을 본 것이다. 랍스터가 탈피를 하면 몸만 쏙 빠져나오고 랍스터 껍질은 형태를 유지한 채로 그대로 남는데, 누가 봐도 그것은 랍스터 껍질이다. 이 본문에 묘사된 장면이 바로 이와 같다고 볼 수 있다. 이런 일이 가능한 이유는 다음과 같다. 예수님의 시신을 수습하는 과정에서 주님의 몸을 알코올 성분과 같은 액체로 깨끗하게 닦는다. 그러고는 부패와 악취가 나는 것을 막기 위해 몰약과 향품과 함께 주님의 몸을 세마포로 둘둘 말고는 머리에는 수건을 두른다. 시간이 경과하면서 액체 성분은 주님의 몸을 둘러싸고 있는 세마포와 결합하게 되고 결과적으로 딱딱하게 굳게 된다. 수건도 역시 마찬가지다. 그렇게 베드로는 세마포와 수건이 예수님의 몸을 감쌌던 모습 그대로 굳은 채 보존된 것을 확인했다. 예수님의 몸만 연기처럼 빠져나온 것 같은 상황이 만들어진 것이다.

8-10절 《그때에야 무덤에 먼저 갔던 그 다른 제자도 들어가 보고 믿더라》 베드로가 먼저 본 것을 이제 요한도 뒤따라 들어와서 보게 된다. 본문은 요한이 믿었다고 이야기한다. 그런데 믿는다는 것의 내용, 즉 목적어가 등장하지 않는다. 요한이 이것을 구체적으로 표현하지 않았다는 사실은 그렇게 하지 않아도 문맥상 그 내용이 무엇인지 독자들에게 분명하기 때문일 것이다. 그럼 지금 요한은 베드로와 함께 이 기막힌 장면을 보고 무엇

을 믿었다는 말일까? '아 이것은 막달라 마리아가 말한 대로 누군가 예수님의 몸을 훔쳐 간 것이 아니구나. 예수님이 예전에 말씀하셨던 대로 정말로 부활하신 것이구나.' 그렇지 않고는 세마포와 수건이 예수님의 몸을 감쌌던 그 형태 그대로 남아있는데 주님의 몸만 연기처럼 쏙 빠져서 사라진 상황을 설명할 길이 없다. 요한은 이 장면을 자신의 눈으로 목격하고 주님의 부활을 믿은 것이다. 보다 정확히 이야기하면 믿지 않을 수 없었을 것이다.

물론 요한의 믿음은 이 시점에서 아직은 온전한 모습은 아니었을 것이다. '그들은 성경에 그가 죽은 자 가운데서 다시 살아나야 하리라 하신 말씀을 아직 알지 못했다.' 예수님의 부활에 대해서 요한은 아직 더 많은 것들을 배우고 묵상해야 했다. 그리고 부활에 대한 신학적인 설명을 부활하신 주님으로부터 보다 더 많이 들어야 했다. 그러나 예수께서 생전에 말씀하신 대로 부활하셨다는 사실 만큼은 분명했고 요한은 그것을 믿었다. 예수님은 틀림없이 부활하셨다.

그렇다면 이 놀라운 광경을 직접 목격한 요한이 목격자로서 다른 복음서에는 등장하지 않는 이런 생생한 부활 장면을 이야기해 주는 이유가 무엇일까? 20:31에서 요한은 이렇게 이야기한다. "오직 이것을 기록함은 너희로 예수께서 하나님의 아들 그리스도이심을 믿게 하려 함이요 또 너희로 믿고 그 이름을 힘입어 생명을 얻게 하려 함이니라." 31절에 등장하는 '이것'이라는 단어는 30절이 말하고 있는 것처럼 요한복음에 등장하는 여러 표적을 가리키는 말이다. 요한복음에 기록된 여러 표적 가운데 가장 두드러진 표적이 바로 부활이다. 요한은 그 부활의 현장을 베드로와 함께 목격했다.

묵상

기독교는 주님의 부활 여부에 따라 넘어지고 세워진다고 말해도 과언이 아니다. 왜냐하면 기독교 가르침의 진수가 주님의 부활에 달려 있기 때문이다. 왜 기독교에서 부활이 이렇게 중요할까? 부활은 새로운 창조의 세상을 사는 생명으로 다시 태어나는 것이기 때문이다. 부활은 옛 창조의 생명이 죽고 새 창조의 생명으로 살아나는 것이기 때문이다. 주님이 죽음에서 살아나셔서 부활의 몸을 입으셨다는 것은 그가 새 창조의 첫 번째 인류가 되셨음을 의미한다. 바로 이것이 주님이 만드시려는 새로운 세상이다. 주님은 부활의 몸으로 이 새로운 창조의 세상에 이미 들어가셔서 사시는 첫 번째 인류가 되셨다. 그러나 우리의 옛 몸으로는 주님이 만드시는 새 창조의 세상을 살 수 없다. 하나님이 새롭게 만드시는 세상은 주님과 같은 부활의 새 몸을 입어야만 온전히 살아갈 수 있다. 요한복음 3장에서 '위로부터 나야(거듭 나야)만' 하나님 나라에 들어갈 수 있단 말의 의미가 바로 그런 것이다. 그것이 기독교가 그리는 새로운 창조의 세상이다.

그렇다면 우리가 이 축복을 누리게 되는 유일한 방법이 무엇일까? 20:31에서 요한이 밝히고 있는 대로 '믿음'이다. 주님이 그리스도 메시아라는 사실을 믿는 것, 다른 말로 하면 하나님이 우리 주님을 통해서 이루신 그 놀라운 새 창조의 이야기를 믿는 것이다. 바로 그 믿음 때문에 우리는 주님과 하나가 된다. 이것이 기독교의 신비, 즉 '미스테리'다. 믿음으로 주님과 하나가 되는 신비를 바울은 고후 5:17에서 이렇게 말한다. "그런즉 누구든지 그리스도 안에 있으면 새로운 피조물이라. 이전 것은 지나갔으니 보라 새것이 됐도다." 우리가 주님을 믿을 때 우리는 아직도 여전히 옛 세상 가운데 살아가지만 이미 이 땅 가운데 새로운 창조의 세상을 가져오시고 그 영생의 삶을 살아가시는 주님과 하나가 되는 미스터리가 일어난다. 그래서 이 새 창조의 생명을 이미 주님과 함께 이 땅에서도 누리게 된다. 이 생명을 온전히 누리게 되는 것은 우리가 주님처럼 부활의 몸을 입게 될 때이다.

이 비밀을 요한이 잘 알고 있기에 자신이 과거 직접 눈으로 목격했던 주님의 부활의 그 생생한 장면을 이렇게 기록해 주고 있는 것이다. 자신이 목격한 그 텅 빈 무덤이 새로운 세상을 여는 시작이었음을 우리에게 알려주기 위해서다. 아무도 이길 수 없었던 사망의 권세를 이기고 부활하신 주님은 그 부활을 통해서 새로운 창조의 세상을 여셨다. 이것을 잘 알았던 요한은 요한복음을 창세기가 생각나게 하는 방식으로 기록했다. 그 주님을 믿는 우리에게 새로운 창조의 세상을 주님과 함께 살 수 있는 소망이 있다는 가슴 벅찬 사실을 알려주기 위해서다. 이 진리를 확실히 아는 것이 참 중요하다. 신앙은 지식만으로 이루어지지는 않지만 반드시 지식을 요구한다. 지식, 즉 내용이 없는 신앙은 공허하다. 부활은 신화가 아니라 역사적 실재다. 베드로와 요한이 목격한 대로 그것은 놀라운 방식으로 이천 년 전 일어났다. 그 일으키심을 받은 주님을 믿는 모든 이들에게 주님과 하나가 되는 놀라운 일이 일어난다. 그리고 이 역사의 마지막에 우리도 주님처럼 부활의 몸을 입는 것을 통해서 새 창조의 구원은 완성될 것이다. 이것이 기독교가 말하는 진리다.

기도

주님, 부활을 통해 주님이 만드신 새로운 창조의 세상에 대한 복음에 붙들리게 하옵소서. 이 진리와 믿음 안에서 오늘도 주님과 함께 신실하게 동행하는 예수님의 진정한 제자들이 되게 하소서.

요한복음 20:11-18
첫 번째 목격자

문맥과 요약

요한은 예수님의 부활 이야기의 초점을 막달라 마리아에게로 전환시킨다. 마리아는 예수님을 처음으로 목격한 사람이 된다. 부활하신 예수님을 마리아가 처음으로 목격했지만 그녀는 주님이신 줄 알지 못한다. 예수께서 '마리아야'라고 부르시자 그제야 주님이신 줄 알아차린다. 예수께서는 마리아에게 당신이 아버지께로 돌아가신다는 사실을 제자들에게 증언하라는 사명을 주신다.

해설

11-13절 《천사들이 이르되 여자여 어찌하여 우느냐 이르되 사람들이 내 주님을 옮겨다가 어디 두었는지 내가 알지 못함이니이다》 이야기의 초점이 베드로와 요한에게서 막달라 마리아에게로 넘어간다. 다른 복음서에도 막달라 마리아를 비롯한 여인들의 이야기가 예수님의 텅 빈 무덤과 관련해서 등장하기는 하지만 요한복음처럼 상세하지는 않다. 베드로와 요한이 각자의 집으로 돌아간 후에도 마리아는 여전히 예수님의 무덤가에 서서 울

고 있었다. 그녀는 무덤 안으로는 들어가지는 않았던 것으로 보인다. 베드로와 요한은 무덤 안으로 들어가 주님을 감쌌던 세마포와 수건을 목격했는데 마리아도 그것을 보았는지 본문은 말해주지 않는다. 마리아는 무덤 안으로 들어가진 않았지만 대신 몸을 구부려 무덤 안을 보았다. 그녀는 거기 있는 두 명의 천사들을 보았는데, 하나는 예수님의 머리가 놓였던 곳에 하나는 발 근처에 앉아있었다고 묘사한다. 예수님이 놓이셨던 무덤 안을 그녀가 바라보았고 그녀는 여전히 울고 있었다. '왜 울고 있느냐'는 천사들의 질문에 그녀는 사람들이 내 주님을 옮겨다가 어디에 두었는지 알지 못한다고 대답한다. 마리아는 아직도 주님이 부활하셨다는 사실을 알고 있지 못했다. 대신 그녀는 누군가가 예수님의 시신을 다른 곳으로 옮겨 놓았다고 생각하고 있었다. 바로 그것이 마리아가 여전히 울고 있는 이유다.

14절《이 말을 하고 뒤로 돌이켜 예수께서 서 계신 것을 보았으나 예수이신 줄은 알지 못하더라》 천사들과 마리아가 이런 이야기를 하고 있는데 예수께서 부활하시고 처음으로 등장하신 이야기가 나온다. 텅 빈 무덤 안을 먼저 확인한 것은 베드로와 요한이었지만 그들은 부활한 예수님을 보지는 못했다. 그런데 부활하신 예수님은 자신의 몸을 막달라 마리아에게 먼저 보여 주신다. 천사들과 이야기를 하던 마리아가 뒤를 돌아보았다는 말은 아마도 그녀가 인기척을 느꼈다는 것을 의미하는 것 같다. 그곳에는 예수님이 서 계셨다. 예수님의 부활하신 몸을 처음으로 마리아가 목격한 것이다. 그러나 놀랍게도 무슨 이유에선가 마리아는 예수님이신지 알아차리지 못한다. 신비한 일이다. 이것을 어떻게 설명해야 할까? 이것을 설명할 수 있는 한 힌트가 누가복음에 등장한다.

누가복음 24장에 보면 실의에 빠져 엠마오로 내려가는 두 제자가 등장한다. 예수님은 그들에게 다가가셨다. 그리고 예루살렘에서 엠마오로

가는 길 내내 동행하셨다. 예루살렘에서 엠마오까지는 대략 11킬로미터 정도 되는 거리다. 천천히 걸었을 때 약 3시간 정도는 족히 걸리는 거리다. 예수께서는 그들과 최근에 예루살렘에서 일어났던 일들 그리고 메시아의 고난과 죽음에 대한 이야기를 나누며 그 길을 동행했지만 그들 중 누구도 예수님을 알아차리지 못했다. 심지어 예수님이 하시는 말씀을 들으며 마음이 뜨거워지기까지 했는데 말이다. 예수님과 식사를 할 때에 그분이 떡을 가지사 축사하시고 떼어 그들에게 주실 때에야 그들의 눈이 밝아져 주님이신 줄 알아보게 됐다고 이야기한다. 그러고는 설명하기 어려운 방식으로 예수님은 두 제자들의 시야에서 사라지셨다. 이후에도 예수님은 제자들이 문을 걸어 잠가 놓은 곳에 마치 공간을 초월하듯 등장하시고는 사라지신 것 같다. 신비롭다.

이러한 묘사로부터 우리는 한 가지 사실만은 분명하게 알 수 있다. 예수님의 부활하신 몸은 틀림없이 주님의 몸이 맞는데 놀랍게도 그 몸은 동시에 더 이상은 예전의 몸과 똑같은 몸은 아닌 것 같다. 예수님이신 것은 틀림없는데 제자들은 한눈에 그분을 알아차리지 못한다. 지금 그런 일이 막달라 마리아에게도 일어난 것으로 보인다. 마리아가 주님을 보았지만 그녀는 주님을 단번에 알아차리지 못한다.

15-16절 《예수께서 마리아야 하시거늘 마리아가 돌이켜 히브리 말로 랍오니 하니 (이는 선생님이라는 말이라)》 예수께서는 마리아와 대화를 이어가신다. "어찌하여 울고 있느냐"라고 예수께서 물으셨지만 마리아는 주님을 동산 지기로 생각하고 있었다. 그래서 혹 당신이 예수님을 다른 곳에 옮겨 놓았다면 알려 달라고 말한다. 자신이 주님의 시신을 잘 모셔다가 다른 곳에 매장하겠다는 뜻일 것이다. 아직도 마리아는 예수님이 부활하셨다고는 생각하지 못하고 있는 것 같다. 그렇지만 이 말을 통해서 우리는 예수님에 대한 마리아의 사랑이 얼마나 진정성 있는 것인지는 잘 알 수

있다. 일단 그녀는 예수님의 시신이 제대로 수습되지 못한 사실을 알고는 안식일이 지나서 가장 먼저 주님의 무덤으로 달려왔다. 또한 예수님의 시신이 다른 곳으로 옮겨졌다고 생각하고 자신이 주님의 시신을 직접 모셔야 되겠다고 생각하고 있다. 묘지를 구하고 그곳에 다시 시신을 모시는 것은 예나 지금이나 적잖은 돈이 필요한 일이다. 그것을 기꺼이 감당하겠다는 것이다. 이 말을 들으시고 예수께서는 '마리아야'라고 부르셨다. 지금까지 마리아는 예수님을 보고도 주님이신지 알아차리지 못했는데 '마리아야'라고 부르시는 주님의 음성을 듣고는 자신을 부르시는 분이 주님이신 것을 바로 알아차린다. 목자의 음성을 듣고는 양이 그 음성을 알아차리듯이 마리아는 주님을 바로 알아차린다. 그래서 바로 '랍오니', 즉 '나의 선생님'이라고 부른 것이다. 이러한 묘사를 통해서 요한은 부활한 예수님을 처음으로 목격한 것도 마리아였고 목자의 음성을 듣고 주님을 바로 알아차린 것도 마리아였다는 사실을 분명하게 우리에게 이야기해 주고 있다.

17-18절 《나를 붙들지 말라 내가 아직 아버지께로 올라가지 아니하였노라》 마리아가 예수님을 알아차리자 주님은 이해하기에 다소 까다로운 말씀을 하신다. 여기서 '나를 붙들지 말라'라는 말은 문자적으로 적어도 두 가지 번역이 가능하다. '접촉하지 말라'는 뜻도 될 수 있고 개역개정처럼 '붙들지 말라'라고 번역할 수도 있다. 실제로 영어 KJV는 'touch me not', 즉 접촉하지 말라고 번역했고, ESV 혹은 NIV는 각각 'do not cling to me' 'do not hold on to me'처럼 붙들지 말라고 번역했다. 일단 KJV처럼 접촉 금지 명령으로 이해하는 것은 설득력이 다소 떨어진다. 왜냐하면 바로 다음 장면 이야기가 도마에게 예수님이 나타나시는 이야기인데 그곳에서 예수님은 도마에게 손과 옆구리에 손가락과 손을 내밀어 접촉하는 것을 허락하셨기 때문이다. 예수님의 의도는 아마도 붙들지 말라는 후자의 번역에 좀

더 가까운 것 같다.

그럼 '붙들지 말라'는 예수님의 의도는 무엇일까? 적잖은 주석가들이 이 의미를 예수님의 변화산 사건과 연관해서 설명한다. 마가복음 9:5-7에 따르면 변화산에서 영광스럽게 변모하신 예수님을 본 베드로는 '우리가 여기 있는 것이 좋사오니 우리가 초막 셋을 짓되 하나는 주를 위하여 하나는 모세를 위하여 하나는 엘리야를 위하여' 하겠다고 이야기한다. 베드로가 자신이 본 영광에 도취된 것이다. 사람의 일반적인 특성은 이런 영광을 보면 그 영광 가운데 머물고 싶어진다. 바로 그때 구름 속에서 소리가 난다. '이는 내 사랑하는 아들이니 너희는 그의 말을 들으라.' 베드로가 변화산의 영광에 취해 있을 때가 아니라는 말씀이다. 지금 마리아에게 하시는 말씀도 같은 맥락으로 이해할 수 있을 것 같다. 부활하신 예수님을 보고 그 따뜻한 목자의 음성을 들었을 때 마리아가 어떤 마음이었을지 상상이 되지 않는가? 비참했던 자신의 삶을 놀랍게 회복시켜 주신 그 주님이 다시 부활하셨다는 사실에 마리아는 뛸 듯이 기뻤을 것이다.

그런 마리아에게 예수님은 중요한 사명을 위임하신다. "너는 내 형제들에게 가서 이르되 내가 내 아버지 곧 너희 아버지, 내 하나님 곧 너희 하나님께로 올라간다 하라." 이 말이 무슨 말일까? 많은 사람들이 지금 예수님이 마리아에게 부활의 증인이 될 것을 말씀하고 계신다고 생각한다. 물론 마리아가 증거해야 하는 일의 내용에 부활이 없다고 말할 수는 없을 것이다. 그런데 17절이 말하는 구체적인 증언의 내용은 예수님께서 '살아나셨다'라는 내용이 아니다. '주님께서 하나님께로 올라가신다는 것'이다. 무슨 말인가? 요한복음은 예수께서 태초에 어디 계셨는지를 밝혀주는 유일한 복음서이다. 예수께서는 태초에 아버지 하나님과 함께 계셨다. 그런데 예수님이 새로운 창조의 일을 위해서 이 땅에 인간의 몸으로 오셨다. 그 새 창조의 일을 성취하시고 이제 예수께서는 다시 하나님 아버지에게로 돌아가신다는 것이다.

이 증언의 내용에는 당연히 부활이 포함되지만 부활보다 더 큰 개념이 포함되어 있음이 문맥상 분명하다. 그것은 예수님의 구속 사역의 완성에 대한 것이다. 그 놀라운 내용을 제자들에게 알려주어야 할 사명을 막달라 마리아에게 맡기신 것이다. 부활한 예수님의 몸을 처음으로 본 것도 막달라 마리아요 예수님의 음성을 듣고 주님이신 것을 최초로 알아차린 것도 막달라 마리아였다. 구속 사역의 완성에 대한 소식을 최초로 듣고 그것을 제자들에게 알려야 하는 사명을 받은 것도 막달라 마리아였다. 이 모든 일들은 당연히 우연일 수 없다. 왜 그런가? 예수님 당시 유대 사회와 그리스-로마 사회에서 여성은 법적인 증인으로서의 지위조차도 가질 수 없는 존재였다. 그래서 역설적으로 정말로 놀라운 일이 아닐 수 없다. 요한은 예수님의 부활과 구속 사역의 완성을 증언할 최초의 사람으로 예수께서 막달라 마리아를 선택하셨다는 사실을 이렇게 기록했다.

그렇다면 왜 예수님은 당신의 부활과 구속 사역의 완성을 증언할 최초의 증인으로 막달라 마리아라는 여인을 선택하셨을까? 당시 유대 사회와 그리스-로마 사회에서 여성이 증인으로서 차지하는 위치를 예수님도 너무나 잘 알고 계셨을 텐데 말이다. 그래서 이것이 우연이 아니라 매우 의도적인 선택이라고 생각된다. 부활과 구속 사역을 증언할 증인으로 막달라 마리아라는 여인을 선택하신 것은 하나님이 예수님을 통해서 만드시려는 새로운 창조의 세상의 특징을 보여 주는 것이라고 생각할 수 있다. 지금 요한은 예수님의 십자가와 부활이 새로운 창조의 세상을 여는 것이라고 이해하고 있지 않는가? 그런데 그 새 세상을 여는 일에 있어서 매우 중요한 역할을 예수님은 여인에게 부탁하고 계신다. 유대 사회와 그리스-로마 사회의 맥락을 너무나 잘 아시면서 말이다.

예수님이 여시는 새 창조의 세상과 대비된 옛 창조의 세상의 특징이 무엇인가? 옛 창조의 세상에서 인간들이 죄악으로 타락했을 때 보여 주는 특징이 바로 힘센 자가 힘이 약한 자를 착취하고 폭력으로 다스리는 것이다. 자신의 유익을 위해서 상대적으로 힘이 약한 자를 폭력으로 다스리는 것이 타락한 옛 세상의 특징이다. 이것은 남자와 여자 사이에서도 매우 극명히 드러난다. 그런데 예수님이 새롭게 만드시는 새 세상은 그러한 타락한 옛 세상의 모습을 극복하고 뛰어넘는다. 이것을 보여 주시기 위해서 예수님은 깊으신 뜻 가운데 막달라 마리아라는 그것도 일곱 귀신 들렸던 여성을 일부러 선택하신 것이다. 예수님이 십자가와 부활을 통해서 새롭게 만드시는 세상에 대한 최초의 증인은 막달라 마리아라는 여인이었다. 그녀의 증언이 있었기에 기독교는 시작될 수 있었다. 그녀의 증언을 통해서 제자들은 예수님의 부활에 대한 소식을 들었고 그녀의 증언을 토대로 기독교는 지속적으로 예수님의 부활과 새 창조의 기쁜 소식을 세상에 증언할 수 있게 되었다.

묵상

기독교의 복음은 새 창조의 복음이다. 복음을 새 창조의 개념으로 이해하는 것은 많은 의미를 내포하는데, 그 중에서 중요한 한 가지는 바로 여성에 대한 변화된 인식이다. 당시 유대 사회에서는 여성의 증언이 법적에서 인정되지 않을 정도로 여성들의 지위가 낮았다. 따라서 주님의 부활에 대한 최초의 증언자로 예수님께서 막달라 마리아라는 여성을 선택하신 것은 매우 파격적인 일인데, 그분이 이렇게 행동하신 이유는 자신의 부활에서 비롯된 새 창조의 세상은 새로운 질서를 요구하기 때문이다. 바울이 골로새서 3:10-11에서 언급했듯이 "자기를 창조하신 이의 형상을 따라 지식에까지 새롭게 하심을 입은 자"들 가운데는 차별이 있을 수 없다. 이와 비슷하게 갈라디아서 3:28에서도 언급됐듯이 그리스도 옷 입은 자들은 모두 "남자나 여자나 다 그리스도 예수 안에서 하나"이다. 따라서 예수님께서는 막달라 마리아라는 여성을 부활의 증인으로 지목하심으로써 이러한 진리를 우리들에게 몸소 보여 주고 계신 것이다. 따라서 오늘날의 교회들은 이러한 새 창조의 정신에 입각하여 여성들을 교회 사역의 변방이 아닌 중심에 두는 방안을 지혜롭게 모색해야 한다.

기도

주님, 주님의 부활과 새 창조 사역의 완성을 증언해야 할 교회의 책임을 우리 모두가 함께 새롭게 인식하게 하소서. 특별히 교회 안에서 여성을 복음 사역의 동반자와 파트너로 인식할 수 있는 새로운 인식이 일어나게 하소서.

요한복음 20:19-23
새 창조의 사람들 2

문맥과 요약

베드로와 요한은 예수님의 빈 무덤을 보았다. 부활하신 주님의 몸을 목격한 막달라 마리아의 증언도 있었다. 그러나 예수님이 부활하신 날 함께 모여 있던 제자들은 여전히 유대인들이 두려웠다. 두려움 가운데 문을 잠그고 있던 제자들에게 신비하게 나타나신 예수님은 '숨을 내쉬며' 성령을 받으라 말씀하신다. 그러고는 아버지께서 당신을 보내신 것처럼 제자들을 세상 가운데 보내신다.

해설

19-20절《이 날 곧 안식 후 첫날 저녁 때에 제자들이 유대인들을 두려워하여 모인 곳의 문들을 닫았더니 예수께서 오사 가운데 서서 이르시되 너희에게 평강이 있을지어다》 안식 후 첫날 새벽 베드로와 요한이 예수님의 빈 무덤을 목격했고 막달라 마리아는 부활하신 예수님을 자신의 눈으로 보았다. 예수께서 명령하신 대로 마리아는 제자들을 찾아가 예수님이 부활하셨다는 사실과 주께서 이르신 말씀을 전했다. 본문은 부활하신 날 저녁에 예

수님이 제자들을 찾아오신 일을 다루고 있다. 제자들의 마음을 지배하고 있던 정서는 두려움이었다. 제자들의 무리에는 틀림없이 베드로와 요한도 있었을 것이다. 그들은 이미 예수님의 빈 무덤을 목격했다. 요한은 그 빈 무덤이 무엇을 의미하는지도 알았고 믿었다. 예수님의 시신이 없어진 것이 아니라 부활하셨다는 사실을 믿었다는 말이다. 이 사실은 마리아를 통해서도 동일하게 확인된 바이다. 더욱이 마리아를 통해서 예수님이 아버지께로 돌아가신다는 구원의 완성에 대한 놀라운 이야기도 들었다. 그런데도 제자들은 여전히 두려움에 사로잡혀 있다. 이것을 어떻게 이해해야 할까?

일단 예수님이 부활하신 지 채 하루도 지나지 않았다는 점을 주목해야 한다. 부활하신 예수님의 몸을 눈으로 목격한 사람은 막달라 마리아뿐이다. 무엇보다 예수님의 부활이라는 것이 도대체 무엇을 의미하는지 그 신학적 의미를 묵상하고 깨닫기에는 턱없이 짧은 시간이라는 점을 인정해야만 한다. 이날은 제자들 입장에서는 매우 혼란스러운 날이었을 것이다. 그래서 제자들은 함께 모이지 않을 수 없었을 것이다. 도대체 예수님이 부활하셨다는 것이 사실인지 너무나 궁금했을 것이고, 만일 사실이라면 이것은 도대체 무엇을 의미하는지 서로 이야기했을 것이다. 또한 현실적으로 그들은 정말로 두려웠다. 왜냐하면 불과 삼 일 전 유대인들이 로마의 힘을 빌려 예수님을 어떻게 죽였는지 제자들은 생생히 보았고 들었기 때문이다. 그래서 그들은 유대인들이 두려웠던 것이다. 유대인들이 마음만 먹으면 예수님처럼 자신들도 해할 수 있다고 생각했기 때문이다. 그것이 지금 제자들이 겪고 있는 두려움의 본질이었을 것이다.

그래서 그 두려움 때문에 그들은 문을 걸어 잠갔다. 가만히 생각해 보면 제자들의 행동이 참 우습다. 유대 당국자들이 마음만 먹으면 숨어있는 제자들을 찾아와 그 문을 부수고 체포하는 것은 식은 죽 먹기였을 것이기 때문이다. 그걸 모르지 않는 제자들일 텐데 그 두려운 유대인 당국자들 앞에서 그들이 할 수 있는 것은 고작 문을 걸어 잠그는 것 밖에 없었던 것이다. 바로 그때 두려움 때문에 문을 걸어 잠그고 숨어 있던 제자들에게 예수님이 처음으로 나타나신다.

그런데 부활하신 주님이 제자들에게 처음으로 나타나시는 이 대목의 보도가 참 흥미롭고 또한 신비롭다. 제자들이 유대인들이 두려워서 문을 걸어 잠그고 있었는데 예수께서 닫힌 문을 신비롭게 뚫고 들어오셨다. 이것은 오늘날의 이성적인 생각과 과학으로는 설명할 수 없는 신비다. 예수님의 부활에 대한 여러 성경 기사를 통해서 유추할 수 있는 분명한 한 가지는 주님의 부활하신 몸은 돌아가시기 이전의 몸이 아니라는 것이다. 부활은 이전 몸으로의 회복과 소생이 아니다. 부활은 새 창조의 몸을 입는 것이다. 이것이 기독교가 말하는 구원의 개념이다. 예수님이 부활하셔서 새 창조의 몸을 입고 새 창조의 세상을 사는 첫 번째 인류가 되셨듯이 우리도 주님처럼 부활의 몸을 입게 되는 것이 구원이다. 기독교의 복음은 영혼의 구원만을 말하지 않는다. 기독교의 구원은 우리의 몸의 구속까지도 포함한다. 저 어딘가에 존재하고 있을지도 모를 피안의 세계로 영혼이 들어가는 것이 기독교가 말하는 참다운 구원이 아니다. 기독교의 구원은 우리의 몸이 주님과 같이 썩지 아니할 완벽한 부활의 몸을 입는 것까지 포함한다. 그것이 고린도전서 15장에서 바울이 말해주는 기독교 구원의 핵심개념이다. 지금 예수께서 우리보다 먼저 그와 같은 부활의 몸을 입으신 것이다.

이렇게 제자들에게 신비하게 나타나신 예수님은 제자들에게 '평강이 있을지어다'라고 말씀하셨다. 아마 예수께서는 제자들에게 '샬롬'이라고 인사하셨을 것이다. 샬롬이라는 말이 유대인들의 인사법이었기 때문이다. 그런데 부활하신 예수님이 여전히 두려움에 사로잡힌 제자들에게 나타나셔서 '샬롬'이라고 인사하셨다는 사실은 이천 년 전 예수님의 말씀을 직접 들었을 제자들의 입장에서는 시사하는 바가 크다. 그 당시가 어떤 시절인가? 로마가 통치하던 시절이었다. 로마의 통치 원리가 바로 '팍스 로마나'였다. '로마의 평화'라는 말이다. 팍스 로마나는 로마가 힘으로 통치할 때 비로소 주어지는 평화를 일컫는 말이다. 그런데 주님은 지금 유대인들의 모략에 의해서 그리고 로마의 힘에 의해서 죽임을 당하셨다. 어느 누구도 로마의 힘을 거스를 수 없었다. 그런데 그 힘에 의해서 죽임을 당하신 예수께서 부활하셔서 두려워 떠는 제자들에게 샬롬을 말씀하시고 있는 것이다.

지금 예수께서 두려워하는 제자들에게 하시는 말씀의 의미를 보다 잘 이해하기 위해서 우리는 고별설교에서 그분이 하셨던 말씀을 다시 생각해 볼 필요가 있다. "평안을 너희에게 끼치노니 곧 나의 평안을 너희에게 주노라 내가 너희에게 주는 것은 세상이 주는 것과 같지 아니하니라 너희는 마음에 근심하지도 말고 두려워하지도 말라(14:27)." 이 말씀은 예수께서 십자가를 지시기 전날 밤 고별설교에서 하신 말씀이다. 시간상으로는 불과 만으로 사흘 전에 하셨던 말씀이다. 그날 밤에도 제자들은 두려워하고 있었다. 예수님은 그런 제자들에게 '샬롬'에 대해서 말씀하시면서 당신이 주시는 '샬롬'은 세상이 주는 것과 다르다고 분명하게 말씀하셨다.

그런데 지금도 역시 제자들은 두려워 떨고 있다. 예수님이 주시는 평안이 무엇인지 모르기 때문이다. 제자들은 여전히 세상이 주는 평안에만 익숙하고 그것만 알고 있기 때문이다. 그 평안은 세상적 힘으로 유지되는 평안이다. 힘이 있으면 평안하지만 문제는 자신들에게는 그런 힘이 없다. 그 힘이 없으니 평안이 없고 고육지책으로 문을 잠가 놓고 숨어 있는 것이다. 이 말씀을 하시고는 제자들에게 자신의 못 박힌 손과 창 자국이 있었을 옆구리를 보여 주신다. 지금 그들의 눈 앞에 서신 분이 분명 사흘 전

못 박히신 주님인 것을 확인한 제자들은 기뻐하게 된다.

21-23절 《이 말씀을 하시고 그들을 향하사 숨을 내쉬며 이르시되 성령을 받으라》 예수님은 제자들 앞에서 특이한 행동을 하나 하신다. 이 구절이 정말 흥미롭다. 요한은 주님이 이 말씀을 하시고 제자들을 향해서 '숨을 내쉬셨다'라고 말하고 있다. '숨을 내쉬었다'라는 말은 '엠퓨사오'라는 말의 번역이다. 신약성경을 통틀어 이곳에서만 사용된 단어다. 이런 단어는 번역하는 것이 참 쉽지 않다. 그런데 칠십인경 창세기 2:7과 에스겔 37:9에 이 단어가 또 등장한다. 두 구절 간의 비교를 통해서 우리는 이 단어가 무슨 뜻으로 쓰였는지를 가늠할 수 있게 된다. "여호와 하나님이 땅의 흙으로 사람을 지으시고 **생기를** 그 코에 **불어넣으시니** 사람이 생령이 되니라" 여기서 생기를 코에 불어넣었다고 했을 때 '엠퓨사오'라는 단어가 사용됐다. 그러니까 창세기 2:7은 하나님이 흙으로 아담을 만드시고 코에다 '엠퓨사오' 하시니 사람이 생령이 됐다고 말하고 있다. "또 내게 이르시되 인자야 너는 생기를 향하여 대언하라 생기에게 대언하여 이르기를 주 여호와께서 이같이 말씀하시기를 **생기야** 사방에서부터 와서 이 죽음을 당한 자에게 **불어서** 살아나게 하라 하셨다 하라." 에스겔 37장은 죽음 당해서 마른 뼈만 남아 있는 자들을 하나님이 어떻게 새롭게 살리시는지를 이야기한다. 그 마른 뼈를 살리시는 방법이 생기를 불어넣는 것이다. 그러니까 '엠퓨사오'라는 단어는 창세기와 에스겔에서 생명이 없는 곳에 생명을 만들어내는 하나님의 창조의 행위를 설명하는 동사였다.

그런데 요한이 부활하신 예수께서 제자들을 향해서 '엠퓨사오' 하셨다고 말했다는 것은 시사하는 바가 크다. 요한은 지금 예수께서 하시는 행위를 새 창조 혹은 재창조의 행위로 신학적으로 해석하고 있다고 볼 수 있다. 이미 우리는 요한이 자신의 복음서의 핵심 주제를 주님의 십자가로 말미암는 새 창조라는 관점에서 이해하고 있다는 점을 강조해 왔다. 동일한 주제가 이곳에서 발견된다. 떨고 있는 제자들의 두려움을 극복하게 만드는 것은 정신 무장을 새롭게 한다고 되는 일이 아니다. 제자들의 두려움을 떨쳐버리고 샬롬의 사람이 되게 하는 것은 그들을 근본적으로 새 창조의 사람으로 만들어야 가능한 것이다. 그것을 알려주시려고 예수님은 창세기에서 하나님이 생기를 불어넣으신 것처럼, 에스겔에서 마른 뼈에게 생기를 불어넣으신 것처럼, 그들을 향하사 숨을 내쉬며 성령을 받으라고 말씀하셨고, 이러한 상징적인 행위는 예수님께서 제자들을 새 창조의 사람으로 만들어 가고 계심을 보여 준다. 바로 그것을 22절 하반절에서는 '성령 받음'으로 설명하고 있다. 그것이 새로운 창조다. 성령은 우리가 예수님을 믿을 때 우리를 예수님 안에 있게 함으로 새 창조의 신비가 우리에게 일어나게 하신다(참조. 고후 5:17). 성령을 통해서 새로운 창조의 일을 경험한 사람이라야 세상이 주는 두려움을 극복할 수 있고 진정한 샬롬의 사람이 될 수 있다.

그렇다면 제자들을 새 창조의 사람, 즉 샬롬의 사람으로 만드신 예수님은 제자들에게 무엇을 기대하실까? 21절이 그 주제를 다룬다. 예수님은 제자들을 샬롬의 사람으로 새롭게 창조해서 마치 하나님이 주님을 세상에 보내셨듯이 제자들도 이 세상 가운데 보내시기를 원하신다. 즉, 새 창조의 사람이 되어야 샬롬의 사람이 될 수 있고, 샬롬의 사람이 되어야 이 세상 속에서 주님이 부탁하신 샬롬의 복음의 사역을 감당할 수 있는 사람이 될 수 있기 때문이다. 기독교 복음의 핵심이 샬롬인데 그 샬롬이 뭔지 모르고 두려움에 벌벌 떠는 사람이 어떻게 세상이 모르는 샬롬의 복음을 말할 수 있겠는가? 그래서 예수께서는 제자들을 새 창조의 사람으로 만드신 후 그들을 세상 가운데 보내시는 것이다. 마치 아버지께서 주님을 세상에 보내셨듯이 제자들을 세상 가운데 보내시는 것이다. 예수께서는 제자들을 보내시며 그들에게 사죄의 권한이 주어질 것이라 말씀하신다.

제자들이 예수님에 대한 그들의 증언(새 창조에 대한 복음)을 믿는 자에게 죄 사함을 선포하면 죄가 사하여질 것이라는 약속을 허락하신다. 바야흐로 새 창조의 사람으로 지음받은 제자들은 예수님을 대신하여 복음을 세상 속에 증거하는 역할을 감당하게 될 것이다.

묵상

(1) 두려움이라는 감정은 사람이면 모두가 다 가지고 있는 감정일 것이다. 우리는 갖가지 다른 이유로 이 세상을 살면서 두려움을 느낀다. 예수를 믿어도 우리는 세상을 살면서 여전히 두려움을 느낄 수 있다. 코로나바이러스 감염증만 하더라도 그렇다. 우리 모두는 이 코로나에 대해서 두려움이라는 감정을 느끼게 된다. 일단 건강상의 이유로 두려움을 가진다. 나이가 많거나 기저질환이 있으면 더더욱 두려울 수 있다. 또한 코로나가 만들어내는 상황 때문에 두려울 수도 있다. 코로나는 많은 경제적인 어려움들도 야기했다. 당장 소규모 사업을 하는 사람들은 많은 어려움을 겪었고 여전히 겪고 있다. 이런 상황에서 '어떻게 살아갈 수 있을까'하는 두려움을 느낀다. 정직하게 말하자면 필자도 목사로서 동일한 두려움을 느꼈다. 코로나가 하루 이틀로 끝날 것도 아닌데 이러다가 교회 문을 닫아야 되는 상황이 오는 것은 아닌가 생각했다. 이런 생각이 들면 왜 두렵지 않겠는가? 필자는 바로 이 대목에서 우리가 정말로 새 창조의 복음을 생각해야만 한다고 본다.

하나님은 당신의 독생자를 내어 주시고 십자가에 달아 죽음에 내어주셨다가 부활시켜 새로운 창조의 세상을 만드셨다. 이 사실을 믿는 자를 주님 안에 거하게 하심으로 말미암아 새로운 창조의 피조물로 만들어 가신다. 그것이 바로 성령이 하시는 일이다. 우리가 예수 그리스도를 통해서 세상을 창조하시고 구속하신 창조주의 백성이 됐다. 그 창조주와 구원자의 은혜와 보호 아래 사는 사람이 됐다. 그게 복음을 믿는다는 말의 의미다. 그러니 무엇을 두려워해야 하겠는가? 바로 이것이 두려움을 극복할 수 있는 핵심적인 이유가 아닐까? 실제로 잘 묵상해 보라. 머리털 나고 처음 겪는 팬데믹을 지나며 다 망할 줄 알았는데 어떻게 됐는가? 주님은 이 속에서도 지나갈 수 있는 힘을 주신다. 우리가 상상하지 못했던 방식으로 살아갈 수 있도록 지키시고 인도하시고 보호하시고 공급해 주신다.

(2) 혹자는 이렇게 말할지 모른다. '그렇지만 이 팬데믹 가운데 돌아가신 분들도 있지 않는가?' 맞다. 코로나로 인해서 세상을 떠난 사람들도 있고 사랑하는 사람들을 먼저 떠나보낸 사람들도 있다. 그렇지만 결국 사람은 누구나 한 번은 이 세상을 떠나야 한다. 비록 팬데믹 가운데 잘 버티고 살아남았다 하더라도 우리 가운데 누구도 이 땅에서 영원히 살지 못한다. 새 창조의 복음은 우리에게 모든 일의 시작과 과정과 끝을 분명하게 가르쳐 준다. 우리 모두는 이 세상을 언젠가는 떠난다. 그러나 그것이 더 이상 두려움이 되지 않는 이유는 새 창조의 복음을 알려주시는 진리의 말씀 때문이다. 주님이 다시 돌아오실 때 우리 모두를 썩지 아니할 부활의 몸으로 부활시켜 새 창조의 세상을 영원토록 살게 하신다는 진리를 복음이 가르쳐 주기 때문이다. 비록 지금 사랑하는 이들을 떠나보내야 하고 우리도 떠날 수 있음을 알지만 이 복음의 진리를 알기에 우리는 더 이상 죽음마저도 두려워하지 않을 수 있게 된다. 그 부활이라는 새 창조의 승리가 우리를 더는 두려움 가운데 거하지 않도록 만들어 준다. 이 진리를 알게 하기 위해서 주님은 두려움 가운데 떨고 있는 제자들을 찾아가 그들을 새 창조의 피조물로 지어주셨다. 그리고 이 놀라운 새 창조의 복음의 소식을 널리 알리기 위해서 그들을 세상 가운데 파송하신다. 이 복음의 진리가 우리의 모든 두려움들을 주님과 함께하는 기쁨으로 바꿔줄 것이다.

기도

주님, 우리가 겪게 되는 수많은 두려움 속에서도 우리를 새 창조의 피조물로 날마다 만들어 가시는 주님의 은혜를 믿고 주님과 함께 남은 인생 힘차고 복되게 살아가게 하소서.

요한복음 20:24-31
진짜 믿음

문맥과 요약

예수께서 부활하신 후 처음으로 제자들을 찾아오셨을 때 도마는 그 자리에 없었다. 그는 제자들을 통해서 예수님의 부활 소식에 대해 듣게 된다. 그러나 도마는 예수님의 부활을 믿지 않는다. 그로부터 팔일 만에 예수님은 다시 제자들을 찾아오신다. 이번 방문의 초점은 도마에게 맞춰져 있다. 예수께서는 도마에게 보지 않고 믿는 믿음이 복되다고 말씀하여 주신다.

해설

24-25절 《내가 그의 손의 못 자국을 보며 내 손가락을 그 못 자국에 넣으며 내 손을 그 옆구리에 넣어 보지 않고는 믿지 아니하겠노라 하니라》 본문을 보면 예수께서 부활하신 날 밤 제자들을 처음으로 만나셨던 자리에 디두모라 하는 도마가 없었다. 요한은 도마가 왜 그 자리에 없었는지에 대해서 구체적으로 말해 주지 않는다. 아마도 도마는 예수님의 죽음에 대해서 상당한 충격을 받았던 것으로 보인다. 그것이 그의 부재의 원인이 아닐까

싶다. 25절을 보면 제자들이 부활한 예수님과 처음으로 만났던 자리에 부재했던 도마가 예수님의 부활에 대한 소식을 접하게 되는 과정과 그의 반응이 기록되어 있다. 도마는 예수님을 목격했던 다른 제자들을 통해서 예수님의 부활에 대한 소식을 접하게 됐다. 그런데 도마는 예수님의 부활을 믿을 수 없다고 이야기한다. 여기서 '믿을 수 없다'는 원문의 표현은 이중부정 어구가 사용된다. 헬라어에서 이중부정 어구가 사용된다는 것은 강한 부정을 뜻한다. 도마는 자신의 눈으로 주님 손의 못 자국을 확인하고, 자신의 손가락을 주님 못 자국 난 손에 넣어보고, 자신의 손을 주님의 창 자국 난 허리에 넣어보지 않으면 결단코 믿지 못하겠다고 말한다. 이런 모습에서 우리는 도마라는 사람의 성향이 어떤지를 조금 가늠해 볼 수 있다. 우리 주변에도 이런 말을 하는 사람들이 종종 있다. '나는 내가 눈으로 본 것만 믿지 내 눈으로 직접 확인하지 않은 것은 믿을 수 없다.' 지금 도마가 한 말이 바로 그런 말이다. 다른 사람들의 말은 믿을 수 없다는 것이다. 또한 이 말은 도마가 주님의 죽음에 대해서 얼마나 큰 충격을 받았는가를 보여 주는 것일 수도 있다.

그러나 여기서 생각해 봐야 할 것이 한 가지 있다. 사실 우리가 가지고 있는 수많은 정보들은 우리가 직접적으로 보지 못한 것들이 태반이다. 본 것보다 보지 못한 것들이 압도적으로 많다. 물론 합리적이고 이성적인 사고 없이 들은 이야기들을 모두 무턱대고 믿어버리는 것도 문제라면 문제일 것이다. 그런 이유 때문에 가짜 뉴스들이 쉽게 양산된다. 그래서 우리가 접하게 되는 정보의 출처나 이슈의 전후 관계나 문맥들을 면밀히 검토해 보는 일은 필연적으로 중요한 일이 될 것이다.

그렇다면 도마의 경우는 어떤가? 일단 예수님은 십자가를 지시기 전 자신이 죽임당하실 것과 부활하실 것을 제자들에게 분명하게 말씀하셨다. 그리고 도마는 예수님의 부활에 대한 소식을 자신과 오랜 시간을 같이 보냈던 형제들을 통해서 들었다. 신실한 자매였던 막달라 마리아의 이야기도 들었을 것이다. 이런 맥락에서 그런 사람들의 이야기에 대해 전혀 관심을 기울이지 않는 모습은 다소 어리석고 고집스러워 보인다. 형제들의 이야기와 주님에게 헌신적이었던 마리아의 이야기에 전혀 귀를 기울이지 않았다는 것은 도마가 매우 독단적이며 자기중심적인 인물일 수 있다는 것을 시사한다.

26-27절《도마에게 이르시되 네 손가락을 이리 내밀어 내 손을 보고 네 손을 내밀어 내 옆구리에 넣어 보라 그리하여 믿음 없는 자가 되지 말고 믿는 자가 되라》 요한복음에 따르면 예수께서는 제자들에게 부활하신 날 밤에 처음 나타나신 후 일주일 동안 제자들에게 다시 나타나지 않으신 것으로 보도된다. 하지만 이 일주일 동안도 제자들은 서로 함께 행동했을 것이 암시되어 있다. 일주일이라는 시간은 이성적으로 생각해 볼 만한 충분한 시간이다. 그런데 이번에는 도마의 마음속에 어느 정도의 움직임과 변화가 있음을 알아차릴 수 있다. 왜냐하면 이번에는 도마가 제자들과 함께 있기 때문이다. 그렇지만 도마는 여전히 의심의 늪에서 완전히 벗어나지는 못했다. 아직 예수님의 부활에 대해서 미온적인 태도와 의심의 눈초리를 완전히 거두지는 못했기 때문이다.

이런 상황에서 예수님이 부활하신 후 두 번째로 다시 제자들에게 나타나신다. 예수께서는 첫 번째 제자들에게 나타나셨을 때와 마찬가지로 문이 잠긴 상태에서 홀연히 그들에게 나타나셨다. 그리고 지난번과 마찬가지로 '샬롬'이라고 인사하셨다. 그런데 예수께서 두 번째로 제자들에게 나타나신 것은 주로 도마에게 초점이 맞추어져 있다. 예수님은 도마에게 손가락을 내밀어 자신의 손을 만져 보고, 자신의 옆구리에 손을 넣어 보라고 말씀하신다. 이번에 예수님이 나타나신 것은 다른 제자들을 위한 것이라기보다는 여전히 믿지 못하는 도마를 위한 것임이 분명해 보인다. 도마의 믿지 못함 때문에 예수님은 도마에게만 초점을 맞추어 그에게 부활하신 당신의 몸을 만져보라고 요구하신다. 이 대목에서 예수님의 말씀이 흥미로운 것은 주님이 도마가 했던 이야기를 거의 그대로 되풀이하듯 말씀하신다는 사실이다. 도마는 틀림없이 예수님이 계시지 않은 상황에서 다른 제자들에게 이야기했는데 주님은 마치 그 이야기를 다 들으신 것처럼 도마가 했던 말들을 그대로 되풀이하신다. 상황이 이렇다 보니 도마가 놀라지 않을 수 없었다. 예수님은 도마의 믿음 없음을 직면하게 하신다. "믿음 없는 자가 되지 말고 믿는 자가 돼라." 도마는 이제 예수님의 손과 옆구리를 만져 봐야 할 이유가 없어졌다. 예수께서 그의 마음의 생각과 의심마저도 다 아시고 자신의 눈앞에 몸소 등장하셨기 때문이다.

28-29절 《도마가 대답하여 이르되 나의 주님이시요 나의 하나님이시니이다 예수께서 이르시되 너는 나를 본 고로 믿느냐 보지 못하고 믿는 자들은 복되도다 하시니라》 도마는 예수님의 말씀을 듣고 즉각적으로 반응한다. '나의 주님이시요 나의 하나님이십니다.' 이 고백은 두 가지 측면에서 참으로 놀라운 고백이다. 일단 복음서를 통틀어 예수님을 하나님으로 고백한 것은 도마가 유일하기 때문이다. 요한복음 안에는 예수님의 정체성에 대해서 깨달은 사람들의 여러 신앙 고백적 표현들이 등장한다. 사마리아 사람들은 예수님을 세상에 오시는 구주라고 고백했다. 마르다는 예수님을 그리스도 하나님의 아들로 고백했다. 다 맞는 말이다. 그러나 요한복음이 20장에 이르기까지 예수님을 하나님으로 고백한 예는 없었다. 도마가 최초이고 유일하다.

이 고백이 놀라운 두 번째 이유는 요한복음 1:1 때문이다. "태초에 말씀이 계시니라 이 말씀이 하나님과 함께 계셨으니 이 말씀은 곧 하나님이시니라." 1장에서 요한은 예수님을 육신을 입고 우리 가운데 거하신 하나님이라고 소개하고 있다. 그런데 도마가 예수님을 바로 그 하나님이라고 고백하고 있다. 이것은 마치 마가복음 1:1에서 마가가 예수님을 그리스도요 하나님의 아들이라고 소개하고, 십자가 처형 장면에서 백부장이 예수님을 '그는 진실로 하나님의 아들이었다'라고 고백하는 것과 흡사하다. 도마는 지금까지 믿지 못하던 의심을 떨쳐버리고 복음서 전체를 통틀어 가장 완벽한 신앙고백을 한 첫 번째 사람으로 기록됐다.

30-31절 《오직 이것을 기록함은 너희로 예수께서 하나님의 아들 그리스도이심을 믿게 하려 함이요 또 너희로 믿고 그 이름을 힘입어 생명을 얻게 하려 함이니라》 그럼 요한은 도마가 가장 완벽한 신앙고백을 한 첫 번째 사람이라는 것을 칭송하고 싶은 의도에서 이 본문을 기록한 것일까? 만일 본문이 이 신앙고백으로 끝나거나 예수님의 칭찬이 뒤따랐다면 그럴 수도 있을 것 같다. 그러나 본문은 그렇게 끝나지 않는다. 예수님은 도마의 최상급의 고백을 들으시고는 '네가 나를 본 고로 믿느냐 보지 못하고 믿는 자들은 복되다'라고 말씀하신다. 우리의 일반적인 생각과는 달리 주님은 최상급 고백에 감탄하지 않으셨다. 도마의 신앙고백을 칭찬하지도 않으셨다. 마태복음에서 백부장의 놀라운 믿음을 보시고는 '이스라엘 중 아무에게서도 이만한 믿음을 보지 못했다'라고 최상급 칭찬을 해주셨는데도 말이다. 왜 그랬을까? 도마가 예수님을 보고 나서야 부활을 믿었기 때문이다.

아마도 요한이 이 이야기를 하는 것은 요한이 복음서를 기록하던 당시와 직접적으로 연관되어 보인다. 요한이 복음서를 기록하던 1세기 후반에는 예수님을 직접 눈으로 보고 그분의 말씀을 귀로 들었던 사람들 중의 상당수가 이미 세상을 떠났을 것이다. 1세대 증인인 요한이 예수님에 대한 이야기를 잘 기록해야 할 이유가 여기에 있었다. 당시 대부분의 사람들은 2세대 혹은 3세대 그리스도인들이었다. 믿음이라는 관점에서 중요한 것은 1세대 증인이냐 그 이후 세대이냐가 아니다. 이런 맥락에서 요한은 도리어 '보지 않고 믿는 것이 복된 것'이라고 말씀하셨던 주님의 말씀을 기록한 것이 아닐까? 요한은 진짜 중요한 핵심을 31절에서 다음과 같이 이야기한다. '오직 이것을 기록함은 너희로 예수께서 하나님의 아들 그리스도이심을 믿게 하려 함이요 또 너희로 믿고 그 이름을 힘입어 생명을 얻게 하려 함이니라.' 보고 믿는 것이 중요한 것이 아니다. 정말로 중요한 것은 이 기록된 말씀을 통해서 예수님이 하나님의 아들이시고 메시아이심을 믿는 것이다. 그 믿음을 통해서만 영생이라는 축복이 주어지기 때문이다. 보고 믿는 것은 안 믿는 것보다는 낫다. 하지만 생각해 보면 보고 믿지 않을 사람이 어디 있겠는가? 보지 않고도 믿는 것, 그것이 진짜 믿음이다.

묵상

인간의 보편적인 특성을 고려했을 때 아마 2세대, 3세대 그리스도인들에게 주님을 직접 보고 그분의 말씀을 직접 들었던 1세대 기독교인들, 즉 주님의 첫 번째 제자들은 선망의 대상이었을 것 같다. 일면 이해가 된다. 물론 완전히 똑같지는 않지만 오늘날에도 비슷한 양상이 있는 것 같다. 그리스도인들 가운데는 주님을 환상 가운데 만났다거나 주님의 음성을 직접 들어봤다는 이들이 있다. 필자도 그런 사람들을 만난 적이 있다. 그런데 가만히 잘 관찰해 보면 이런 사람들에게는 공통적으로 발견되는 특징이 한 가지 있다. 물론 다는 아니었지만 일반적으로 이런 사람들은 마치 자신들이 특별한 그리스도인이라도 된 것처럼 생각하고 그렇게 행동하는 경향이 있다는 것이다. 마치 자신이 주님의 특별한 사랑을 받은 사람인 것처럼 생각하더란 말이다. 필자도 신앙이 더 어렸던 시절 주님을 믿고 난 후 그런 사람들을 만나면 속으로 이런 생각을 하곤 했다. '저 사람은 주님이 참 많이 사랑하시는 사람이구나.' 그러면서 나는 주님이 사랑하지 않는 것은 아니지만 마치 이등 시민 같다는 철없는 생각을 하곤 했다. 이런 관점에서 본문은 참된 신앙에 관해서 시사하는 바가 크다. 진짜 믿음은 보고 믿는 것이 아니라 주님의 말씀처럼 보지 못했지만 믿는 것이다. 신실한 주님의 첫 번째 제자들이 보고 듣고 증언해 주었던 내용을 믿는 것이다.

첫 번째 증인들은 그들과 함께 갈릴리와 유대 지방을 다니시며 가르쳐 주신 주님의 말씀을 직접 들었다. 그들은 십자가를 지고 그들의 눈앞에서 돌아가셨다가 미리 예언해 주신 대로 삼 일 만에 부활하신 주님을 보았고 부활 후 40일 정도를 주님과 함께 보냈다. 그 기간 동안 주님은 당신이 육체로 틀림없이 부활하셨다는 사실을 확증해 주셨으며 하나님 나라에 관련된 일들을 가르쳐 주셨다. 기독교 복음은 이 증인들의 증언에 기반해 있다. 눈으로 보고 들은 것도 역사적으로 의미 있는 일이겠지만 정말로 중요한 것은 그것을 기반으로 생기는 믿음이다. 예수께서 하나님의 아들 그리스도이심을 믿는 믿음이 결국 영생을 허락하는 유일한 방편이 되기 때문이다. 그것만이 정말로 중요한 것이다. 그 진리와 생명의 말씀 가운데 거하기만 한다면 우리의 인생은 정말로 축복된 인생이 된다. 그러니 뭘 보고 뭘 듣는 것에 큰 가치를 둘 필요가 없는 이유가 여기에 있다. 진리이신 주님의 말씀을 읽고 듣고 믿는 우리가 틀림없이 복된 사람들이기 때문이다.

기도

주님, 진리의 말씀 안에 거하는 우리가 되게 하소서. 그 진리의 말씀 안에 참된 생명이 있음을 믿습니다. 그 진리의 말씀 안에 거하며 주님과 나누는 교제가 우리를 영생으로 인도하기 때문입니다. 이 진짜 믿음으로 충만한 주의 백성이 되게 하소서.

요한복음 21:1-8
회복: 소명

문맥과 요약

본문은 예수께서 제자들에게 나타나신 세 번째 에피소드를 다룬다. 베드로를 비롯해서 여섯 명의 제자들은 디베랴 호수에 물고기를 잡으러 갔다. 그러나 밤새도록 아무것도 잡지 못했다. 그런데 바닷가에서 외치시는 예수님의 음성을 따라 그물을 던졌더니 그물을 들 수 없을 정도로 많은 물고기를 잡게 됐다. 이 사건은 베드로가 예수님을 처음 만났던 날의 사건과 여러 면에서 매우 흡사하다. 이 장면은 예수님에 의해서 정밀하게 의도된 연출로 보인다. 베드로를 회복시키기 위함이다.

해설

1-3절 《시몬 베드로가 나는 물고기 잡으러 가노라 하니 그들이 우리도 함께 가겠다 하고 나가서 배에 올랐으나 그날 밤에 아무 것도 잡지 못하였더니》 이 본문은 예수께서 부활하신 후에 제자들에게 세 번째로 나타나신 사건을 다루고 있다. 두 번째 방문의 초점이 도마에게 맞추어져 있었다면 세 번째 방문의 초점은 베드로에게 맞추어져 있다. 본문을 묵상하면서 우리는

당시 베드로의 심리 상태가 어떠한 상황이었을지를 생각해 볼 필요가 있다. 이미 베드로는 부활하신 예수님을 두 번이나 자신의 눈으로 직접 목격했다. 예수님은 부활하신 후 제자들을 만나셔서 "아버지께서 나를 보내신 것 같이 나도 너희를 보내노라"라고 말씀해 주셨다. 그런데 베드로는 지금 디베랴 바닷가에 있다. 이 상황에서 제자들 가운데 가장 난처한 사람이 바로 베드로였을 것이다.

예수께서 잡히시던 날 밤에 다른 사람은 다 주님을 버릴지라도 자신은 결단코 그러지 않을 거라고 호언장담하지 않았던가? 그런데 베드로는 바로 그날 밤 예수님을 세 번이나 부인했다. 예수께서는 부활하신 후 벌써 두 번이나 베드로를 만났는데 이 일에 대해서는 일언반구도 없었다. 예수께서 이 모든 일들을 다 알고 계시는데 아무 말씀도 안 하신 것이다. 예수님이 부활하시고 그분을 다시 만난 것 자체는 기쁜 일이었겠지만 베드로는 이 모든 상황에서 마냥 기뻐할 수만은 없었다. 그것이 베드로가 현재 처한 상황이다. 이런 상황에서 제자들 일곱 명이 등장한다. 상황을 주도하는 사람은 베드로였다. 그가 자신은 물고기를 잡으러 가겠다고 이야기한다. 다른 제자들도 베드로를 따라서 함께 가겠다고 한다. 그래서 베드로와 그들은 함께 디베랴 바다로 고기 잡으러 나갔다. 그런데 그날 밤 제자들은 아무것도 잡지 못했다. 이것이 이 이야기가 전개되는 배경이다.

4-6절《이르시되 그물을 배 오른편에 던지라 그리하면 잡으리라 하시니 이에 던졌더니 물고기가 많아 그물을 들 수 없더라》 그렇게 날이 새어 가는데 예수께서 바닷가에 나타나셨다. 그러나 제자들은 주님이신 줄 알아차리지 못했다. 배에서 예수님이 계신 곳까지는 대략 100미터 정도 떨어져 있었다(8절). 거리 때문에 예수님을 알아보는 것이 쉽지 않았을 것이다. 더욱이 아직은 새벽이었기 때문에 어두웠을 것이다. 그런데 바닷가에서 예수님이 제자들을 향해 소리치신다. '얘들아 너희가 물고기를 잡았느냐?' 묻

는 사람이 누구인지도 모르고 제자들은 잡지 못했다고 대답했다. 그들은 밤이 새도록 고기를 잡고자 했지만 무슨 영문인지 단 한 마리도 잡지 못했다. 예수께서는 제자들의 말을 듣자마자 그물을 배의 오른편에 던지라고 말씀하셨다. 제자들은 아직까지 바닷가에서 소리치는 사람의 정체를 모른 채 그물을 내렸는데 고기가 너무 많아서 그 그물을 들 수 없을 정도가 됐다.

이 장면은 예수님에 의해서 고안된 것 같은 인상을 준다. 흥미로운 것은 이 장면이 베드로가 예수님을 처음으로 만나는 장면과 너무나 흡사하다는 것이다(참조, 눅 5:4-11). 부활 후 베드로가 예수님을 세 번째 만났던 날의 장면은 베드로가 주님을 처음으로 만났던 날과 너무나 흡사하다. 예수님과 처음 만났던 날도 베드로는 밤새도록 물고기를 잡고자 수고하였으나 한 마리도 잡지 못했다. 그런데 예수님이 베드로에게 깊은 곳으로 가서 그물을 내리라 하셨고 베드로는 주님의 말씀에 의지해서 그물을 내렸다. 그물을 내리자 너무 많은 물고기가 잡혀서 그물이 찢어질 정도였다. 그래서 함께 조업하고 있었던 동업자인 야고보와 요한에게 도움을 청했고 그들은 가까스로 물고기를 건져 올릴 수 있었다. 얼마나 많이 잡았던지 두 배가 잠길 정도로 많은 물고기를 잡았다. 베드로는 예수님에게서 뭔가 비범함을 느꼈다. 그의 고백은 구약에서 선지자들이 거룩한 하나님을 만났을 때 보여 주었던 반응과 너무나 비슷하다. 너무 놀라서 '나를 떠나소서 나는 죄인입니다'라고 고백하는 베드로에게 예수님은 새로운 사명을 허락하셨다. '무서워하지 말라 이제 후로는 네가 사람을 취하리라'라고 말씀해 주셨다. 부활 후 세 번째로 제자들을 찾아와서 예수님이 연출하시는 첫 장면은 베드로가 주님을 처음 만났던 기적 같은 날과 너무나 많이 닮아 있었다.

7-8절 《예수께서 사랑하시는 그 제자가 베드로에게 이르되 주님이시라 하

니 시몬 베드로가 벗고 있다가 주님이라 하는 말을 듣고 겉옷을 두른 후에 바다로 뛰어 내리더라》 다른 제자들과는 달리 요한은 이 사건을 경험하자마자 조금 전 바닷가에서 소리치신 분이 주님이라는 사실을 알게 됐는데, 그 이유는 어쩌면 베드로가 주님을 처음 만났던 날 요한도 그 기적의 자리에 함께 있었기 때문일지도 모른다. 여하간 함께 있던 제자들 가운데 요한이 가장 먼저 주님을 알아차린 것이다. 주님이시라는 말을 듣자마자 옷을 벗은 채 물고기를 잡고 있던 베드로는 겉옷을 두른 후에 바다로 뛰어내렸다. 다른 제자들은 배를 타고 그물을 끌고 육지로 나아왔다.

앞서 언급한 대로 예수님에 의해서 연출된 것으로 보이는 이 장면은 베드로가 주님을 만나고 그분의 능력을 경험했던 첫날의 모습과 너무나 많이 닮아 있다. 그렇다면 이러한 장면을 연출하신 예수님의 의도는 무엇일까? 베드로의 회복에 초점이 맞추어진 것으로 보인다. 일단 예수께서 부활하신 후에 제자들에게 나타나신 모든 사건들이 제자들의 믿음을 회복하기 위해서였다. 베드로가 예수님을 처음으로 만났던 날 주님은 베드로에게 새로운 사명을 부여하셨다. 이제까지는 물고기를 낚는 어부로 살았지만 '이제부터는 사람을 취하게 되리라'는 새로운 사명을 주셨다. 예수께서는 처음부터 베드로를 사람 낚는 어부로 부르셨다.

그렇다면 지금 베드로의 모습은 어떨까? 그는 주님이 자신을 부르셨던 첫날의 소명과는 거리가 있는 모습으로 살아가고 있었다. 자신이 따랐던 주님은 십자가에서 죽임을 당하셨고 놀랍게도 미리 말씀하신 대로 부활하셨다. 그러나 예수님이 죽임당하시기 전날 밤 베드로는 주님을 사람들 앞에서 공개적으로 부인했다. 예수님이 부활하신 것 자체는 놀랄 만한 일이고 동시에 정말로 반가운 일이었겠지만 베드로 입장에서 마냥 즐거워할 수만은 없는 노릇이었다. 왜냐하면 베드로는 자신이 무슨 짓을 했는지 정확하게 알고 있었고 주님도 그 사실을 아시기 때문이다. 이런 난감한 상황에 베드로가 놓여있었다. 그래서 예수께서는 베드로를 다시 회복시키기 위해서 그를 부르셨던 첫 번째 날을 생각나게 하신 것이다.

예수님은 베드로를 부르신 날 그에게 분명한 사명을 주셨다. 베드로를 부르신 부르심에는 분명한 목적이 있었다. 비록 그 사명이 지금 현 상황에서는 매우 퇴색된 듯 보이지만 예수님의 관점에서는 변한 것이 하나도 없었다. 비록 베드로는 그날의 소명으로부터 자신이 많이 멀어져 있는 것 같이 느끼고 생각할 수 있겠지만, 예수께서 베드로를 부르신 목적은 여전히 변하지 않았다. 주님은 베드로를 다시 그 소명의 자리로 회복하시고 싶으신 것이다. 그래서 주님은 베드로가 주님을 처음 만났을 때 받았던 그 소명을 다시금 기억하게 하고자 그날과 유사한 상황을 만드신 것이다.

묵상

우리는 특정 장소와 특정 사건에 대한 추억을 가지고 있다. 필자는 소양강댐에 대한 여러 추억을 가지고 있다. 하나는 대학 다닐 때 여자 친구와 주말에 놀러 갔던 추억이다. 청량리에서 기차를 타고 춘천에 내려 버스로 환승한 후 소양강댐에 도착했다. 당시 성인 팔뚝 만한 강원도 찰옥수수를 사서 여자 친구와 나누어 먹었던 기억이 있다. 다른 하나는 그 여자 친구와 결혼한 후 미국에 유학을 갔다 잠시 귀국해서 어린 아들을 데리고 가족여행으로 추억이 깃든 소양강댐을 다시 방문했던 추억이다. 그 후로 또 십 년이 흘러 혼자 교수 사역을 위해서 한국에 돌아왔을 때 후배 목사와 함께 그곳을 방문했는데 그곳과 관련된 이전의 추억들이 떠올랐다.

본문에 등장하는 에피소드에서 베드로는 주님과 관련된 첫 번째 추억을 소환하게 된다. 그 추억은 주님이 자신을 사람 낚는 어부로 불러주셨던 소명과 연관된 것이었다. 그러나 디베랴 호숫가에서 부활한 주님을 다시 만났을 때 그 소명은 많이 퇴색되어 있었다. 주님 편에서는 하나도 변한 것이 없었지만 베드로 입장에서는 이야기가 달랐다. 그는 불과 얼마 전 사람들 앞에서 주님과 자신과의 관계를 부인하며 저주하기까지 했기 때문이다. 인간적으로 생각하면 면목 없는 일임에 틀림없다. 베드로 입장에서는 수치스럽고 부끄럽기 그지없는 일이었다. 이런 상황에서 주님이 처음 주셨던 소명을 확고하게 붙들고 살기란 분명히 쉽지 않은 일이었다. 이런 상황에서 주님이 베드로를 찾아오셨다. 도마의 믿음을 회복시키기 위해서 주님이 찾아오셨듯이 베드로도 친히 찾아오신 것이다. 베드로의 소명을 다시 회복시키기 위해서다. 그래서 일부러 베드로를 처음 만났던 날 그가 겪었던 추억이 다시 소환될 수 있는 상황을 연출해 내셨다. '베드로야 내가 너를 불렀던 첫 번째 날을 기억해라. 나는 너를 분명한 목적을 가지고 불렀다. 너는 사람 낚는 어부가 되어야 한다.' 주님을 만났던 가슴 뛰던 그 첫 번째 날을 기억하라는 말이다.

필자는 베드로의 이야기가 우리에게 참으로 적실하다는 생각을 한다. 베드로만 그랬던 것이 아니라 오늘날 적지 않은 주의 제자들이 우리를 불러주신 주님의 소명으로부터 멀어진 채로 살아간다. 너무 오래돼서 그 소명이 무엇인지조차 생각하지 못한 채 일상을 살아가기 때문이다. 그래서 베드로 이야기는 우리에게도 적실하다. 당신은 주님을 처음 만났던 날 혹은 주님 앞에서 당신의 소명을 확인했던 날을 기억하고 있는가? 혹시 인생살이의 풍파 속에서 먼지가 수북이 쌓여 그 기억이 퇴색되어 있지는 않은가? 비록 당신의 상황은 변했을지 모르고 혹 당신의 마음마저도 변했을 수 있지만, 당신을 부르신 하나님의 목적은 변하지 않았음을 기억하라. 사람을 낚는 어부로서의 사명은 베드로에게만 주어진 것이 아니다. 예수 그리스도 안에서 우리를 새 창조의 피조물로 또한 예수님의 제자로 부르신 하나님은 우리를 통해서 이 가슴 뛰는 새 창조의 사역을 수행하기를 원하신다. 우리가 먼저 영혼의 생수를 공급받아 목마르지 않은 인생을 살며 하늘의 양식으로 배부른 삶을 살기를 원하신다. 그리고 이 영생수와 하늘 양식 되신 예수를 세상에 증언하는 사명으로 무장하며 거룩한 삶을 살아가기를 원하신다.

기도

주님, 인생살이의 풍파 속에서 우리에게 주셨던 소명들이 퇴색되어 버렸습니다. 비록 우리의 형편과 처지가 변하고 우리의 마음마저 변했을지라도 우리를 향한 주님의 계획이 변하지 않았음을 믿습니다. 그 거룩한 소명이 다시금 불일 듯이 일어나게 하소서.

요한복음 21:9-17
회복: 사랑과 겸손

문맥과 요약

예수께서는 또 다른 상황을 연출하신다. 바닷가에서 숯불을 피우고 베드로를 기다리고 계셨다. 베드로 입장에서는 예수님을 부인했던 날 밤이 연상되는 연출이다. 밤새도록 추위와 배고픔에 떨었을 제자들을 먹이시고는 베드로와 대화를 이어가신다. 예수님을 세 번 부인한 베드로에게 다시금 주님을 세 번 사랑한다고 고백하게 만드시고 난 후 예수께서는 목양의 권한을 베드로에게 위임하여 주신다. 예수님의 놀라운 사랑이 베드로를 회복시킨 것이다.

해설

9-14절《육지에 올라보니 숯불이 있는데 그 위에 생선이 놓였고 떡도 있더라 … 예수께서 이르시되 와서 조반을 먹으라 하시니 제자들이 주님이신 줄 아는 고로 당신이 누구냐 감히 묻는 자가 없더라》 바닷가에 계시던 예수님은 또 하나의 장면을 의도적으로 만들어 놓으셨다. 육지에 올라보니 어둑어둑한 새벽 바닷가에 벌건 숯불이 피워져 있었고, 그 위에 생선과 떡도 있었

다. 예수께서는 막 잡은 생선을 좀 가져오라 명하신다. 예수께서는 밤새 수고하고 지친 제자들에게 손수 아침을 지어주셨다. 그런데 이 장면은 베드로에게 잊을 수 없는 장면을 또 한 번 상기시켰다. 예수께서 대제사장에게 심문을 받을 때 베드로가 주님을 부인했던 그 뜰과 유사한 장면이 연출되어 있었기 때문이다.

그날 밤에도 지금처럼 숯불이 피워져 있었다. 개역개정 18:18에서 '불'로 번역된 이 단어는 본문 9절의 '숯불'이라는 단어와 똑같은 단어(안쓰라키아)다. 그날 밤도 베드로에게는 절대 잊을 수 없는 날이었을 것이다. 대제사장의 집 문을 지키는 여종 앞에서 베드로는 예수님을 부인했다. 단순 부인이 아니다. 공관복음서를 보면 베드로는 심지어 주님에게 저주를 퍼부으면서 주님과 자신의 관계를 부인했다. 그렇게 강하게 나가야 예수님과 자신과의 관계를 더는 의심받지 않으리라 생각했을 것이다. 바로 그 장면에도 숯불이 피워져 있었다. 누가복음에서는 베드로가 주님을 부인했을 때 주님께서 베드로를 돌아보셨다고 기록해 놓았다(참조, 눅 22:61). 숯불이 피워져 있던 그 당혹스러운 장면에서 예수님과 베드로는 눈이 마주쳤던 것이다. 지금 바로 그와 매우 흡사한 장면이 만들어져 있었던 것이다. 베드로 입장에서는 매우 당혹스러울 수 있는 장면이었다. 처음 시작은 예수님을 처음 만났던 날을 떠올릴 수밖에 없는 장면이었는데, 육지에 올라오니 주님 돌아가시기 전 정말로 떠올리고 싶지 않은 순간이 생각날 수밖에 없는 장면이 펼쳐져 있었기 때문이다.

숯불과 연관된 주님의 두 번째 연출은 어떤 의도일까? 일단 베드로는 자기성찰이 부족한 사람이 아니었을까 싶다. 예수님이 잡히시던 날 밤도 그렇다. 베드로는 예수님의 고별설교 장면에서 주님을 위해서 목숨까지 버리겠다고 호언장담했다. 그러나 예수께서는 베드로가 닭 울기 전에 세 번 부인할 것이라고 말씀하셨다. 물론 베드로가 거짓으로 말한 것 같지는 않다. 그러나 여전히 자기 실력을 잘 몰랐던 것만은 분명해 보인다. 예수님을 부인하는 사건을 통해서 베드로는 제대로 바닥을 쳤다. 자기 믿음의 실력이 어느 정도인지 제대로 봐 버린 것이다. 예수께서는 두 번째 연출을 통해서 베드로가 주님을 부인했던 날을 떠올리지 않을 수 없게 만드셨다. 물론 예수님의 의도는 베드로를 온전히 회복시키려는 것이다. 그러나 그러한 온전한 회복에 앞서 주님은 베드로 자신의 실력을 직시하도록 만드신다. 예수님은 이러한 회복의 의지를 베드로를 세 번째 만나는 자리에서 암시적인 방법으로 나타내셨다.

15-16절《요한의 아들 시몬아 네가 이 사람들보다 나를 더 사랑하느냐 하시니 이르되 주님 그러하나이다 내가 주님을 사랑하는 줄 주님께서 아시나이다 이르시되 내 어린양을 먹이라 하시고》 배경 설정을 통해서 암시적으로 시작된 베드로의 회복을 위한 예수님의 계획이 이제 보다 더 구체적인 대화를 통해서 전개된다. 밤새도록 고기 잡느라 배고픔과 추위에 떨었을 제자들에게 손수 지으신 아침밥을 먹이시고 나서 예수님은 바로 본론으로 들어가신다. 예수께서는 15절에서는 '네가 이 사람들보다 나를 더 사랑하느냐?'라고 질문하셨고, 16절에서는 '네가 나를 사랑하느냐'라고 질문하셨다. 예수님이 던지신 질문을 베드로 입장에서 생각해 볼 필요가 있다. 지금 베드로는 예수님이 만들어 놓으신 연출 장면을 생각하며 아침밥을 먹었다. 요한은 이 장면에서 어떠한 대화가 오갔는지를 기록해 주지 않았다. 아마도 특별한 대화 없이 식사가 진행된 것으로 보인다. 그러나 베드로의 머릿속은 참으로 복잡했을 것 같다. 예수께서 피워 놓으신 숯불이 너무나도 분명히 주님을 부인했던 날을 생각나게 했기 때문이다. 그날 밤의 장면이 선명하게 연상되는 숯불이 지금 시야에서 어른거리는데 예수께서 두 번에 걸쳐서 '네가 나를 사랑하느냐?'고 물으셨다. '네가 나를 사랑하느냐'라는 연이은 예수님의 질문에 베드로는 가슴이 덜컹했을 것이다. 자신은

그 숯불 장면에서 주님을 부인했는데 주님은 그 숯불 앞에서 베드로에게 당신을 사랑하냐고 물으셨으니 말이다.

베드로는 정직하게 대답한다. '주님, 그렇습니다. 제가 주님을 사랑하는 줄 주님께서 아십니다.' 베드로의 대답은 아마도 이런 의미일 것이다. '주님, 제가 주님을 사랑한다고 말씀드리는 것은 참으로 염치없는 일이고 부끄러운 일입니다. 그날 밤 어떤 일이 있었는지 주님은 다 알고 계시기 때문입니다. 그러나 그렇다고 제가 주님을 사랑하지 않는 것은 아닙니다. 비록 제가 말한 것을 온전히 지켜낼 만한 실력이 저에게는 없지만 적어도 주님을 사랑하는 제 마음이 거짓이 아니라는 것만큼은 주님도 아시지 않습니까?' 베드로는 두 번에 걸친 '네가 나를 사랑하느냐?'는 주님의 질문에 똑같이 '내가 주님을 사랑하는 것을 주님이 아신다'고 대답했다.

17절《세 번째 이르시되 요한의 아들 시몬아 네가 나를 사랑하느냐 하시니 주께서 세 번째 네가 나를 사랑하느냐 하시므로 베드로가 근심하여 이르되 주님 모든 것을 아시오매 내가 주님을 사랑하는 줄을 주님께서 아시나이다 예수께서 이르시되 내 양을 먹이라》 베드로의 대답을 들으신 예수님은 베드로에게 사랑하느냐는 같은 질문을 세 번째로 던지신다. 종종 요한복음 해석자들이 예수께서 베드로에게 질문하실 때 사용한 동사가 다르다는 것에 대해 주목하곤 한다. 15-16절에서 예수께서 베드로에게 '네가 나를 사랑하느냐?'라고 질문하셨을 때는 '아가파오'라는 동사가 사용됐고, 17절에서는 '필레오'라는 동사가 사용됐다는 것이다. 베드로는 주님의 질문에 모두 '필레오' 동사를 사용해서 대답한 것으로 되어 있다. 흔히들 '아가파오'는 신적인 사랑이고 '필레오'는 인간들의 우정 같은 사랑이라고 해석하곤 한다. 그래서 이러한 동사의 차이를 가지고 본문에 적용해서 이해하면 첫 번째와 두 번째 질문에서 예수님은 베드로에게 "네가 아가페의 사랑으로 나를 사랑하느냐"라고 질문한 것이 된다. 그러나 베드로는 아무리 생각해 봐도 자신이 주님이 요구하시는 수준인 아가페의 수준에는 미치지 못한다고 생각하고 모두 '필레오'의 수준으로 사랑한다고 대답했다는 것이다. 그러자 주님이 세 번째 질문에서는 베드로가 두 번 반복적으로 사용한 '필레오'라는 단어를 사용해서 '그렇다면 네가 나를 필레오 정도로는 사랑하느냐?'라고 질문하셨다고 해석한다. 일면 그럴듯하게 들린다. 그러나 다르게 사용된 단어를 중심으로 이렇게 설명하는 것은 성경적 근거가 희박해 보인다. 왜냐하면 요한은 '아가파오'와 '필레오' 동사를 그렇게 명확하게 구분해서 사용하지 않기 때문이다.

11:3을 보면 예수님이 사랑하시는 자가 병들었다는 표현이 나온다. 만일 이런 읽기가 설득력이 있다면 주님이 나사로를 사랑하시는 것이니 '아가파오' 동사가 사용될 것이라고 기대할 수 있다. 그러나 그곳에서 사용된 동사는 '필레오'다. 그런데 바로 뒤 11:5에 예수님이 마르다, 마리아, 나사로 남매를 사랑한다고 하셨을 때는 '아가파오'가 사용된다. 이뿐만이 아니다. 5:20에서는 '아버지가 아들을 사랑하신다'는 표현에서 '아가파오' 동사가 사용되지 않고 '필레오' 동사가 사용된다. 물론 요한복음에서 하나님과 주님 사이의 사랑을 이야기할 때 '필레오' 뿐만 아니라 '아가파오' 동사도 수차례 사용된다. 이와 같이 적어도 요한은 '아가파오'와 '필레오'라는 단어를 거의 비슷한 개념으로 섞어서 사용하고 있다.

예수께서 베드로에게 세 번째로 '네가 나를 사랑하느냐'고 물으셨다. 요한은 주님께서 세 번째로 질문하셨기 때문에 베드로가 근심했다고 기록했다. 베드로는 예수께서 당신을 처음 만난 날을 연상시킬 때부터 뭔가가 이상하다고 생각했을 것이다. 주님이시라 하는 요한의 말에 바다에 뛰어들어 바닷가에 도착했을 때 새벽 미명 어둠 가운데 숯불이 피워져 있는 것을 보고 다시 한번 뜨끔했을 것이다. 그러고는 숯불이 어른거리는 장면에서 예수님은 '네가 나를 사랑하느냐'고 반복해서 질문하신다. 베드로의 양심은 계속해서 찔리고 있는데 주님이 그에게 이 질문을 세 번에 걸쳐 연달아 하신 것이다. 베드로는 예수님의 세 번째 질문을 받고는 더욱 복잡한 심경이 됐다. 근심하지 않을 수 없었다. 주님을 세 번 부인한 자신에게 주님은 세 번에 걸쳐서 사랑하느냐고 질문하신 것이기 때문이다. 다른 사람은 몰라도 예수님과 베드로에게는 이 질문이 무엇을 의미하는지가 너무도 분명하다. 주님을 부인하고 저주했던 날이 선명하게 떠올라 베드로는 가슴이 아팠을 것이다. 그러나 동시에 베드로는 자신에게 이 질문을 던지시는 주님의 의도가 무엇인지를 알아차렸을 것이다. 자신을 사랑으로 회복하시려고 주님이 지금 노력하고 계시다는 사실을 베드로는 분명히 깨달았을 테다. 예수께서는 베드로의 사랑 고백을 들으시고는 그에게 목양의 사역을 위임하여 주신다.

묵상

주님은 베드로를 회복시키시고 자신의 양을 그에게 위탁하시면서 한 가지 사실을 확인하셨다. 그것은 주님을 사랑하느냐는 것이다. 이 대목에서 많은 사람들이 주님과 베드로의 대화가 성도들과는 연관성이 없고 목회자들과 연관된 것으로 생각한다. 물론 필자도 이 본문을 주로 후배 목사들을 위한 권면의 맥락에서 많이 사용했던 것 같기는 하다. 그러나 이 본문이 단지 목회자들만을 위한 것은 아니다. 우리 모두는 예수 그리스도의 제자로 부르심을 받았기 때문이다. 제자로 부르심을 받은 이상 우리 모두는 주님의 제자가 되어야 할 뿐만 아니라 다른 사람을 제자 삼는 일에 부르심을 받았다는 사실을 역시 잊어서는 안 된다. 그것이 바로 사람 낚는 어부라는 말의 의미일 것이다. 이는 단순히 목회자만이 아니라 교회로 부름받은 모든 제자들의 사명이다. 그래서 본문은 우리 모두에게 적실하다.

주님이 맡기신 사명을 감당하려면 반드시 확인해야 할 것이 있다. 그것은 내가 주님을 진정으로 사랑하느냐는 것이다. 그것이 무엇보다 중요하다. 이 사명을 잘 감당하기 위해서 우리는 열심히 배워야 할 것이다. 주의 나라와 복음을 위해서 잘 배우고 익히고 숙련되는 것은 결코 불필요한 일이 아니다. 그러나 그것보다 먼저 우선되어야 할 것이 있다. 그것은 주님을 사랑하는 것이다. 비록 그 사랑이라는 것이 주님이 다시는 저울 앞에서는 영원토록 함량 미달이겠으나, 그래도 사랑 자체에는 진정성이 있어야 한다. 그래야 주님이 맡겨주신 사명을 감당할 수 있는 것이다. 그래서 주님은 베드로의 사명을 생각나게 하시며 베드로가 주님을 사랑하는지를 세 번에 걸쳐서 확인하셨던 것이다.

우리도 주님이 베드로에게 베풀어주신 동일한 사랑을 받지 않았는가? 우리의 인생을 돌이켜 보라. 우리 인생의 수많은 얼룩과 굴곡들이 주님에 대한 배신이 아니면 무엇이겠는가? 그런데도 우리를 놓지 아니하시고 끝까지 찾아와 회복시켜주시는 은혜를 경험하지 않았는가? 베드로의 이야기를 묵상하면 남의 이야기 같지가 않다. 우리와 주님의 이야기가 된다. 베드로를 회복하시려는 주님의 사랑은 우리를 향한 주님의 사랑과 다른 것이 아니다. 주님이 제자들에게 요구하시는 사랑은 겸손한 사랑이 아닐까 싶다. 어쩌면 부끄러운 사랑이라고 부를 수도 있을 것 같다. 이 겸손하고 부끄러운 사랑이 주님의 교회를 세운다.

기도

주님, 우리의 부족함과 연약함 가운데서 느끼는 주님에 대한 겸손한 사랑이 하나님의 교회를 세움을 봅니다. 우리 모두는 이 하나님 나라의 사역에 기본적으로 부적격자고 무능력자라는 사실을 고백합니다. 겸손으로 허리를 동이는 가운데 우리를 향한 주님의 사랑에 다시 한번 온전히 붙들리는 주의 백성들이 되게 하옵소서.

요한복음 21:18-25
회복: 영광

문맥과 요약

예수께서는 베드로를 회복하는 마지막 에피소드에서 베드로의 미래에 대해서 말씀해 주신다. 젊은 시절 자기 주도적인 삶을 살았던 것과는 달리 이후로 베드로는 주님을 따르는 삶을 살게 되고 그 마지막에 주님처럼 십자가를 지게 될 것이다. 베드로는 요한의 미래에 대해서 질문하지만 예수께서는 그것이 베드로와 상관없다고 말씀하신다. 끝으로 요한복음의 최종 편집자들은 요한복음의 기록이 주님의 사랑하시는 제자인 요한의 증언과 기록이라는 점과 그 증언이 참이라고 밝힌다.

해설

18-19절 《내가 진실로 진실로 네게 이르노니 네가 젊어서는 스스로 띠 띠고 원하는 곳으로 다녔거니와 늙어서는 네 팔을 벌리리니 남이 네게 띠 띠우고 원하지 아니하는 곳으로 데려가리라》 본문에는 예수께서 베드로를 회복시키시는 그 마지막 이야기가 등장한다. 예수께서는 베드로로 하여금 사랑한다는 고백을 하도록 하여 그를 회복시키시고는 그의 미래에 대한 이야기

를 하신다. 예수께서 하시는 말씀의 진의를 이해하려면 우리는 본문 18절에서 주님이 하시는 말씀을 문맥 속에서 이해해야 한다. 본문은 주님이 부족한 베드로를 회복시켜주시는 문맥이다. 주님의 말씀대로 지금까지 베드로의 인생은 자신이 주도하던 인생이었다. 젊어서 그는 스스로 띠 띠고 원하는 곳으로 다녔다. '띠를 띤다'라는 표현은 신약성경 사도행전 12장에 한 번 더 나오는데 '옷을 입는다'는 말이다. 젊어서 베드로는 스스로 옷을 입고 원하는 곳으로 가서 자신이 하고 싶은 대로 살았다.

예수님의 말씀을 묵상하면 요한복음을 비롯해 복음서에 등장하는 젊은 시절 베드로의 이야기가 생각난다. 예수님이 돌아가시기 전날 밤 손수 세족식을 거행하실 때 그는 한사코 주님이 자신의 발을 씻겨주실 수 없다고 손사래를 쳤다. 마가복음을 보면 예수께서 십자가의 죽음을 처음으로 예고하셨을 때 베드로는 주님을 꾸짖기까지 했다(주, 개역개정은 표현을 순화시키기 위해서 '항변했다'라고 번역해 놓았다). 주님이 가시는 곳에 베드로는 올 수 없다고 말씀하시자 '주님을 위해서 내 목숨을 버리겠다'고 호기로운 맹세도 했다. 겟세마네에서는 주님을 위해서 대제사장의 종의 귀를 잘라버리기까지 했다.

그러나 얼마 못 가 그는 여종 앞에서 주님을 세 번이나 부인했다. 의욕적으로 주님을 따라 나섰고 열정을 가지고 주님과 함께했지만 결과적으로 좌절할 수밖에 없었다. 베드로는 이러한 좌절을 경험하며 힘이 빠지는 과정을 경험하게 된다. 겸손한 사랑과 부끄러울 수밖에 없는 사랑이 무엇인지를 배우게 된다. 그것이 베드로가 가지고 있었던 믿음의 실력이었다. 이것을 배우고 난 후 그의 인생의 마지막이 어떤 모습일지 알려 주신다. 늙어서는 네 팔을 벌리리니 남이 네게 띠 띠우고 원하지 아니하는 곳으로 데려갈 것이라고 알려 주신다. '네 팔을 벌리리니'라는 표현은 19절이 해석해주고 있는 것처럼 고대 사회에서 십자가의 죽음을 표현하는 관용적 표현이었다.

베드로 인생의 전반전은 어떤 모습이었는가? 열정을 가지고 능동적으로 자신의 뜻대로, 자신이 원하는 대로 살았다. 그 결과 베드로가 받아 든 전반전 성적표는 참으로 참담했다. 그런데 겸손한 사랑을 배우고 난 후 베드로의 인생 후반전은 어떻게 되는가? 18절 후반부가 그려주는 베드로의 삶은 능동적인 삶이 아니라 수동적인 삶에 가깝다. 자신이 주도하는 삶이 아니라 주님의 뜻에 따라 주님이 인도하시는 삶을 살아가게 된다. 베드로가 예수님처럼 십자가를 지는 일이 일어난다고 말씀하신다. 예수님처럼 베드로 역시 하나님의 뜻을 따라 주님을 대신해서 이 땅에서 사역을 감당하다 복음의 증인으로서 자신이 가고 싶지 않은 곳으로 끌려 갈 것이라고 말씀하신다. 그리고 예수님이 그러셨던 것처럼 베드로도 이제 십자가의 길을 가게 될 것이라고 말씀하신다. 겸손한 사랑이 무엇인지 제대로 배운 베드로가 주님의 제자답게 십자가의 길을 걸어가게 될 것이다.

그리고 예수님은 베드로가 십자가를 지는 삶이 하나님 아버지께 영광을 돌리는 삶이 될 것이라고 말씀하신다. 인생의 주도권을 철저하게 하늘 아버지 앞에 내어드린 주님이 십자가를 지셨다. 겸손한 사랑이 무엇인지 깨닫게 된 베드로도 자기 주도형의 신앙을 포기하고 주님처럼 십자가를 지게 될 것이다. 예수님은 그 진리를 베드로에게 가르쳐 주고 싶으셨던 것으로 보인다. 그래서 베드로를 회복하는 문맥에서 베드로가 십자가를 지게 될 것이라는 미래의 이야기를 해주신 것이다. 이런 삶이 19절에 예수께서 말씀하신 주님을 따르는 삶이다.

실제로 로마의 클레멘트가 쓴 서신을 보면 요한복음의 표현대로 베드로가 십자가 영광의 자리로 나아갔다는 표현이 나온다. 위경 문서인 베드로행전을 보면 베드로는 십자가 처형 장면에서 십자가의 미스터리와 영광에 대해서 이야기하며 자신을 주님처럼 똑바로 못 박지 말고 거꾸로 못

박아 달라고 요구한다. 그래서 그가 요구한 대로 베드로는 거꾸로 못 박혀 처형당한다.

20-23절《이 말씀이 형제들에게 나가서 그 제자는 죽지 아니하겠다 하였으나 예수의 말씀은 그가 죽지 않겠다 하신 것이 아니라 내가 올 때까지 그를 머물게 하고자 할지라도 네게 무슨 상관이냐 하신 것이러라》 자신이 미래에 십자가형으로 예수님을 따르게 될 것이라는 이야기를 들은 베드로는 사랑하시는 제자의 미래에 대해서도 궁금해 한다. 우리는 베드로의 질문을 과도한 경쟁의식이나 비교 의식으로 해석할 필요는 없다. 자신의 미래에 대해서 예수님으로부터 이야기를 들은 베드로가 자신과 가까운 관계에 있었던 요한의 미래에 대해서 궁금해 하는 것은 매우 개연성 있는 이야기다. 그러나 제자도의 과정에서 다른 이들의 삶에 대한 관심이 과도한 비교 의식이나 경쟁의식으로 발전하지 않도록 조심하는 일은 여전히 필요해 보인다.

하나님은 요한과의 비교를 통해서 베드로를 평가하지 않으신다. 요한의 삶과는 별개로 예수를 향한 사랑 고백과 그 후에 주어진 목양이라는 소명의 길을 베드로가 신실하게 따라갔느냐를 가지고 하나님은 베드로를 평가하실 것이다. 하나님은 결코 우리를 다른 사람과의 비교를 통해서 평가하지 않으실 것이다. 결국 하나님은 당신이 우리에게 요구한 길을 우리가 신실하게 잘 걸어갔는가를 가지고 우리를 평가하실 것이기 때문이다.

요한(복음의 최종 편집자들)이 이 에피소드에 대해서 언급하는 이유는 아마도 복음서가 기록될 당시 사람들이 가지고 있었던 오해를 바로 잡기 위해서였던 것으로 보인다. 사람들은 예수님이 다시 오실 때까지 이 제자가 죽지 않고 살아있으리라고 생각했던 것으로 보인다. 그러나 주님이 의도하셨던 것은 이 제자가 죽지 않는다는 말이 아니라 혹 그때까지 살아있다 하더라도 그것이 베드로의 사역과는 관계가 없다는 것을 말씀하시려는 것이다. 만일 요한의 사후에 요한복음이 그의 제자 그룹에 의해서 최종적으로 편집됐다면 이 에피소드가 더욱 개연성 있어 보인다(주, 필자는 요한복음의 최초 버전은 예수님의 사랑하시는 제자, 즉 요한에 의해서 기록됐고 20:31에서 종결됐으며 21장의 최종 편집이 그의 사후 그의 제자 그룹에 의해서 이루어졌을 것으로 추측한다).

24-25절《이 일들을 증언하고 이 일들을 기록한 제자가 이 사람이라 우리는 그의 증언이 참된 줄 아노라》 21장의 마지막 두 구절은 특별히 요한복음의 최종 편집자의 손길이 느껴진다. 요한복음은 기본적으로 사랑하시는 제자인 요한의 증언과 기록을 바탕으로 이루어졌다. 최종 편집자는 요한의 증언이 참되다고 증언하고 있다. 여기서 언급된 '이 일들'이란 표현은 단순히 21장만을 말하는 것이 아니라 요한복음 전체를 언급하고 있다. 예수께서 행하신 일은 이 외에도 무수히 많지만, 다만 요한복음은 분명한 목적을 가지고 요한에 의해서 선택된 자료를 다루고 있음을 밝힌다. 20:31이 밝혀주듯이 이 자료만으로도 예수께서 하나님의 아들 그리스도시며 하나님께서 보내신 분이심을 믿기에 충분하다. 그를 믿음으로 말미암아 우리는 이 땅에서부터 영생을 누리게 된다.

묵상

대학 시절 필자가 참 많이 사용했던 단어가 '영광'이었던 것 같다. 삶의 목적이 무엇이냐고 물으면 지체 없이 '하나님의 영광'이라고 대답하곤 했다. 그리고 필자의 삶의 구체적인 목적도 '하나님의 영광'이라는 것에 맞추어져 있었다. 미국으로 유학을 가고 목사가 되고 공부를 마치고 신학교의 교수가 되어서 행하는 모든 사역의 목표도 하나님의 영광이었다. 그리고 필자 자신도 모르게 그 당시 기독교 세계에서 유행하던 '고지론'이라는 논리에 현혹되어서 높은 곳에 올라가면 올라갈수록 더 많은 사람들에게 선한 영향력을 행사하며 주님께 영광을 돌리게 될 것이라 생각했던 적도 있었다. 아직도 적지 않은 크리스천들이 이러한 것이 주님께 영광이 될 거라 생각하며 살아가고 있는 것 같다. 그런데 그것이 정말로 하나님께 영광이 되는지는 말씀을 가지고 정직하게 다시 생각해 봐야 한다. 정말 높은 곳에 올라가서 선한 영향력을 끼치는 것이 하나님의 영광을 위한 것인지 아니면 자신의 영광을 위한 것인지 스스로 정직하게 질문해 봐야 한다.

그러나 한 가지 분명한 것은 요한복음은 시종일관 영광을 십자가와 연관 지어 이야기한다는 것이다. 주님은 당신이 말씀하시는 영광을 십자가를 빼고 말씀하신 일이 없다. 본문에서도 겸손한 사랑을 배운 베드로가 자기 주도형의 신앙을 내려놓고 주님을 따라 십자가의 길을 걷게 될 것으로 묘사한다. 주님은 베드로가 그렇게 십자가를 지는 것이 하나님께 영광을 돌리는 방편이 될 것이라 말씀하여 주신다. 주님께서 제자들에게 요구하시는 영광은 늘 이렇게 십자가를 포함한 영광이다. 우리가 정말로 주님이 말씀하시는 십자가를 통과하는 영광을 추구하고 있는지 아니면 십자가가 없는 헛된 영광, 가짜 영광을 추구하고 있는지 다시금 정직하게 질문해 봐야 할 것이다.

기도

주님, 베드로처럼 겸손한 사랑을 배우고 겸비하게 하옵소서. 베드로처럼 우리 인생의 후반전에 삶의 온전한 주도권을 주님에게 내어드리며, 십자가의 길을 우보천리의 자세로 걷게 하소서. 그래서 우리를 통해서 아버지의 참된 영광이 나타나게 하소서.

요한복음

사도행전

로마서

고린도전서

고린도후서

갈라디아서

에베소서

빌립보서

골로새서

——기타 유대 문헌——